# 경전석사

經傳釋詞

# 경전석사

## 經傳釋詞

[청] 왕인지 저 · 권용호 역주

學古房

《경전석사》의 저자 왕인지(王引之; 1766~1834)는 자는 백신(伯申) 내지 만경(曼卿)이며, 당대의 대학자였던 왕염손(王念孫)의 장자이다.

왕인지는 건륭(乾隆) 31년(1766) 3월 11일 강소(江蘇) 고우(高郵)에서 태어났다. 어려서 총명하여 5세 때 글공부를 시작했고, 17세 때 박사제자원(博士弟子員)이 되었다. 얼마 후 도성에 들어가 부친 왕염손을 모시면서 국자감(國子監)에서 공부했다. 왕인지는 21세 때인 1786년에 순천(順天)의 향시에 응시했으나 낙방했다. 이듬해 고향으로 돌아와 본격적으로 《이아(爾雅)》·《설문해자(說文解字)》·《방언(方言)》·《음학오서(音學五書)》 등을 읽었다. 이때 그는 당대의 학자들이었던 노남석(盧南石)·옹방강(翁方綱)·전대흔(錢大昕) 등에게 배움을 구하거나 초순(焦循)·완원(阮元)·황비열(黃丕烈) 등과 고적을 교감하고 연구했다. 이 무렵 아들의 재능과 노력을 본 부친 왕염손은 기뻐하며 "이제야 나의 학문을 전수할 수 있겠구나(乃今可以傳吾學矣)."라고 했다.

가경(嘉慶) 4년(1799) 33세에 진사시험에 급제하여 한림원편수(翰林院編修)를 제수 받고 관직에 나아갔다. 38세 때 치른 한림원 시험에서 뛰어난 성적을 거둬 황제시강(皇帝侍講)으로 발탁되었다. 62세 때 공부상서(工部尙書)와 영무전정총재(英武殿正總裁)를 지냈다. 그해 11월 황제는 그에게 자금성(紫禁城) 안에서 말을 타고 다닐 수 있는 특권을 하사했다. 65세 때 예부상서로 자리를 옮겼다. 도광(道光) 11년(1831) 공부상서로 복직하고, 3년 후인 도광 14년(1834) 11월 24일 향년 69세로

세상을 떠났다. 저서로는 《경전석사》를 비롯하여 《경의술문(經義述聞)》·
《광아소증(廣雅疏證)》·《자전고증(字典考證)》·《왕문간공유문집(王文簡公遺文集)》 등이 있다.

　왕인지는 저술을 많이 남기지 않았지만 《경의술문》 32권과 《경전석사》 10권만으로 중국학술사에 큰 족적을 남겼다. 《경의술문》은 유가경전인 《주역(周易)》·《상서(尙書)》·《모시(毛詩)》·《주례(周禮)》·《의례(儀禮)》·《대대례기(戴大禮記)》·《예기(禮記)》·《춘추좌전(春秋左傳)》·《국어(國語)》·《춘추공양전(春秋公羊傳)》·《춘추곡량전(春秋穀梁傳)》·《이아(爾雅)》를 교감하고 해석상의 오류를 바로 잡은 역작이다. 이 책은 출간되자 당시 많은 학자들로부터 "절학(絶學)" 내지 "세상에 필적할 것이 없다(海內無匹)."라는 극찬을 받았다. 이 뿐만 아니라 훈고학을 비판하던 이학자(理學家)들조차도 "한·당 이래로 이 책과 비교할 수 있는 것은 없다(漢唐以來, 未有其比)."라고 하며 높이 평가했다. 《경전석사》는 《경의술문》의 성과를 토대로, 고문(古文)에 보이는 허사(虛詞) 160개의 용법을 설명한 책이다. 이 책의 체례나 풀이는 이전과 획기적으로 달랐다. 《경의술문》이 유가경전만을 용례로 들었다면, 《경전석사》는 유가경전의 범위를 넘어 주(周)·진(秦)·한대(漢代)에 이르는 방대한 문헌과 비석에서 용례를 뽑고, 그 용법을 풍부한 예문으로 고증하였다. 《경전석사·자서(自序)》에는 이 책을 짓게 된 동기를 이렇게 설명했다.

　　구경(九經)과 삼전(三傳)에서 주(周)·진(秦)·서한(西漢)의 전적까지 허사가 들어간 문장을 널리 모으고 따져 글자별로 순서를 매겨 《경전석사》 10권으로 삼았다. 여기에는 총 160개의 글자를 수록하였다. 옛사람들이 언급하지 않은 것을 보충하고, 잘못 풀이한 것은 바로 잡았으며, 알기 쉬운 것들은 간략하게 소개하고 따로 설명하지 않았다(自九

經、三傳及周、秦、西漢之書, 凡助語之文, 徧爲搜討, 分字編次, 以爲《經傳釋詞》十卷, 凡百六十字. 前人所未及者補之, 誤解者正之, 其易曉者則略而不論).

역자의 조사에 의하면《경전석사》에는 70여종의 전적과 한대 비문이 인용되고 있다. 그중에서도《서경》·《시경》·《좌전》·《예기》·《논어》·《전국책》·《사기》의 인용비율이 압도적으로 높다. 본문에 인용된 예문은 2,691개이고, 주석에 인용된 예문은 245개로, 도합 2,936개의 예문이 인용되었다. 왕인지는 문헌속의 방대한 예문을 바탕으로 역대 주석가들의 오류를 지적하고 새로운 견해를 제시하여 당시 학자들의 비상한 주목을 끌었다. 따라서《경전석사》는 왕인지의 훈고학 연구 성과가 집약된 저술이라고 할 수 있다.

《경전석사》의 가장 큰 업적은 음(音)으로 문자 풀이를 진행했다는 것이다. 특히 같은 성모를 갖는 글자 중에 의미적 유사성을 가진 글자들에 주의했다. 왕인지는 이 방법을 이용하여 경전 해석상의 많은 난제들을 풀었다. 여기에는 새로운 설을 제기한 것도 있고, 기존 주석가들의 설을 바로 잡은 것도 있다. 먼저 새로운 설을 제기한 예로는, '위(謂)'자를 '말하다'가 아닌 ('~에게'의 의미인) '여(與)'로 본 것이다. 그리고《사기·정세가(鄭世家)》의 "진나라가 숙첨을 잡아 죽이려고 하자, 정 문공은 두려워 감히 숙첨에게 말하지 못했다(晉欲得叔詹為僇, 鄭文公恐, 不敢謂叔詹言)."라는 문장을 예로 들었다. 이곳에서 '위'는 뒤쪽의 '언'이 있어 '말하다'로 풀이가 되지 않는다. 이에 왕인지는 "'여'와 '위' 역시 성모는 같고 운모에서 분화된 글자이다. 때문에 '여'는 '위'로 풀이할 수 있고, '위'도 '여'로 풀이할 수 있다(與、謂亦一聲之轉, 故與可訓謂, 謂亦可訓與)."라고 설명했다. 이 설은《사기》의 삼가주(三家注)에도 언급이 되지 않은 것이었다. 심지어는《경전석사》와 거의 동시기에 나온《조자변략(助字辨略)》에도 언급되지 않은 것이었다. 다음으로 기존 주석가들의 설을 바로 잡은 예로는, '윤(允)'자에 대한 풀이이다. '윤'자는 역대 주석가들이 ('진실로'의 의미인) '신(信)'으로 풀이했는데, 왕인지는 이곳에서 ('~로서'의 의미인) '용(用)' 내지 '이(以)'로 풀이했다. 그 예로《상서(尚書)·요전(堯典)》의 "윤리백공(允釐百工)"의 '윤'자를 '용'의 의미로 본 것이다. 이는 공안국(孔安國)의《전(傳)》이 '신(信)'으로 본 것을 부정한 것이다. 그의 근거는 '윤'자는 '용'자나 '이'자 같은 성모에서 파생되어 나온 것으로 보았다. 이 때문에 이 구절은 "이것으로 백관들의 직무를 정한다(用釐百工)."라고 풀이했다. 왕인지는《사기》에서조차 "신리백공(信釐百工)"이라고 된 것을 개탄했다. 예를 하나 더 들면, '능(能)'자를 접속사 '이(而)'로 본 것이다. 그리고《시경·위풍(衛風)·환란(芄蘭)》의 "비록 뼈송곳은 찼어도, 우리를 알아보지 못하네(雖則佩觿, 能不我知)."라는 문장을 예로 들었다. 정현의《전(箋)》은 이 문장을 "이 어린 군주가 비록 뼈송곳을 찼지만 그 재능은 실제로 여러 신하들이 알고 행하는 것만 못한 것이다(此幼稚之君, 雖佩觿與, 其才能實不如我衆臣之所知爲也)."로 풀이했고, 송나라의 주희(朱熹)도 이 구절을 "그 재능이 나보다 지혜롭지 못함을 말하는 것이다(言其才能不足以知於我也)."로 풀이했다. 두 사람은 '능'자를 '재능'의 의미인 '능'으로 풀이했다. 이에 대해 왕인지는 "'능'과 '이'는 옛날에 소리가 가까웠고 의미도 서로 통한다 …… 이곳의 '능'은 접속사 '이'로 읽어야 한다. 앞 구절의 '수즉(雖則)'은 정확히 '이'와 호응한다('能'與'而'古聲相近, 故義亦相通 …… '能'當讀爲'而'. '雖則'之文, 正與'而'者相應)."라고 설명했다. 이 용례 외에도 《순자》·《전국책》·《안자춘추》·《묵자》·《한시외전(韓詩外傳)》 등의 전적에 나오는 용례를 들어 이 설을 증명하고 있다. 이 설은 후대의 양수달(楊樹達)의《사전(詞詮)》과 고형(高亨)의《시경금주(詩經今

注)》 등에 받아들여져 정설이 되었다.

왕인지의 이러한 놀라운 업적은 그의 부친 왕염손의 가르침에 기인한 바가 컸다. 왕염손은 《광아소증(廣雅疏證)·자서(自序)》에서 이렇게 말했다.

옛날의 음으로 옛날의 의미를 찾는다. 원의를 확대하고 비슷한 종류를 연결지으며, 형체의 제한을 받지 않는다(就古音以求古義, 引申觸類, 不限形體).

이러한 훈고방식은 당시로서는 상당히 획기적인 것이었다. 이것은 글자의 운모나 형체의 유사성으로 의미를 유추한 전통적인 훈고방식을 넘어서는 것이었다. 음과 의미의 관계에 주목한 것은 당시로서는 아직 시도되지 않은 것이었다. 부친 왕염손의 학문을 계승한 왕인지는 25세 때 《춘추명자해고(春秋名字解詁)》를 지어 자신의 훈고이론을 제시하기에 이른다.

훈고의 핵심은 소리에 있지 문자에 있지 않다. 소리가 같거나 비슷한 것은 의미도 그리 차이나지 않는다(詁訓之要, 在聲音不在文字. 聲之相同相近者, 義每不甚相遠).

글자의 소리를 중시하는 왕인지의 훈고이론은 상술한 부친 왕염손의 "옛날의 음으로 옛날의 의미를 찾는다(古音以求古義)."라는 훈고이론을 고스란히 계승한 것이었다. 이점은 《경전석사》에서 무엇보다도 허사 배열에서 잘 드러난다. 《경전석사》에 등장하는 160개의 허사는 성모에 맞추어 배열되었다. 배열 순서를 보면, 제1권에서 제4권까지는 후음(喉音), 제5권은 아음(牙音), 제6권은 설음(舌音), 제7권은 반치(半齒)·반설음(半舌音), 제9권은 정치음(正齒音), 제10권은 순음(脣音)으로, 구강 구조상 뒤쪽에서 앞쪽으로 옮겨 가면서 배치되었다. 이것은《설문해자》가 자형에 따라 글자를 나누고,《광운(廣韻)》이 운목(韻目)에 따라 나눈 것과는 근본적으로 다른 것이자, 훈고학사상 새로운 독창적인 배열방식이었다. 이점은 이전의 허사 연구서인 원대 노이위(盧以緯)의《어조(語助)》· 청대 원인림(袁仁林)의《허자설(虛字說)》· 유기(劉淇)의《조자변략(助字辨略)》등과 비교해도 잘 드러난다.《어조》와《허자설》은 특별한 원칙을 두지 않았고,《조자변략》은 운을 기준으로 배열하였다.《조자변략》은 상평성 · 하평성 · 상성 · 거성 · 입성으로 나누고 각 항목에서는 운부에 의거하여 배열하였다. 이는《광운》이후 운목에 의한 배열과 큰 차이가 나지 않는다. 반면《경전석사》의 경우 운모가 아닌 성모의 발음위치에 따라 배열하였다. 운자에 의거한 훈고방식은 이전부터 계속 행해져온 방식이었기 때문에 훈고에서 다른 견해를 제시하기 어려웠다. 반면 왕인지의 음으로 의미를 찾는 방식은 이전까지 시도되지 않은 것이어서 새로운 견해가 제시될 가능성이 컸다. 또한 운모는 전통적인 학자들에게 이미 익숙한 것이기는 하지만 분석의 대상이라는 점에서 보면 결합되는 요소가 다양해서 항목을 세분화할 뿐 일정한 체계를 세워 설명하기가 쉽지 않았다. 반면 성모의 경우 초성 자음을 나타내는 것이어서 소리가 비교적 분명하고 명확하다. 즉 운모를 통해 배치하였을 때 드러나지 않는 허사의 음성상의 차이가 성모를 통해서는 명확하게 파악된다는 것이다.

고음의 성모에 근거한 풀이는 당시 학계에 상당한 반향을 불러일으켰다. 특히《시경 · 패풍(邶風) · 종풍(終風)》의 "바람 불고 사납네(終風且暴)."의 풀이는 당시 학계를 놀라게 했다. 이 구절의 '종풍'은 모형(毛亨)의《전(傳)》에는 "하루 종일 부는 바람이 종풍이다(終日風

爲終風)."라고 했고, 《한시(韓詩)》는 "종풍은 서풍이다(終風, 西風也)."라고 하였다. 역대의 주석가들은 이 설을 따라 이 두 구절을 풀이했고, 또 이것이 이 구절의 정확한 풀이라고 보았다. 그러나 왕인지는 이곳의 '종'은 ('이미'의 의미인) '기(旣)'로 보았다. 그의 근거는 '차(且)'에 있었다. '차'는 '게다가'의 의미인데 앞의 ('이미'의 의미인) '종'과 호응하여 "이미 ~한데 게다가 …… 하기까지 하다"의 의미를 이룬다는 것이었다. '종'이 '기'의 의미라는 근거는 《좌전·희공 24년》의 주석에 나오는 "'종'은 ('이미'의 의미인) '이'와 같다(終, 猶已也)."였다. 왕인지는 더 나아가 '종'은 '중(眾)'과도 통한다고 보았다. 그는 《시경·용풍(鄘風)·재치(載馳)》의 "허나라 사람들이 내 행동을 탓하니, 교만하고 어리석다(許人尤之, 眾穉且狂)."의 '중'자를 '종(終)'과 같은 의미로 보고, ('이미'의 의미인) '기'자로 풀었다. 그의 근거는 '중'과 '종'은 발음이 같고, 앞의 〈종풍〉처럼 '차'와 호응한다는 것이었다. 모형은 이 구절을 "이는 곧 사람들이 유치하고 사리분별을 하지 못하는 것이다(是乃眾幼穉且狂)."라고 풀이하여, 단순히 '많은 사람'들로 보았다. 이것은 1,500년 넘게 이어져온 모씨(毛氏)의 주석을 뒤엎는 놀라운 주장이었다. 당시의 대학자 완원(阮元)은 이 풀이를 보고 환한 웃음을 지으며 왕인지에게 얼른 책으로 출간하라고 다그쳤다고 한다. 후에 이 책이 출간되자 완원은 다 읽고 "모형·공안국(孔安國)·정현(鄭玄) 같은 대유학자들을 일으켜 세워 함께 이 즐거운 논의를 하지 못한 것이 너무 한스러웠다(恨不能起毛、孔、鄭諸儒而共證此快論也)."라고 했다.

　《경전석사》는 출간되자 이전에 나온 허사 연구서 《어조》·《허자설》·《조자변략》을 압도하며 이 방면에 독보적인 가치를 가진 책이 되었다. 시간이 지나면서 학자들은 이 책에서 다루지 못했던 부분을 증보

했다. 왕인지와 같이 수학한 진수기(陳壽祺)의 제자 손경세(孫經世)는 《경전석사보(經傳釋詞補) · 재보(再補)》를 편찬하여 '용(庸)' · '일(一)' · '내(乃)' · '이(而)' 등의 17자를 보다 상세하게 훈석했다. 동치(同治) 연간에 오창영(吳昌瑩)이 《경사연석(經詞衍釋)》10권을 지어 《경전석사》에 언급되지 않았던 허사들의 용법을 보충하고, 부록에 《보유(補遺)》를 만들어 '종(從)' · '단(亶)' · '사(舍)' · '제(第)' · '완(宛)' 같은 허사 25자를 추가로 실었다. 유월(兪樾)은 《경전석사》를 "전대미문(空前絕後)"이라고 하면서, 그 의미에 근거하여 고서의 허사의 예를 보여준다고 평가했다. 청나라 말의 마건충(馬建忠)은 서양의 문법을 모방한 《마씨문통(馬氏文通)》에서 중국어의 허사를 서술할 때 이 책으로 검토하고 교정했다. 이를 이어서 양수달(楊樹達)과 배학해(裴學海)의 《사전(詞詮)》과 《고서허사집석(古書虛辭集釋)》이 나왔다. 양수달은 《경전석사》를 "홀로 100년 동안의 학문하는 풍기를 연 것이다(獨開百年來治學之風氣者)."라고 했다. 그는 《고등국문법(高等國文法)》에서 "그 의미를 다 드러낼 수 없었지만 《경전석사》의 체례를 모방하여 이 책을 편찬했다(不能盡暢其義, 因仿《經傳釋詞》之體, 輯爲是書)."라고 하여 《경전석사》의 체례를 따랐다. 배학해는 전인들의 연구 성과에는 "고서의 허사는 아직도 연구할 필요성이 있다(古書之虛辭, 尙有硏幾之必要)."라고 하며 290개의 허사를 모아 《고서허사집석》을 편찬했다. 그 체례도 《경전석사》의 배열방식을 따라 열거했다. 동시기 장태염(章太炎)의 《왕백신신정조사변(王伯申新定助詞辯)》과 황계강(黃季剛)의 《경전석사전식(經傳釋詞箋識)》, 배학해의 《고서허사집석》에 부록으로 실린 《경전석사정오(經傳釋詞正誤)》, 오사재(吳俟齋)의 《경전석사억정(經傳釋詞臆正)》이 나왔다. 그로 50년 후에 나온 서인보(徐仁甫)의 《광석사(廣釋詞)》는 앞에서 나온 전적들의 부족한 부분을 보충했다. 이 책 역시 《경전석사》의 체례를 따라 허사들을 배열하였다. 실질적으로 근현대에 나온 문법서와 사전들은 기본적으로 《경전석사》의 체재와 내용을 토대로 보충하였음을 알 수 있는데, 그 영향이 얼마나 컸는지 엿볼 수 있다.

《경전석사》는 그 학술적 가치 때문에 다양한 판본들이 간행되었다. 《경전석사》는 가경(嘉慶) 24년(1819)에 가각본(家刻本)이 나온 후로 도광 9년(1829) 《청경해(淸經解)》 간본, 도광 21년(1841) 전희조(錢熙祚)가 교감한 《수산각총서(守山閣叢書)》본, 일본 천보(天保) 12년(1841) 동조철(東條喆)의 교각본(校刻本), 천보 14년(1841) 경도서림(京都書林)의 촌치우위문(邨治右衛門) 각본, 1924년 소주(蘇州) 강씨(江氏) 취진판총서(聚珍版叢書) 목활자본, 1928년 사천(四川) 관인국(官印局) 연자배인선장본(鉛字排印線裝本) 등이 나왔다. 이후에는 이상의 판본에 근거하여 영인하거나 교점을 본 책들이 나왔다. 1956년에는 중화서국 배인본(排印本)이 나왔는데, 손경세의 《보유》가 부록으로 수록되어 있다. 대만에서는 1967년 왕운오(王雲五) 주편의 《경전석사》가 대만상무인서관(臺灣商務印書館)에서 나왔고, 1970년에는 세계서국(世界書局)에서도 출간되었다. 1984년에는 악록서사(嶽麓書社)에서 이유기(李維琦)의 점교본이 나왔는데, 황간(黃侃)과 양수달의 비어(批語)가 부록으로 수록되어있다. 1985년 강소고적출판사(江蘇古籍出版社)에서 나온 영인본에는 왕인지의 《어사오해이실의(語詞誤解以實義)》, 장태염의 《왕백신신정조사변》, 황간의 《〈경전석사〉전식》, 배학해의 《〈경전석사〉정오》 및 왕인지·왕염손 부자의 《행장(行狀)》과 《연보(年譜)》가 부록으로 수록되어 있다. 2000년 강소고적출판사(江蘇古籍出版社)에서 《고우왕씨사종(高郵王氏四種)》이 출간되었다. 2014년에는 상해고적출판사(上海古籍出版社)에서 "청대학술명저총간(淸代學術名著叢刊)"의 일종으로 《고우이왕저작집(高郵二王著作集)》을 간행했는데, 여기에 그 1종으로 《경전석사》가 들어가 있다. 이 판본은 현대식으로 표점이 되어

있고, 책에 대한 상세한 해제와 허사 색인이 들어가 있어 현재까지 나온
《경전석사》 판본 중에서 가장 훌륭한 판본으로 볼 수 있다.

경전에서 실사(實辭)는 쉽게 풀이되나 허사(虛辭)는 풀이하기 어렵
다. 《안씨가훈(顔氏家訓)》에 〈음석편(音釋篇)〉이 있지만 옛날의 뜻풀
이에는 독창적인 견해가 드물었다. 《이아(爾雅)》와 《설문해자(說文解
字)》로 옛 성현들께서 남긴 경전의 말을 해설하는 것이 옛 뜻에 가장
가까웠다. 그러나 《설문해자》는 만들어진 글자만 풀이했고,<sup>2)</sup> 가차로 쓰
인 글자는 언급하지 않았다.<sup>3)</sup> 《이아》는 풀이가 완전치 않아 읽는 사람
들은 대부분 잘못 읽었다. 그래서 '유(攸)'가 ('~한 바'의 의미인) '소
(所)'로 풀이된다는 것만 알고 ('~때문에'의 의미인) '적(迪)'과 같다는
것을 알지 못했고,<sup>4)</sup> '언(言)'이 (인칭대명사 '나'의 의미인) '아(我)'로 풀
이된다는 것만 알고 문장 사이에 오는 어기사로도 풀이된다는 것을 몰

---

1) 청(淸)나라의 관리이자 대학자이다. 자는 백원(伯元)이다. 건륭(乾隆) 54년(1789
년)에 진사(進士)가 되고 예부시랑(禮部侍郎)·병부시랑(兵部侍郎) 등을 지냈다.
건륭·가경(嘉慶)·도광(道光) 연간에 체인각대학사(體仁閣大學士)·태부(太傅)
등을 지냈다. 도광 29년(1849년) 10월 13일 세상을 떠났다. 경학·수학·금석·교
감학 등에 조예가 깊었다. 저술로는 《삼가시보유(三家詩補遺)》·《시서고훈(詩書
古訓)》·《십삼경주소교감기(十三經注疏校勘記)》 등 30여 종이 있다.[역자주]
2) '우(亏)'와 '백(白)' 같은 경우이다.
3) '이(而)'와 '수(雖)' 같은 경우이다.
4) '유(攸)'와 '유(由)'는 같다. '유(由)'와 '적(迪)'은 고음(古音)에서 분화된 것으로, '적
(迪)'은 '척(滌)'으로 읽어야 한다. '척(滌)'은 '유(攸)'로 이뤄져 있고, '적(笛)'은 '유
(由)'로 이뤄져 있는데, 모두 분화되어 나온 음이다. 그래서 '적(笛)'과 '유(攸)'의
음은 가깝다. 《석명(釋名)》은 "'적'은 '척'이다(笛, 滌也)"라고 했다.

랐다.5) 훌륭한 주석을 달았던 모형(毛亨)6)과 정현(鄭玄)7)조차 잘못 풀이했을 정도였으니, 다른 사람들이야 더 말할 것도 없을 것이다.

고우(高郵)의 왕인지(王引之)는 경전의 풀이에 정통하고 단어의 문법적 작용까지 두루 연구했다. 예전에 나는 그의 "종풍(終風)" 등의 설을 주의 깊게 듣고 그때마다 환하게 웃었다. 이에 백신(伯申)8)에게 책으로 엮어 출간할 것을 권했다. 20년 만에 백신 시랑(侍郞)9)이 《경전석사》 10권으로 인쇄하였다. 내가 읽어보니 모형·공안국(孔安國)10)·정현 같은 대유학자들을 일으켜 세워 함께 이 즐거운 논의를 할 수 없는 것이 너무 애석했다. 일전에 나는 절강(浙江)의 선비들에게 경전을 풀이하는 방법을 가르치면서 《이아》의 "'감'과 '율'은 문두에 와서 이어질 내용을 설명하는 말이다(坎、律、詮也)."는 "'율'과 '율'은 문두에 와서 이어질 내용을 설명하는 말이다(欥、聿、詮也)."가 잘못 전해진 것이라고

---

5) 《이아(爾雅)》는 "'언'은 문장 사이를 연결한다(言、閒也)"라고 했으니, 어조사이다.

6) 전국(戰國) 말기 노(魯)나라 사람이다. 진시황(秦始皇) 때의 혼란을 피해 무원현(武垣縣)에 은거했다. 자하(子夏)에게서 《시경》을 전수받아 《모시고훈전(毛詩故訓傳)》을 지었다. 후에 이를 조카인 모장(毛萇)에게 다시 전수했다.[역자주]

7) 동한(東漢) 말년의 경학자이자, 한대(漢代) 경학의 집대성자이다. 자는 강성(康成)이다. 태학(太學)에서 《경씨역(京氏易)》과 《공양춘추(公羊春秋)》를 공부했고, 장공조(張恭祖)에게 《고문상서(古文尙書)》·《주례(周禮)》·《좌전(左傳)》 등을 배웠다. 후에 각지를 유력하고 고향으로 돌아와 사람들에게 경학을 전수했다. 정치적인 혼란으로 두문불출하며 경전 연구에 매진했다. 74세에 병사했다. 저술로는 《천문칠정론(天文七政論)》과 유가경전에 주석을 달았다.[역자주]

8) 왕인지(王引之)의 자(字)이다.[역자주]

9) 왕인지(王引之)가 재직했던 관직명이다.[역자주]

10) 동한(東漢) 때의 유학자이다. 자는 자국(子國)이고, 공자의 10세손이다. 임회태수(臨淮太守)·간대부(諫大夫) 등을 지냈다. 신공(申公)에게서 《시경(詩經)》을, 복생(伏生)에게서 《상서(尙書)》를 배웠다. 무제(武帝) 말기, 노공왕(魯恭王)이 공자의 옛집을 허물다가 얻은 《고문상서(古文尙書)》를 58편으로 엮고 각 편에 전(傳)을 지었다.[역자주]

말한 적이 있었는데, 신미(辛楣)[11] 선생께서 이를 바르게 잡아주셨다. 또 《시경(詩經)·소아(小雅)·육아(蓼莪)》의 "이 백성들의 삶은……(鮮民之生……)"과 《상서(尙書)·무일(無逸)》의 "이 외롭고 의지할 곳 없는 사람들을 아끼셨습니다(惠鮮鰥寡)."의 '선(鮮)'은 모두 (지시대명사 '이'의 의미인) '사(斯)'를 가차한 글자이고, 《시경·소아·도인사(都人士)》의 "그 머리카락 숱은 많고 빳빳하네(綢直如髮)."의 '여(如)'는 (접속사인) '이(而)'[12]로 풀고,[13] 《노자(老子)·제31장》의 "무릇 병기란 상서롭지 못한 기물이다(夫佳兵者不祥之器)."의 '가(佳)'는 (어기사인) '추(隹)'가 잘못 전해진 것[14]이라고 말한 적이 있다. 이와 같은 것들은 학

---

11) 청(淸)나라의 대학자 전대흔(錢大昕)을 말한다. 호는 신미(辛楣)이고, 강소성(江蘇省) 가정(嘉定) 사람이다. 1754년에 진사시험에 합격했고, 한림원(翰林院)에서 재직했다. 1774년 광동(廣東)의 학정(學政)으로 부임했으나 이듬해 부친상을 당하여 고향으로 돌아왔고, 이와 동시에 벼슬에서 물러났다. 77세로 세상을 떠나기 전까지 30년 동안 종산서원(鍾山書院)과 소주(蘇州)의 자양서원(紫陽書院)에서 2,000여명의 제자들을 길러냈다. 역사학에 정통하여 《이십이사고이(二十二史攷異)》100권을 저술했다. 이밖에 경학·음운학·금석학 등에도 조예가 깊었다. 문집으로는 《잠연당전서(潛硏堂全書)》가 있다.[역자주]

12) 이곳의 '이(而)'는 '내(乃)'가 되어야 할 것으로 보이는데, 인용과정에서 착오가 있지 않았나 싶다. 아래의 주석 13)에서 원문의 '여발(如髮)'은 '기발(其髮)'이라고 한 것으로 보아 '여(如)'는 '기(其)'의 의미로 쓰였음을 알 수 있다. 또한 청나라 사람 마서신(馬瑞辰)의 《모시전전통석(毛詩傳箋通釋)》을 보면, "'여발'은 '내발'이라고 하는 것과 같다. '내발'의 '내'는 '기'이다. 이는 즉 '주직기발'이라고 말하는 것이다('如髮猶云'乃髮', '乃髮', '乃'猶其也', 卽謂'綢直其髮'耳)."라고 하여, 이곳의 '여'가 '내'의 의미이고, 이 '내'자는 또 '기'와 통한다고 했다.[역자주]

13) 이곳의 '발(髮)'은 실질적으로 ('그 머리카락'의 의미인) '기발(其髮)'을 가리킨다. 이는 이 구절의 앞에 나오는 ('삿갓'의 의미인) '립(笠)'과 같은데, 비교하는 말이 아니다. 모형(毛亨)의 《전(傳)》과 정현(鄭玄)의 《전(箋)》은 모두 잘못되었다.

14) 《노자》에 나오는 '부유(夫惟)' 두 글자는 서로 이어져 허사가 되는 경우가 아주 많다. 만일 '가(佳)'가 되어야 한다면, '상서롭지 않은 일(不祥之事)'이라고 말해야지 '기물(器)'이라고 말해서는 안 된다.

자들이 이 책을 갖고 탐구해나가면, 경전의 본의에 어긋나지 않을 것이다. 《논어(論語)·태백(太伯)》에서 "말을 함에는 비속하거나 이치에 맞지 않음을 멀리해야 한다(出辭氣, 斯遠鄙倍)."라고 했듯이, 옛 사람들이 말을 얼마나 중시했음을 알 수 있다. 하물며 시대를 뛰어넘어 말을 풀이하는 경우는 이보다 더할 것이다!

가경(嘉慶) 24년(1819년) 소한(小寒)에 완원(阮元)이
공주(贛州)의 나루터에서 쓰다

　허사의 풀이는 《이아》에서 시작되었다. '월(粵)'과 '우(于)'는 (어기사인) '왈(曰)'이고, '자(玆)'와 '사(斯)'는 (지시대명사 '이'의 의미인) '차(此)'이다. 또 '매유(每有)'는 ('비록'의 의미인) '수(雖)'이고, '수석(誰昔)'은 ('예전에'의 의미인) '석(昔)'이다. 이와 같은 것들은 모두 하나만 예를 들어도 다른 것을 유추할 수 있는 것들이다. 고금의 다른 말과 각국의 방언들은 대부분 말을 도와주는 것들이다. 경전에 흩어져 보이는 것들은 모두 예를 들어 비교하면 알 수 있고, 이것으로 다른 것까지 넓힐 수 있다. 이것은 옛 뜻을 풀이하는 좋은 본보기가 된다.

　한대 이후로 경전을 말하는 사람들은 고상한 뜻을 숭상했다. 실질적인 의미가 있는 것은 분명하게 드러내면서도, 허사의 예는 간략하게 설명하고 따지지 않았다. 간혹 실제적인 의미로 풀이하여 결국 그 문장이 서로 맞지 않고 의미도 분명치 않게 되었다. 예를 들면 아래의 경우들이다. '유(由)'는 ('쓰다'의 의미인) '용(用)'이고, '유(猷)'는 ('도리'의 의미인) '도(道)'와 같으나 허사로써 ('~에서'의 의미인) '어(於)'의 의미도 있다. 이를 획일적으로 '용'과 '도'로만 풀이하면, 《상서(尙書) · 강고(康誥)》의 "이밖에 옛날의 영민한 임금에게서 듣고 구해야 할 것이다(別求聞由古先哲王)."와 같은 책 〈대고(大誥)〉의 "그대들 제후국에게 크게 알리노라(大誥猷爾多邦)."[1]는 모두 의미가 불분명해진다.[2] '유(攸)'는

---

1) 이 구절은 현재 통용되는 《상서(尙書) · 대고(大誥)》와 다르다. 현재 통용되는 《상

('~한 바'의 의미인) '소(所)'이고, '적(迪)'은 ('따르다'의 의미인) '도(蹈)'와 같으나 허사로써 ('~때문에'의 의미인) '용(用)'의 의미도 있다. 이를 획일적으로 '소'와 '도'로만 풀이하면,《상서·익직(益稷)》의 "이 때문에 각 제후들이 치수하는 일을 맡았다(各迪有功)"·같은 책〈우공(禹貢)〉의 "이 때문에 풍수도 합해졌다(豊水攸同)"·《시경(詩經)·소아(小雅)·사간(斯干)》의 "이 때문에 비바람이 막아지고, 이 때문에 새와 쥐기 멀리 가서(風雨攸除, 鳥鼠攸去)"는 모두 의미가 불분명해진다. '불(不)'은 ('~하지 않다'의 의미인) '불(弗)', '부(否)'는 ('~이 아니다'의 의미인) '불(不)', '비(丕)'는 ('크다'의 의미인) '대(大)'이나 발성사 내지 앞 문장을 받아주는 역할을 하는 허사도 될 수 있다. 이를 획일적으로 '불'과 '대'의 의미로만 풀이하면,《상서·우공(禹貢)》의 "삼위에 이미 사람이 거주하고, 삼묘가 귀순했다(三危既宅, 三苗丕敍)."·같은 책〈서백감려(西伯戡黎)〉의 "나의 일생은 하늘이 결정하는 것이다(我生不有命在天)."·같은 책〈무일(無逸)〉의 "이에 그 부모를 무시한다(否則侮厥父母)."와《시경·소아(小雅)·하인사(何人斯)》의 "이해하기 어렵네(否難知也)"·같은 책〈대아(大雅)·문왕(文王)〉의 "주나라 임금은 어지시니, 천제께서 올바르게 명을 내리셨네(有周不顯, 帝命不時)."·《예기(禮記)·사의(射儀)》의 "이 자리에 있으시오(不在此位也)."는 모두 의미가 불분명해진다. '작(作)'은 ('하다'의 의미인) '위(爲)'와 같으나 허사로써 ('비로소'의 의미인) '시(始)'와 ('이르다'의 의미인) '급(及)'의 의미도 있다. 이를 획일적으로 '위'로만 풀이하면,《상서·익직》의 "모든 나라들이 비로소 다스려졌다(萬邦作乂)."와 "그가 즉위함에 이르러(作其即

---

서·대고》는 "아! 그대들 제후국에게 크게 알리노라 …… (猷! 大誥爾多邦 …… )"로 되어있다.[역자주]

2) 이곳에서는 하나의 예만 들어 나머지 예들을 대신한다.

位)"는 모두 의미가 모두 불분명해진다. '위(爲)'는 ('하다'의 의미인) '작(作)'과 같으나 허사로써 ('만일'의 의미인) '여(如)'·('있다'의 의미인) '유(有)'·('~와'의 의미인) '여(與)'·('~에서'의 의미인) '어(於)'의 의미도 있다. 이를 획일적으로 '작'으로만 풀이하면, 《좌전(左傳)》의 "이게 무슨 신하란 말이오(何臣之爲)"·《국어(國語)·진어(晉語)》의 "그 시대 사람들에게 칭찬을 받았다(稱爲前世)"·《곡량전(穀梁傳)·희공(僖公) 20년》의 "부친을 모신 사당에 가까웠다(近爲禰宮)"·《관자(管子)·계(戒)》의 "만일 신이 죽는다면(爲臣死乎)"·《맹자(孟子)·공손추(公孫丑)》의 "이것을 가질 수 있고 또 살 돈이 있으면(得之爲有財)"은 모두 의미가 불분명해진다. 또 '여(如)'는 ('만일'의 의미인) '약(若)'과 같으나 허사로써 (접속사인) '이(而)'·('곧'의 의미인) '내(乃)'·('~에 상당하다' 내지 '마땅히'의 의미인) '당(當)'·('~와'의 의미인) '여(與)'의 의미도 있다. '약(若)'은 ('만일'의 의미인) '여(如)'와 같으나 허사로써 ('그'의 의미인) '기(其)'·(접속사인) '이(而)'·(지시대명사 '이'의 의미인) '차(此)'·('오직'의 의미인) '유(惟)'의 의미도 있다. '왈(曰)'은 ('말하다'의 의미인) '언(言)'과 같으나 허사로써 (어기사인) '율(聿)'의 의미도 있다. '위(謂)'는 ('말하다'의 의미인) '언(言)'과 같으나 허사로써 ('위하여'의 의미인) '위(爲)'·('~와'의 의미인) '여(與)'·('만일'의 의미인) '여(如)'·('어찌'의 의미인) '내(奈)'의 의미도 있다. '운(云)'은 ('말하다'의 의미인) '언(言)'과 같으나 허사로써 ('있다'의 의미인) '유(有)'·('간혹'의 의미인) '혹(或)'·('~한 모습'의 의미인) '연(然)'의 의미도 있다. '녕(寧)'은 ('편안하다'의 의미인) '안(安)'과 같으나 허사로써 ('오히려'의 의미인) '내(乃)'의 의미도 있다. '능(能)'은 ('뛰어나다'의 의미인) '선(善)'과 같으나 허사로써 (접속사인) '이(而)'와 ('곧'의 의미인) '내(乃)'의 의미도 있다. '무(無)'는 '있지 않다'의 의미이나 허사로써 발성이나 역접의 말로도 사용된다. '유(有)'는 '없지 않다'의 의미이나 허사로써 ('위하여'의 의미인)

'위(爲)'의 의미도 있다. '즉(卽)'은 ('나아가다'의 의미인) '취(就)'와 같으나 허사로써 ('곧'의 의미인) '즉(則)'·('만일'의 의미인) '약(若)'·('간혹'의 의미인) '혹(或)'의 의미도 있다. '즉(則)'은 ('법도'의 의미인) '법(法)'이고, '급(及)'은 ('이르다'의 의미인) '지(至)'이나 허사로써 ('만일'의 의미인) '약(若)'의 의미도 있다. '자(玆)'는 (지시대명사 '이'의 의미인) '차(此)'와 같으나 감탄사로도 쓰인다. '차(嗟)'는 감탄사이나 어조사로도 쓰인다. '피(彼)'는 ('그'의 의미인) '타(他)'와 같으나 ('아니다'의 의미인) '비(匪)'의 의미도 있다. '비(匪)'는 ('아니다'의 의미인) '비(非)'와 같으나 허사로써 (지시대명사 '저'의 의미인) '피(彼)'의 의미가 있다. '지(咫)'는 '8촌'의 의미이나 허사로써 ('단지'의 의미인) '지(只)'의 의미도 있다. '윤(允)'은 ('믿다'의 의미인) '신(信)'과 같으나 허사로써 ('~때문에'의 의미인) '용(用)'의 의미도 있다. '종(終)'은 ('다하다'의 의미인) '진(盡)'과 같으나 허사로써 ('이미'의 의미인) '기(旣)'의 의미도 있다. '다(多)'는 ('많다'의 의미인) '중(衆)'과 같으나 허사로써 ('단지'의 의미인) '기(祇)'의 의미도 있다. '적(適)'·'조(徂)'·'서(逝)'는 모두 ('가다'의 의미인) '왕(往)'과 같으나 허사로써 '적'은 ('다만'의 의미인) '시(啻)'의 의미가 있고, 허사로써 '조(徂)'는 ('이르다'의 의미인) '급(及)'의 의미가 있고, 허사로써 '서(逝)'는 발성사이다. '사(思)'는 ('생각하다'의 의미인) '염(念)'과 같고, '거(居)'는 ('거처하다'의 의미인) '처(處)'와 같고, '이(夷)'는 ('평평하다'의 의미인) '평(平)'과 같고, '일(一)'은 숫자의 시작이나 모두 어기사로도 쓰인다. '갈(曷)'은 허사 ('어찌'의 의미인) '하(何)'와 같으나 ('어찌~하지 않는가?'의 의미인) '하불(何不)'의 의미로도 쓰인다. '합(盍)'은 ('어찌~하지 않는가?'의 의미인) '하불'과 같으나 ('어찌'의 의미인) '하'로도 쓰인다. '어(於)'는 허사 ('~에서'의 의미인) '우(于)'와 같으나 ('위하다'의 의미인) '위(爲)'와 ('~와'의 의미인) '여(與)'의 의미도 있다. '원(爰)'은 (어기사인) '왈(曰)'과 같으나 ('~와'의 의미인) '여(與)'의 의미도 있다. '안(安)'은 허사 ('어찌'의 의미인) '언(焉)'과 같으나 ('이에'의 의미인) '내(乃)' · ('곧'의 의미인) '즉(則)' · ('이에'의 의미인) '어시(於是)'의 의미도 있다. '언(焉)'은 허사 ('어찌'의 의미인) '안(安)'과 같으나 ('~에서'의 의미인) '어(於)' · (지시대명사 '이'의 의미인) '시(是)' · ('이에'의 의미인) '어사(於是)' · ('곧'의 의미인) '내(乃)' · ('~한 즉'의 의미인) '즉(則)'의 의미도 있다. '유(惟)'는 허사 ('오직'의 의미인) '독(獨)'과 같으나 ('~와'의 의미인) '여(與)' · ('이르다'의 의미인) '급(及)' · ('비록'의 의미인) '수(雖)'의 의미도 있다. '수(雖)'는 정해지지 않음을 나타내는 말이나 ('오직'의 의미인) '유(惟)'의 의미도 있다. '신(矧)'은 허사 ('하물며'의 의미인) '황(況)'과 같으나 ('역시'의 의미인) '역(亦)'의 의미도 있다. '역(亦)'은 앞의 말을 받는 말이나 어조사로도 쓰인다. '차(且)'는 단락을 바꿔주는 말이나 (지시대명사 '이'의 의미인) '차(此)'의 의미도 있다. '지(之)'는 (지시대명사 '이'의 의미인) '시(是)'와 같으나 ('~에서'의 의미인) '어(於)' · ('그'의 의미인) '기(其)' · ('~와'의 의미인) '여(與)'의 의미도 있다. 이상은 옛날의 말로 그 용법이 아주 분명한 것들이다. 본래의 문장으로 헤아려도 알맞고 다른 책으로 검증해도 통한다. 비록 옛 사람들의 주장에는 없는 것이지만 마음으로 그 의미를 알 수 있다.

나는 경술년(1790년)에 도성에 들어와 어르신3)을 모시고 경의를 질문하면서, 처음으로 《상서》 28편을 읽고 그 의미를 따졌다. 그때 나는 《상서》의 문장에 나오는 어기사와 어조사를 옛 사람들이 실제적인 의미

---

3) 왕인지(王引之)의 부친인 왕염손(王念孫)을 말한다. 청(淸)나라의 대학자로, 아들 왕인지와 더불어 '고우이왕(高郵二王)'으로 불린다. 어려서 총명하여, 8세 때 《십삼경(十三經)》을 모두 읽었다. 성품이 정직하고, 훈고에 뛰어났다. 고음(古音)으로 고의(古意)를 추적하여 경전에서 풀리지 않은 문제를 해결하고 해석상의 많은 오류를 바로잡았다. 저술로는 《광아소증(廣雅疏證)》·《독서잡지(讀書雜志)》·《고운보(古韻譜)》 등이 있다.[역자주]

로 풀어놓아 왕왕 문장의 의미가 통하지 않는 것이 문제가 된다고 여겼다. 나는 일전에 이 문제로 글을 썼지만 함부로 내 의견을 확정할 수 없었다. 부친께서 《시경》의 "바람 불고 세차니(終風且暴)"와 《예기》의 "이런 이치로 지낸 것이다(此若義也)" 등의 구절을 설명하시는 것을 듣고 문장의 의미를 살피니 의문이 눈 녹듯 사라졌다. 나는 이로 따라야 할 바를 얻어 이치로 삼았다. 이에 결국 인용하고 넓히어 유사한 의미들을 모두 모았다. 구경(九經)[4]과 삼전(三傳)[5]에서 주(周)·진(秦)·서한(西漢)의 전적까지 허사가 들어간 문장을 널리 모으고 글자별로 순서를 매겨 《경전석사》10권으로 삼았다. 여기에는 총 160개의 글자가 수록되었다. 옛 사람들이 언급하지 않은 것을 보충하고, 잘못 풀이된 것은 바로 잡았으며, 알기 쉬운 것들은 간략하게 소개하고 따로 설명을 하지 않았다. 이는 내가 옛 설을 버려두고 새롭고 독특한 설을 숭상해서가 아니라, 옛 사람들의 뜻을 엿보고 헤아려 학자들이 선택할 수 있도록 하려함이다.

가경(嘉慶) 3년(1798년) 2월 1일
고우(高郵)의 왕인지(王引之)가 쓰다.

---

4) 《주역(周易)》·《상서(尙書)》·《시경(詩經)》·《춘추(春秋)》·《예기(禮記)》·《의례(儀禮)》·《주례(周禮)》·《논어(論語)》·《맹자(孟子)》를 말한다.[역자주]
5) 《춘추좌씨전(春秋左氏傳)》·《춘추공양전(春秋公羊傳)》·《춘추곡량전(春秋穀梁傳)》을 말한다.[역자주]

## 경전석사 제1

## 경전석사 제2

## 경전석사 제3

## 경전석사 제4

## 경전석사 제5

## 경전석사 제6

# 경전석사 제9

# 경전석사 제1

## 여與

　정현(鄭玄) 주석의 《예기(禮記)·단궁(檀弓)》은 "'여'는 ('~와'의 의미인) '급'이다(與, 及也)."라고 했다. 이는 자주 사용하는 말이다.

　'여'는 ('~로서'의 의미인) '이(以)'와 같다. 《주역(周易)·계사전(繫辭傳)》에 그래서 만물을 응대할 수 있고, 마음을 북돋을 수 있다(是故可與酬酢, 可與祐神矣)."라고 했는데, 이는 만물을 응대할 수 있고, 마음을 북돋을 수 있음을 말한다. 《예기·단궁》은 "은나라 사람은 두 기둥 사이에 시신을 안치했는데, 이는 손님과 주인으로 사이에 두는 것이다(殷人殯於兩楹之間, 則與賓主夾之也)."라고 했는데, 이는 손님과 주인으로 사이에 두는 것을 말한다. 같은 책의 〈옥조(玉藻)〉는 "대부가 사명을 받들고 외국으로 나가면, 반드시 제후의 일을 처리하는 공사로 시종을 삼는다(大夫有所往, 必與公士爲賓也)."라고 했는데, 이는 공사로 시종을 삼음을 말한다.[1] 《중용(中庸)·제33장》은 "누구나 먼 곳은 가까운 곳에서 가게 되고, 바람은 불어오는 원류가 있으며, 미세함도 뚜렷해진다는 것을 안다면, 덕을 닦는 길로 들어설 수 있다(知遠之近, 知風之自, 知微之顯, 可與入德矣)."라고 했는데, 이는 덕을 닦는 길에 들어설 수

---

　1) 그 의미는 위에 보인다.

있음을 말한다. 《논어(論語)·양화(陽貨)》는 "미천한 사람이 군주를 섬길 수 있겠느냐!(鄙夫可與事君也與哉!)"라고 했는데, 이는 군주를 섬길 수 없음을 말한다.2) 《사기(史記)·원앙조조열전(袁盎鼂錯列傳)》은 "첩과 주군이 어찌 함께 앉을 수 있겠습니까!(妾主豈可與同坐哉!)"라고 했는데, 이는 함께 앉을 수 없음을 말한다.3) 《한서(漢書)·식화전(貨殖傳)》은 "지혜롭지만 때에 따라 변하지 못하고, 용기가 있으나 단호하게 결단하지 못하고, 어질지만 주고받지 못한다(智不足與權變, 勇不足以決斷, 仁不能以取予)."라고 했고, 같은 책의 〈양웅전(揚雄傳)〉은 "도덕을 세우는 것으로 스승을 삼고, 인의를 벗하는 것으로 친구를 삼는다(建道德以爲師, 友仁義與爲朋)."라고 했다.4) 이상의 '여'도 ('~로서'의

---

2) 공안국(孔安國)의 《전(傳)》은 "함께 군주를 섬길 수 없다고 말하는 것이다(言不可與事君)."라고 했고, 황간(皇侃)의 《논어의소(論語義疏)》는 "무릇 미천한 사람과는 군주를 섬길 수 없음을 말하는 것이다(言凡鄙之人不可與之事君)."라고 했는데, 모두 잘못되었다. 이 문장 다음에 오는 "직위를 얻지 못할까 걱정하고(患得)"와 "직위를 잃을까 걱정하고(患失)"는 미천한 사람이 군주를 섬길 수 없는 까닭을 말하는 것이지, 미천한 사람과는 군주를 섬길 수 없음을 말하는 것이 아니다. 《후한서(後漢書)·이법전(李法傳)》은 "이법이 천자에게 글을 올려 간하다가 천자의 뜻을 거슬러 문책을 당했다. 이에 그는 서인으로 강등되어 고향으로 돌아왔다. 사람들이 그에게 천자의 뜻에 맞추지 못한 이유를 묻자, 법은 응대하지 않았다. 반고(班固)가 물어보자, 이법이 '미천한 자가 천자를 섬길 수 있겠소! 만일 직위를 잃을까 두려워한다면, 하지 않는 짓이 없을 것이오.'라고 했다." 법이 이렇게 말한 것은 사람들에게 죄가 없다고 말하는 것이 아니라 자신을 미천한 사람으로 낮춘 것이고, 게다가 스스로 천자를 섬길 수 없음을 말한 것이다. 그래서 이법의 뜻도 미천한 사람은 군주를 섬길 수 없다고 말하는 것이지, 미천한 사람과는 군주를 섬길 수 없다고 말하는 것이 아님이 분명하다. 안사고(顏師古)의 《광류정속(匡謬正俗)》은 "공자가 말하길 '미천한 사람이 군주를 섬길 수 있겠는가!(鄙夫可以事君也與哉!)'"라고 했고, 이선(李善) 주석의 《문선(文選)·동경부(東京賦)》는 "《논어》에 말하길 '미천한 사람은 군주를 섬길 수 없다(鄙夫不可以事君)'."라고 했다. 모두 '여(與)'를 '이(以)'로 바꾸어 말하고 있는데, 이는 정확하게 경전의 뜻에 부합된다.

3) 《한서(漢書)》에는 원문의 '여(與)'가 '이(以)'로 되어있다.

의미인) '이'의 의미여서 문장에서 서로 바꿔 사용할 수 있다.

부친께서 '여'는 ('…는~이다' 내지 '…에게~를 당하다'의 의미인) '위(爲)'라고 하셨다.[5] 《한비자(韓非子)·외저설좌하(外儲說左下)》는 "겉으로는 많이 준다고 하지만 실제로는 적게 주는 것입니다(名與多與之, 其實少)."라고 했다. 《전국책(戰國策)·서주책(西周策)》은 "진나라가 세상의 나라에게 시달림을 당하면, 진나라의 명령이 주 황실에 마음대로 행해지지 않을 것입니다(秦與天下罷, 則令不橫行於周矣)."라고 했는데, 이는 세상의 나라들에게 시달림을 당함을 말한다.[6] 같은 책의 〈진책(秦策)(5)〉는 "오왕 부차는 회계에서 월왕의 항복을 받았고, 애릉에서 제나라를 대파했지만 결국 구천에게 생포되어 간수에서 죽음을 당했습니다(吳王夫差棲越於會稽, 勝齊於艾陵, 遂與句踐禽, 死於干隧)."라고 했는데, 이는 구천에게 사로잡힌 것을 말한다.

부친께서 '여'는 ('위하여'의 의미인) '위(爲)'라고 하셨다.[7] 《맹자(孟子)·이루(離婁)》는 "바라는 것이 있으면 그들을 위해 모아주시오(所欲與之聚之)."라고 했는데, 이는 백성들이 바라는 것이 있으면 그들을 위해 모아주라는 것을 말한다. 《전국책·진책(4)》는 "어떤 사람이 중기를 위해 진나라 임금에게 유세하며 말했다(或與中期說秦王曰)."라고 했는데,[8] 이는 중기를 위해 진나라 임금에게 유세한 것을 말한다. 같은 책의

---

4) 《문선(文選)·우렵부(羽獵賦)》의 '여(與)'자 아래에 있는 '지(之)'는 후인들이 문장의 의미를 모르고 마음대로 넣은 것이다.

5) 이곳의 '위(爲)'는 평성(平聲)으로 읽는다.

6) 금본(今本)에는 "진여천하구파(秦與天下俱罷)"라고 되어 있는데, 이곳의 '구(俱)'는 후인들이 문장의 의미를 모르고 마음대로 넣은 것이다. 《독서잡지(讀書雜志)》에 설명이 보인다.

7) 이곳의 '위(爲)'는 거성(去聲)으로 읽는다.

8) 포표본(鮑彪本)에는 이렇게 되어있고, 요굉본(姚宏本)에는 '여(與)'가 '위(爲)'로 되어있다.

〈초책(楚策)(4)〉는 "진나라 임금이 미융을 보내 초나라에 일러 말했다: '제나라에게 동국의 땅을 주지 말라, 내가 그대를 위해 출병하겠네.'(秦 王令芈戎告楚曰: '毋與齊東國, 吾與子出兵矣')."라고 했는데, 이는 내가 그대를 위해 출병하겠음을 말한다. 또《한서 · 고조기(高祖紀)》는 "한나 라 임금이 의제를 위해 발상했다(漢王爲義帝發喪)."라고 했는데,《한기 (漢紀)》에는 '위'가 '여'로 되어있다.

부친께서 '여'는 ('말하다'의 의미인) '위(謂)'라고 하셨다.《대대례기 (大戴禮記) · 하소정(夏小正)》은 "수달이 잡은 물고기를 올리는데, 이를 '달제어'라고 한다. 여기서 이를 꼭 '수'라고 말한 것은 왜일까? 내가 '같 은 종이 아니기 때문이다'라고 했다(獺獸魚--獺祭魚, 其必與之獸, 何也? 曰: '非其類也')"라고 했는데,9) 이곳의 '여지수(與之獸)'는 '위지수(謂之 獸)'라고 하는 것과 같다. 또 "제비가 와서 내려앉는 것을 집10)에서 보 고 있다 …… '집'이라고 말한 까닭은 무엇일까? 이는 제비들이 진흙을 물고 사람들의 집에 와서, 그 집의 내원에 들어오기 때문이다(來降燕, 乃睇室 …… 其與之室, 何也? 操泥而就家, 入人內也)."라고 했는데, 이 곳의 "여지실(與之室)"은 "위지실(謂之室)"이라고 하는 것과 같다. 같은 책의 〈증자사부모(曾子事父母)〉는 "예라는 것은 어른이 거쳐야 하는 것이지, 어린아이가 꼭 거쳐야 함을 말하는 것이 아니다(夫禮, 大之由 也, 不與小之自也)."라고 했는데, 이곳의 '불(不)'은 ('~아니다'의 의미 인) '비(非)'이고, '여'는 ('말하다'의 의미인) '위'이다. 이선(李善)11) 주석

---

9) 원문은 "달수제어, 기필여지수, 하야? 왈: 비기류야(獺獸祭魚, 其必與之獸, 何也? 曰 : 非其類也)."로 되어있는데, 본문에서는 《대대례기(大戴禮記) · 하소정(夏小 正)》편의 원문에 따라 해석했다.[역자주]

10) 금본에는 원문의 '실(室)'자가 빠져있는데, 모형(毛亨)의 《전(傳)》의 문장에 근거 해 보충한다.

11) 당(唐)나라의 대학자로, 문선학(文選學)에 토대를 놓았다. 청렴하고 정직했으며,

의 《문선(文選)·보임소경서(報任少卿書)》는 "제가 형벌에 복종하여 죽음을 받는 것은, 아홉 마리의 소에서 털 하나 잃어버리는 것과 같은 것이니, 개구리나 개미 같은 미천한 것이 죽는 것과 무엇이 다르겠습니까? 게다가 세상 사람들은 제가 절개를 지키려다 죽었다고 말하지 않을 것입니다(假令僕伏法受誅, 若九牛亡一毛, 與螻蟻何以異? 而世又不與能死節者)."라고 했는데, 이는 세상 사람들이 내가 죽음으로 절개를 지켰다고 말하지 않을 것임을 의미한다.[12]

《광아(廣雅)》는 "'여'는 ('같다'·'또는'·'~하느니'·'~에 비하다')의 의미인 '여'이다(與, 如也)."라고 했다. 《대대례기·사대(四代)》는 "그가 하는 일은 반드시 그 봉록과 같아야 하고, 그의 봉록은 반드시 그의 작위와 같아야지, 이를 넘어서는 안 되는 것이다(事必與食, 食必與位, 無相越逾)."라고 했는데, 이곳의 '여'는 ('같다'의 의미인) '여(如)'이다. 이는 하는 일은 반드시 자신의 봉록과 같아야 하고, 봉록은 반드시 자신의 작위와 같아야 함을 말한다. 《안자춘추(晏子春秋)·문하(問下)》는 "올바르게 행동하면 백성을 잃고, 올바르게 행동하지 않으면 도의가 없어집니다. 올바르게 행동하여 백성을 잃으시겠습니까? 또는 백성들을 어루만지고 도의를 잃으시겠습니까?(正行則民遺, 曲行則道廢. 正行而遺民乎? 與持民而遺道乎?)"라고 했는데, 이곳의 '여'는 ('또는'의 의미인) '여'이다. 이는 올바르게 행동해 백성을 잃을 것인지 또는 백성들을 어

---

고금의 군서를 섭렵했다. 비서랑(秘書郎)·경성현령(涇城縣令)·숭현관학사(崇賢館學士) 등을 지냈다. 재초(載初) 원년(690년)에 세상을 떠났다. 저술로는 《문선주(文選注)》·《한서변혹(漢書辨惑)》 등이 있다.[역자주]

12) 《한서(漢書)·사마천전(司馬遷傳)》에는 "죽음으로 절개를 지킨 자와는 비교가 안 된다(不與能死節者比)."라고 되어있고, 오신본(五臣本) 《문선(文選)》에는 "죽음으로 절개를 지킨 자와 나란히 비교가 안 된다(不能與死節者次比)."로 되어있다. 이는 모두 후인들이 문장의 의미를 모르고 마음대로 더하고 고친 것이다. 자세한 설명은 《독서잡지》에 보인다.

루만져 도의를 잃을 것인지를 말한다. 《묵자(墨子)·겸애(兼愛)》는 "큰 나라가 작은 나라를 공격하고 큰 봉읍이 작은 봉읍을 어지럽히고, 강한 자가 약한 자를 겁탈하고 많은 사람들이 적은 사람들을 학대하고, 간교한 자가 어리석은 자를 도모하고, 고귀한 자가 빈천한 사람들을 무시하는 것 같은 것은 세상의 큰 재앙이다. 또 군주가 된 자가 어질지 않고, 신하가 된 자가 충직하지 않고, 아비가 된 자가 인자하지 않고, 자식이 된 자가 효도하지 않는 것 같은 것도 세상의 재앙이다. 또 지금의 천한 사람들이 병기·독약·물·불을 들고 서로 해치는 것 같은 것도 세상의 재앙이다(若大國之攻小國也, 大家之亂小家也, 强之劫弱, 衆之暴寡, 詐之謀愚, 貴之敖賤, 此天下之害也. 又與爲人君者之不惠也, 臣者之不忠也, 父者之不慈也, 子者之不孝也, 此又天下之害也. 又與今人之賤人, 執其兵刃、毒藥、水、火, 以交相虧賊, 此又天下之害也)."라고 했는데, 이곳의 '우여(又與)'는 ('또~와 같다'의 의미인) '우여(又如)'이다. 《좌전·양공(襄公) 26년》은 《하서(夏書)》를 인용하여 "무고한 사람들을 죽이느니, 차라리 죄인들에게 법을 적용하지 않겠소(與其殺不辜, 寧失不經)."라고 했다.[13] 《예기·단궁(상)》은 "상을 치를 때, 덜 슬퍼하고 예물을 많이 준비하느니 예물이 부족하더라도 많이 슬퍼하는 것이 낫다. 제사를 올릴 때, 예물을 많이 준비하고 덜 공경하느니 예물은 적더라도 많이 공경하는 것이 낫다(喪禮, 與其哀不足而禮有餘也, 不若禮不足而哀有餘也. 祭禮, 與其敬不足而禮有餘也, 不若禮不足而敬有餘也)."라고 했다.[14] 이상의 '여기(與其)'는 모두 ('~하느니'의 의미인) '여기(如其)'이다. '여(與)'로만 된 곳도 있다. 《국어(國語)·진어(晉語)(9)》에서 "내가 정신병 때문에 상을 받느니,[15] 도망가는 것만 못하오(與余以狂疾賞也,

---

13) 앞에서 '여기(與其)'라고 하고 뒤에서 '녕(寧)'이라고 한 것은 이곳에 둔다.
14) 앞에서 '여기(與其)'라고 하고 뒤에서 '불약(不若)'이라고 한 것은 이곳에 둔다.
15) 송본(宋本)에는 이렇게 되어있고, 금본에는 '시이광질상야(是以狂疾賞也)'로 되어

不如亡)."라고 한 것,《맹자 · 만장(萬章)》에서 "내 재야에 살며 요와 순의 도를 즐기느니, 내 어찌 이 임금으로 하여금 요와 순 같은 성군이 되게 하지 않으리! 내 어찌 이 백성들로 하여금 요와 순의 백성 같은 백성들이 되게 하지 않으리!(與我處畎畝之中, 由是以樂堯、舜之道, 吾豈若使是君為堯、舜之君哉! 吾豈若使是民為堯、舜之民哉!)"라고 한 것,《여씨춘추(呂氏春秋) · 귀직(貴直)》에서 "내가 병거 천 대를 얻느니, 지나가는 사람이 꿰뚫어 본 한 마디 말을 듣는 것만 못하다(與吾得革車千乘也, 不如聞行人燭過之一言)."라고 한 것,《사기 · 노중련전(魯仲連傳)》에서 "나는 부귀하면서 다른 사람에게 굴종하느니, 차라리 가난하지만 세상을 경시하고 내 뜻대로 할 것이다.(吾與富貴而詘於人, 寧貧賤而輕世肆志焉)."라고 한 것이 모두 이 예들이다.《좌전 · 민공(閔公) 원년》은 "훌륭한 명성이라도 얻을 수 있는데, 어찌 이곳에 남아 재앙을 당하는 것에 비하겠는가(猶有令名, 與其及也)."라고 했다. 이에 대한 왕숙(王肅)[16]의 주석은 "떠나면 훌륭한 명성이라도 얻을 수 있건만, 어찌 앉아서 재앙을 당하는 것에 비하겠는가(雖去猶有令名, 何與其坐而及禍也)."라고 했는데,[17] 이곳의 '하여(何與)'는 ('어찌~에 비하겠는가?'의

---

있다. 이는 후인들이 문장의 의미를 모르고 마음대로 넣은 것이다.

16) 삼국(三國) 위(魏)나라의 경학자이다. 자는 자옹(子雍)이다. 진(晉) 문제(文帝) 사마소(司馬昭)의 장인이기도 하다. 산기시랑(散騎侍郎) · 비서감(秘書監) · 숭문관좨주(崇文觀祭酒) 등을 지냈다. 감로(甘露) 원년(256년)에 62세로 세상을 떠났다. 대유학자 송충(宋忠)에게서 경전을 공부했고, 금문과 고문을 모두 궁구했다.《공자가어(孔子家語)》를 편찬했고, 그가 주석을 단 경전들은 위진(魏晉) 시기 '왕학(王學)'으로 불릴 만큼 큰 영향을 끼쳤다.[역자주]

17)《사기(史記) · 진세가집해(晉世家集解)》에 보인다. 또《후한서(後漢書) · 순상전(荀爽傳)》은 "《전》은 이렇게 말했다: 발을 깎아 신발에 맞추는 것이니, 누가 그 어리석음을 말했나? 어찌하여 이 사람처럼 자신의 몸을 상하게 하려는 것인가?(《傳》曰: 截趾適屨, 孰云其愚? 何與斯人, 追欲喪軀?)"라고 했다.

의미인) '하여(何如)'이다. 《좌전 · 민공(閔公) 2년》은 "자신을 해쳐서 죄를 빨리 앞당기는 것에 비하겠는가 …… (與其危身以速罪也 …… )."라고 했다.[18] 이에 대한 두예(杜預)[19]의 주석은 "어찌 자신을 위험에 빠뜨려 죄를 지으려는 것에 비하겠는가를 말한다(言孰與危身以召罪)."라고 했는데, 이곳의 '숙여(孰與)'도 '하여(何如)'이다. 《전국책 · 진책(秦策)(4)》는 "진 소왕이 좌우의 신하들에게 말했다: '지금의 한나라와 위나라는 어느 쪽이 처음과 비교했을 때 강한가?' 신하들이 말했다: '처음보다 못하옵니다.' 소공이 또 말했다: '지금의 한나라 대신 여이와 위나라의 대신 위제를 맹상군과 망묘와 비교하면 어느 쪽이 더 재능이 있는가?' 대신들이 대답했다: '맹상군과 망묘만 못하옵니다.'(秦昭王謂左右曰: '今日韓, 魏, 孰與始強?' 對曰: '弗如也.' 王曰: '今之如耳, 魏齊, 孰與孟嘗, 芒卯之賢?' 對曰: '弗如也')."라고 했다. 같은 책 〈제책(齊策)(1)〉은 "전후가 대신들을 소집해 상의하며 말했다: '조나라를 구원함에 구원하지 않는 것에 비해 어떠한가?'(田侯召大臣而謀曰: '救趙, 孰與勿救?')"라고 했고, 같은 책 〈조책(趙策)(3)〉은 "조나라 왕이 누완과 상의하며 말했다: '진나라에 성을 내어줌에 주지 않는 것에 비하면 어떠한가?'(趙王與樓緩計之曰: '與秦城, 何如不與?')"라고 했는데,[20] 이곳의 '숙여'가

---

18) 이 문장은 《국어(國語) · 진어(晉語)(1)》에는 "게다가 적 사람들이 우리에게 초래할 위험은 말하지 않고 내부에서 참언을 일삼을 것이다(況其危身於狄以起讒於內也)."로 되어있다. 이곳의 '황(況)'은 ('비교하다'의 의미인) '비(比)'이다. '비' 역시 '여(如)'이다.

19) 위진(魏晉) 때의 유명한 관리이자 학자이다. 위(魏)나라에서 상서랑(尙書郞)을 지냈고, 진(晉)나라에서 하남윤(河南尹) · 진주자사(秦州刺史) 등을 지냈다. 오(吳)나라를 멸할 때 장수가 되기도 하였다. 태강(太康) 5년(285년), 63세로 세상을 떠났다. 박학했으며 군서를 섭렵했다. 저술로는 《춘추좌씨전집해(春秋左氏傳集解)》와 《춘추석례(春秋釋例)》 등이 있다.[역자주]

20) 금본의 '불여(不與)' 아래에는 '하여(何如)' 두 글자가 또 있는데, 이는 후인들이 문

바로 '하여(何如)'이다. 그래서 사마상여(司馬相如)의 《자허부(子虛賦)》
에서 "초나라 왕의 사냥함이 과인에 비하면 어떠한가?(楚王之獵, 孰與
寡人乎?)"라고 한 것을 곽박(郭璞)[21]의 주석은 "'여'는 ('~에 비하다'의
의미인) '여'와 같다(與, 猶如也)."라고 했다.

'여'는 어기사이다. 《좌전·희공(僖公) 23년》은 "큰 공이 있어도 높은
관직과 자리에 있지 않으니, 그렇게 나라를 안정시킬 수 있는 사람이
몇이나 있겠습니까?(夫有大功而無貴仕, 其人能靖者與有幾?)"라고 했는
데, 이는 나라를 안정시킬 수 있는 사람이 몇 명이나 있겠는지를 말한
다.[22] 같은 책 〈양공 29년〉은 "이번 동맹이 얼마나 오래갈 수 있겠습니
까?(是盟也, 其與幾何?)"라고 했는데,[23] 이는 그것이 얼마나 오래 동안

---

장의 의미를 모르고 마음대로 넣은 것이다. 《독서잡지》에 상세한 설명이 보인다.
21) 진(晉)나라의 유명한 문인이자 학자이다. 어려서 박학다식했다. 영가(永嘉)의 난
   때 남하하여 선성태수(宣城太守) 은우(殷祐)와 왕도(王導)의 참군(參軍)이 되었
   다. 진(晉) 원제(元帝) 때 저작랑(著作郞)이 되어 왕은(王隱)과 《진사(晉史)》를 수
   찬했다. 후에 대장군 왕돈(王敦)의 기실참군(記室參軍)이 되어 왕돈에게 모반을
   일으키지 말 것을 간언하다가 해를 당했다. 고문(古文)·천문·역법뿐만 아니라
   시문에도 뛰어났다. 《이아(爾雅)》·《방언(方言)》·《산해경(山海經)》 등에 주석을
   단 것으로 유명하다.[역자주]
22) '여'는 어조사이다. '여유기(與有幾)' 세 글자는 연속으로 읽는다. 《경전석문(經典
   釋文)》은 "기인능정자여(其人能靖者與)에서 문장을 끊으며, '여'는 음이 여(餘)이
   다"라고 했는데, 잘못된 것이다.
23) 또 《좌전(左傳)·소공(昭公) 원년》은 "백성들을 다스리는 일에 시간이나 보내고
   조금도 참지 못하며 서두른다면, 그가 얼마나 오래 살 수 있겠습니까?(主民翫歲而
   愒日, 其與幾何?)"라고 했고, 또 "숙향이 행인 휘에게 자석에 대해 묻자, 대답했다:
   '그 사람이 얼마나 오래 가겠습니까?(叔向問子晳於行人揮, 對曰: '其與幾何?)"라고
   했다. 또 《국어(國語)·진어(晉語)》는 "비록 한 곳으로 모이나 치아에 이리저리 부
   딪치면 입이 견디지 못할 것이니 얼마나 버틸 수 있겠습니까?(雖謂之挾, 而猶以齒
   牙, 口不堪也, 其與幾何?)"라고 했고, 또 "극자는 자신의 공을 내세우며 군주를 우
   롱하고 있으니, 그가 얼마나 오래 가겠습니까?(郤子矜其伐而恥國君, 其與幾何?)"라
   고 했다. 《국어·오어(吳語)》는 "사람이 이 세상에 태어난 것은 잠시 머무는 것과

가는 것인지를 말한다. 《국어 · 주어(周語)》는 "만일 백성들의 입을 막는다면, 얼마나 갈 수 있겠는가?(若壅其口, 其與能幾何?)"라고 했다. 이는 얼마나 갈 수 있는지를 말한다.24) 같은 책 〈진어(晉語)〉는 "신하들 중에 자신의 봉읍을 버리고 몸만 물러나겠다는 사람이 몇 명이나 되겠습니까?(諸臣之委室而徒退者, 將與幾人?)"라고 했는데, 이는 몇 명이나 되겠는지를 말한다.25) 또 《좌전 · 소공 17년》은 "그것이 대화성과 함께 있은 지 오래되었으니 설마 그렇지 않다는 것입니까?(其居火也久矣, 其與不然乎?)"라고 했는데, 이는 그것이 그렇지 않음을 말한다. 《국어 · 주어》는 "짐이 먼 곳으로 쫓겨나고 물러나도, 무슨 할 말이 있겠는가?(余一人其流辟於裔土, 何辭之與有?)"라고 했는데, 이는 무슨 할 말이 있는가를 말한다. 같은 책 〈진어(晉語)〉는 "다른 나라로 달아난 사람이 어떻게 큰 땅을 가질 수 있겠습니까?(亡人何國之與有?)"라고 했는데, 이는 어떻게 큰 땅을 가질 수 있는가를 말한다. 같은 책 〈월어(越語)〉는 "과인과 같은 사람이 어찌 수치스러움을 알겠소?(如寡人者, 安與知恥?)"라고 했는데, 이는 어찌 수치스러움을 알겠는가라고 말하는 것이다. 또 《맹자 · 등문공(滕文公)》은 "길이 바르지 않은데도 가는 것은 구멍을 뚫고 그 틈새로 보는 것과 같습니다(不由其道而往者, 與鑽穴隙之類也)."라고 했다. 이상의 '여'는 모두 의미가 없는 어조사이다.


## 이曰 이以 이已

'이(曰)'는 '이(以)'로 된 곳도 있고 '이(已)'로 된 곳도 있다. 정현 주석

---

같으니, 얼마나 많은 시간이 있겠는가?(民生於地上, 寓也, 其與幾何?)"라고 했다.

24) 위소(韋昭)의 주석은 "'여'는 어조사이다(與, 辭也)."라고 했다.

25) 위소(韋昭)의 주석은 "'여'는 어조사이다(與, 辭也)."라고 했다.

의《예기 · 단궁》은 "'이'와 '이'는 원래 같다('以'與'已'字本同)."라고 했다.

　　허사 '이(以)'는 ('~로써'의 의미인) '용(用)'이다.《상서 · 요전(堯典)》의 "이로 구족을 화목하게 만드셨다(以親九族)."라고 한 것이 이 예이다. 이는 자주 사용하는 말이다.

　　《한서 · 유향전(劉向傳)》의 주석은 "'이'는 ('~로 말미암다'의 의미인) '유'이다(㠯, 由也)."라고 했다.《대대례기 · 자장문입관(子張問入官)》은 "남을 원망하고 탓하면, 송사가 이로 말미암아 생기고, 간언을 거절하면 생각이 이로 말미암아 막힌다(忿數者, 獄之所由生也; 距諫者, 慮之所以塞也)."라고 했는데, 이곳의 '이'도 ('~로 말미암아'의 의미인) '유(由)'이다. 이 역시 자주 사용하는 말이다.

　　《옥편(玉篇)》은 "'이'는 ('~하다'의 의미인) '위'이다(以, 爲也)."라고 했다.《시경 · 대아(大雅) · 첨앙(瞻卬)》은 "하늘은 어떻게 나무라시려나(天何以刺)."라고 했는데, 이는 하늘이 어떻게 나무랄 것인지를 말한다. 일반적으로 경전에 나오는 '하이(何以)'는 모두 ('어찌~하다'의 의미인) '하위(何爲)'를 말한다. 이 역시 자주 사용하는 말이다.

　　'이'는 ('말하다'의 의미인) '위(謂)'이다.《예기 · 단궁》은 "예전에 나에게 이런 아들이 있었는데, 장래에 아주 어진 사람이 될 것이라고 말한 적이 있다(昔者吾有斯子也, 吾以將爲賢人也)."라고 했는데, 이는 내가 아들이 어진 사람이 될 것이라고 말했음을 의미한다.《좌전 · 소공 26년》은 "소공이 일을 장소백(臧昭伯)에게 알리자, 장손은 일이 이뤄지기 어려울 것이라고 말했다. 소공이 후손에게 알리자, 후손은 일이 성사될 수 있다고 말하며, 권했다(公以告臧孫, 臧孫以難. 告郈孫, 郈孫以可, 勸)."라고 했는데,[26] 이는 장손은 일이 이뤄지기 어렵다고 말한 것이고,

---

26)《경전석문(經典釋文)》은 "'후손이가'에서 문장을 끊는다. '권'은 소공에게 계씨를 쫓아내라고 권하는 것이다(郈孫以可, 絕句. 勸, 勸公逐季氏也)."라고 했다.

후손은 일이 이뤄질 수 있다고 말한 것이다. 《전국책·제책(1)》은 "신의 처는 신을 편들고, 신의 첩은 신을 경외하고, 신의 손님들은 신에게 바라는 것이 있습니다. 이들은 모두 신이 서공보다 아름답다고 말합니다(臣之妻私臣, 臣之妾畏臣, 臣之客欲有求於臣, 皆以美於徐公)."라고 했는데, 이는 모두 서공보다 아름답고 말하는 것이다.

《광아》는 "'이'는 ('함께' 내지 '~와'의 의미인) '여'이다(以, 與也.)."라고 했다. 《상서·반경(盤庚)》은 "그대들은 성실해야지 힘을 합하지 않으면, 함께 침몰할 것이다(爾忱不屬, 惟胥以沈)."라고 했는데, 공안국(孔安國)의 《전(傳)》은 "서로 함께 물속에 빠지는 것이다(相與沈溺)."라고 했다. 《시경·소남(召南)·강유사(江有汜)》의 "나와 함께 하지 않겠다고(不我以)", 같은 책 〈패풍(邶風)·격고(擊鼓)〉의 "나와 함께 돌아가지 않으니(不我以歸)", 같은 책 〈대아·상유(桑柔)〉의 "함께 잘 지내지 않는구나(不胥以穀)", 《의례(儀禮)·향사례(鄕射禮)》의 "주인과 손님이 읍했다(主人以賓揖)", 같은 편의 "각자 자신의 짝과 나아간다(各以其耦進)", 《예기·대사의(大射儀)》의 "짝과 함께 좌측으로 돌아온다(以耦左還)."에 대해 정현의 《전(箋)》과 주석은 모두 "'이'는 ('~와'의 의미인) '여'와 같다(以, 猶與也.)."라고 했다. 《예기·단궁》은 "나는 여태까지 그와 함께 일하는 곳에 가본 적이 없다(吾未嘗以就公室)."라고 했는데, 정현의 주석은 "함께 그가 일하는 곳에 가서 그의 품행을 관찰한 적이 없다(未嘗與到公室, 觀其行也)."라고 했다. 《주역·정(鼎)·초육(初六)》은 "첩을 얻어 아들과 함께 하니(得妾以其子)."라고 했는데, 이는 첩을 얻어 아들과 함께 함을 말한다. 《시경·소아·소명(小明)》은 "신 중히 법도를 따르면, 복이 너와 함께 하리라(神之聽之, 式穀以女)."라고 했는데, 이는 복이 너와 함께 함을 말한다.[27] 《예기·교특생(郊特牲)》

----

27) 정현(鄭玄)의 《전(箋)》이 '이(以)'를 ('~때문에'의 의미인) '용(用)'으로 풀이한 것

은 "손님이 대문으로 들어오면 《사하》를 연주하여, 온화함과 경건함을 보여준다(賓入大門而奏《肆夏》, 示易以敬也)."라고 했는데, 이는 온화함과 경건함을 보여줌을 말한다. 《좌전·양공 20년》은 "《상체》 제7장과 마지막 장을 지었다(賦《常棣》之七章以卒)."라고 했는데, 이는 제7장과 마지막 장을 지었음을 말한다. 같은 책 〈양공 29년〉은 "악씨는 …… 송나라와 흥망성쇠를 함께 했으니(樂氏 …… 其以宋升降乎!)"라고 했는데,[28] 이는 송나라와 흥망성쇠를 같이 했음을 말한다. 《논어·미자(微子)》는 "너희들은 누구와 이를 바꾸겠느냐?(而誰以易之?)"라고 했는데, 이는 누구와 바꿀 것인지를 말한다. 《시경·소남·강유사》는 "나와 함께 하지 않네 …… 나와 같이 하지 않네(不我以 …… 不我與)."라고 했다. 같은 책 〈패풍·모구(旄邱)〉는 "어찌 그리 편안하신가, 반드시 함께 할 나라가 있어서겠지. 어찌 그리 오래 걸리는가, 반드시 같이 도모할 사람이 있어서겠지(何其處也, 必有與也. 何其久也, 必有以也)."라고 했다.[29] 이곳의 '이'도 ('~와'의 의미인) '여(與)'이니, 옛 사람들에게는 두 글자만 있었을 뿐이다. 《관자(管子)·형세(形勢)》는 "비방을 일삼는 사람들과는 큰일을 할 수 없고, 크게 도모하는 사람과는 먼 계획을 상의할 수 있고, 늘 걱정하는 사람과는 도에 힘쓸 수 있다(訾讏之人, 勿與任大, 譙臣者可以遠舉, 顧憂者可與致道.)"라고 했다. 《여씨춘추(呂氏春秋)·낙성(樂成)》은 "때문에 백성들과 변화를 구하거나 새로운 일을 해서는 안 되지만 그들과 공을 이루는 즐거움을 누릴 수 있다(故民不可與慮化舉始, 而可以樂成功)."라고 했다. 이상은 모두 문장에서 '여'와 '이'가 서로 통하는 예이다. 그래서 《의례·향사례(鄕射禮)》의 "각자 자신의 짝

---

은 잘못되었다.

28) 이 구절은 금본 《좌전(左傳)》에는 " …… 악씨가언, 기이송승강호!( …… 樂氏加焉, 其以宋升降乎!)"로 되어있다.[역자주]

29) 모형의 《전(傳)》은 "공덕이 있기 때문이지(必以有功德)."라고 했는데, 잘못된 것이다.

과 나아간다(各以其耦進)."는 지금의 문장에서는 '이(以)'가 '여(與)'로 되어있다. 《전국책・월어(越語)(2)》의 "절개로 섬기는 사람은 함께 할 수 있다(節事者與地)."는 《사기・월세가(越世家)》에는 '여'가 '이'로 되어있다. 《여씨춘추・정유(精諭)》의 "사람들이 그와 은근한 말을 할 수 있습니까?(人可與微言乎?)"는 《회남자(淮南子)・도응(道應)》에는 '여'가 '이'로 되어있다. 《여씨춘추・권훈(權勳)》의 "나는 그들과 더 이상 싸우지 않겠다(不穀無與復戰矣)."는 《설원(說苑)・경신(敬慎)》에는 '여'가 '이'로 되어있다. 《전국책・연책(燕策)》의 "어진 사람을 얻으면 함께 나라를 다스릴 것이다(得賢士與共國)"는 《사기・연세가(燕世家)》에는 '여'가 '이'로 되어있다.

'이'는 ('미치다' 내지 '이르다'의 의미인) '급(及)'이다. 《주역・소축(小畜)・구오(九五)》는 "정성이 충만하여 그 이웃까지 미친다(富以其鄰)."라고 했는데, 우번(虞翻)[30]의 주석은 "'이'는 ('미치다'의 의미인) '급'이다(以, 及也)."라고 했다.[31] 같은 책 〈태(泰)・초구(初九)〉는 "띠 풀을 뽑으면 그 뿌리가 함께 뽑히는 것은 그 동류에게 미친 것이다(拔茅茹, 以其彙)."라고 했는데, 이는 그 동류에게 미친 것을 말한다.[32] 같은 책 〈박(剝)・초육(初六)〉은 "침상의 다리까지 박락되니(剝牀以足)."라고 했고, 같은 책 〈박・육이(六二)〉는 "침상의 몸체까지 박락하기에 이르니(剝牀以辨)."라고 했고, 또 같은 책 〈박・육사(六四)〉는 "침상의 눕는

---

30) 삼국(三國) 시기 오(吳)나라의 관리이자 경학자이다. 자는 중상(仲翔)이다. 원래 회계태수(會稽太守) 왕랑(王郞) 휘하에 있었으나 손책(孫策)에게 귀순하여 오나라에서 벼슬했다. 하루에 300리를 갈 수 있었고, 긴 창을 잘 썼다. 경학에도 조예가 깊었는데, 특히 《주역》에 정통했다.[역자주]

31) 《주역(周易)・태(泰)・육사(六四)》와 같은 책의 〈겸(謙)・육오(六五)〉는 모두 "자만하지 않고 양을 찾으면 그 이웃에까지 미친다(不富以其鄰)."라고 했다.

32) 《주역(周易)・부(否)・초육(初六)》과 같다.

자리까지 박식이 되었으니(剝牀以膚)"라고 했다. 이는 침상의 다리에 이르고, 침상의 몸체에 이르고, 침상의 눕는 자리까지 이르렀음을 말한다. 같은 책 〈복(復)·상육(上六)〉은 "이것으로 군사를 일으켜 전쟁하면, 결국 크게 패하여 군주에게 미치니, 흉한 것이다(用行師, 終有大敗, 以其國君, 凶)."라고 했는데, 이는 그 군주에게 영향을 미침을 말한다.33) 《국어·주어(周語)》는 《상서·탕서(湯誓)》의 "나 한 사람에게만 죄가 있는 것이지, 세상 사람에게는 죄가 미치지 않을 것이다(余一人有罪, 無以萬夫)."라는 구절을 인용했는데,34) 이는 모든 사람에게 죄를 묻지 않겠음을 말한다.

'이'는 (접속사인) '이(而)'와 같다. 《주역·태(泰)·육사(六四)》는 "서로 훈계하지 않고 성실과 신의로 양강을 찾는다(不戒以孚)."라고 했는데, 이는 《계사전》에서 "빠르지 않으면서 이루고, 행하지 않으면서 이른다(不疾而速, 不行而至)."라고 한 것과 같다. 《상서·목서(牧誓)》는 "그들로 하여금 백성들을 잔혹하게 다루고, 상나라의 안팎에서 혼란을 일으켰다(俾暴虐于百姓, 以姦宄于商邑)."라고 했다. 같은 책 〈금등(金滕)〉은 "하늘에 크게 번개가 치고 바람이 불었다(天大雷電以風)."라고 했다.35) 《예기·악기(樂記)》는 "세상을 다스리는 음악은 편안하고 즐거우며, 세상을 어지럽히는 음악은 원망스럽고 화를 나게 만들며, 나라를 망하게 하는 음악은 슬프고 근심스럽게 만든다(治世之音安以樂, 亂世

---

33) 왕필(王弼)은 '이(以)'를 ('쓰다'의 의미인) '용(用)'으로 풀며, "다른 나라에서 이를 쓰면, 군주의 도에 반하는 것이다(用之於國, 則反乎君道)."라고 했는데, 잘못된 것이다. 이것은 부친의 견해이다.
34) 〈탕서(湯誓)〉는 《상서(尙書)》의 편명이나 《상서·탕서》에는 오히려 이 구절이 보이지 않는다. 참고로 이 구절은 《여씨춘추·순민편(順民篇)》에 보인다.[역자주]
35) 《좌전(左傳)·은공(隱公) 9년》은 "큰 비가 오랫동안 내리고 번개 소리가 크게 울렸다(大雨霖以震)."라고 했다.

之音怨以怒, 亡國之音哀以思)."라고 했다. 《대대례기 · 증자제언(曾子製言)》은 "부유하면서 구차한 것은 가난하면서 명예를 지키는 것만 못하고, 살면서 욕을 당하는 것은 죽어서 영예로운 것만 못하다(富以苟, 不如貧以譽; 生以辱, 不如死以榮)."라고 했다. 《좌전 · 민공 2년》은 "화목하면서 재앙이 없다면, 또 무엇을 걱정하리?(親以無災, 又何患焉?)"라고 했다. 같은 책 〈소공 20년〉은 "부족한 것을 도와주고 지나친 것을 풀어준다(濟其不及, 以泄其過)."라고 했다. 《국어 · 진어(晉語)》는 "호언은 은혜로우면서 지략이 있고, 조쇠는 부드러우면서 충직하고, 가타는 박식하면서 공경하다(狐偃惠以有謀, 趙衰文以忠貞, 賈佗多識以恭敬)."라고 했다. 같은 책 〈오어(吳語)〉는 "예전에 초나라 영왕이 군주 노릇을 하지 못했는데, 그의 신하가 올바르게 간언해도 받아들이지 않았다(昔楚靈王不君, 其臣箴諫以不入)."라고 했다. 《공양전(公羊傳) · 장공 24년》은 "융의 병사들은 많고 도의가 없습니다(戎衆以無義)."라고 했다.[36] 《논어 · 위정(為政)》은 "계강자가 물었다: 백성들이 공경하고 성실하며 서로 면려하려면 어찌해야 하는지요?(季康子問: 使民敬忠以勸, 如之何?)"라고 했다. 이상의 '이'는 모두 (접속사인) '이'와 같다. 《주역 · 동인(同人) · 단전(彖傳)》은 "성품이 고상하면서 강건하고, 행위가 중정하면서 서로 조화를 이룬다(文明以健, 中正而應)."라고 했다. 《계사전》은 "시초의 덕은 둥글고 신묘하며, 괘의 덕은 반듯하고 지혜롭다(蓍之德圓而神, 卦之德方以知)."라고 했다. 《예기 · 빙의(聘義)》는 "온후하면서 윤기가 나는 것은 어짊에 비유할 수 있고, 촘촘하면서 튼튼한

---

36) 원문의 '이(以)'는 (접속사인) '이(而)'와 같다. 《공양전(公羊傳) · 희공(僖公) 21년》은 "초나라는 오랑캐의 나라로, 국력이 강하고 도의가 없습니다(楚, 夷國也. 強而無義)."라고 한 것이 그 증거다. 하휴(何休)의 주석은 "융의 군사들은 많고, 늘 도의가 없는 것을 일로 삼는 것이다(戎師多, 又常以無義為事)."라고 했는데, 잘못된 것이다.

것은 지혜에 비유할 수 있다(溫潤而澤, 仁也; 縝密以栗, 知也)."라고 했다. 《좌전·소공 11년》은 "하나라의 걸은 유민족에 승리를 거두고도 나라를 잃었고, 은나라의 주는 동이족에 승리를 거두고도 자신의 목숨을 잃었다(桀克有緡以喪其國, 紂克東夷而隕其身)."라고 했다. 이상의 '이' 역시 (접속사인) '이'의 의미로, 서로 바꿔 사용한 경우이다.

'이(已)'는 ('이미'의 의미인) '기(旣)'이다. 이는 자주 사용하는 말이다.

정현 주석의 《주례·고공기(考工記)》는 "'이'는 ('너무'의 의미인) '태'이자, ('심히'의 의미인) '심'이다(已, 太也, 甚也)."라고 했는데, 이 역시 자주 사용하는 말이다. '이(以)'로 된 곳도 있다. 《좌전·문공 5년》에서 "영이 말했다: 너무 강직하오(贏曰: '以剛')."라고 한 것이 이 예이다.

《이아(爾雅)》는 "'이'는 (지시대명사 '이'의 의미인) '차'이다(已, 此也)."라고 했다. 《장자·제물론(齊物論)》은 "이를 따르면 그것이 왜 그렇게 되는지를 모르는데, 이를 '도'라고 한다(已而不知其然, 謂之道)."라고 했다. 이곳의 '이'는 앞 문장을 받아 말한 것으로, 이렇게 하면 그것이 왜 그렇게 되는지 모른다는 것을 말한다. 같은 책 〈양생주(養生主)〉는 "이러함에도 지식을 구한다는 것은 심신을 더더욱 지치게 할 뿐이다(已而爲知者, 殆而已矣)."라고 했다. 이는 이런데도 지식을 구하는 것을 말한다.[37] 《회남자(淮南子)·도응(道應)》은 "이것이 비록 재앙을 없애지는 못하지만, 위로는 하늘의 도리를 궁구하고 아래로는 천인의 비밀을 궁구하여 만물을 도야하고 변화시킬 수 있습니다(已雖無除其患, 天地之間, 六合之內, 可陶治而變化也)."라고 했다. 이곳의 '무(無)'는 ('아니다'의 의미인) '불(不)'로, 이는 이것이 그 재앙을 없애지 못함을 말한

---

37) 곽상(郭象)의 주석은 "이미 지식을 습득하는데 힘들어하면서도 그칠 줄 모르고, 또 지식을 습득해 자신을 치료하려고 한다(已困於知而不知止, 又爲知以救之)."라고 했는데, 잘못된 것이다. 이것은 대진(戴震)의 견해이다.

다.38) 어떤 곳은 '이(以)'로 되어있다. 《예기·제통(祭統)》은 "위나라 사람 공회의 《정명》은 ' …… 군주의 이 융숭하신 대명에 보답하여 하명하신 취지를 밝히고, 겨울 제사 때 이정에 새기겠나이다.'라고 했다(衛孔悝之《鼎銘》曰 : ' …… 對揚以辟之勤大命, 施於烝彝鼎.')"라고 했다. 이곳의 '이'는 (지시대명사 '이'의 의미인) '차(此)'로, 앞 문장을 가리켜 한 말이다. '벽(辟)'은 '군주'를 말한다. 이는 군주의 이 융숭한 대명을 보답하고 밝히며 겨울 제사 때 이정에 기록하겠다는 것을 말한다.39) 《예기·사의(射義)》는 《시경》을 인용하며 "대부 군자와 이 모든 서사들이 …… (大夫君子, 凡以庶士 …… )"라고 했는데, 이 역시 이 모든 서사들을 말한다.

안사고(顏師古)40) 주석의 《한서·선제기(宣帝紀)》는 "'이'는 어기사이다(已, 語終辭也)."라고 했다. 《상서·낙고(洛誥)》는 "공이 머물면 나는 가리다(公定予往已)."라고 했다. 《예기·단궁》은 "산 사람을 모시는 일이 끝나면 귀신을 섬기는 일이 시작된다(生事畢而鬼事始已)."라고 했는데, 노식(盧植)41)의 주석은 "'이'는 어기사이다(已者, 辭也)."라고 했

---

38) 이것은 소진함(邵晉涵)의 견해이다.

39) 정현(鄭玄)은 원문의 "대양이벽지(對揚以辟之)"까지 끊어 읽고, "'벽'은 ('밝다'의 의미인) '명'이다. 이는 군주의 명을 드날려 우리 선조의 덕을 밝히는 것을 말한다(辟, 明也. 言逐揚君命, 以明我先祖之德)."라고 했는데, 잘못된 것이다. 군주의 명은 ('융숭한 대명'의 의미인) '근대명(勤大命)'으로, 《상서(尚書)·낙고(洛誥)》에서 "문무백관들은 열심히 백성들을 교화시키시오(文武勤教)."라고 말한 것과 같다. 정현은 '근대명'을 군주의 명을 행하는 것이라고 했는데, 이 역시 잘못된 것이다. 이것은 부친의 견해이다. 아래도 마찬가지이다.

40) 당(唐)나라 초의 경학자이다. 수(隋) 문제(文帝) 때는 안양현위(安養縣尉)로 있었고, 당나라에서는 비서감(秘書監)·홍문관학사(弘文館學士) 등을 지냈다. 정관(貞觀) 19년(645년), 당 태종(太宗) 이세민(李世民)을 따라 고구려 정벌에 나섰다가 돌아오는 길에 세상을 떠났다. 어려서 군서를 섭렵했고 학식이 출중했다. 특히 문자의 훈고와 교감에 밝았다. 《한서(漢書)》에 주석을 단 것으로 유명하다. [역자주]

다.42) '이'는 문장을 끝내는 단어로, 어기사 '의(矣)'와 의미가 같고, 이어서 말하면 '이의(已矣)'라고 한다. 《논어》에서 "함께 《시경》을 말할 수 있겠구나(始可與言《詩》已矣)."라고 한 것이 이 예이다.43) '호(乎)'와 '재(哉)'는 같은 어기사이고, 이어서 말하면 '호재(乎哉)'라고 한다.

'이'는 감탄사이다. 《상서·대고(大誥)》는 "아, 나 이 젊은 사람은 ……(已! 予惟小子……)"이라고 했는데, 공안국의 《전》은 "'이'는 발어사로, 감탄하는 말이다(已, 發端歎辭也)."라고 했다.44) 같은 책의 〈강고〉는 "아! 너는 젊으니 ……(已, 女惟小子……)"라고 했고, 또 "아! 너는 빨리 이러한 도의를 내세워 그들을 잡아 죽여라!(已, 女乃其速由茲義率殺!)"라고 했다. 같은 책의 〈재재(梓材)〉는 "아! 이렇게 다스려라!(已! 若茲監!)"라고 했고, 같은 책의 〈낙고〉는 "아! 너는 나이가 어리지만 ……(已! 女惟沖子……)"라고 했다. 또 《장자·경상초(庚桑楚)》는 "아, 제가 어찌해야 이를 피할 수 있겠습니까?(已, 我安逃此而可?)"라고 했다. 이상은 의미가 모두 같다.

---

41) 동한(東漢) 말의 장수이자 경학자이다. 태위(太尉) 진구(陳球)와 마융(馬融) 등에게서 공부했고, 정현(鄭玄)·화흠(華歆) 등과 동문수학했다. 마일제(馬日磾)·채옹(蔡邕) 등과 동관(東觀)에서 경전을 교정했다. 황건(黃巾)의 기의 때 북중랑장(北中郎將)이 되어 참전했다가 무고를 받고 투옥되었다. 황보숭(皇甫嵩)의 도움으로 풀려나 다시 상서(尚書)에 임명되었다. 동탁(董卓)에게 간언했다가 파면되어 상곡(上谷)의 군도산(軍都山)에 은거했다. 초평(初平) 3년(192년)에 세상을 떠났다. 저술로는 《상서장구(尚書章句)》와 《삼례해고(三禮解詁)》가 있으나 모두 실전되었다.[역자주]

42) 《통전(通典)·예육십사(禮六十四)》에 보인다.

43) 《논어(論語)·학이(學而)》와 같은 책의 〈팔일(八佾)〉에 보인다.

44) 《한서(漢書)·적의전(翟義傳)》에는 '희(熙)'로 되어 있다. 안사고(顏師古)의 주석은 "'희'는 감탄사이다(熙, 歎辭)."라고 했다.

# 유猶

《예기·단궁》의 주석은 "'유'는 ('아직' 내지 '또한'의 의미인) '상'이다 (猶, 尙也)."라고 했다. 이는 자주 사용하는 말이다.

《시경·소남(召南)·소성(小星)》의 모형의 《전(傳)》은 "'유'는 ('만일 ~한다면'의 의미인) '약'이다(猶, 若也)."라고 했다. 이 역시 자주 사용하는 말이다. 글자가 '유(猷)'로 된 곳도 있다. 《이아》는 "'유'는 ('만일~한다면'의 의미인) '약'이다(猷, 若也)."라고 했다. '유'는 ('만일~같다면'의 의미인) '약사(若似)'의 '약'이자, ('만일~한다면'의 의미인) '약혹(若或)'의 '약'이기도 하다. 《예기·내칙(內則)》은 "자제들이 만일 기물·의복·침구·거마를 하사받았다면, 그중에 가장 좋은 것은 반드시 적장자에게 올려야 한다. 그런 후에 그 다음 가는 것을 자신이 사용한다(子弟猶歸器、衣服、裘衾、車馬, 則必獻其上, 而後敢服用其次也)."라고 했는데, 정현의 주석은 "'유'는 ('만일~한다면'의 의미인) '약'이다(猶, 若也)."라고 했다. 《좌전·양공 10년》은 "만일 귀신이 붙는다면, 저들에게도 붙을 것이오(猶有鬼神, 於彼加之)."라고 했는데, 이는 귀신이 있다면 저들에게도 붙을 것임을 말한다.

'유'는 ('모두' 내지 '같다'의 의미인) '균(均)'과 같다. 물건이 서로 같은 것을 '균'이라고 한다. 때문에 '유(猶)'에도 '균'의 의미가 있다. 《좌전·양공 10년》은 "그들을 따라도 물러날 것이고, 따르지 않아도 물러날 것입니다 …… 어떻든 모두 물러날 것이니 초나라를 따르는 것만 못합니다. 그리하여 그들도 물러나게 합시다(從之將退, 不從亦退 …… 猶將退也, 不如從楚. 亦以退之)."라고 했는데, 이곳의 "유장퇴(猶將退)"는 모두 물러나게 함을 말한다. 《논어·요왈(堯曰)》은 "똑같이 사람들에게 나눠 줘야 함에, 재물을 내주는데 인색함은 창고를 관리하는 낮은 벼슬아치의 옹졸함이라고 하느니라(猶之與人也, 出內之吝, 謂之有司)."라고 했는데, 이곳의 "유지여인(猶之與人)"은 사람들에게 똑같이 나눠주는 것이다. 《전국책·연책(燕策)》은 "유하혜가 말했다: '만일 사람들과 다르다면, 어찌 가는 곳마다 쫓겨나지 않겠소? 그때마다 쫓겨날 것이면 차라리 고국에 있는 것이 낫지 않겠소.'(柳下惠曰: '苟與人異, 惡往而不黜乎? 猶且黜乎, 寧於故國爾')."라고 했는데, 이곳의 "유차출(猶且黜)"은 그때마다 예외없이 쫓겨나는 것을 말한다.

《시경·위풍(魏風)·척호(陟岵)》는 "머물러 있지 말고 돌아오면 되느니라(猶來無止)."라고 했는데, 모형의 《전》은 "'유'는 ('~해도 된다'의 의미인) '가'와 같다(猶, 可也)."라고 했다. 글자가 '유(猷)'로 된 곳도 있다. 《이아》는 "'유'는 ('~해도 된다'의 의미인) '가'이다(猷, 可也)."라고 했다.


# 유由 유猶 유攸

《광아》는 "'유'와 '이'는 ('~때문에'의 의미인) '용'이다(由、以, 用也)."라고 했다. '유(由)'·'이(以)'·'용(用)'은 같은 성모를 갖고 있지만 운모의 변화로 파생된 글자로, 용법은 같다.[45] 글자가 '유(猶)'[46] 내지 '유(攸)'로 된 곳이 있는데, 의미는 같다. '유(猶)'로 된 곳은 《상서·반경》에서 "선왕께서는 일이 있으시면 공경하고 신중하게 천명을 따르셨다. 이 때문에 오랫동안 안주하지 않으셨다(先王有服, 恪謹天命. 茲猶不常

---

45) '용(用)'자에 보인다.

46) 《좌전(左傳)·장공(莊公) 14년》은 "요상한 일 때문에 그런 것입니까?(猶有妖乎?)"라고 했다. 《좌전정의(左傳正義)》는 "옛날에 '유'와 '유' 두 글자는 의미가 통했다(古者由, 猶二字, 義得通用)."라고 했다. 《공양전(公羊傳)·장공(莊公) 4년》은 "기후가 죽지 않고, 지금까지 기나라가 존재한 것은 영민한 천자가 없기 때문이다(紀侯之不誅, 至今有紀者, 猶無明天子也)."라고 했는데, 이곳의 '유(猶)'도 '유(由)'와 같다.

寧)."라고 한 것이 이 예이다. 이곳의 '유(猶)'는 ('~때문에'의 의미인) '용'으로, 이는 선왕들이 공경하고 신중하게 천명을 따르기에 이곳에서 오랫동안 안주하지 않았음을 말한다.[47] 또 같은 책 〈무일(無逸)〉은 "옛 사람들은 서로 훈계하고, 서로 아끼고, 서로 가르쳤기에 …… (古之人猶 胥訓告, 胥保惠, 胥敎誨 …… )"라고 했는데, 이는 옛 사람들이 서로 훈계하고 서로 아끼고 서로 가르쳤기 때문임을 말한다. '유(攸)'로 된 것은 같은 책 〈우공〉에서 "팽려에 이미 많은 물이 모였기에 양조에는 편히 머물 수 있다(彭蠡既豬, 陽鳥攸居)."라고 한 것이다. 이곳의 '유'는 ('~때문에'의 의미인) '용'으로, 양조의 땅은 이 때문에 편히 머물 수 있게 되었음을 말한다.[48] 또 "칠저가 낙수와 합류하여 황하로 흘러가기에,

---

47) 만일 토지에 안주하여 다시 천도하는 것은 천명을 알지 못하는 것이다. 그래서 이 문장 다음에는 "지금 선왕께서 공경하고 신중하게 따르는 천명을 계승하지 않으면, 하늘이 내릴 운명을 알지 못할 것이다(今不承於古, 罔知天之斷命)."라고 했다. 공안국(孔安國)의 《전(傳)》은 '유(猶)'를 ('또한'의 의미인) '상(尙)'으로 풀이했는데, 잘못된 것이다. 이것은 부친의 견해이다. 《경의술문(經義述聞)》에 자세히 보인다. 아래도 마찬가지이다.

48) 임지기(林之奇)의 《상서전해(尙書全解)》는 "유가들은 '양조'가 기러기라고 생각하는데 나는 여기에 의문을 갖고 있다. 이 편은 치수에 대해 말하는데, 구주 이하에서 상세하게 보이는 것은 모두가 지명이다. 이 주는 위로 팽택을 말하고 아래는 삼가와 진택을 말하고 있는데, 이 세 번째 구절만은 기러기라고 말하고 있으니, 문장의 맥락상 맞지도 않을뿐더러 구주를 고찰해 봐도 이러한 예가 없다. 일반적으로 기러기가 남쪽으로 날아가는 것은 천성인데, 어째서 홍수가 아직 끝나지 않았는데도 남쪽으로 날아가지 않나? 옛 지명 중에는 호뢰·견구처럼 조수에게서 따온 것이 아주 많다. 《좌전·소공 20년》의 '공여사조'에 대해 두예의 주석은 '위나라 지명'이라고 했다. 또한 정나라의 진류현에 명안이라는 곳이 있고, 한북 쪽에는 안문이 있다. 양조가 지명이 아니라는 것을 어찌 알았겠는가?(諸儒之說, 皆以陽鳥 爲雁, 竊獨疑之. 此篇所敍治水, 詳見於九州之下者, 莫非地名. 此州上言彭澤, 下言 三江震澤, 獨於此三句中言雁, 非惟文勢不稱, 考之九州, 亦無此例也. 夫雁之南翔, 乃其天性, 豈其洪水未平, 遂不南翔乎? 古地名取諸鳥獸, 如虎牢、犬丘之類多矣. 《左》昭二十年: '公如死鳥.' 杜注: '衛地名'. 又鄭有鳴雁, 在陳留縣. 漢北邊有雁門.

풍수도 북쪽으로 위하로 흘러간다(漆沮既從, 豐水攸同)."와 "구주가 모두 정비되어, 사방의 땅에 살 수 있게 되었다(九州攸同, 四隩既宅)."는 의미가 모두 같다. 같은 책의 〈홍범(洪範)〉은 "천제께서 진노하시어, 아홉 가지 큰 법을 주시지 않았기 때문에 치국의 도리가 무너졌다(帝乃震怒, 不畀洪範九疇, 彝倫攸斁)."라고 했고, 또 이어서 "천제께서 우에게 아홉 가지 치국의 큰 법을 내려주었기 때문에 치국의 도리가 정해졌다(天乃錫禹洪範九疇, 彝倫攸敘)."라고 했다. 이는 이 때문에 치국의 도리가 무너지고, 이 때문에 치국의 도리가 정해졌음을 말한다. 같은 책의 〈금등〉은 "나는 세 분의 선왕께 방금 큰 공업을 오랫동안 세울 수 있길 기도했다. 이 때문에 내가 지금 바라는 것은…… (予小子新命于三王,

安知陽鳥之非地名乎?)"라고 했다. 나의 생각으로 임지기의 견해가 옳다. '거(居)'는 ('머물다'의 의미인) '택(宅)'이다. "양조유거(陽鳥攸居)"는 "삼위에는 이미 살 수 있다(三危既宅)."고 말하는 것과 같다. 양조의 땅은 시기가 너무 오래되어 그 소재를 알 수 없다. 이런 이유로 그것이 지명이 아니라고 말해서는 안 될 것이다. 호위(胡渭)는 때마침 기러기가 이동하는 철을 맞아 보고 이를 기록한 것이라고 여겼다. 우는 8년 동안 치수하면서 많은 조수들을 보았을 것이다. 만일 본 것을 기록했다면《우공》에 어찌 겨우 몇 곳에만 그치겠는가? 호씨는 또 "'양조유거'는 '상토에 누에를 쳤다'·'삼묘가 크게 안정되었다'와 같은 예로 지명이라고만 생각할 필요가 없다(陽鳥攸居, 與桑土既蠶, 三苗丕敘一例, 不必以為地名)."라고 했다. 나의 생각으로, 이들이 모두 치수의 공과 기러기의 서식지를 기록한 것이라면 우의 공적은 어찌되겠는가? 양조가 기러기 이름이라는 것은 문헌에는 보이지 않는다. 논자들은 양조를 새로 오인하여 '팽려기저' 문장에 부회했고 또 기러기가 남쪽으로 날아간다는 설을 견강부회했으니, 그것이 믿기 어렵다는 것은 분명하다. 애초부터 이렇게 잘못 이해하게 된 것은《이아(爾雅)》의 "'유'는 ('~한 바'의 의미인) '소'이다(攸, 所也)."라는 풀이만 알았기 때문이다. 그래서 경전에서 말하는 것이 양조가 머무르는 곳이고, 머무는 곳은 팽려이며, 그곳에 머무는 것은 물새라고 여겼던 것이다.《우공》은 대부분 '기(既)'와 '유(攸)' 두 글자를 서로 통용해서 쓴다는 것을 몰랐다. '유'는 ('~때문에'의 의미인) '용(用)'으로, 양조의 땅은 이 때문에 편안히 머무를 수 있다고 말하는 것이다. 다른 곳의 '유'가 ('~한 바'의 의미인) '소(所)'로 풀이되는 것과는 다르다.

惟永終是圖. 茲攸俟 …… )"라고 했는데, 이는 이 때문에 바라는 것을 말한다. 같은 책의 〈대고〉는 "우리가 어찌 문왕의 큰 공업 때문에 일을 끝맺지 않을 수 있겠는가?(予曷其不于前寧人圖功攸終?)"라고 했다. 이 곳의 '도공(圖功)'은 '큰 공업'의 의미로, 어찌 문왕의 큰 공업으로 최후의 승리를 거두지 않는 것인가를 말한다.[49] 또 "우리가 어찌 감히 문왕께서 천제의 신성한 사명을 받은 것 때문에 그만둘 수 있겠는가(予曷敢不于前寧人攸受休畢)."라고 했는데, 이는 어찌 감히 문왕이 받은 신성한 사명 때문에 그만둘 수 있겠는지를 말한다. 같은 책의 〈낙고〉는 "막 타오르기 시작한 불처럼 기세가 약해서는 안 된다. 그것은 불씨를 활활 타오르게 하기 때문에 끌 수 없다(無若火始炎炎, 厥攸灼敍, 弗其絶)."라고 했는데, 이는 그것이 활활 타오르기 때문임을 말한다. 같은 책의 〈다사(多士)〉는 "그대들이 왕의 일을 따르고 왕의 일에 힘을 열심히 보태게 하려는 것 때문이니, 그대들은 우리에게 순종해야 한다(亦惟爾多士攸服奔走, 臣我多遜)."라고 했는데, 이는 그대들이 왕의 일을 따르고 왕의 일에 힘을 열심히 보태기 때문임을 말한다. 같은 책의 〈무일〉은 "이렇기 때문에 백성들은 순종하지 않고, 이렇기 때문에 하늘은 따르지 않는다(乃非民攸訓, 非天攸若)."라고 했는데, 이는 이 때문에 백성들이 순종하지 않고 이 때문에 하늘이 따르지 않음을 말한다. 《시경·소아·요소(蓼蕭)》는 "이 때문에 세상의 모든 복이 모이네(萬福攸同)."라고 했는데,[50] 이는 이 때문에 세상의 모든 복이 모이는 것을 말한다.[51] 같은

---

49) 앞 문장에서 "선왕들을 도와 천명을 받았고, 이는 지금까지도 그 큰 공업을 잊을 수 없다(敷前人受命, 茲不忘大功)."라고 했고, 또 "그대 문왕의 큰 공업을 완성하지 않으면 안 된다(不可不成, 乃寧考圖功)."라고 했다. 때문에 '도공(圖功)'은 ('큰 공업'의 의미인) '대공(大功)'이다. 문왕의 큰 공업이란 바로 원문의 '전녕인도공(前寧人圖功)'을 말한다. 공안국(孔安國)의 《전(傳)》은 '도(圖)'를 ('꾀하다'의 의미인) '모(謀)'로, '유(攸)'를 ('~하는 바'의 의미인) '소(所)'로 풀이했는데, 잘못되었다.

책의 〈소아 · 사간(斯干)〉은 "이 때문에 비바람이 막아지고, 이 때문에 새와 쥐가 멀리가고, 이 때문에 군자가 여기 살게 되었네(風雨攸除, 鳥鼠攸去, 君子攸芋)."라고 했다. 이는 이 때문에 비바람이 막아지고, 이 때문에 새와 쥐가 멀리가고, 이 때문에 군자가 이곳에 살게 되었음을 말한다. 또 "이 때문에 군자가 여기에 오르게 되었네(君子攸躋)."라고 한 것과 "이 때문에 군자가 편히 살게 되었네(君子攸寧)."라고 한 것은 모두 같은 의미이다. 같은 책의 〈소아 · 초자(楚茨)〉는 "큰 복을 내려주셨기에, 끝없는 장수를 받으셨네(報以介福, 萬壽攸酢)."라고 했는데, 이는 이 때문에 끝없는 장수를 받았음을 말한다. 같은 책의 〈대아 · 면(緜)〉은 "토지의 신에게 제사지내는 곳을 세우니, 나쁜 오랑캐들 떠나가네(迺立冢土, 戎醜攸行)."라고 했는데, 이는 토지의 신에게 제사지내는 곳을 세웠기에 나쁜 오랑캐들이 떠나갔음을 말한다. 같은 책의 〈대아 · 역박(棫樸)〉은 "구슬 잔을 공경하게 드는 것은, 뛰어난 분에게 어울리는 것이기 때문이라네(奉璋峨峨, 髦士攸宜)."라고 했는데, 이는 뛰어난 분에게 어울리기 때문임을 말한다.[52] 같은 책의 〈대아 · 한록(旱麓)〉은 "군자께서 점잖아, 복록이 내리네(豈弟君子, 福祿攸降)."라고 했는데, 이는 군자가 점잖기 때문에 복록이 내려지는 것을 말한다.[53] 같은 책의 〈대아 · 영대(靈臺)〉는 "임금님께서 영유에 계셔서, 암사슴과 수사슴이 엎드려 노네(王在靈囿, 麀鹿攸伏)."라고 했는데, 이는 임금이

---

50) 《시경 · 소아(小雅) · 채숙(采菽)》도 마찬가지이다.

51) 정현의 《전(箋)》은 "'유'는 ('~하는 바'의 의미인) '소'이다(攸, 所也)."라고 했는데, 잘못되었다. 아래도 모두 마찬가지이다.

52) 《의례(儀禮) · 사관례(士冠禮)》의 "모사유의(髦士攸宜)"도 같은 의미이다. 정현의 주석은 "'유'는 ('~하는 바'의 의미인) '소'이다(攸, 所也)."라고 했는데, 잘못되었다.

53) 《시경 · 대아(大雅) · 부예(鳧鷖)》의 "(종묘에서 잔치하니,) 복록이 내리네(福祿攸降)."도 마찬가지이다.

계시기 때문에 암사슴과 수사슴이 엎드려 노는 것을 말한다. 같은 책의 〈대아·문왕유성(文王有聲)〉은 "사방의 제후들이 모여들어, 임금님의 기둥이 되니(四方攸同, 王后維翰)."라고 했는데, 이는 이 때문에 사방의 제후들이 모였음을 말한다. 같은 책의 〈대아·기취(既醉)〉는 "제사를 돕는 신하들이 도와서, 위엄과 예의를 갖추셨네(朋友攸攝, 攝以威儀)." 라고 했는데, 이는 제사를 돕는 사람들이 도왔기 때문임을 말한다. 같은 책의 〈노송(魯頌)·반수(泮水)〉는 "반궁을 지으시니, 회 땅 오랑캐들이 굴복해오네(既作泮宮, 淮夷攸服)."라고 했는데, 이는 반궁을 지었기 때문에 회 땅의 오랑캐가 굴복해온 것을 말한다. '유(猶)'와 '유(攸)'는 '유(由)'와 소리가 같아 서로 통하는데, 모두 ('~때문에'의 의미인) '용'과 같다. 경전을 풀이하는 사람들이 '유(猶)'자를 보면 ('아직'의 의미인) '상(尙)'으로 풀고, '유(攸)'자를 보면 ('~한 바'의 의미인) '소(所)'로 풀이한 것은 글자만 보고 의미를 풀이한 것으로 본의가 아니다. 《사기·하본기(夏本紀)》와 같은 책의 〈송세가(宋世家)〉조차 "양조유거(陽鳥攸居)"· "풍수유동(豐水攸同)"·"이륜유역(彝倫攸斁)"·"이륜유서(彝倫攸敘)"의 '유'를 모두 '소'로 바꿔 놓았으니, 본의가 사라진지 오래되었다.

'유(攸)'는 ('~한 까닭' 내지 '~하는 방법'의 의미인) '소이(所以)'이다. 《상서·홍범》은 "나는 그 변함없는 이치가 제정되어야 하는 까닭을 모르겠소(我不知其彝倫攸敘)."라고 했는데, 왕숙(王肅)의 주석은 "나는 변함없는 이치를 제정해야 할 까닭을 모르는 것이다(我不知常倫所以次敘)."라고 했다.[54] 같은 책의 〈대고〉는 "나 이 어린 사람은 지금 깊은 물을 건너는 심정이오. 짐은 상제에게 이 난관을 넘어갈 방법을 찾고

---

54) 이곳의 '유(攸)'는 이어지는 문장의 "변함없는 이치가 무너졌기 때문이다(彝倫攸斁)"·"이 때문에 변함없는 이치가 정해졌다(彝倫攸敘)"와는 다른 의미이다. 《사기(史記)·송세가(宋世家)》에는 "아부지기상륜소서(我不知其常倫所序)"로 되어 있는데, 이 역시 잘못되었다.

있소(予惟小子, 若涉淵水, 予惟往求朕攸濟)."라고 했는데, 공안국의 《전》은 "내가 가서 난관을 건너는 방법을 구하는 것이다(往求我所以濟渡)."라고 한 것이 바로 이 용법이다.

'유'는 어조사이다. 《상서·반경》은 "그대들은 내가 어려워하는 이유를 헤아려 주지 않소(女不憂朕心之攸困)."라고 했는데, 이는 내 마음속 어려움을 헤아려 주지 않음을 말한다.[55] 또 같은 책의 〈홍범〉은 "나는 미덕을 덕을 좋아한다(予攸好德)."라고 했는데, 이는 내가 덕을 좋아함을 말한다.[56] 또 "넷째는 훌륭한 덕이다(四曰攸好德)."라고 했는데, 이는 넷째가 훌륭한 덕임을 말한다. 《시경·대아·황의(皇矣)》는 "줄줄이 포로를 잡고, 적의 목을 쳐서 유유히 바치네(執訊連連, 攸馘安安)."라고 했는데, 이는 포로들을 줄줄이 잡고 적의 목을 쳐서 유유히 바침을 말한다.[57] 이상의 '유'는 모두 어조사이다. 글자가 '유(猷)'로 된 곳도 있다. 《상서·반경》은 "너희들은 너희들의 사심을 없애려고 할 것이며, 오만하거나 안일함을 추구하지 말라(女猷黜乃心, 無傲從康)."라고 했는데, 이는 너희들의 사적인 마음을 없애라고 말하는 것이다.[58] 또 "그대들 만민이 삶을 도모하러 가지 않고 나와 힘을 합치지 않으면……(女萬民乃不生生, 暨予一人猷同心……)"이라고 했는데, 이는 나와 힘을 합치지 않음을 말한다. 이상의 '유(猷)'도 어조사이다.

---

55) 공안국(孔安國)의 《전(傳)》이 '유(攸)'를 ('~하는 바'의 의미인) '소(所)'로 풀이한 것은 잘못되었다. 아래도 마찬가지이다.
56) 《사기(史記)》에서 "여소호덕(予所好德)"이라 한 것은 잘못되었다.
57) 모형(毛亨)의 《전(傳)》에서 "'유'는 ('~하는 바'의 의미인) '소'이다(攸, 所也)."라고 한 것은 잘못되었다.
58) 공안국(孔安國)의 《전(傳)》은 '유(猷)'를 ('꾀하다'의 의미인) '모(謀)'로 풀이했는데, 잘못된 것이다.

# 요繇 유由 유猷

《이아(爾雅)》는 "'요'는 ('~에게' 내지 '~에서'의 의미인) '어'이다(繇, 於也)."라고 했다. '요(繇)'·'유(由)'·'유(猷)'는 옛날에 서로 통했다.59) 《상서·강고》는 "가서 은나라의 영민하신 선왕에게 백성들을 인도할 방법을 널리 구하라(往敷求于殷先哲王)."라고 했다. 또 "옛날의 영민하신 임금님에게 백성들을 인도할 가르침을 널리 구하라(別求聞由古先哲王)."라고 했는데, 이곳의 '유(由)'도 ('~에게'의 의미인) '우(于)'이다. 이는 옛날의 영민하신 임금에게 백성들을 인도할 가르침을 널리 구할 것을 말한다.60) 《시경·대아·억(抑)》은 "말을 함에 가벼워서는 안 되고(無易由言)."라고 했는데, 정현의 《전(箋)》은 "'유'는 ('~에'의 의미인) '어'이다(由, 於也)."라고 했다. 《예기·잡기(雜記)》는 "거마를 두려는 손님이 말을 끌고 부거(副車)의 서쪽에 선다(客使自下由路西)."라고 했는데, 정현의 주석은 "거마를 두려는 손님이 부거의 서쪽에 네 필의 누런 말을 끌고 들어와 두었다(客給使者入設乘黃於大路之西)."라고 했다.61) 마융본(馬融本) 〈대고〉는 "임금이 이렇게 말했다: '그대들 각국의 제후

---

59) 《이아(爾雅)·석수(釋水)》에 인용된 《경전석문(經典釋文)》은 "'요'는 옛날의 '유'자이다(繇, 古'由'字)."라고 했다. 《좌전정의(左傳正義)·장공(莊公) 14년》은 "옛날에 '유'와 '유'는 의미가 통용되었다(古者由, 猶二字, 義得通用)."라고 했다. '유(猷)'는 '유(猶)'이다. 《시경·소아·교언(巧言)》은 "분명한 위대한 법도는(秩秩大猷)"이라고 했다. '유'는 《한서·서전(敘傳)》에는 '요(繇)'로 되어있다.

60) '별(別)'과 '편(徧)'은 고대에 통했다. 《경의술문(經義述聞)》에 자세한 설명이 보인다.

61) 《시경·왕풍(王風)·군자양양(君子陽陽)》은 "왼손에 생황 들고, 오른손으로 나를 방으로 부르네(左執簧, 右招我由房)."라고 했다. 이 역시 "초아어방(招我於房)"의 의미로 의심된다. 모형의 《전(傳)》은 "'유'는 ('쓰다'의 의미인) '용'이다(由, 用也)."라고 했고, 정현의 《전(箋)》은 "'유'는 ('따르다'의 의미인) '종'이다(由, 從也)."라고 했는데, 의미가 모두 부적절하다.

들에게 널리 알리노라(王若曰: '大誥繇爾多邦').”라고 했는데, 정현본과 왕숙본에는 '요(繇)'가 '유(猷)'로 되어있다. 《한서 · 적의전(翟義傳)》에는 왕망(王莽)이 〈대고〉를 모방하여 “제후들의 왕에게 도리를 크게 알리노라(大誥道諸侯王).”라고 한 구절이 있는데, 이는 《이아》에서 “'요'는 ('도리'의 의미인) '도'이다(繇, 道也).”라고 한 풀이를 따른 것이다. 마융 · 정현 · 왕숙의 풀이는 모두 같다.[62] 나의 생각은 이렇다: “대고도이다방(大誥道爾多邦)”이라 하면 문장의 의미가 부드럽지 않다. '유'는 ('~에게'의 의미인) '어(於)'이다. “대고유이다방(大誥猷爾多邦)”은 그대들 각 제후들에게 널리 알리는 것을 말한다. 경문의 의미는 원래 분명했는데 '유'를 ('도리'의 의미인) '도(道)'로만 풀이하여 의미가 분명치 않아졌다. 이로 후인들이 마음대로 고치는 우를 범했다. 처음에 고칠 때는 '유'가 '고(誥)'자 앞에 왔다. 공안국의 《전》에서 “큰 도리를 따르는 것으로 세상의 나라들에게 알린다(順大道以告天下衆國).”라고 한 것이 이 예이다. 두 번째로 고칠 때는 '유'가 또 '대(大)'자 앞에 왔다. 《상서정의(尙書正義)》에서 “이 판본에는 '유'자가 '대'자 앞에 있다(此本'猷'在'大'上).”라고 한 것이 이것이다. 기타 예에 따라 고친 것이 두 문장이 있고, 고쳤지만 다시 빠진 것이 한 문장이 있다. 《상서 · 다사》는 “임금이 말했다: '그대들 여러 관리들에게 알리노라'(王曰: '猷告爾多士').”라고 했고, 같은 책의 〈다방(多方)〉은 “임금이 말했다: '아! 그대들 각국의 관리들에게 알리오'(王曰: '烏呼, 猷告爾有多方士')'”라고 했는데, 이에 대해 공안국의 《전》은 모두 “도리로 알리는 것이다(以道告之).”라고 했다. 모두 '고유(告猷)'여야 하지만 늦게 나온 고문 《상서》는 '유고(猷告)'로 고쳐 놨다. 이것은 예에 따라 고친 것이다. 《상서 · 다방》은 “임금께서 이렇게 말했다: '그대들 네 나라와 각국의 제후들에게 알리노라'(王若曰: '猷

---

62) 《경전석문(經典釋文)》과 《상서정의(尙書正義)》로 이를 알 수 있다.

告爾四國多方)"라고 했다. 이에 대해 공안국의 《전》이 "큰 도리를 따라 사방에 알리는 것이다(順大道告四方)."라고 한 것은 〈대고〉에 나오는 "유이다방(猷爾多邦)"의 《전》과 같다. 이 구절의 경문에도 '대(大)'자가 있는데, 처음에는 "그대들 네 나라의 관리들에게 크게 알리노라(大告猷爾四國多方)"로 했다가 후에 "그대들 네 나라의 관리들에게 크게 알리노라(大猷告爾四國多方)"로 고쳤다. 그래서 이를 "큰 도리를 따라 사방에 알리는 것이다(順大道告四方)."로 풀이했다. 그 후에 '대'자가 또 빠졌다. 이것은 고쳤다가 다시 뺀 것이다. 〈대고〉는 〈다사〉와 〈다방〉 앞에 오기에 '고유(誥猷)'가 들어간 구절은 마융·정현·왕숙이 분명히 언급했을 것이다. 학자들이 '유고(猷誥)'가 원래 '고유(誥猷)'였음을 깨닫지 못했어도 그 차이는 설명했어야 했다. 〈다사〉와 〈다방〉에 와서는 '고유(告猷)'의 의미가 〈대고〉에서 이미 상세해졌으므로 더 이상 풀이하지 않았다. 학자들은 무시하고 더 이상 살피지 않았다. 그러나 예로 미루어보면 이를 잘 알 수 있다. 후에 《상서》를 말하는 사람들은 '유(猷)'를 발어사나 감탄사로 보기도 했는데, 이는 문장이 오도된 것을 몰랐기 때문이다. 그래서 여러 방면으로 살펴봐도 맞는 것이 하나도 없다.


# 인因

'인(因)'은 ('~를 따라서'의 의미인) '유(由)'로, '유'와는 성모는 같고 운모에서 분화된 글자이다. 《상서·우공》은 "서경산의 공물은 환수를 따라 온다(西傾因桓是來)."라고 했다. 이는 자주 사용하는 말이다.

'인'은 ('~와 같다'의 의미인) '유(猶)'로, 이 역시 성모는 같은데 운모에서 분화된 글자이다. 《전국책·초책(4)》는 "폐하께서는 잠자리를 보신 적이 없으십니까? 여섯 개의 발과 네 개의 날개로 천지간을 마음껏 날아다닙니다. 고개를 숙여 모기와 등에를 잡아먹고, 고개를 들어 달콤한 이슬을 먹으며, 스스로 아무런 근심걱정이 없다고 여기며 사람들과 다투지 않습니다. 5척의 동자가 엿을 묻힌 끈적끈적한 실을 엮어 4길 높이 되는 곳에 걸어 자기를 잡아 땅강아지와 개미의 먹이로 주려는 것을 어찌 알겠습니까? 저 잠자리는 작은 예에 불과합니다. 참새도 이러합니다(王獨不見夫蜻蛉乎? 六足四翼, 飛翔乎天地之間, 俛啄蚊虻而食之, 仰承甘露而飲之. 自以為無患, 與人無爭也. 不知夫五尺童子, 方將調飴膠絲, 加已乎四仞之上, 而下為螻蟻食也. 夫蜻蛉其小者也, 黃雀因是已)."라고 했다. 이에 대한 나의 생각은 이렇다: '이(已)'에서 문장을 끊고, '인시(因是)'는 ('이와 같다'의 의미인) '유시(猶是)'이다. 이때 문장 마지막의 '이'자는 어기사이다. 이는 참새도 자신이 근심걱정이 없다고 생각하는 것이 잠자리와 같음을 말한다. 이어지는 문장에서 "저 참새는 작은 예에 불과합니다, 노란 고니도 이러합니다(夫黃雀其小者也, 黃鵠因是已)." · "저 노란 고니는 작은 예에 불과합니다, 채성후의 일도 이러합니다(夫黃鵠其小者也, 蔡聖侯之事因是已)." · "채성후의 일도 작은 예에 불과합니다, 군주의 일도 이러합니다(蔡聖侯之事其小者也, 君王之事因是已)."라고 한 것도 마찬가지이다. 《문선 · 영회시(詠懷詩)》의 주석은 연독(延篤)의 《전국책론(戰國策論)》을 인용하며 "이와 같은 뿐, 일로 다시 생겨난 것이다(因是已, 因事已復有是也)."라고 했다. 풀이를 다하지 않았지만 '이(已)'에서 문장을 끊어 읽은 것은 아주 적절했다. 금본(今本)은 '이(已)'를 '이(以)'로 바꾸고, "황작인시이(黃雀因是以)" 다섯 글자를 연이어 읽었는데 의미가 통하지 않는다. 그 아래의 문장도 모두 이렇게 풀이했다.

# 용用

'용(用)'은 허사 ('~로써'의 의미인) '이(以)'이다. 《일절경음의(一切經
音義)》(7)는 《창힐편(蒼頡篇)》을 인용하여 "'용'은 ('~로써'의 의미인)
'이'이다(用, 以也)."라고 했다. '이'와 '용'은 성모는 같고 운모에서 분화
된 글자들이다. 《춘추공양전(春秋公羊傳)》에서는 경문을 풀이할 때 모
두 ('어찌~하는가?'의 의미인) '하이(何以)'라고 했고, 《곡량전(穀梁傳)》
에서는 간혹 '하용(何用)'이라고 했는데,(63) 사실 모두 같은 것이다. 《상
서 · 고요모(皐陶謨)》는 "활을 쏘는 예로 그들을 분명하게 가르치고, 몽
둥이로 때려 경계하며, 서책으로 그들의 죄를 기록하라(侯以明之, 撻以
記之, 書用識哉)."라고 했는데,(64) 이곳의 '용'도 ('~로써'의 의미인) '이'
로, 서로 바꿔 쓸 수 있다.

'용'은 ('~으로'의 의미인) '유(由)'이다. 《시경 · 왕풍(王風) · 군자
양양(君子陽陽)》의 모형의 《전》은 "'유'는 ('~으로'의 의미인) '용'이
다(由, 用也)."라고 했으니, '유'는 '용'으로도 풀이할 수 있고, '용'도
'유'로 풀이할 수 있다. 이들은 성모는 같은데 운모에서 분화된 글
자이다. 《예기 · 예운(禮運)》은 "그래서 음모를 부리며 다투는 일이
이로 생기고, 전쟁이 이로 일어난다(故謀用是作, 而兵由此起)."라
고 했는데, 이곳의 '용'도 ('~로'의 의미인) '유'로, 서로 바꿔 쓸 수
있다.

'용'은 ('~하다'의 의미인) '위(爲)'이다. 《시경 · 패풍 · 웅치(雄雉)》는
"남을 해치지 않고 탐내지 않으면, 뭘 한들 잘 되지 않으리?(不忮不求,

---

63) 《곡량전(穀梁傳) · 환공(桓公) 14년》은 "화재로 타고 남은 곡물을 바꾸지 않고 상
   제사를 지냈다는 것을 무엇으로 알았을까?(何用見其未易災之餘而嘗也?)"라고 했
   다. 나머지는 모두 이를 따랐다.
64) 이 편은 고문 《상서》에는 《익직(益稷)》편에 들어가 있다.[역자주]

何用不臧?)라고 했는데, 이는 뭘 하든 잘 되지 않겠는가를 말한다. 같은 책의 〈소아·절남산(節南山)〉은 "나라는 이미 망했거늘, 어찌하여 살펴보질 않나?(國既卒斬, 何用不監?)"라고 했는데, 이는 어찌하여 살펴보지 않음을 말한다. 《곡량전·장공 6년》의 "어찌하여 받질 않나?(何用弗受?)"도 어찌하여 받질 않는 것임을 말한다. '용'·'이'·'위'는 모두 성모는 같은데 운모에서 분화된 글자이다. 때문에 '하이(何以)'를 '하용(何用)'이라 하고, '하위(何爲)'도 '하용(何用)'이라고 한다. '이'자와 '위'자에도 설명이 보인다.

# 윤允

부친께서는 '윤'은 ('~으로' 내지 '~때문에'의 의미인) '용(用)'이라고 하셨다.[65] 《상서·요전》은 "이것으로 백관들의 직무를 정한다(允釐百工)."라고 했는데, 이는 이로 백관들의 직무를 정하는 것을 말한다.[66] 같은 책의 〈고요모(皐陶謨)〉는 "이로 그 덕의 정치를 실행한다(允迪厥德)."라고 했는데, 이는 이로 그 덕의 정치를 실행함을 말한다. 또 "이로 여러 관리들의 우두머리가 함께 춤을 추었습니다(庶尹允諧)."라고 했는데, 이는 이로 여러 관리들이 함께 춤을 추었음을 말한다.[67] 같은 책의 〈대고〉는 "이로 홀아비와 과부들을 어지럽혔기에 …… (允蠢鰥寡 …… )"

---

65) '용(用)' 역시 허사로, 그 의미는 '용'자에 보인다.

66) 공안국(孔安國)의 《전(傳)》은 "'윤'은 ('진실로'의 의미인) '신'이다(允, 信也)."라고 했는데, 문장의 의미상 맞지 않다.

67) "서윤용해(庶尹用諧)"는 "신과 인간이 화합하였습니다(神人以和)."라고 하는 것과 같다. 《주례(周禮)·대사악(大司樂)》의 소(疏)는 정현(鄭玄)의 주석을 인용하여 "'윤'은 ('진실로'의 의미인) '신'이다(允, 信也)."라고 했는데, 문장의 의미가 맞지 않다.

라고 했는데, 이는 홀아비와 과부들을 어지럽혔기 때문임을 말한다. 《논어 · 요왈》은 요 임금의 말을 인용하여 "이 때문에 그 요체를 잡는다 (允執其中)."라고 했는데, 이는 이 때문에 그 요체를 잡아야 됨을 말한 다.[68] 《좌전 · 양공 21년》은 《상서 · 하서(夏書)》를 인용하여 "이것을 생 각하는 것은 그에게 있고, 이것을 풀이하는 것도 그에게 있다. 이것을 선양하는 것도 그에게 있기 때문에 이를 행하는 것도 그에게 있다(念茲 在茲, 釋茲在茲, 名言茲在茲, 允出茲在茲)."라고 했는데,[69] 이는 이 때 문에 이를 시행하는 것은 그에게 있음을 말한다.[70] 《시경 · 소아 · 고종

---

68) 포함(包咸)의 주석은 "'윤'은 ('진실로'의 의미인) '신'이다(允, 信也)."라고 했는데, 문장의 의미가 적절하지 않다.

69) 이 구절은 《상서 · 하서(夏書) · 대우모(大禹謨)》에도 보인다.[역자주]

70) "명언자재자, 윤출자재자(名言茲在茲, 允出茲在茲)"는 한 마디를 하고, 한 가지 명 을 내는 것으로, 반드시 자신을 덕을 실행하는 근본으로 삼은 다음 백성들이 따르 게 한다는 것을 말한다. 그래서 공안국(孔安國)의 《전(傳)》은 이를 풀이하며 "대략 적으로 자신이 한결 같아야 함을 말한다(將謂由己壹也)."라고 했다 "윤출자재자 (允出茲在茲)"는 ('이를 시행하는 것도 그에게 있다'의 의미인) '출자재자(出茲在 茲)'이다. '윤(允)'은 허사이지, 진실로 이를 시행하는 것은 그에게 있다고 말하는 것이 아니다. 두예(杜預)의 주석은 '윤'을 ('진실로'의 의미인) '신(信)'으로 풀이했 는데, 문장의 의미와 맞지 않는다. 어떤 사람은 이어지는 문장의 "진실로 자신이 한결 같은 다음에야 공을 기록할 수 있다(信由己壹而後功可念也)."를 들어 '윤'을 ('진실로'로 의미인) '신'으로 풀이할 수 있지 않을까 생각하는데, 이는 그렇지 않 다. 앞 문장에서 "윗자리에 있는 사람은 자신의 마음을 닦고, 한결 같은 마음으로 사람을 대하며, 법으로 사람들에게 믿음을 주고 분명하게 검증할 수 있어야 한다. 그런 다음에야 사람을 다스릴 수 있다(在上位者, 灑濯其心, 壹以待人, 軌度其信, 可明徵也, 而後可以治人)."라고 했기 때문에 이곳에서는 이를 다시 한 번 서술하 며 "진실로 자신이 한결 같은 다음에야 공을 기록할 수 있다(信由己壹, 而後功可 念也)."라고 했다. '신'은 앞의 "궤도기언(軌度其信)"을 받아 한 말이지, ('진실로'의 의미인) '윤'으로 풀이해서는 안 된다. 게다가 "신유기일(信由己壹)"이라고 운운한 것은 《상서 · 대우모(大禹謨)》의 말을 풀이한 것이지, "윤출자재자(允出茲在茲)" 한 구절만 풀이한 것은 아니다. 《좌전 · 애공(哀公) 6년》은 "《하서》는 '때문에 이를

(鼓鍾)》은 "훌륭한 군자님, 그리워 잊을 수 없네(淑人君子, 懷允不忘)."라고 했는데, 이곳의 '회(懷)'는 ('그리워하다'의 의미인) '사(思)'이다. 이는 그가 그립기 때문에 잊을 수 없음을 말한다.71) 같은 책의 〈대아·공류(公劉)〉는 "빈 땅은 넓기만 하네(豳居允荒)."라고 했는데, 이는 때문에 빈 땅이 아주 넓음을 말한다.72)《주례·고공기(考工記)·율씨(栗氏)》의 양을 재는 기물에 새겨진 명문은 "이 덕이 있는 군주가 백성들을 위해 양을 재는 기준을 깊이 생각하니, 이로 가장 믿을 수 있는 경지에 도달했다(時文思索, 允臻其極)."라고 했는데, 이는 이 때문에 가장 믿을 수 있는 경지에 이르렀음을 말한다.73)《시경·대아·대명(大明)》은 "이 때문에 많은 복을 누리시니(聿懷多福)."라고 했는데,《춘추번로(春秋繁露)·교제(郊祭)》는 이를 인용해 "이 때문에 많은 복을 누리시니(允懷多福)."라고 했다.74) 이상의 '윤'은 허사이다. 후인들은 '윤'이 ('믿다'의 의미인) '신(信)'과 같다는 것만 알고 허사로도 쓰일 수 있음을 몰랐다. 그래서 대부분의 풀이가 올바르지 않다.《사기·오제본기(五帝本紀)》와 같은 책 〈하본기〉조차 "윤리백공(允釐百工)"·"윤적궐덕(允迪厥德)"·"서윤윤해(庶尹允諧)"의 '윤'을 모두 ('믿다'의 의미인) '신'으로 바

---

시행하는 것도 그에게 있다.'라고 말했다. 자신이 변하지 않는 도리를 지키면 되는 것이다(《夏書》曰: '允出茲在茲.' 由己率常可矣)."라고 했다. 이 역시 '윤'을 ('진실로'의 의미인) 신'으로 보지 않은 것이다.

71) 정현의 《전(箋)》은 "'회'는 ('지극하다'의 의미인) '지'이다. 옛날에 훌륭한 군자께서 너무 진실하여 잊을 수 없는 것이다(懷, 至也. 古者善人君子, 至信不可忘)."라고 했는데, 잘못된 것이다.

72) 정현의 《전(箋)》은 "'윤'은 ('진실로'의 의미인) '신'이다(允, 信也)."라고 했는데, 문장의 의미가 적절하지 않다.

73) 정현의 주석은 "'윤'은 ('진실로'의 의미인) '신'이다(允, 信也)."라고 했는데, 문장의 의미가 적절하지 않다.

74) 이 구절은 《삼가시(三家詩)》에서 유래했다. 반고(班固)의 《명당시(明堂詩)》도 "윤회다복(允懷多福)"이라 했다.

꿔 놓았으니, 본의가 사라진지 오래되었음을 알 수 있다.

'윤'은 ('~에서…까지'의 의미인) '이(以)'이다. 《묵자(墨子)·명귀(明鬼)》는 《상서(商書)》를 인용하여 "모든 짐승과 곤충에서 새까지 자신의 본성을 따르지 않음이 없었다(百獸貞蟲, 允及飛鳥, 莫不比方)."라고 했는데, 이는 모든 짐승과 곤충에서 새까지를 말한다. '이'와 '용(用)'은 같은 의미이다. 그래서 '윤'은 '용'으로도 풀이할 수도 있고, '이'로 풀이할 수도 있다. 《설문해자(說文解字)》는 "'윤'은 부수가 인(儿)이고, 소리는 '이(㠯)'이다(允, 從儿㠯聲)."라고 했다. '이(㠯)'·'용'·'윤'은 성모는 같고 운모에서 분화된 글자들이다.

'윤'은 발어사이다. 《시경·주송(周頌)·시매(時邁)》는 "참다운 임금 일세(允王維后)."라고 했는데, 이는 참다운 임금임을 말한다. 또 "임금은 나라를 보존하시겠네(允王保之)."라고 했는데, 이는 임금이 나라를 보존함을 말한다. '윤'는 허사이다. 같은 책의 〈주송·무(武)〉는 "아아 위대한 무왕은 비길 데 없이 공이 많으시네. 문덕이 많으신 문왕은 후손들에게 길 열어 주셨네(於皇武王, 無競維烈. 允文文王, 克開厥後)."라고 했는데, 이곳의 '윤문(允文)'과 '어황(於皇)'은 대구가 되는 문장이어서 '윤'이 허사임은 더욱 분명하다. 같은 책의 〈노송·반수(泮水)〉는 "문덕과 무용을 함께 갖추셨으니(允文允武)."라고 했는데, 이곳의 '윤'도 허사이다. 《하서》에서 "신묘하고도 용맹하시며 고상하도다(乃神乃武乃文)."라고 한 것과 같다.[75] 정현의 《전》이 ('진실로'의 의미인) '신'으로 '윤'을 풀이한 것은 잘못된 것이다.

---

75) 《여씨춘추(呂氏春秋)·유대(諭大)》에 보인다.

# 어於

《광아》는 "'어'는 ('~에서'·'~에 대해'·'~와 같이'의 의미인) '우'이다(於, 于也)."라고 했다. 이는 자주 사용하는 말이다. 문장에서 도치되어 사용된 경우도 있다. 《상서·주고(酒誥)》는 "사람은 물에서만 자신을 살펴서는 안 되고, 백성들에게서 자신을 살펴야 한다(人無於水監, 當於民監)."라고 했는데, 이는 물에서 자신을 살펴서는 안 되고, 백성들에게서 자신을 살펴봐야 한다는 말과 같다. 《좌전·희공 9년》은 "돌아가서 백성들을 잘 다스릴 수 있다면, 땅에 무슨 걱정이 있겠는가(入而能民, 土於何有)."라고 했는데, 이는 땅에 무슨 걱정거리가 있겠는가를 말한다.76) 같은 책의 〈소공 19년〉은 "그의 몇몇 부형들이 …… 비밀리에 친족들에게 상의하여 친척 중에 가장 연장자를 내세웠다(其一二父兄 …… 私族於謀而立長親)."라고 했는데, 이는 비밀리에 친족들에게 상의했다는 말이다.77) 또 "속담에 '집에서 화내고 저자거리에서 사람들의 눈치를 본다.'라고 한 것은, 초나라를 두고 한 말이다(諺所謂室於怒市於色者, 楚之謂矣)."라고 했는데, 이는 집에서는 화를 내고 저저거리에서는 사람들의 눈치를 봄을 말한다.

'어'는 ('있다'의 의미인) '재(在)'와 같다.78) 《주역·계사전(繫辭傳)》에서 "《주역》이 성행한 시기는 중고시기일 것이다(易之興也, 其於中古乎)."라고 한 것과 《예기·곡례(曲禮)》에서 "나라 밖에 있을 때는 '공'이라 하고, 나라 안에 있을 때는 '군'이라고 한다(於外曰公, 於其國曰君)."

---

76) "어하유(於何有)"라고 말한 것은 이곳에 둔다.

77) 두예(杜預)의 주석은 "비밀리에 친족과 모의하는 것에 대해서는 친족 중에 나이가 많은 사람을 내세우는 것이 타당하다(於私族之謀, 宜立親之長者)."라고 했는데, 문장의 의미가 적절하지 않다.

78) 고유(高誘)의 《여씨춘추·기현(期賢)》 주석에 보인다.

라고 한 것이 이 예이다. 이 역시 자주 사용하는 말이다.

'어'는 (지시대명사인 '이' 내지 '~의'의 의미인) '지(之)'와 같다. 《좌전·소공 4년》은 "이것이 위험해지면 벗어날 겨를이 없는데, 어떻게 일을 성사시킬 수 있겠는가?(亡於不暇, 又何能濟?)"라고 했는데, 이는 이것이 위험해져도 벗어날 겨를이 없음을 말한다. 같은 책의 〈소공 11년〉에는 "초나라 왕은 욕심이 많고 신용이 없으며, 채나라의 감정만 갖고 있습니다(王貪而無信, 唯蔡於感)."라고 했는데, 이는 채나라만 원망한다는 말이다. '어'와 '지'는 같은 의미이기 때문에 '어'를 '지'로 풀이하고, '지'를 '어'로 풀이하기도 한다. '지'자에도 설명이 보인다.

'어'는 ('~이 되다' 내지 '~으로'의 의미인) '위(為)'이다.[79] 《예기·교특생》은 "땅을 깨끗이 쓸면 제사를 올릴 수 있는데, 그 바탕이 되는 것이다(埽地而祭, 於其質也)."라고 했고, 또 "하늘에 제사를 지낼 때, 땅을 깨끗이 쓸고 제사를 올리는 것은 그 바탕이 되는 것이다(祭天, 埽地而祭焉, 於其質而已矣)."라고 했는데, 이는 모두 그 바탕이 되는 것이지, 그 문양이 되는 것이 아님을 말한다. 《대대례기·증자본효(曾子本孝)》는 "이렇게 하다가 성인이 되면 효자가 된다(如此而成於孝子也)."라고 했는데, 이는 이렇게 한 후에 성인이 되면 효자가 된다는 것을 말한다. 같은 책의 〈증자사부모(曾子事父母)〉는 "아직 성인이 안 된 사람은 윗사람에게 공손해야 한다(未成於弟也)."라고 했는데, 이는 아직 성인이 되지 않은 사람은 위 사람에게 공손해야한다는 것을 말한다.[80] 《곡량전·문공 6년》은 "윤달이라는 것은 달의 남는 날을 더한 것으로, 분을 쌓아 달로 된 것이다(閏月者, 附月之餘日也, 積分而成於月者也)."라고

---

79) 이곳의 '위(為)'자는 평성으로 읽는다.

80) 이곳의 '제(弟)'는 ('부모에게 효도하고 형에게 공손한다'의 의미인 '효제(孝弟)'의 '제(弟)'로 읽어야 한다.

했는데, 이는 달로 된 것을 말한다. 《맹자·이루》는 "적이 오자, 먼저 가버리셔서 백성들에게 나쁜 선례를 남기셨고, 적이 물러가자 돌아오셨습니다. 이렇게 하시면 안 될 것 같습니다(寇至, 則先去以爲民望, 寇退則反, 殆於不可)."라고 했는데, 이는 안 될 것 같음을 말한다. 《순자·정론(正論)》은 "이는 간사한 사람들이 잘못된 학설에 속아 우매한 사람들을 속이고 해친 것에 불과하다(是特姦人之誤於亂說以欺愚者而淖陷之)."라고 했다.81) 이곳의 '오(誤)'는 ('속다'의 의미인) '류(謬)'이고,82) '어'는 ('~이 되다'의 의미인) '위(爲)'이며, '뇨(淖)'는 ('빠지다'의 의미인) '닉(溺)'이다.83) 이는 간사한 사람들이 그릇된 학설에 속아 우매한 사람들을 속이고 해친 것을 말한다.84) '어'와 '위'는 같은 의미여서 요굉본(姚宏本) 《전국책·동주책(東周策)》의 "진나라는 무도한 나라가 되었습니다(夫秦之爲無道也)."라고 한 것과 같은 책 〈진책(秦策)〉에서 "초나라가 어찌 이 사람을 충직하다 여기고 불러다 쓰겠습니까?(楚亦何以軫爲忠乎?)"라고 한 것은 포표본(鮑彪本)에는 '위'가 모두 '어'로 되어있다. 《사기·장의전(張儀傳)》은 "한나라와 양나라는 동쪽 울타리의 신하가 되기로 하였습니다(韓、梁稱爲東藩之臣)."라고 했는데, 《전국책·조책(趙策)》에는 '위'가 '어'로 되어있다.

'어'는 ('위하여'의 의미인) '위(爲)'이다.85) 《노자(老子)》는 "그래서 몸

---

81) 금본의 '뇨(淖)'는 '조(潮)'로 와전되었다. 이곳에서는 양경(楊倞)의 주석본에 근거해 고쳤다.

82) 《설문해자(說文解字)》에 보인다.

83) 《초사(楚辭)·칠간(七諫)》은 "세상은 가라앉고 빠지는데도 말을 올리기 어렵네(世沉淖而難論兮)."라고 했다. 왕일의 주석은 "'뇨'는 ('빠지다'의 의미인) '익'이다(淖, 溺也)."라고 했다.

84) 양경(楊倞)의 주석은 "간사한 사람이 스스로 잘못된 학설에 미혹되어 어리석은 사람들을 속이는 것은 진흙에 빠지는 것과 같다(奸人自誤惑於亂說, 因以欺愚者, 猶於泥淖之中陷之)."라고 했는데, 이는 잘못된 것이다.

을 귀히 여겨 천하를 위한다면, 천하를 기탁할 수 있고, 몸을 아끼어 천하를 위한다면, 천하를 맡길 수 있다(故貴以身爲天下, 若可寄天下. 愛以身爲天下, 若可託天下)."라고 했는데,《장자·재유(在宥)》에는 "고귀이신어천하, 즉가이탁천하. 애이신어천하, 즉가이기천하(故貴以身於天下, 則可以託天下. 愛以身於天下, 則可以寄天下)."로 되어 있다. 때문에 '어천하(於天下)'는 바로 '위천하(爲天下)'이다.[86]

'어'는 ('같다'의 의미인) '여(如)'이다.《좌전·소공 3년》은 "지금은 사랑받던 첩의 장례인데도, 조문하는 사람의 지위를 가리지 않고, 예물의 수량도 본부인의 경우와 같습니다(今嬖寵之喪, 不敢擇位, 而數於守適)."라고 했는데, 이는 예물의 수량이 정부인과 같음을 말한다.[87]《장자·대종사(大宗師)》는 "자연이 사람에 대해서도, 부모의 명과 다를 것이 있겠소(陰陽於人, 不翅於父母)."라고 했는데, 이곳의 '시(翅)'는 ('단지'의 의미인) '시(啻)'와 같다. 이는 부모의 명과 같음을 말한다.[88]《전국책·진책(秦策)》은 "폐하께서는 겹겹이 쌓인 계란처럼 심각한 위기에 봉착하시어 하루살이만큼도 사시지 못할 것입니다(君危於累卵, 而不壽於朝生)."라고 했는데, 이는 위기가 겹겹이 쌓인 계란처럼 심각하여 하루만큼도 살지 못함을 말한다. 같은 책의 〈연책〉은 "게다가 이와 같지

---

85) 이곳의 '위(爲)'는 거성으로 읽는다.
86) 금본은 "고귀이신어위천하(故貴以身於爲天下)"·"애이신어위천하(愛以身於爲天下)"로 되어있는데, 이것은 후인들이 《노자(老子)》에 의거하여 '위'자를 옆에 써놓은 것인데, 이를 필사하는 사람이 잘못하여 합쳐버렸다.《노자석문(老子釋文)》은 "'위'는 발음이 'ㅇ+ㅟ'이다(爲, 於僞反)."라고 했고,《장자석문(莊子釋文)》에는 '위(爲)'자가 없는데, 이것으로 이를 잘 알 수 있다. 이것은 부친의 견해이다.
87) 두예(杜預)의 주석은 "그 지위를 낮추려 하지 않고 예물의 수량이 정부인과 같은 것이다(不敢以其位卑, 而令禮數如守適夫人)."라고 했다.
88) 《상서·진서(秦誓)》는 "입으로만 표현하는데 그치지 않는다면(不啻如自其口出)."라고 했다.

만은 않을 것입니다(且非獨於此也)."라고 했는데, 이는 이와 같지만 않을 것임을 말한다. 그래서 《한서 · 한장유전(韓長孺傳)》은 "흉노에서 온 자들이 말안장을 던졌는데, 그 높이가 성과 같은 곳이 여러 곳이었습니다(匈奴至者投鞍, 高如城者數所)."라고 했는데, 《신서(新序) · 선모(善謀)》에는 '여'가 '어'로 되어있다.

'어'는 어조사이다. 《주역 · 계사전》에서 "그 종류로 살펴보면(於稽其類)"이라고 한 것, 《상서 · 요전》에서 "세상 사람들이 착하고 화목하게 되었다(黎民於變時雍)."라고 한 것,[89] 또 같은 편에서 "제가 석경을 쳐서(於予擊石拊石)"라고 한 것,[90] 《시경 · 대아 · 영대(靈臺)》에서 "물고기들이 가득히 뛰어노네(於牣魚躍)."라고 한 것,[91] 또 "질서 있게 종을 치며, 천자님 공부하는 곳 즐겁네(於論鼓鍾, 於樂辟廱)."라고 한 것,[92] 같은 책의 〈대아 · 하무(下武)〉에서 "만년토록(於萬斯年)"이라 한 것, 같은 책의 〈주송(周頌) · 옹(雝)〉에서 "큰 짐승을 제물로 바쳐(於薦廣牡)"라고 한 것[93]이 이 예이다.

'어'는 발어사이다. 《좌씨춘추(左氏春秋) · 정공 5년》은 "월나라 군사들이 오나라에 들어왔다(於越入吳)."라고 했다. 이에 대해 두예의 주석은

---

89) 원문의 '어변(於變)'과 '시옹(時雍)'은 대구가 되는 문장이다. '어(於)'는 《경전석문(經典釋文)》에는 음이 없고, 채침(蔡沈)은 감탄사라고 여겼는데 옳지 않다.

90) 《경전석문(經典釋文)》은 "'어'는 '여'이다. 어떤 사람은 소리가 '오'여서 문장을 끊어 읽어야 한다고 하는데, 잘못된 것이다(於, 如字. 或音烏而絕句者非)."라고 했다.

91) 이곳의 '어(於)'는 《경전석문(經典釋文)》에는 음이 없다.

92) 《경전석문(經典釋文)》은 "'어'는 음이 '오'이고, 정현은 '여'라고 했다(於, 音烏. 鄭如字)."라고 했다. 《모시정의(毛詩正義)》도 모형(毛亨)의 뜻을 설명하며 '여(如)'라고 했다. 이곳에서는 《모시정의》를 따른다.

93) 《경전석문(經典釋文)》은 "'어'는 정현은 '여'라고 했고, 왕숙은 음이 '오'라고 했다(於, 鄭如字. 王音烏)."라고 했다. 《모시정의(毛詩正義)》도 모형의 설을 설명하며 '여'라고 했다. 이곳에서는 《모시정의(毛詩正義)》를 따른다.

"'어'는 발성사이다(於, 發聲)."라고 했고, 《좌전정의(左傳正義)》는 "오랑
캐의 말에 이런 발성사가 있다(夷言有此發聲)."라고 한 것이 이 예이다.

('이에' 내지 '이때에'의 의미인) '어시(於是)'는 앞 문장을 받는데
쓰이는데, 자주 사용하는 말이다. 또 《좌전·은공 4년》은 "이때 진나
라와 채나라는 바야흐로 위나라와 우호적으로 지냈다(於是陳、蔡方
睦於衛)."라고 했는데, 이곳의 '어시'는 앞의 문장을 받는 말이지만
의미는 달라서 '이때에'라고 말하는 것과 같다. 같은 책의 〈환공 5년〉
은 "이때 진나라는 혼란해 …… 백성들은 뿔뿔이 흩어졌다. 그래서
다시 부고를 냈다(於是陳亂 …… 國人分散, 故再赴)."라고 했고, 같은
책의 〈희공 15년〉은 "이때에 전씨에게는 숨기는 것이 있음을 알 수
있다(於是展氏有隱慝焉)."라고 했는데, 모두 같은 의미이다.


# 우于

《이아》는 "'우'는 ('~에서'의 의미인) '어'이다(于, 於也)."라고 했다.
이는 자주 사용하는 말로, 문장에서 도치되어 사용된 곳도 있다. 《시
경·대아·숭고(崧高)》는 "사방의 나라에 울타리 되시며, 온 세상에 담
이 되시네(四國于蕃, 四方于宣)."라고 했는데, 이는 사방의 나라에 울타
리가 되고, 온 세상에 담이 됨을 말한다. 또 "사 땅으로 성실히 돌아가신
것이네(謝于誠歸)."라고 했는데, 이 역시 사 땅으로 성실히 돌아간 것을
말한다.94)

《이아》는 "'우'는 (어기사인) '왈'이다(于, 曰也)."라고 했다. '왈'(曰)'은
옛날에 (어기사인) '율(聿)'과 같이 읽었고, 글자는 본래 '율(吹)'로 되어

---

94) 정현의 《전(箋)》에 보인다.

있다. 어떤 곳에는 '왈' 내지 '율(聿)'로 되어있다.[95] '율'과 '우'는 성모는 같고 운모에서 분화된 글자이다. 《시경·주남(周南)·갈담(葛覃)》의 "누룩 제비 떼 날아와(黃鳥于飛)"는 "황조율비(黃鳥聿飛)"이고, 같은 책의 〈소남(召南)·채번(采蘩)〉의 "다북쑥 뜯어(于以采蘩)"는 "율이채번(聿以采蘩)"이고,[96] 같은 책의 〈진풍(陳風)·동문지분(東門之枌)〉의 "좋은 날을 골라(穀旦于差)"와 "좋은 날에 놀러 가고(穀旦于逝)"는 "곡단율차(穀旦聿差)"와 "곡단율서(穀旦聿逝)"이고, 같은 책의 〈진풍(秦風)·무의(無衣)〉의 "왕께서 군사를 일으키신다면(王于興師)"은 "왕율흥사(王聿興師)"이다. 같은 책 〈소아·육월(六月)〉의 "왕께서 전쟁에 내보내시어(王于出征)"는 "왕율출정(王聿出征)"이고, 같은 책 〈대아·강한(江漢)〉의 "나라 땅을 다스리어(于疆于理)"는 "율강율리(聿疆聿理)"이다.[97] '율'과 '왈'은 옛날에 글자가 통했기 때문에 《이아》는 '우'를 '왈'로 풀이했다. 정현의 《전》은 위의 "곡단우차(穀旦于差)"와 "곡단우서(穀旦于逝)"를 풀이하며 각각 "아침이 밝고 좋으면 택하겠다고 말하네(朝日善明, 曰相擇矣)."와 "아침이 밝고 좋으면 놀러 간다고 말하네(朝日善明, 曰往矣)."라고 했다. 또 "왕우출정(王于出征)"을 풀이하며 "왕

---

95) '율(聿)'자에 설명이 보인다.

96) '율(聿)'과 '어(於)' 역시 성모는 같고 운모에서 분화된 글자이다. 그래서 모형의 《전(傳)》은 "'우'는 '어'이다(于, 於也)."라고 했다. 정현의 《전(箋)》은 "'우이'는 '왕이'라고 말하는 것과 같다(于以, 猶言往以)."라고 했다. 이는 모형의 《전》과 의미가 다른 것으로, 잘못된 것이다. '우(于)'를 ('가다'의 의미인) '왕(往)'으로 풀이하면, 다음에 이어지는 "그것을 쓰네(于以用之)"와 《시경·소남·채율(采綠)》의 "어디다 담을까(于以盛之)"·"어디다 삶을까(于以湘之)"·"그것을 담아(于以奠之)"는 모두 의미가 통하지 않는다. 《시경·패풍(邶風)·격고(擊鼓)》의 "그것을 찾아(于以求之)"는 정현도 ('~에'의 의미인) '어(於)'로 풀이했다.

97) '우(于)'와 '율(聿)'은 모두가 허사이다. 이는 《시경·대아·면(緜)》의 "땅 경계 긋고 도랑 파고(迺疆迺理)"와 같다. 정현의 《전(箋)》이 '우(于)'를 ('가다'의 의미인) '왕(往)'으로 풀이한 것 역시 잘못되었다.

이 말했다: 험윤 오랑캐를 치려고 그대들을 출정시키는 것이다(王曰: 令女出征玁狁)."라고 했다. 이러한 예는 《이아》에서 "'우'는 (어기사인) '왈'이다(于, 曰也)."라고 한 것을 《논어》의 ('공자께서 말씀하시길'의 의미인) '자왈(子曰)'의 '왈'로 풀이한 것으로, 의미가 잘못된 것이다.

'우'는 (어기사인) '호(乎)'와 같다. 문장 안에 있는 것은 자주 사용하는 말이고, 문장 끝에 오는 것도 있다. 《관자·산국궤(山國軌)》는 "세금을 걷지 않아도 나라의 재정을 충족시킬 수 있는 방법이 있소?(不籍而贍國, 為之有道于?)"라고 했는데,[98] 이곳의 '우'는 (어기사인) '호'와 같다. 《여씨춘추·심응(審應)》은 "그러면 선생께서는 성현이십니까?(然則先生聖于?)"라고 했는데, 고유의 주석은 "'우'는 (어기사인) '호'이다(于, 乎也)."라고 했다. 《열자(列子)·황제(黃帝)》는 "지금 그대는 어찌 이리도 비루하시오?(今女之鄙至此乎?)"라고 했는데, 《경전석문》은 "'호'는 원래 '우'로도 되어있다(乎, 本又作于)."라고 했다. 《장자·인간세(人間世)》는 "신목이 되지 않았다면, 땔감나무로 베어졌겠지(不為社者, 且幾有翦乎)."라고 했는데, 《경전석문》에는 "'호'는 최선본(崔譔本)에는 '우'로 되어있다(乎, 崔本作于)."라고 한 것이 이 예이다.

또 감탄사로도 쓰인다. 《논어·위정(為政)》은 "효도해야지! 오직 부모에게 효도하고(孝乎惟孝)."라고 했는데, 《경전석문(經典釋文)》과 《한석경(漢石經)》에는 '호'가 모두 '우'로 되어있는 것이 이 예이다.

'우'는 ('~으로 되다' 내지 '~하다'의 의미인) '위(為)'이다.[99] 《시경·패풍·정지방중(定之方中)》은 "정성(定星)이 남녘 하늘 가운데서 빛나니, 초구(楚丘)의 궁실이 되게 짓네. 해로서 방위를 재어, 초구의 집이 되게 짓네(定之方中, 作于楚宮. 揆之以日, 作于楚室)."라고 했는데,

---

98) 송본(宋本)은 이와 같고, 금본의 '우(于)'는 '여(予)'로 와전되었다.

99) 이곳의 '위(為)'자는 평성으로 읽는다.

《모시정의》는 "초구의 궁궐이 되게 짓는 것이다(作為楚丘之宮)." · "초구의 집이 되게 짓는 것이다(作為楚丘之室)."라고 했다. 장재(張載)[100] 주석의 《위도부(魏都賦)》는 《시경(詩經)》을 인용하여 각각 "작위초궁(作為楚宮)" · "작위초실(作為楚室)"이라고 했다. 《의례(儀禮) · 사관례(士冠禮)》는 "알맞은 자(字)를 갖는 것은 복이다(宜之于假)."라고 했는데, 정현의 주석은 "'우'는 ('~되다'의 의미인) '위'와 같다(于, 猶為也)."라고 했다. 같은 책의 〈빙례기(聘禮記)〉는 "문안인사를 가는 나라에 보내는 예물은 문안인사를 받는 나라가 보내는 예물로 결정된다(賄, 在聘于賄)."라고 했는데, 그 주석은 "'우'는 '위'로 읽는다(于, 讀曰為)."라고 했다. 《공양전 · 소공 19년》은 "군주를 죽인 적이 아직 토벌되지 않았는데 왜 장례한 것을 기록하라는 것입니까? 이는 그가 군주를 시해를 한 것이 아닙니다(賊未討, 何以書葬? 不成于弑也)."라고 했는데, 이는 군주를 시해하지 않았음을 말한다. 《사기 · 진시황제기(秦始皇帝紀)》는 "돌의 표면에 새기시어 후세에 불변의 법도로 남기길 청하나이다(請刻于石表, 垂于常式)."라고 했는데, 이는 후세에 불변의 법도로 전하는 것이다. 《삼왕세가(三王世家) · 봉제왕책(封齊王策)》은 "명만으로 영원히 다스릴 수 없다(惟命不于常)."라고 했는데, 이에 대해 저소손(褚少孫)[101]은 "명만으로 영원히 다스릴 수 없다(惟命不可為常)."라고 풀이했다.

---

100) 북송(北宋) 때의 대학자로, 이학(理學)의 창시자이다. 범중엄(范仲淹)과 육경(六經)을 연구했다. 저작좌랑(著作佐郎) · 숭문원교서랑(崇文院校書郎) 등을 지냈다. 관직에서 물러나 관중(關中) 지역에서 학문을 전수하여 관학학파(關學學派)를 세웠다 북송 신종(神宗) 희녕(熙寧) 10년(1077년)에 58세로 세상을 떠났다. 저술로는 《정몽(正蒙)》과 《횡거역설(橫渠易說)》 등이 있다.[역자주]

101) 서한(西漢) 때의 경학자이다. 서한 중기에 박사(博士)를 지냈다. 전래되는 과정에서 산실된 《사기(史記)》 중의 10편을 보충했다. [역자주]

'우'는 ('돕다'의 의미인) '위(爲)'이다.[102] 《맹자·만장(萬章)》은 "나는 저 신하와 백성들을 생각하니, 그대가 나를 도와 다스려주시게(惟茲臣庶, 女其于予治)."라고 했다. 이곳의 '우'는 '위'로, ('돕다'의 의미인) '조(助)'이다. 조기(趙岐)[103]의 주석에서 "나는 신하와 백성들만 생각하기 때문에 그대가 세상을 다스리는 일을 도와 달라는 것이다(惟念此臣衆, 女故助我治事)."라고 한 것이 이 예이다.

'우'는 ('같다'의 의미인) '여(如)'이다. 《주역·계사전》은 "《주역》에 '강직하기가 돌과 같아서 안락함을 마다하여 단 하루도 기다리시 않고 기꺼이 정도를 지키니, 진정 상서롭다.'라고 했다. 강직하기가 돌과 같으니, 어찌 단 하루라도 기다리겠는가? 그 단호함을 알 수 있다(《易》曰: '介于石, 不終日, 貞吉.' 介如石焉, 寧用終日? 斷可識矣)."라고 했는데, 이곳의 '개우석(介于石)'은 '개여석(介如石)'이라고 하는 것과 같다. 그래서 《한서·급암전(汲黯傳)》은 "장안의 저자거리에서 장사하는 백성들이 관리들이 세관 같은 곳에서 재물을 갖고 나가면 엄격한 법으로 죄를 묻는 것을 어찌 알겠습니까?(愚民安知市買長安中, 而文吏繩以爲闌出財物如邊關乎?)"라고 했는데, 《사기(史記)》에는 원문의 '여'가 '우'로 되어있다. '우'와 '어(於)'는 옛날에 글자가 통했기 때문에 두 글자 모두 '위'로 풀이할 수 있어, 모두 '여'로 풀이할 수도 있다. '어'자에도 보인다.

'우'는 ('곧'의 의미인) '시(是)'이다. 《시경·소아·출거(出車)》는 "험윤 오랑캐를 곧 쳐 없앨 걸세(玁狁于襄)." · "험윤 오랑캐들을 곧 평정하셨네(玁狁于夷)."라고 했는데, 이는 각각 "험윤시양(玁狁是襄)"과 "험윤

---

102) 이곳의 '위(爲)'자는 거성으로 읽는다.

103) 동한(東漢) 말의 경학자이자 화가이다. 병주자사(幷州刺史) · 의랑(議郎) · 태상(太常) 등을 지냈다. 건안(建安) 6년(201년)에 세상을 떠났다. 그림에 조예가 깊었고, 《맹자(孟子)》에 주석을 단 것으로 유명하다.[역자주]

시이(玁狁是夷)"라고 하는 것과 같다.104)

　'우'는 ('~와'의 의미인) '월(越)' 내지 '여(與)'와 같은데, 단어와 단어를 연결하는 말이다. 《대대례기·하소정》은 "'월'은 ('~와'의 의미인) '우'이다(越, 于也)."라고 했다. 《광아》는 "'월'은 ('~와'의 의미인) '여'이다(越, 與也)."라고 했다. 《상서·대고(大誥)》는 "그대들 각 제후국들과 그대들 업무를 처리하는 대신들에게 크게 알리노라(大誥猷爾多邦, 越爾御事)."라고 했고, 왕망(王莽)이 《대고》를 모방하여 "제후의 왕·삼공·열후와 그대들 경대부·원사·어사들에게 크게 알리노라(大告道諸侯王三公列侯, 于女卿大夫元士御事)."라고 했는데, 이렇게 연결해주는 말을 '월' 내지 '우'라고 한다. 같은 책의 〈강고〉는 "자식이 된 사람이 그 부친의 일을 공경하게 처리하지 않으면, 그 부친의 마음을 크게 아프게 하는 것이다. 또 부친이 된 사람은 그 자식을 사랑하지 않고 도리어 그 자식을 미워한다. 또 동생이 된 사람은 천륜을 생각지 않고 그 형을 공경하지 않는다. 형도 어린 동생의 고통을 생각지 않고 동생을 크게 아끼지 않는다(子弗祗服厥父事, 大傷厥考心. 于父不能字厥子, 乃疾厥子. 于弟弗念天顯, 乃弗克恭厥兄. 兄亦不念鞠子哀, 大不友于弟)."라고 했는데, 이는 자식이 불효하는 것·부친이 자애롭지 않는 것·동생이 공경하지 않는 것·형이 자상하지 않는 것을 말한다.105) 또 "너에게 덕을 행하는 말과 벌을 주는 이치를 알려주마(告女德之說, 于罰之行)."라고 했는데, 이곳의 '행(行)'은 ('이치'의 의미인) '도(道)'를 말한다. 이는 너에게 덕을 행하는 말과 죄를 주는 이치를 말해 주겠다는 말이다.106)

---

104) "융과 적을 토벌하고, 형과 서를 응징하네(戎, 狄是膺, 荊, 舒是懲)."라고 하는 것과 같다.

105) 공안국(孔安國)의 《전(傳)》은 "사람의 부친이 되어서(於爲人父)"·"사람의 동생이 되어서(於爲人弟)"라고 했는데, 이는 잘못된 것이다.

106) 공안국(孔安國)의 《전(傳)》은 "너에게 덕을 어떻게 베풀고 벌을 어떻게 행하는

같은 책의 〈낙고〉는 "세상을 바르게 다스리고 있으나 종실의 예법이 아직 정해지지 않았소, 또한 공의 공업도 완성되지 않았으니, 그곳에 가서서 계속 바르게 다스려 주시오(四方迪亂, 未定于宗禮, 亦未克救公功, 迪將其後)."라고 했는데, 이 문장은 "세상을 바르게 다스리고 있으나 아직 안정되지 않았고(四方迪亂未定)"까지 끊어주고, "또한 종실의 예법도 완성되지 않았으니(于宗禮亦未克救)"까지 또 끊으며, 마지막으로 "공께서 그곳에 가서서 계속 바르게 잘 다스려주시오(公功迪將其後)"까지 한 번 더 끊어준다. 《이아》는 "'란'은 ('다스리다'의 의미인) '치'이다(亂, 治也)."라고 했고, 《방언(方言)》은 "'적'은 ('올바르다'의 의미인) '정'이다(迪, 正也)."라고 했다. '사방적란(四方迪亂)'은 ('세상을 올바르게 다스린다'의 의미인) '난정사방(亂正四方)'으로 말하는 것과 같다.[107] '우'는 ('~와'의 의미인) '월(越)'이다. 이는 세상이 바르게 다스려지고 있지만 아직 안정이 안 되었다는 것과 종실의 예법도 아직 완성되지 않았다는 것을 말한다. "공공적장기후(公功迪將其後)"와 이 구절 앞에 나오는 "공께서 잘 인도하고 도와주시니(公功棐迪篤)" 및 이 구절 뒤에 나오는 "공께서는 얼른 가서서 사람들을 공경하고 화목하게 만드는 일을 해주시오(公功肅將祗歡)"는 모두 '공공(公功)'으로 문장을 시작하는데, 이것은 서로 부합되는 것이다. 앞 문장의 '공공'은 '비적(棐迪)'을 말하고, 뒤 문장의 '공공'은 '숙장(肅將)'을 말하며, 이곳의 '공공'은 '적장(迪將)'을 말하는데 의미가 서로 부합된다. 옛날 것으로 읽으면 잘못된 것이다. 《상서 · 다방》은 "그대들의 시작을 잘 계획하고, 천명을 공경하고 화목하게 지내지 않는다면, 너희들을 벌할 것이니, 그때 나를 원망하지 말라(時惟爾初, 不克敬于和, 則無我怨)."라고 했는데, 이곳의

---

것에 대해 알려주마(告汝施德之說, 於罰之所行)."라고 했는데 잘못된 것이다.
107)《상서 · 미자(微子)》에 보인다.

'우'는 ('~와'의 의미인) '여'이다. 이는 천명을 공경하고 화목하지 않음을 말한다.[108]

---

108) 앞 문장은 "그대들도 화목해야 한다(爾惟和哉)."라고 했고, 또 "또한 공경한 태도로 그대들의 직위를 지켜라(亦則以穆穆在乃位)."라고 했다. 이곳의 '목목(穆穆)'은 ('공경하다'의 의미인) '경(敬)'이다. 때문에 이는 그대들이 공경하고 화목하지 않으면 내가 벌을 내릴 것이니, 그때 나를 원망하지 말란 것이다. 공안국(孔安國)의 《전(傳)》이 "화목한 이치에 공경하지 않는 것이다(不能敬于和道)."라고 한 것도 잘못된 것이다.

# 경전석사 제2

## 원爰

《이아(爾雅)・석고(釋詁)》는 "'원'은 ('~에게'의 의미인) '우'이다(爰, 于也)."라고 했고, 또 "'원'은 ('~에서'의 의미인) '어'이다(爰, 於也)."라고 했는데, '우(于)'와 '어(於)'는 실질적으로 같은 의미이다. 《상서・반경》에서 "사람들에게 알려라(綏爰有衆)."라고 한 것이 이 예이다. 《시경・패풍(邶風)・격고(擊鼓)》는 "어디에서 자고 어디에서 머물렀나, 말은 어디에서 잃어버려, 어디에서 찾으려나(爰居爰處, 爰喪其馬, 于以求之)."라고 했는데, 이곳의 '우'도 '원'의 의미로, 문장에서 서로 바꿔 쓸 수 있다.

《이아》는 "'원'은 (어기사인) '왈'이다(爰, 曰也)."라고 했다. '왈(曰)'은 '율(吹)'과 같고, '율(聿)'로 된 곳도 있다.[1] '율(聿)'과 '원'은 성모는 같고 운모에서 분화된 글자이다. 《시경・패풍・개풍(凱風)》의 "맑은 샘물이 …… (爰有寒泉 …… )"는 "율유한천(聿有寒泉)"과 같다. 같은 책 〈용풍(鄘風)・정지방중(定之方中)〉의 "이를 베어 금과 슬을 만드네(爰伐琴瑟)."는 "율벌금슬(聿伐琴瑟)"과 같다. 같은 책 〈위풍(魏風)・석서(碩鼠)〉의 "거기 가면 내 편히 살리라(爰得我所)"는 "율득아소(聿得我所)"

---

1) '율(吹)'자에 설명이 보인다.

와 같다. 같은 책 〈소아·홍안(鴻雁)〉의 "이 불쌍한 사람들이나(爰及矜人)"는 "율급긍인(聿及矜人)"과 같다. 같은 책 〈소아·학명(鶴鳴)〉의 "심어놓은 박달나무가 있고(爰有樹檀)"는 "율유수단(聿有樹檀)"과 같다. 같은 책 〈소아·사월(四月)〉의 "어디로 돌아가야 하나(爰其適歸)"는 "율기적귀(聿其適歸)"와 같다.2) 같은 책 〈대아·공류(公劉)〉의 "비로소 길 떠나셨네(爰方啟行)"는 "율방계행(聿方啟行)"과 같고, "많은 사람들 모여들어(爰衆爰有)"는 "율중율유(聿衆聿有)"와 같다. '율'과 '왈'은 옛날에 글자가 통했다. 이상 일곱 수의 시를 정현의 《전》은 《이아》의 "'원'은 (어기사인) '왈'이다(爰, 曰也)."라는 설명을 따르고 있는데, 이는 옳은 것이다. 반면 대부분이 《논어》에 나오는 ('공자께서 말씀하시길'의 의미인) '자왈(子曰)'의 '왈'로 풀이한 것은 그 의미를 잃은 것이다. 《시경·대아·면(緜)》은 "이에 계획을 시작하시어, 거북으로 점쳐 보시고는, 머물러 사셨네(爰始爰謀, 爰契我龜, 曰止曰時)."라고 했는데, 이곳의 '왈'도 (어기사인) '원'이어서, 문장에서 서로 바꿔 쓸 수 있다. 또 "이에 태강과 함께 와서 살게 되었네(爰及姜女, 聿來胥宇)."라고 했는데, 이곳의 '원'과 '율'도 문장에서 서로 바꿔 쓸 수 있다.

장형(張衡)3)의 《사현부(思玄賦)》 옛 주석은 "'원'은 ('이때에'의 의미인) '어시'이다(爰, 於是也)."라고 했다. 《시경·소아·사간(斯干)》은 "이때에 여기 살며 웃고 이야기하네(爰居爰處, 爰笑爰語)."라고 했고,

---

2) 《시경(詩經)·당풍(唐風)·실솔(蟋蟀)》은 "이 해도 저무는구나(歲聿其莫)."라고 했다.
3) 동한(東漢) 때의 문인이자 천문학자이다. 자는 평자(平子)이고, 남양(南陽) 서악(西鄂) 사람이다. 사마상여(司馬相如)·양웅(揚雄)·반고(班固)와 더불어 한부 사대가(漢賦四大家)로 불린다. 태사령(太史令)·시중(侍中)·상서(尙書) 등을 지냈다. 영화(永和) 4년(139년), 62세로 세상을 떠났다. 작품으로는 《이경부(二京賦)》·《귀전부(歸田賦)》 등이 있고, 저술로는 《영헌(靈憲)》·《산망론(算罔論)》 등이 있다.[역자주]

같은 책의 〈대아·공류(公劉)〉는 "이때에 살 곳을 정해 머물며 살며, 서로 말하고 서로 얘기하게 되었네(于時處處, 于時廬旅, 于時言言, 于時語語)."라고 했는데, 이곳의 '원'이 바로 ('이때에'의 의미인) '우시(于時)'이다. '우시'는 '어시(於時)'이다. 어떤 사람은 '우'로 풀이하기도 하고, 어떤 사람은 '왈'로 풀이하기도 하고, 어떤 사람은 ('이에'의 의미인) '어시(於是)'로 풀이하기도 하는데, 의미는 같다.

《옥편(玉篇)》은 "'원'은 ('~이다'의 의미인) '위'이다(爰, 為也)."라고 했다. 《상서·홍범(洪範)》은 "물은 아래로 적셔주고, 불은 위로 타오르고, 나무는 굽고 곧을 수 있고, 쇠는 원하는 대로 모양을 바꾸고, 흙은 곡식을 심어 수확할 수 있다(水曰潤下, 火曰炎上, 木曰曲直, 金曰從革, 土爰稼穡)."라고 했다. '왈'과 '원'은 모두 ('~이다'의 의미인) '위'여서 문장에서 서로 바꿔 쓸 수 있다.[4] '왈'자에도 설명이 보인다.

'원'은 ('함께'의 의미인) '여(與)'이다. 부친께서는 《상서·고명(顧命)》의 "태보가 중환과 남궁모에게 제후 여급과 함께 창과 방패를 잡고 용사 백 명을 거느리고, 남문 밖에서 태자 쇠를 영접할 것을 명했다(大保命仲桓, 南宮毛, 俾爰齊侯呂伋, 以二干戈, 虎賁百人, 逆子釗于南門之外)."라는 구절을 인용하시며 이곳의 '원'은 ('함께'의 의미인) '여'라고 하셨다. 이는 중환과 남궁모에게 여급과 함께 강왕을 맞이하는 것을 말한다.[5] '원'·'우'·'월'은 성모는 같고 운모에서 분화된 글자이기 때문에 세 글자 모두 ('~에서'의 의미인) '어'로 풀이할 수도 있고, ('함께'의 의미인) '여'로도 풀이할 수 있다. '어'자와 '월'자에도 설명이 보인다.

---

4) 《사기(史記)·송세가(宋世家)》에는 "토왈가장(土曰稼穡)"으로 되어있다.

5) 공안국(孔安國)의 《전(傳)》은 "중환과 남궁모 두 신하로 하여금 각자 창과 방패를 들게 하고, 제후 여급에게 용사 백 명을 요청한 것이다(使桓, 毛二臣各執干戈, 於齊侯呂伋索虎賁百人)."라고 했다. 또 "급은 천자의 호분 일가이다(伋為天子虎賁氏)."라고 했다. 모두 '원(爰)'자의 의미를 풀지 못해 잘못 말했다.

# 월粵 월越

《이아·석고》는 "'월'은 ('이때에'의 의미인) '우'이다(粵, 于也)."라고
했고, 또 같은 책에서 "'월'은 ('이에'의 의미인) '어'이다(粵, 於也)."라고
했다. '월(越)'로 된 곳도 있다. 《대대례기·하소정(夏小正)》은 "이때 작
은 가뭄이 있었다(越有小旱)."라고 했는데, 모형의 《전(傳)》은 "'월'은
('이때'의 의미인) '우'이다(越, 于也)."라고 했다. '우(于)'는 지금 사람들
이 말하는 ('이때에'의 의미인) '어시(於是)'이다. 《시경·진풍(陳風)·동
문지분》은 "좋은 날 놀러가니, 이때에 사람들 여럿이 함께 가네(穀旦于
逝, 越以鬷邁)."라고 했다. 이곳의 '월' 역시 ('이때'의 의미인) '우'로, 문
장에서 서로 바꿔 쓸 수 있다.

《이아·석고》는 "'월'은 ('이때에'의 의미인) '왈'이다(粵, 曰也)."라고
했다. '왈(曰)'과 '율(欥)'은 같고, '율(聿)'이라고도 한다.[6] '율'과 '월'은
소리가 서로 가깝다. 《상서·고종융일(高宗肜日)》은 "이때 꿩 한 마리
가 울었다(越有雊雉)."라고 했는데, 이는 "율유구치(聿有雊雉)"와 같다.
《대대례기·하소정》은 "이때 작은 가뭄이 있었다(越有小旱)"라고 했는
데, 이는 "율유소한(聿有小旱)"이라고 하는 것과 같다. 이상의 '율'도
('이때에'의 의미인) '어시(於是)'이다. '율'과 '왈'은 고대에 글자가 통했
다. 그래서 《이아》는 '월'을 어기사인 '왈'로 풀이했다.

'월'은 (어기사인) '유(惟)'와 같다. 《상서·대고》는 "나 이 어린 사람
이 …… (越予小子 …… )"라고 했는데, 이는 "유여소자(惟予小子)"와 같
다.[7] 또 "나 이 어린 사람은 …… (越予沖人 …… )"이라고 했는데, 이는
"유여충인(惟予沖人)"과 같다.[8]

---

6) '율(欥)'자에 설명이 보인다.
7) 《시경·주송(周頌)·민여소자(閔予小子)》는 "이 어린 사람은(維予小子)"이라 했다.
8) 《상서·금등(金縢)》은 "나 이런 사람이 제때 알지 못했도다(惟予沖人弗及知)."라

《광아》는 "'월'은 ('~와'의 의미인) '여'이다(越, 與也)."라고 했다. 《상서·대고》에서 "그대들 각 제후들과 그대들 업무를 처리하는 대신들에게 크게 알리노라(大誥猷爾多邦, 越爾御事)."라고 한 것, "그래서 나는 우리의 우방국 군주와 그 사관과 업무를 처리하는 제 관리들에게 알리오(肆予告我友邦君, 越尹氏, 庶士, 御事)."라고 한 것, "그대들 각국의 군주와 그 사관과 제 관리들…… (爾庶邦君, 越庶士御事 ……)"이라 한 것, "그대들 각국의 군주와 그대들 사관과 제 신하들은…… (義爾邦君, 越爾多士尹氏御事 ……)"이라 한 것, "최선을 다하시오, 그대들 각국의 군주들과 그대들 제 신하들은…… (肆哉, 爾庶邦君越爾御事 ……)"라고 한 것이 이 예이다.9)

'월'은 ('이르다'의 의미인) '급(及)'이다. 《상서·소고》는 "4월 16일 이후, 여섯 번째 날인 을미일에 이르러…… (惟四月既望, 越六日乙未 ……)"라고 했는데, 이는 16일에서 을미일에 이르는 6일을 말한다. 이어지는 문장은 "병오일에 달이 빛을 냈고, 3일째 되던 무신일에 이르러…… (惟丙午朏, 越三日戊申 ……)"라고 했는데, 이 역시 병오일에서 무신일까지의 3일을 말한다.

'월약(越若)'도 ('이르다'의 의미인) '급(及)'이다. 《상서·소고》는 "3월이 오자…… (越若來三月 ……)"라고 했는데, 이곳의 '래(來)'는 ('이르다'의 의미인) '지(至)'이다.10) 이는 3월이 오는 것을 말한다.11) 이어지

---

고 했다.

9) 《상서·주서(周書)》에는 '월(越)'이 ('~와'의 의미인) '여(與)'와 같은 의미인 것이 아주 많이 보이는데, 《대고》 이외의 예문은 일일이 열거하지 않겠다.

10) 《이아(爾雅)》에 보인다.

11) "월약래삼월(越若來三月)"까지 한 번 끊고, "유병오비(惟丙午朏)"까지 또 한 번 끊어 읽는다. 어떤 사람은 "월약래(越若來)"까지 끊어 읽었고, 공안국(孔安國)의 《전(傳)》은 "순리대로 오는 것이다(於順來)"라고 했는데, 잘못된 것이다. 《경의술문(經義述聞)》에 설명이 보인다.

는 문장은 "다음날인 을묘일이 되어서(若翼日乙卯)"라고 했고, 또 "다음 날인 술오일이 되어서(越翼日戊午)"라고 했는데, 이곳의 '월(越)'과 '약(若)'은 모두 ('이르다'의 의미인) '급'으로,[12] 이어서 읽으면 '월약'이라고 한다. 《한서 · 율력지(律曆志)》는 《상서 · 무성(武成)》을 인용해 "월약래 이월(粵若來二月)"이라고 했는데,[13] 의미가 이것과 같다.

'역월(亦越)'은 앞 문장을 받아 뒤 문장에 연결해준다. 《상서 · 입정(立政)》에서 "성탕에 이르러 …… (亦越成湯 …… )"와 "문왕과 무왕에 이르러 …… (亦越文王、武王 …… )"라고 한 것이 이 예이다.

# 왈曰

《설문해자》는 "'왈'은 어기사이다(曰, 詞也)."라고 했다. 《광아》는 "'왈'은 ('말하다'의 의미인) '언'이다(曰, 言也)."라고 했다. 이는 자주 사용하는 말이다. 한 사람이 말하면서 스스로 문답을 진행할 때 '왈'을 더해 구별해준다. 이를 테면, 《논어 · 양화(陽貨)》에서 "'고귀한 재덕을 품고 있으면서 자기 나라를 어지러운 채로 놓아둔다면, 어질다고 할 수 있습니까?' '그렇다고 할 수 없지요.' '정사를 맡아 처리하기를 좋아하면서 누차 벼슬할 기회를 놓친다면, 지혜롭다고 할 수 있습니까?' '그렇다고 할 수 없지요'(懷其寶而迷其邦, 可謂仁乎? 曰: 不可. 好從事而亟失時, 可謂知乎? 曰: 不可)."라고 한 것과[14] 《맹자 · 고자(告子)(상)》에서 "'그의 총명함이 다른 사람보다 못해서일까?' '내가 보기에는 그렇지 않다'

---

12) '약(若)'과 '급(及)'은 본래 같은 의미이다. '약'자에 설명이 보인다.

13) 《일주서(逸周書) · 세부(世俘)》편과 같다.

14) 두 번의 "그렇다고 할 수 없지요(曰: 不可)"는 모두 양화(陽貨)가 한 말이다. 이에 대해서는 《사서석지(四書釋地)》에 자세한 설명이 보인다.

(為是其智弗若與? 曰: 非然也).”라고 한 것이 이 예이다. 문답하는 것이 아님에도 ‘왈’자를 넣어 구별한 것도 있는데, 말을 바꿔주는 역할을 한다.《예기·단궁(하)》에서 “정공(定公)은 놀라 자리를 떠나며 ‘이는 과인의 잘못입니다’, ‘과인은 이 안건을 어떻게 처리할 지 공부한 적이 있소.’라고 했다(公瞿然失席曰: ‘是寡人之罪也.’ 曰: ‘寡人嘗學斷斯獄矣.’)”라고 한 것,《논어·헌문(憲問)》에서 “공자가 말했다: 오늘날의 온전한 인격을 가진 사람이야 어찌 꼭 그러해야 하겠느냐?(曰: 今之成人者何必然?)”라고 한 것, 같은 책의 〈미자(微子)〉에서 “나는 늙어서 공자를 등용할 수 없도다(曰: 吾老矣, 不能用也).”라고 한 것,《맹자·공손추(公孫丑)》에서 “증서조차 관중과 비교되길 원치 않았는데, 자네는 내가 그에게 배울 거라고 생각하는가?(曰: 管仲, 曾西之所不為也, 而子為我願之乎?)”라고 한 것이 이 예이다.15)

  ‘왈’은 (‘~이다’의 의미인) ‘위(為)’와 같고, 이는 (‘~라고 말한다’의 의미인) ‘위지(謂之)’이다.《상서·홍범》에서 “첫째는 물이고, 둘째는 불이고, 셋째는 나무이고, 넷째는 쇠이고, 다섯째는 흙이다(一曰水, 二曰火, 三曰木, 四曰金, 五曰土).”라고 한 것이 이 예이다. 그래서《곡량전·환공 4년》은 “제1등급의 사냥물은 육포로 만들어 제기에 담아두고 제사 때 쓰이는 것이고, 제2등급의 사냥물은 연회 때 손님의 접대에 쓰이고, 제3등급의 사냥물은 군주의 주방을 채우는데 쓰인다(一為乾豆, 二為賓客, 三為充君之庖).”라고 했는데,《공양전(公羊傳)》에는 ‘위’가 ‘왈(曰)’로 되어있다.

---

15) 이것은 옛 말의 서술이 끝나고 다시 지금의 일을 언급한 것이다.《여씨춘추(呂氏春秋)·교자(驕恣)》는 이리(李悝)가 초나라 장왕(莊王)의 말을 다 서술하고 “이는 제왕의 업적을 이룬 사람들이 걱정하는 것인데, 폐하께서는 이를 자랑하시니 어찌 되겠습니까?(曰: 此霸王之所憂也. 而君獨伐之, 其可乎?)”라고 했는데, 문장의 의미가 이것과 같다.

# 율欥[16] 율聿 흉遹 왈曰

《설문해자》는 "'율'은 문두에 와서 이어질 내용을 설명하는 말이다 (欥, 詮詞也)."라고 했다. 이 글자는 '율(聿)'·'흉(遹)'·'왈(曰)'로 된 곳도 있지만 사실은 같은 글자이다. 《모정시고정(毛鄭詩考正)》[17]은 이렇게 말했다:

> 《문선·강부》주석은 설군의 《한시장구》를 인용하여 "'율'은 허사이다."라고 했다. 《춘추전》은 《시경》의 "많은 복을 누리시니"를 인용했는데(《좌전·소공 26년》), 이에 대한 두예의 주석은 "'율'은 '유'이다'라고 했다. 이상은 모두 어조사로 본 것이다. 《시경》에서는 '율'·'왈'·'흉' 세 글자가 서로 바꿔가며 사용되었다. 《예기·예기》는 《시경》의 "선왕의 뜻 좇아 효도 다하셨으니"를 인용했는데, 금본 《시경》에는 이곳의 '율'이 '흉'로 되어있다. 《시경·빈풍·칠월》은 "해가 바뀌려 하니"라고 했는데, 《경전석문》은 이를 "《한서》에는 '율'로 되어있다"라고 했다. 《시경·소아·각궁》은 "햇빛만 보면 녹네."라고 했는데, 《경전석문》은 이를 "《한시》에는 '율'로 되어있고, 유향과 같다."라고 했다. 모형의 《전》은 "한 해가 저문다."의 '율'을 ('드디어'의 의미인) 수로 풀었고, "그 덕을 따르고 닦기를"의 '율'을 ('따르다'의 의미인) 술로 풀이했다. 정현의 《전》은 "직접 와서 살게 되었네."의 '율'을 ('직접'의 의미인) 자로 풀이했고, "출정한 내가 따라서 돌아왔지"·"많은 복을 따라 누리시니"·"그 소리 크기도 하네"·"세상의 편안함 구하시어"·"그 이루심 따라 보게 되었으니"·"선왕의 뜻 좇아 효도 다하셨으니"는 모두 ('따르다'의 의미인) 술로 풀이했다. 지금 살펴보면, 모두가 앞 문장의 말을 받아 밝혀주는 것이지, 단순한 어조사가 아니며 그렇다고 발어사도 아니다. 그리고 '수'·'술'·'자'로 풀이한 것은 사전적 의미로 풀이한 것으로, 모두

---

16) 발음은 '율(聿)'이다.

17) 이 책은 청나라의 대학자 대진(戴震)이 쓴 책이다. 《시경》을 풀이한 모형(毛亨)의 《전(傳)》과 정현(鄭玄)의 《전(箋)》의 내용을 고증한 책이다.[역자주]

잘못된 것이다. 《설문해자》는 "'율'은 문두에 와서 이어질 내용을 설명하는 말이다. 글자는 '흠'과 '왈'로 이루어졌다. '왈' 역시 소리이다."라고 하며, 《시경》의 "세상의 편안함을 구하시어"를 인용했다. 그래서 '율'은 아마도 본 문장에서 소리가 같은 것을 가차함에 '왈'·'율'·'흡' 세 글자를 이용했다(《文選》注(《江賦》)引《韓詩》薛君《章句》云: "聿, 辭也." 《春秋傳》引《詩》: "聿懷多福"(《左傳·昭二十六年》), 杜注曰: "聿, 惟也." 皆以爲辭助. 《詩》中'聿'、'曰'、'遹'三字互用. 《禮記》引《詩》 "聿追來孝"(《禮器》), 今《詩》作遹. 《七月》篇"曰爲改歲", 《釋文》云: "《漢書》作聿." 《角弓》篇: "見晛曰消", 《釋文》云: "《韓詩》作聿, 劉向同." 《傳》於"歲聿其莫"釋之爲'遂', 於 "聿修厥德"釋之爲'述'. 《箋》於"聿來胥宇"釋之爲'自', 於"我征聿至"、"聿懷多福"、"遹駿有聲"、"遹求厥寧"、"遹觀厥成"、"遹追來孝"並釋之爲'述'. 今考之, 皆承明上文之辭耳, 非空爲辭助, 亦非發語辭. 而爲'遂'、爲'述'、爲'自', 緣辭生訓, 皆非也. 《說文》: "欥, 詮詞也. 從欠從曰, 曰亦聲." 引《詩》 "欥求厥寧". 然則'欥'蓋本文, 同聲假借, 用'曰'、'聿'、'遹'三字).

나의 생각으로 《모정시고정》의 설명이 옳다. 반고(班固)의 《유통부(幽通賦)》는 "마음이 치우지지 않고 조화로우니 거의 성현이라고 할만하다(聿中龢爲庶幾兮)."라고 했는데, 이에 대한 조대가(曹大家)[18]의 주석은 "'율'은 (어기사인) '유'이다(聿, 惟也)."라고 했다. 《한서·서전(敘傳)》에는 '율(欥)'로 되어있다. 《시경》에는 대부분 '왈'자를 차용했다. 예를 들어, 《시경·진풍(秦風)·위양(渭陽)》에서 "위수의 북쪽에 이르렀네(曰至渭陽)"라고 한 것, 같은 책의 〈빈풍·칠월(七月)〉에서 "해가 바뀌려고 하니(曰爲改歲)"·"염소와 양을 잡아서(曰殺羔羊)"라고 한 것,

---

18) 동한(東漢)의 여류 사학자이다. 반표(班彪)의 딸이자 반고(班固)의 여동생이다. 14세 때 같은 군(郡)의 조세숙(曹世叔)에게 시집갔기 때문에 '조대가(曹大家)'라 했다. 오빠 반고가 완성하지 못한 《한서(漢書)》 집필을 완성했다. 후에 한(漢) 화제(和帝)가 여러 번 궁궐로 불러 황후와 귀인(貴人)들을 가르치게 했다. 작품으로는 《동정부(東征賦)》·《여계(女誡)》 등이 있다.[역자주]

같은 책의 〈빈풍·동산(東山)〉에서 "우리는 동쪽으로 돌아갈 날 생각하며(我東曰歸)"라고 한 것, 같은 책의 〈소아·채미(采薇)〉에서 "돌아가세 돌아가세(曰歸曰歸)"라고 한 것, 같은 책의 〈소아·빈지초연(賓之初筵)〉에서 "그 즐거움 무르익자(其湛曰樂)"·"술 취한 뒤엔(曰旣醉止)"·"이래서 술에 취하면(是曰旣醉)"이라 한 것, 같은 책의 〈소아·각궁(角弓)〉에서 "햇빛만 보면 녹네(見晛曰消)"라고 한 것, 같은 책의 〈대아·대명(大明)〉에서 "주나라 부인이 되셨으니(曰嬪于京)"라고 한 것, 같은 책의 〈대아·면(緜)〉에서 "머물러 살만하네(曰止曰時)"와 "나에게는 귀순한 어진 신하가 있고, 나에게는 국정을 보좌할 훌륭한 인재가 있고, 나에게는 열심히 뛰어다니는 유능한 사람들이 있고, 나에게는 외부의 침략을 막는 장수가 있다네(予曰有疏附, 予曰有先後, 予曰有奔奏, 予曰有禦侮)."라고 한 것, 같은 책의 〈대아·판(板)〉에서 "넓은 하늘 밝으시어(昊天曰明)"·"넓은 하늘 훤하시어(昊天曰旦)"라고 한 것, 같은 책의 〈대아·억(抑)〉에서 "나라를 잃을 지경이 되었네(曰喪厥國)"라고 한 것, 같은 책의 〈주송·재견(載見)〉에서 "그 분의 법도를 구하네(曰求厥章)"라고 한 것이다. 이상은 모두 "세율기막(歲聿其莫)"의 '율(聿)'로 읽어야 한다. 그래서 "왈위개세(曰爲改歲)"는 《한서·식화지(食貨志)》에 '율'로 인용되었고, "현현왈소(見晛曰消)"는 《경전석문》에 《한시(韓詩)》를 인용하며 '율'로 되어있다. 《순자·비상(非相)》과 《한서·유향전(劉向傳)》은 《시경》을 인용하며 역시 '율'로 되어있다. "왈빈우경(曰嬪于京)"은 《이아·석친(釋親)》의 주석에는 '율'로 인용되었다. "여왈유분주, 여왈유어모(予曰有奔奏, 予曰有禦侮)"는 《초사·이소(離騷)》의 왕일(王逸)[19] 주석에는 '율'로 인용되었다. "왈상궐국(曰喪厥國)"은 《경전

---

19) 동한(東漢)의 문인이다. 자는 숙사(叔師)이고, 남군(南郡) 선성(宣城) 사람이다. 예주자사(豫州刺史)·예장태수(豫章太守) 등을 지냈다. 현전하는 가장 이른 초사

석문》에 《한시》를 인용하여 '율'로 되어있다. "왈구궐장(曰求厥章)"은 《묵자·상현(尙賢)》에는 '율'로 인용되었다. "아동왈귀(我東曰歸)"를 정현의 《전》은 "나는 동산에서 늘 '돌아간다'고 말한다(我在東山常曰歸也)."라고 풀이했다.20) 또 "돌아가세 돌아가세, 이 해도 다 저물어가네(曰歸曰歸, 歲亦莫止)"에 대해서는 "그대는 언제 돌아간다고 했나? 한 해가 저물 때나 돌아갈 수 있네(曰女何時歸乎? 亦歲晚之時乃得歸也)." 라고 했다.21) "햇빛만 보면 녹네(見晛曰消)"에 대해서는 "해가 떠오를 때, 그 기운이 드러나기 시작하면 사람들은 '눈 녹듯이 풀린다.'라고 말한다(至日將出, 其氣始見, 人則皆稱曰: 雪今消釋矣)."라고 했다.22) "머물러 살만하네(曰止曰時)"에 대해서는 "여기에 머물러 살만하다고 말하는 것이다(曰可止居於是)."라고 했다.23) "먼 사람들도 친하게 붙어오고 (予曰有疏附)" 4구에 대해서는 "문왕이 덕이 지극한 까닭을 나는 이렇게 생각했다: 귀순해오고, 국정을 보좌하고, 열심히 뛰어다니고, 외부의

---

(楚辭) 주석본인 《초사장구(楚辭章句)》를 편찬한 것으로 유명하다. 이외에도 부(賦)·뇌(誄)·서(書) 등 21편이 있다고 전하나 모두 실전되고, 현재 《구사(九思)》 한 편만 전한다.[역자주]

20) 나의 생각으로, "아동왈귀(我東曰歸)"는 내가 동산에서 돌아가는 것을 말한다. 정현의 풀이는 잘못되었다.

21) 나의 생각으로, "왈귀왈귀(曰歸曰歸)"는 "우귀우귀(于歸于歸)"라고 하는 것과 같다.

22) 나의 생각으로, "견현왈소(見晛曰消)"는 《한시(韓詩)》에는 "연현율소(嚥晛聿消)"로 되어있고, "'연현'은 해가 나오는 것이다(燕遹, 日出也)."라고 했다. 《순자(荀子)》에는 "안연율소(宴然聿消)"로 되어있다. '율(聿)'은 '어(於)'이다. 이는 해가 나오면 이에 눈 녹듯이 풀린다는 것을 말한다. '왈(曰)'로 된 것은 가차한 것이다.

23) 나의 생각으로, '시(時)' 역시 ('머물다'의 의미인) '지(止)'이다. "왈지왈시(曰止曰時)"는 "원거원처(爰居爰處)"라고 하는 것과 같은데, 옛 사람들에게는 그들 나름의 같은 말이 있다. 《이아(爾雅)》는 "'원'은 (어기사인) '왈'이다(爰, 曰也)."라고 했다. 앞에서 말한 "원시원모(爰始爰謀)"와 뒤에서 말한 "왈지왈시(曰止曰時)"는 서로 바꿔 쓸 수 있다. 《경의술문》에 자세히 보인다.

침략을 막는 신하들의 힘이 있었기 때문이다(文王之德所以至然者, 我念之曰: 此亦由有疏附、先後、奔奏、禦侮之臣力也).”라고 했다.24) “넓은 하늘 밝으시어(昊天曰明)”·“넓은 하늘 훤하시어(昊天曰旦)”에 대해서는 “넓은 하늘은 위에 있어, 사람들이 고개를 들고 쳐다보며 모두 밝다고 말한다(昊天在上, 人仰之, 皆謂之明).”라고 했다.25) 가차한 의미에 이르지 않았는데 경문은 난해해져 병폐가 되었다.


# 안安 안案

《주역·동인(同人)》의 《주역정의(周易正義)》는 “‘안’은 (‘어찌’ 내지 ‘어떻게’의 의미인) ‘하’와 같다(安, 猶何也).”라고 했다. 안사고(顏師古) 주석의 《한서·오왕비전(吳王濞傳)》은 “‘안’은 (‘어찌’의 의미인) ‘언’이다(安, 焉也).”라고 했다. 《좌전·선공 12년》은 “폭력만으로는 전쟁을 중지시킬 수 없으니, 어찌 천하를 지키겠습니까? 진나라라는 강국이 아직 그대로 있는데 어찌 공을 세우시겠습니까? 백성들의 바람을 어기는 일은 아직도 많으니, 백성들을 어떻게 안정시키겠습니까?(暴而不戢, 安能保大? 猶有晉在, 焉得定功? 所違民欲猶多, 民何安焉?)”라고 했는데, 이곳의 ‘안(安)’과 ‘언(焉)’은 (‘어찌’ 내지 ‘어떻게’의 의미인) ‘하(何)’로,

---

24) 나의 생각으로, ‘여(予)’는 문왕(文王)을 말하고, 《시경·대아(大雅)·대명(大明)》에서 말한 “내가 일어났다(維予侯興).”와 같다. 이는 문왕이 공업을 일으킬 수 있어서 이에 소원했던 사람도 친하게 붙어오고, 먼저 붙었던 사람은 뒷사람을 인도해오고, 부지런히 뛰어다니며 섬기거나 외국이 도발하는 것을 막아낸 신하들이 있었다는 것을 말한다.

25) 나의 생각으로, “호천왈명(昊天曰明)”과 “호천왈단(昊天曰旦)”은 “호천유명, 호천유단(昊天惟明, 昊天惟旦).”이라고 하는 것과 같다. 이곳의 ‘왈(曰)’은 ‘율(聿)’과 같다. 그래서 조대가(曹大家)는 “‘율’은 (어기사인) ‘유’이다(聿, 惟也).”라고 했다.

문장에서 서로 바꿔 쓸 수 있다.

'안'은 ('~에서' 내지 '~에 대하여'의 의미인) '어(於)'이다. 《대대례기·용병(用兵)》은 "옛날 북쪽 오랑캐의 병사들은 어느 때에 일어났나?(古之戎兵, 何世安起?)"라고 했는데, 이곳의 '안'은 ('~에서'의 의미인) '어'이다. "하세어기(何世於起)"는 "기어하세(起於何世)"라고 하는 것과 같다.26) 《전국책·위책(3)》은 "그대는 자신을 생각하시오. 죽음에 이르고 싶소? 삶에 이르고 싶소? 곤궁에 이르고 싶소? 부귀해짐에 이르고 싶소?(君其自為計, 且安死乎? 安生乎? 安窮乎? 安貴乎?)"라고 했는데, 이는 죽음에 이르고, 삶에 이르고, 곤궁해짐에 이르고, 부귀해짐에 이르는 것을 말한다.27)

'안'은 ('그래서' 내지 '이에'의 의미인) '어시(於是)'·('곧'의 의미인) '내(乃)'·('~한 즉' 내지 '~하면'의 의미인) '즉(則)'과 같다. 글자가 '안(案)' 내지 '언(焉)'으로 된 곳도 있는데, 의미는 같다. '안'으로 된 곳은 《전국책·오어(吳語)》에 "그러니 대왕께서는 마음을 느긋하게 가지소서. 하루는 조금 빨리 가시고, 하루는 조금 느리게 가셔서 편안하게 대왕의 계획을 이행하소서(王安挺志, 一日惕, 一日留, 以安步王志)."라고 한 것이다. 이는 그러니 대왕은 느긋한 마을을 갖고 행하고, 빠르고 느리고 뜻한 바대로 함을 말한다.28) 또 "그러하니 대왕께서는 앉아서 그 공을 차지하시고 가혹한 조건을 내걸어 그를 풀어주실 수 있을 것입니다(王

---

26) 이 문장은 도치되었다. '안(安)'과 '언(焉)'의 소리는 가깝다. 《묵자·비명(非命)》은 "어느 책에 남아있는가?(何書焉存?)"라고 했는데, 문장의 의미가 이와 같다.

27) 포표(鮑彪)의 주석은 "무엇이 편한 지를 물은 것이다(問何所安)."라고 했는데, 잘못된 것이다.

28) 위소(韋昭)의 주석은 "'정'은 ('느긋하다'의 의미인) '관'이다. '척'은 ('빠르다'의 의미인) '질'이다. '류'는 ('느리다'의 의미인) '서'이다. '보'는 ('행하다'의 의미인) '행'이다(挺, 寬也. 惕, 疾也. 留, 徐也. 步, 行也)."라고 했다.

安厚取名而去之)."라고 했는데, 이는 그러하니 대왕이 앉아서 공을 차지하고 조건을 내걸어 그를 풀어준다는 것을 말한다. 《노자》는 "움직여도 해가 없으니, 마음이 곧 차분하고 편안해진다(往而不害, 安平太)."라고 했는데, 이는 움직여도 해가 없어 마음이 곧 차분해지고 편안해짐을 말한다. 《관자·대광(大匡)》은 "반드시 3년 동안 먹을 수 있는 양식을 비축토록 하면서, 그 여력으로 군비를 갖추게 하였다(必足三年之食, 安以其餘修兵革)."라고 했는데, 이는 3년 치 식량을 비축토록 하면서, 그 여력으로 군비를 갖춤을 말한다.29) 같은 책의 〈내업(內業)〉은 "정기가 몸 안에 생기면 저절로 생기가 넘쳐서, 곧 몸 밖으로 빛이 난다(精存自生, 其外安榮)."라고 했는데, 이는 정기가 몸 안에 생기면 곧 밖으로 빛이 남을 말한다.30) 같은 책의 〈산국궤(山國軌)〉는 "백성의 의식문제가 해결되고 세금이 느슨해지면,31) 아래 사람들은 곧 원망하고 탓하지 않습니다(民衣食而繇, 下安無怨咎)."라고 했는데, 이는 아래 사람들은 곧 원망하고 탓하지 않음을 말한다. 또 같은 책의 〈지원(地員)〉은 "음지에는 풀명자나무와 배나무가 자라고, 양지에는 다섯 가지 삼을 심는다(其陰則生之楂梨, 其陽安樹之五麻)."라고 했는데, 이곳에서 '안(安)'은 '즉(則)'과 대구가 되므로, '안'도 '즉'이다. 이는 양지에 다섯 가지 삼을 심는 것을 말한다.32) 또 "산의 저지대에 있으면, 귀리와 거지덩굴이 적합하다. 그래서 각종 수목이 무성하다(其山之淺, 有蘢與斥, 群木安逐)."라고

---

29) 윤지장(尹知章)은 '안(安)'에서 문장을 끊어 읽고, 주석에서 "3년 치 식량을 비축한 후에 안정할 수 있다(有三年食, 然後可安)."라고 했는데, 잘못된 것이다. 이는 부친의 견해이다. 아래도 마찬가지이다.

30) 윤지장(尹知章)의 주석은 '안(安)'을 ('고요하다'의 의미인) '정(靜)'으로 풀이했는데, 잘못되었다.

31) 원문의 '요(繇)'는 ('느슨하다'의 의미인) '요(傜)'와 같다.

32) 금본의 '안(安)'에 '즉(則)'자가 있는 것은 후인들이 문장의 의미를 모르고 마음대로 넣은 것이다.

했는데, 이곳의 '안'은 ('그래서'의 의미인) '어시(於是)'이다. 《이아》는 "'축'은 ('무성하다'의 의미인) '강'이다(逐, 彊也)."라고 했다. 이는 그래서 각종 수목이 무성해진다는 말이다.[33] 또 "그래서 각종 약재가 자라고(群藥安生)"·"그래서 각종 약재가 모이고(群藥安聚)"·"그래서 각종 수목이 무성하고, 그래서 조수들도 다양하다(群木安逐, 鳥獸安施)."라고 했다. 《묵자·상현(尙賢)》은 "만일 배고픈 사람이 먹을 것을 얻고, 추운 사람이 옷을 얻고, 어지럽히는 사람이 다스려지는 것, 이것이 곧 삶을 북돋우는 것이다(若飢則得食, 寒則得衣, 亂則得治, 此安生生)."라고 했는데, 이곳의 '안'은 ('곧'의 의미인) '내(乃)'이다. 이는 이렇게 하면 곧 삶을 북돋울 수 있음을 말한다. 같은 책의 〈비악(非樂)〉은 "그런 즉[34] 그들에게 큰 종을 치게 하고, 북을 쳐서 울리게 하고, 피리를 불며 도끼와 방패를 들고 춤추게 한다면, 곧 백성들이 입고 마시는 물자를 얻고 갖출 수 있겠는가? 나는 이것이 불가능하다고 생각한다(然即當為之撞巨鍾, 擊鳴鼓, 彈琴瑟, 吹竽笙而揚干戚, 民衣食之財將安可得而具乎? 即我以為未必然也)."라고 했는데, 이는 곧 입고 먹는 물자는 얻고 갖출 수 있겠는가를 말한다. 《순자·권학(勸學)》은 "위로 훌륭한 사람을 존경하지 않으며 아래로는 예의를 숭상하지 않으면서, 잡서[35]들이나 공부하고 《시경》과 《상서》를 풀이만 할 뿐이라면 ······ (上不能好其人, 下不能隆禮, 安特將學雜識志, 順《詩》、《書》而已耳 ······ )"이라고 했는데, 이곳의 '안'은 ('~하면'의 의미인) '즉(則)'과 같다. 이는 훌륭한 사람을 존경하지도 않고 예의를 숭상하지 않으며 잡서들이나 공부하고 《시경》과 《상서》

---

33) 윤지장(尹知章)의 주석은 '안(安)'을 ('부드럽고 알맞다'의 의미인) '화이(和易)'로 풀이했는데, 잘못되었다.

34) 원문의 '즉(即)'은 '즉(則)'과 같다. 《묵자(墨子)》에는 '즉(則)'이 대부분 '즉(即)'으로 되어있다.

35) 원문의 '지(志)'는 '식(識)'이다. '식'과 '지' 두 글자 중 하나는 부연된 것이다.

만 풀이하는 것을 말한다.36) 같은 책의 〈중니(仲尼)〉는 "아름답고 찬란한 예의제도를 세상에 알린다면, 사나운 나라는 이에 절로 교화될 것이다(委然成文以示之天下, 而暴國安自化矣)."라고 했다. 이는 사나운 나라가 이에 절로 교화됨을 말한다. 또 "문왕은 네 개 나라를 멸했고, 무왕은 두 개 나라를 멸하여, 주공이 마침내 대업을 달성했다. 성왕에 이르자 이에 더 이상 토벌하는 일이 없어졌다(文王誅四, 武王誅二, 周公卒業, 至於成王, 則安無誅矣)."라고 했는데, 이는 성왕에 이르자 이에 토벌하는 일이 없어졌음을 말한다.37) 같은 책의 〈왕패(王霸)〉는 "자신은 재능이 없으면서 두려워하며 재능 있는 사람을 찾아야 할 줄 모르고, 이에 아첨을 잘하고 자신의 곁에서 친근하게 대해주는 사람들만 기용한다(身不能, 不知恐懼而求能者, 安唯便僻, 左右, 親比己者之用)."라고 했는데, 이는 이에 아첨을 잘하는 사람과 자신 곁의 사람들만 기용한다는 것을 말한다. 또 "먼저 예의를 따진 후에 이익을 생각하고, 이에 가까운 사람

---

36) 양경(楊倞)의 주석은 "'안'은 어조사로, '안'으로 된 곳도 있다. 《순자》에는 대부분 이 글자가 쓰였다. 《예기·삼년문》에는 '언'으로 되어있다. 《전국책·조책》은 '어떤 사람이 조나라 왕에게 말했다: …… 진나라와 한나라가 훌륭한 관계를 맺으면, 진나라의 재앙은 이로 양나라로 옮겨갈 것입니다' '진나라와 양나라가 훌륭한 관계를 맺으면, 진나라의 재앙은 이로 조나라로 날려갈 것입니다.'라고 했다. 《여씨춘추》는 '오기가 상문에게 말했다: 오늘 군주에게 예물을 올려 신하가 되면 그 군주는 곧 존귀해지고, 오늘 관인을 버리고 관직에서 물러나면 그 군주는 곧 보잘 것 없어집니다.'라고 했다. 당시 사람들이 '안'을 어조사로 통용한 것 같다(安, 語助. 或作'安', 或作'案', 《荀子》多用此字. 《禮記·三年問》作'焉'. 《戰國策》: '謂趙王曰 …… 秦與韓為上交, 秦禍案移於梁矣', '秦與梁為上交, 秦禍案攘於趙矣.' 《呂氏春秋》: '吳起謂商文曰: …… 今日置質為臣, 其主安重; 今日釋璽辭官, 其主安輕.' 蓋當時人通以'安'為語助)."라고 했다.

37) 금본의 '안(安)'자 아래에 있는 '이(以)'는 후인들이 문장의 의미를 모르고 마음대로 더한 것이다. 《순자(荀子)·대략(大略)》에서 "성왕과 강왕에 이르러 더 이상 토벌하는 일이 없어졌다(至成、康則案無誅已)."라고 한 것이 그 증거이다.

과 먼 사람을 가리지 않고, 귀천을 가리지 않고, 정말로 능력 있는 사람만을 찾는다(先義而後利, 安不郵親疏, 不郵貴賤, 唯誠能之求).”라고 했는데, 이는 이에 가까운 사람과 먼 사람을 가리지 않고, 귀천을 가리지 않으며 오로지 능력 있는 사람만 찾는다는 것을 말한다. 같은 책의 〈정론(正論)〉은 “제후들 중에는 덕행이 두드러지고 명망이 쌓여, 그를 군주로 삼길 바라지 않는 사람이 없다. 그러나 백성들을 괴롭히는 군주나 혼자 사치를 일삼는 군주는 이에 바로 죽일 수 있다(德明威積, 海內之民, 莫不願得以為君師. 然而暴國獨侈, 安能誅之).”라고 했는데, 이곳의 ‘능(能)’은 (‘곧’의 의미인) ‘내(乃)’이다.38) 이는 세상 사람들이 따르지 않음이 없고, 백성들을 괴롭히는 군주나 혼자 사치를 일삼는 군주는 이에 바로 죽일 수 있음을 말한다. 또 “이에 걸과 주 같은 사람이 대거 나왔고, 도적들도 치고 빼앗는 것으로 군주를 위험에 빠뜨렸다. 이에 짐승 같은 사람들이 횡행하고, 호랑이 같은 사람들이 곳곳에서 탐욕스럽게 먹이를 찾아다녔으며, 심지어는 어른을 육포로 만들고 영아를 구워 먹는 일까지 일어났다(於是焉桀、紂群居, 而盜賊擊奪以危上矣. 安禽獸行, 虎狼貪, 故脯巨人而炙嬰兒矣).”라고 했는데, 이곳의 ‘안’ 역시 (‘이에’의 의미인) ‘어시(於是)’로 문장에서 서로 바꿔 쓸 수 있다. 《여씨춘추 · 집일(執一)》은 “오늘 군주에게 예물을 올려 신하가 되면 그 군주는 존귀해지고, 오늘 관인을 버리고 관직에서 물러나면 그 군주는 보잘 것 없어집니다(今日置質為臣, 其主安重. 今日釋璽辭官, 其主安輕).”라고 했는데, 이는 이런 신하가 있으면 군주는 존귀해지고, 이런 신하가 없으면 군주는 보잘 것 없어진다는 말이다. 《전국책 · 위책(1)》은 “서수는 제나라 왕을 알현

---

38) ‘안(安)’과 ‘언(焉)’은 소리가 서로 가깝고, ‘능(能)’과 ‘내(乃)’는 소리가 서로 가깝다. ‘안능(安能)’은 《초사(楚辭)》에 나오는 ‘언내(焉乃)’이다. ‘언’자와 ‘능’자에도 설명이 보인다.

하여, 오랫동안 앉아 있었다. 이에 침착하게 이야기를 나누었다(犀首得見齊王, 因久坐, 安從容談)."라고 했는데, 이는 서수가 제나라 왕을 만나 오래 앉아 있어서 이에 침착하게 왕과 이야기한 것을 말한다. '안(案)'으로 된 곳은《일주서(逸周書)·무오(武寤)》에 "목야(牧野)에서 기일을 정하고, 이에 군사들을 동원하였다(約期于牧, 案用師旅)."라고 했는데, 이는 목야에서 기일을 정하여 이에 군사를 동원한 것을 말한다.《순자·영욕(榮辱)》은 "그래서 선왕께서는 이지었다(故先王案爲之制禮義以分之)."라고 에 예의를 제정하시어 사람을 구분 했는데, 이는 이에 예의를 제정했음을 말한다. 같은 책의 〈왕제(王制)〉는 "권모술수에 능하고 나라를 전복시키려는 야욕을 가진 사람들이 물러나면, 이에 어질고 유능한 사람들이 절로 들어온다(權謀傾覆之人退, 則賢良知聖之士案自進矣)."라고 했는데, 이는 이에 절로 들어옴을 말한다. 같은 책의 〈신도(臣道)〉는 "옳으면 옳다고 말하고, 그르면 그르다고 말한다(是案曰是, 非案曰非)."라고 했는데, 이는 옳으면 옳다고 하고, 그르면 그르다고 함을 말한다. 같은 책의 〈정론(正論)〉은 "지금 자송자는 그렇지 않다고 생각한다(今子宋子案不然)."라고 했는데, 이는 지금 자송자는 그렇지 않다고 생각하는 것을 말한다.[39]《전국책·조책》은 "진나라와 한나라가 훌륭한 관계를 맺으면, 진나라의 재앙은 이로 양나라로 옮겨갈 것입니다(秦與韓爲上交, 秦禍案移於梁矣)."라고 했는데, 이는 이에 진나라의 재앙이 양나라로 옮겨 간다는 것을 말한다. 또 "이에 진나라가 위나라를 공격했다(秦按攻魏)."라고 했는데, 이는 이에 진나라가 위나라를 공격한 것을 말한다.[40] '언(焉)'으로 된 것은 '언'자에 보인다.

---

39)《순자(荀子)》에는 '안(案)'을 쓴 것이 아주 많은데, 이곳에서 일일이 예를 들지 않겠다.

40) '안(按)'은 '안(案)'과 같다. 이어지는 문장의 "임금이 위나라를 구원했다(君按救魏)"와 "진나라가 의로운 일을 했다(秦按爲義)"의 의미도 모두 이것과 같다. 금본

'안(安)'은 ('~한 모양'의 의미인) '언(焉)' 내지 ('~한 모습'의 의미인) '연(然)'이다. 《순자·영욕》은 "얼마 후 곤궁해졌다(俄則屈安窮矣)."라고 했다. 이곳의 '굴안(屈安)'은 '굴언(屈焉)'으로, 곤궁한 상태를 형용한다.[41]


# 언焉[42]

《옥편》은 "'언'은 어기사이다(焉, 語已之詞也)."라고 했다. 이는 자주

---

에는 "진안병공위(秦按兵攻魏)"로 되어있는데, '병(兵)'은 후인들이 덧붙인 것이다. 《독서잡지(讀書雜志)》에 상세한 설명이 보인다.

[41] 양경(楊倞)의 주석은 "'안'은 어조사로, '굴연궁'이라 하는 것과 같다(安, 語助, 猶言 屈然窮矣)."라고 했다.

[42] 《안씨가훈(顏氏家訓)·음사(音辭)》는 "자서들은 '언'은 새 이름이라 했고, 어떤 곳은 어기사라고 했는데, 발음은 모두 '언'이다. 갈홍의 《요용자원》에서 '언'의 음과 의미를 나눠놓았다. ('이곳'의 의미 내지) ('어찌'의 의미인) '하'와 '안'으로 풀이하면, 음은 '언'이다. '이곳에서 노닐도록 하리라'·'이곳의 좋은 손님되게 하리라'·'구변이 어디 필요하겠는가?'·'어찌 어질다고 할 수 있겠느냐?'라고 한 것이 이 예이다. 문장 끝의 어기사 내지 어조사로 풀이되면, 음은 '이'이다. '그래서 용이라고 부른다'·'그래서 피라고 부른다'·'백성도 있고'·'사직도 있고'·'이것이 가탁의 시작이다'·'진나라와 정나라에 의지한다.'라고 한 것이 이 예이다(諸字書'焉'字, 鳥名, 或云語詞, 皆音於愆反. 自葛洪《要用字苑》分'焉'字音訓: 訓'何'訓'安', 音於愆反. '於焉逍遙'·'於焉嘉客'·'焉用佞'·'焉得仁'之類是也. 若送句及助詞, 當音矣愆反. '故稱龍焉'·'故稱血焉'·'有民人焉'·'有社稷焉'·'託始焉爾'·'晉、鄭焉依'之類是也)."라고 했다. 이에 대한 나의 생각은 이렇다: 《예기·삼년문(三年問)》은 "선왕께서는 현인과 소인을 위해 절충의 예절을 만드셨다(先王焉為之立中制節)."라고 했는데, 《순자·예론(禮論)》에는 '언(焉)'이 '안(安)'으로 되어있다. '안'과 '어(於)'는 성모는 같고 운모에서 분화되어 나온 글자이고, 어기사 '이' 역시 '언'으로 읽을 수 있어, ('어찌'의 의미인) '하(何)'나 '안(安)'으로 풀고 난 후에는 '이'로 읽을 필요는 없다. 어떤 사람은 '이'로 읽기도 하는데, 방언과 속어에는 경중이 있으나 의미상에는 차이가 없다. 이곳에서는 옛날의 소리를 따라 읽는다.

사용하는 말이다.

《광아》는 "'언'은 ('어찌'의 의미인) '안'이다(焉, 安也)."라고 했다. 《논어·자로(子路)》에 대한 황간(皇侃)[43]의 《논어의소(論語義疏)》는 "'언'은 ('어찌'의 의미인) '하'와 같다(焉, 猶何也)."라고 했다. 이 역시 자주 사용하는 말이다.

'언'은 일을 형용하는 말로, ('~한 모습'의 의미인) '연(然)'이다. 《시경·소아·소변(小弁)》에서 "마음 아픈 것이 방망이로 치는 듯하네(怒焉如擣)."라고 한 것과 《상서·진시(秦誓)》에서 "그 마음 착하기도 하네(其心休休焉)."라고 한 것이 이 예이다. 이 역시 자주 사용하는 말이다.

'언'은 일을 비유하는 말로, 이 역시 ('~한 모습'의 의미인) '연(然)'이다. 《대학(大學)》에서 《상서·진서》를 인용하여 "사람을 포용할 수 있을 것이다(其如有容焉)."라고 한 것이 이 예이다. 이 역시 자주 사용하는 말이다.

'언'은 (어기사인) '호(乎)'와 같다. 《시경·당풍·체두(杕杜)》에서 "아아 길가는 사람들은, 어째서 내게 친하게 굴지 않나?(嗟行之人, 胡不比焉?)"라고 한 것, 《의례·상복전(喪服傳)》에서 "촌사람이 말했다: 부친과 모친에 무슨 차이가 있는가?(野人曰: 父母何算焉?)"라고 한 것, 《예기·단궁》에서 "그대에게 무슨 볼 것이 있나?(子何觀焉?)"라고 한 것, 《좌전·은공 원년》에서 "폐하께서는 무엇을 걱정하십니까?(君何患焉?)"라고 한 것, 《국어·주어(周語)》에서 "선왕께서는 어떤 이로움을 얻으셨습니까?(先王豈有賴焉?)"라고 한 것, 《공양전·장공 32년》에서 "폐하께서는 무엇을 근심하시는지요?(君何憂焉?)"라고 한 것, 《논어·자로》

---

43) 남조(南朝) 양(梁)나라의 경학자이다. 오군(吳郡) 사람이다. 국자조교(國子助敎)·원외산기시랑(員外散騎侍郎) 등을 지냈다. 경학에 정통했으며, 특히 《삼례(三禮)》·《논어(論語)》·《효경(孝經)》에 밝았다. 저술로는 《논어의소(論語義疏)》·《고경해휘함(古經解彙函)》 등이 있다.[역자주]

에서 "또 무엇을 더해야 합니까?(又何加焉?)"라고 한 것이 이 예이다. 《좌전·소공 32년》은 "그 공사의 시기나 크기는 제가 책임지겠습니다 (遲速衰序, 於是焉在)."라고 했고, 《장자·추수(秋水)》는 "이에 하백이 기뻐서 좋아하며(於是焉河伯欣然自喜)."라고 했는데, 이곳의 '언'도 (어기사인) '호'와 같다.

'언'은 (어기사인) '야(也)'이다. 《좌전·소공(昭公) 32년》에서 "백성들이 복종하는 것이 마땅하지 않겠습니까!(民之服焉, 不亦宜乎!)"라고 한 것, 《공양전·장공(莊公) 원년》에서 "환공이 나갈 때 공자 팽생이 바래다주었다. 환공이 수레를 탈 때 팽생은 그의 몸을 비틀어 살해했다(於其出焉, 使公子彭生送之. 於其乘焉, 搚幹而殺之)."라고 한 것, 같은 책의 〈정공(定公) 4년〉에서 "채(蔡) 소공(昭公)은 돌아가다 황하에서 제사를 지냈다(於其歸焉, 用事乎河)."라고 한 것이 이 예들이다. 《예기·단궁》은 "자하가 말했다: …… 선왕께서 제정하신 예는 나도 넘어설 수 없다. 자장이 말했다: …… 선왕께서 제정하신 예는 나도 열심히 지키지 않을 수 없다(子夏曰: '…… 先王制禮, 而弗敢過也.' 子張曰: '…… 先王制禮, 不敢不至焉')."라고 했는데, 이곳의 '언'은 (어기사인) '야'와 같다.

'언'은 ('~에' 내지 '~보다'의 의미인) '어(於)'이다. 《좌전·애공(哀公) 17년》은 "대국에 맞닿아 있어도 그를 없애면 멸망할 것이다(裔焉大國, 滅之將亡)."라고 했는데, 이곳의 '예(裔)'는 ('국경'의 의미인) '변(邊)'이고, '언'은 ('~에'의 의미인) '어(於)'이다. 이는 대국과 국경을 맞닿아 있어도 없애면 멸망할 것이라는 것을 말한다.[44] 《공양전·선공(宣公) 6년》은 "용사들이 대문으로 들어가니 문에는 사람이 없었다. 작은 문으

---

[44] 이는 고녕인(顧寧人)의 견해이다. 두예의 주석은 문장의 의미도 잘못되었고 운자도 맞지 않는데, 이는 더 이상 설명할 것도 없다.

로 들어가니, 그곳에는 사람이 없었다(勇士入其大門, 則無人焉門者. 入其閨, 則無人焉閨者).”라고 했는데, 하휴(何休)[45]의 주석은 “‘언’은 (‘~에’의 의미인) ‘어’이다 이는 궁중의 큰문과 작은 문을 지키는 사람이 없는 것이다(焉者, 於也. 是無人於門閨守視者也).”라고 했다.[46] 《맹자·진심(盡心)》은 “사람의 죄는 가족·군신·귀천을 따지지 않는 것보다 큰 것은 없다(人莫大焉無親戚, 君臣, 上下).”라고 했는데, 이는 가족·군신·귀천이 없는 것보다 큰 죄는 없다는 것을 말한다.

‘언’은 (지시대명사 ‘이’의 의미인) ‘시(是)’이다. 《옥편》은 “‘언’은 (지시대명사 ‘이’의 의미인) ‘시’이다(焉, 是也).”라고 했다. 《시경·진풍(陳風)·방유작소(防有鵲巢)》는 “누가 나의 님 꾀어, 이네 마음 괴롭히는가(誰侜予美, 心焉忉忉).”라고 했는데, 이는 이네 마음이 아주 괴로운 것을 말한다. 같은 책의 〈소아·교언(巧言)〉은 “왔다 갔다 떠도는 말을, 이 마음으로 분별하네(往來行言, 心焉數之).”라고 했는데, 이는 이 마음으로 분별한다는 것을 말한다. 《좌전·은공 6년》은 “우리 주 왕실이 동천하면, 의지하는 것은 이 진나라와 정나라이다(我周之東遷, 晉鄭焉依).”라고 했는데, 《국어·주어》에는 “진정시의(晉鄭是依)”로 되어있다.

---

45) 동한(東漢)의 경학자이다. 육경(六經)에 정통했고, 음양(陰陽)·산술(算術)·참위(讖緯) 등에 대해서도 모르는 것이 없다고 한다. 말을 더듬어 제자들과 문답할 때는 서면으로 진행했다. 낭중(郎中)에 임명되었으나 자신의 뜻과 달라 사직했다. 이후 10여년의 노력을 들여 《춘추공양전해고(春秋公羊傳解詁)》12권을 지었다. 이외에도 《논어》·《효경》 등에서 주석을 달았다.[역자주]

46) 이어지는 문장인 “대청에 올라가도 사람이 없었다(上其堂, 則無人焉)”의 주석은 “‘언’만 말하면 문장이 끝난다는 의미이다. 대청에 감시하는 사람을 두지 않았기 때문에 ‘언당’이라고 말하지 않은 것이다(但言焉, 絶語辭, 堂不設守視人, 故不言焉堂者).”라고 했다. 금본의 정문은 “즉무인문언자(則無人門焉者)”·“즉무인규언자(則無人閨焉者)”로 되어있다. 주석 중의 “언당자(焉堂者)”는 “당언자(堂焉者)”로도 되어 있는데, 모두 후인들이 문장의 의미를 모르고 마음대로 넣은 것이다. 이것은 단옥재(段玉裁)의 견해이다.

《좌전 · 양공 30년》은 "나라를 안정시키려면, 반드시 이 큰 가문부터 먼저 보살펴야 한다(安定國家, 必大焉先)."라고 했는데, 이는 반드시 이 큰 가문이 먼저 보호받아야 함을 말한다. 같은 책의 〈소공 9년〉은 "그들로 하여금 우리 희씨 성을 가진 나라들을 압박하고 우리들의 교외로 침입하여 이 융인(戎人)들이 우리의 땅을 차지하게 되었다(使偪我諸姬, 入我郊甸, 則戎焉取之)."라고 했는데, 이는 교외의 땅을 이 융인들이 차지했다는 것을 말한다.[47] 《국어 · 오어》는 "지금 폐하께서 노신들을 버리고, 아무것도 모르는 이 어린 사람들과 함께 국사를 논의하십니다(今王播棄黎老, 而孩童焉比謀)."라고 했는데, 이는 아무것도 모르는 이 어린 사람들과 함께 국사를 논의한다는 말이다.

'언'은 ('이때' 내지 '이에'의 의미인) '어시(於是)' · ('곧'의 의미인) '내(乃)' · ('~한 즉' 내지 '~하면'의 의미인) '즉(則)'과 같다. 《의례 · 빙례기》는 "향례(享禮)를 올릴 때는 호흡을 편안히 가다듬는데, 이때는 얼굴에 온화한 표정이 가득해야 한다(及享, 發氣, 焉盈容)."라고 했는데, 이는 이때는 얼굴에 온화한 표정이 가득해야 함을 말한다.[48] 《예기 · 월령》은 "배를 관리하는 관리에게 배를 뒤집어 배 밑에 물이 새는지를 검사하도록 명한다. 이렇게 다섯 번을 뒤집어 검사하고서, 천자에게 배가 준비 다 되었다고 알린다. 이에 천자는 배를 타고 종묘로 가서 다랑어를 올린다(命舟牧覆舟, 五覆五反, 乃告舟備具于天子, 天子焉始乘舟, 薦鮪于寢廟)."라고 했는데, 이는 이에 천자가 배를 타기 시작한다는 것을 말한다.[49] 《국어 · 진어(晉語)》는 "다른 공자들을 모두 쫓아내고 해

<hr />

47) 《좌전정의(左傳正義)》는 "'언'은 ('어떻게'의 의미인) '하'이다. 만일 진나라를 거치지 않았다면 융이 어떻게 주나라의 땅을 차지했겠는가?(焉, 猶何也. 若不由晉, 則戎何得取周之地也?)"라고 했는데, 잘못된 것이다.

48) '어시(於是)'는 '내(乃)' 내지 '즉(則)'의 의미이다.

49) 금본의 '언(焉)'은 "내고주비구어천자(乃告舟備具於天子)" 아래에 있는데, 《당석경

제를 태자로 세웠다. 이에 법을 제정하자, 진나라에는 제후와 연관된 친인척이 없어졌다(盡逐群公子, 乃立奚齊, 焉始為令, 國無公族焉)."라고 했는데, 이는 이에 법을 제정했다는 말이다. 《묵자‧노문(魯問)》은 "공수자가 노나라에서 남쪽의 초나라를 둘러보고, 이에 수전을 벌이는 기물을 만들기 시작했다(公輸子自魯南游楚, 焉始為舟戰之器)."라고 했는데, 이는 이에 수전을 벌이는 기물을 만들기 시작했음을 말한다. 《산해경(山海經)‧대황서경(大荒西經)》은 "하나라의 임금 계(啓)가 하늘에 올라가 세 번이나 손님이 되이 하늘의 음악 《구변》과 《구가》를 얻어 인간세상으로 내려왔다. 이에 계는 높이가 1600장이나 되는 이 천목야(天穆野)의 고원에서 얻은 하늘의 악곡을 고쳐 《구초》를 만들어 처음으로 불렀다(夏后開上三嬪于天, 得《九辯》與《九歌》以下, 此天穆之野, 高二千仞, 開焉始得歌《九招》)."라고 했는데,[50] 이는 이에 《구초》를 얻어

---

(唐石經)》과 같다. 부친께서 이렇게 말씀하셨다: '언'은 본래 '시승주(始乘舟)' 앞에 있었다. 《여씨춘추(呂氏春秋)‧계춘편(季春篇)》에는 "내고주비구어천자, 천자언시승주(乃告舟備具於天子, 天子焉始乘舟)"로 되어있다. 고유(高誘)의 주석은 "'언'은 '어'이다. 겨울에서 이날까지 오면, 곧 배를 타기 시작한다(焉, 猶於也. 自冬至此, 於是始乘舟)."라고 했다. 《회남자(淮南子)‧시칙(時則)》은 고유의 주석과 같다. 《송서(宋書)‧예지(禮志)》는 채씨(蔡氏)의 《장구(章句)》를 인용하여 "양기가 따뜻하고 부드러워지면 다랑어가 때에 맞게 오는데 이를 잡아 종묘에 올린다. 그래서 이 때문에 이름 있는 강에서 배를 타고 제사를 올렸다(陽氣和暖, 鮪魚時至, 將取以薦寢廟, 故因是乘舟禊於名川也)."라고 했다. '언'과 '인(因)'은 소리가 서로 가깝다. '인시(因是)' 두 글자는 바로 '언'으로 풀어야 한다. 후에 《월령(月令)》을 교감하는 사람들이 '언'을 '어(於)'로 풀이해야 되는지 모르고, '언'을 앞 구절의 끝에 옮겨 버렸다. 《여씨춘추》를 교감하는 사람은 또 잘못된 《월령》 판본에 의거하여 앞 구절의 끝에 또 '언'을 더하면서도 아래 구절의 '언'을 지우지 않았다. 이것이 고유가 '언'을 '어(於)'로 풀이한 까닭이다. 《회남자》에는 "내고구어천자(乃告具於天子)"로 되어 있는데, 여기에는 '언'이 없다. 《월령》의 문장에도 '언'에서 문장을 끊어 읽은 것이 없다.

50) 금본의 '시(始)'는 '득(得)' 아래에 있는데, 이 역시 후인들이 문장의 의미를 모르고

처음으로 불렀다는 말이다. 이상은 모두 옛 사람들이 '언시(焉始)' 두 글자를 이어서 읽었다는 증거이다. 또 《예기·제법(祭法)》은 "제단에 기원하는 것이 있으면 제사를 지내고, 기원하는 것이 없으면 제사를 지내지 않는다(壇墠有禱, 焉祭之. 無禱, 乃止)."라고 했는데, 이는 기원하는 것이 있으면 제사를 지낸다는 말이다.51) 같은 책의 〈삼년문(三年問)〉은 "이에 선왕들께서는 현자와 우매한 자를 위해 절충적인 예절을 만드셨다(故先王焉爲之立中制節)."라고 했는데, 이는 선왕이 이에 현자와 우매한 자를 위해 절충적인 예절을 만들었다는 것을 말한다.52) 또 "이에 상을 치르는 기한을 배로 연장한다. 그래서 2주년이 지나야 상복을 벗을 수 있다(焉使倍之, 故再期也)."라고 했는데, 이는 이에 상을 치르는 기한을 배로 연장한 것을 말한다.53) 같은 책의 〈향음주의(鄕飮酒義)〉는 "이에 사람들을 화목하고 즐겁게 하면서도 멋대로 하지 않는다는 것을 알 수 있다(焉知其能和樂而不流也)."라고 했다. 또 "이에 사람들을 노소에 관계없이 모두 은택을 입게 하고 빠뜨리지 않는다는 것을 알 수 있다(焉知其能弟長而無遺矣)."라고 했다. 또 "이에 사람들이 실컷 즐기면서도 문란해지지 않는다는 것을 알 수 있다(焉知其能安燕而不亂也)."라고 했다. 세 문장 모두 사람들이 이에 이렇게 할 수 있음을 말한다.54) 《대대례기·왕언(王言)》55)은 "일곱 가지 가르침을 잘 닦으면 곧

---

마음대로 넣은 것이다.

51) 부친께서 이렇게 말씀하셨다: '언'은 아래 구절과 연결되어 문장이 된다. '언제지(焉祭之)'와 '내지(乃止)'는 서로 대구가 된다.

52) 《순자(荀子)·예론(禮論)》에는 '언'이 '안(安)'으로 되어있다. '언'과 '안'은 옛날에 글자가 통했고, '안(案)'과도 통한다. '안(安)'자 아래에 자세히 보인다.

53) 정현의 주석은 "'언'은 '연'과 같다(焉, 猶然)."라고 했다. '연(然)'은 바로 '내(乃)'로, 의미 역시 '어시(於是)'와 같다. 《순자(荀子)》에는 '안사배지(案使倍之)'로 되어있다.

54) 세 개의 '언(焉)'자는 아래 구절과 같이 읽어야지 앞 구절과 같이 읽어서는 안 된다. 앞 문장의 "여러 손님들이 스스로 들어온다(衆賓自入)"와 "술을 마시고 나면

자신을 지킬 수 있고, 세 가지 지극한 도리를 행하면 곧 다른 사람을 정벌할 수 있다(七教修, 焉可以守; 三至行, 焉可以征)."라고 했는데, 이는 곧 지킬 수도 있고 곧 정벌할 수도 있음을 말한다.56) 같은 책의 〈증자제언상(曾子製言上)〉은 "아는 사람이 있으면 친구로 부르고, 아는 사람이 없으면 주인으로 불러라(有知, 焉謂之友; 無知, 焉謂之主)."라고 했는데, 이는 알면 친구로 부르고, 모르면 주인으로 부르라는 것을 말한다. 《국어·제어(齊語)》는 "다섯 집을 1궤로 하고, 1궤마다 궤장을 한 명 둔다. 10궤를 1리로 하고, 1리마다 유사 한 명을 둔다. 4리로 1연이라 하고, 1연마다 연장을 둔다. 10연으로 향이라 하고, 1향마다 양인을 둔다. 이에 군장으로 삼는다(五家為軌, 軌為之長. 十軌為里, 里有司. 四里為連, 連為之長. 十連為鄉, 鄉有良人. 焉以為軍令)."라고 했는데, 이곳의 '군령(軍令)'은 '군장(軍長)'이다. 이는 이에 군장으로 삼는다는 것을 말한다.57) 같은 책의 〈오어〉는 "왕손락이 말했다: 우리가 돌아갈 길은 멉니다, 두 가지 명이란 있을 수 없사오니 서둘러 좋은 계획을 내놓아야 곧 대사를 도모할 수 있을 것이옵니다(王孫雒曰: '吾道路悠遠, 必無有二命, 焉可以濟事')."라고 했는데, 이는 두 가지 명이란 있을 수 없고 한 가지 좋은 계책이 있어야 곧 대사를 도모할 수 있음을 말한다.

---

주인에게 권하지 않고 대청에서 내려올 수 있다(不酢而降)"는 문장 끝에 모두 '언'이 없는 것이 그 증거이다. 《예기정의(禮記正義)》는 '언'자 앞 문장과 연결되었다고 했는데 잘못된 것이다. 이는 유단림(劉端臨)의 견해이다.

55) 이곳의 '왕언(王言)'은 '주언(主言)'이 아닌가 싶다.[역자주]

56) 《공자가어(孔子家語)》에는 "연후가이수(然後可以守)"·"연후가이정(然後可以征)"으로 되어있다.

57) 부친께서 이렇게 말씀하셨다: '언'은 아래 문장과 같이 읽어야지 앞의 문장과 같이 읽어서는 안 된다. 앞 문장의 "이유사(里有司)" 아래에 '언'이 없는 것이 그 증거이다. 위소의 주석은 "'양인'은 '향대부'의 의미이다(良人, 鄉大夫也)."라고 했다. 본래 '양인(良人)' 아래에 있어야 하나 금본은 '언'자 아래로 옮겨 놓았는데, 잘못된 것이다.

《산해경·대황남경(大荒南經)》은 "운우산이 있는데, 이 산에는 난이라는 나무가 자란다 …… 이에 여러 제왕들이 이 산에 와서 이 나무를 채취해 약으로 만들었다(雲雨之山, 有木名曰欒 …… 群帝焉取藥)."라고 했는데, 이는 이에 여러 제왕들이 이 나무를 채취해 약으로 만들었음을 말한다. 《노자》 제17장과 제23장은 "믿음이 부족하면, 불신이 생긴다(信不足, 焉有不信)."라고 했는데, 이는 믿음이 부족하면 불신이 생김을 말한다.58) 《관자·유관도(幼官圖)》는 "승리하여도 의로운 전쟁이 아닌 것이 없어야, 대승을 거두었다고 할 수 있다(勝無非義者, 焉可以為大勝)."라고 했는데, 이는 승리해도 의로운 전쟁이 아닌 것이 없어야, 대승을 거두었다고 할 수 있음을 말한다. 같은 책의 〈규도(揆度)〉는 "백성들의 재화가 충분하면, 군주가 세금을 거두는 일이 중단되지 않는다(民財足, 則君賦斂焉不窮)."라고 했는데, 이는 세금을 거두는 일이 중단되지 않음을 말한다. 《묵자·친사(親士)》는 "함께 논의하는 사람들이 끝까지 자신의 의견을 고수하고, 옆에서 서로 훈계하는 사람들이 과감하게 간언하면, 자신은 오래 살고 나라를 보존할 수 있다(分議者延延, 而支苟59)者詻詻, 焉可以長生保國)."라고 했는데, 이는 이렇게 하면 오래 살고 나라를 보존할 수 있음을 말한다. 같은 책의 〈겸애〉는 "혼란이 어디에서 야기되는지 알면, 다스릴 수 있다. 혼란이 어디에서 일어나는지 모르면, 다스릴 수 없다(必知亂之所自起, 焉能治之. 不知亂之所自起, 則不能治)."라고 했는데, 이는 혼란이 어디서 일어나는지 안 즉 다스릴 수 있음을 말한다. 같은 책의 〈비공〉은 "천제께서는 표궁에서 탕에게 명을 받게 하여, 하나라 왕 걸의 권력을 물려받도록 하였다 ……

---

58) 금본에는 "신부족언유불신언(信不足焉有不信焉)"으로 되어있는데, 뒤쪽의 '언'은 문인들이 문장의 의미를 모르고 마음대로 넣은 것이다. 《독서잡지》에 자세히 보인다.
59) 두 글자에 오류가 있다.

이에 탕은 명을 받들고자 자신의 병사들을 이끌고 하나라의 국경을 공격하였다(天乃命湯於鑣宮, 用受夏之大命 …… 湯焉敢奉率其衆以鄕有夏之境)."라고 했는데, 이는 탕이 천명을 받고 곧 하나라를 칠 수 있었음을 말한다. 또 "무왕은 은나라를 멸하여 천제가 내린 사명을 완성하자, 제후들에게 여러 신들의 제사를 주관하게 하고, 주왕의 선왕인 성탕에게 제사를 지냈다. 그리고 사방으로 이를 알리니 세상에는 복종하지 않는 사람이 없었다. 이에 탕의 공업을 계승했다(王既已克殷, 成帝之來, 分主諸神, 祀紂先王, 通維四夷, 而天下莫不賓, 焉襲湯之緒)."라고 했는데, 이는 이에 무왕이 탕의 공업을 계승했음을 말한다. 《열자(列子)·천서(天瑞)》는 "그것이 죽음에 이르러 종식으로 나아가면, 궁극으로 되돌아가는 것이다(其在死亡也, 則之於息, 焉反其極矣)."라고 했는데, 이는 종식으로 나아가면, 그 궁극으로 되돌아감을 말한다. 《장자·즉양(則陽)》은 "군주는 정치하면 조잡해서는 안 되고, 백성을 다스리면 되는 대로 아무렇게나 해서도 안 된다(君爲政, 焉勿鹵莽. 治民, 焉勿滅裂)."라고 했는데, 이는 정치할 때는 거칠어서는 안 되고, 백성을 다스릴 때는 아무렇게 해서는 안 됨을 말한다. 《순자·비상(非相)》은 "얼굴 길이는 3척인데, 폭은 곧 겨우 3촌이다(面長三尺, 焉廣三寸)."라고 했는데, 이는 얼굴 길이는 3척인데 그 폭은 겨우 3척밖에 되지 않음을 말한다. 같은 책의 〈의병(議兵)〉은 "만일 물이나 불로 뛰어들면, 들어가자마자 곧바로 타서 없어질 것이다(若赴水火, 入焉焦沒耳)."라고 했는데, 이는 그 속으로 들어간 곧바로 타서 없어짐을 말한다. 또 "사람들은 보통 상을 받기 위해 일하나 손해를 입으면 곧바로 그만둔다(凡人之動也, 爲賞慶爲之, 則見害傷焉止矣)."라고 했는데, 이는 손해를 입으면 곧 그만둔다는 것을 말한다. 또 "그들이 백성들을 다스릴 때는 예의·충실·신의로 하는 것이 아니라, 곧 상벌·권세·기만으로 그 백성들을 위협하여 자신의 목적을 달성할 뿐이다(其所以接下之百姓者, 無禮義忠

信, 焉慮率用賞慶、刑罰、埶詐、險陀其下, 獲其功用而已矣)."라고 했는데, 이는 예의·충실·신의로 백성을 다스리는 것이 아니라 곧 상벌·권세·기만의 방법을 사용할 뿐임을 말한다.[60] 《초사·이소(離騷)》는 "이에 산초나무가 우거진 언덕으로 달려가 잠시 쉬렵니다(馳椒丘且焉止息)."라고 했는데, 이는 이에 잠시 쉬겠음을 말한다. 같은 책의 〈구장(九章)·애영(哀郢)〉은 "이에 이리저리 떠돌며 나그네 되었네(焉洋洋而爲客)."라고 했고, 같은 책의 〈구장·석왕일(惜往日)〉은 "이에 어디서 마음을 나타내 충정을 말하리(焉舒情而抽信兮)."라고 했는데, 의미는 모두 ('이에'의 의미인) '어시(於是)'와 같다. 또 《이소》는 "하늘은 사사로움이 없고, 덕이 있는 사람을 보면 곧 도와줍니다(皇天無私阿兮, 覽民德焉錯輔)."라고 했고, 송옥(宋玉)의 《구변(九辯)》은 "나라에는 준마가 있어도 탈줄 몰라, 곧 그리도 급하게 다른 것을 찾는가(國有驥而不知乘兮, 焉皇皇而更索)."라고 했는데, 의미는 모두 ('곧'의 의미인) '내(乃)'이다. 송옥의 《초혼(招魂)》은 "무양이 곧 땅으로 내려와 혼을 부르며 말했다(巫陽焉乃下招曰)."라고 했는데, 이는 무양이 곧 땅으로 내려와 혼을 부른 것을 말한다.[61] 《원유(遠遊)》는 "나는 곧 저 먼 곳을 떠돌러 가네

---

60) 양경(楊倞)의 주석은 "'언려'는 '무려'로, ('대체로'의 의미인) '대범'이다(焉慮, 無慮, 猶言大凡也)."라고 했다. 나의 생각으로, '언'은 '내(乃)'와 같다. '려(慮)'와 '솔(率)'은 모두 '대체로'의 의미이다. 《한서(漢書)·가의전(賈誼傳)》은 "폐하께서 만드시어 세상이 저절로 다스려지도록 크게 계획하소서(慮亡不帝制而天下自爲者)."라고 했다. 이에 대한 안사고(顏師古)의 주석은 "'려'는 ('크게 계획하다'의 의미인) '대계'이다(慮, 大計也)."라고 했다.

61) 부친께서 이렇게 말씀하셨다. 《초혼(招魂)》은 "무양이 대답했다. 점을 보시려면 꿈을 풀어주는 관리를 찾으십시오. 상제의 명을 받들기 어렵습니다. 점을 쳐서 혼백을 불러준다면, 점을 다본 후에는 점을 보는 방법이 없어질 것이니, 다시는 쓸 수 없을 것입니다.(巫陽對曰: 掌夢, 上帝其難從. 若必筮予之, 恐後謝之, 不能復用)."라고 했다. 왕일(王逸)의 주석은 "'사'는 ('잃다'의 의미인) '거'이다. 무양이 먼저 점을 쳐서 혼백이 있는 곳을 알아내 혼백을 불러준다면, 후인들이 나태해져

(焉乃逝以徘徊)."라고 했고, 《열자·주목왕(周穆王)》은 "곧 해가 들어가는 곳을 보았으니(焉迺觀日之所入)."라고 했다. 이것은 모두 옛 사람들이 '언내(焉乃)' 두 글자를 이어서 읽었다는 증거이다. 또 나의 생각으로 《좌전·희공 15년》은 "진나라는 이에 토지제도를 바꾸기 시작했다(晉於是乎作爰田)"·"진나라는 이에 지방의 병사들을 훈련하기 시작했다(晉於是乎作州兵)."라고 했는데, 《국어·진어(晉語)(3)》에는 "이에 토지제도를 바꾸기 시작했다(焉作轅田)"·"이에 지방의 병사들을 훈련시키기 시작했다(焉作州兵)"로 되어있다. 《전국책·서주책(西周策)》의 "폐하께서는 무슨 근심이 있으신지요?(君何患焉?)"는 《사기·주본기(周本紀)》에는 "폐하께서는 이에 대해 무슨 근심이 있으신지요?(君何患於是?)"로 되어있다. 이곳의 '언(焉)'은 ('이에'의 의미인) '어시'이다. 《공양전·장공 8년》은 "우리는 갑오일이 되면 이곳에서 출병식을 거행할 것이다(吾將以甲午之日, 然後祠兵於是)."라고 했고, 《관자·소문(小問)》은 "게다가 신이 보기에 작은 제후국 중에 복종하지 않는 것은 거나라

---

점을 보는 방법이 사라지고, 이로 다시는 쓸 수 없을 것임을 말한다(謝, 去也. 巫陽言如必欲先筮問, 求魂魄所在, 然後與之, 恐後世怠懈, 必去卜筮之法, 不能復修用)."라고 했다. 다음 문장의 "무양언내하초왈(巫陽焉乃下招曰)"에 대한 왕일의 주석은 "무양이 천제의 명을 받아 땅에 내려와 굴원의 혼을 불렀다(巫陽受天帝之命, 因下招屈原之魂)."라고 했다. 이에 근거하면, "불능부용(不能復用)"에서 끊어 읽고, "무양언내하초왈(巫陽焉乃下招曰)"에서 끊는 것이 분명하다. '언내(焉乃)'라는 것은 어조사로, "무양어시하초이(巫陽於是下招耳)"라고 하는 것과 같다. 왕일의 주석은 "이 때문에 땅으로 내려와 굴원의 혼을 불렀다(因下招屈原之魂)."라고 했는데, 이곳의 '인(因)'을 '언내(焉乃)' 두 글자로 풀이할 수 있다. 금본은 모두 "불능부용무양언(不能復用巫陽焉)"에서 끊어 읽는데 이는 잘못된 것이다. "불능부용(不能復用)"은 점을 쓰지 않는 것을 말하지 무양을 쓰지 않는다는 것을 말하는 것이 아니다. 게다가 '용(用)'은 옛날에 '용(庸)'과 같이 읽었고, '종(從)'과 운자가 된다. 만일 연속으로 "불용무양(不用巫陽)"이라고 읽으면, 의미도 잘못되고 운자도 맞지 않게 된다.

뿐이옵니다(且臣觀小國諸侯之不服者, 唯苦於是)."라고 했는데, 이곳의 '어시'는 '언'과 같은 의미이다. 《순자·예론》은 "이 세 가지 중에 하나라도 없으면, 백성들을 안정시킬 수 없다(三者偏亡, 焉無安人)."라고 했는데, 《사기·예서(禮書)》에는 '언'이 '즉(則)'으로 되어있다. 《노자·제13장》은 "그래서 몸을 천하와 같이 귀하게 여기면 천하에 기탁할 수 있다(故貴以身爲天下, 則可寄天下)."라고 했는데, 《회남자·도응(道應)》에는 '즉'이 '언'으로 인용되었다. 이곳의 '언' 역시 '즉'과 같은 의미이다. 후인들은 주·진대의 서적을 읽으면서 '언'이 문장 끝에 온다는 것만 알고 다른 의미가 있는지 몰랐다. 이에 그 문장을 나누거나 그 문장을 도치시켰다. 그리하여 《예기》·《국어》·《공양전》·《노자》·《초사》·《산해경》 등의 책을 읽을 수 없게 되었다.

'언이(焉爾)'는 ('이곳에서'의 의미인) '어시(於是)'이다. 《공양전·은공 2년》은 "이곳에서 가탁이 시작되었다(託始焉爾)."라고 했는데, 하휴의 주석은 "'언이'는 ('이곳에서'의 의미인) '어시'와 같다(焉爾, 猶於是也)."라고 했다.


# 위 爲

'위(爲)'는 ('말하다'의 의미인) '왈(曰)'이다. 《곡량전·환공 4년》은 "제1등급의 사냥물은 육포로 만들어 제기에 담아두고 제사 때 쓰이는 것을 말하고, 제2등급의 사냥물은 연회 때 손님의 접대에 쓰이는 것을 말하고, 제3등급의 사냥물은 군주의 주방을 채우는데 쓰이는 것을 말한다(一爲乾豆, 二爲賓客, 三爲充君之庖)."라고 했는데, 《공양전》에 '위'가 '왈'로 된 것이 이 예이다.

'위'는 ('~때문에' 내지 '~한 까닭'의 의미인) '이(以)'이다. 《시경·소아 · 십월지교(十月之交)》는 "뭐 때문에 나를 부리면서 내게 와서 의논하지 않는가?(胡為我作, 不即我謀?)"라고 했다. 《공양전 · 은공 원년》은 "무엇 때문에 먼저 '왕'이라 하고, 그 다음에 '정월'이라고 하는 것일까?(曷為先言王而後言正月?)"라고 했다. 《곡량전 · 은공 4년》은 "무엇 때문에 그를 내치는가?(何為貶之也?)"라고 했다. 《논어 · 선진》은 "중유는 뭐 때문에 우리 집 문에서 거문고를 타는 것인가?(由之瑟, 奚為於某之門?)"라고 했다.[62] 이상의 '호위(胡為)' · '갈위(曷為)' · '하위(何為)' · '해위(奚為)'는 모두 ('무엇 때문에~'의 의미인) '하이(何以)'이다. 《공양전 · 은공 3년》에서 "선왕께서 나라를 신하들에게 주시지 않고 폐하께 넘기신 까닭은 …… (先君之所為不與臣國而納國乎君者 …… )"이라 한 것, 《곡량전 · 희공 10년》에서 "이극이 임금을 시해한 까닭인 것이다(里克所為弑者)."라고 한 것, 《전국책 · 조책(趙策)》에서 "장군을 뵈려는 까닭인 것이다(所為見將軍者)."라고 한 것은 모두 ('~한 까닭'의 의미인) '소이(所以)'이다. 그래서 《사기 · 초세가(楚世家)》는 "진나라가 왕을 중시하는 까닭은 …… (秦之所為重王者 …… )"이라 했고, 같은 책 〈노중련전(魯仲連傳)〉은 "진나라가 서둘러 조나라를 포위하고자 하는 까닭은 …… (秦所為急圍趙者 …… )"이라 했는데, 《전국책 · 진책(秦策)》과 같은 책 〈조책〉에는 모두 '소이'로 되어있다.

'위'는 ('쓰다'의 의미인) '용(用)'이다. 《좌전 · 환공 6년》은 "복을 구하는 것은 자신에게 있는 것이지, 어찌 대국을 이용하려는 것인가?(在我而已, 大國何為?)"라고 했는데, 이는 어찌 대국을 이용하려는 것인가를 말한다. 《국어 · 오어》는 "위급한 일을 안정시킬 수 없고, 죽을 일을 되

---

62) 고유(高誘) 주석의 《여씨춘추(呂氏春秋) · 기현(期賢)》은 "'어'는 ('있다'의 의미인) '재'와 같다(於, 猶在也)."라고 했다. 이는 중유(仲由)가 어찌하여 우리 집 문에서 거문고를 타는 것인가를 말한다.

살릴 수 없다면, 뛰어난 지혜를 썼다고 할 수 없다(危事不可以爲安, 死事不可以爲生, 則無爲貴智矣)."라고 했는데, 이는 뛰어난 지혜를 쓰지 않은 것임을 말한다. 《곡량전·성공 7년》은 "기우제를 지냈는데 달은 기록하지 않고 때를 기록했는데, 경문은 이를 비판했다. 겨울에는 기우제를 지낼 필요가 없다(雩不月而時, 非之也, 冬無爲雩也)."라고 했는데, 이는 기우제를 지낼 필요가 없다는 말이다.

'위'는 ('장차~하려고 하다'의 의미인) '장(將)'이다. 《맹자·양혜왕》은 "극이 임금께 알리자, 임금께서는 장차 만나러 오려고 하셨습니다(克告於君, 君爲來見也)."라고 했는데, 조기의 주석이 "임금이 장차 오려는 것이다(君將欲來)."라고 한 것이 이 예이다. 《사기·노관전(盧綰傳)》은 "노관의 처자식이 흉노에서 도망쳐 한나라에 귀순했다. 마침 고후는 병중에 있었기 때문에 이들을 만날 수 없었다. 고후는 이들을 경사에 연왕(燕王)을 위해 두었던 저택에 머물게 하고, 병에 차도가 있으면 장차 주연을 베풀어 만나려고 했다. 뜻밖에도 고후가 병으로 세상을 떠나면서 이들을 만날 수 없었다(盧綰妻子亡降漢, 會高后病不能見, 舍燕邸, 爲欲置酒見之. 高后竟崩, 不得見)."라고 했는데, 이는 고후가 장차 주연을 베풀어 만나려고 했으나 마침 고후가 세상을 떠나면서 만날 수 없게 되었음을 말한다. 같은 책의 〈위장군표기전(衛將軍驃騎傳)〉은 "표기장군은 처음 장차 정양에서 출병하여 선우와 싸우려고 하였다. 그러나 포로들이 선우는 동쪽으로 갔다고 말하자, 천자는 다시 명을 내려 표기장군을 대군(代郡)에서 출병하도록 하였다(驃騎始爲出定襄, 當單于. 捕虜, 虜言單于東, 乃更令驃騎出代郡)."라고 했는데, 이는 처음에 장차 정양에서 출병하려다 후에 장소를 바꿔 대군(代郡)에서 출병하게 되었음을 말한다.

부친께서 '위'는 ('만약~한다면'의 의미인) '여(如)'로, 가정을 나타내는 말이라고 하셨다. 《국어·진어(晉語)(8)》은 "숙향이 말했다: 초나라가 만일 우리를 기습공격 한다면, 이는 스스로 신의를 저버리고 충직함을 막는 것입니다 …… 이렇게 행동한다면, 초나라가 우리를 이기더라도 제후들은 반드시 반기를 들 것입니다(叔向曰: '荊若襲我, 是自背其信而塞其忠也 …… 爲此行也, 荊敗我, 諸侯必叛之)'."라고 했다.63) 《관자·계(戒)》는 "강나라와 황나라는 초나라와 가깝습니다. 만일 신이 죽으면 폐하께서는 반드시 그 두 나라를 초나라에 돌려주어 초나라가 관장하도록 하십시오(夫江、黃之國近於楚, 爲臣死乎, 君必歸之楚而寄之)."라고 했다.64) 《열사·설부(說符)》는 "손숙오가 자신의 아들을 타이르며 말했다: 만일 내가 죽으면, 왕께서는 너를 봉하실 것인데, 이때 너는 이로운 땅은 무조건 받지 말거라(孫叔敖戒其子曰: 爲我死, 王則封女, 女必無受利地)."라고 했다.65) 《여씨춘추·장견(長見)》은 "신의 가신 어서자(관직명) 공손앙(公孫鞅)은 재능이 있사오니, 폐하께서는 그에게 국정을 맡겨보소서. 그에게 국정을 맡길 수 없다면, 그를 국경 밖으로 내보내지 마소서(臣之御庶子鞅, 願王以國聽之也. 爲不能聽, 勿使出境)."라고 했다.66) 《한비자·내저설하(內儲說下)》는 "폐하께서는 사람이 입을 가리는 모습을 좋아하시니, 만일 자네가 폐하를 알현하면 반드시 입을 가리시게(王甚喜人之掩口也, 爲見王, 必掩口)."라고 했

---

63) '위'는 ('만약~한다면'의 의미인) '여(如)'이다. 이는 이렇게 행동하여 초나라가 우리를 이긴다면 제후들이 분명히 반기를 들 것이라고 말하는 것이다. 금본에는 '위(爲)'가 없는데, 이는 후인들이 옛 의미를 모르고 마음대로 삭제한 것이다. 송명도본(宋明道本)에 의거하여 보충한다.

64) '위(爲)'는 ('만약~한다면'의 의미인) '여(如)'이다. '신(臣)'은 관자(管子) 자신을 말한다. 이는 만일 신이 죽는다면 폐하께서는 반드시 강나라와 황나라를 초나라에 돌려주라는 말이다. 윤지장(尹知章)의 주석은 "두 나라가 어찌 제나라의 신하가 되어 죽겠는가?(二國豈爲齊臣而死乎?)"라고 했는데, 잘못되었다.

65) 《여씨춘추(呂氏春秋)·이보(異寶)》와 같다.

66) 《전국책(戰國策)·위책(魏策)》과 같다.

다.67) 같은 책의 〈현학(顯學)〉은 "지금 새로 나온 변론의 말들은 재여가 변론하는 말보다 지나치다. 지금의 군주가 이런 변론을 듣는데 공자보다 더 우매하다. 만일 이런 말들을 좋아해 그들을 임용한다면, 어찌 실수가 없을 수 있겠는가?(今之新辯, 濫乎宰予. 而世主之聽, 眩乎仲尼. 為悅其言, 因任其身, 則焉得無失乎?)"라고 했다.《전국책·진책(秦策)(2)》는 "중원의 나라들이 진나라를 토벌하지 않는다면, 진나라가 그대들의 나라를 다 태워버릴 것이오. 중원의 나라들이 만일 진나라를 치려고 한다면, 진나라는 발 빠르게 큰 예물을 보내 그대들의 나라를 섬길 것이오(中國無事於秦, 則秦且燒焫獲君之國. 中國為有事於秦, 則秦且輕使重幣, 而事君之國也)."라고 했다. 또 "만일 나를 장례한다면, 반드시 위자도 함께 순장하시오(為我葬, 必以魏子為殉)."라고 했다.68) 또 같은 책의 〈진책(秦策)(4)〉는 "이것은 초나라가 세 나라와 계획하여 진나라를 치려는 국면을 야기할 것입니다. 진나라가 만일 이를 안다면, 분명히 구원하지 않을 것입니다(是楚與三國謀出秦兵矣, 秦為知之, 必不救也)."라고 했다. 같은 책의 〈조책(3)〉은 "위나라는 사람을 보내 평원군에 의지하여 조나라에게 합종에 참여하길 청했다. 조나라 왕에게 몇 번이나 말했지만 왕은 받아들이지 않았다. 평원군은 나오다 우경을 만나 '들어가서 폐하를 알현하시면, 반드시 합종하자고 말하시게'라고 했다(魏使人因平原君請從於趙, 三言之, 趙王不聽. 出遇虞卿, 曰: '為入, 必語從').'"라고 했다. 같은 책의 〈한책(韓策)(1)〉은 "한나라가 우리를 따르지 않아도,69) 대왕의 은혜에 감격할 것이니 분명히 기러기 떼처럼 대오를 이루어 우리를 공격하러 오지는 않을 것입니다 …… 만일 한나

---

67) 《전국책(戰國策)·초책(楚策)》과 같다.

68) 앞의 '위(為)'가 ('만약~한다면'의 의미인) '여(如)'이다.

69) 표포본(鮑彪本)은 이렇게 되어있고, 요굉본(姚宏本)은 종한위불능청아('縱韓為不能聽我)'로 되어 있는데 잘못된 것이다.《독서잡지》에 상세한 설명이 보인다.

라가 우리를 따르게 되면 진나라와의 강화를 거절하는 것이 됩니다. 그러면 진나라는 분명히 대노하고 한나라에 큰 원한을 갖게 될 것입니다(韓爲不能聽我, 韓之德王也, 必不爲雁行以來 …… 爲能聽我, 絶和於秦, 秦必大怒, 以厚怨於韓).”라고 했다. 또 “대왕의 병사들을 헤아려보면, 모두 모아봐야 삼십만을 넘지 않습니다 …… 여기에 변방의 망루와 요새를 지키는 병사들을 뺀다면, 실제로 볼 수 있는 병사들은 이십만을 넘지 않사옵니다(料大王之卒, 悉之不過三十萬 …… 爲除守徼亭障塞, 見卒不過二十萬而已).”라고 했다. 《사기 · 송세가》는 “지금 진실로 나라를 다스려 나라가 다스려지면 죽어도 여한이 없을 것입니다. 만일 죽었어도 끝내 다스려지지 않는다면, 오히려 떠나느니만 못할 것입니다(今誠得治國, 國治身死不恨. 爲死終不治, 不如去).”라고 했다. 이상의 ‘위’는 모두 ('만약~한다면'의 의미인) ‘여’와 같다.

‘위’는 ('만일~한다면'의 의미인) ‘사(使)’로, 이 역시 가정을 나타내는 말이다. 《맹자 · 이루(離婁)》는 “만일 평소에 쌓아두지 않으면, 평생 얻지 못할 것이다(苟爲不畜, 終身不得).”라고 했고, 또 “만일 원류가 없다면 …… 물은 금방 말라버릴 것이다(苟爲無本 …… 其涸也, 可立而待也).”라고 했다. 같은 책의 〈고자〉는 “만일 익지 않는다면, 삘기나 피보다 못할 것이다(苟爲不熟, 不如荑稗).”라고 했다. 《장자 · 인간세(人間世)》는 “만일 자신조차 왜 그런지 모른다면, 누가 그 결말을 알 수 있겠습니까?(苟爲不知其然也, 孰知其所終?)”라고 했다. 이상은 모두 ('만일 ~한다면'의 의미인) ‘구사(苟使)’와 같다.

부친께서 ‘위’는 ('~에게' 내지 '~와'의 의미인) ‘어(於)’라고 말씀하셨다. 《좌전 · 장공 22년》은 “관직은 정경에 필적한다(幷于正卿).”라고 했는데, 《경전석문》은 “'우'는 본래 '위'로 된 곳도 있다(于, 本或作爲).”라고 했다.[70] 《전국책 · 서주책(西周策)》은 “폐하께서는 저희로 하여금 몰래 진나라와 힘을 합치게 하는 것만 못하옵니다(君不如令弊邑陰合爲

秦)."라고 했는데,71) 《사기·맹상군전(孟嘗君傳)》에는 '위'가 '어'로 되어있다. 《국어·진어(晉語)(9)》는 "그 시대 사람들에게 칭찬을 받았다(稱為前世)."라고 했는데, 위소(韋昭)72)의 주석은 "그 시대 사람들에게 칭찬받았음을 말한다(言見稱譽於前世)."라고 했다. 이곳의 '위'가 바로 ('~에게'의 의미인) '어'이다. 또 《곡량전·희공 20년》은 "신궁이라 했는데, 부친을 모신 사당에서 가까웠다(謂之新宮, 則近為禰宮)."라고 했는데, 이는 부친을 모신 사당에서 가까웠음을 말한다. 《안자춘추·잡편(雜篇)》은 "그와 오면, 신은 한 사람을 묶어 폐하를 지나가게 할 것입니다(為其來也, 臣請縛一人過王而行)."라고 했는데, 이는 그와 오는 것을 말한다. 《전국책·진책(秦策)(4)》는 "천자에게 인사를 올린다(朝為天子)."라고 했는데,73) 이는 천자에게 인사를 올리는 것을 말한다. 《죽서기년(竹書紀年)》은 "진 목공이 군사를 이끌고 공자 중이를 배웅하고, 영호(나라이름)를 포위하자, 상천과 백쇠도 진나라 군사에게 항복하였다(秦穆公帥師送公子重耳, 圍令狐, 桑泉、白衰皆降為秦師)."라고 했는데, 이는 진나라 군사들에게 항복한 것을 말한다.

'위'는 ('~한 즉' 내지 '~하면'의 의미인) '즉(則)'이다. 《장자·우언(寓言)》은 "사람들은 자기 생각과 같으면 따르고, 다르면 반대한다. 자기

---

70) '우(于)'와 '어(於)'는 옛날에 글자가 통했다.

71) 포표본(鮑彪本)은 이렇게 되어있고, 요굉본(姚宏本)의 '위(為)'는 《사기》에 근거하여 '어(於)'로 되어있다.

72) 삼국(三國) 시기 동오(東吳)의 대신이자 사학자이다. 어려서 배움을 좋아하고 글을 잘 지었다. 서안령(西安令)·태사령(太史令)·중서랑(中書郎) 등을 지냈다. 오경박사(五經博士)를 세웠고 국학(國學)을 설립했다. 후에 손호(孫皓)에게 해를 당했다. 저술로는 《오서(吳書)》·《국어주(國語注)》·《한서음의(漢書音義)》 등이 있다.[역자주]

73) 포표본(鮑彪本)의 '조(朝)'자 앞에는 '일(一)'자가 더해져 있는데, 잘못된 것이다. 《독서잡지》에 상세한 설명이 보인다.

생각과 같으면 옳다 하고, 다르면 잘못이라 한다(與己同則應, 不與己同則反. 同於己爲是之, 異於己爲非之).”라고 했는데, 이곳의 ‘위’ 역시 ‘즉’의 의미이다.

　부친께서 ‘위’는 (‘~와’의 의미인) ‘여(與)’라고 하셨다. 《관자·계》는 “저희 첩들은 사람들과 맞이하는 일을 하지 못하면 …… (自妾之身之不爲人持接也 …… )”이라고 했는데, 윤지장(尹知章)[74]의 주석은 “‘위’는 (‘~와’의 의미인) ‘여’와 같다(爲, 猶與也).”라고 했다. 《맹자·공손추(하)》는 “법의 제한으로 좋은 목재를 쓸 수 없을 때에는 기뻐할 수 없었다. 좋은 목재를 쓸 수 있는데 돈이 없어도 기뻐할 수 없었다. 좋은 목재를 쓸 수 있고 살 돈도 있으면, 옛 사람들은 모두 이렇게 하였다(不得不可以爲悅, 無財不可以爲悅, 得之爲有財, 古之人皆用之).”라고 했는데, 이는 좋은 목재를 살 수도 있는 것과 돈도 있는 것을 말한다. 《전국책·제책(2)》는 “서수가 양나라와 제나라 군사들을 이끌고 승광에서 교전했으나 승리하지 못했다(犀首以梁爲齊戰於承匡而不勝).”라고 했는데, 이는 위나라와 제나라의 군사를 이끌고 교전한 것을 말한다. 같은 책의 〈한책(2)〉는 “엄중자는 주위 사람들을 피해 섭정과 말했다(嚴仲子辟人, 因爲聶政語).”라고 했는데, 이는 섭정과 말한 것을 의미한다. 《한시외전》은 “과인이 중부와만 말하겠지만 만에 하나 백성들이 안다면 어찌하오?(寡人獨爲仲父言, 而國人知之, 何也?)”라고 했는데, 이는 중부와만 말한 것을 의미한다. 《사기·순우곤전(淳于髡傳)》은 “과인이 함께 말하기에 부족해서인가?(豈寡人不足爲言邪?)”라고 했는데, 이는 함께 말하기에 부족함을 의미한다. 같은 책의 〈이사열전(李斯列傳)〉

---

74) 당(唐)나라 때의 대신이다. 성품이 후덕했고 감정을 얼굴에 드러내지 않았다. 태상박사(太常博士)를 지냈다. 육경(六經)에 정통했고, 《효경(孝經)》·《노자(老子)》·《관자(管子)》에 주석을 달았다.[역자주]

은 "나도 그들과 같이 될 텐데, 어찌 함께 모의할 수 있겠소?(斯其猶人哉, 安足爲謀?)"라고 했는데, 이는 어찌 함께 모의를 할 수 있겠는지를 말한다.

부친께서 '위'는 ('있다'의 의미인) '유(有)'라고 하셨다. 《맹자 · 등문공》은 "등나라는 토지가 협소하지만 다스리는 군자가 있어야 하고, 농사짓는 야인도 있어야 합니다(夫滕, 壤地褊小, 將爲君子焉, 將爲野人焉)."라고 했는데, 조기의 주석은 "'위'는 ('있다'의 의미인) '유'이다. 나라는 비록 작지만 군자도 있어야 하고 농사짓는 야인도 있어야 한다(爲, 有也. 雖小國, 亦有君子, 亦有野人也)."라고 했다. 또 "이자는 잠깐 멍하니 있었다(夷子憮然爲間)."라고 했는데, 조기의 주석은 "'위간'은 ('잠시'의 의미인) '유경지간'이다(爲間, 有頃之間也)."라고 했다. 같은 책의 〈진심〉은 "(산속의 오솔길은) 잠시라도 다니지 않으면, 금방 잡초에 막힌다(爲間不用, 則茅塞之矣)."라고 했는데, 조기의 주석은 "'위간'은 ('잠시'의 의미인) '유간'이다(爲間, 有間也)."라고 했다. 《안자춘추 · 외편(外篇)》은 "공자는 잠시라도 순 임금에게 미치지 못했다(孔子之不逮舜爲間矣)."라고 했는데, 이곳의 '위간(爲間)' 역시 ('잠시'의 의미인) '유간(有間)'이다. 그래서 《장자 · 대종사(大宗師)》는 "(세 사람은) 잠시 왕래가 뜸했다(莫然有間)."라고 했는데, 《경전석문》은 "'위간'으로 된 곳도 있다(本亦作爲間)."라고 했다. 또 《좌전 · 희공 33년》은 "진나라가 이렇게도 무례한데, 그들에게 무슨 은혜를 베풀 것이 있겠는가?(秦則無禮, 何施之爲?)"라고 했는데, 이는 무슨 은혜를 베풀 것이 있는지를 말한다.75) 같은 책의 〈성공 2년〉은 "신하란 혼란함을 다스리고 의혹을 풀어주는 사람이다. 때문에 죽음을 무릅쓰고 간언해야 하는 것이다. 지금

---

75) 《한서(漢書) · 장탕전(張湯傳)》은 "무슨 장례를 그렇게 후하게 치러 줄게 있는가?(何厚葬爲?)"라고 했는데, 《한기(漢紀)》에는 "하후장지유(何厚葬之有)"로 되어있다.

이 두 사람은 군주가 살아있을 때는 마음껏 부도덕한 짓을 하게 했고, 죽자 또 그의 사치스러움을 더했다. 이는 군주를 사악한 곳에 버린 것이니, 신하라고 할 것이 뭐가 있겠는가?(臣, 治煩去惑者也, 是以伏死而爭. 今二子者, 君生則縱其惑, 死又益其侈, 是棄君於惡也, 何臣之為?)"라고 했는데, 이는 신하라고 할 것이 뭐가 있겠는지를 말한다.[76] 같은 책의 〈성공 12년〉은 "만일 화살 하나로 서로 비난한다면, 이는 재앙 중에서도 가장 큰 재앙이 될 것이니, 무슨 복이 있겠습니까?(若讓之以一矢, 禍之大者, 其何福之為?)"라고 했는데, 이는 무슨 복이 있겠는지를 말한다.[77] 같은 책의 〈소공 원년〉은 "제후들과의 회맹은 사직을 지키기 위함이옵니다. 내가 뇌물로 화를 모면한다면, 노나라는 분명히 공격을 받을 것이오. 이는 화를 가져오는 것이니, 뭐가 지켜질 것이 있겠소?(諸侯之會, 衛社稷也. 我以貨免, 魯必受師, 是禍之也, 何衛之為?)"라고 했는데, 이는 무엇이 지켜질 것이 있는지를 말한다. 같은 책의 〈소공 13년〉은 "나라는 다른 나라와 다투지 않아도 업신여김을 당하니, 이게 무슨 나라라고 할 것이 있겠는가?(國不競亦陵, 何國之為?)"라고 했는데, 이는 무슨 나라라고 할 것이 있겠는가를 말한다. 또 "죄가 없는데도 은혜를 베풀어 풀어준다고 해놓고, 제후에게 알리지 않으면, 이는 맹주의 명을 어기고 도망가는 것이니, 어찌 풀어준 것이라고 할 수 있겠습니까?(若曰無罪而惠免之, 諸侯不聞, 是逃命也, 何免之為?)"라고 했는데, 이는 어찌 풀어준 것이 있겠는가를 말한다. 《국어 · 주어》는 "제가 어찌 감히 사사로운 공훈을 내세워 선왕께서 제정한 큰 법도를 바꾸어 세상 사람들의 욕을 받겠습니까. 그렇게 한다면 선왕들과 백성들을 어떻게

---

76) 두예(杜預)의 주석은 "'신하로서 무슨 소용이 있겠는가?'라고 말하는 것과 같다(若言何用為臣)."라고 했는데, 잘못된 것이다.

77) 《좌전(左傳) · 환공(桓公) 6년》은 "기하복지유(其何福之有?)"라고 했다.

대하겠으며, 무슨 정령이라고 할 것이 있겠습니까?(余敢以私勞變前之 大章, 以忝天下, 其若先王與百姓何? 何政令之爲也?)"라고 했는데, 이는 무슨 정령이라고 할 것이 있는지를 말한다.[78] 같은 책의 〈진어(晉 語)(4)〉는 "만일 바탕이 좋지 않으면, 어떠한 가르침도 귀에 들어오지 않을 것이니, 그가 잘 배울 것이 뭐가 있겠는가?(若有違質, 敎將不入, 其何善之爲?)"라고 했는데, 이는 잘 배울 것이 뭐가 있는지를 말한다.[79] 또 같은 책의 〈진어(晉語)(9)〉는 "지금 범씨와 중항씨의 신하들은 그들 의 임금을 바르게 보좌하지 못해 망명이나 다니는 화를 당한 것이다. 군주가 다른 나라로 달아나 있는데도 신하라는 사람들이 진정으로 따 르지 않고 버렸으니, 이 어찌 훌륭하다고 할 수 있겠는가?(今范、中行氏 之臣, 不能匡相其君, 使至於難. 君出在外, 又不能定而棄之. 則何良之 爲?)"라고 했는데, 이는 이 어찌 무슨 훌륭한 것이 있겠음을 말한다. 같은 책의 〈초어〉는 "눈요기가 되는 것을 아름다움이라고 한다면, 재정 을 낭비하여 국고를 비게 만드는 것은 백성들의 재화를 수탈하여 자신 은 부유하게 하면서 백성들은 궁핍하게 만드는 것과 같으니, 여기에 무슨 아름다움이 있겠는가?(若於目觀則美, 縮於財用則匱, 是聚民利以 自封而瘠民也, 胡美之爲?)"라고 했는데, 이는 무슨 아름다움이 있겠는 지를 말한다. 또 같은 책의 〈초어〉는 "군주가 되어서 신하를 죽이는데, 무슨 원망할 것이 있겠는가?(君而討臣, 何讎之爲?)"라고 했는데, 이는 무슨 원망할 것이 있겠는가를 말한다. 또 백형 같은 패옥은 선왕의 노 리개에 불과한 것이니, 귀히 여길 것이 뭐가 있겠는가?(若夫白珩, 先王 之玩也, 何寶之爲?)"라고 했는데,[80] 이는 귀히 여길 것이 뭐가 있음을

---

78) 위소(韋昭)의 주석은 "어떻게 다시 백성들에게 군림하며 정령을 행하겠는가?(何以 復臨百姓而爲政乎?)"라고 했는데, 잘못된 것이다.
79) 위소(韋昭)의 주석은 "그를 잘하도록 시킬 수 없음을 말한다(言不能使善)"라고 했 는데, 잘못된 것이다.

말한다. 《맹자·등문공》은 "그 이자라는 사람은 정말로 사람들이 자기 형의 아이를 사랑하는 것이 이웃집 아이를 사랑하는 것과 같음이 있다고 생각하는가?(夫夷子信以為人之親其兄之子, 為若親其鄰之赤子乎?)" 라고 했는데, 이는 이웃집 아이를 사랑하는 것과 같음이 있는지를 말한다. 같은 책의 〈진심〉은 "어찌하여 그것에 이를 수 있다는 희망을 주어, 매일 열심히 노력하게 만들지 않습니까?(何不使彼為可幾及, 而日孳孳也?)"라고 했는데, 이는 그곳에 이를 수 있는 희망이 있음을 말한다.

부친께서 '위'는 ('말하다'의 의미인) '위(謂)'라고 하셨다. 《곡량전·선공 2년》은 "조순이 말했다: 하늘이시여! 하늘이시여! 누가 제가 자신의 군주를 모질게 시해했다고 말했나이까?(趙盾曰: '天乎天乎! 予無罪. 孰為盾而忍弑其君者乎?')"라고 했는데, 이는 누가 조순이 자신의 군주를 모질게 시해했는지를 말하는 의미이다.[81] 《맹자·공손추》는 "관중은 증서(증삼의 아들)조차 배우길 원하지 않았으니, 너는 내가 그와 비교되길 바란다고 생각하느냐?(管仲, 曾西之所不為也, 而子為我願之乎?)" 라고 했는데, 이는 너는 내가 그와 비교되길 바라는지 말해보라는 의미이다. 같은 책의 〈고자〉는 "이것이 그의 지혜가 다른 사람만 못하다는 것을 말하는 것일까?[82] 내가 보기에는 그렇지 않다(為是其智弗若與?

---

80) 송명도본(宋明道本)에는 "하보지언(何寶之焉)"으로 되어 있는데, 이곳의 '언(焉)'은 '위(為)'가 잘못된 것이다. 앞쪽의 "호미지위(胡美之為)"는 송본(宋本)의 '위(為)'가 '언(焉)'으로 잘못되어 있는 것이 그 증거이다. 금본에는 '하보언(何寶焉)'으로 되어있는데, '지(之)'를 삭제한 것은 더 잘못된 것이다.

81) 《공양전(公羊傳)》은 "조순이 말했다: 나는 군주를 시해하지 않았건만, 누가 내가 군주를 시해했다고 말하는가?(趙盾曰: '吾不弑君, 誰謂吾弑君者乎?')"라고 한 것이 그 증거이다. 범녕(范寧)의 주석은 '위(為)'를 ('저지르다'의 의미인) '작(作)'으로 풀이했는데, 잘못된 것이다. 《경의술문》에 상세한 설명이 보인다.

82) '위(為)'와 '위(謂)'는 의미가 같다. 조기(趙岐)의 주석은 '위시(為是)는 그 지혜가 다른 사람만 못하다는 것을 말한다(為是謂其智不如也)'라고 했다. '위(為)'와 '위

曰: 非然也)."라고 했는데, 이는 그 사람의 지혜가 다른 사람만 못하다는 것을 의미한다. 또 같은 책의 〈고자〉는 "《상서》는 '올리는 예로는 예절이 가장 중요하다. 예물이 많더라도 예절이 따라오지 못하면 예를 올린 것이라 하지 않는다. 이는 올리는 예에 그 마음이 들어가 있지 않기 때문이다.'라고 했는데, 이는 올리는 예를 다하지 않음을 말한다(《書》曰: '享多儀, 儀不及物, 曰不享, 惟不役志于享.' 為其不成享也)."라고 했다. 이는 《상서》에서 말한 것이 올리는 예를 다하지 않았음을 말하는 것이다. 《예기·문왕세자(文王世子)》는 "부친이 있으면 태자는 아들이라 말하고, 임금이 있으면 태자는 신하라고 말한다(父在斯為子, 君在斯謂之臣)."라고 했는데,[83] '위'는 ('말하다'의 의미인) '위'와 같다. 《장자·천지(天地)》는 "세상 사람들이 함께 이로워지는 것을 '기쁘다'라고 말하고, 함께 넉넉해지는 것을 '평안하다'라고 말하오(四海之內共利之之為悅, 共給之之謂安)."라고 했고, 같은 책의 〈양왕(讓王)〉은 "군자가 도에 통한 것을 '통'이라 말하고, 도에 궁한 것을 '궁'이라고 말한다. 지금 나는 인의의 도를 품고 난세의 재앙을 만났으니, 어찌 궁하다고 말할 수 있겠느냐?(君子通於道之謂通, 窮於道之謂窮. 今某抱仁義之道, 以遭亂世之患, 其何窮之為?)"라고 했는데, 이상의 '지위(之為)'는 ('~라고 말

---

(謂)'를 둘로 나눈 것은 잘못된 것이다.

83) '위(為)' 아래에는 '지(之)'가 있어야 하는데, 베껴 쓰는 사람이 빠뜨린 것이다. 《회남자(淮南子)·전언(詮言)》은 "움직이면 '살아있다'고 말하고, 죽으면 '끝났다'라고 말한다(動而為之生, 死而謂之窮)."라고 했고, 《설원(說苑)·신술(臣術)》은 "명을 따라 군주를 이롭게 하는 것을 '순리'라 하고, 명을 따라 군주를 병들게 만드는 것을 '아첨'이라 하고, 명을 거슬러 군주를 이롭게 하는 것을 '충직'이라 하고, 명을 거슬러 군주를 병들게 하는 것을 '혼란'이라고 한다(從命利君為之順, 從命病君為之諛, 逆命利君謂之忠, 逆命病君謂之亂)."라고 했다. 이상의 문장에서 '위지(為之)'와 '위지(謂之)'가 서로 바꿔가며 사용된 것이 이 예이다. 공영달(孔穎達)의 바르게 다스리지 못하고 잘못하고 있다는 설은 잘못된 것이다.

한다'의 의미인) '지위(之謂)'와 같다. 그래서 "기하궁지위(其何窮之爲)"
는《여씨춘추 · 신인(愼人)》에는 "하궁지위(何窮之謂)"로 되어있다.《대
대례기 · 문왕관인(文王官人)》의 "이를 '생각을 살핀다.'라고 한다(此之
爲考志也)."는《일주서 · 관인(官人)》에는 '위'가 '위(謂)'로 되어있다.
《좌전 · 장공 22년》은 "이것이 '다른 나라를 관광하는 것이다'라고 한다
(是謂觀國之光)."라고 했는데,《사기 · 진기세가(陳杞世家)》에는 '위(謂)'
가 '위(爲)'로 되어있다.《묵자 · 공수(公輸)》는 "송나라에는 이른바 꿩 ·
토끼 · 붕어 같은 것도 없는 곳입니다(宋所爲無雉兔鮒魚者也)."라고 했
는데,《전국책 · 송책》에는 '위(爲)'가 '위(謂)'로 되어있다.

　'위'는 어조사이다.[84]《대대례기 · 오제덕(五帝德)》은 "황제의 시대는
이미 아주 오래전의 일인데, 너는 왜 이것을 묻느냐? 이것은 전대의 선
생들도 말하기 어려웠느니라(夫黃帝尚矣, 女何以爲? 先生難言之)."라고
했다.[85] 같은 책의〈사대(四代)〉와《논어 · 자장(子張)》은 모두 "그러실
필요가 없습니다(無以爲也)."라고 했다.[86]《좌전 · 양공 17년》은 "이런

---

84) 《예기(禮記) · 증자문(曾子問)》의《예기정의(禮記正義)》는 일해(一解)를 인용하여
"'위'는 어조사이다(爲是助語)"라고 했다.

85) "여하이위(女何以爲)"에서 문장을 끊어 읽어야 한다. '이(以)'는 ('~때문에'의 의미
인) '용(用)'이고, '위(爲)'는 어조사이다. 이는 황제의 일은 아주 먼 옛날인데, 너는
무엇 때문에 묻는 것인지를 말한다. "선왕난언지(先生難言之)"는 자체로 한 구절
이 된다.《사기(史記) · 오제기찬(五帝紀讚)》은 "백가들이 황제를 말했지만 그 문
장은 고상하지 않았다. 그래서 관리를 지낸 글을 안다는 인사들이 이를 말하는데
어려워했다.(百家言黃帝, 其文不雅馴, 薦紳先生難言之)."라고 했다. 그 의미는 여
기에서 비롯되었다. 왕숙(王肅)의《공자가어(孔子家語)》는 그 문장을 인용하여
"상고시기 황제를 물은 일로, 글을 안다는 인사들이 이를 말하기 어려워한 까닭을
말하려는 것인가?(上世黃帝之問, 將謂先生難言之故乎?)"로 고쳤는데, 이는 그 의
미를 잘못 풀이했을 뿐만 아니라 구절도 잘못 되었다.

86) 원문의 '이(以)'는 ('~할 필요가 있다'의 의미인) '용(用)'이고, '위(爲)'는 어조사이
다.《대대례기(大戴禮記)》는 "노나라 애공이 물었다: '어떻게 해야 백성들에게서

일은 우려하지 않고, 왜 사냥하러 온 것이냐(是之不憂, 而何以田為?)"라고 했다. 같은 책의 〈양공 22년〉은 "비를 맞고 길을 나서는데도, 무엇이 총명하단 것이냐?(雨行, 何以聖為?)"라고 했다. 같은 책의 〈소공 28년〉은 "하·상·주나라가 망한 것과 공자 신생(申生)이 폐위된 것은 모두 이런 물건들(여자들) 때문이었다. 그러니 너는 이런 물건들을 쓰겠느냐?(三代之亡, 共子之廢, 皆是物也. 女何以為哉?)"라고 했다.87) 《국어·진어(晉語)(8)》는 "어찌 다스리려고 하는 것인가?(將何治為?)"라고 했다. 같은 책의 〈초어〉는 "도망간 사람이 새 삶을 얻었는데, 어찌 돌아오지 않겠나이까?(亡人得生, 又何不來為?)"라고 했다. 《곡량전·정공 10년》은 "어찌 돌아올 수 있겠습니까?(何為來為?)"라고 했다.88) 《논어·안연(顏淵)》은 "어찌 겉으로만 꾸며야 하겠습니까?(何以文為?)"라고 했다.89) 같은 책의 〈자로〉는 "책을 많이 읽은들 무슨 쓸모가 있겠습니까?(雖多, 亦奚以為?)"라고 했다.90) 같은 책의 〈계씨(季氏)〉는 "친다한들 무슨 소

------

효험을 보아낼 있습니까? 공자가 대답했다: '물으실 필요가 없습니다, 행하기 아주 어렵습니다.'(公曰: '請問民徵?' 子曰: '無以為也, 難行')."라고 했다. 이는 물을 필요가 없음을 말한다. 《논어》는 "숙손무숙이 공자를 비방하자, 자공이 말했다: 그러실 필요 없습니다(叔孫武叔毀仲尼, 子貢曰: '無以為也')."라고 했다. 이는 비방할 필요가 없다는 말이다. 황간(皇侃)의 《논어의소(論語義疏)》는 "그가 비방할 것은 없습니다(使無以為訾毀)."라고 했고, 형병(邢昺)의 《논어정의(論語正義)》는 "이런 일로 비방할 필요가 없다(無用為此毀訾)."라고 했는데, 모두 '위(為)'를 잘못 풀이했다.

87) '이(以)'는 ('쓰다'의 의미인) '용(用)'이다. 이는 너는 이런 물건들을 쓰겠느냐고 말하는 것이다. '위(為)'는 어조사이다.

88) 두 번째 '위(為)'자가 어조사이다.

89) 황간(皇侃)의 《논어의소(論語義疏)》는 "어찌 꼭 겉모습만 화려하게 꾸미는데 마음을 쓰니까?(何必用於文華乎?)"라고 했다. 이 '위(為)'는 어조사이다. 형병(邢昺)의 《논어정의(論語正義)》는 "겉모습만 군자라면 무슨 소용이 있겠는가(何用文章乃為君子)."라고 했는데 잘못된 것이다.

90) 원문의 '이(以)'는 ('쓰다'의 의미인) '용(用)'이고, '위(為)'는 어조사이다. 이는 시를

용이 있겠습니까?(何以伐爲?)"라고 했다.91) 《맹자 · 등문공》은 "어디에
이 꽥꽥거리는 것을 쓰리오?(惡用是鶃鶃者爲哉?)"라고 했다. 같은 책의
〈만장(萬章)〉은 "내가 왜 탕의 예물을 받아야 하나?(我何以湯之聘幣爲
哉?)"라고 했다. 《장자 · 소요유(逍遙遊)》는 "뭐 때문에 이렇게 구만리나
날아 남쪽으로 가나?(奚以之九萬里而南爲?)"라고 했다.92) 또 "제가 세상
에 쓰일 일은 없을 것입니다(予無所用天下爲)."라고 했다. 《초사 · 어부
(漁父)》는 "어찌 깊이 생각하고 고상하게 행동하시어, 자신을 쫓겨나게
하십니까?(何故深思高擧, 自令放爲?)"라고 했다. 《순자 · 의병(議兵)》은
"그러하다면 왜 또 군사들을 이용해야 하는 것입니까?(然則又何以兵
爲?)"라고 했다. 《여씨춘추 · 이보(異寶)》는 "지금 나에게 그대의 천금이
나가는 보검이 무슨 소용이 있겠소?(今我何以子之千金劍爲乎?)"라고 했
다. 《한비자 · 설림하(說林下)》는 "무엇 때문에 설 땅을 차지하려고 하는
것인가?(奚以薛爲?)"라고 했다. 《전국책 · 조책(3)》은 "폐하께서는 어찌
하여 치자(郗疵)의 말을 한나라와 위나라의 군주에게 알리는 것입니까?
(君何以疵言告韓、魏之君爲?)"라고 했다. 이상이 모두 이 예이다.


# 위謂

   부친께서 '위(謂)'는 ('~이다' 내지 '~하다'의 의미인) '위(爲)'라고 하
셨다.93) 《주역 · 소과(小過) · 상육(上六)》은 "이것은 재앙이다(是謂災

---

   많이 외운들 무슨 소용이 있겠는가를 말한다. 황간(皇侃)의 《논어의소(論語義疏)》
   는 "무슨 사용할 곳이 있겠는가?(亦何所爲用哉?)"라고 했는데, 잘못된 것이다.
91) 원문의 '이(以)'는 ('쓰다'의 의미인) '용(用)'이다. 이는 친다한들 무슨 소용이 있겠
   음을 말한다.
92) 원문의 '이(以)'는 ('~때문에'의 의미인) '용(用)'이고, '지(之)'는 (지시대명사 '이'의
   의미인) '시(是)'이다. 이는 뭐 때문에 이렇게 구만리나 날아가는 것을 말한다.

售)."라고 했고, 《시경·소아·빈지초연(賓之初筵)》은 "술 취한 뒤에도 나가지 않으면, 이것은 덕을 망치는 것이지(醉而不出, 是謂伐德)."라고 했다. 이상의 '위'는 ('이는 ~이다'의 의미인) '시위(是為)'이다. 《좌전·장공 22년》은 "이것이 다른 나라를 관광하는 것이다(是謂觀國之光)."라고 했는데, 《사기·진기세가(陳杞世家)》에는 '시위(是為)'로 되어있는 것이 그 증거이다. 또 《좌전·희공 5년》은 "한 번 길을 빌린 것도 너무 했는데, 다시 빌려줄 수 있겠습니까?(一之謂甚, 其可再乎?)"라고 했는데, 이는 한번 길을 빌린 것도 너무 심했음을 말한다. 같은 책의 〈소공 원년〉은 "이 정도는 되어야 많은 것이지요. 이보다 적다면, 제가 어떻게 그대를 볼 수 있겠소?(此之謂多矣. 若能少此, 吾何以得見?)"라고 했는데, 이는 이 정도는 많음을 말한다. 같은 책의 〈소공 10년〉에서 "지금은 너무 각박하고 인정이 없으며, 사람들을 짐승처럼 부리오(佻之謂甚矣, 而壹用之)."라고 한 것, 같은 책의 〈소공 21년〉에서 "화등(華登)이 가버려서 그의 마음은 무척이나 아프오. 나는 그를 더욱 중시할 것이오(登之謂甚, 吾又重之)."라고 한 것, 《국어·주어》에서 "종묘사직을 지키는 데 이미 많은 복을 주었거늘, 어찌 또 흥성하게 한다 말이오?(守府之謂多, 胡可興也?)"라고 한 것, 같은 책의 〈진어(晉語)(8)〉에서 "8년은 많은 것이니, 어찌 더 오래갈 수 있겠습니까?(八年之謂多矣, 何以能久?)"라고 한 것은 모두 같은 의미이다. 또 《대대례기·소한(少閒)》은 "어찌하여 그들은 다른가?(何謂其不同也?)"라고 했다.94) 《한시외전》은 "어찌하여 울고 있는 것인가?(何謂而泣也?)"라고 했다. 《회남자·인간훈(人間訓)》은 "나라는 위태롭고 불안하며, 걱정은 마음에 맺혀 풀리지 않으니,

---

93) 이곳의 '위(為)'는 평성으로 읽는다.

94) 원본(元本)은 이와 같고, 명본(明本)은 모두 '위(謂)'를 '위(為)'로 바꾸었는데, 잘못된 것이다.

어찌 하는 것이 훌륭한 계책이겠습니까?(國危而不安, 患結而不解, 何謂 貴智?)"라고 했다.95) 이상은 모두 '어찌하여'의 의미인 '하위(何為)'이다. 《전국책 · 초책(4)》는 "사람들 모두 그대가 부지와 사이가 좋지 않다고 여깁니다(人皆以謂公不善於富摯)."라고 했는데, 원문의 '이위(以謂)'는 ('~라고 생각하다'의 의미인) '이위(以為)'이다. 때문에 《설원 · 군도(君道)》는 "어찌하여 관리들이 갖춰지지 않았다고 하는가?(則何為不具官乎?)"라고 했는데, 《안자춘추 · 문(問)》에는 '위(為)'가 '위(謂)'로 되어있다.96) 《여씨춘추 · 정유(精諭)》는 "어찌하여 안 된다고 하는 것인가?(胡為不可?)"라고 했는데, 《회남자 · 도응훈(道應訓)》에는 '위(為)'가 '위(謂)'로 되어있다. 《한서 · 영포전(英布傳)》은 "어찌하여 상책을 버리고 하책을 내는가?(胡為廢上計而出下計?)"라고 했는데, 《사기》에는 '위(為)'가 '위(謂)'로 되어있다. '위(為)'와 '위(謂)'는 성모는 같고 운모에서 분화된 글자여서 '위(為)'를 '위(謂)'로 풀이할 수 있고, '위(謂)'도 '위(為)'로 풀이할 수 있다. '위(為)'자에도 설명이 보인다.

부친께서 '위(謂)'는 ('~한 까닭은' · '~때문에' · '~를 위하여'의 의미인) '위(為)'라고 하셨다.97) 《사기 · 노중련전》은 "천하의 선비를 존중하는 까닭은 남을 위해 어려움을 없애고 분란을 해결해주면서 보수를 받지 않기 때문이다(所謂貴於天下之士者, 為人排患釋難解紛亂而無取也)."라고 했는데, 이곳의 '소위(所謂)'는 ('~한 까닭은'의 의미인) '소위(所為)'의 의미이다. 《염철론(鹽鐵論) · 우변(憂邊)》은 "사람이 자신이

---

95) 《국어(國語) · 오어(吳語)》는 "위급한 일을 안정되게 바꾸지 못하고, 죽을 일을 살아나게 바꾸지 못하면, 훌륭한 지혜를 썼다고 할 수 없다(危事不可以為安, 死事不可以為生, 則無為貴智矣)."라고 했다.

96) 《안자춘추(晏子春秋) · 문상(問上)》을 보면, 《설원(說苑) · 군도(君道)》의 원문과 약간 다른데, "즉하위관불구(則何謂官不具?)"로 되어있다.[역주재]

97) 이곳의 '위(為)'는 거성으로 읽는다.

있어야 할 곳에 있지 않으면, 이 때문에 마음이 즐거워지지 않는다(有一人不得其所, 則謂之不樂)."라고 했는데, 이곳의 '위지(謂之)'는 ('이 때문에'의 의미인) '위지(爲之)'이다. 그래서 《여씨춘추·시군(恃君)》은 "내가 이 일을 하려는 까닭은······ (凡吾所爲爲此者······ )"이라고 했는데, 《전국책·조책(趙策)》에는 '소위(所爲)'가 '소위(所謂)'로 되어있다. 《사기·소상국세가(蕭相國世家)》는 "폐하께서 그대에게 여러 번 물으신 까닭은······ (上所爲數問君者······ )"이라고 했는데, 《한서》에는 '위(爲)'가 '위(謂)'로 되어있다. 같은 책의 〈주본기(周本紀)〉는 "폐하를 위하여 동방의 사정을 들려드리고자 하옵니다(請爲王聽東方之變)."라고 했는데, 《전국책·동주책(東周策)》에는 '위(爲)'가 '위(謂)'로 되어있다. 《대대례기·조사(朝事)》는 "이를 위해 예악을 더욱 잘 익히고, 이를 이해 덕행을 더욱 잘 닦고,[98] 이를 위해 천자의 명을 더욱 잘 행한다(禮樂謂之益習, 德行謂之益修, 天子之命爲之益行)."라고 했는데, 이곳의 '위(謂)' 역시 '위(爲)'로 문장에서 서로 바꿔 쓸 수 있다.

부친께서 '위'는 ('~에게'의 의미인) '여(與)'라고 하셨다. 《사기·정세가(鄭世家)》는 "진나라가 숙첨을 잡아 죽이려고 하자, 정 문공은 두려워 감히 숙첨에게 말하지 못했다(晉欲得叔詹爲僇, 鄭文公恐, 不敢謂叔詹言)."라고 했는데, 이는 숙첨에게 감히 말하지 못했음을 말한다. 《한서·고조기(高祖紀)》는 "이에 고조가 비단에 쓴 글을 화살에 매달아 성 안으로 날려 보내며 패현(沛縣)의 어르신들에게 말했다(高祖乃書帛射城上, 與沛父老)."라고 했는데, 《사기》에는 '여'가 '위'로 되어있다. '여'와 '위'도 성모는 같고 운모에서 분화된 글자이다. 때문에 '여'는 '위'로 풀이할 수 있고, '위'도 '여'로 풀이할 수 있다. '여'자에도 설명이 보인다.

---

98) 고안(高安) 주씨본(朱氏本)이 두 개의 '위(謂)'자를 '위(爲)'로 바꿔 놓은 것은 잘못되었다.

부친께서 '위'는 ('어떻게' 내지 '어찌'의 의미인) '여(如)' 내지 '내(奈)'와 같다고 하셨다. 《전국책 · 제책(1)》은 "후왕과 관계가 좋지 않으니 내가 선왕을 어떻게 대할 수 있겠는가?(雖惡於後王, 吾獨謂先王何乎?)"라고 했는데, 고유의 주석은 "'위'는 ('어떻게'의 의미인) '내'와 같다(謂, 猶奈也)."라고 했다. 《한서 · 예악지(禮樂志)》에 수록된 〈교사가(郊祀歌)〉는 "이리저리 생각해봐도 이것은 어찌된 것인가?(徧觀是邪謂何?)"라고 했는데, 진작(晉灼)[99]의 주석은 "'위하'는 ('어찌~하다'의 의미인) '여지하'이다(謂何, 當如之何也)."라고 했다. 이곳의 '어지하(如之何)'가 바로 ('어찌~하다'의 의미인) '내지하(奈之何)'이다. 《시경 · 소남 · 행로(行露)》는 "밤낮으로 어찌 생각하지 않겠소만, 길에 이슬이 많은 것을 어찌하오!(豈不夙夜, 謂行多露!)"라고 했는데, 이곳의 '위(謂)'는 ('어찌'의 의미인) '내(奈)'이다. 이는 밤낮으로 생각나서 가려고 하지만 길에 이슬이 많은 것을 어찌하겠음을 말한다.[100] 같은 책의 〈패풍 · 북문(北門)〉은 "하늘이 하시는 일이니, 이를 어찌할 수 있나?(天實爲之, 謂之何哉?)"라고 했는데, 이는 이를 어찌하겠음을 말한다.[101] 같은 책의 〈소아 · 절피남산(節彼南山)〉은 "혁혁하신 태사(太師)와 윤씨(尹氏)는, 공

---

99) 서진(西晉)의 문인이다. 상서랑(尚書郎)을 지냈다. 《한서(漢書)》의 역대 주석을 모아 《한서집주(漢書集注)》를 편찬했다.[역자주]

100) '위하(謂何)'를 '위(謂)'라고 하는 것은 '내하(奈何)'를 '내(奈)'라고 하는 것과 같다. 《회남자(淮南子) · 병략(兵略)》은 "형체가 없는 것만은 어찌할 수가 없다(唯無形者, 無可奈也)."라고 했다. 양웅(揚雄)의 《정위잠(廷尉箴)》은 "학대하고 죽이니, 사람들은 나를 어찌할 수 없네(惟虐惟殺, 人莫予奈)."라고 했는데, 이곳의 '내(奈)'는 바로 '내하(奈何)'의 의미이다. 《모시정의(毛詩正義)》는 '이위(以爲)' 두 글자로 '위(謂)'를 대신했는데, 문장의 의미에 맞지 않다.

101) 정현의 《전(箋)》은 "'위'는 ('삼가다'의 의미인) '근'이다. 내가 몸을 삼가하여 군주를 섬기는 것이 어떠한가?(謂, 勤也. 我勤身以事君, 何哉?)"라고 했는데, 잘못된 것이다.

정하게 다스리지 않고 어찌하자는 것인가?(赫赫師尹, 不平謂何?)"라고 했는데, 이는 태사와 윤씨가 정치를 공정하게 하지 않으니 이를 어찌할 것인가를 말한다.102) 《좌전·희공 28년》은 "구하러 왔다가 버리면 제후들에게는 어찌할 것인가?(救而棄之, 謂諸侯何?)"라고 했는데, 이는 제후들에게 어찌할 것임을 의미한다.103) 같은 책의 〈성공 2년〉은 "군사들로 적을 공격하고, 적군을 만나면 싸우지도 않고 물러난다면, 군주의 명에 어떻게 화답하겠는가?(以師伐人, 遇其師而還, 將謂君何?)"라고 했는데, 이는 어떻게 군주의 명에 화답하겠는가를 말한다.104) 같은 책의 〈성공 17년〉은 "군주가 신하를 기용하고 그들을 죽인들, 군주를 어떻게 하겠는가?(君實有臣而殺之, 其謂君何?)"라고 했는데, 이는 군주를 어떻게 하겠는가를 말한다. 《전국책·위책(魏策)(2)》는 "그를 죽이거나 떠나게 할 수 있는가, 그를 멀리한들 그가 세상 사람들을 어찌할 수 있겠는가? 그를 가까이 한들 그가 군신들을 어찌할 수 있겠는가?(殺之亡之, 外之無謂天下何? 內之無若群臣何?)"105)라고 했는데, 이곳의 '약(若)' 역시 ('어찌'의 의미인) '내(奈)'이다. 이는 세상 사람들을 어찌 할 수 없고 군신들을 어찌할 수 없음을 말한다. 《사기·효문기(孝文紀)》는 "이는

---

102) 정현의 《전(箋)》은 "'위하'는 '운하'와 같다(謂何, 猶云何也)."라고 했다. 《모시정의(毛詩正義)》는 "그대는 높은 자리에서 정치를 공정하게 하지 않으면서, 무엇을 운운하나?(汝居位為政不平, 欲云何乎?)"라고 했는데, 문장의 의미에 맞지 않는다.

103) 《좌전(左傳)·성공(成公) 16년》은 "제후들에게 어찌할 것인가(若諸侯何?)"라고 했다. 이곳의 '약(若)' 역시 '내(奈)'의 의미이다.

104) 《좌전(左傳)·희공(僖公) 15년》은 "군주의 명에 어떻게 화답하겠는가?(將若君何?)"라고 했다.

105) 이곳의 인용문은 "살지망지, 무위천하하? 내지, 무약군신하?(殺之亡之, 無謂天下何? 內之, 無若群臣何?)"이다. 그런데 《전국책(戰國策)·위책(魏策)(2)》에 나오는 원문을 보면 "…… 살지망지, 외지무위천하하? 내지무약군신하야?(…… 殺之亡之, 外之無謂天下何? 內之無若群臣何也?)"로 되어 있어, 인용문에는 '외지(外之)' 두 글자가 빠져있다. 이에 본문은 이를 보충해서 해석했다.[역자주]

내 부도덕을 심각하게 받아들이고 있는 것이니, 세상 사람들에게 어떻게 말해야 하는가?(是重吾不德也, 謂天下何?)"라고 했는데, 이는 어떻게 세상 사람들에게 말할 것인지를 말한다.106) '위(謂)'는 '여(如)'·'약(若)'·'내(奈)'와 같은 의미이다. 《사기·예서(禮書)》는 "효문제(孝文帝)는 번다한 예절과 가식적인 겉치레는 다스림에 도움이 되지 않는다고 여기고, '몸소 근검한 생활을 실천하여 교화를 이루는 것이 어떠한가?'라고만 했다(孝文以為繁禮飾貌, 無益於治, 躬化謂何耳)."라고 했는데, 이곳의 '위하(謂何)'는 ('~어떠한가?'의 의미인) '여하(如何)'이다. 이는 예절과 겉치레를 믿을 수 없어서 몸소 근검한 생활로 교화를 이루는 것이 어떠한지를 물은 것이다.107)

---

106) 《사기색은(史記索隱)》은 "이는 무엇으로 세상 사람들에게 말할 것인가를 말하는 것이다(言何以謂於天下)."라고 했는데, 잘못된 것이다.

107) 《사기(史記)·유림전(儒林傳)》은 "나라를 다스리는 사람은 많은 말을 하는데 있지 않고 어떻게 힘써 행할지를 살펴야 한다(為治者不在多言, 顧力行何如耳)."라고 했다.

# 경전석사 제3

## 유惟 유唯 유維 수雖

'유(惟)'는 발어사이다. 《상서 · 고요모(皐陶謨)》에서 "요 임금이라도 어려워했을 것이다(惟帝其難之)."라고 한 것, 같은 책의 〈홍범(洪範)〉에서 "주 문왕 십 삼년(惟十有三祀)"이라 한 것, 《좌전 · 애공(哀公) 6년》에서 《하서(夏書)》를 인용하여 "저 도당씨께서는……(惟彼陶唐……)"이라 한 것이 이 예다. 글자가 '유(唯)' 내지 '유(維)'로 된 곳도 있다. 부친께서는 '수(雖)'로 된 곳도 있다고 하셨다. 《좌전 · 문공(文公) 17년》은 "우리나라가 이렇게까지 귀국의 군주를 섬기는데, 어찌하여 죄를 면해주시지 않습니까?(雖敝邑之事君, 何以不免?)"라고 했는데, 이는 우리나라가 군주를 섬김을 말한다. 또 "우리 같은 소국은 더 이상 귀국을 넘어설 수 없습니다(雖我小國, 則蔑以過之矣)."라고 했는데, 이는 우리 같은 소국을 말한다.[1] 같은 책의 〈소공(昭公) 9년〉은 "백부께서 관과 면류관을 찢고 나무를 뽑고 원천을 막으시며 일을 도모하는 사람을 마음대로 버리신다면, 융적이 천자인 나를 뭐로 보겠습니까?(伯父若裂冠毀冕, 拔本塞原, 專棄謀主, 雖戎狄其何有余一人?)"라고 했는데, 이는

---

1) 《좌전(左傳) · 은공(隱公) 11년》은 "우리 정나라가 알현을 청했다(唯我鄭國之有請謁焉)."라고 했는데, 문장의 의미가 이와 유사하다.

백부가 주나라 종실을 해치고 업신여기면, 저 융적이 천자인 나를 뭐로 보겠음을 말한다.[2] 《묵자(墨子) · 상현(尙賢)》은 "그래서 옛날의 하 · 은 · 주나라의 성군이신 요 · 순 · 우 · 탕 · 문왕 · 무왕이 세상을 통일하고 제후들의 우두머리가 된 까닭이다(故唯昔三代聖王堯、舜、禹、湯、文、武之所以王天下, 正諸侯者)."라고 했고, 또 "그래서 옛날의 하 · 은 · 주나라의 폭군 걸왕 · 주왕 · 유왕 · 여왕이 나라를 잃고 사직을 무너뜨린 까닭이다(故雖昔者三代暴王桀、紂、幽、厲之所以失損其國家, 傾覆其社稷者)."라고 했는데, 이곳의 '수'가 바로 (발어사인) '유(唯)'이다.[3] 문장에서 어조사로 쓰인 것도 있다. 《상서 · 고요모》에서 "백관들은 자신의 업무를 잘 처리하고(百工惟時)"라고 한 것, 같은 책의 〈대고(大誥)〉에서 "나는 나이가 어려서······ (予惟小子······ )"라고 한 것, 같은 책의 〈소고(召誥)〉에서 "복도 끊임없을 것이고, 우환도 끊임없을 것이다(無疆惟休, 亦無疆惟恤)."라고 한 것이 이 예이다.

'유(惟)'는 ('다만' 내지 '단지'의 의미인) '독(獨)'으로, 자주 사용하는 말이다. '유(唯)' 내지 '유(維)'로 된 곳도 있다. 부친께서는 '수(雖)'라고도 한다고 하셨다. 《장자(莊子) · 경상초(庚桑楚)》는 "짐승은 그저 짐승으로서의 본성만 다하면 하늘과 하나가 된다(唯蟲能蟲, 唯蟲能天)."라고 했는데, 《경전석문(經典釋文)》은 "'유'는 어떤 판본에는 '수'로 되어있다(唯, 一本作雖)."라고 했다. 《시경 · 대아 · 억(抑)》은 "그대는 즐김에 빠지는 일만 하고, 계승할 일은 생각도 않네(女雖湛樂從, 弗念厥紹)."라고 했는데, 이는 그대가 즐김에 빠지는 일만 함을 말한다.[4] 《관자(管

---

2) 두예(杜預)의 주석은 "백부가 그렇게 한다면 융적이라도 나무랄 것이 없다(伯父猶然, 則雖戎狄無所可責)."라고 했는데, 문장의 의미가 부적절하다.

3) '유(唯)'와 '수(雖)'는 옛날에 글자가 통했다. '수(雖)'자에도 설명이 보인다.

4) 《상서 · 무일(無逸)》은 "지나치게 즐거움만 추구하고(惟耽樂之從)."라고 했는데, 문장의 의미가 이것과 정확히 일치한다. 정현의 《전(箋)》은 "그대의 군신들이 비

子)·군신(君臣)》은 "그래서 백성들이 돌아서 가기를 고집하면 변통하여 행하고, 백성이 변통하여 흘러가면 이에 맞춰 돌아서 간다. 트이면 행하고, 막히면 고친다. 영민한 군주만이 터놓을 수도 있고, 막을 수도 있다(故民迂則流之, 民流通則迂之. 決之則行, 塞之則止. 雖有明君能決之, 又能塞之)."라고 했는데, 이는 영민한 군주만이 이렇게 할 수 있음을 말한다. 《초사(楚辭)·이소(離騷)》는 "저는 아름다운 것에만 얽매여(余雖修姱以鞿羈兮)."라고 했는데,5) 이는 내가 이런 아름다운 행동만 하다가 사람들에게 연루된 것을 말한다.6) 《전국책(戰國策)·초책(楚策)(1)》은 "진나라만 출병하지 않았는데, (출병하면) 상산의 견고한 땅을 자리 말듯 공략하고 천하의 등뼈에 해당하는 부분을 꺾어버릴 것입니다. 천하에 늦게 복종하는 자는 먼저 망할 것입니다(雖無出兵甲, 席卷常山之險, 折天下之脊, 天下後服者先亡)."라고 했는데, 이는 진나라만 출병하지 않았고, 출병하면 세상의 나라들이 당해낼 수 없음을 말한다.7)

---

록 쾌락을 즐기고 술을 좋아하여 서로 따르게 하면서 그대의 후손들을 생각하지 않으면, 사람들이 그대가 하는 것을 본받겠는가?(女君臣雖好樂嗜酒而相從, 不當念繼女之後, 人將效女所為乎?)"라고 했는데, 잘못된 것이다.

5) 금본에는 '수(修)'자 앞에 '호(好)'가 있다. 장용중(臧用中)은 왕일(王逸)의 《초사장구(楚辭章句)》로 교정했는데 부연된 문장임을 알 수 있다. 《독서잡지》에 상세한 설명이 보인다.

6) 왕일의 주석은 "자신이 아주 뛰어난 지혜와 아름다운 자태를 갖고 있지만 사람들에게 참소를 당해 얽매이게 되고 연루되었음을 말한다(言己雖有絕遠之智, 誇好之姿, 然己為讒人所鞿羈而係累矣)."라고 했는데, 잘못된 것이다.

7) 《장자(莊子)·인간세(人間世)》는 "네가 간언하지 않으면 그뿐이겠으나 일단 간언하면, 위나라 임금은 필히 너를 기만하며 약삭빠른 언변으로 너와 맞설 것이다(若唯無詔, 王公必將乘人而鬥其捷)."라고 했다. 《사기(史記)·유후세가(留侯世家)》는 "초나라가 강하지 않지만 여섯 나라가 다시 약해져서 그를 따른다면(楚唯無彊, 六國立者復橈而從之)."라고 했는데, 문장의 의미가 이것과 정확하게 일치한다.

설종(薛綜)[8] 주석의 《동경부(東京賦)》는 "'유'는 ('있다'의 의미인) '유'이다(惟, 有也)."라고 했다. 《상서·주고(酒誥)》는 "나는 이렇게 말하는 것을 들은 적이 있다(我聞惟曰)."라고 했고, "나는 또한 이렇게 말한 것을 들은 적이 있다(我聞亦惟曰)."라고 했는데, 이는 모두 내가 이런 말이 있다는 것을 들었음을 말한다. 《시경·소아·육월(六月)》은 "힘이 가지런한 네 필의 말, 길이 잘 들고 법도가 있네(比物四驪, 閑之維則)."라고 했는데, 이는 길이 잘 들었고 법도가 있음을 말한다.

'유(惟)'는 ('바로' 내지 '곧'의 의미인) '내(乃)'이다. 《상서·반경(盤庚)》에서 "내가 옛 사람을 임용하는 미덕을 버린 것이 아니라 그대들이 바로 나의 덕을 받고도 베풀지 않은 것이다(非予自荒茲德, 惟女含德, 不惕予一人)."라고 한 것과 《시경·대아·문왕(文王)》의 "주나라는 오래된 나라라지만, 그 명은 곧 새롭다네(周雖舊邦, 其命維新)."라고 한 것이 이 예이다.

이선(李善) 주석의 《문선·감천부(甘泉賦)》는 "'유'는 (지시대명사 '이'의 의미인) '시'이다(惟, 是也)."라고 했다. 《상서·강고(康誥)》에서 "사람이 작은 죄를 저질렀다 해도 과실이 아니고, 또 끝까지 이러하면 …… (人有小罪, 非眚, 乃惟終 …… )"이라 한 것, 또 같은 편에서 "큰 죄를 저질렀다 해도 끝까지 하지 않으면, 이는 곧 과실과 재난으로 우연히 저지른 것이다(乃有大罪, 非終, 乃惟眚災)."라고 한 것, 같은 책의 〈다방(多方)〉에서 "우리 주나라가 덕을 가지고 편안히 다스리는 것을 싫어해서가 아니라, 이는 곧 그대들이 스스로 화를 초래한 것이다(非我有周秉德不康寧, 乃惟爾自速辜)."라고 한 것이 이 예이다.

---

8) 삼국(三國) 시기 오(吳)나라의 관리이자 학자이다. 상서복야(尙書僕射)·태자소부(太子少傅) 등을 지냈다. 243년에 세상을 떠났다. 저술로는 《오종도술(五宗圖述)》·《이경해(二京解)》 등이 있다.[역자주]

《옥편》은 "'유'는 ('～이다' 내지 '～로 삼다'의 의미인) '위'이다(惟, 為也)."라고 했다. 《상서·고요모》는 "모든 제후국의 많은 현인들이 그대의 신하이다(萬邦黎獻, 共惟帝臣)."라고 했는데, 공안국의 《전》은 "모든 나라의 많은 현인들은 모두 임금의 신하이다(萬國衆賢, 共為帝臣)."라고 했다. 같은 책의 〈주고〉는 "우리 백성들은 평소에 너무 문란하여 덕을 잃었으며, 술주정으로 핑계를 삼지 않음이 없다. 크고 작은 나라들이 늘 성쇠를 거듭하는 것은 술주정으로 죄를 삼지 않음이 없다(我民用大亂喪德, 亦罔非酒惟行. 越小大邦用喪, 亦罔非酒惟辜)."라고 했는데, 공안국의 《전》은 "또한 술주정으로 핑계를 삼지 않음이 없다(亦無非以酒為行)."·"또한 술주정으로 죄를 삼지 않음이 없다(亦無不以酒為罪)."라고 했다.

'유(惟)'는 ('～때문에'의 의미인) '이(以)'이다. 《상서·반경》에서 "그대들 때문일 뿐만 아니라 선왕의 유지를 받들고자 하기 때문이다(亦惟女故, 以丕從厥志)."라고 한 것, 《시경·정풍(鄭風)·교동(狡童)》에서 "그대 때문에 나는 밥도 못 먹게 되었네(維子之故, 使我不能餐兮)."라고 한 것, 《좌전·희공(僖公) 2년》에서 "기나라가 이미 피폐하게 된 것은 폐하 때문이옵니다(冀之既病, 則亦唯君故)."라고 한 것, 같은 책의 〈희공 5년〉에서 "환숙(桓叔)과 장백(莊伯)의 후손들이 무슨 죄가 있는가? 그들을 죽이려는 것은 그들의 세력이 너무 커서 군주를 압박했기 때문이 아니겠는가?(桓, 莊之族何罪, 而以為戮, 不唯偪乎?)"라고 한 것이 이 예이다.

'유(惟)'는 ('～와' 내지 '및'의 의미인) '여(與)'·'급(及)'과 같다. 《시경·소아·무양(無羊)》은 "목동이 꿈을 꾸었는데, 많은 물고기와 여러 가지 깃발이라네(牧人乃夢, 衆維魚矣, 旐維旟矣)."라고 했는데, 정현의 《전》은 "목동이 꿈에서 많은 사람들이 함께 물고기를 잡고 있는 것을 보았고, 또 꿈속에서 여러 가지 모양의 깃발을 보았다(牧人乃夢見人衆

相與捕魚, 又夢見旐與旟)."라고 했다. 이곳에서는 두 번째 '유'자를 ('~와'의 의미인) '여'로 풀이하는데, 첫 번째 '유'자와는 의미가 다르다.《시경·대아·영대(靈臺)》는 "쇠북걸이 설주에 판자와 걸이가 있고, 큰 북과 쇠북이라네(虡業維樅, 賁鼓維鏞)."라고 했다. 이곳에서는 두 번째 '유(維)'가 ('~와'의 의미인) '여'인데, 큰북과 쇠북을 말한다.9) 또《상서·우공(禹貢)》은 "올리는 공물은 상아·물소가죽·새의 깃털·소꼬리와 목재가 있다(齒革羽旄惟木)."라고 했다. 같은 책의〈주고(酒誥)〉는 "조정의 여러 장관과 차관들·종실 귀족들과 퇴직 후 집에 있는 관리들(百僚庶尹惟亞, 惟服宗工, 越百姓里居)."이라고 했다. 같은 책의〈다방〉은 "그대들 네 나라와 각 제후국 및 그대들 제후국에서 백성들을 다스리는 관리들에게 알리노라(告爾四國多方, 惟爾殷侯尹民)."라고 했다.10)《국어·노어》는 "백관들의 우두머리가 정·사·사·윤과 여·목·상이 되어 백성들의 일을 널리 다스린다(與百官之政、事、師、尹, 維旅、牧、相, 宣序民事)."라고 했다.11) 이상의 '유'는 모두 ('~와'의 의미인) '여'와 같다.

---

9) 《모시정의(毛詩正義)》는 "큰 북과 쇠로 만든 종을 걸었다(懸賁之大鼓及維鏞之鍾)."라고 했다. 원문의 '유(維)'자 앞에 '급(及)'자를 넣어 풀이했는데, 이는 '유(維)'가 곧 '급(及)'의 의미였음을 모른 것이다.

10) 이어지는 문장은 "그대들 각국의 관리들과 은나라의 관리들에게 알리노라(告爾有方多士, 暨殷多士)."라고 했는데, 문장의 의미가 정확히 이것과 일치한다.

11) 원문의 '정(政)'은 '정(正)'과 통한다. 우두머리가 되는 것을 '정(正)'이라 하고, 재직하고 있는 것을 '사(事)'라고 한다. 정(政)·사(事)·사(師)·윤(尹)·여(旅)·목(牧)·상(相)은 모두 관직 이름이다. '유(維)'는 ('~와'의 의미인) '여(與)'이다. 이는 백관들 중에 정·사·사·윤과 여·목·상을 말한다. 위소의 주석은 삼군(三君)을 인용하여 "'유'는 ('펼친다'의 의미인) '진'이다. 여·목·상은 모두 백관들의 정사가 미치는 것이다(維, 陳也. 旅牧相, 皆百官政事之所及也)."라고 했는데, 잘못된 것이다.《경의술문(經義述聞)》에 설명이 보인다.

# 운云 원員

'운(云)'은 ('말하다'의 의미인) '언(言)'과 '왈(曰)'이다. 이는 자주 사용하는 말이다.

'운'은 (지시대명사 '이'의 의미인) '시(是)'이다. 《시경·소아·정월(正月)》은 "위대한 상제, 이 분은 누구를 미워하시는가?(有皇上帝, 伊誰云憎?)"라고 했는데, 이는 이 분은 누구를 미워하는지를 말한다. 같은 책의 〈소아·하인사(何人斯)〉는 "이 사람은 누구를 따라 다니나, 바로 포공(暴公)이라네(伊誰云從, 維暴之云)."라고 했는데, 이는 이 사람은 누구를 따라다니는 것을 말한다.[12]

부친께서는 '운'은 ('있다'의 의미인) '유(有)'라고 하셨다. '운(員)'으로 된 곳도 있다.[13] 《광아》는 "'운'과 '운'은 ('있다'의 의미인) '유'이다(員、云, 有也)."라고 했다. 《문선》에 수록된 육기(陸機)[14]의 《답가장연시(答賈長淵詩)》 주석은 응소(應劭)[15]의 《한서주(漢書注)》를 인용하여

---

12) 모형의 《전(傳)》은 "'운'은 ('말하다'의 의미인) '운'이다(云, 言也)."라고 했다. 이는 두 번째 '운(云)'자를 풀이한 것이지, 첫 번째 '운(云)'자를 풀이한 것은 아니다. 이는 "누가 따르나, 포공의 말을(伊誰是從乎, 維暴公之言)."의 의미이다. 정현의 《전(箋)》은 "이것은 누구를 따라 사는지를 말하는 것이다(是云從誰生乎?)"라고 했는데, 첫 번째 '운'자를 ('말하다'의 의미인) '언(言)'으로 잘못 풀이했다.

13) 《시경·상송(商頌)·현조(玄鳥)》의 모형의 《전(箋)》은 "'운'은 고문에서 '운'이다(員, 古文云)."라고 했다.

14) 서진(西晉)의 유명한 문인이다. 자는 사형(士衡)이고, 오군(吳郡) 오현(吳縣) 사람이다. 오(吳)나라가 멸망하자 서진에서 벼슬했다. 태부좨주(太傅祭酒)·저작랑(著作郞) 등을 지냈다. 어려서 문재가 뛰어나서 동생 육운(陸雲)과 이름을 떨쳤다. 작품으로는 시 105수와 부(賦) 27편 등이 전한다.[역자주]

15) 동한(東漢) 때의 학자이다. 자는 중원(仲瑗)이고, 여남(汝南) 남돈(南頓) 사람이다. 사례교위(司隷校尉)를 지냈다. 어려서 배움을 좋아했고 박학다식했다. 후에 원소(袁紹)에 의탁했고, 업(鄴) 땅에서 세상을 떠났다. 저술로는 《풍속통의(風俗

"'운'은 ('있다'의 의미인) '유'이다(云, 有也)."라고 했다. 《상서·진서(秦誓)》는 "비록 그렇게 말한 것이 있으나······(雖則員然······)"라고 했는데,16) 이는 비록 그렇게 말한 것이 있음을 말한다.17) 《공양전·문공 2년》은 "가뭄이 지속되는 날이 짧으면 재앙이 발생하기 때문에 '재앙'으로 기록한다. 이곳에서 비가 내리지 않는 날이 지속되어도 재앙이 없다면 '이상(異象)'으로 기록한다(大旱之日短而云災, 故以災書. 此不雨之日長而無災, 故以異書也)."라고 했는데, '운재(云災)'와 '무재(無災)'는 대구가 되므로 이곳의 '운(云)'은 ('있다'의 의미인) '유'이다.18) 양경(楊倞)19) 주석의 《순자·비십이자(非十二子)》는 《신자(慎子)》를 인용하여 "능력 있는 사람들이 무능한 사람들에게 해를 당하면 어지러워진다(云能而害無能, 則亂也)."라고 했는데, 이는 능력 있는 사람이 무능한 사람에게 해를 당하면 반드시 어지러워짐을 말한다. 또 같은 책의 〈유효(儒效)〉는 "그래서 사람이 스승도 없고 법도도 없으면서 지혜가 있으면 반드시 훔치는 일을 하고, 용감하면 반드시 사람을 해치는 일을 하고,

---

通義)》·《한서관예의고사(漢書官禮儀故事)》 등이 있다.[역자주]

16) 금본에는 '원(員)'이 '운(云)'으로 되어있는데, 위포(衛包)가 고친 것이다. 이는 산정정(山井鼎)의 《칠경맹자고문(七經孟子考文)》에서 인용한 고본(古本)과 《한서(漢書)·위현전(韋賢傳)》·같은 책 〈이심전(李尋傳)〉의 주석에 인용된 것에 근거해 고친 것이다.

17) 공안국(孔安國)의 《전(傳)》은 "이전에 비록 그렇게 말한 잘못이 있는 것이다(前雖有云然之過)"라고 했다. 이는 '유(有)'자를 '운연(云然)' 앞에 놓고 해석한 것이니, '운(云)'이 곧 ('있다'의 의미인) '유(有)'임을 모른 것이다.

18) 하휴(何休)의 주석은 "'운'은 ('말하다'의 의미인) '언'이다. 이는 재앙이 있음을 말한다(云, 言也. 言有災)."라고 했는데, 이 역시 '운(云)'이 ('있다'의 의미인) '유(有)'임을 모른 것이다.

19) 당(唐) 헌종(憲宗) 때의 학자이다. 홍농(弘農) 사람이다. 대리평사(大理評事)를 지냈다. 현전하는 가장 이른 《순자(荀子)》 주석본인 《순자주(荀子注)》를 지은 것으로 유명하다.[역자주]

재주가 있으면 반드시 혼란을 일으킨다. 사람이 스승도 있고 법도가 있으면서 지혜가 있으면 빨리 세상 이치를 통달하고, 용감하면 빨리 위엄을 세우고, 재주가 있으면 빨리 성취를 거둔다(故人無師無法而知則必為盜, 勇則必為賊, 云能則必為亂. 人有師有法而知則速通, 勇則速威, 云能則速成)."라고 했는데, 이는 스승도 없고 법도도 없으면서 능력이 있으면 반드시 혼란을 일으키고, 스승도 있고 법도도 있으면서 능력이 있으면 빨리 성취를 거둘 수 있음을 말한다.[20] 같은 책의 〈법행(法行)〉은 "증자가 말했다: 《시경》은 ' …… 바퀴축이 깨지고 나서야 큰 바퀴살을 더하네. 일이 이미 엉망이 되고서야 거듭 탄식하네. 이런들 무슨 이로움이 있으리?'(曾子曰: 詩曰: ' …… 轂已破碎, 乃大其輻. 事已敗矣, 乃重大息. 其云益乎?')"라고 했는데, 이곳의 '운익(云益)'은 '유익(有益)'이라고 하는 것과 같다.

　부친께서 '운'은 ('아마도~일 것이다'의 의미인) '혹(或)'이라고 하셨다. '혹'과 '유(有)'는 옛날 소리가 같아 통용되었다.[21] 그래서 '운'을 '유'로 풀이하기도 하고, '혹'으로 풀이하기도 한다. 《상서 · 진서》는 "시간은 가버리면 돌아오지 않을 것이다(日月逾邁, 若弗員來)."라고 했는데,[22] 이는 오지 않을 것임을 말한다. 《시경 · 대아 · 억(抑)》은 "드러나지 않는다고, 내가 보이지 않을 것이라 생각 마오(無曰不顯, 莫予云覯)."라고 했는데, 이는 내가 보이지 않을 것이라고 말하는 것이다. 같은 책의 〈대아 · 상유(桑柔)〉는 "백성들은 착해지려는 마음이 있어도, 그렇게 되지 못할 것이라네(民有肅心, 荓云不逮)."라고 했는데, 이는 백

---

20) 양경(楊倞)의 주석은 "'운능'은 스스로 자신의 능력을 말하는 것이다(云能, 自言其能也)."라고 했는데, 잘못된 것이다.

21) 혹('或)'자와 '유(有)'자에도 설명이 보인다.

22) 위포(衛包)는 '원(員)'을 '운(云)'으로 바꾸었는데, 이곳에서는 《상서정의(尙書精義)》와 《칠경맹자고문(七經孟子考文)》에 근거해 다시 고친다.

성들이 착해지려고 해도 그렇게 되지 못할 것임을 말한다. 또한 "백성들에게 이롭지 않은 짓을, 능력껏 할 것이라네(爲民不利, 如云不克)."라고 했는데, 이는 마치 능력껏 할 것임을 말한다.[23] 《국어 · 노어》는 "큰 적개심을 가진 초나라 사람들이 작은 노나라를 위협하면, 누가 그들을 막을 수 있겠소?(帥大讎以憚小國, 其誰云待之?)"라고 했는데, 이는 누가 그들을 막을 수 있을 것임을 말한다.[24] 같은 책의 〈진어(晉語)〉는 "누가 따르지 않겠소?(其誰云弗從?)"라고 했는데, 이는 누가 따르지 않을 것인지를 말한다.[25] 또 "안팎으로 가까이 할 나라들이 없는데, 누가 우리를 구해줄 것입니까?(內外無親, 其誰云救之?)"라고 했는데, 이는 누가 우리를 구해줄 것인지를 말한다.[26] 《묵자 · 공맹(公孟)》은 "새와 물고기는 이 세상에서 가장 어리석지만 우 임금과 탕 임금도 그 본성을 그대로 따라야 할 것이다(鳥魚可謂愚矣, 禹、湯猶云因焉)."라고 했는데, 이는 새와 물고기가 비록 어리석지만 우 임금과 탕 임금은 자연 그대로의 본성을 따라야 할 것임을 말한다.[27]

부친께서는 '운'은 ('같다'의 의미인) '여(如)'라고 하셨다. '여'와 '혹(或)'은 의미가 서로 가깝다. 《열자 · 역명(力命)》은 "관이오가 병이 들

---

23) 이상의 세 예문을 《모시정의(毛詩正義)》는 모두 ('말하다'의 의미인) '운(云)'으로 잘못 풀이했다.

24) 위소(韋昭)의 주석은 "'대'는 ('막다'의 의미인) '어'이다(待, 猶禦也)."라고 했다.

25) 위소(韋昭)의 주석은 "누가 따르지 않을 것인가?(誰有不從?)"라고 했다. 이곳의 '유(有)' 역시 ('아마도~일 것이다'의 의미인) '혹(或)'이다.

26) 위소(韋昭)의 주석은 "'운'은 ('말하다'의 의미인) '언'이다(云, 言也.)."라고 했는데, 잘못된 것이다.

27) 이 앞의 문장은 "지금 새들은 뜨겁고 가문 것이 걱정되면 높이 날 것이고, 물고기는 뜨겁고 가문 것이 걱정되면 물속 깊이 들어갈 것입니다. 이때 우 임금과 탕 임금이 그들을 위해 계책을 낸다 해도, 그들의 본성을 바꿀 수는 없을 것입니다(今鳥聞熱旱之憂, 則高; 魚聞熱旱之憂, 則下. 當此, 雖禹湯爲之謀, 必不能易矣)."라고 했다.

자, 소백이 그에게 물었다: '중보께서 병이 심하시니 꺼리지 말아 주십시오.28) 이처럼 큰 병에 걸리셨으니, 저는 누구에게 나라를 맡기는 것이 좋겠습니까?(管夷吾有病, 小白問之曰: '仲父之病疾矣. 不可諱, 云至於大病, 則寡人惡乎屬國而可?')"라고 했는데, 이는 이처럼 큰 병에 걸렸음을 말한다.29)

부친께서 '운'은 ('그러하다' 내지 '~한 모습'의 의미인) '연(然)'이라고 하셨다. 《좌전 · 희공 29년》은 "개갈려가 소 울음소리를 듣고 말했다: '이 소 세 마리는 모두 제사에 쓰일 것이다. 그 소리가 그러하다'(介葛盧聞牛鳴, 曰: '是生三犧, 皆用之矣, 其音云.')"라고 했는데, 이는 그 소리가 그렇다는 것을 말한다. 《사기 · 주본기》는 "색은 붉고, 소리는 안정되었다(其色赤, 其聲魄云)."라고 했는데, 이는 그 소리가 안정된 것을 말한다.30) 《사기 · 봉선서(封禪書)》는 "진 문공은 진창산의 북쪽 산비탈에서 돌처럼 거친 옥석을 얻었다(秦文公獲若石云于陳倉北阪)."라고 했는데, 이는 돌 같은 그러한 것을 말한다. 또 "그 모습은 수탉 같고, 그소리는 간절했다(若雄雉, 其聲殷云)."라고 했는데, 이는 그 소리가 간절함을 말한다.31)

---

28) 금본에는 원문의 '불가(不可)'가 '가불(可不)'로 잘못되어 있다. 《장자(莊子) · 서무귀(徐無鬼)》도 잘못되었다. 지금 장담(張湛)의 주석에 근거해 바로잡는다. 《관자(管子) · 계(戒)》와 같은 책의 〈소칭(小稱)〉에는 모두 '불가휘(不可諱)'로 되어 있다. 《전국책(戰國策) · 위책(魏策)(1)》은 "공숙께서 병이 중하시니, 나라를 어떻게 다스릴지 거리낌이 없이 말씀해주십시오(公叔病卽不可諱, 將奈社稷何)."라고 했다.

29) 《예기(禮記) · 단궁(檀弓)》은 "그대의 병은 위중하네. 이렇게 큰 병에 걸렸으니 어찌 한단 말인가?(子之病革矣. 如至乎大病, 則如之何?)"라고 했는데, 문장의 의미가 이것과 정확히 일치한다. 장담(張湛)은 '운(云)'을 앞 문장과 연결하여 읽었는데, 잘못된 것이다.

30) 《사기집해(史記集解)》는 마융(馬融) 주석의 《태서(太誓)》를 인용하여 "'백연'은 '안정하다'의 뜻이다(魄然, 安定意也)."라고 했다.

'운'은 발어사이다. 《시경·주남(周南)·권이(卷耳)》에서 "어떻게 하면 그댈 바라볼까나(云何吁矣)."라고 한 것, 같은 책의 〈패풍·간혜(簡兮)〉에서 "누구를 생각나게 만드나?(云誰之思?)"라고 한 것, 같은 책의 〈용풍·군자해로(君子偕老)〉에서 "어찌된 것이오?(云如之何)"라고 한 것, 같은 책의 〈정풍·풍우(風雨)〉에서 "어이 마음 편치 않으리?(云胡不夷?)"라고 한 것, 같은 책의 〈소아·하인사〉에서 "내가 괜찮다고 하지 않네(云不我可)."라고 한 것, 같은 책의 〈대아·상유〉에서 "어디로 가야 하나(云徂何往)."라고 한 것, 같은 책의 〈대아·운한(雲漢)〉에서 "내 몸 둘 곳이 없습니다(云我無所)."와 "이 시름 어이하면 좋겠습니까?(云如何里)."라고 한 것이 이 예이다.32)

'운'은 어조사이다. 《시경·패풍·웅치(雄雉)》는 "길은 먼데, 언제 오실 수 있는지?(道之云遠, 曷云能來?)"라고 했는데, 이는 길이 멀어서 언제 올 수 있는지를 말한다. 같은 책의 〈소아·사월(四月)〉은 "나는 매일 화를 당하고 있으니, 언제 잘 지내게 될까?(我日構禍, 曷云能穀?)"라고 했는데, 이는 언제 잘 지낼 수 있을지를 말한다. 같은 책의 〈대아·첨앙(瞻卬)〉은 "어진 사람 없으니(人之云亡)."라고 했는데, 이는 어진 사람이 없는 것을 말한다. 이상의 '운'은 모두 어조사이다.33) 《좌전·희공 15년》은 "때는 가을이옵니다(歲云秋矣)."라고 했고, 같은 책의 〈성공 12년〉은 "날이 저물었습니다(日云莫矣)."라고 했는데, 이곳의 '운' 역시 어조사로 쓰였다.

---

31) 《한서(漢書)·교사지(郊祀志)》의 안사고(顏師古) 주석은 '운(云)'을 어지럽게 소리를 전하는 것이라고 했는데, 이는 ('분분하다'의 의미인) '분운(紛紜)'의 '운'으로 잘못 풀이한 것이다.

32) 이를 설명한 사람들 대부분은 '운(云)'자를 ('말하다'의 의미인) '언(言)'으로 잘못 풀이했다.

33) 이를 설명한 사람들 대부분은 ('말하다'의 의미인) '언(言)'으로 잘못 풀이했다.

'운'은 어기사이다. 《시경·정풍·출기동문(出其東門)》은 "나를 즐겁게 해줄 것이라네(聊樂我員)."라고 했는데, 《모시정의》는 "'운'과 '원'은 고금자로, 어조사이다(云, 員, 古今字, 助句辭也)."라고 했다. 《대대례기·하소정》에서 "대체로 때를 기록한 것이다(蓋記時也云)."라고 한 것과 《예기·악기》에서 "그래서 성인들은 예와 악이라고 했다(故聖人曰禮樂云)."라고 한 것이 이 예이다.

'운이(云爾)'와 '운호(云乎)'는 모두 어기사이다. 《공양전·선공(宣公) 원년》에서 "대체로 떠나서는 안 된다는 것을 말한다(猶曰無去是云爾)."라고 한 것, 《곡량전·은공(隱公) 원년》에서 "이는 모친의 배속에서 영아를 꺼내 죽이는 것과 같다고 말할 수 있다(猶曰取之其母之懷中而殺之云爾)."라고 한 것, 《논어·술이(述而)》는 "늙어가는 것조차 알지 못한다고(不知老之將至云爾)."라고 한 것, 《공양전·장공(莊公) 24년》은 "대추와 밤이고, 약포와 마른 포이다(棗栗云乎, 腶脩云乎)."라고 한 것, 《대대례기·증자천원(曾子天圓)》은 "들은 것이더냐(而聞之云乎)."라고 한 것, 《논어·양화》에서 "옥과 비단이겠느냐(玉帛云乎哉)."라고 한 것이 이 예이다.

# 유 有

'유(有)'는 ('간혹' 내지 '아마도~일 것이다'의 의미인) '혹(或)'이다. 그래서 《곡량전·장공 29년》은 "어떤 때 나타나고 어떤 때 나타나지 않는 것을 '간혹 나타나는 일'이라고 한다(一有一亡曰有)."라고 했다. 《주역·구(姤)·구오(九五)》는 "간혹 하늘에서 떨어진다(有隕自天)."라고 했는데, 이는 간혹 하늘에서 떨어지는 것을 말한다. 《상서·반경》은 "만일 혹 바르지 않고 부도덕한 길을 가거나, 삼가지 않고 법을 어기거나,

사람을 속이고 나쁜 짓을 한다면 …… (乃有不吉不迪, 顚越不恭, 暫遇奸宄 …… )."이라고 했는데, 이곳의 '내유(乃有)'는 ('만일 혹 ~한다면'의 의미인) '내혹(乃或)'이다. 같은 책의 〈다사〉는 "나는 천명의 집행을 늦추지 않을 것이다(朕不敢有後)."라고 했다. 《맹자·양혜왕(梁惠王)》은 《상서》를 인용하여 "세상 사람들이 어찌 감히 그 뜻을 어길 것인가(天下曷敢有越厥志)."라고 했는데, 이곳의 '감유(敢有)'는 ('감히~일 것이다'의 의미인) '감혹(敢或)'이다.[34] 《시경·용풍(鄘風)·재치(載馳)》는 "대부와 군자들이여, 혹여 날 탓하지 말아주오(大夫君子, 無我有尤)."라고 했는데, 이는 혹여 날 탓하지 말 것을 말한다. 또 《춘추(春秋)》에서 "해가 간혹 달에게 먹혔다(日有食之)."라고 한 것은 모두 일식이 간혹 일어났음을 말한다. '유'와 '혹'은 옛날에 소리가 같았고, 뜻도 서로 통했다. '혹'자에도 상세한 설명이 보인다.

　'유'는 ('또'의 의미인) '우(又)'이다. 《시경·패풍(邶風)·종풍(終風)》은 "바람 불고 날 음산한데, 하루도 갤 날이 없네(終風且曀, 不日有曀)."라고 했다. 같은 책의 〈대아·문왕(文王)〉은 "기리는 말 밝게 빛나게 하소, 또 은나라 하늘로부터 명 다시 받을까 걱정하기를(宣昭義問, 有虞殷自天)."이라고 했다. 같은 책의 〈대아·기취(既醉)〉는 "매우 밝고도 또렷하니(昭明有融)"·"내내 좋으시고 착하시니(令終有俶)."라고 했다. 《의례·사상견례(士相見禮)》는 "모가 모에게 그대를 뵈러 가라고 명했는데, 그대를 또 번거롭게 했습니다(某子命某見, 吾子有辱)."라고 했다. 이상에 대해 정현의 《전》과 주석은 모두 "'유'는 ('또'의 의미인) '우'이다(有, 又也)."라고 했다. '유'와 '우'는 옛날에 소리가 같아서 '우'는

---

34) "짐불감유후(朕不敢有後)"는 나는 하늘의 명을 받아 그대들을 낙읍으로 이주시키는데, 감히 늦출 수 없음을 말한다. 공안국(孔安國)의 《전(傳)》은 "처형하는 것을 늦추지 않을 것이다(不敢有後誅)."라고 했는데, 잘못된 것이다.

'유'와 통한다. 《주역·계사전(繫辭傳)》은 "신의를 실천하고 하늘의 뜻에 순응할 것을 생각하며, 또 이것으로 어진 이를 숭상한다(履信思乎順, 又以尚賢也)."라고 했는데, 정현본과 우번본에는 '우'가 모두 '유'로 되어있다. 《주례(周禮)·고공기(考工記)·궁인(弓人)》은 "그 힘을 재는 데는 또한 세 가지 기준이 있다(量其力有三鈞)."라고 했다. 《예기·내칙(內則)》은 "삼왕 때에는 어르신들에게도 가르침의 말을 구했다(三王有乞言)."라고 했는데, 정현의 주석은 모두 "'유'는 '우'로 읽는다(有, 讀爲又)."라고 했다. 《주역·고(蠱)·단전(彖傳)》은 "끝나면 또 시작하는 것은 하늘이 운행하는 이치이다(終則有始, 天行也)."라고 했는데, 이는 끝나면 또 시작한다는 것을 말한다.35) 《예기·옥조(玉藻)》는 "허리띠에 홀을 꽂고 입조하여 임금을 뵐 때는 반드시 손을 씻고, 조정에서 홀을 집으려고 할 때는 손을 또 씻지 않는다(既搢必盥, 雖有執於朝, 弗有盥矣)."라고 했는데, 이는 홀을 허리띠에 꽂을 때 이미 손을 씻었고, 후에 조정에서 홀을 잡을 때는 또 다시 씻을 필요가 없음을 말한다. 《국어·진어(4)》는 "덕이 널리 미치고 지혜가 지극한데 또 무엇을 근심하오?(德廣賢至, 有何患矣?)"라고 했는데, 이는 또 무엇을 근심하는가를 말한다.36) 《관자·주합(宙合)》은 "천지는 만물의 주머니이고, 천지만물의 이치 또한 천지를 포용하는 주머니이다(天地萬物之橐, 宙合有橐天地)."라고 했는데, 이는 또한 천지를 포용하는 주머니임을 말한다. 《맹자·양혜왕》은 "왕이 말했다: '이렇게도 부질없는 것입니까?' 맹자가 말했다: '이 또한 더 부질없는 것일지도 모르겠습니다.'(王曰: '若是其甚與?' 曰: '殆有甚焉.')"라고 했는데, 이는 이 또한 더 부질없는 것임을 말한다. 같

---

35) 왕필(王弼)의 주석은 "끝나면 다시 시작한다(終則復始)."라고 했다.

36) 이 앞의 문장은 "화목하고 재앙이 없는데 또 무엇을 근심하오?(親以無災, 又何患焉?)"라고 했다.

은 책의 〈등문공(滕文公)〉은 "편안하게 살기만 하고 가르침이 없다면 금수에 가깝다. 성인들 또한 이를 걱정하였다(逸居而無敎, 則近於禽獸, 聖人有憂之)."라고 했는데, 이는 성인들 또한 이를 걱정하였음을 말한다.37) 《장자·서무귀(徐無鬼)》는 "제가 폐하를 위로하고 싶은데, 폐하께서 어찌 또 저를 위로하시겠단 말입니까?(我則勞於君, 君有何勞於我?)"라고 했는데,38) 이는 폐하께서 또 어찌 저를 위로할 것인지를 말한다. 《순자·왕패(王霸)》는 "지혜로운 사람의 지혜는 원래 풍부하고, 자신이 책임져야할 업무 또한 많지 않으니,39) 어떻게 잘 살피지 않을 수 있겠는가? 어리석은 사람의 지혜는 원래 적고, 자신이 책임져야 할 업무는 많으니, 어떻게 혼란하지 않을 수 있겠는가?(知者之知, 固以多矣, 有以守少, 能無察乎? 愚者之知, 固以少矣. 有以守多, 能無狂乎?)"라고 했는데, 이는 또한 자신이 책임져야할 업무는 적고, 또한 자신이 책임져야 할 업무가 많은 것을 말한다. 《여씨춘추·서시(胥時)》는 "왕계력은 국사를 열심히 보다가 세상을 떠났다. 문왕은 이를 슬퍼했고, 또한 유리에서 감금된 치욕을 잊지 않았다(王季歷困而死, 文王苦之, 有不忘羑里之醜)."라고 했는데, 이는 또한 유리에서 감금된 치욕을 잊지 않았다는 말이다. 《전국책·진책(秦策)(4)》는 "제나라와 위나라가 또한 어찌 고립된 진나라를 중히 여기겠습니까?(齊、魏有何重於孤國也)."라고 했는데, 이는 또한 어찌 고립된 나라를 중히 여기겠는가를 말한다.40) 지금의 학자들은 '십유일월(十有一月)'과 '십유이월(十有二月)'의 '유'를 '우'

---

37) 이곳에서 ('또한'의 의미인) '우(又)'는 이 문장 앞쪽의 '홍수'를 걱정하는 말을 받아서 한 말이다.

38) 《경전석문(經典釋文)》은 "'로'는 발음이 'ㄹ+ㅗ'이다(勞, 力報反)."라고 했다.

39) 원문의 '이(以)'는 '이(已)'와 같다.

40) 《전국책(戰國策)·진책(秦策)(2)》는 "진나라가 또한 어찌 고립된 나라를 중히 여기겠습니까?(秦又何重孤國)."라고 했다.

로만 읽고 다른 것은 알지 못하니, 일반 사람들이 문장을 잘못 풀이한다. '유'와 '우'는 옛날에 같은 소리여서 '우'는 '유'로 풀이할 수 있고, '유' 역시 '우'로 풀이할 수 있다. 《시경·주송(周頌)·신공(臣工)》은 "아아, 신하들이여 봄도 다 같으니, 또 무엇을 바라오?(嗟嗟保介, 維莫之春, 亦又何求?)"라고 했는데, 이는 또 무엇을 바라고 있는지를 말한다.[41] 《국어·주어(周語)》는 "이 세 사람에, 또 나를 더하면 넷이오. 더군다나 나는 그들에게 뒤질 것이 없소(是三子也, 吾又過於四之, 無不及)."라고 했는데, 이는 또 나를 더하고 나는 이들에게 뒤지지 않음을 말한다. 또 "또 일을 함에 법도를 지키지 않는 것은 화를 부르는 지름길이다(作又不節, 害之道也)."라고 했는데, 이는 또 일을 함에 법도를 지키지 않음이 있음을 말한다.[42] 《순자·의병(議兵)》은 "사람의 마음이 폭군 걸과 도둑 척이라 할지라도, 어찌 또 싫어하는 것 때문에 자신이 좋아하는 것을 해칠 수 있겠는가?(人之情, 雖桀, 跖, 豈又肯爲其所惡, 賊其所好者哉?)"라고 했는데, 이곳의 '기우(豈又)'는 ('어찌 또~'의 의미인) '기유(豈有)'이다. 또 《의례·향사례기(鄕射禮記)》는 "또한 군주만이 도성에서 활을 쏠 수 있다(唯君有射於國中)."라고 했는데, 고문에는 '유'가 '우'로 되어있다. 《석고문(石鼓文)》은 "만 땅에는 작은 물고기가 있다(漮又小魚)"라고 했고, 《저초문(詛楚文)》에는 "또 진나라 사왕이 있다(又秦嗣王)."라고 했는데, 이상의 '우'는 모두 ('또'의 의미인) '유'이다.

부친께서 '유'는 ('~하다' 내지 '~이 되다'의 의미인) '위(爲)'라고 하셨다. 《국어·주어》는 "어찌하여 제사에 쓰이는 소 한 마리를 통째로

---

41) 《모시정의(毛詩正義)》는 "또한 어떻게 바란 것을 백성들에게 베풀 것인가?(亦有何所求施於民乎?)"라고 했다.

42) 앞의 문장에서 이미 "일을 함에 법도를 지키지 않는다(作事不節)."라고 했다. 이곳에서는 앞 문장을 거꾸로 든 것인데 '우(又)'를 말하는 것이 아니다. 그래서 '우'가 '유(有)'의 가차자인 것을 알 수 있다.

융적에게 하사하십니까?(胡有子然其效戎狄也?)"라고 했는데, 이는 어찌하여 그것을 융적에게 하사하는지를 말한다. 같은 책의 〈진어(晉語)〉는 "여융국을 쳐서 비를 얻었는데, 이보다 더 길하겠소(克國得妃, 其有吉孰大焉)."라고 했는데, 이는 그 길함이 이보다 더 큰 것이 없음을 말한다.43)《맹자·등문공》은 "사람에게는 사람으로서의 도리가 되는 것이 있다. 배부르게 먹고 따뜻하게 옷을 입으며 편안하게 살면서 가르침을 받지 않으면 금수에 가깝다(人之有道也, 飽食暖衣, 逸居而無教, 則近於禽獸)."라고 했는데, 이는 사람에게 도리가 되는 것이 있음을 말한다. 이는 "백성에게는 백성으로서의 도리가 되는 것이 있다. 일정한 직업이 있는 사람에게는 일정한 마음이 생기고, 일정한 직업이 없는 사람에게는 일정한 마음이 생기지 않는다(民之為道也, 有恒産者有恒心, 無恒産者無恒心)."라고 하는 것과 같다. '위'와 '유'는 성모는 같으나 운모에서 분화된 글자여서 '위'는 '유'로 풀이할 수도 있고, '유'도 '위'로 풀이할 수 있다. '위'자에도 설명이 보인다.

'유'는 사물을 형용하는 말이다. 《시경·주남(周南)·도요(桃夭)》에서 "탐스런 열매가 열렸네(有蕡其實)."라고 한 것이 예이다.

'유'는 어조사이다. 한 글자로 단어가 되지 않으면 '유'자를 더해준다. 우(虞)·하(夏)·은(殷)·주(周) 같은 것은 모두 나라이름인데, '유우(有虞)'·'유하(有夏)'·'유은(有殷)'·'유주(有周)'로 말한 것이 이 예이다.44) 이것으로 다른 것을 미뤄보면 대부분이 이런 예들이다. 그래서 '방(邦)'을 '유방(有邦)'이라 했고,45) '가(家)'를 '유가(有家)'라고 했고,46)

---

43) 《좌전(左傳)·소공(昭公) 5년》은 "기위길숙대언(其為吉孰大焉)"이라 했다.

44) 나라이름에 '유(有)'를 더한 것은 이곳에 둔다.

45) 《상서·고요모(皐陶謨)》는 "천자를 도와 일을 처리하고 제후는 자신의 나라를 가질 수 있다(亮采有邦)."라고 했다. 또 "나라를 다스리는 사람은 안일해지거나 탐욕을 갖지 말라(無教逸欲有邦)."라고 했다.

'실(室)'을 '유실(有室)'이라 했고,47) '묘(廟)'를 '유묘(有廟)'라고 했고,48) '거(居)'를 '유거(有居)'라고 했고,49) '방(方)'을 '유방(有方)'이라 했고,50) '하(夏)'를 '유하(有夏)'라고 했고,51) '제(濟)'를 '유제(有濟)'라고 했고,52) '북(北)'을 '유북(有北)'이라 했고, '호(界)'를 '유호(有界)'라고 했고,53) '제(帝)'를 '유제(有帝)'라고 했고,54) '왕(王)'을 '유왕(有王)'이라 했고,55) '사(司)'를 '유사(有司)'라고 했고, '정(正)'을 '유정(有正)'이라 했고,56) '료(僚)'를 '유료(有僚)'라고 했고,57) '민(民)'을 '유민(有民)'이라 했고,58) '중(衆)'

---

46) 《상서 · 고요모(皐陶謨)》는 "밤낮으로 공경하고 노력하면, 대부는 자신의 봉지를 가질 수 있다(夙夜浚明有家)."라고 했고, 《주역(周易) · 가인(家人) · 초구(初九)》는 "가정을 처음 이루며 사악함을 방비한다(閑有家)."라고 했다.

47) 《상서 · 입정(立政)》은 "대부들이 크게 노력하여(乃有室大競)."라고 했다.

48) 《주역 · 췌(萃)》와 《주역 · 환(渙)》의 《단사(彖辭)》는 모두 "군주가 미덕으로 신령을 감동시켜서 종묘의 제사를 보우한다(王假有廟)."라고 했다.

49) 《상서 · 반경(盤庚)》은 "백성들은 이곳에 사는 것을 좋아하지 않는다(民不適有居)"라고 했다.

50) 《상서 · 다방(多方)》은 "그대들 각국의 관리들에게 알리노라(告猷爾有方多士)."라고 했다.

51) 《상서 · 군석(君奭)》은 "우리 중원의 사람들을 다스리고 화합시키는 것을 중시하셨다(尚克修和我有夏)."라고 했다.

52) 《좌전 · 희공(僖公) 21년》은 "대호와 제수(濟水)의 제사를 주관한다(實司大皥與有濟之祀)."라고 했다.

53) 《시경 · 소아(小雅) · 항백(巷伯)》은 "북녘 땅에 던져 주리라(投畀有北)."라고 했고, 또 "하느님께 던져 드리리다(投畀有界)."라고 했다.

54) 《좌전 · 소공(昭公) 29년》은 "공갑은 천제에게 복종했다(孔甲擾於有帝)."라고 했다.

55) 《상서 · 소고(召誥)》는 "폐하께서 비록 어리나(有王雖小)"라고 했다.

56) 《상서 · 주고(酒誥)》는 "여러 관리들과 제후들이여!(庶士有正, 越庶伯君子!)"라고 했다.

57) 《상서 · 낙고(洛誥)》는 "그들로 하여금 각자의 직무를 다하게 하고, 공을 세우는데 힘쓰게 하라(伻嚮即有僚, 明作有功)."라고 했다

58) 《상서 · 고요모(皐陶謨)》는 "나는 백성들을 돕고 싶다(予欲左右有民)."라고 했다.

을 '유중(有衆)'이라 했고,59) '유(幼)'를 '유유(有幼)'라고 했고,60) '정(政)'
을 '유정(有政)'이라 했고,61) '사(事)'를 '유사(有事)'라고 했고,62) '공(功)'
을 '유공(有功)'이라 했고,63) '비(比)'를 '유비(有比)'라고 했고,64) '극(極)'
을 '유극(有極)'이라 했고,65) '매(梅)'를 '유매(有梅)'라고 했고,66) '작(勺)'
을 '유작(有勺)'이라 했고,67) '삼택(三宅)'68)을 '삼유택(三有宅)'이라 했
고, '삼준(三俊)'69)을 '삼유준(三有俊)'이라 했고,70) '삼사(三事)'71)를 '삼

---

59) 《상서·탕서(湯誓)》는 "지금 그대들 ……(今爾有衆 …… )"이라 했고, 같은 책의
〈반경(盤庚)〉은 "그들은 모두 와서(其有衆咸造)."라고 했다.

60) 《상서·반경(盤庚)》은 "나이 어린 사람을 무시하지 말라(無弱孤有幼)."라고 했다.

61) 《논어·위정(爲政)》은 《상서》를 인용하여 "형제들과 우애롭게 지내, 정치에 베푼
다(友於兄弟, 施於有政)."라고 했다.

62) 《주역·진(震)·육오(六五)》는 "중도를 지켜 실수가 없어야 길이 제사를 이어갈
수 있다(無喪有事)."라고 했다.

63) 앞의 '유료(有僚)' 주석에 보인다.

64) 《상서·반경(盤庚)》은 "어찌하여 우리의 어린 후손들과 가까이하지 않는가?(曷不
暨朕幼孫有比?)"라고 했다.

65) 《상서·홍범(洪範)》은 "군주는 군권을 세우는데 원칙이 있어야 한다(皇建其有
極)."라고 했다. 또 "군주가 신민들을 단결시키는데 원칙이 있어야 하고, 신민들이
군주에게 복종하는데 원칙이 있어야 한다(會其有極, 歸其有極)."라고 했다.

66) 《시경·소남(召南)·표유매(摽有梅)》는 "매실을 따네(摽有梅)."라고 했다.

67) 《시경·소아(小雅)·빈지초정(賓之初筵)》은 "활 쏘아 저 과녁 맞추어(發彼有的)."
라고 했다.

68) 《상서·입정(立政)》에 보인다. 나라를 다스리는 세 가지 직급의 관리를 잘 헤아려
임용하는 것을 말한다. 이 세 가지 직급의 관리란 각각 백성을 돌보는 상백(常伯)·
국가행정을 책임지는 상임(常任)·법을 집행하는 준인(準人)을 말한다.[역자주]

69) 《상서·입정(立政)》에 보인다. 나라를 다스리는 세 가지 직급의 관리들에게 예속
된 유능한 속관들을 말한다. 즉, 앞의 주석에 나온 상백(常伯)·상임(常任)·준인
(準人)의 속관들을 말한다.[역자주]

70) 《상서·입정(立政)》은 "세 가지 벼슬에 사람을 임용함에 그들의 자질과 능력을
헤아림이 적절하였으며, 그 세 직위에 뛰어난 이들이 천거되어 진실로 뛰어난 이
들이 임용되었습니다(乃用三有宅, 克即宅. 曰三有俊, 克即俊)."라고 했다.

유사(三有事)'72)라고 했다. 경전을 말하는 사람들이 글자가 연결된 것을 모르고 왕왕 ('유무(有無)'의) '유'로 풀이한 것은 잘못된 것이다.

# 혹或

《주역·건(乾)·문언(文言)》은 "의혹이 가는 것은, 의심하는 것이다(或之者, 疑之也)."라고 했다. 《관자·백심(白心)》은 "의혹이 생기는 것은 왜인가? 다음과 같은 것이다(夫或者何? 若然者也)."라고 했다. 《묵자·소취(小取)》는 "의혹이 가는 것이 있어 설명해도 그러한 까닭을 모두 알지 못한다(或也者, 不盡然也)."라고 했다. 이상은 자주 사용하는 말이다.

'혹(或)'은 ('있다'·'어떤'·'간혹'의 의미인) '유(有)'이다. 《상서고의(尚書古義)》는 이렇게 말했다.

"좋아하는 것을 함이 있어서는 안 되고, 왕의 법도를 따라야 한다. 나쁜 짓을 함이 있어서는 안 되고, 왕의 길을 따라야 한다." 《여씨춘추·귀공(貴公)》은 이곳의 '유'를 '혹'으로 인용했다.73) 고유는 "'혹'은 ('있다'의 의미인) '유'이다."라고 했다. 옛날에 '유'자는 '혹'과 통했다. 《상서·미자(微子)》는 "은나라는 천하를 바르게 다스리지 못할 것이다."라고 했고, 같은 책의 〈다사〉는 "내가 이렇게 말함이 있는 것은"이라 했는데, 공안국의 《전》은 모두 "'혹'은 ('있다'의 의미인) '유'이다."라고 했다. 정현 주석의 《논어》도 "'혹'은 ('있다'의 의미인) '유'를 말한다."

---

71) 나라 일을 맡은 삼경(三卿)을 말한다.[역자주]
72) 《시경·소아·십월지교(十月之交)》는 "자신이 삼경(三卿) 자리를 택하니(擇三有事)."라고 했다.
73) 《여씨춘추·귀공(貴公)》에 보인다.

라고 했다.74) 《한비자》는 "신하는 사익을 도모하는 일을 해서는 안 되고, 왕의 뜻을 따라야 한다. 신하는 사악한 짓을 하는 일이 있어서는 안 되고, 왕이 인도하는 길을 따라야 한다."라고 했다.75) 문장은 다르지만 이곳에서도 '혹'을 ('있다'의 의미인) '유'로 보았다("無有作好, 遵王之道. 無有作惡, 遵王之路."《呂覽》引此'有'作'或'. 高誘曰: "或, 有也." 古'有'字通作'或'.《商書》曰: "殷其弗或亂正四方."《多士》云: "時予乃或言."《傳》皆云: "或, 有也." 鄭康成注《論語》亦云: "或之言有也."《韓非子》曰: "無或作利, 從王之指. 無或作惡, 從王之路." 文雖異, 然亦以'或'為'有').

나의 생각은 이렇다:《주역·익(益)·상구(上九)》는 "더해주는 사람은 없고, 공격하는 사람은 있다(莫益之, 或擊之)."라고 했는데, 이곳의 '혹(或)'은 앞의 '막(莫)'과 대구가 된다. '막'은 ('없다'의 의미인) '무(無)'이고, '혹'은 ('있다'의 의미인) '유(有)'이다. 그래서《주례·고공기·재인(梓人)》은 "저 일부 순순히 따르지 않는 제후처럼 됨이 있어서는 안 될 것이다(毋或若女不寧侯)."라고 했고,《예기·제의(祭義)》는 "신명이 제사음식을 맛봄이 있는 것 같다(庶或饗之)."라고 했고,《맹자·공손추》는 "그가 이렇게 독단적으로 일을 함이 있으니(夫既或治之)."라고 했다. 조기와 정현의 주석을 비롯해서《광아(廣雅)》·《소이아(小爾雅)》는 모두 "'혹'은 ('있다'의 의미인) '유'이다(或, 有也)."라고 했다.76) 또 "은나라는 세상을 바르게 다스리지 못할 것이다(殷其弗或亂正四方)"라고 했는데,《사기·송세가(宋世家)》에는 '혹'이 '유'로 되어있다.《상서·무일(無逸)》은 "정말로 침묵을 지킴이 있었다(乃或亮陰)."라고 했는데,《사기·노세가(魯世家)》에는 '혹'이 '유'로 되어있다. "이로 장수한 은나

---

74)《논어·위정(爲政)》의 '혹위공자왈(或謂孔子曰)' 주석에 보인다.

75)《한비자(韓非子)·유도(有度)》의 '선왕지법왈(先王之法曰)'에 보인다.

76) 고유(高誘) 주석의《회남자(淮南子)·본경(本經)》과 같은 책의 〈설림(說林)〉도 마찬가지이다.

라 왕은 있지 아니하였다(亦罔或克壽)"라고 했는데, 《한서·정숭전(鄭崇傳)》에는 '혹'이 '유'로 되어있다. 《대대례기·오제덕(五帝德)》은 "젊은이라면 물을 것이 있으면 바로 물어야지 하룻밤 지나서 물어서는 안되느니라(小子無有宿問)."라고 했는데, 《공자가어(孔子家語)》에는 '유'가 '혹'으로 되어있다. 《예기·월령(月令)》은 "나무를 벰이 있어서는 안된다(無有斬伐)."라고 했는데, 《여씨춘추·계하(季夏)》에는 '유'가 '혹'으로 되어있다. 《좌전·장공 32년》은 "때문에 신령을 얻음이 있어도 흥하기도 하고, 망하기도 하옵니다(故有得神以興, 亦有以亡)."라고 했는데, 《국어·주어》에는 '유'가 모두 '혹'으로 되어있다. 《좌전·애공 7년》은 "조나라 사람 중에 어떤 사람이 여러 군자들이 토지 신을 모시는 사당의 담 밖에 서서 조나라를 멸망시킬 것을 상의하는 꿈을 꾸었다(曹人或夢衆君子立於社宮而謀亡曹)."라고 했는데, 《사기·조세가(曹世家)》에는 '혹'이 '유'로 되어있다. 《국어·주어(周語)》는 "어떤 사람이 독단을 일삼으면, 이 사람을 미워하는 사람이 많아질 것이다(而或專之, 其害多矣)."라고 했는데, 《사기·주본기(周本紀)》에는 '혹'이 '유'로 되어있다. '혹'은 옛날에 '역(域)'으로 읽었고, '유'는 옛날에 '이(以)'로 읽었다.[77] 두 글자는 소리가 가까워 '혹'은 '유'의 의미라고 할 수 있다. 소리와 의미가 서로 통하므로 글자도 서로 통한다. 《설문해자》는 "'혹'은 '나라'의 의미이다. '입 구(口)'와 '창 과(戈)'로 '일(一)'을 지킨다는 것이다. '일'은 '땅'을 의미한다. 어떤 글자는 '흙 토(土)'가 더해져 '경계 역(域)'으로 되어있다(或, 邦也. 從口, 從戈以守一. 一, 地也. 或從土作域)."라고 했다. 《시경·노송(魯頌)·현조(玄鳥)》는 "온 세상의 땅을 바로잡고 소유하셨네(正域彼四方)."라고 했는데, 모형의 《전》은 "'역'은 ('있다'의 의미인) '유'이다(域, 有也)."라고 했다. '역'을 ('있다'의 의미인) '유'로 풀이

---

77) 《당운정(唐韻正)》에 설명이 보인다.

한 것은 '혹'을 '유'로 풀이한 것과 같다. '혹'이 '유'와 통하는 것은《시경 · 노송 · 현조》의 "모든 나라들을 다스리시니(奄有九有)"가《한시(韓詩)》에 '구역(九域)'으로 되어있는 것과 같다.[78] '혹'과 '유'는 의미가 같아 서로 바꿔 쓸 수 있다. 그래서《상서 · 반경》은 "그런 사실이 있음을 생각하지 않는다면(不其或稽)"이라고 했는데, 이는 "불기유계(不其有稽)"라고 하는 것과 같다.《시경 · 왕풍 · 군자우역(君子于役)》은 "언제 만날 날 있으려나(曷其有佸)"라고 했는데, 이는 "갈기혹괄(曷其或佸)"이라고 하는 것과 같다.《상서 · 다사》는 "천명을 천천히 집행하지 않을 것이다(不敢有後)"라고 했는데, 이는 "불감혹후(不敢或後)"라고 하는 것과 같다.《시경 · 소남(召南) · 은기뢰(殷其雷)》는 "돌아올 틈도 전혀 못내시는가!(莫敢或遑!)"라고 했는데, 이는 "막감유황(莫敢有遑)"이라고 하는 것과 같다.《예기 · 단궁》은 "이로 제사지내는 것을 없애지 않았다(未之有舍)"라고 했는데[79] 이는 "미지혹사(未之或舍)"라고 하는 것과 같다.《좌전 · 소공 13년》은 "문제가 없었습니다(未之或失)."라고 했는데,[80] 이는 "미지유실(未之有失)"이라고 말하는 것과 같다.《예기 · 월령》은 "마땅하지 않은 것이 있지 않다(毋有不當)."라고 했는데, 이는 "무혹부당(毋或不當)"이라 하는 것과 같다. 또 "좋지 않은 것이 있어서는 안 된다(毋或不良)"라고 했는데 이는 "무유불량(毋有不良)"이라 하는 것과 같다.《좌전 · 희공 28년》은 "누군가 맹약을 어긴다면(有渝此盟)"

---

78)《문선(文選) · 책위공구석문(冊魏公九錫文)》주석에 보인다.《순자(荀子) · 예론(禮論)》은 "사람이 이 가운데에 거주할 수 있다면, 사와 군자이고, 이 밖에 있으면 일반 백성들이다(人有是, 士君子也. 外是, 民也)."라고 했다.《사기 · 예서(禮書)》에는 '유(有)'가 '역(域)'으로 되어있다.

79)《예기 · 단궁(檀弓)》은 "예로부터 지금까지 이로 제사지내는 것을 없애지 않았다(自上世以來, 未之有舍也)."라고 했다.

80)《좌전 · 소공(昭公) 13년》은 "예로부터 문제가 없었습니다(自古以來, 未之或失也)."라고 했다.

이라고 했는데, 이는 "혹투차맹(或渝此盟)"이라고 하는 것과 같다. 같은 책의 〈양공 11년〉은 "누군가가 이 명을 어긴다면 …… (或間茲命 …… )"이라고 했는데, 이는 "유간자명(有間茲命)"이라고 하는 것과 같다. 《주역 · 계사전》은 "군자의 도는 나가거나 머물기도 하고, 침묵하거나 말하기도 한다(君子之道, 或出或處, 或默或語)."라고 했는데, 이곳의 '혹'도 '유'의 의미이다. 《예기 · 예기(禮器)》는 "예절에는 크거나 작은 것도 있고, 드러나거나 숨는 것도 있다(禮有大有小, 有顯有微)."라고 했는데, 이곳의 '유'도 '혹'의 의미이다. 이 '혹'과 '유'는 하나만 들어도 그 의미는 모두 통한다.

'혹'은 ('또'의 의미인) '우(又)'이다. 《시경 · 소아 · 빈지초연》은 "이에 감시자를 세우고, 또 기록자를 두어 그를 돕게 하였으니(既立之監, 或佐之史)."라고 했는데, 이는 또 기록하는 사람을 두어 돕게 했음을 말한다. 《예기 · 단궁(하)》는 "부친이 돌아가신 것은 무엇을 의미하겠습니까? (그것은 하늘이 무너지는 것 같은 화입니다.) 어찌 감히 또 다른 의도를 관철하여 귀국 군주의 의리를 더럽힐 수 있겠습니까?(父死之謂何, 或敢有他志, 以辱君義?)"라고 했는데, 《국어 · 진어》에는 '혹'이 '우'로 되어있다.[81] 《좌전 · 애공 원년》은 "지금 오나라는 과(過)나라만큼 강하지 않지만, 월나라는 소강보다 큽니다. 월나라를 또 강성하게 만든다면, 어찌 오나라에게 재앙이 되지 않겠습니까?(今吳不如過, 而越大於少康. 或將豐之, 不亦難乎?)"라고 했는데, 《사기 · 오세가(吳世家)》에는 "우장관지(又將寬之)"로 되어있다. 《가자신서(賈子新書) · 보부(保傅)》는 "속담에 '사관이 하는 일에 익숙하지 않으면, 이미 지나간 일을 본

---

81) 이 앞의 문장은 "부친이 돌아가신 것은 무엇을 의미할까? 그것은 하늘이 무너지는 것 같은 화인데도 이를 틈타 사리를 도모한다면(父死之謂何, 又因以為利)."이라 했다.

다.'라고 했다. 또 '앞의 수레가 넘어지면 뒤의 수레는 경계로 삼아야 한다.'라고 했다(鄙諺曰: '不習為吏, 而視己事.' 又曰: '前車覆, 後車戒.')" 라고 했는데, 《한시외전》에는 '우왈(又曰)'이 '혹왈(或曰)'로 되어있다. '혹'은 옛날에 '역(域)'으로 읽었고, '우'는 옛날에 '이(異)'로 읽었다.[82] 두 글자는 소리가 가까워 의미가 서로 통하고 글자도 서로 통한다. '혹' 이 '우'와 통하는 것은 '혹'이 '유'와 통하는 것과 같다.

'혹'은 어조사이다. 《시경·소아·천보(天保)》는 "소나무와 잣나무가 무성하듯이, 그대의 일이 이어지지 않음이 없네(如松柏之茂, 無不爾或 承)."라고 했는데, 이는 그대의 일이 이어지지 않음이 없음을 말한다. 이 곳의 '혹'은 어조사이다. 정현의 《전》은 "'혹'은 '유'를 말한다(或之言有 也)."라고 했는데, 이 역시 (어조사인) '유(有)'를 말한 것으로 의미는 같다.


# 억抑 의意 희噫 억億 의懿

'억(抑)'은 ('아니면' 내지 '또한'의 의미로) 문장을 전환시키는 역할을 한다. 《좌전·소공 8년》의 주석은 "'억'은 의문사이다(抑, 疑辭)."라고 했다. 이는 자주 사용하는 말이다. 글자가 '의(意)'로 된 곳도 있다. 《국 어·주어》는 "묻겠소만 하늘의 도로 봐서 그런 것이오? 아니면 사람의 일로 봐서 그런 것이오?(敢問天道乎? 抑人故也?)"라고 했는데, 《가자신 서·예용어(禮容語)》에는 '억(抑)'이 '의(意)'로 되어있다. 《논어·학이 (學而)》는 "그것은 선생님께서 요구하는 것인가? 아니면 그 나라에서 먼저 선생님께 말씀을 드리는 것인가?(求之與? 抑與之與?)"라고 했는 데, 《한석경(漢石經)》에는 '의'로 되어있다. 《묵자·명귀(明鬼)》는 "이것

---

82) 《당운정(唐韻正)》에 설명이 보인다.

은 그대가 한 것인가? 아니면 송나라의 군주 포가 한 것인가?(豈女為之與? 意鮑為之與?)"라고 했다. 《장자·도척(盜跖)》은 "이는 지력이 모자라서입니까? 아니면 지력은 있지만 실행할 힘이 없기 때문입니까?(知不足邪? 意知而力不能行邪?)"라고 했다. 이상의 '의'는 모두 ('아니면'의 의미인) '억'이다. 글자가 '의(噫)'·'억(億)'·'의(懿)'로 된 곳도 있는데, 발음과 의미는 모두 같다. 《상서·금등》은 "태공·소공과 성왕이 사관들과 업무를 처리를 하는 관리들에게 물었다. 그들이 대답했다: '확실히 그랬습니다, 또한 주공께서는 저희에게 함부로 말하지 말라고 하셨습니다.'(二公及王, 乃問諸史與百執事. 對曰: '信, 噫公命我勿敢言.')"라고 했는데, 《경전석문》은 "'희'는 마용본에는 '의'로 되어있는데, '억'과 같다(噫, 馬本作'懿', 猶'億'也)."라고 했다. 부친께서는 '의(噫)'·'억(億)'·'의(懿)'는 모두 '억'과 같다고 하셨다. '신(信)'이 한 구절이 되고, "희공명아물감언(噫公命我勿敢言)"이 또 한 구절이 된다. 이는 실제로 이런 일이 있었고, 또 공께서는 저희에게 함부로 말하지 말라고 명했음을 말한다. 《주역·진(震)·육이(六二)》는 "또한 재물을 잃는다(億喪貝)."라고 했는데, 왕필의 주석은 "'억'은 허사이다(億, 辭也)."라고 했고, 《경전석문》은 "'억'은 본래 '희'로 되어있다(億, 本又作噫)."라고 했다. 《예기·문왕세자(文王世子)》의 주석은 "또한 그것을 할 수 있다(億可以為之也)."라고 했고, 《경전석문》은 "'억'은 본래 '희'로 되어있다(億, 本又作噫)."라고 했다. 《장자·재유》는 "사람을 다스려 보겠다는 것 또한 잘못된 짓이오(意治人之過也)."라고 했는데, 《경전석문》은 "'희'는 본래 '희'로도 되어있다(意, 本又作噫.)"라고 했다. 《장자·외물》은 "속세에 숨는다든가 속세를 떠나 홀로 살아간다는 행위 또한 큰 지혜를 가진 사람과 두터운 덕을 가진 사람이 맡을 일이 아니오(夫流遁之志, 決絕之行, 噫其非至知厚德之任與?)"라고 했다. 《신서(新序)·잡사(雜事)》는 "또한 저를 보내 수레를 쫓고 말을 달리게 할 것인가요? 돌을 던져 누가 더 멀리가게 할 것인가요? 사슴을 쫓고 표범·호랑이와 치고 박고 싸우게 할 것인가요?…… 또한 저를 보내 바른 말로 제후들을 설득하게 하실 건가요? 의심 가는 것을 해결하고 근심걱정을 풀게 하실 건가요?(噫將使我追車而赴馬乎? 投石而超拒乎? 逐麋鹿而搏豹虎乎?…… 噫將使我出正辭而當諸侯乎? 決嫌疑而定猶豫乎?)"라고 했는데, 《한시외전》에는 '희(噫)'가 '의(意)'로 되어있다. 《국어·초어(楚語)》는 "《억(抑)》이라는 시를 지어 스스로 경계로 삼았다(作《懿》戒以自儆)."라고 했는데, 위소의 주석은 "'의'는 《시경·대아·억》편이다. '의'는 '억'이라고 읽는다(懿,《詩·大雅·抑》之篇也. 懿, 讀之曰抑)."라고 했다. 이상의 억(抑)·의(意)·희(噫)·억(億)·의(懿) 다섯 글자는 모두 같다. 그래서 마융의 주석은 "'의'는 '억'과 같다(懿, 猶億也)."라고 했다. 공안국은 '희(噫)'가 '억'의 가차자인지 모르고 원망하는 말로 여겼는데, 잘못된 것이다.

'억'은 발어사이다. 《좌전·소공 13년》은 "진후가 숙향을 보내 유헌공에게 '제나라가 맹약을 맺지 않는다면, 어떻게 하옵니까?'라고 알렸다(晉侯使叔向告劉獻公曰: '抑齊人不盟, 若之何?')"라고 했고, 같은 책의 〈소공 19년〉은 "우리 폐하와 그의 몇 명의 대부들은 '하늘이 정말로 이를 어지럽혔으니 내가 뭘 알 수 있겠는가?'라고 말했소(寡君與其二三老曰: '抑天實剝亂是, 吾何知焉?')"라고 했다. 《국어·진어(6)》는 "고성숙자가 '젊으면서 관리가 되려는 사람은 많은데, 내가 그대를 어떻게 해주어야 겠소?'라고 했다(苦成叔子曰: '抑年少而執官者衆, 吾安容子?')"라고 했다. 어떤 곳에는 '희(噫)' 내지 '의(意)'로 되어있다. 《시경·소아·십월지교(十月之交)》는 "황보씨는…… (抑此皇父……)"라고 했다. 《경전석문》은 《한시》를 인용하여 "'억'은 '의'이다(抑, 意也)."라고 했다. 《장자·대종사》는 "허유가 말했다: '그거야 알 수 없지'(許由曰: '噫未可知也')"라고 했는데, 《경전석문》은 "'희'를 최선(崔譔)은 '허사'라고 했다. 본래는 '의'로도 되어있다(噫, 崔云'辭也.' 本亦作'意')"라고 했다.

('아니면' 내지 '또한'의 의미인) '억역(抑亦)'도 문장을 전환시키는 역할을 한다. 《좌전·소공 30년》에서 "아니면 끝내 오나라를 보호할 것인가?(其抑亦將卒以祚吳乎?)"라고 한 것과 《논어·자로(子路)》에서 "그럼에도 그 다음 등급의 선비라고 할 수 있다(抑亦可以為次矣)."라고 한 것이 이 예이다. '의역(意亦)'·'희역(噫亦)'·'억역(億亦)'으로 된 곳도 있는데, 모두 소리와 의미는 같다. 《주역·계사전》은 "그럼에도 존망과 길흉을 탐구하려면, 집에 가만히 있어도 알 수 있다(噫亦要存亡吉凶, 則居可知矣)."라고 했는데, 《경전석문》은 "'희'는 발음이 '이'이다. 왕숙은 발음이 '역'이고, 허사라고 했다. 마융도 이와 같다(噫, 於其反. 王肅於力反, 辭也. 馬同)."라고 했다. 나의 생각으로는 마융과 왕숙의 설이 옳다. 이곳의 '희역'은 바로 '억역'이다.[83] 《대대례기·무왕천조(武王踐阼)》는 "황제와 전욱의 도가 있는가? 아니면 곧 볼 수 없는 것인가?(黃帝、顓頊之道存乎? 意亦忽不可得見與?)"라고 했다. 《순자·수신(修身)》은 "끝이 없는 길을 끝까지 가고 끝이 없는 목표를 좇아야 할 것인가? 아니면 일정한 목표나 범위를 두어야 하는 것인가?(將以窮無窮, 逐無極與? 意亦有所止之與?)"라고 했다. 《전국책·진책(2)》는 "정말로 병이 나신 것입니까? 아니면 집 생각이 나시는 것입니까?(誠病乎? 意亦思乎?)"라고 했다. 《사기·오왕비전(吳王濞傳)》은 "아니면 가능하시겠습니까?(億亦可乎?)"라고 했는데, 《한서》에는 '의역'으로 되어 있다. 글자가 모두 '억역'과 같다. 《정의》에서 "'의호'는 탄식하는 것이다(噫乎發歎)"라고 한 것과 《경전석문》에서 음이 "ㅇ+ㅣ(於其反)"라고 한 것은 모두 잘못된 것이다.

어떤 사람은 '의자(意者)'도 의문을 나타내는 말이라고 했다. 《관자·소문(小問)》은 "어찌하여 그대는 얼룩말을 타고 환수를 건너 해를 맞이

---

83) '억(抑)'은 '희(噫)'와 통한다. 앞에 설명이 보인다.

억(抑) 의(意) 희(噫) 억(億) 의(懿)  **163**

하러 내달리는가?(意者君乘駁馬而溯桓, 迎日而馳乎?)"라고 했다. 《안
자춘추·잡편(雜篇)》은 "어찌 신하의 죄가 아니겠는가?(意者非臣之罪
乎?)"라고 했다. 《묵자·공맹(公孟)》은 "어찌 선왕의 말에 그릇된 것이
있겠는가?(意者先王之言有不善乎?)"라고 했다. 《장자·천운(天運)》은
"어떻게 어떤 기계의 방아쇠 장치에 의해 어쩔 수 없이 움직이고 있는
것인가? 어떻게 저절로 움직여 스스로는 멈출 수가 없는 것인가?(意者
其有機緘而不得已邪? 意者其運轉而不能自止邪?)"라고 했다. '의자'는
'억자(抑者)'로 된 곳도 있다. 《한서·서전(敍傳)》은 "어찌하여 종횡의
일이 지금 다시 일어나고 있는 것인가?(其抑者從橫之事復起於今乎)"라
고 한 것이 이 예이다. '의자'는 '혹자(或者)'를 말한다. 그래서 《주역·
건·문언》은 "의혹이 가는 것은, 의심하는 것이다(或之者, 疑之也)."라
고 했다. 《광아》는 "'의'는 ('의심하다'의 의미인) '의'이다(意, 疑也)."라
고 했다. 《한시(韓詩)》는 "'억'은 '의'이다(抑, 意也)."라고 했는데, 두예
주석의 《좌전》은 "'억'은 의문을 나타내는 말이다(抑, 疑辭)."라고 했다.
의미는 모두 같다.


# 일― 일壹

  '일(一)'은 ('모두'의 의미인) '개(皆)'이다. 《시경·패풍·북문(北門)》
은 "정사가 모두 내게 더해지네(政事一埤益我)."라고 했는데, 이는 정사
가 모두 나에게 더해짐을 말한다.[84] 《예기·대전(大傳)》은 "이 다섯 가
지를 세상에서 모두 얻는다면, 백성들은 만족하지 않음이 없고 풍족하

---

84) 정현의 《전(箋)》은 "나라에는 세금을 거두는 일이 있는데, 그중 하나가 경감되어
    나를 유익하게 하는 것이다(國有賦稅之事, 則減彼一而以益我)."라고 했는데, 잘못
    된 것이다. 이곳에서는 주희(朱熹)의 《시집전(詩集傳)》을 따른다.

지 않음이 없다(五者一得於天下, 民無不足, 無不贍者)."라고 했는데, 이는 이 다섯 가지를 세상에서 모두 얻음을 말한다. 《대대례기·위장군문자(衛將軍文子)》는 "그대가 말한 것처럼 그들은 정말로 훌륭해서 모두 제후들의 재상이 될 것이오(若吾子之語審茂, 則一諸侯之相也)."라고 했는데, 노변(盧辯)[85]의 주석은 "'일'은 ('모두'의 의미인) '개'이다(一, 皆也)."라고 했다.[86] 《곡량전·장공 16년》은 "장공을 거론하지 않은 것은 가까운 지역에서 온 제후들과 먼 지역에서 온 제후들이 모두 그를 의심했기 때문이다(不言公, 外內寮一疑之也)."라고 했는데, 이는 가까운 지역에서 온 제후들과 먼 지역에서 온 제후들이 모두 그를 의심했음을 말한다.[87] 글자가 '일(壹)'로 된 곳도 있다. 《예기·삼년문》은 "사람들 모두 이치에 아주 합당하고 여겼다(壹使足以成文理)."라고 했는데, 왕숙의 주석은 "'일'은 ('모두'의 의미인) '개'이다(壹, 皆也)."라고 했다.[88]

'일'은 ('어떤'의 의미인) '혹(或)'이다. 《곡량전·장공 2년》은 "또 어떤 견해는 이렇다: 당시 주국(邾國)의 군주가 여구(餘丘)에 있었기에 '벌(伐)'이라는 글자로 이곳을 중시한다는 것을 나타냈다(其一曰: 君在而重之也)."라고 했다. 같은 책의 〈문공 18년〉은 "또 어떤 견해는 이렇다: 그중에 덕과 지혜가 있는 아이를 선택하여 기른다(一曰: 就賢也)."라고 했는데, '일왈(一曰)'은 '혹왈(或曰)'의 의미이다. 《대대례기·하소정》은

---

85) 북주(北周)의 명신(名臣)이자 대학자이다. 자는 경선(景宣)이고, 범양(范陽) 탁현(涿縣) 사람이다. 어려서 배움을 좋아했고 경전에 정통했다. 태학박사(太學博士)·태상경(太常卿)·대장군(大將軍) 등을 지냈다. 《대대례기(大戴禮記)》에 주석을 단 것으로 유명하다.[역자주]

86) 《공자가어(孔子家語)·제자행(弟子行)》에는 '일(一)'이 '일(壹)'로 되어있다. 왕숙(王肅)의 주석도 마찬가지이다.

87) 범녕(范寧)의 주석은 "가까운 지역에서 온 제후들과 먼 지역에서 온 제후들이 똑같이 장공을 의심했다(外內同一疑公)."라고 했다.

88) 《순자(荀子)·예론(禮論)》 주석에 보인다.

"어떤 때는 음기가 생겨나고, 어떤 때는 양기가 다해간다(一則在本, 一則在末)."라고 했다. 《예기 · 악기》는 "어떤 때는 멈추고 어떤 때는 움직이는 것이 천지간의 만물을 만들었다(一動一靜者, 天地之間也)."라고 했다. 《좌전 · 소공 원년》은 "변방의 마을들은 어떤 때는 이 나라에 붙고 어떤 때는 저 나라에 붙었는데, 무슨 일정한 마음이 있겠는가?(疆場之邑, 一彼一此, 何常之有?)"라고 했고, 《좌전 · 소공 5년》은 "어떤 때는 길하고 어떤 때는 흉한 것인데, 누가 이를 분명하게 알 수 있겠는가?(一臧一否, 其誰能常之?)"라고 했다. 《곡량전 · 장공 18년》은 "어떤 때는 나타났고 어떤 때는 사라지는 것을 '간혹 있음'이라고 한다(一有一亡曰有)."라고 했다. 같은 책의 〈희공 8년〉은 "어떤 때는 종묘를 앞에 쓴 다음 그녀의 성씨를 생략하여 폄하하고, 어떤 때는 다른 나라가 그녀를 부인으로 부르지 않는 점으로 첩을 부인으로 세울 수 없는 예법을 보여준다(一則以宗廟臨之而後貶焉, 一則以外之弗夫人而見正焉)."라고 했다. 《논어 · 이인(里仁)》은 "어떤 때는 그만큼 장수하신 것을 알고 기뻐하고, 어떤 때는 그만큼 노쇠한 것을 알고 두려워할 것이다(一則以喜, 一則以懼)."라고 했다. 《이아 · 석수(釋水)》는 "어떤 때는 드러나고 어떤 때는 사라지는 샘을 '첨'이라 하고, 어떤 때는 물이 있다가 어떤 때는 없어지는 우물을 '계작'이라고 한다(泉一見一否為瀸, 井一有水一無水為瀱汋)."라고 했다. 이상의 '일(一)'은 모두 ('어떤'의 의미인) '혹'과 같은 의미이다.

　'일'은 ('곧'의 의미인) '내(乃)'이다. 《여씨춘추 · 지사(知士)》는 "정곽군이 과인에게 곧 이렇게까지 충직했다니?(靜郭君之於寡人, 一至此乎?)"라고 했는데, 고유(高誘)[89]의 주석은 "'일'은 ('곧'의 의미인) '내'와

---

89) 동한(東漢)의 대학자이다. 탁군(涿郡) 탁현(涿縣) 사람이다. 사공연(司空掾) · 감하동(監河東) 등을 지냈다. 어려서 같은 현(縣)의 노식(盧植)에게 배웠다. 저술로

같다(一, 猶乃也)."라고 했다. 또 같은 책의 〈귀직(貴直)〉은 "병사들의 변심이 곧 이렇게도 빠르구나!(士之遫僿一若此乎!)"라고 한 것과 《사기 · 상군전(商君傳)》에서 "법이 망가진 것이 곧 이런 지경까지 이르렀구나!(為法之敝, 一至此哉!)"라고 한 것은 모두 같은 의미이다.

'일'은 어조사이다. 《좌전 · 소공 20년》은 "폐하의 잘못은 아주 크옵니다, 어찌 참언을 믿으시옵니까?(君一過多矣, 何信於讒?)"라고 했다. 《관자 · 패형(霸形)》은 "지금 초나라 왕이 과인에게 이토록 잘하는데(今楚王之善寡人一甚矣)."라고 했다. 《안자춘추 · 내편간상제일(內篇諫上第一)》은 "과인은 그를 좋아하여(寡人一樂之是欲)"라고 했다. 《장자 · 대종사(大宗師)》는 "실로 해야 할 일을 하지 않고 명성을 얻은 것이 아니겠습니까? 회는 이것이 이상하옵니다(固有無其實而得其名者乎? 回一怪之)."라고 했다. 《전국책 · 연책(1)》은 "그대는 어찌하여 축하하는 말을 한 후에 바로 이어 조문하는 말을 하는 것인가?(此一何慶弔相隨之速也?)"라고 했다. 이상의 '일'은 모두 어조사이다. 어떤 곳에는 '일(壹)'로 되어있다. 《예기 · 단궁》은 "나는 상례에 왜 발을 동동 구르는 규정이 있는지 모르겠다(予壹不知夫喪之踊也)."라고 했다.[90] 또 "그대의 울음소리를 들으니, 연이어 불행을 당한 것 같습니다(子之哭也, 壹似重有憂者)."라고 했다.[91] 《대학》은 "천자에서 서민에 이르기까지 모두가 몸을 수련하는 것을 근본으로 삼는다(自天子以至於庶人, 壹是皆以修身為本)."라고 했다.[92] 《대대례기 · 소변(小辯)》은 "선생의 말이 없었다면,

---

는 《회남자주(淮南子注)》 · 《여씨춘추주(呂氏春秋注)》 등이 있다.[역자주]

90) 《예기정의(禮記正義)》는 "내가 줄곧 상례의 발을 동동 구르는 예절이 왜 필요한지 모르겠음을 말한다(言我專壹, 不知夫喪之踊也, 何須有節)."라고 했는데, 잘못된 것이다.

91) 《예기정의(禮記正義)》는 "'일'은 결정하는 말이다(壹者, 決定之辭)."라고 했는데, 잘못된 것이다.

나는 말을 따지는 것을 즐겼을 것입니다(微子之言, 吾壹樂辯言)."라고
했다. 《좌전·성공 16년》은 "크게 패한다면(敗者壹大)"이라고 했고, 같
은 책의 〈양공 21년〉은 "지금 그 자신에게 화가 미쳐 나라를 버린다면,
이 역시 사람들을 미혹시키지 않겠습니까?(今壹不免其身以棄社稷, 不
亦惑乎?)"라고 했다. 이상의 '일(壹)'도 모두 어조사이다.

# 역亦

('~도'의 의미인) '역(亦)'은 앞의 문장을 받아주는 말이다. 《상서·강
고》에서 "백성들의 원망은 큰 것에 있지 않고, 작은 것에도 있지 않다
(怨不在大, 亦不在小)."라고 한 것이 이 예이다. 《공양전·소공 17년》은
"'역'은 두 가지가 서로 원하는 의미이다(亦者, 兩相須之意)."라고 했다.
이는 자주 사용하는 말이다.

앞 문장은 받지 않지만 어조사로만 쓰인 경우는 《주역·정(井)·단사
(彖辭)》에서 "두레박이 우물 입구를 빠져나오지 못한 순간은……(亦未
繘井……)"이라 한 것, 《상서·고요모》에서 "행동에는 아홉 가지 덕이
있으니(亦行有九德)"라고 한 것, 《시경·소남·초충(草蟲)》에서 "뵙게
만 된다면(亦既見止)"이라 한 것이 이 예이다. 문중에서 어조사로 쓰인
경우는 《상서·반경》에서 "내 계획이 서툴렀던 것은 잘못이었소(予亦
拙謀作乃逸)."라고 한 것, 《시경·대아·문왕(文王)》에서 "무릇 주나라
의 신하들까지도 대대로 밝게 되네(凡周之士, 不顯亦世)."라고 한 것,[93]

---

92) 이는 모두가 몸을 수련함을 근본으로 삼는다는 말이다. '일(壹)'은 어기사이다. 정
현의 주석은 "'일시'는 한결 같은 마음으로 행하는 것이다(壹是, 專行是也)."라고
했는데, 잘못된 것이다.
93) 원문의 "불현역세(不顯亦世)"는 "대대로 밝게 되네(其世之顯)."라고 하는 것과 같

같은 책의 〈대아·사제(思齊)〉에서 "밝게 나라에 임하시고, 싫어하심이 없이 백성들 보호하시네(不顯亦臨, 無射亦保)."라고 한 것,94) 또 같은 편에서 "들은 것은 쓰시고 간하는 것은 받아들이셨네(不聞亦式, 不諫亦入)."라고 한 것이 이 예이다.95)

'불역(不亦)'이라고 된 것은 모두 '역'을 어조사로 삼았다. "기쁘지 아니한가(不亦說乎)"는 "불열호(不說乎)"이고, "즐겁지 아니한가(不亦樂乎)"는 "블락호(不樂乎)"이고, "군자이지 않겠는가(不亦君子乎)"는 "불군자호(不君子乎)"이다. 조기 주석의 《맹자·등문공》은 "'불역'은 '역'이다(不亦者, 亦也)."라고 했는데, 잘못된 것이다.

('어찌~하지 않는가?'의 의미인) '합역(盍亦)'으로 된 것도 '역'을 어조사로 삼았다. 《좌전·희공 24년》의 "어찌하여 군주의 은혜를 바라지 않느냐?(盍亦求之?)"는 "합구지(盍求之)"이고, 같은 책 〈소공 원년〉의 "그대는 어찌하여 멀게는 우 임금의 공적을 이어 백성들을 잘 보호하지 않는가?(子盍亦遠績禹功而大庇民乎?)"는 "합원적우공이대비민(盍遠績禹功而大庇民)"이고, 《국어·오어》의 "폐하께서는 어찌하여 앞 사람을 거울삼아 비춰보지 않으신지요?(王其盍亦鑒於人?)"는 "합감어인(盍鑒於人)"이고, 《맹자·양혜왕》의 "어찌하시어 나라를 다스리는 근본으로 돌아가지 않으십니까?(盍亦反其本矣?)"는 "합반기본(盍反其本)"이다.

---

다. '불(不)'과 '역(亦)'도 모두 어기사이다. 정현의 《전(箋)》은 '역'을 앞 문장을 받는 말로 여겼는데, 이는 잘못된 것이다. '불'자에도 설명이 보인다.

94) 모형의 《전(傳)》에서 "밝음으로 나라에 임하시고 지킴에 싫어하지 않는다(以顯臨之, 保安無厭也)."라고 했으니, '불(不)'과 두 개의 '역(亦)'이 어조사인 것은 분명하다. 정현의 《전(箋)》의 설명은 모두 잘못되었다. '불'자에도 설명이 보인다.

95) 두 개의 '불(不)'과 두 개의 '역(亦)'은 모두 어조사이다. 이는 좋은 말을 들으면 사용했고, 간언을 올리면 받아들였다는 것을 말한다. 모형의 《전(傳)》은 모두 잘못되었다. '불'자에도 설명이 보인다.

# 이伊 예繫

'이(伊)'는 (발어사인) '유(維)'로, 자주 사용하는 말이다. 글자가 '예(繫)'로 된 곳도 있다. 《좌전 · 양공 14년》은 "왕실이 무너지지 않은 것은 백구에 의지해서 입니다(王室之不壤, 繫伯舅是賴)."라고 했는데, 《좌전정의》는 "왕실이 무너지지 않은 것은 백구에게 의지하고 있어서이다(王室之不傾壤者, 唯伯舅是賴也)."라고 했다 '유(唯)'와 '유(維)'는 같은 의미이다. 또 《좌전 · 은공 원년》은 "너에게는 존경할 모친이 있지만 나에게는 없다(爾有母遺, 繫我獨無)."라고 했는데, 이는 나에게만은 없음을 말한다.

'이'는 (지시대명사 '이'의 의미인) '시(是)'이다. 《시경 · 패풍 · 웅치(雄雉)》는 "스스로 이런 시름을 초래한 것을(自詒伊阻)"이라고 했다.[96] 같은 책의 〈진풍(秦風) · 겸가(蒹葭)〉는 "바로 그 이는……(所謂伊人……)"이라고 했다.[97] 같은 책의 〈빈풍 · 동산(東山)〉은 "그곳이 그립기만 하였으니(伊可懷也)"라고 했고, 같은 책의 〈소아 · 정월(正月)〉은 "이 분은 누구를 미워하시는가?(伊誰云憎?)"라고 했다.[98] 정현의 《전》은 모두 "'이'는 '예'가 되어야 한다. '예'는 (지시대명사 '이'의 의미인) '시'이다(伊, 當作繫. 繫, 是也)."라고 했다. '예(繫)'로 된 곳은 《국어 · 주어》에서 "이 우 임금과 사방 제후들의 우두머리가 어찌 이렇게 많은 하늘의 총애를 받았다는 것인가? 그들은 나라를 망하게 한 군주의 후손에 지나지 않는다(此一王四伯, 豈繫多寵? 皆亡王之後也)."라고 한 것, 같은 책의 〈오어〉에서 "군왕께서 월나라에 은혜를 더해주시면, 이는

---

96) 《시경 · 소아 · 소명(小明)》의 "스스로 이런 걱정 끼치게 한 것을(自詒伊慼)"은 이 것과 같은 의미이다.
97) 《시경 · 소아 · 백구(白駒)》의 "바로 저 사람이(所謂伊人)"는 이것과 같은 의미이다.
98) 《시경 · 소아(小雅) · 하인사(何人斯)》의 "이 사람은 누구를 따라 다니시나?(伊誰云從?)"는 이것과 같은 의미이다.

죽은 사람들을 일어나게 하고 백골에 살을 붙여주는 것입니다(君王之
於越也, 繄起死人而肉白骨也)."라고 한 것이다. 이에 대한 위소의 주석
은 모두 "'예'는 (지시대명사 '이'의 의미인) '시'이다(繄, 是也)."라고 했
다. 《좌전·희공 5년》은 "사람이 쓰는 제물은 바뀌지 않으나 신은 덕이
있는 이의 이 제물만 받는다(民不易物, 惟德繄物)."라고 했는데, 《경전
석문》은 위소의 주석과 같다. 또 같은 책의 〈선공 2년〉은 "내가 고국을
그리워하여 이 슬픔을 초래했구나(我之懷矣, 自詒伊戚)."라고 했는데,
《시경·패풍·웅치》의 《모시정의》는 이 구절을 "자이예척(自詒繄慼)"으
로 인용했다. 이곳의 '예'도 (지시대명사 '이'의 의미인) '시(是)'이다.[99]

---

99) 《모시정의(毛詩正義)》는 이렇게 말했다: "정현의 《전(箋)》은 《좌전·선공(宣公) 2
년》의 '자이예척(自詒繄慼)'과 《시경·소아·소명(小明)》의 '자이이척(自詒伊慼)'
이 같은 의미임에 착안하여, '이(伊)'에는 '예(繄)'의 의미가 있음을 밝혔다. 그래서
이 예문과 《시경·진풍(秦風)·겸가(蒹葭)》·같은 책의 〈빈풍(豳風)·동산(東
山)〉·같은 책의 〈소아(小雅)·백구(白駒)〉는 각각 '이'로 '예'를 삼았다. 《시경·
소아·소명》에서는 ('이'가 '예로') 바뀌지 않았는데, '이척(伊慼)'의 문장이 모형의
《전(傳)》과 정확히 일치하므로 '예'가 되는 것을 알 수 있다." 이에 근거하면, 공영
달(孔穎達)이 본 《좌전》에는 '예'로 되어있었다. 금본 《모시정의》가 《좌전》을 인용
하여 '이'라고 한 것은 후인들이 금본 《좌전》에 의거하여 고친 것이다. 《좌전》에는
'예'로, 《시경》에는 '이'로 되어있어, 이것이 '이'와 '예'가 서로 통한다는 증거인 것
을 몰랐다. 만일 모형의 《전(傳)》에 '예'로 되어있지 않았다면, 어떻게 "'이'에는
'예'의 의미가 있음을 밝혔다(明伊有義為繄者)"라고 했겠으며, 또 "'예'가 되는 것을
알 수 있다(為繄可知)"라고 했겠는가? 《좌전·희공(僖公) 24년》의 《전(傳)》은 "자
이이척(自詒伊戚)"이라 했는데, 이곳에서도 '예'가 되어야 한다. 모형의 《전(傳)》의
"예아독무(繄我獨無)"·"유덕예물(惟德繄物)"·"예백구시뢰(繄伯舅是賴)"로 예를
들면, '예'로 되어 있는 것은 《좌전》의 원문이다. 후인들이 《모시(毛詩)》에 의거하
여 '이'로 고쳤다. 육덕명(陸德明)의 《좌전석문(左傳釋文)》은 "자이예척(自詒繄
慼)"의 '예'자의 음을 달아놓고 있지 않은데, 근거한 판본이 이미 '이'로 잘못 되어
있었다. 나의 생각으로, 공영달의 《모시정의(毛詩正義)》가 근거한 판본은 가규(賈
逵)와 복건(服虔) 등의 판본이었을 것이고, 육덕명의 《좌전석문》은 두예의 판본에
근거했을 것이다.

'이'는 (발어사인) '유(有)'이다. 《시경·소아·규변(頍弁)》은 "어찌 저 모르는 사람들 같을까?(豈伊異人?)"라고 했는데, 정현의 《전》은 "어찌 다른 사람처럼 소원한 것일까?(豈有異人疏遠者乎?)"라고 한 것이 이 예 이다. 또 같은 책의 〈주송·아장(我將)〉은 "위대한 문왕께서(伊嘏文 王)"라고 했는데, 이곳의 '이'는 '유'로 발어사이고, '하(嘏)'는 ('크다'의 의미인) '대(大)'이다.[100] 이는 위대하다 문왕의 의미로, 찬미하는 말이 다.[101] "위대한 문왕께서는(伊嘏文王)"·"위대하신 상제여(有皇上帝)" 는 문장의 의미가 서로 비슷하다.


# 이夷

'이(夷)'는 어조사이다. 《주례(周禮)·행부(行夫)》는 "행인(行人)이 사 신으로 나가 나라에 머무는 동안, 행부가 행인의 잡다한 일의 처리를 담당하고, 행인들이 사신이 되면 그들의 심부름꾼이 된다(居於其國, 則 掌行人之勞辱事焉, 使則介之)."라고 했는데,[102] 정현의 주석에서 "'사' 는 옛 전적에서 '이사'라고 한다. '이'는 발성사이다(使, 故書曰夷使. 夷,

---

100) 《모시정의(毛詩正義)》는 《모시》는 '하'를 모두 ('크다'의 의미인) '대'로 풀이했다. 이곳의 '하' 역시 ('크다'는 의미인) '대'이다(毛於嘏字皆訓為大, 此嘏亦為大也)." 라고 했다.

101) 《시경》에서 보통 말하는 "문덕이 있으신 후직께서는(思文后稷)"·"아아 위대한 무왕은(於皇武王)"·"실로 문덕 많으신 문왕은(允文文王)"·"아아 빛나는 탕 임 금의 손자여(於赫湯孫)"는 모두 찬미하는 말이다. 정현의 《전(箋)》은 "문왕에게 복을 받은 것이다(維受福於文王)."라고 했고, 왕숙(王肅)은 "하늘이 바로 위대한 문왕의 덕이다(維天乃大文王之德)."라고 했는데, 문장의 의미가 모두 타당하지 않다. 《경의술문》에 설명이 보인다.

102) 유창종(劉昌宗)은 '언사(焉使)'로 잘못 읽었는데, 이에 대해서는 《경의술문》에 상 세한 설명이 보인다.

發聲)."라고 한 것이 이 예이다. 《시경·대아·첨앙(瞻卬)》은 "해충이 곡식을 해치듯 끊임없는데, 죄 그물 거두지 않으니 어려움이 호전될 기미가 없네(蟊賊蟊疾, 靡有夷屆. 罪罟不收, 靡有夷瘳)."라고 했는데, 이는 해악이 끝이 없는 것이 마치 병이 낫을 때가 없는 것 같음을 말한다.[103] 《좌전·소공 24년》은 "주왕에게는 수많은 사람들이 있다(紂有億兆夷人)."라고 했는데, 이는 "유억조인(有億兆人)"이라고 하는 것과 같다.[104] 《맹자·진심》은 "그들의 행동을 살펴보면, 말한 것과 맞지 않는다(夷考其行而不掩焉者也)."라고 했는데,[105] 이는 그 사람의 행동을 살펴보면 말한 것과 맞지 않음을 말한다. 이때 '이'는 어조사이다. 또 《주례·직방씨(職方氏)》는 "그 강으로는 호지와 구이가 있다(其川虖池、嘔夷)."라고 했다. 이곳의 '구이(嘔夷)'는 구수(滱水)를 말하고,[106] '구(嘔)'는 '구(滱)'이다.[107] 이로 봐도 '이'는 어조사이다.


# 홍洪

　'홍(洪)'은 발성사이다. 《상서·대고》에서 "나 이 어린 사람은 ……(洪惟我幼沖人 ……)"이라 한 것, 같은 책의 〈다방〉에서 "위대한 하늘

---

103) '이(夷)'는 어기사이다. 모형의 《전(傳)》과 정현의 《전(箋)》에서 '이(夷)'를 '상(常)'으로 풀면 '계(屆)'와 '료(瘳)'의 의미는 서로 맞지 않는다.

104) 두예(杜預)의 주석은 "아울러 사방의 오랑캐들이 있다(兼有四夷)."라고 했고, 동진(東晉) 때 지어진 《진서전(秦誓傳)》은 "'이인'은 평범한 사람이다(夷人, 平人)."라고 했는데, 모두 잘못되었다.

105) 이곳의 '이(夷)'도 어기사이다. 조기(趙岐)의 주석은 "'이'는 ('평소'의 의미인) '평'이다(夷, 平也)."라고 했다. 평소에 그의 행위를 살피는 것은 의미가 없는 것이다.

106) 《수경주(水經注)·구수(滱水)》의 주석은 "구수는 곧 '구이'의 물이다(滱水即漚夷之水)."라고 했다. '구(漚)'는 '구(嘔)'와 같다.

107) '구(嘔)'와 '구(滱)'의 옛 소리는 비슷하다.

의 명은······ (洪惟圖天之命 ······ )"이라 한 것이 이 예이다. 풀이하는
사람들은 모두 ('크다'의 의미인)로 '대'로 풀이했는데, 잘못된 것이다.


# 용庸

'용(庸)'은 허사인 ('~때문에'의 의미인) '용(用)'이다. 《상서·고요모》
는 "이 때문에 순 임금께서 노래를 지으셨다(帝庸作歌)."라고 했다. 《좌
전·양공 25년》은 "이 때문에 무왕은 장녀 태희를 호공에게 시집보내
고, 그를 진 땅에 봉했다(庸以元女大姬配胡公而封諸陳)."라고 했는데,
두예의 주석이 "'용'은 ('~때문에'의 의미인) '용'이다(庸, 用也)."라고 한
것이 이 예이다.

'용'은 ('어찌' 내지 '어떻게'의 의미인) '하(何)'·'안(安)'·'거(詎)'이다.
《좌전·장공 14년》에서 "어찌 두 마음을 먹은 것이 아니겠는가?(庸非貳
乎?)"라고 한 것, 같은 책의 〈희공 15년〉에서 "어찌 그들이 도모할 수
있겠는가?(晉其庸可冀乎?)"라고 한 것, 같은 책의 〈선공 12년〉에서 "어
찌 바랄 수 있겠는가?(庸可幾乎?)"라고 한 것, 같은 책의 〈양공 14년〉에
서 "어찌 더 낫다는 것을 알 수 있겠는가?(庸知愈乎?)"라고 한 것, 같은
책의 〈양공 30년〉에서 "어찌 무시할 수 있겠습니까?(其庸可媮乎?)"라고
한 것, 같은 책의 〈소공 10년〉에서 "어찌 그들보다 뛰어나겠습니까?(庸
愈乎?)"라고 한 것, 같은 책의 〈소공 13년〉에서 "어찌 잊을 수 있겠습니
까?(其庸可棄乎?)"라고 한 것, 같은 책의 〈애공 12년〉에서 "어찌 시원시
원하다고 할 수 있겠는가?(庸為直乎?)"라고 한 것, 《국어·진어(6)》에서
"내가 어찌 하늘이 진나라에게 먼저 복을 주고 초나라에게는 열심히
국력을 키워 진나라에 보복하라고 권하는 것이 아님을 알겠는가?(吾庸
知天之不授晉, 且以勸荊乎?)"라고 한 것, 《공양전·장공 32년》에서 "어

찌 이와 같이 되겠는가?(庸得若是乎?)"라고 한 것,108) 《여씨춘추·하현(下賢)》에서 "내가 어떻게 패왕의 공업을 가벼이 볼 수 있겠는가?(吾庸敢鼇霸王乎?)"라고 한 것이 모두 이 예들이다. '용(庸)'과 '하(何)'는 모두 같은 의미이서 '용하(庸何)'라고도 한다. 《좌전·문공 18년》·같은 책의 〈소공 원년〉·《국어·노어》는 모두 "어찌 해가 되겠는가?(庸何傷?)"라고 했고, 《좌전·양공 25년》은 "어떻게 돌아갈 것인가?(將庸何歸?)"라고 했다.109)

'용'은 ('어찌'의 의미인) '하(何)'이다. '용'과 '안'은 모두 '어찌'의 의미여서 '용안(庸安)'이라고도 한다. 《순자·유좌(有坐)》는 "그대가 어찌 내가 죽은 후에 뜻을 이루지 못할 것을 아는가?(女庸安知吾不得之桑落之下?)"라고 했는데, '용'은 '안'의 의미이다. '용'과 '거'는 같은 의미여서 '용거(庸詎)'라고도 한다. 《장자·제물론(齊物論)》은 "내가 아는 것이 알지 않은 것이 아님을 어찌 알겠나? 내가 모르는 것이 아는 것이 아님을 어찌 알겠나?(庸詎知吾所謂知之非不知邪?  庸詎知吾所謂不知之非知邪?)"라고 했다. 《초사·애시명(哀時命)》은 "그 길흉을 어찌 알리오?(庸詎知其吉凶?)"라고 했다. '용'은 '거'와 같다. 또 '용숙(庸孰)'으로 된 곳도 있다. 《대대례기·증자제언(曾子製言)》은 "비록 너의 어버이라 할지라도 어찌 너와 가까이 하겠는가?(則雖女親, 庸孰能親女乎?)"라고 했는데, 이곳의 '용숙'은 '용거'와 같다. 풀이하는 사람들이 대부분 ('~때문에'의 의미인) '용(用)'으로 풀이한 것은 잘못된 것이다.

---

108) 하휴(何休)의 주석은 "'용'은 ('일상적인' 내지 '평상적인' 의미인) '용'과 같다. '용'은 이는 상식이어서 제도상 이런 규정이 없다는 말이다(庸, 猶備. 備, 無節目之辭)."라고 했는데, 잘못된 것이다.
109) 이 말은 앞 문장의 "군주가 세상을 떠났는데 내가 어디로 간단 말이냐?(君死安歸?)"를 받아서 한 말이다. 두예(杜預)의 주석은 "죽음으로 맺어진 의리여서 어디로 간단 말인가?(將用死亡之義, 何所歸趣?)"라고 했는데, 잘못된 것이다.

# 이台[110]

'이(台)'는 ('어찌'의 의미인) '하(何)'와 같다. '여이(如台)'는 ('어떻게' 의 의미인) '내하(奈何)'와 같다. 《상서·탕서(湯誓)》는 "하나라가 도대 체 어떤 죄를 저질렀습니까?(夏罪其如台?)"라고 했는데, 《사기·은본기 (殷本紀)》에는 "유죄기내하(有罪其奈何)"로 되어있다. 《상서·고종융 일(高宗肜日)》은 "그들은 도리어 '어찌할 것인가?'라고 말한다(乃曰: 其 如台?)."라고 했는데, 《사기·은본기》에는 "내왈: 기내하(乃曰: 其奈 何?)"로 되어있다. 《상서·서백감려(西伯戡黎)》는 "지금 대왕께서는 어 찌할 것입니까?(今王其如台?)"라고 했는데, 《사기·은본기》에는 "금왕 기내하(今王其奈何)"로 되어있다. 이것은 옛날에 '내하'를 '여이'라고 했 음을 보여주는 것이다. 《상서·반경》에서 "점을 쳐서 '이 일을 어찌하면 좋겠소?'라고 물어보았소(卜稽曰其如台?)."라고 한 것도 점을 쳐서 어찌 해야 좋을지 물어보았음을 말한다. 《법언(法言)·문도(問道)》는 "장 주·신불해·한비자가 성인의 가르침을 어기지 않고 유가의 전적을 열 심히 공부했더라면, 공자의 제자인 안연(顏淵)과 민손(閔損)인들 그를 어찌할 수 있겠는가?(莊周、申、韓, 不乖寡聖人而漸諸篇, 則顏氏之子、 閔氏之孫其如台?)"라고 했는데, 이는 세 사람이 만일 성인을 비방하지 않았다면 안연과 민손이 그를 어찌할 수 있었겠는가를 말한다.[111] 《한 서·서전(敍傳)》은 "하물며 백성들을 다스림에 위엄을 부리면서 은혜도 베푸는데, 어찌 예법으로 바로 잡지 않는다고 말하는 것인가?(矧乃齊 民, 作威作惠. 如台不匡禮法是謂?)"라고 했는데, 이는 떠돌며 자신의 주 장을 설파하는 무리들이 백성들을 다스리는데 이렇게 위엄을 부리고

---

110) 음은 '이(飴)'이다.
111) 송함(宋咸)의 주석은 "'이'는 ('나'의 의미인) '아'이다(台, 我也)."라고 했는데, 잘못 된 것이다.

은혜를 베푸는데 어찌 예법으로 바로 잡지 않는다고 말하는 것이다.112)
《문선·전인(典引)》은 "상고시대부터 지금까지 살펴보면, 봉선의식을 거행한 군주는 74명이었다 …… 지금 어찌하여 그것만 빠져있는 것인가?(伊考自遂古, 乃降戾爰茲, 作者七十有四人 …… 今其如台而獨闕也?)"라고 했는데, 이는 지금 어찌하여 그것만 빠져 있는 것인가를 말한다.113) 대체로 한나라 때 《상서》를 말하는 사람들은 모두 '여이(如台)'를 '내하(奈何)'로 봤기 때문에 마융(馬融)114)·반고(班固)115)·양웅(揚雄)116)은 모두 그 풀이를 따랐다. 공안국의 《전》이 '이(台)'를 '나'의 의

---

112) 여순(如淳)의 주석은 "'이'는 ('우리' 내지 '우리나라'의 의미인) '아' 내지 '아국가'이다(台, 我也, 我國家也)."라고 했는데, 잘못된 것이다.

113) 채옹(蔡邕)의 《곽유도비문(郭有道碑文)》에 나오는 "지금 어찌하여 이 예법만 빠져있는가?(今其如何而闕斯禮?)"는 그 구법이 여기에서 유래했다. 이선 주석과 이현(李賢)의 《후한서(後漢書)·반고전(班固傳)》 주석은 모두 "'이'는 ('나'의 의미인) '아'이다(台, 我也)."라고 했는데, 잘못된 것이다.

114) 동한(東漢)의 대 경학자이다. 자는 계장(季長)이고, 부풍(扶風) 무릉(茂陵) 사람이다. 어려서 지순(摯恂)을 따라 배웠다. 교서랑(校書郞)·남군태수(南郡太守) 등을 지냈다. 동관(東觀)에서 유가경전을 교정했다. 동한 환제(桓帝) 연희(延熹) 9년(166년)에 세상을 떠났다. 박학다식했고, 유가경전에 주석을 두루 달았다. 노식(盧植)·정현(鄭玄) 등이 그의 문하에서 공부했다.[역자주]

115) 동한(東漢)의 대 사학자이다. 자는 맹견(孟堅)이고, 부풍(扶風) 안릉(安陵) 사람이다. 9세 때 글을 쓰고 시를 지었다. 16세 때 태학(太學)에 들어가 군서를 섭렵했다. 건무(建武) 30년(54년), 부친 반표(班彪)가 세상을 떠나자 동생 반초(班超)와 함께 《한서(漢書)》를 집필하여 20여년 만에 완성했다. 후에 대장군(大將軍) 두헌(竇憲)을 따라 흉노를 치러 출정했다. 두헌이 권력을 농단하다 처형되자, 이에 연루되어 61세로 옥사했다.[역자주]

116) 서한(西漢)의 사부가(辭賦家)이자 사상가이다. 자는 자운(子雲)이고, 촉군(蜀郡) 성도(成都) 사람이다. 어려서 군서를 섭렵했고, 사부(辭賦)에 뛰어났다. 대사마(大司馬) 왕음(王音)의 문하사(門下史)를 지냈다. 한 성제(成帝) 때 같은 마을 사람 양장(楊莊)의 추천으로 《감천부(甘泉賦)》와 《하동부(河東賦)》를 올려 급사황문시랑(給事黃門侍郞)에 임명되었다. 천봉(天鳳) 5년(18년)에 세상을 떠났다.

미인) '아(我)'로 풀이하면서 그 의미가 결국 통하지 않게 되었다. 이에 대해서는 단옥재(段玉裁)[117]의 《고문상서찬이(古文尚書撰異)》에 상세한 설명이 보인다.[118]

---

저술로는 《법언(法言)》·《태현(太玄)》 등이 있다.[역자주]
117) 청나라의 대 경학자이다. 자는 약응(若膺)이고, 강소(江蘇) 금단(金壇) 사람이다. 귀주(貴州)의 옥병(玉屛)·사천(四川)의 무산(巫山) 등에서 지현(知縣)을 지내다 병으로 돌아와 학문연구에 몰두했다. 당대의 스승 대진(戴震)에게 배웠고, 문자·음운·훈고의 학문에 밝았다. 저술로는 《설문해자주(說文解字注)》·《고문상서찬이((古文尚書撰異))》 등이 있다.[역자주]
118) 《이아(爾雅)》는 "'이'는 ('나'의 의미인) '아'이다(台, 我也)."라고 했다. 이 "나 이 어린 사람이 …… 하려는 것은 아니오(非台小子……)."의 '이(台)'는 ('어찌'의 의미인) '여이(如台)'의 '이(台)'가 아니다.

# 경전석사 제4

## 오惡 오鳥

'오(惡)'는 ('어디' 내지 '어찌'의 의미인) '안(安)' 내지 '하(何)'이다. 글자가 '오(烏)'로 된 곳도 있다. 고유(高誘) 주석의 《여씨춘추 · 본생(本生)》은 "'오'는 ('어찌'의 의미인) '안'이다(惡, 安也)."라고 했고, 또 같은 책의 〈명리(明理)〉는 "'오'는 ('어찌'의 의미인) '안'이다(烏, 安也)."라고 했다. 《좌전 · 환공(桓公) 16년》은 "부친의 명을 어긴다면, 아들이 어찌 필요하겠는가?(棄父之命, 惡用子矣?)"라고 했다. 《공양전 · 소공(昭公) 31년》은 "일국의 현자를 이렇게 말하는 법이 어디 있나?(惡有言人之國賢若此者乎?)"라고 했는데, 하휴(何休)의 주석은 "'오유'는 ('어찌~가 있겠는가'의 의미인) '하유' 내지 ('설마~가 있겠는가'의 의미인) '영유'와 같다(惡有, 猶何有, 寧有)."라고 했다. 또 《예기 · 단궁(檀弓)》은 "내가 어디에 내 마음을 쓰겠는가?(吾惡乎用吾情?)"라고 했고, 《공양전(公羊傳) · 환공 6년》은 "어디에서 음란했는가?(惡乎淫?)"라고 했는데, 하휴와 정현의 주석은 모두 "'오호'는 ('어디에서'의 의미인) '어하'와 같다(惡乎, 猶於何也)."라고 했다. 또 같은 책의 〈장공(莊公) 12년〉은 "노나라 임금의 아름다움이 어찌 그런 정도까지 되느냐?(魯侯之美惡乎至?)"라고 했는데, 하휴의 주석은 "'오호지'는 '하소지'와 같다(惡乎至, 猶何所至)."라고 했다. 《맹자 · 양혜왕》은 "어찌해야 세상이 안정되겠습니까?

(天下惡乎定?)"라고 했는데, 조기의 주석은 "세상을 어떻게 안정시킬지 묻는 것이다(問天下安所定)."라고 했다. 《공양전·장공 12년》의 주석과 《맹자》의 주석을 보면, 위의 "오호용오정(惡乎用吾情)"은 "하소용오정 (何所用吾情)"이고, "오호음(惡乎淫)"은 "하소음(何所淫)"이다.[1] '오'는 원래 ('어찌'의 의미인) '하(何)'로 풀고, '오호(惡乎)'는 ('어디~하는 바'의 의미인) '하소(何所)'라고 하는 것과 같으니, ('어디에서~'의 의미인) '어하(於何)'로 풀이할 필요는 없다. 《대대례기·무왕천조(武王踐阼)》는 "간략한 뜻을 내포하고 행하기에 이로워, 만세토록 자손들이 늘 행할 수 있는 말이 어디에 있는가?(惡有藏之約, 行之行, 萬世可以爲子孫常者乎?)"라고 했다. 《사기·외척세가(外戚世家)》는 "어떻게 인성과 천명을 알 수 있겠는가?(惡能識乎性命哉?)"라고 했다. 《한서·두전관한전찬(竇田灌韓傳讚)》은 "어떻게 이 패배를 만회할 수 있겠는가?(惡能救斯敗哉?)"라고 했고, 《한서·사마상여전(司馬相如傳)》은 "제나라와 초나라의 일은 또 어찌 말하기에 족하겠습니까?(齊、楚之事, 又烏足道乎?)"라고 했다. 의미는 모두 ('어디' 내지 '어찌'의 의미인) '안(安)'과 같다. 논자들이 '어하'로 풀이한 것은 잘못된 것이다.

'오'는 그렇지 않음을 나타내는 말이다. 《맹자·공손추(公孫丑)》에서

---

1) 《대대례기(大戴禮記)·무왕천조(武王踐阼)》는 "어찌 위태로운가?(惡乎危?)"·"어찌 도를 잃는가?(惡乎失道?)"·"어찌 서로 잊는가?(惡乎相忘?)"라고 했다. 《예기(禮記)·단궁(檀弓)》은 "내가 어디에서 그를 위해 곡해야 하나?(吾惡乎哭諸?)"라고 했고, 또 "예물의 많고 적음을 어느 기준에 맞추어야 합니까?(有亡惡乎齊?)"라고 했다. 《논어(論語)·이인(里仁)》은 "어떻게 이름을 이루겠는가?(惡乎成名?)"라고 했다. 《맹자(孟子)·공손추(公孫丑)》는 "감히 여쭙습니다만 선생께서는 어떤 쪽에 뛰어나십니까?(敢問夫子惡乎長?)"라고 했다. 《장자(莊子)·제물론(齊物論)》은 "도는 어떻게 가려져서 참과 거짓이 생기는 것일까? 말은 어떻게 가려져서 옳고 그름이 생기는 것일까?(道惡乎隱而有眞僞? 言惡乎隱而有是非?)"라고 했다. 그 의미가 모두 이것과 같다.

"허! 무슨 말이시오?(惡! 是何言也?)"라고 한 것, 《장자·인간세(人間世)》에서 "허! 그런다고 어찌 되겠느냐!(惡, 惡可!)"라고 한 것,[2] 《순자·법행(法行)》에서 "허! 사야, 무슨 말이더냐?(惡, 賜, 是何言也?)"라고 한 것이 모두 이 예이다. 또 《한비자·난일(難一)》은 "하! 이것은 군주가 된 사람이 할 말이 아니옵니다(啞, 是非君人者之言也)."라고 했는데, 이곳의 '아(啞)'는 '오(惡)'와 같다.


# 후侯

《이아(爾雅)》는 "'이'와 '유'는 (발어사인) '후'이다(伊, 維, 侯也)."라고 했다. 《시경·소아·육월(六月)》은 "벗 중에 누가 있겠소?(侯誰在矣?)"라고 했는데, 모형의 《전》은 "'후'는 (발어사인) '유'이다(侯, 維也)."라고 했다.

《이아》는 "'후'는 ('이에'의 의미인) '내'이다(侯, 乃也)."라고 했다. 《시경·대아·문왕》은 "상나라의 자손들은 그 수를 헤아릴 수 없었건만, 상제께서 명을 내리시니 이에 주나라에 복종하였네(商之孫子, 其麗不億. 上帝旣命, 侯于周服)."라고 했는데, 이는 상나라의 자손들은 아주 많아 그 수를 헤아릴 수 없었지만 상제가 문왕에게 명을 내리자 이에 주나라에 신하로 복종하였음을 말한다.[3] 같은 책의 〈대아·탕(蕩)〉의 "이에 속이고 저주케 하여(侯作侯祝)"도 ('이에'의 의미인) '내(乃)'로 풀이할 수 있다.

---

2) 앞쪽의 '오(惡)'가 그렇지 않음을 나타내는 말이다. 뒤쪽의 '오(惡)'는 '어찌'의 의미로 풀이한다.

3) 왕숙(王肅)은 이곳의 '후(侯)'를 (발어사인) '유(維)'로 풀이했는데, 의미가 둘 다 통한다.

'후(侯)'는 ('어찌'의 의미인) '하(何)'이다. 《여씨춘추 · 관표(觀表)》는 "지금 이곳을 다시 지나가면서 어찌 그에게 작별을 고하지 않는 것입니까?(今侯渫過而不辭?)"라고 했는데, 고유의 주석은 "'후'는 ('어찌'의 의미인) '하'이다(侯, 何也)."라고 했다. 《한서 · 사마상여전(司馬相如傳)》은 "군주여! 군주여! 어찌 봉선하러 가지 않나이까?(君乎君乎, 侯不邁哉?)"라고 했는데, 이기(李奇)의 주석은 고유의 주석은 같다.[4]

## 하遐 하瑕

'하(遐)'는 ('어찌'의 의미인) '하(何)'이다. 《시경 · 소아 · 남산유대(南山有臺)》는 "즐거운 우리 님, 어찌 오래오래 사시지 않으리?(樂只君子, 遐不眉壽?)"라고 했다. 같은 책의 〈소아 · 습상(隰桑)〉은 "마음으로 사랑하거늘, 어찌 고하지 않나?(心乎愛矣, 遐不謂矣?)"라고 했고, 같은 책의 〈대아 · 역박(棫樸)〉은 "주나라 임금님 만수무강하시니, 어찌 인재를 잘 쓰시지 않겠는가?(周王壽考, 遐不作人?)"라고 했다. 이상의 '하불(遐不)'은 모두 ('어찌~하지 않는가?'의 의미인) '하불(何不)'이다. 《예기 · 표기(表記)》는 《시경》을 인용하여 "하불위의(瑕不謂矣)"라고 했는데, 정현의 주석은 "'하'는 ('어찌'의 의미) '호'를 말한다(瑕之言胡也)."라고 했다. 모형의 《전(傳)》과 정현의 《전(箋)》이 '하(遐)'를 ('멀다'의 의미인) '원(遠)'으로 풀이한 것은 잘못되었다.

---

4) 《문선(文選) · 봉선문(封禪文)》 주석에 보인다.

# 호號[5]

'호(號)'는 ('어찌'의 의미인) '하(何)'이다. 《순자 · 애공(哀公)》은 "노나라 애공이 공자에게 '허리띠를 두르고 모자를 쓰며 예복을 입으면, 어질어지는데 도움이 됩니까?'라고 묻자, 공자가 정중하게 '폐하께서는 어찌 이렇게 묻는 것인지요?'라고 했다(魯哀公問於孔子曰: '紳委章甫, 有益於仁乎?' 孔子蹴然曰: '君號然也?')"고 했는데, 《공자가어(孔子家語) · 호생(好生)》에는 "군호연언(君胡然焉)"으로 되어있다. '하(何)' · '호(胡)' · '해(奚)' · '하(遐)' · '후(侯)' · '호(號)' · '갈(曷)' · '합(盍)'[6]은 성모는 같고 운모에서 파생된 글자들이다.


# 갈曷 해害

'갈(曷)'은 ('어찌'의 의미인) '하(何)'로, 자주 사용하는 말이다. '해(害)'로 된 곳도 있다. 《시경 · 주남 · 갈담(葛覃)》에서 "어찌 옷을 빨고 어찌 빨지 않으리?(害澣害否?)"라고 한 것이 이 예이다.

부친께서는 《이아(爾雅)》에서 "'갈'은 ('어찌 ~하지 않는가?'의 의미인) '합'이다(曷, 盍也).'라고 했다고 하셨다. 곽박(郭璞)의 주석은 "'합'은 ('어찌~하지 않는가?'의 의미인) '하불'이다(盍, 何不也).'라고 했다. 《상서 · 탕서》는 "이 해는 어찌 사라지지 않는 것일까?(時日曷喪?)"라고 했고, 《시경 · 당풍 · 유체지두(有杕之杜)》는 "속으로 그를 좋아하는데, 어찌 그와 음식을 함께 하지 않겠는가?(中心好之, 曷飲食之?)"라고 했

---

5) 음은 '호(豪)'이다.
6) '합(盍)'은 ('어찌~하지 않겠는가'의 의미인) '하불(何不)'이면서 ('어찌'의 의미인) '하(何)'도 된다. '합(盍)'자에 자세한 설명이 보인다.

다. 이상의 '갈'은 모두 ('어찌~하지 않는가?'의 의미인) '하불(何不)'이다. 풀이하는 사람들이 모두 ('어찌'의 의미인) '하(何)'로 풀이한 것은 잘못된 것이다.


## 합盍 개蓋 합闔

'합(盍)'은 ('어찌~하지 않는가?'의 의미인) '하불(何不)'로, 자주 사용하는 말이다. 글자가 '개(蓋)'로 된 곳도 있다. 《예기·단궁》은 "그대는 어찌하여 그대의 뜻을 공에게 말하지 않습니까?(子蓋言子之志於公乎?)"라고 한 것이 이 예이다.

부친께서는 《광아(廣雅)》에 "'합'은 ('어찌'의 의미인) '하'이다(盍, 何也)."라고 한 기록이 있다고 하셨다. 《초사·구가(九歌)·동황태일(東皇太一)》은 "향기로운 가지는 어찌 잡을까나(盍將把兮瓊芳)."라고 했는데, 왕일의 주석은 "'합'은 ('어찌'의 의미인) '하'이다. 이는 영무가 어찌 향기로운 옥 같은 가지를 잡을 것인지를 말한다.(盍, 何也. 言靈巫何持乎, 乃復把玉枝以為香也)."라고 했다.[7] 《관자·계(戒)》는 "어찌 아직도 모시지 않았는가? 폐하께서 순행하려고 하신다(盍不出從乎? 君將有行)."라고 했는데, 윤지장(尹知章)의 주석은 "폐하께서 순행하려는데, 어찌 아직도 모시지 않는가? '합'은 ('어찌'의 의미인) '하'이다(君將有行,

---

7) 금본은 "'합'은 ('어찌~하지 않는가?'의 의미인) '하불'이다(盍, 何不也)"라고 했는데, 이곳의 '불(不)'은 후인들이 더한 것이다. 주석에서 "영무하지(靈巫何持)"라고 한 것으로 보아, '합(盍)'을 ('어찌'의 의미인) '하(何)'로 풀이한 것이 분명하다. 반면 금본 《문선(文選)》에 실린 왕일(王逸)의 주석은 또 '하지(何持)'를 '하부지(何不持)'로 바꾸어 놓았는데, 오신(五臣)의 잘못된 풀이를 따랐다. 후인들은 '합(盍)'의 ('어찌~하지 않는가'의 의미인) '하불(何不)'만 알고 ('어찌'의 의미인) '하(何)'도 될 수 있다는 것을 몰라 계속 함부로 고쳤다.

何不出從乎? 盍, 何也)."라고 했다.8) 《장자·도척(盜跖)》은 "어찌 행하지 않는가?(盍不爲行?)"라고 했는데, 《경전석문》은 "'합'은 ('어찌'의 의미인) '하'이다. 어찌하여 덕을 행하지 않는 것인지를 말한다(盍, 何也. 勸何不爲德行)."라고 했다.9) 글자가 '개(蓋)' 내지 '합(闔)'으로 된 곳도 있다. 《장자·양생주(養生主)》는 "대단하시오! 솜씨가 어찌 이런 경지까지 이를 수 있는 것이오?(善哉, 技蓋至此乎?)"라고 했는데, 이는 솜씨가 뛰어나 어찌 이런 경지까지 이르렀음을 말한다. 《전국책·진책(秦策)(1)》은 "권세와 지위 그리고 부귀를 어찌 무시할 수 있겠습니까?(勢位富貴, 蓋可忽乎哉?)"라고 했는데, 이는 어찌 무시할 수 있는가를 말한다.10) 《관자·소칭(小稱)》은 "어찌하여 과인을 위해 축복의 건배를 하지 않습니까?(闔不起爲寡人壽乎?)"라고 했다. 《장자·서무귀》는 "어찌하여 사람들은 이것에 대해 깊이 알려고 하지 않는가?(闔不亦問是已?)"라고 했다. 이상의 '합불(闔不)'은 ('어찌~하지 않는가?'의 의미인) '하불'이다. '합(盍)'은 '하불'이자 '하(何)'이기도 하다. '갈(曷)'은 '하'이자 '하불'이기도 한데,11) 소리가 가깝고 의미도 통한다. 그래서 《이아》는 "'갈'은 ('어찌 ~하지 않는가?'의 의미인) '합'이다(曷, 盍也)."라고 했고, 《광아》는 "'갈'과 '합'은 ('어찌'의 의미인) '하'이다(曷、盍, 何也)."라고 했다. 학자들이 그 의미를 놓친 지 오래되었다.

---

8) 금본에는 "'합'은 ('어찌~하지 않겠는가?'의 의미인) '하불'이다(盍, 何不也)."라고 했다. 이곳의 '불(不)'도 후인들이 더한 것이다. 《관자(管子)·치미(侈靡)》는 "공의 행차가 있을 텐데, 어찌 행차를 준비하지 않는가?(公將有行, 胡不送公)."라고 했는데, 이곳의 '호불(胡不)'은 ('어찌 ~하지 않겠는가?'의 의미인) '합불(盍不)'과 같다.

9) 금본에는 "'합'은 ('어찌~하지 않겠는가?'의 의미인) '하불'이다(盍, 何不也)."라고 했다. 이곳의 '불(不)'도 후인들이 더한 것이다.

10) 저소손(褚少孫)이 이어 보충한 《사기(史記)·삼대세표(三代世表)》는 "어찌 무시할 수 있겠는가?(豈可以忽乎哉?)"라고 했다.

11) '갈(曷)'자에도 설명이 보인다.

# 허許

이선(李善) 주석의 《문선》은 "'허'는 ('곳'의 의미인) '소'와 같다(許, 猶所也)."라고 했다.[12] 《묵자·비악(非樂)》은 "배와 수레를 다 만들자, '내가 어느 곳에 이것들을 사용할 것인가?'라고 물었다(舟車既以成矣, 曰: 吾將惡許用之?)"라고 했는데, 이는 내가 어느 곳에 이것들을 사용할 것인지를 말한다.[13]

# 행行

안사고(顏師古) 주석의 《한서·양웅전(揚雄傳)》은 "'행'은 ('장차'의 의미인) '차'이다(行, 且也)."라고 했다.[14] 《시경·위풍(魏風)·십묘지간(十畝之間)》에서 "그대와 돌아 갈까나(行與子還兮)."와 "그대와 갈까나(行與子逝兮)."라고 한 것은 그대와 돌아가고 그대와 가려고 함을 말한다.

---

12) 사조(謝朓)의 시 《재군와병(在郡臥病)》에 보인다.

13) '허(許)'와 '소(所)'는 소리도 가깝고 의미도 같다. 《설문해자(說文解字)》는 "'소'는 나무를 베는 소리이다. 《시경》에 '쓱쓱 나무를 베네.'라고 했다(所, 伐木聲也. 《詩》: '伐木所所')."라고 했다. 지금의 《시경》에는 '허허(許許)'로 되어있다. 완적(阮籍)의 《영회시(詠懷詩)》는 "좋은 시절은 어디에 있나?(良辰在何許?)"라고 했는데, 원문의 '하허(何許)'는 '하소(何所)'이다.

14) 나의 생각에는 옛날에도 이런 풀이가 있었다. 이선(李善) 주석의 《문선(文選)·동소부(洞簫賦)》와 《문선·위문제여오질서(魏文帝與吳質書)》 모두 "'행'은 ('장차'의 의미인) '차'와 같다(行, 猶且也)."라고 한 것이 이 예이다.

# 황況 형兄 황皇

《광운(廣韻)》은 "'황'은 ('하물며'의 의미인) '신'이다(況, 矧也)."라고 했다. 이는 자주 사용하는 말이다.

《광운》은 "'황'은 '맞대고 헤아리다'의 의미이다(況, 匹擬也)."라고 했다. 양경(楊倞) 주석의 《순자 · 비십이자(非十二子)》는 "'황'은 ('견주다'의 의미인) '비'이다(況, 比也)."라고 했다. 안사고 주석의 《한서 · 고혜고후문공신표(高惠高后文功臣表)》는 "'황'은 ('비유하다'의 의미인) '비'이다(況, 譬也)."라고 했다. 이 역시 자주 사용하는 말이다.

'황'은 ('~하느니'의 의미인) '여(與)'와 ('~에 비하다'의 의미인) '여(如)'와 같다. 《좌전 · 민공(閔公) 원년》은 "해를 당하느니, 이렇게 하면 좋은 명성이라도 얻을 수 있을 것입니다(猶有令名, 與其及也)."라고 했다. 이 구절에 대한 왕숙의 주석은 "떠나면 좋은 명성이라도 얻을 수 있는데, 어찌 앉아서 화를 당하는 것에 비하겠는가?(雖去猶有令名, 何與其坐而及禍也)."라고 했는데, 이곳의 '하여(何與)'는 ('어찌 ~에 비하겠는가?'의 의미인) '하여(何如)'이다.[15] 같은 책의 〈민공 2년〉은 "자신을 위태롭게 만들어 빨리 죄짓게 되느니 …… (與其危身以速罪也 …… )"라고 했는데, 《국어 · 진어(晉語)(1)》에는 "오랑캐가 우리에게 끼칠 위험은 말하지 않고 조정에서 참언만 일삼느니(況其危身於狄以起讒於內也)."라고 되어있다. '황' · '여(與)' · '여(如)'는 모두 비교하는 의미에 가깝다.

'황'은 ('더욱'의 의미인) '자(滋)'와 '익(益)'이다. 《시경 · 소아 · 상체(常棣)》는 "좋은 벗이 있어도 탄식만 더욱 길어지네(每有良朋, 況也永歎)."라고 했고, 같은 책의 〈소아 · 출거(出車)〉는 "내 하인까지도 더 병이 났네(僕夫況瘁)."라고 했는데, 모형의 《전(傳)》과 정현의 《전(箋)》은

---

15) '여(與)'자에도 설명이 보인다.

모두 "'황'은 ('더욱'의 의미인) '자'이다(況, 玆也)."라고 했다.[16] 《국어・진어(1)》은 "백성들은 더욱 그를 떠받든다(衆況厚之)."라고 했고, 같은 책의 〈진어(2)〉는 "지금 그대가 중립을 지킨다면, 그들의 음모를 더욱 굳혀줄 수 있소(今子曰中立, 況固其謀也)."라고 했다. 이에 대한 위소의 주석은 모두 "'황'은 ('더욱'의 의미인) '익'이다(況, 益也)."라고 했다. '익'도 '자'의 의미이다. 옛날에는 '형(兄)'・'황(皇)'과도 통했다. 《시경・대아・상유(桑柔)》는 "병이 나 마음은 더욱 아픈데(倉兄塡兮)"라고 했고, 같은 책의 〈대아・소민(召旻)〉은 "이 시름만 더욱 연장시키는가?(職兄斯引?)"라고 했는데, 모형의 《전》은 모두 "'형'은 ('더욱'의 의미인) '자'이다(兄, 玆也)."라고 했다. 《상서・무일(無逸)》은 "어떤 사람이 그들에게 '백성들이 그대를 원망하고 그대를 욕합니다.'라고 하면, 그들은 더더욱 자신의 행동을 조심했습니다(厥或告之曰: 小人怨女詈女, 則皇自敬德)."라고 했는데, 《한석경》에는 '황(皇)'이 '형(兄)'으로 되어 있다. 왕숙본에는 '황(況)'으로 되어 있는데, 그 주석은 "'황'은 ('더욱'의 의미인) '자'이다. 그래서 더욱 덕을 닦는데 신중했다(況, 滋. 益用敬德也)."라고 했다.[17]

---

16) 이곳의 '자(玆)'는 '자(滋)'와 같다.

17) 내 생각으로 왕숙(王肅)의 설명이 옳다. 고문에서 '황(皇)'으로 된 것은 가차자일 따름이다. 정현(鄭玄)은 '황'을 ('겨를'의 의미인) '가(暇)'로 풀었고, 공안국(孔安國)의 《전》은 '황'을 ('크다'의 의미인) '대(大)'로 풀이했는데, 모두 문장의 의미와 맞지 않는다. 이 구절 앞에 나오는 "더더욱 ~라고 말해서는 안 된다(無皇曰)"에서 '황'은 《한석경(漢石經)》에는 '형(兄)'으로 되어있다. 《상서・진서(秦誓)》에는 "나는 더더욱 그들을 가까이 할 것이오(我皇多有之)."로 되어 있고, 《공양전(公羊傳)・문공(文公) 12년)에는 "더욱이 나에게는 천박하고 말 잘하는 사람들이 많다(而況乎我多有之)."로 되어 있다. 《상서대전(尚書大傳)》은 "군자는 사람들이 할 말이 있으면 듣지 않음이 없으니, 송사를 듣는 것은 더 말할 것도 없을 것이다(君子之於人也, 有其語也, 無不聽者, 皇於聽獄乎)"라고 했다. 정현의 주석은 "'황'은 ('더욱'의 의미인) '황과 같다(皇, 猶況也)."라고 했다. 이곳의 '황(況)'과 '황(皇)'은 옛날에 대부분 통용되었다.

# 향鄉[18] 향嚮

'향(鄉)'은 ('지금 곧~하려고 하다'의 의미인) '방(方)'이다. 글자가 '향(嚮)'으로 된 곳도 있다. 《주역·수(隨)·상전(象傳)》은 "날이 저물어 군자가 지금 곧 집으로 들어가 쉬려한다(君子以嚮晦入宴息)."라고 했는데, 이는 날이 저물어 지금 곧 집으로 돌아가 쉬려함을 말한다. 《시경·소아·정료(庭燎)》는 "지금 곧 날이 새려하네(夜鄉晨)."라고 했는데, 이는 날이 지금 곧 새려함을 말한다.


# 흘汔[19]

'흘(汔)'은 ('거의' 내지 '바라다'의 의미인) '기(幾)'이다. 《주역·정(井)·단사(彖辭)》는 "물을 길음에 두레박이 우물입구를 거의 나올 때에 …… (汔至亦未繘井 …… )"라고 했고, 같은 책의 〈미제(未濟)·단사〉는 "어린 여우가 강을 거의 건너가서 꼬리를 적시니(小狐汔濟, 濡其尾)."라고 했는데, 정현과 우번의 주석은 모두 "'흘'은 ('거의'의 의미인) '기'이다(汔, 幾也)."라고 했다. 《시경·대아·민로(民勞)》는 "백성들 수고로워, 조금이라도 편안하길 바라니(民亦勞止, 汔可小康)."라고 했는데, 정현의 《전》도 "'흘'은 ('바라다'의 의미인) '기'이다(汔, 幾也)."라고 했다.
'흘'은 ('그'의 의미인) '기(其)'이다. 《좌전·소공 20년》은 공자가 앞의 《시경·대아·민로》 시를 인용하여 말했는데, 두예의 주석은 "'흘'은 ('그'의 의미인) '기'이다(汔, 其也)."라고 했다. 이 역시 의미가 통한다.[20]

---

18) 발음은 '향(向)'이다.
19) 발음은 '흘(迄)'이다.
20) 이곳은 삼가시(三家詩)에서 나왔거나 《좌전》의 옛 주석에 이렇게 되어있었을 것

# 여歟 여與

《옥편》은 "'여'는 어기사이다(歟, 語末辭)."라고 했다. 옛날에는 '여
(與)'와 통했다. 황간(皇侃)의 《논어 · 학이》의 《논어의소(論語義疏)》는
"'여'는 의문을 나타내는 말이다(與, 不定之辭)."라고 했다. 고유 주석의
《여씨춘추 · 자지(自知)》는 "'여'는 (어기사인) '야'이다(歟, 邪也)."라고
했다.21) 또 고유 주석의 《회남자 · 정신(精神)》은 "'여'와 '야'는 허사이다
(與、邪, 辭也)."라고 했다. 이들은 모두 자주 사용하는 말이다. 문중에
서 어조사가 되는 것으로는 《예기 · 단궁》에서 "곡하는 사람이 누구인
가?(誰與哭者?)"라고 한 것과 "만일 죽은 자가 다시 살아난다면, 나는
누구를 따라야 할까?(死者如可作也, 吾誰與歸?)"22)라고 한 것이 이 예
이다. '여(與)'는 묻는 말로, (어기사인) '재(哉)'와 같고, 이어서 읽으면
'여재(與哉)'라고 한다. 《예기 · 단궁》에서 "설마 내가 조문하러 가야하
나?(我弔也與哉?)"라고 한 것과 《논어 · 양화》에서 "비루한 사람이 군주
를 섬길 수 있겠느냐?(鄙夫可與事君也與哉?)"라고 한 것이 이 예이다.
어기사 '호(乎)'는 '재'와 같은 의미이고, 이어서 읽으면 '호재(乎哉)'라고

---

이다. 《후한서(後漢書) · 반초전(班超傳)》에는 반초의 여동생 반소(班昭)가 글을
올리면서 《시경 · 대아 · 민로(民勞)》를 말했는데, 이곳에 나오는 이현(李賢)의 주
석도 "'흘'은 ('그'의 의미인) '기'이다(汔, 其也)."라고 했다.

21) '야(邪)'는 보통 (어기사인) '야(耶)'로 되어있다. '여(歟)'와 '야(邪)' 두 글자는 옛날
에는 모두 '여(餘)'로 읽었다. 《장자(莊子) · 천지(天地)》에서 "어지러워진 뒤에 다
스렸나?(其亂而後治之與?)"라고 한 것에, 《경전석문(經典釋文)》은 "'여'는 본래 '야'
로도 되어있다('與'本又作'邪')"라고 했다.

22) 부친께서 '여(與)'는 음이 '여(餘)'라고 하셨다. "오수여귀(吾誰與歸)"는 "수여곡자
(誰與哭者)"와 문장의 구조가 같은데, 이는 나는 누구를 따라야 하는지를 말한다.
《경전석문(經典釋文)》에는 '여(與)'자의 음이 없다. 《예기정의(禮記正義)》는 "나는
여러 대부들 중에 가장 현명한 사람을 따를 수 있다(吾於衆大夫之內, 而誰最賢,
可以與歸)."라고 하여 '여(與)'를 모두 상성(上聲)으로 읽었는데, 잘못된 것이다.

한다.

　'여(與)'는 (어기사인) '혜(兮)'와 같다. 《시경·주송(周頌)·잠(潛)》은 "아아 칠저수에는(猗與漆沮)."이라 했고, 같은 책 〈상송(商頌)·나(那)〉는 "굉장하기도 해라!(猗與那與)"라고 했는데, 이는 각각 "의혜칠저(猗兮漆沮)"와 "의혜나혜(猗兮那兮)"라고 하는 것과 같다. 《국어·진어(2)》에서 "아 이러한 사람 빨리 없어져서(猗兮違兮)"라고 한 것이 이 예이다.

　'여'는 (어기사인) '야(也)'와 같다. 《논어·공야장(公冶長)》은 "저런 재여(宰予)를 꾸짖어 무엇 하랴! …… 재여 때문에 그렇게 바꾸었다(於予與何誅! …… 於予與改是)."라고 했는데, 이는 "어여야하주 …… 어여야개시(於予也何誅 …… 於予也改是)."라고 하는 것과 같다.[23]


# 야邪[24]

　'야(邪)'는 (어기사인) '여(歟)' 내지 '호(乎)'와 같다. 《안씨가훈·음사(音辭)》는 "'야'는 의문을 나타내는 말이다(邪者, 未定之詞)."라고 했는데, 자주 사용되는 말이다.

　'사'는 (어기사인) '혜(兮)'와 같다. 《전국책·제책(齊策)(6)》에서 "소나무여! 잣나무여! 제나라 왕을 공읍(共邑)에서 죽게 만든 것은 언변에

---

23) '여(與)'와 '야(邪)'는 옛날에 소리가 같았다. 그래서 '야'도 '야(也)'와 같은 의미이다. 《대대례기(大戴禮記)·오제덕(五帝德)》에서 "내가 안색으로 사람을 취하고자 했으나 멸명 때문에 그런 생각을 바꾸었다. 나는 언변으로 사람을 취하고자 했으나 재아(宰我) 때문에 그런 생각을 바꾸었다. 나는 용모로 사람을 취하고자 했으나 자장(子張) 때문에 그런 생각을 바꾸었다(吾欲以顏色取人, 於滅明邪改之. 吾欲以語言取人, 於予邪改之. 吾欲以容貌取人, 於師邪改之)."라고 한 것이 이 예이다. '야(邪)'자에도 설명이 보인다.

24) 발음은 "ㅇ+ㅑ(以遮反)"이다.

능한 사람들 때문이오!(松邪! 柏邪! 住建共者, 客邪!)"라고 한 것이 이 예이다.

부친께서는 '야'는 (어기사인) '야(也)'와 같다고 하셨다. 《장자·덕충부(德充府)》에서 "나는 스승님께서 계신 곳에 오면, 노기는 사라지고 평온한 마음을 되찾소(我適先生之所, 則廢然而反, 不知先生之洗我以善邪)."라고 한 것,25) 같은 책의 〈재유(在宥)〉에서 "그 사람들이 어찌 지나쳐만 버리겠는가? 재계하고 그것을 말하며, 꿇어앉아 그것을 바치고, 연주와 노래로 그것을 춤추며 떠받든다네(豈直過也, 而去之邪? 乃齊戒以言之邪, 跪坐以進之邪, 鼓歌以儛之邪)."라고 한 것,26) 또 같은 책의 〈산목(山木)〉에서 "한번 소리쳐 듣지 못해서 다시 소리쳐도 듣지 못해 결국 세 번째 소리치게 되면 반드시 욕설이 따르게 마련입니다(一呼而不聞, 再呼而不聞, 於是三呼邪, 則必以惡聲隨之)."라고 한 것이 이 예이다. 같은 책의 〈천지(天地)〉는 "처음에 나는 당신을 성인이라 생각했지만, 지금은 군자밖에 되지 않는군요(始也我以女為聖人邪, 今然君子也)."라고 했고,27) 같은 책의 〈천운(天運)〉은 "심합니다! 사람을 설득하

---

25) '야(邪)'와 '야(也)'는 같은 의미로, 이는 자신도 모르게 나날이 좋은 행동을 하는 것을 말한다. 곽상(郭象) 주석은 "스승께서 훌륭한 도로 나를 씻어 주실지 모르겠네? 나를 평온한 마음의 상태로 돌아가게 해주실까?(不知先生洗我以善道故邪? 為我能自反邪?)"라고 했는데, 잘못된 것이다.

26) 앞의 '야(邪)'는 어기사 '호(乎)'와 같고, 뒤쪽 세 개의 '야(邪)'는 '야(也)'와 같다. 금본에는 뒤쪽 세 개의 '야(邪)'가 없는데, 후인들이 함부로 삭제한 것이다. 《경전석문(經典釋文)》에는 "이거지야(而去之邪)" 네 글자가 나오는데 이를 풀이하며 "최선본(崔譔本)에는 이 한 글자만 '야'로 되어있고, 나머지는 모두 '지'로 되어있다(崔本唯此一字作'邪', 餘皆作'咫')."라고 했다. 이는 육덕명(陸德明)이 본 판본에는 '거지(去之)'·'언지(言之)'·'진지(進之)'·'무지(舞之)' 아래에 모두 '야(邪)'자가 있었음을 말한다. 최선본(崔譔本)에는 앞쪽의 '야(邪)'는 '야(邪)'로 되어있고, 뒤쪽 세 개의 '야(邪)'는 모두 '지(咫)'로 되어있다.

27) 이곳의 '연(然)'은 (곧의 의미인) '내(乃)'의 의미이다. '연(然)'자에 설명이 보인다.

기 어렵고 도를 밝히기 어려움이요(甚矣夫! 人之難說也, 道之難明邪)."
라고 했는데, 이곳의 '야'도 (어기사인) '야(也)'이다.

## 야也

《옥편》은 "야는 이어진 말을 끝내고 문장을 만든다(也, 所以窮上成
文也)."라고 했다. 《안씨가훈·서증(書證)》은 "'야'는 어기사이자 어조사
이다(也, 語已及助句之辭)."라고 했다. 앞 문장을 맺는 역할을 하는 것
으로는 《논어·학이》에서 "이 역시 행해질 수 없다(亦不可行也)"라고
한 것이 이 예이다. 아래 문장을 시작하는 역할을 하는 것으로는 같은
책의 〈학이〉에서 "스승님께서는 어떤 한 나라에 가시면(夫子至於是邦
也)"이라 한 것이 이 예이다. 문중에서 어조사 역할을 하는 것으로는
같은 책의 〈학이〉에서 "그 사람됨이 부모에게 효도하고 형에게 공경하
면 …… (其爲人也孝弟 …… )"라고 한 것이 이 예이다. 이는 자주 사용
하는 말이다.

'야'는 (어기사인) '언(焉)'과 같다. 《예기·악기》는 "마음이 평화로우
면 겉모습은 공손해진다. 그러면 백성들은 그의 안색만 보고도 그와
다투지 않으며, 백성들은 그의 용모만 바라보아도 나태해지려는 생각
을 갖지 않는다(內和而外順, 則民瞻其顏色而弗與爭也, 望其容貌而民
不生易慢焉)."라고 했다. 《대대례기·증자입사(曾子立事)》는 "의로운
일을 보면 함께 하지 못할까 두려워하고, 의롭지 않은 일을 보면 자신에

---

《전국책·조책(趙策)(3)》은 "처음에 저는 그대를 세상의 어진 공자라고 여겼는데,
지금에서야 저는 그대가 세상의 어진 공자가 아니라는 것을 알았습니다(始吾以君
爲天下之賢公子也, 吾乃今然後知君非天下之賢公子也)."라고 했는데, 문장의 의미
가 이것과 같다.

게 미칠까 두려워한다(見善, 恐不得與焉. 見不善者, 恐其及己也)."라고
했다. 《논어 · 이인》은 "어진 이를 보면 그와 같이 되기를 생각하고, 어
질지 않은 이를 보면 스스로 반성해야 한다(見賢思齊焉, 見不賢而內自
省也)."라고 했다. 이상의 '야'도 (어기사인) '언'으로, 서로 바꿔 쓸 수
있다.

'야'는 (어기사인) "의(矣)"와 같다. 《예기 · 악기(樂記)》는 "군사들을
해산시키고 교외에서 활쏘기 대회를 개최한다. 제후들이 동쪽 교외에
서 활쏘기 연습을 할 때 《이수》 곡을 연주하고, 천자가 서쪽 교외에서
활쏘기 연습을 할 때 《추우》 곡을 연주한다. 전장에서나 하는 갑옷을
뚫는 활쏘기는 하지 않는다. 사람들은 예복을 입고 예모를 쓰고 허리에
는 홀을 차고, 용사들은 검을 차지 않는다(散軍而郊射, 左射《貍首》, 右
射《騶虞》, 而貫革之射息也. 裨冕搢笏, 而虎賁之士說劍也)."라고 했다.
같은 책의 〈빙의(聘義)〉는 "이와 같이 하면, 백성들은 순조롭게 잘 다스
려지고 나라는 안정된다(如此, 則民順治而國安也)."라고 했다. 《대대례
기 · 위장군문자》는 "위태롭지 않다고 할만하다(其可謂不險也)."라고
했다. 《국어 · 진어(8)》은 "게다가 저 난씨는 진나라를 속인지 오래되었
다(且夫欒氏之誣晉國久也)."라고 했다.[28] 《논어 · 선진》은 "나를 따라
진나라와 채나라에 갔던 사람들은, 모두 내 문하에 있지 않구나!(從我
於陳、蔡者, 皆不及門也!)"라고 했다. 이상의 '야'는 모두 어기사 '의'와
같다. 《대대례기 · 증자입사》는 "그 말을 들으면 그 좋아하는 바를 알
수 있다. 말하는 일부분을 보고 그 의도를 알 수 있다(聽其言也, 可以知
其所好矣. 觀說之流, 可以知其術也)."라고 했고,《예기 · 문왕세자(文王
世子)》는 "그래서 사람들은 부자지간의 도를 알았다 ······ 그래서 사람

---

28) 송명도본(宋明道本)도 이와 같다. 금본에는 "차부난씨지무진국야구의(且夫欒氏之
誣晉國也久矣)"로 되어 있는데, 후인들이 고친 것이다.

들은 군신지간의 의리를 분명히 했다…… 그래서 사람들은 어른과 아이의 예절을 알았다(然而衆知父子之道矣…… 然而衆著於君臣之義也…… 然而衆知長幼之節矣)."라고 했다. 이상의 '야' 역시 (어기사인) '의'와 같고, 서로 바꿔 쓸 수 있다. 그래서 《예기·제의》는 "평생을 부모에게 효도한다고 할 수 있다(可謂能終矣)"라고 했는데, 《대대례기·증자대효(曾子大孝)》에는 '의'가 '야'로 되어있다. 《중용·20장》은 "백성들을 얻어 다스릴 수 없을 것이다(民不可得而治矣)."라고 했는데, 《맹자·이루》에는 '의'가 '야'로 되어있다.

'야'는 (시간을 나타내는 말 뒤에서 쌍음절을 이루거나 '~한 것'의 의미인) '자(者)'와 같다. 《시경·진풍(秦風)·권여(權輿)》에서 "지금은 간신히 끼니를 이을 정도라네(今也每食無餘)."라고 한 것, 《예기·단궁》에서 "옛날에는 묻었을 뿐 봉분은 만들지 않았다(古也墓而不墳)"라고 한 것, 같은 편에서 "옛날에 좋은 날 쓰는 관과 나쁜 날 쓰는 관은 모두 곧게 꿰맸고, 지금의 좋은 날에 쓰는 관은 옆으로 꿰맨다(古者冠縮縫, 今也衡縫)."라고 한 것, 《좌전·소공 12년》에서 "옛날에 기록이 있었다(古也有志)."라고 한 것, 《곡량전·성공 17년》에서 "정나라를 정벌한 곳에서 돌아왔다고 하지 않는 것은 성공이 정나라를 정벌하는데 적극적이지 않아서였다(不曰至自伐鄭也, 公不周乎伐鄭也)."라고 한 것,[29] 《논어·옹야》에서 "지금은 죽고 없으니(今也則亡)."라고 한 것, 같은 책의 〈자한〉에서 "지금은 명주 관을 쓰는데(今也純)."라고 한 것, 같은 책의 〈양화〉에서 "옛날 백성들에게 세 가지 병폐가 있었는데, 지금은 아마 그런 병폐조차 없는 것 같다(古者民有三疾, 今也或是之亡也)."라고 한 것이 이 예이다. 《맹자·진심》은 "아주 어린 아이는 자신의 부친을 사랑해야 한다는 것을 알지 않음이 없고,[30] 커서는 자신의 형을 존경해야

---

29) 앞의 '야(也)'자는 '자(者)'와 같은 의미이다.

한다는 것을 알지 않음이 없다(孩提之童, 無不知愛其親者, 及其長也, 無不知敬其兄也)."라고 했는데, 두 번째 '야'도 '자'와 같은 의미이다.

'야'는 ('~일 뿐이다'의 의미인) '이(耳)'와 같다. 《예기 · 제의》는 "나는 그저 부모를 봉양한 것뿐인데, 어찌 효도했다고 할 수 있겠는가?(參直養者也, 安能為孝乎?)"라고 한 것, 《논어 · 선진》에서 "유의 학문을 비유하자면 마루에는 올랐지만 아직 방안까지는 들어가지 못했을 뿐이다(由也升堂矣, 未入於室也)."라고 한 것,[31] 《맹자 · 이루》에서 "그대가 자오를 따라 온 것은 먹고 마시고자 할 뿐이다(子之從於子敖來, 徒餔啜也)."라고 한 것, 《전국책 · 제책(4)》에서 "폐하께서는 능력 있는 이를 홀대할 뿐이신데, 어찌 능력 있는 사람이 없다고 하시는지요?(王亦不好士也, 何患無士?)"라고 한 것이 이 예이다.

'야'는 (어기사인) '혜(兮)'와 같다. 《시경 · 패풍 · 일월(日月)》에서 "우리 그 이는(乃如之人兮)"이라고 한 것, 같은 책의 〈용풍 · 체동(蝃蝀)〉에서 "이 사람은(乃如之人也)"이라고 한 것, 같은 책의 〈용풍 · 군자해로〉에서 "나라의 미인일세(邦之媛也)."이라고 한 것, 같은 책의 〈정풍(鄭風) · 고구(羔裘)〉에서 "나라의 인재라네(邦之彦兮)"라고 한 것은 의미가 모두 같다. 같은 책의 〈조풍 · 시구(鳲鳩)〉는 "언행이 한결 같으니 마음은 맺어놓은 듯 단단하네(其儀一兮, 心如結兮)."라고 했는데 《예기 · 치의(緇衣)》는 "기의일야(其儀一也)"로 인용했고, 《회남자 · 전언(詮言)》은 "기의일야, 심여결야(其儀一也, 心如結也)"로 인용했다. 《시경 · 패풍 · 모구(旄丘)》는 "어찌 그리 속 편히 있을까(何其處也)."라고 했는데, 《한시외전》은 "하기처혜(何其處兮)"로 인용했다. 같은 책의

---

30) 옛 판본은 모두 이렇게 되어있다. 감본(監本)에는 '자(者)'가 '야(也)'로 되어 있는데, 후인들이 고친 것이다.

31) 마융(馬融)의 주석은 "우리 문하의 마당에는 올랐지만 아직 방안에는 들어가지 못했다(升我堂矣, 未入於室耳)."라고 했다.

〈용풍·군자해로〉는 "구슬 귀막이 달고(玉之瑱也)"라고 했는데, 《설문해자》는 "옥지진혜(玉之瑱兮)"로 인용한 것이 이 예이다.

'야'는 (어기사인) '야(邪)'·'여(歟)'·'호(乎)'와 같다. 《주역·동인(同人)·상전(象傳)》은 "문을 나서자마자 다른 사람과 화합하는데, 또 누가 그것을 탓하겠는가?(出門同人, 又誰咎也?)"라고 했다. 《계사전》은 "《역》은 어떻게 만들어졌나? 《역》이란 사물을 열고 일을 이루며, 세상의 모든 이치를 덮는 이러한 것일 따름이다(夫《易》, 何為者也? 夫《易》, 開物成務, 冒天下之道, 如斯而已者也)."라고 했고,[32] 또 "그 까닭은 무엇일까?(其故何也?)"라고 했다. 같은 책의 〈건(乾)·문언(文言)〉은 "무엇을 말하나?(何謂也?)"라고 했다.[33] 《시경·패풍·모구》는 "위나라 대부들이여 얼마나 여러 날이 갔는가?(叔兮伯兮, 何多日也?)"라고 했다.[34] 《의례·사혼례기(士昏禮記)》는 "모가 사양하고 허락지 않으니 감히 명을 따르지 않을 수 있겠습니까?(某辭不得命, 敢不從也?)"라고 했다. 《예기·곡례(曲禮)》는 "어찌하여 사직을 버리려고 하십니까?(奈何去社稷也?)"라고 했다. 같은 책의 〈단궁〉은 "그대가 어찌 죄가 없는가?(女何無罪也?)"라고 했고, 또 "어떻게 좋은 날 입는 옷을 입고 조문하러 오는 것인가?(如之何其裼裘而吊也?)"라고 했다.[35] 또 "이와 같이 사치한다면(若是其靡也)"이라고 했다. 또 같은 책의 〈단궁〉은 "어찌 가지 않는가?(何為不去也?)"라고 했다.[36] 같은 책의 〈교특생〉은 "신이 어느 것을 향

---

32) 앞의 '야(也)'는 묻는 말로 '야(邪)'와 같은 의미이다. 경전에서 두 개의 '야(也)'가 서로 이어져서 앞의 것이 묻는 말이 되고 뒤의 것이 답하는 말이 되는 것은 이곳에 둔다.

33) '하야(何也)'·'하위야(何謂也)'라고 말하는 것은 모두 이곳에 둔다.

34) 앞에서 '하(何)'라고 하고 뒤에서 '야(也)'라고 한 것은 이곳에 둔다.

35) 앞에서 '여지하(如之何)'라고 하고 뒤에서 '야(也)'라고 한 것은 이곳에 둔다.

36) 앞에서 하위'(何為)'라고 하고, 뒤에서 '야(也)'라고 한 것은 이곳에 둔다.

유할지 어찌 알겠습니까?(豈知神之所饗也?)"라고 했고,《좌전·환공 10년》은 "내가 왜 이 보옥을 갖고 화를 당해야 합니까?(吾焉用此, 其以賈害也?)"라고 했다.[37] 같은 책의 〈희공 5년〉은 "게다가 진(晋) 헌공(獻公)이 우나라를 아낌이 환숙(桓叔)과 장백(莊伯)의 후손을 대하는 것보다 더 가까울 수 있겠습니까?(且虞能親於桓, 莊乎? 其愛之也?)"라고 했고, 같은 책의 〈양공 25년〉은 "그가 나만의 군주인가? 내가 따라 죽어야 하겠는가?(獨吾君也乎哉? 吾死也?)"라고 했다. 같은 책의 〈소공 6년〉은 "지금 음식이 더해져도, 아래 신하들이 차마 들지 못하는 것은 죄가 되기 때문이 아니겠습니까?(今豆有加, 下臣弗堪, 無乃戾也?)"라고 했다. 같은 책의 〈애공 6년〉은 "그대는 선왕께서 아기씨 공자도(公子荼)를 위해 장난으로 소가 되어 그로 하여금 끌게 하다가 그의 이빨을 부러뜨린 일을 잊었는가? 그러고도 지금 선왕의 뜻을 어기려고 하는가?(女忘君之為孺子牛而折其齒乎? 而背之也?)"라고 했다.《국어·주어》는 "묻겠습니다만 하늘의 뜻으로 보아낸 것입니까 아니면 사람의 일로 추측한 것입니까?(敢問天道乎? 抑人故也?)"라고 했다.[38] 같은 책의 〈노어〉는 "형벌로 죽는 것입니까 아니면 역병으로 요절하는 것입니까?(抑刑戮也? 其夭札也?)"라고 했다. 또 "세상을 그가 세상을 다스리게 되면, 폐하께 무슨 이익이 있겠습니까? 또한 폐하께 땅을 돌려줄 것 같습니까?(將天下是王而何德於君? 其予君也?)"라고 했다. 또 "어르신께서는 저에게 가르침을 주실 말씀이 있으신지요?(主亦有以語肥也?)"라고 했다. 같은 책의 〈진어(3)〉은 "비정(丕鄭)이 진(秦)나라에 사신으로 가면서 그들에게 준 예물은 적었는데 보답 받은 예물이 많은 것은 진나라 군주에게

---

37) 앞에서 '기이(其以)'라고 하고, 뒤에서 '야(也)'라고 한 것은 이곳에 둔다.

38)《국어(國語)·진어(晋語)(8)》은 "이 꿈은 사람을 죽이게 되는 것이오, 아니면 악귀가 오는 것이오?(不知人殺乎, 抑厲鬼邪?)"라고 했다.

우리를 비난한 것이 아니겠습니까?(鄭之使薄而報厚, 其言我於秦也?)"
라고 했다.39) 《공양전·선공 6년》은 "그대는 대부이니, 보고 싶으면 와
서 보시오(子大夫也, 欲視之, 則就而視之)."라고 했다. 《논어·위정》은
"자장이 여쭈었다: 앞으로 열 왕조의 예법제도를 미리 알 수 있습니까?
(子張問: 十世可知也?)"라고 했다. 같은 책의 〈옹야〉는 "이 사람이 이런
병에 걸리다니?(斯人也, 而有斯疾也?)"라고 했다.40) 또 "어진 사람은 비
록 누가 그에게 '우물 안에 어짊의 이치가 있다'고 알려 주더라도 설마
그 어짊의 이치를 구하기 위해 우물 안으로 들어갑니까?(仁者雖告之曰:
'井有仁焉.' 其從之也?)"라고 했다. 《관자·계》는 "지금 내가 천하에 뜻
을 이루지 못하는 것은 두 분만의 걱정은 아니겠지요?(今孤之不得意於
天下, 非皆二子之憂也?)"라고 했다. 《맹자·공손추》는 "허! 이게 무슨
말이더냐?(惡, 是何言也?)"라고 했다.41) 또 "어찌 인의가 좋지 않다고
여기는가?(豈以仁義爲不美也?)"라고 했다. 같은 책의 〈고자〉는 "그렇다
면 먹고 마시는 것도 밖에만 있는 것인가?(然則飮食亦在外也?)"라고 했
다.42) 같은 책의 〈진심〉은 "다른 사람의 부친을 죽이면, 다른 사람도
그의 부친을 죽일 것이다. 다른 사람의 형을 죽이면, 다른 사람도 그
형을 죽일 것이다. 그렇다면 이것은 자신이 가족을 죽이지 않은 것일
까? 거의 차이가 없다(殺人之父者, 人亦殺其父. 殺人之兄者, 人亦殺其
兄. 然則非自殺之也? 一間耳)."라고 했다. 《장자·양생주》는 "누구신지
요? 어찌 발이 하나만 있으신지요?(是何人也? 惡乎介也?)"라고 했고, 같

---

39) 《좌전(左傳)》과 《국어(國語)》에는 '야(也)'가 '야(邪)'와 같은 의미인 경우가 너무
　　많아 모두 들 수 없다.
40) 뒤쪽의 '야(也)'가 '야(邪)'와 같은 의미이다.
41) 《예기·제의(祭義)》는 "시하언여(是何言與)"라고 했다.
42) 이 문장의 앞에는 "그렇다면 구운 고기를 좋아하는 마음도 밖에 있는 것인가?(然
　　則耆炙亦有外與?)"라고 했다.

은 책의 〈거협(胠篋)〉은 "그렇다면 이전의 지혜라는 것은 큰 도둑을 위해 모아둔 것이 아니겠는가?(然則鄕之所謂知者, 不乃爲大盜積者也?)"라고 했다. 《순자 · 정명(正名)》은 "이러한 사람이 추구하는 것은 마음을 기르는 것인가? 아니면 수명을 연장하는 것인가?(如此者, 其求物也, 養生也? 粥壽也?)"라고 했다. 《여씨춘추 · 불침(不侵)》은 "진나라 왕이 제왕의 자질을 갖춘 군주라면 그대는 신하조차 되지 못할 것이니, 어찌 진나라와 대적할 겨를이나 있겠는가? 진나라 왕이 불초한 군주라면 그때 다른 나라와 합종하여 진나라에 대항해도 늦지 않을 것이오(意者秦王帝王之主也? 君恐不得爲臣, 何暇從以難之? 意者秦王不肖主也? 君從以難之, 未晚也)."라고 했다. 《한비자 · 난이(難二)》는 "신하들의 역량에 의지한 것이었습니까? 아니면 군주의 역량에 의지한 것이었습니까?(不識臣之力也? 抑君之力也?)"라고 했다. 《전국책 · 진책(秦策)(3)》은 "지금 응후는 봉지를 잃고도 걱정하지 않는다고 말하는데, 이것이 어찌 보통사람의 생각이겠습니까?(今應侯亡地而言不憂, 此其情也?)"라고 했다. 같은 책의 〈초책(4)〉는 "한명이 춘신군에게 '그대가 보기에 제가 순에 비교해서 어떠합니까?'라고 하자, 춘신군은 '선생이 바로 순입니다.'(汗明謂春申君曰: '君料臣孰與舜?' 春申君曰: '先生卽舜也?')"라고 했다. 같은 책의 〈위책(3)〉은 "진(秦)나라 왕은 부모형제에게조차 이렇게 대하는데, 하물며 원수진 적국은?(此於其親戚兄弟若此, 而又況於仇讎之敵國也?)"이라고 했다.[43] '야(也)'와 (어기사인) '야(邪)'는 같은 의미여서 두 글자는 서로 바꿔 쓸 수 있다. 《좌전 · 소공 26년》은 "하늘이 노나라를 버린 것인가? 아니면 노나라가 신명들에게 죄를 지어 이런 지경까지 이른 것인가?(不知天之棄魯邪? 抑魯君有罪於鬼神, 故及此也?)"라고 했다. 《장자 · 우언(寓言)》은 "죽은 뒤에는 그 끝나는 곳을 알

---

43) 《사기 · 위세가(魏世家)》에는 '야(也)'가 '호(乎)'로 되어있다.

수 없는 이상 천명이 어찌 없다 하겠는가? 그러나 또 생명이 시작되는 곳을 모르는 이상 천명이 어찌 있다 하겠는가? 우리의 눈·귀·정신·지혜는 사물에 따라 작용하는 점으로 보아 그 속에 영특한 것이 어찌 없다 하겠는가? 그러나 또 그런 우리의 작용도 필연적인 정확함이 없는 이상 영특한 것이 어찌 있다고 하겠는가?(莫知其所終, 若之何其無命也? 莫知其所始, 若之何其有命也? 有以相應也, 若之何其無鬼邪? 無以相應也, 若之何其有鬼邪?)"라고 했다. 《사기·회남형산전(淮南衡山傳)》은 "공은 군사를 일으킨 오나라가 옳다고 여기는가? 아니면 잘못되었다고 여기는가?(公以為吳興兵是邪? 非也?)"라고 했다. 《사기·화식전(貨殖傳)》은 "이른바 작위나 봉지가 없는 큰 부자입니까? 아닙니까?(豈所謂素封者邪? 非也?)"라고 했다. 《한서·공수전(龔遂傳)》은 "지금 폐하께서 신을 보내시는 것은 그들을 평정하라는 것입니까? 아니면 그들을 위로하라는 것입니까?(今欲使臣勝之邪? 將安之也?)"라고 했다. 이상은 모두 '야(邪)'와 '야(也)'를 서로 바꿔 쓴 예이다. 《안씨가훈》은 "북쪽 사람들은 '야'를 '야'로 읽는다(北人呼'邪'為'也')."라고 했다. 두 글자는 본래 소리가 가까웠다. 그래서 《대대례기·오제덕(五帝德)》에서 "여쭙겠습니다만 황제는 사람입니까 사람이 아닙니까?(請問黃帝者人邪? 抑非人邪?)"라고 했는데, 《악기정의(樂記正義)》는 이곳의 '야(邪)'를 '야(也)'로 인용했다. 《장자·대종사》는 "만물을 만든 도가 내 몸을 이렇게 구부정하게 만든 것이(夫造物者, 又將以予為此拘拘也?)"라고 했는데, 《회남자·정신(精神)》에서는 '야(也)'가 '야(邪)'로 되어있다. 《전국책·진책(秦策)(2)》은 "이것이 바로 공손연이 말한 것인가?(此乃公孫衍之所謂也?)"라고 했는데, 《사기·장의전(張儀傳)》에는 '야(也)'가 '야(邪)'로 되어있다.

# 의矣

《설문해자》는 "'의'는 어기사이다(矣, 語已詞也)."라고 했다. 또한 문
중에 있는 것도 있는데, 《상서·목서(牧誓)》에서 "정말 멀리 왔도다! 서
쪽의 사람들이여(逖矣西土之人)"라고 한 것과 《시경·패풍(邶風)·웅
치(雄雉)》에서 "진실로 내 님이여(展矣君子)"라고 한 것이 이 예이다.
모두 자주 쓰이는 말이다.

'의(矣)'는 문장 끝에서 다음에 올 말을 이어주는 역할을 한다. 《시
경·주남·한광(漢廣)》은 "한수는 넓어서 헤엄쳐 갈 수 없고. 강수는
길어서 뗏목 타고 갈 수 없네(漢之廣矣, 不可泳思. 江之永矣, 不可方
思)."라고 했는데, 이곳의 '의'는 모두 다음의 말을 이어주는 역할을 한
다. 같은 책의 〈소아·사간(斯干)〉은 "대나무가 빽빽이 들어서고 소나
무가 우거져 있네. 형과 아우들은 사이좋게 지내며 서로 탓하는 일 없
네(如竹苞矣, 如鬆茂矣. 兄及弟矣, 式相好矣, 無相猶矣)."라고 했는데,
세 번째 '의'가 다음 문장을 이어주는 역할을 한다. 같은 책의 〈소아·각
궁(角弓)〉은 "그대가 멀리하면 백성들도 따라 그렇게 되고, 그대가 가
르치면 백성들도 따라 본받을 것이라네(爾之遠矣, 民胥然矣. 爾之敎矣,
民胥效矣)."라고 했는데, 첫 번째와 세 번째 '의'가 다음 문장을 이어주
는 역할을 한다.

'의'는 (어기사인) '호(乎)'와 같다. 《주역·사(師)·단전(象傳)》에서
"이것은 상스러운 징조이니 어찌 또 화를 말하겠는가?(吉又何咎矣?)"라
고 한 것, 같은 책의 〈무망(無妄)·단전〉에서 "함부로 움직이지 말아야
할 시기에 함부로 움직이면 어떻게 나아지겠는가?(無妄之往, 何之矣?)"
라고 한 것, 《시경·왕풍·중곡유퇴(中谷有蓷)》에서 "탄식해도 무슨 수
가 날까?(何嗟及矣?)"라고 한 것, 같은 책의 〈소아·육월〉에서 "벗 중에
누가 있소?(侯誰在矣?)"라고 한 것, 같은 책의 〈소아·정월〉에서 "지금

이 정치는 어찌 그리도 사납기만 한가?(今茲之正, 胡然厲矣?)"라고 한 것, 《예기·문왕세자》에서 "무슨 꿈을 꾸셨습니까?(女何夢矣?)"라고 한 것, 《좌전·은공 11년》에서 "이미 잘못되었는데도 저주까지 하니 무슨 이로움이 있겠는가?(邪而詛之, 將何益矣?)"라고 한 것, 《국어·진어(1)》에서 "폐하께서는 무엇으로 신하들을 가르치겠습니까?(君何以訓矣?)"라고 한 것, 《공양전·은공 3년》에서 "그대는 어찌하여 군주가 되지 않는가?(盍終爲君矣?)"라고 한 것, 《논어·계씨(季氏)》는 "장차 신하된 자의 보필을 어디에다 쓰겠느냐?(則將焉用彼相矣?)"라고 한 것이 이 예들이다.

'의'는 (어기사인) '야(也)'와 같다. 《시경·소아·거공(車攻)》은 "진실로 군자이고, 정말 큰 일 이루시겠네(允矣君子, 展也大成)."라고 했는데, 이곳의 '윤의(允矣)'는 '윤야(允也)'와 같은 의미이다.[44] 《예기·악기》는 "《대장》은 요 임금의 덕을 드날린다는 의미이고, 《함지》는 황제(黃帝)의 덕을 세상에 널리 알리는 의미이고, 《소》는 순이 요의 덕행을 계속 잇는다는 의미이고, 《하》는 우가 요와 순의 덕을 크게 발양한다는 의미이다(《大章》, 章之也. 《咸池》, 備矣. 《韶》, 繼也. 《夏》, 大也)."라고 하여, '대장(大章)'·'함지(咸池)'·'소(韶)'·'하(夏)'를 글자의 의미대로 풀었다. '비의(備矣)'는 '비야(備也)'와 같은 의미이다.[45] 《논어·이인》은 "인하지 않음을 싫어하는 사람은 그가 인을 행함에 있어 인하지 않은 것이 자신에게 가해지지 않도록 한다(惡不仁者, 其爲仁矣, 不使不仁

---

44) 《예기·치의(緇衣)》는 "윤야군자(允也君子)"로 인용했고, 《시경·상송(商頌)·장발(長發)》은 "진실한 천자께서(允也天子)"라고 했다.

45) 《사기·악서(樂書)》에는 '비야(備也)'로 되어있다. 《사기집해(史記集解)》는 "왕숙이 말했다: 받아들이고 스며들어 자연스럽게 행동을 변화시키는 것을 '비'라고 한다(王肅曰: '包容浸潤, 行化皆然, 故曰備也')."라고 했다. 《방언(方言)》은 "'비'는 ('두루 미치다'의 의미인) '함'이다(備, 咸也)."라고 했는데, 이곳의 '함(咸)'은 '비(備)'와 같은 의미이다.

者加乎其身)."라고 했는데, 이곳의 "기위인의(其爲仁矣)"가 바로 "기위
인야(其爲仁也)"이다. '의'는 성모는 같은데 운모에서 분화된 글자이기
때문에 '야(也)'는 '의'로 풀이할 수 있고, '의'도 '야'로 풀이할 수 있다.
'야'자에도 설명이 보인다.

　'의'는 ('~일 따름이다'의 의미인) '이(耳)'와 같다.《전국책·조책(3)》
은 "그렇다면 저는 동해로 가서 죽을 뿐입니다,[46] 저는 진나라의 백성
은 차마 되지 못하겠습니다(則連有赴東海而死矣, 吾不忍爲之民也)."라
고 했고, 같은 책의 〈연책(1)〉은 "제나라는…… 그래서 나는 제나라를
치고 싶소. 다만 나라가 피폐하고 힘이 부족한 것이 걱정일 따름이오
(齊者 …… 故寡人之所欲伐也, 直患國弊力不足矣)."라고 했다. 이상의
'의'는 모두 ('~일 따름이다'의 의미인) '이'이다.


# 호乎

　《설문해자》는 "'호'는 문장을 마무리하는 말이다(乎, 語之餘也)."라고
했다.

　《예기·단궁》의《예기정의》는 "'호'는 의문을 나타내는 말이다(乎者,
疑辭)."라고 했는데 자주 사용하는 말이다.

　고유 주석의《여씨춘추·귀신(貴信)》은 "'호'는 ('~에서'의 의미인)
'어'이다(乎, 於也)."라고 했는데, 이 역시 자주 사용하는 말이다.

　'호'는 일을 형용하는 말이다.《주역·건·문언》에서 "뜻이 확고하여
뽑을 수 없다(確乎其不可拔)."라고 한 것이 이 예이다. 이 역시 자주
사용하는 말이다.

---

46)《사기·노중련전(魯仲連傳)》에는 '의(矣)'가 '이(耳)'로 되어있다.

# 유俞

《이아》는 "'유'는 ('그러하다'의 의미인) '연'이다(俞, 然也)."라고 했다.
《상서·요전(堯典)》은 "요 임금이 말했다: 그렇다!(帝曰: 俞!)"라고 했다.

# 오於[47)]

《시경·대아·문왕》의 모형의 《전》은 "'오'는 감탄사이다(於, 歎詞
也)."라고 했다. 한 글자로 말하면 '오(於)'라 하고, 뒤에 한 글자를 더
보태면 '오호(於乎)'라고 한다. '오희(於戲)' 내지 '오호(烏呼)'로 된 곳도
있는데, 의미는 같다. 《소이아(小爾雅)》는 "'오호'는 탄식하는 말이다(烏
乎, 吁嗟也)."라고 했다. 찬미할 때 쓸 수도 있고 비통할 때 쓸 수도
있는데, 상황에 따라 의미가 결정된다.

# 의猗

'의(猗)'는 감탄사이다. 《시경·제풍(齊風)·의차(猗嗟)》는 "아아 멋
지다!(猗嗟昌兮!)"라고 했는데, 모형의 《전》은 "'의차'는 감탄사이다(猗
嗟, 歎詞)."라고 했다. 같은 책의 〈상송·나(那)〉는 "굉장하기도 해라!
(猗與那與!)"라고 했는데, 모형의 《전》은 "'의'는 감탄사이다(猗, 歎詞)."
라고 했다.[48)] 《국어·진어(3)》는 "아 이러한 사람 빨리 없어져(猗兮違

---

47) 발음은 '오(烏)'이다.
48) 《시경·주송(周頌)·잠(潛)》은 "아아! 칠저수에는(猗與漆沮)"이라 했는데 이것과
  같은 의미이다.

兮)”라고 했는데, 위소의 주석은 “‘의’는 ‘탄식하다’의 의미이다(猗, 歎
也).”라고 했다.

'의'는 (어기사인) ‘혜(兮)’이다. 《상서·진서》는 “성실하고 한결 같으
며 …… (斷斷猗 …… )”라고 했는데, 《예기·대학(大堅)》에는 ‘의’가 ‘혜’
로 되어있다. 《시경·위풍·벌단(伐檀)》은 “쾅쾅 박달나무 베어, 황하
가에 놓고 보니, 강물만 맑게 물놀이치고 있네(坎坎伐檀兮, 置之河之干
兮, 河水清且漣猗).”라고 했는데, 이곳의 ‘의’는 (어기사인) ‘혜’와 같다.
그래서 한나라 때 《노시(魯詩)》가 새겨진 잔비(殘碑)에는 ‘의’가 ‘혜’로
되어있다. 《장자·대종사》는 “이미 자연으로 돌아갔건만 우린 아직 사
람이로구나!(而已反其真, 而我猶為人猗!)”라고 했는데, 이곳의 ‘의’도
‘혜’의 의미이다.


# 희噫 희意 의懿 억抑

'희(噫)'는 탄식하는 소리이다. 《시경·주송·희희(噫嘻)》는 “아아 성
왕님께서는 …… (噫嘻成王 …… )”이라고 했는데, 모형의 《전》은 “‘희’는
‘탄식하다’의 의미이다. ‘희’는 (‘화목하다’의 의미인) ‘화’이다(噫, 歎也.
嘻, 和也).”라고 했다. 《경전석문》에는 ‘희(噫)’가 ‘희(意)’로 되어있다.
《예기·단궁(하)》는 “국소자가 말했다: 아! …… (國昭子曰: 噫! …… )”
라고 했는데, 정현의 주석은 “‘희’는 깨닫지 못했을 때 내는 소리이다
(噫, 不寤之聲).”라고 했다. 《공양전·애공 14년》은 “공자가 말했다: 아!
…… (子曰: 噫! …… )”라고 했는데, 하휴의 주석은 “탄식하며 내지르는
모습이다(噫, 咄嗟貌).”라고 했다. 《논어·자로》는 “공자가 말했다: 아!
…… (子曰: 噫! …… )”라고 했는데, 정현의 주석은 “‘희’는 마음이 평정
을 찾지 못해 내는 소리이다(噫, 心不平之聲).”라고 했다. 같은 책의

〈선진(先進)〉은 "공자가 말했다: 아!…… (子曰: 噫!…… )"라고 했는데, 포함(包咸)[49]의 주석은 "'희'는 비통해하는 소리이다(噫, 痛傷之聲)."라고 했다. 고유 주석의《회남자 · 무칭(繆稱)》은 "'의'는 화를 내는 소리이다(意, 恚聲)."라고 했다. 또《시경 · 소아 · 십월지교(十月之交)》는 "아아 황보씨는…… (抑此皇父…… )"라고 했는데, 정현의《전》은 "'억'은 '희'로, '희시황보'라고 하는 것과 같다. 빠르게 부르는 것이다(抑之言噫, 噫是皇父, 疾而呼之)."라고 했다. 같은 책의 〈대아 · 첨앙(瞻卬)〉은 "아아 그 지혜 많은 여인은(懿厥哲婦)"이라고 했는데, 정현의《전》은 "'의'는 비통해하는 소리이다(懿, 有所痛傷之聲也)."라고 했다. '희(噫)' · '희(意)' · '의(懿)' · '억(抑)'은 글자는 다르지만 의미는 모두 같다.

## 희嘻 희譆 애唉 희誒 희熙

'희(嘻)'는 탄식하는 소리이다.《예기 · 단궁》은 "공자가 말했다: 으윽! …… (夫子曰: 嘻!…… )"이라고 했는데, 정현의 주석은 "'희'는 비통해하는 소리이다(嘻, 悲恨之聲)."라고 했다.《공양전 · 희공 원년》은 "경보가 이를 듣고 말했다: 으윽!…… (慶父聞之曰: 嘻!)"이라고 했는데, 하휴의 주석은 "'희'는 문두에서 비통함을 나타내는 소리이다(嘻, 發痛語首之聲)."라고 했다.《대대례기 · 소한(少閒)》은 "공이 말했다: 아!…… (公曰: 嘻!…… )"라고 했는데, 노변(盧辯)의 주석은 "'희'는 탄식하는 소리이다(嘻, 歎息之聲)."라고 했다.《설문해자》는 "'희'는 ('아프다'의 의미

49) 동한(東漢)의 경학자이다. 자는 자량(子良)이고, 회계(會稽) 곡아(曲阿) 사람이다. 간의대부(諫議大夫) · 대홍려(大鴻臚) 등을 지냈다. 건무(建武) 연간에 입조하여 황태자에게《논어(論語)》를 가르쳤고,《논어장구(論語章句)》를 지었다. 영평(永平) 8년(65년)에 세상을 떠났다.[역자주]

인) '통'이다(譆, 痛也)."라고 했다. 《장자 · 양생주(養生主)》에는 '희(譆)'로 되어있다.[50] 《전국책 · 위책(魏策)》에는 '희(誒)'로 되어있다.[51] 《사기 · 항우기(項羽紀)》에는 '애(唉)'로 되어있다.[52] 《한서 · 적의전(翟義傳)》에는 '희(熙)'로 되어있다.[53] 이상은 글자는 다르지만 모두 같은 의미이다.


# 우吁

'우(吁)'는 탄식하는 소리로, 자주 사용하는 말이다. 글자가 '호(呼)'로 된 곳도 있다.[54] 또 《좌전 · 문공(文公) 원년》은 "흥, 노비 같으니(呼, 役夫)."라고 했는데, 이곳의 '호'는 '우'와 같으며, 모두 원통하게 탄식하는 소리이다.[55]

《설문해자》는 "'우'는 놀라는 말이다(吁, 驚語也)."라고 했다.[56] 《예

---

50) "문혜군이 말했다: 아!…… (文惠君曰: 譆!……)"라고 했다.
51) "위나라 왕이 말했다: 아!…… (魏王曰: 誒!……)"라고 했다. 금본에는 '의(誒)'가 '오(誤)'로 잘못되어있다.
52) "아, 풋내기들과는 일을 함께 도모할 수가 없구나(唉, 豎子不足與謀)."라고 했다.
53) "아, 아이들이 생각나는구나(熙, 我念孺子)."라고 했다.
54) 《예기 · 월령(月令)》은 "천제에게 크게 기우제를 지낸다(大雩帝)."라고 했는데, 정현의 주석은 "'우'는 간절하게 기도하며 비를 구하는 제사이다(雩, 吁嗟求雨之祭也)."라고 했다. 《주례(周禮) · 여무(女巫)》의 《소(疏)》는 《정답임석난(鄭答林碩難)》을 인용하여 "동중서가 말했다: '우'는 비를 구하는 방법이고, 간절하게 기도하는 노래이다(董仲舒曰: 雩, 求雨之術, 呼嗟之歌)."라고 했다. 《장자 · 재유(在宥)》는 "홍몽이 고개를 들어 운장을 보며 말했다: 오!…… (鴻蒙仰而視雲將曰: 吁……)."라고 했다. 《경전석문(經典釋文)》은 "'우'는 '호'라고도 한다(吁, 亦作呼)."라고 했다.
55) 두예(杜預)의 주석은 "'호'는 소리를 내는 것이다(呼, 發聲也)."라고 했다. 《경전석문(經典釋文)》은 발음이 "ㅎ+ㅏ(好賀反)"라고 했는데, 모두 잘못된 것이다.

기 · 단궁》은 "증자가 듣고 움찔하며 말했다: 으윽! …… (曾子聞之, 瞿然
曰: 呼! …… )"이라고 했는데, 《경전석문》에는 '호'가 '우'로 되어있다.
《예기정의》에서 "아이의 말을 듣고서 더욱 놀란 것이다(聞童子之言, 乃
更驚駭)."라고 한 것이 이 예이다.[57]

---

56) 《설문해자 · 우부(于部)》의 '우(吁)'자 주석도 이와 같다. 같은 책 〈구부(口部)〉의
'우(吁)'자 주석에는 '어(語)'가 빠져있다. 《옥편(玉篇) · 구부(口部)》의 '우(吁)'자
주석은 정확하게 '경어(驚語)'로 되어있다.
57) 정현의 주석은 "'호'는 괜히 앓는 소리이다(呼, 虛憊之聲)."라고 했는데, 잘못된 것
이다.

# 경전석사 제5

## 공孔

《이아(爾雅)》는 "'공'은 ('크게'의 의미인) '공'이다(孔, 甚也)."라고 했다. 《상서 · 우공(禹貢)》은 "구강이 크게 안정되었다(九江孔殷)."라고 했는데, 《사기 · 하본기(夏本紀)》에는 '심중(甚中)'으로 되어있다.

## 금今

손염(孫炎)[1] 주석의 《이아 · 석고(釋詁)》는 "'즉'은 ('곧' 내지 '바로'의 의미인) '금'과 같다(即, 猶今也)."라고 했다. 때문에 '금(今)'은 '즉(即)'으로도 풀이할 수 있다. 《상서 · 소고(召誥)》에서 "그분이 백성들과 잘 화합하는 것이 곧 복입니다(其丕能誠於小民, 今休)."라고 한 것과 같은 편에서 "임금님께서 받으신 명을 이루신다면, 백성을 다스리는 일은 곧 아름다워질 것입니다(王厥有成命, 治民今休)."라고 한 것은 모두 곧 아

---

1) 삼국(三國) 시기의 경학자이다. 자는 숙연(叔然)이고, 악안(樂安) 사람이다. 정현(鄭玄)에게서 배웠고, 당시 '동주대유(東州大儒)'로 불릴 만큼 경학에 정통했다. 《모시(毛詩)》 · 《예기(禮記)》 · 《춘추삼전(春秋三傳)》 · 《이아(爾雅)》 등에 주석을 달았다. 특히 《이아음의(爾雅音義)》가 유명하다.[역자주]

름다운 태평성세를 이룰 것임을 말한다.[2] 《여씨춘추·교자(驕恣)》는 "제나라 선왕이 큰 궁실을 지으려고 했으나 3년이 지나도록 완성하지 못했다. 춘거가 선왕께 간하자, 선왕이 말했다: '과인은 바로 공사를 멈추겠노라'(齊宣王為大室, 三年而未能成. 春居諫王, 王曰: '寡人請今止之)'."라고 했다. 《전국책·진책(秦策)(3)》은 "신이 곧 폐하께서 종묘에 홀로 서 계신 것을 보니(臣今見王獨立於廟朝矣)."라고 했다. 같은 책의 〈조책(趙策)(3)〉은 "그대가 대왕께 즙(茸)에게 중임을 맡기라고 말한다면, 즙은 바로 무너질 것이오(君因言王而重責之, 茸之軸今折矣)."라고 했다. 같은 책의 〈위책(魏策)〉은 "누공이 들어오면 신이 바로 그와 상의해보겠나이다(樓公將入矣, 臣今從)."라고 했다. 같은 책의 〈한책(韓策)(1)〉은 "10일 내에 수만의 병사들이 곧장 위나라 국경을 넘을 것입니다(十日之內, 數萬之衆, 今涉魏境)."라고 했다. 같은 책의 〈연책(燕策)(1)〉은 "세상 사람들이 대왕께서 말을 잘 사신다고 분명히 생각한다면, 천리마들을 곧 보내올 것입니다(天下必以王為能市馬, 馬今至矣)."라고 했다. 《사기·항우본기(項羽本紀)》는 "우리들은 곧 저들에게 포로가 될 것이다(吾屬今為之虜矣)."라고 했다. 같은 책의 〈정세가(鄭世家)〉는 "진나라 병사들이 곧 올 것입니다(晉兵今至矣)."라고 했다. 같은 책의 〈오자서전(伍子胥傳)〉은 "오지 않는다면, 오사(伍奢)[3]를 죽일 것이다(不來, 今殺奢也)."라고 했다. 이상의 '금'은 모두 ('곧' 내지 '바로'의 의미인) '즉(即)'이다.

'금'은 (지시대명사 '이것'의 의미로,) 일을 가리키는 말이다. 《주례(周禮)·고공기(考工記)·주인(輈人)》은 "이것은 큰 수레가 곧은 끌채를

---

2) 공안국의 《전》은 앞의 '금휴(今休)'를 '지금 아름다움을 이룰 것이다(成今之美)'로 풀이했고, 뒤쪽의 '금휴(今休)'를 '백성들을 다스리면 지금 아름다운 태평성세를 이룰 것이다(治民今獲太平之美)'로 풀이했는데, 모두 잘못된 것이다.
3) 춘추(春秋) 말기 오(吳)나라의 대부(大夫)인 오자서(伍子胥)의 부친이다.[역자주]

사용하기 때문에 앞쪽이 낮은 것이다(今夫大車之轅摯)."라고 했다. 《묵자 · 겸애》는 "이는 성을 공격해 전쟁하는 것은 명성을 얻으려고 자신의 목숨을 희생시키는 것과 같다(今若夫攻城野戰, 殺身而爲名)."라고 했다. 《예기 · 삼년문》은 "이 큰 새와 짐승들은…… (今是大鳥獸……)"이라 했다. 《국어 · 진어(5)》는 "이는 그대도 들었을 것이오(今君之所聞也)."라고 했는데, "시군지소문야(是君之所聞也)"라고 하는 것과 같다. 《공양전 · 선공 15년》은 "이번에 그대는 어찌하여 실정을 알리는가?(是何子之情也?)"라고 했는데, 《한시외전》에는 '시(是)'가 '금'으로 되어있다. 이상은 모두 일을 가리키는 용례이다.

부친께서는 '금'은 ('만약~한다면'의 의미인) '약(若)'과 같다고 하셨다. 《예기 · 증자문(曾子問)》은 "여덟 살에서 열한 살까지에 해당하는 아이가 죽으면, 정원에 구덩이를 하나 파고, 구덩이의 사방에 벽돌을 쌓습니다. 그런 다음 시신을 옮기는 기구로 시신을 들고 가서 묻어줍니다. 이것은 길이 가깝기 때문에 이렇게 하는 것입니다. 만약 묘지가 멀면, 어떻게 장례를 치러야 하옵니까?(下殤, 土周葬於園. 遂輿機而往, 塗邇故也. 今墓遠, 則其葬也如之何?)"라고 했는데, 이곳의 '금묘원(今墓遠)'은 '약묘원(若墓遠)'이다. 《관자 · 법법(法法)》은 "군주가 나라를 사사로이 하지 않고 신하는 능력을 속이지 않는 것이 …… 백성들을 바르게 다스리는 도리이다. 만일 자신의 능력을 속이는 신하로 나라를 사사로이 다스리는 군주를 섬기어 공명을 이룬 사람은 고금을 통 털어 없었다(君不私國, 臣不誣能 …… 正民之經也. 今以誣能之臣, 事私國之君, 而能濟功名者, 古今無之)."라고 했는데, 이곳의 '금이(今以)'는 ('만일~로 한다면'의 의미인) '약이(若以)'와 같다.

# 강羌

《광아》는 "'강'은 ('곧'의 의미인) '내'이다(羌, 乃也)."라고 했다. 《초사・이소(離騷)》에서 "사람들은 하나같이 다투어 탐욕을 부리고, 가득 채운 것도 모자라 계속 명리를 찾습니다. 자신의 탐욕스런 마음으로 곧 다른 이를 멋대로 헤아리고, 서로 어진 이를 질투할 생각만 합니다(衆皆競進以貪婪兮, 憑不厭乎求索. 羌內恕己以量人兮, 各興心而嫉妬)."라고 한 것이 이 예이다. 글자가 '경(慶)'으로 된 곳도 있다. 《한서・양웅전(揚雄傳)》은 "깊은 연못에서 유영하는 신룡, 구름을 기다렸다 곧 날아가려 하네(懿神龍之淵潛兮, 慶娛雲而將舉)."라고 했다.[4] 장안(張晏)[5]은 "'경'은 허사이다(慶, 辭也)."라고 했다.[6] 소해(蕭該)[7]의 《한서음의(漢書音義)》는 "'경'은 음이 '강'이다(慶, 音羌)."라고 했고, 왕일 주석의 《이소》는 "'강'은 초나라 사람들의 말로, '경'이라고 하는 것과 같고, ('어찌~하나'의 의미인) '하위'이다(羌, 楚人語辭也, 猶言卿, 何為也)."라고 했는데, 의미가 서로 가깝다.

---

4) 금본에는 '사경운(娛慶雲)'으로 되어 있는데, 이는 후인들이 고친 것이다. 《독서잡지(牘書雜志)》에 상세한 설명이 보인다.

5) 삼국(三國) 시기 위(魏)나라의 문인이다. 자는 자박(子博)이다. 저술로는 《한서음석(漢書音釋)》이 있다.[역자주]

6) 금본에는 다음 문장인 "젊을 때 병이 드니 한창 때의 모습 사라졌네(慶夭悴而喪榮)"라는 구절 아래에 있는데, 이 역시 후인들이 옮긴 것이다.

7) 수(隋)나라의 학자이다. 개황(開皇) 초년(581년)에 국자박사(國子博士)를 지냈다. 《시경》・《상서》・《춘추》와 《한서(漢書)》에 정통했다. 저술로는 《한서음의(漢書音義)》 등이 있다.[역자주]

# 은慭[8]

'은(慭)'은 ('잠시'의 의미인) '차(且)'이다. 《좌전·애공 16년》은 "하늘
이 우리 노나라를 잘 대해주지 않는구나, 잠시라도 이 원로를 머물게
하여 제위에 있는 나를 지키게 해주지 않는구나(旻天不吊, 不慭遺一老,
俾屏予一人以在位)."라고 했는데, 두예의 주석은 "'은'은 ('잠시'의 의미
인) '차'이다(慭, 且也)."라고 했다.[9] 응소(應劭) 주석의 《한서·오행지
(五行志)》는 "'은'은 '잠시'의 의미이다(慭, 且辭也)."라고 했는데, 이는
하늘이 노나라를 잘 대하지 않고 잠시라도 원로를 머물게 하여 나를
지키게 하지 않는다는 것을 말한다. 《좌전·소공 28년》은 "기영의 가신
이 말했다: 어차피 모두 죽을 것인데, 우리 주군으로 하여금 기승(祁勝)
과 오장(鄔臧)의 죽음을 알게 하여 잠시나마 그를 기쁘게 해드립시다
(祁盈之臣曰: 鈞將皆死, 慭使吾君聞勝與臧之死也以爲快)."라고 했는
데, 이곳의 '은'도 ('잠시'의 의미인) '차'이다. 이는 모두 죽을 것이고 게
다가 우리 군주로 하여금 기승과 오장의 죽음을 알게 하여 잠시나마
그를 기쁘게 해주자는 의미이다. 두예는 '은'을 발어사로 보았는데, 문
장의 의미와 맞지 않는다.


# 언言

'언(言)'은 (어기사인) '운(云)'으로, 허사이다. '언어(言語)'의 '언'을
'운'이라고도 하고, 어기사 '운'[10]을 '언'이라고도 한다. 《시경·주남·갈

---

8) 발음은 "ㅇ+ㄴ(魚覲反)"이다.
9) 왕숙(王肅) 주석의 《공자가어(孔子家語)·종기(終記)》도 같다.
10) '운(云)'자에도 보인다.

담(葛覃)》에서 "보모님께 아뢰고 친정 가서, 부모님 만나 인사드리려고 할 제(言告師氏, 言告言歸)."라고 한 것, 같은 책의 〈주남·부이(芣苢)〉에서 "질경이를 캐자(薄言采之)."라고 한 것,[11] 같은 책의 〈주남·한광(漢廣)〉에서 "싸리나무만 베어오리(言刈其楚)."라고 한 것, 같은 책의 〈소남·초충(草蟲)〉에서 "고비나 캐어볼까(言采其蕨)."라고 한 것,[12] 같은 책의 〈패풍·백주(柏舟)〉에서 "가만히 생각하니(靜言思之)."라고 한 것, 같은 책의 〈패풍·종풍(終風)〉에서 "깨면 다시 잠 안 오고, 생가하면 가슴만 매어오네(寤言不寐, 願言則嚏)."라고 한 것, 같은 책의 〈패풍·간혜(簡兮)〉에서 "임금님께서 술잔 내리시니(公言錫爵)."라고 한 것, 같은 책의 〈패풍·천수(泉水)〉에서 "수레를 돌려 달려가면(還車言邁)."·"수레 타고 나가 놀며(駕言出遊)."라고 한 것,[13] 같은 책의 〈패풍·이자승주(二子乘舟)〉에서 "그들을 생각할 때마다(願言思子)."라고 한 것, 같은 책의 〈용풍·정지방중(定之方中)〉에서 "날 개어 별 나오면 일찍이 수레 내어(星言夙駕)."라고 한 것, 같은 책의 〈용풍·재치(載馳)〉에서 "조 땅에 도착하리라(言至於漕)."라고 한 것, 같은 책의 〈위풍·맹(氓)〉에서 "언약이 이루어지자(言既遂矣)."라고 한 것, 같은 책의 〈위풍·백혜(伯兮)〉에서 "그것을 뒤꼍에 심어 봤으면(言樹之背)."이라고 한 것, 같은 책의 〈정풍·여왈계명(女曰雞鳴)〉에서 "주살을 맞히거든(弋言加之)."이라고 한 것, 같은 책의 〈진풍(秦風)·소융(小戎)〉에서 "우리 님을 생각하니(言念君子)."라고 한 것, 같은 책의 〈빈풍·칠월(七月)〉에서 "작은 짐승은 개인이 갖고(言私其豵)."라고 한 것, 같은 책의 〈소아·동궁(彤弓)〉에서 "받아서 잘 간직하였네(受言藏之)."라고 한

---

11) 이곳의 '박(薄)'과 '언(言)'은 모두 허사이다. 뒤에서 '박언(薄言)'이라 한 것은 이곳에 둔다.
12) 뒤에서 '언채(言采)'라고 한 것은 이곳에 둔다.
13) 뒤에서 '하언(駕言)'이라 한 것은 이곳에 둔다.

것, 같은 책의 〈소아·정료(庭燎)〉에서 "그들의 깃발이 나부끼네(言觀 其旂)."라고 한 것,14) 같은 책의 〈소아·황조(黃鳥)〉에서 "발길 돌려 돌아가(言旋言歸)."라고 한 것, 같은 책의 〈소아·아행기야(我行其野)〉에서 "그대의 집을 찾아갔으나(言就爾居)."·"되돌아가려네(言歸斯復)."라고 한 것, 같은 책의 〈소아·대동(大東)〉에서 "빤히 되돌아보니(卷言顧之)."라고 한 것,15) 같은 책의 〈소아·소명(小明)〉에서 "일어나 밖으로 나가시네(興言出宿)."라고 한 것, 같은 책의 〈소아·초자〉에서 "가시가 뾰죽뾰죽(言抽其棘)."·"모두 모여 잔치하네(備言燕私)."라고 한 것, 같은 책의 〈소아·도인사(都人士)〉에서 "그를 따라 가기라도 하려네(言從之邁)."라고 한 것, 같은 책의 〈소아·채록(采綠)〉에서 "활을 활집에 넣고(言韔其弓)."라고 한 것, 같은 책의 〈소아·호엽(瓠葉)〉에서 "술따라 맛보게 하네(酌言嘗之)."라고 한 것, 같은 책의 〈대아·문왕(文王)〉에서 "오래도록 하늘의 명을 지키어(永言配命)."라고 한 것,16) 같은 책의 〈대아·억(抑)〉에서 "줄을 매어 활을 만들지(言緡之絲)."·"일의 옳고 그름을 알려주고(言示之事)."라고 한 것, 같은 책의 〈대아·상유(桑柔)〉에서 "백리 저 멀리도 바라보시나(瞻言百里)."라고 한 것, 같은 책의 〈주송·유객(有客)〉에서 "말고삐 주어(言授之縶)."라고 한 것, 같은 책의 〈노송·유필(有駜)〉에서 "취하여 춤을 추니(醉言舞)."라고 한 것과 《좌전·희공 9년》에서 "맹약을 맺은 후에는 사이좋게 지낸다(既盟之後, 言歸于好)."라고 한 것, 《주역·계사전》에서 "덕은 풍성하고, 예는 공경하다(德言盛, 禮言恭)."라고 한 것17)은 모두 (어기사인) '운'과

---

14) 뒤에서 '언관(言觀)'이라 한 것은 이곳에 둔다.

15) 《순자·유좌(宥坐)》에는 '권언(卷焉)'으로 인용되어있고, 《후한서(後漢書)·유도전(劉陶傳)》에는 '권연(卷然)'으로 되어있다. '언(焉)'과 '연(然)'은 모두 허사이므로, '언(言)'도 허사이다.

16) 후에 '영언(永言)'이라고 한 것은 이곳에 둔다.

같은 의미이다. 반면 모형과 정현은 《시경》을 풀이하면서 모두 《이아》의 "'언'은 (1인칭 '나'의 의미인) '아'이다(言, 我也)."라는 풀이에 근거하거나 '언어'의 '언'으로 풀이했다. 이것으로 문장의 의미를 따져보면 대부분 맞지 않으므로 이를 적용해서는 정확한 의미를 얻을 수 없다.

## 의宜 의儀 의義

부친께서는 '의(宜)'는 ('아마도~일 것이다'의 의미인) '태(殆)'라고 하셨다. 《좌전·성공 2년》은 "아마 몰래 아내를 데리고 달아났을 것입니다(宜將竊妻以逃者也)."라고 했다. 같은 책의 〈성공 6년〉은 "자신의 자리가 불안하여 아마 오래 살 수 없을 것입니다(不安其位, 宜不能久)."라고 했다. 《맹자·공손추》는 "이것은 예법에 좀 맞지 않은 것 같습니다(宜與夫禮, 若不相似然)."라고 했다. 같은 책의 〈등문공〉은 "제후를 만나지 않는 것은 작은 일인 것 같습니다(不見諸侯, 宜若小然)."라고 했다. 또 "'한 자만큼 굽혀서 여덟 자를 편다.'라고 했으니, 한 번 시도해볼 만 할 것입니다(枉尺而直尋, 宜若可為也)."라고 했다. 같은 책의 〈이루〉는 "잘못한 것이 없는 것 같습니다(宜若無罪焉)."라고 했다. 같은 책의 〈진심〉은 "하늘에 오르는 것 같았습니다(宜若登天然)."라고 했다. 《전국책·제책》은 "조나라를 구하는 일은 아마 물이 새는 단지를 받쳐 들거나 불타는 솥에 물을 대는 것과 같이 급박한 것입니다(救趙之務, 宜若奉漏甕, 沃燋釜)."라고 했다. 이상의 '의'는 모두 ('아마~일 것이다'의 의미인) '태'이다.

---

17) 이는 군자는 공적이 있어도 겸손하고 덕이 많고 예의가 공경스러움을 말한 것이다. 이곳의 '언(言)'은 허사이다.

'의'는 어조사이다. 《시경·주남·종사(螽斯)》는 "여치 날개 소리 슬슬 울리는데, 그대의 자손들도 여치처럼 번성하기를(螽斯羽, 詵詵兮. 宜爾子孫, 振振兮)."라고 했는데, 이곳의 "의이자손(宜爾子孫)"은 "이자손(爾子孫)"과 같다. 이는 여치의 날개 소리가 아주 많이 나는데, 그대의 자손들도 번성하기 바라는 말이다. 그래서 《모시서(毛詩序)》는 "여치처럼 질시하지 않으면 자손들이 아주 많아짐을 말한다(言若螽斯不妒忌, 則子孫衆多也)."라고 했다.[18] 《시경·소아·소완(小宛)》은 "슬프게도 나는 병들고 궁하여 감옥에 갇혀있네(哀我填寡, 宜岸宜獄)."라고 했는데, 이곳의 '의안(宜岸)'은 '안(岸)'이고, '의옥(宜獄)'은 '옥(獄)'이다. 이 구절은 나는 재물이 없는 아주 궁한 사람이어서 이런 송사가 일어났음을 말한다.[19] '의(儀)'와도 통한다. 같은 책의 〈대아·증민(烝民)〉은 "옛 말씀에 이르기를 덕은 가볍기가 터럭과 같으나 백성 중엔 드는 이 적다고 하였네. 내가 살펴본 바로는 중산보는 그것을 들었으니(人亦有言, 德如毛, 民鮮克擧之. 我儀圖之, 維仲山甫擧之)."라고 했다. 이곳의 '의'는 어조사로, 원문의 '의도지(儀圖之)'는 '도지(圖之)'라고 하는 것과 같다.[20] 또 '의(義)'라고도 한다. 《상서·대고》는 "그대들 각 제후들과 그대들 여러 장관·사관·실무를 처리하는 관원들은 나를 위로하며 '우환을 두려워하지 마십시오. 그대의 문왕께서 도모하신 공업을 완성하지 않으면 안 됩니다.'라고 말해야 할 것이오(義爾邦君, 越爾多士、尹氏、

---

18) 정현의 《전(箋)》은 "그대의 자손이 어질고 덕이 많지 않음이 없기를 바라는 것이다(宜女之子孫使其無不仁厚)."라고 했는데, 잘못된 것이다.

19) 정현의 《전(箋)》은 "거듭 얻는 것을 '의'라고 한다(仍得曰宜)."라고 했고, 《모시정의(毛詩正義)》는 "앞에서 '의유차송'이라 한 것은 '의유차옥'이다(在上謂之宜有此訟, 宜有此獄)."라고 했는데, 모두 잘못된 것이다.

20) 모형의 《전(傳)》은 '의(儀)'를 '의(宜)'로 풀이했고, 정현의 《전(箋)》과 《표기주(表記注)》는 '의(儀)'를 '필(匹)'로 풀이했는데, 문장의 의미가 모두 맞지 않다.

御事, 綏予曰: 無毖於恤, 不可不成乃寧考圖功)."라고 했는데, 이곳의 '의'는 어조사이다. 이는 그대들 제후와 그대들의 장관 · 사관 · 실무를 처리하는 관원들이 나를 위로하고 면려할 것을 말한 것으로, 이 문장 앞에 나오는 "그대들 여러 제후들과 여러 장관 및 실무를 처리하는 관리들(爾庶邦君越庶士御事)"과 같다. 이곳의 "의이방군(義爾邦君)"은 《한서 · 적방진전(翟方進傳)》에는 "여의피국군(予義彼國君)"으로 되어 있는데, '의'자 앞에 '여(予)'자를 더해 놓아 이미 그것이 어조사인지 알지 못하게 되었다. 공안국의 《전》은 "그대들 여러 나라의 군신에서 실무를 처리하는 관리들에게까지 의리를 베푼다(施義於汝衆國君臣上下至御治事)."로 풀이하면서 문장이 더욱 이상해졌다. 경전에서 말하는 '의(義)'는 ('의리를 베푼다'는 의미의) '시의(施義)'가 아니다.


# 가可

'가(可)'는 ('~하는 바'의 의미인) '소(所)'와 같다. 《예기 · 중용》은 "만물을 낳기에 경시하는 바가 있어서는 안 된다(體物而不可遺)."라고 했는데, 정현의 주석은 "'체'는 ('낳다'의 의미인) '생'과 같다(體, 猶生也)."라고 했다.[21] '가'는 ('~하는 바'의 의미인) '소'와 같다. "불유소유(不有所遺)"라는 것은 만물은 귀신의 기운으로 탄생하지 않는 것이 없음을 말한다. 부친께서 '불(不)'은 ('없다'의 의미인) '무(無)'라고 하셨다.[22] 만

---

21) 《주역 · 건(乾) · 문언(文言)》은 "군자는 어질게 살아야 사람을 잘 이끌어 줄 수 있다(君子體仁足以長人)."라고 했다. 정현의 주석은 "'체'는 ('살다'의 의미인) '생'이다(體, 生也)."라고 했다. 《문선》에 수록된 육기(陸機)의 《증고교지공진(贈顧交趾公真)》 시 주석에 보인다.

22) '불(不)'자에도 설명이 보인다.

물이 모두 귀신에서 생겨난다는 것은 귀신이 만물을 낳기에 경시해서는 안 된다는 것이다. 부친께서 또 이렇게 말씀하셨다:《대대례기 · 무왕천조》는 "자리 앞면의 오른쪽에 이렇게 글을 썼다: 행하지 않으면 후회하는 바가 있다(席前右端之銘曰: 無行可悔)."라고 했다. 이곳의 '가'는 ('~하는 바'의 의미인) '소'이다. 앞에서 후회하는 것이 있고 뒤에서 다시 행하지 않기 때문에 행하지 않으면 후회하는 바가 있다고 말했다. 《설원(說苑) · 경신(敬愼)》에서 "무행소회(無行所悔)"라고 한 것이 그 증거이다. 부친께서는 또 이렇게 말씀하셨다:《가자신서 · 유성(諭誠)》은 "어떤 사람이 예량에게 말했다: 그대는 중항씨를 위해 죽지 않고 도리어 원수를 섬기는데, 어찌 그리 부끄러운 바가 없소?(人謂豫讓曰: 子不死中行而反事其讎, 何無可恥之甚也?)"라고 했는데, 이는 크게 부끄러운 것이 없음을 말한다. 《사기 · 만석군전(萬石君傳)》은 "위관은 처음 관직에 오른 것에서 승상이 되기까지 시종 탓할 바가 없었다(衛綰自初官以至丞相, 終無可言)."라고 했는데, 이는 시종 탓할 것이 하나도 없었음을 말한다. 《후한서(後漢書) · 두헌전(竇憲傳)》에 수록된《연연산명(燕然山銘)》은 "이것이 한 번의 수고로 영원히 안락해지고, 잠깐 힘을 쓰는 것으로 영원히 편안해지는 것이라고 말하는 바이다(茲所謂一勞而久逸, 暫費而永寧者也)."라고 했는데, 《문선》에는 '소'가 '가'로 되어있다. '가'와 '소'는 같은 의미이다. 그래서 '가'를 '소'로 풀이할 수 있고, '소' 역시 '가'로 풀이할 수 있다. '소'자에도 설명이 보인다.


# 기幾

'기(幾)'는 허사이다. 《주역 · 둔(屯) · 육삼(六三)》은 "군자는 차라리 포기하고 멈추는 것만 못하다(君子幾不如舍)."라고 했는데, 왕숙의 주석은 "'기'는 허사이다(幾, 辭也)."라고 했다. 《주역정의》는 "'기'는 허사로, 의미가 없다(幾爲語辭, 不爲義也)."라고 했다.[23] 《국어·주어》는 "이것이 어찌 선왕의 가르침을 폐하고 왕의 제도를 폐하는 것이 아니겠는가?(其無乃廢先王之訓, 而王幾頓乎?)"라고 했다.[24] 《장자·서무귀》는 "폐하께서 인의를 행하시는 것은 거짓된 짓을 하는 겁니다(君雖爲仁義, 幾且僞哉)."라고 했고, 또 "이런 일이 나와 내 아들의 죄가 아니라면, 이는 하늘이 내려준 것입니다(非我與吾子之罪, 幾天與之也)."라고 했다. 《열자·중니(仲尼)》는 "내가 그대의 심장을 보니 마음이 비워져 있는 것이 성인이오(吾見子之心矣, 方寸之地虛矣, 幾聖人也)."라고 했다. 《순자·부(賦)》는 "성인도 두 손을 맞잡고 기다리면, 기회는 곧 올 것이다(聖人共手, 時幾將矣)."라고 했다.[25]

'기'는 ('장차'의 의미인) '기(其)'이다. 《주역·소축(小畜)·상구(上九)》는 "달이 장차 둥글어지려고 할 때……(月幾望……)"라고 했다. 《주역집해(周易集解)》는 우번의 주석을 인용하여 "'기'는 ('장차'의 의미인) '기'이다(幾, 其也)."라고 했다.[26]

---

23) 《경전석문(經典釋文)》은 "'기'를 서막(徐邈)은 음이 '기'라고 했다(幾, 徐音祈)"라고 했다.

24) 이곳의 '기(幾)'는 허사이고, '돈(頓)'은 ('없애다'의 의미인) '폐(廢)'와 같다. 이는 "먼 곳의 이민족이 왕을 알현하러 오는 것(荒服者王)"은 선왕의 가르침이다. 지금 견융씨는 자신의 책무를 다하여 왕을 알현함에 천자가 예를 제때 올리지 않았다는 이유로 정벌하는 것은 선왕의 가르침을 폐기하는 것이다. 먼 곳의 이민족들이 왕을 알현하는 예가 이로 폐기되었다. 그래서 이어지는 문장에서 결국 "이로 먼 곳에 있는 이민족들이 알현하러 오지 않았다(自是荒服者不至)."라고 했다. 위소(韋昭)의 주석은 '기(幾)'를 ('위태롭다'의 의미인) '위(危)'로 풀고, '돈(頓)'을 ('망치다'의 의미인) '패(敗)'로 풀이했는데, 이는 '왕'을 목왕(穆王)으로 삼은 것이다. 이어지는 문장을 보면, 목왕은 늑대와 사슴만 잡고 돌아왔기 때문에 위태롭고 망친 적이 없었다. 위소의 설이 잘못된 것이다.

25) 양경(楊倞)의 주석은 "'기'는 허사이다(幾, 辭也)."라고 했다.

# 기祈

　'기(祈)'는 (지시대명사 '이'의 의미인) '시(是)'와 같다. 《예기·치의(緇衣)》는 《상서·군아(君雅)》[27]를 인용하여 "겨울이 오면 이렇게 추워진다(資冬祈寒)."라고 했는데, 정현의 주석은 "'기'는 (지시대명사 '이'의 의미인) '시'를 말하는 것으로, 제나라 서쪽 지방의 말이다(祈之言是也, 齊西偏之語也)."라고 했다.


# 기豈 기幾

　'기(豈)'는 의문사 ('어찌'의 의미인) '안(安)'과 '언(焉)' 내지 ('설마'의 의미인) '증(曾)'으로,[28] 자주 사용하는 말이다. 글자가 '기(幾)'로 된 곳도 있다. 《장자·인간세》는 "사당나무가 되지 않았더라면, 어찌 베어지지 않았겠느냐?(不爲社者, 且幾有翦乎?)"라고 했다.[29] 《순자·영욕(榮

---

26) 금본에는 '기(其)'가 '근(近)'으로 되어 있는데, 후인들이 고친 것이다. 나의 생각은 이렇다: 우번(虞翻)의 주석은 "감은 달, 리는 해, 태는 서쪽, 진은 동쪽이다. 해와 달은 서로 짝이 되기에 달이 둥글어지려 하는 것이다(坎月離日, 兌西震東. 日月象對, 故月幾望)."라고 했는데, 이는 우번이 해와 달은 서로 둥글어지는 것이지, 둥긂에 가까워지려는 것만은 아니라고 말하는 것이다. 《주역·귀매(歸妹)·육오(六五)》는 "달이 둥글어지려고 할 때(月幾望)"라고 했다. 앞의 우번 주석에서 말한 "감은 달, 리는 해, 태는 서쪽, 진은 동쪽이다. 해와 달은 서로 짝이 되기 달이 둥글어지려 하는 것이다."는 《소축(小畜)》·《중부(中孚)》의 "월기망(月幾望)"과 같은 의미이다. 때문에 《소축》·《중부》에 나오는 "기망(幾望)"의 '기(幾)' 역시 ('장차'의 의미인) '기(其)'로 풀이할 수 있음을 알 수 있다. 《소축》의 《경전석문》이 "기"를 서막(徐邈)은 음이 '기'라고 했다(幾, 徐音祈)라고 한 것은 "군자기불여사(君子幾不如舍)"의 '기(幾)'와 발음이 정확하게 같다. 이것으로도 봐도 허사이다.
27) 《상서》의 편명이다. 다만 《상서》에는 '아(雅)'가 '아(牙)'로 되어있다.[역자주]
28) 《광운(廣韻)》에 보인다.

辱)》은 "이것에는 큰 차이가 있거늘, 어찌 소·양과 돼지, 벼와 기장, 지게미와 쌀겨만의 차이이겠는가?(是其爲相縣也, 幾直夫芻豢稻粱之縣糟糠爾哉?)"라고 했다.30) 또 "어찌 아주 좋은 것이 아니겠는가?(幾不甚善矣哉?)"라고 했다. 같은 책의 〈대략(大略)〉은 "아주 작은 이익을 위해 국가를 해치는 일을 그가 한다면, 어찌 나라를 다스리는 방침을 안다고 하겠는가?(利夫秋豪, 害靡國家, 然且爲之, 幾爲知計哉?)"라고 했다. 《한비자·간겁시신(奸劫弑臣)》은 "통치술을 아는 사람은 자신의 주장이 비난받는 위치에 있다. 많은 사람들에게 무고를 당하고 세상의 유언비어에 묻히면서 단호한 군주와 마주하며 편안함을 구한다는 것이 어찌 어려운 일이 아니겠는가?(處非道之位, 被衆口之譖, 溺於當世之言, 而欲當嚴天子而求安, 幾不亦難哉?)"라고 했다.

'기'는 ('그'·'장차'·'아마도'의 의미인) '기(其)'이다. 《예기·증자문》은 "옛날 사일은 아들이 있었는데, 아주 어린 나이에 세상을 떠났다. 아들의 묘지가 아주 멀었다. 소공이 그에게 말했다: '어찌하여 집에서 염을 하고 입관하지 않는가?' 사일이 말했다: '이것은 예에 어긋나는 일이온데, 어찌 감히 그렇게 할 수 있겠습니까?' 소공이 주공에게 이 일을 말하자, 주공이 말했다: '그것은 안 될 일이오.'(昔者, 史佚有子而死, 下殤也. 墓遠, 召公謂之曰: '何以不棺斂於宮中?' 史佚曰: '吾敢乎哉?' 召公言於周公, 周公曰: '豈不可')"라고 했다.31) 《국어·오어》는 "대왕께서 몸

---

29) 부친께서는 이곳의 '기(幾)'는 '기(豈)'로 읽는다고 하셨다. 이는 사당나무가 되지 않았더라면 어찌 베어지는 해를 당했겠는가를 말한다. 곽상(郭象)은 '기(幾)'를 '근(近)'으로 풀이했는데, 잘못된 것이다.

30) 양경(楊倞)의 주석은 "'기'는 '기'로 읽는다. 아래도 마찬가지이다(幾, 讀爲'豈', 下同)."라고 했다.

31) 부친께서는 원문의 "기불가(豈不可)"는 "기불가(其不可)"라고 하셨다. 그래서 정현의 주석은 "이는 그것이 예의상 불가하고 불허하는 것임을 말한다(言是豈於禮不可, 不許也)."라고 했다. 《경전석문(經典釋文)》과 《예기정의(禮記正義)》는 모두

을 낮춰 그들을 제지하려고 하신다(大王豈辱裁之)."라고 했다.《맹자·
등문공》은 "묵가들은 장례를 치를 때 근검절약하는 것을 미덕으로 삼는
다. 이자가 이런 방법으로 세상을 바꾸려 하는 것은 그가 이렇게 하지
않으면 귀하지 않다고 여기는 것이 아니겠는가?(墨之治喪也, 以薄為其
道也. 夷子思以易天下, 豈以為非是而不貴也?)"라고 했다.[32] 《장자·외
물》은 "그대는 약간의 물로도 나를 살릴 수 있을 것이오!(君豈有斗升之
水而活我哉!)"라고 했다.《전국책·진책(秦策)(3)》은 "그대는 늘 대놓고
진나라의 재상에 있는 나의 위치를 대신하겠다고 말하는데, 정말로 그
런 것이 일어날 것 같소?(子常宣言代我相秦, 豈有此乎?)"라고 했다. 같
은 책의 〈제책(3)〉은 "그대는 초나라가 선물하는 상아 침대를 받으려고
하십니까?(君豈受楚象床哉?)"라고 했다. 같은 책의 〈연책(3)〉은 "장군
께서는 그렇게 하실 생각이 있으신지요?(將軍豈有意乎?)"라고 했다.
《사기·범저전(范雎傳)》은 "자네는 그와 친한 사람을 알고 있겠지?(孺
子豈有客習於相君者哉?)"라고 했다. 같은 책의 〈위공자전(魏公子傳)〉

---

'기(豈)'와 '불가(不可)'를 각기 한 구절로 보았는데, 아주 잘못된 것이다.

[32] 부친께서는 "기이위(豈以為)"는 "기이위(其以為)"라고 하셨다. '야(也)'는 어기사
'야(邪)'와 같다. 이자(夷子)는 근검절약하며 장례를 치르는 것을 귀히 여기고, 그
방법으로 하지 않으면 귀히 여기지 않았다. 그래서 "이렇게 하지 않으면 귀하지
않다(非是而不貴)"라고 했다. 원문의 '시(是)'는 정확하게 근검절약하며 장례를 치
르는 것을 두고 한 말이다. 이는 이자가 장례를 근검절약하게 치르는 방법으로
세상을 바꾸고자 한 것은 그가 이렇게 하지 않으면 귀하지 않다고 여긴 것이 아니
겠는가? 그럼에도 이자가 그의 부모의 장례를 후하게 치른 것은 이자가 귀히 여기
지 않은 것이다. 이자가 그 부모의 장례를 후하게 치른 것은 자신이 귀하게 여기
지 않은 것으로 부모를 섬긴 것이 된다. 그래서 이어지는 문장에서 "그러나 이자
가 부모의 장례를 후하게 치른 것은 자신이 천하게 여기는 것으로 부모를 섬긴
것이다(然而夷子葬其親厚, 則是以所賤事親也)."라고 했다. 조기(趙岐)의 주석은
"이자는 어찌 장례를 근검하게 치르지 않는 것을 귀히 여기지 않으려고 하는가?
(夷子豈肯以薄為非是而不貴之也?)"라고 했는데, 문장의 의미가 맞지 않다.

은 "나에게 무슨 잘못을 한 것일까?(我豈有所失哉?)"라고 했다. 같은 책의 〈이사전(李斯傳)〉은 "승상께서는 나를 하찮게 보고 나를 무시하려는 것이오?(丞相豈少我哉? 且固我哉?)"라고 했다. 글자가 '기(幾)'로 된 곳도 있다. 《장자·서무귀》는 "이런 일이 나와 내 아들의 죄가 아니라면, 그건 하늘이 내려준 것인가?(非我與吾子之罪, 幾天與之也?)"라고 했다. 《사기·경포전(黥布傳)》은 "사람들은 형벌을 받은 후에 왕이 될 것이라고 했는데, 그건 이를 두고 하는 말이 아니겠소?(人相我當刑而王, 幾是乎?)"라고 했다.[33]

# 개蓋

'개(蓋)'는 ('대략' 내지 '대개'의 의미로,) 대략적임을 나타내는 말이다. 《효경(孝經)》은 "이것이 대략 천자의 효도이다(蓋天子之孝也)."라고 했는데, 이에 대해 공안국의 《전》은 "'개'는 '대략'의 의미이다(蓋者, 辜較之辭)."라고 했다. 이곳의 '고교(辜較)'는 '대략(大略)'과 같은 의미로, 이는 자주 사용하는 말이다.

'개'는 의문사 '어찌'의 의미로, 이 역시 자주 사용하는 말이다. 《예기·단궁》은 "유자는 어찌하여 상제(祥祭)가 끝나고 실로 장식한 신을 신고 채색실로 땋은 갓끈을 사용하는가(有子蓋既祥而絲屨組纓)."라고 했는데, 《예기정의》는 "'개'는 의문사이다(蓋是疑辭)."라고 했다.

'개'는 어기사이다. 《한서·예악지(禮樂志)·교사가(郊祀歌)》는 "신령께서 즐겁게 제품을 향유하시네(神夕奄虞蓋孔享)."라고 했는데, 안사고의 주석은 "'개'는 어기사이다(蓋, 語辭也)."라고 했다.

---

33) 서광(徐廣)은 "'기'는 '기'로 된 곳도 있다(幾, 一作豈)."라고 했다.

# 궐厥

《이아》는 "'궐'은 (대명사 '그'의 의미인) '기'이다(厥, 其也)."라고 했다. 이는 자주 사용하는 말이다.

'궐(厥)'은 (지시대명사 '이'의 의미인) '지(之)'이다. 《상서・무일》은 "이후로 제위에 오른 은나라 왕들은 타고 나면서 안일해졌다. 안일해지면서 …… (自時厥後立王, 生則逸. 生則逸 …… )"라고 했고, 또 "이후로 제위에 오른 은나라 왕들도 장수할 수 없었다(自時厥後, 亦罔或克壽)." 라고 했는데, 모두 이후를 말한다. 같은 편에서 또 "이러한 충고를 듣지 않고, 사람들은 자신의 뜻만 따르고 있다(此厥不聽, 人乃訓之)."라고 했고, 또 "이를 따르지 않으면 사람들은 서로 속이고 서로 미혹시킬 것이다(此厥不聽, 人乃或譸張為幻)."라고 했는데, 모두 이를 따르지 않는 것을 말한다.

'궐'은 어기사이다. 《상서・다사》는 "지나치게 편히 놀고 즐기며(誕淫厥泆)."라고 했는데, 이는 "탄음일(誕淫泆)"이라고 하는 것과 같다. 같은 책의 〈입정〉은 "문왕께서는 그가 능력을 헤아리어 임명한 분들의 마음을 가지시고, 일정한 직책을 수행하고 고을을 다스려 줄 사람들을 세우시니 …… (文王惟克厥宅心, 乃克立茲常事司牧人 …… )"라고 했는데, 이는 "문왕유극택심(文王惟克宅心)"이라고 하는 것과 같다.


# 급及

《이아》는 "'급'은 ('~와'의 의미인) '여'이다(及, 與也)."라고 했다. 이는 자주 사용하는 말이다.

부친께서는 '급(及)'은 ('~에 이르다' 내지 '만일~한다면'의 의미인)

'약(若)'이라고 하셨다. 《예기·악기》는 "음악에 너무 탐닉하면 근심이 생겨나고, 예가 너무 거칠면 마음이 한쪽으로 치우치게 된다. 음악을 돈독하게 하면서 근심이 없고 예가 잘 갖추어져 있으면서 한쪽으로 치우치지 않음에 이를 수 있는 사람은 위대한 성인밖에 없을 것이다(樂極則憂, 禮粗則偏矣. 及夫敦樂而無憂, 禮備而不偏者, 其唯大聖乎?)"라고 했는데, 이곳의 '급부(及夫)'는 ('~에 이르다'의 의미인) 약부(若夫)'와 같다. 또 "예악의 기능은 위로 하늘까지 이르고 아래로 땅에 미치며, 음양에 행해지고 귀신에게 통할 수 있다(及夫禮樂之極乎天而蟠乎地, 行乎陰陽而通乎鬼神)."라고 했다.[34] 《예기·제법》은 "해·달·별의 신이 있어 사람들이 사시를 구분하고 농사일을 계획한다. 삼림·강·계곡·구릉의 신이 있어 사람들이 쓸 물자들을 얻는다(及夫日月星辰, 民所瞻仰也. 山林川穀丘陵, 民所取財用也)."라고 했다. 같은 책의 〈중용〉은 "하늘을 보면 처음에는 희미한 빛만 있지만 이 희미한 빛이 많아지면 무궁해진다. 이때에는 위로 해·달·별을 걸리게 만들고 아래로 만물이 덮이게 만든다(今夫天, 斯昭昭之多. 及其無窮也, 日月星辰繫焉, 萬物覆焉)."라고 했는데, 이곳의 '급기(及其)'는 ('그~에 이르면'의 의미인) '약기(若其)'와 같다.[35] 《관자·대광(大匡)》은 "신이 듣기로 제나라 군주는 성질이 급하고 아주 교만하니, 현인을 얻어도 어찌 반드시 그를 등용할 수 있겠습니까? 만일 제나라 군주가 그를 등용할 수 있다면,

---

34) 앞의 문장은 "예악은 종과 경 같은 악기를 이용하여 소리를 내어, 종묘사직에 쓰고 산천의 귀신을 섬긴다(若夫禮樂之施於金石, 越於聲音, 用於宗廟社稷, 事乎山川鬼神)."라고 했다.

35) 이는 한 곳으로 말하자면 희미한 빛이 많아지는 것이고, 무궁한 것으로 말하자면 해·달·별과 만물이 모두 그 안에 있음을 말한다. 이어지는 문장의 "넓고 두터워진다(及其廣厚)"·"넓고 커진다(及其廣大)"·"깊이를 헤아릴 수 없어진다(及其不測)"는 모두 이것과 의미가 같고, 천지산천의 큼이 쌓여서 유래한 것을 말하는 것이 아니다.

관자의 일은 반드시 이루어질 것이옵니다(臣聞齊君惕而亟驕, 雖得賢, 庸必能用之乎? 及齊君之能用之也, 管子之事濟也)."라고 했는데, 이는 만일 제나라 군주가 그를 등용할 수 있다면 관자의 일은 반드시 이루어질 것이라는 것을 말한다.[36]《노자(老子)·제13장》은 "나에게 큰 걱정거리가 있는 까닭은 내가 몸을 갖고 있기 때문이다. 만일 내가 몸을 갖고 있지 않으면, 나에게 무슨 걱정거리가 있겠는가?(吾所以有大患者, 為吾有身. 及吾無身, 吾有何患?)"라고 했는데, 이곳의 "급오무신(及吾無身)"은 "약오무신(若吾無身)"이라고 하는 것과 같다. 또 같은 책 〈제48장〉은 "천하를 취하려면 언제나 일거리를 없애야 한다. 만일 그에게 일거리가 있으면 천하를 취하기에는 부족하다(取天下, 常以無事, 及其有事, 不足以取天下)."라고 했는데, 이곳의 "급기유사(及其有事)"는 "약기유사(若其有事)"라고 하는 것과 같다. '급'과 '약'은 같은 의미이기 때문에 '급'은 '약'으로 풀이할 수 있고, '약'도 '급'으로 풀이할 수 있다. '약'자에도 보인다.


# 기其

('그'의 의미인) '기(其)'는 일을 가리키는 말로, 자주 사용하는 용법이다.

'기'는 일을 형용하는 말이다. 먼저 일을 말하고 후에 그 모습을 형용하는 것으로는 "북소리 둥둥 울리면(擊鼓其鏜)"[37] · "눈이 펑펑 내린다(雨雪其雰)"[38] · "보슬비가 보슬보슬 내렸었지(零雨其濛)"[39] 등이 있다.

---

36) 윤지장(尹知章)의 주석은 "'급'은 ('이루다'의 의미인) '취'와 같다(及, 猶就也)."라고 했는데, 잘못된 것이다.

37) 이 구절은 《시경·패풍(邶風)·격고(擊鼓)》에 보인다.[역자주]

38) 이 구절은 《시경·패풍(邶風)·북풍(北風)》에 보인다.[역자주]

먼저 그 모습을 형용하고 후에 그 일을 말하는 것으로는 "화사한 꽃이 피었네(灼灼其華)"40) · "우르르 천둥소리(殷其靁)"41) · "찬바람이 불어 오는데(淒其以風)"42) 등이 있다.

'기'는 추측하고 의론하는 말이다. 《주역 · 곤(困) · 단전》은 "몸은 곤궁해도 형통할 방도를 잃지 않는 것은 군자만이 할 수 있지 않는가?(困而不失其所亨, 其唯君子乎?)"라고 했다. 같은 책의 〈건(乾) · 문언(文言)〉은 "성인민이 할 수 있지 않는가?(其唯聖人乎?)"라고 했다. 《의례 · 빙례(聘禮)》는 "그대는 다른 신하들에게 하사하는데 쓸 수 있소(君其以賜乎)."라고 했다. 《좌전 · 은공 11년》은 "하늘은 대체로 예를 따르고 허나라에 화를 내린 것을 후회할 것이다(天其以禮悔禍於許?)"라고 했다.

'기'는 ('대체로' 내지 '대략'의 의미인) '태(殆)'와 같다. 《주역 · 복(復) · 단전》은 "회복이란 대체로 천지자연의 마음을 드러내는 것이 아니겠는가?(復, 其見天地之心乎?)"라고 했다. 《계사전》은 "그 변화의 이치를 아는 사람이라면, 대체로 신이 하는 일을 알 것이다(知變化之道者, 其知神之所為乎)."라고 했다. 또 "《주역》이 나온 것은 대략 중고 시기였지 않을까? 《주역》을 지은 사람은 대체로 걱정과 어려움이 있었을 것이다(《易》之興也, 其於中古乎? 作《易》者, 其有憂患乎?)"라고 했다. 《상서 · 금등(金縢)》은 "주공이 말했다: 조짐에 따르면, 폐하의 병은 대체로 위험하지 않다(公曰: 體, 王其罔害)."라고 했다. 《예기 · 단궁》은 "내 삶이 의미가 있었다고 할 수 있겠지?(吾今日其庶幾乎?)"라고 했다. 또 "장군 문자의 아들은 대체로 훌륭하지 않은가(將軍文氏之子, 其庶幾乎?)"라고 했다. 《좌전 · 은공 6년》은 "대략 진 환공을 훈계하려는 것이

---

39) 이 구절은 《시경 · 빈풍(豳風) · 동산(東山)》에 보인다.[역자주]

40) 이 구절은 《시경 · 주남(周南) · 도요(桃夭)》에 보인다.[역자주]

41) 이 구절은 《시경 · 소남(召南) · 은기뢰(殷其靁)》에 보인다.[역자주]

42) 이 구절은 《시경 · 패풍(邶風) · 녹의(綠衣)》에 보인다.[역자주]

아니겠는가?(其陳桓公之謂乎?)"라고 했다. 《국어·주어》는 "주나라 왕실은 대체로 쇠락하고 있다!(王室其將卑乎!)"라고 했다. 문장에서 '기(其)'와 '태'는 같은 의미여서 '기태(其殆)'로 이어서 읽기도 한다. 《계사전》에서 "안회라는 제자가 대체로 이런 경지에 가깝겠지!(顔氏之子, 其殆庶幾乎!)"라고 한 것이 이 예이다.

'기'는 ('장차'의 의미인) '장(將)'이다. 《주역·부(否)·구오(九五)》는 "장차 멸망할 것이다, 장차 멸망할 것이다……(其亡其亡……)"라고 했다. 《상서·고요모》는 "필요 없는 관직은 두지 말며, 하늘이 정한 일은 사람이 장차 대신해서 이뤄야 할 것이다(無曠庶官, 天工, 人其代之)."라고 했다. 같은 책의 〈탕서〉는 "나는 장차 그대들에게 크게 상을 하사하리라(予其大賚女)."라고 했다. 같은 책의 〈반경〉은 "하늘은 장차 우리의 국운을 이 새로운 도읍에서 이어가도록 하려 한다(天其永我命於茲新邑)."라고 했다. 같은 책의 〈미자〉는 "지금 은나라는 장차 망하려고 한다(今殷其淪喪)."라고 했다. 같은 책의 〈목서〉는 "그대들의 창을 들고, 그대들의 방패를 세우고, 그대들의 기율을 선포하라(稱爾戈, 比爾干, 立爾矛, 予其誓)."라고 했다. 같은 책의 〈금등〉은 "이 어린 사람이 장차 친히 영접할 것입니다(惟朕小子其新逆)."라고 했다. 같은 책의 〈강고〉는 "하늘이 장차 우리를 꾸짖고 벌할 것이다(爽惟天其罰殛我)."라고 했다. 같은 책의 〈주고〉는 "모두 잡아 주나라의 도성으로 압송해 장차 죽일 것이다(盡執拘以歸於周, 予其殺)."라고 했다. 같은 책의 〈소고〉는 "하늘은 장차 지혜를 주시고, 길상을 주시며, 오래살 수 있도록 해주실 것입니다(今天其命哲, 命吉凶, 命曆年)."라고 했다. 같은 책의 〈낙고〉는 "지금 우리 백관들은 열심히 노력해야 할 것이다(茲予其明農哉)."라고 했다. 《시경·당풍·실솔(蟋蟀)》은 "지금 우리 못 즐기면 세월은 장차 덧없이 흘러가리(今我不樂, 日月其除)."라고 했다. 같은 책의 〈빈풍·칠월(七月)〉은 "내년이면 여러 곡식 씨 뿌려야 할 터이니(其始

播百穀).”라고 했다. 《좌전 · 은공 11년》은 “우리 자손들은 장차 나라가 패망하는 것도 구할 겨를이 없을 것인데, 하물며 허나라에 제사지내는 것은?(吾子孫其覆亡之不暇, 而況能禋祀許乎?)”이라고 했다.[43] 《국어 · 주어》는 “어떻게 나라가 오랫동안 갈 수 있겠습니까?(其與能幾何?)”라고 했다. 《논어 · 위정》은 “어떻게 나아가게 할 수 있겠느냐?(其何以行之哉?)”라고 했다.

'기'는 ('또한'의 의미인) '상(尚)' 내지 ('바라다'의 의미인) '서기(庶幾)'이다. 《상서 · 고요모》는 “임금께서는 또한 이 일로 걱정하신다(帝其念哉).”라고 했다. 같은 책의 〈반경〉은 “또한 선왕의 사업을 계승한다고 할 수 있다(其克從先王之烈).”라고 했다. 같은 책의 〈금등〉은 “우리 또한 폐하를 위해 경건하게 점을 쳐봅시다(我其為王穆卜).”라고 했다. 같은 책의 〈강고〉는 “또한 하늘에 분명하게 알려질 것이다(其尚顯聞於天).”라고 했다.[44] 같은 책의 〈주고〉는 “또한 기장을 심고 열심히 그대들의 부친과 어르신들을 모셔라(其藝黍稷, 奔走事厥考厥長).”라고 했다. 같은 책의 〈소고〉는 “위아래가 부지런하고 걱정하면서, 또한 '우리가 받은 천명이 하나라 임금이 여러 해 다스릴 때와 같아야 하며, 은나라 임금이 여러 해 다스릴 때와 어긋나지 않아야 한다.'라고 말해야 한다(上下勤恤, 其曰: 我受天命, 丕若有夏曆年, 式勿替有殷曆年).”라고 했다. 같은 책의 〈낙고〉는 “그대들은 또한 제후가 천자를 알현하는 예절을 진지하게 살펴야 한다(女其敬識百辟享).”라고 했다. 같은 책의 〈무일〉은 “제위를 이은 임금께서는 부디 이를 경계로 삼으소서(嗣王其監於茲).”라고 했다. 같은 책의 〈군석〉은 “그대는 지금 이 점을 보아야

---

43) 《좌전 · 희공(僖公) 7년》은 “정나라는 나라가 패망하는 것도 구할 겨를이 없다(鄭將覆亡之不暇).”라고 했다.

44) 이곳의 '기(其)'도 ('또한'의 의미인) '상(尚)'이다. 옛 사람들은 두 단어로 사용했다.

할 것이오(君肆其監於玆)."라고 했다. 같은 책의 〈입정〉은 "우리가 그
들의 뛰어난 점을 잘 알고 이해할 수 있길 바라오(我其克灼知厥若)."라
고 했다. 같은 책의 〈문후지명(文侯之命)〉은 "조부와 부친이 되는 제후
국들의 군주들께서는 짐이 걱정하는 바를 함께 해주길 바라오(惟祖惟
父, 其伊恤朕躬)."라고 했다. 《시경·위풍·백혜(伯兮)》는 "비 좀 와라
비 좀 와라 해도, 쨍쨍 햇빛이 나네(其雨其雨, 杲杲出日)."라고 했다.[45]
《좌전·은공 3년》은 "나는 그대가 선왕의 공업을 없애지 않길 바라오
(吾子其無廢先君之功)."라고 했다. 《국어·주어》는 "천자께서 목욕재계
하고 토지의 신과 곡식의 신께 풍성한 수확을 비는 제사를 올리시고,
전국의 농사가 때를 그르치지 않도록 살피소서(王其祗祓, 監農不易)."
라고 했다.

'기'는 ('만약~한다면'의 의미인) '약(若)'이다. 《시경·소아·소민(小
旻)》은 "좋은 계획이라면 모두 어기고, 좋지 않은 계획이면 모두 따르니
(謀之其臧, 則具是違. 謀之不臧, 則具是依)."라고 했다. 《예기·문왕세
자》는 "군주의 친족이 만약 죽을 죄를 저질렀다면, 교외를 책임지는 관
리에게 교수형에 처한다. 군주의 친족이 만약 형벌을 받을 죄를 지었다
면, 침으로 찌르거나 칼로 살을 베어내는데, 이때에도 교외를 책임진
관리에게 알려 집행하도록 한다(公族其有死罪, 則磬於甸人. 其刑罪則
纖剸, 亦告於甸人)."라고 했다. 《좌전·희공 9년》은 "일이 이루어진다면
하늘에 계신 영령의 도움이고, 일이 이루어지지 않는다면 따라 죽겠나
이다(其濟, 君之靈也. 不濟, 則以死繼之)."라고 했다. 같은 책의 〈양공
23년〉은 "신풍이 계무자에게 대답하며 '그렇다면 제가 준비한 수레를
타고 갑시다.'라고 했다(申豐對季武子曰: '其然, 將具敝車而行')."라고
했다. 같은 책의 〈양공 31년〉은 "만일 올린다면 이것들은 모두 군주

---

45) 이곳의 '기(其)'는 ('바라다'의 의미인) '서기(庶幾)'이다.

부고의 재물이어서 일정한 의식이 없이는 우리가 함부로 바칠 수 없습니다. 만일 밖에다 놓아둔다면 해 빛에 타고 비에 젖어 부식되고 망가질 것이니 우리 마을의 죄가 더욱 무겁게 됩니다(其輸之, 則君之府實也. 非薦陳之, 不敢輸也. 其暴露之, 則恐燥濕之不時, 而朽蠹以重敝邑之罪)."라고 했다.

'기'는 ('이에' 내지 '곧'의 의미인) '내(乃)'와 같다. 《상서·요전》은 "도도한 강물이 하늘에 넘을 듯하니, 아래의 백성들이 이에 탄식하오(浩浩滔天, 下民其咨)."라고 했다. 같은 책의 〈고요모〉는 "군주에게 순종하니, 많은 일들이 이에 이루어지네(撫於五辰, 庶績其凝)."라고 했다. 또 "하늘의 명을 잘 알고 받는다면, 하늘은 곧 거듭 그대를 찬미할 것입니다.(以昭受上帝, 天其申命用休)."라고 했다. 같은 책의 〈우공〉은 "우이가 다스려진 후에 유수(濰水)와 치수(淄水)가 곧 연결되었다(嵎夷既略, 濰、淄其道)."라고 했고, 또 "회하(淮河)와 기수(沂水)가 다스려진 후에 몽산(蒙山)과 우산(羽山)이 곧 경작할 수 있게 되었다(淮、沂其乂, 蒙、羽其藝)."라고 했다. 같은 책의 〈탕서〉는 "지금 그대들은 곧장 '하나라의 죄는 어떠합니까?'라고 물을 것이다(今女其曰: '夏罪其如台?')"라고 했다.[46] 같은 책의 〈반경〉은 "그러면 곧 수확할 기장이 없을 것이다(越其罔有黍稷)."라고 했다.[47] 같은 책의 〈홍범〉은 "그들로 하여금 재능을 펼치게 하면 나라는 곧 번영할 것이다(使羞其行而邦其昌)."라고 했다.[48] 또 "그대가 그들에게 복을 주어도 그대로 하여금 곧 정치를 잘못

---

46) 이 구절은 "금녀내왈: '하죄기여하?'(今女乃曰: '夏罪其如何?')"라고 하는 것과 같다. 《상서·고종융일(高宗肜日)》에서 "그들이 곧 말했다: 우리를 어떻게 하겠는가?(乃曰: 其如台?)"라고 한 것이 이것과 같은 의미이다. 옛날에 '이(台)'는 ('어찌'의 의미인) '하(何)'와 같다. '이(台)'자에 설명이 보인다.
47) '월기(越其)'는 '원내(爰乃)'라고 말하는 것과 같다.
48) 이는 "사수기행이방내창(使羞其行而邦乃昌)"이라고 하는 것과 같다.

하게 만들 것이다(女雖錫之福, 其作女用咎)."라고 했다. 또 "신하된 자가 사람들에게 복을 주고 벌을 내리며 좋은 음식을 주면, 곧 그대의 가문과 나라에 큰 해가 될 것이다(臣之有作福作威玉食, 其害於而家, 凶於而國)."라고 했다. 또 "이를 '대동'이라고 한다. 이렇게 되면 그대는 곧 편안하고 강건해지며 자손들은 곧 번성해진다(是之謂大同, 身其康强, 子孫其逢)."라고 했다.49) 같은 책의 〈금등〉은 "그대들이 나의 간청을 허락한다면, 나는 곧 둥근 옥과 홀을 가지고 돌아가 그대들의 명을 기다릴 것입니다. 만일 그대들이 나의 간청을 허락하지 않는다면, 나는 곧 둥근 옥과 홀을 거두어들이겠습니다(爾之許我, 我其以璧與珪歸俟爾命. 爾不許我, 我乃屛璧與圭)."라고 했다.50) 같은 책의 〈강고〉는 "이리하면 곧 형벌이 분명해지고 백성이 복종하게 되어, 백성들은 힘을 다하여 화합하게 될 것이다. 병이 있는 것같이 돌봐주면 백성들은 곧 허물을 버릴 것이고, 어린 아기를 보호하듯이 하면 백성들은 곧 잘 다스려질 것이다(時乃大明服, 惟民其勅懋和. 若有疾, 惟民其畢棄咎, 若保赤子, 惟民其康)."라고 했다. 또 "우리는 곧 은나라의 영민하신 선왕들의 덕을 늘 생각하여 백성들을 편히 다스려야 한다(我時其惟殷先哲王德, 用康乂民)."라고 했다. 같은 책의 〈다사〉는 "우리는 그대들을 곧 서쪽으로 옮길 것이다(予惟時其遷居西爾)."라고 했다. 같은 책의 〈낙고〉는 "모든 백성들이 공물을 바치지 않아도 된다고 생각하면, 나랏일이 곧 잘못되고 나태해질 것입니다(凡民惟曰不享, 惟事其爽侮)."라고 했다. 또 "공께서 계속 모범을 보이신다면, 사방의 신민들은 곧 대대로 공물을 바치러 올 것입니다(公勿替刑, 四方其世享)."라고 했다. 같은 책의 〈군석〉은

---

49) '봉(逢)'에서 문장이 끝나고, 다음의 '길(吉)'에서 한번 끊어준다. 《경의술문》에 설명이 보인다.

50) 이곳의 '기(其)'도 ('곧'의 의미인) '내(乃)'이다.

"옛날 상제께서는 문왕의 덕을 거듭 살피시고는 곧 그의 몸에 천명을 내려주셨습니다(在昔上帝割申勸寧王之德, 其集大命於厥躬)."라고 했다. 같은 책의 〈다방〉은 "나는 이에 곧 글로써 그대들에게 알리는 것이고, 나는 이에 곧 그대들을 토벌하고 가두는 것이오(我惟時其敎告之, 我惟時其戰要囚之)."라고 했다. 《시경·용풍·체동(蝃蝀)》은 "아침에 무지개가 서쪽에서 떠 있는데, 식전에 곧 비가 오네(朝隮于西, 崇朝其雨)."리고 했다. 같은 책의 〈위풍·맹(氓)〉은 "뽕나무 잎이 시들어서 곧 누렇게 떨어졌네(桑之落矣, 其黃而隕)."라고 했다. 같은 책의 〈당풍·실솔〉은 "귀뚜라미 집에 드니 이 해도 곧 저무네(蟋蟀在堂, 歲聿其莫)."라고 했다.51) 같은 책의 〈빈풍·칠월〉은 "팔월엔 곧 이른 곡식 수확하고(八月其獲)."라고 했다. 또 "석 달엔 곧 모두가 사냥을 나가 무술을 계속 닦는데(二之日其同, 載纘武功)."라고 했다. 또 "이월엔 이른 아침에 곧 염소와 부추를 바치고(四之日其蚤, 獻羔祭韭)."라고 했다. 같은 책의 〈소아·면수(沔水)〉는 "내 친구들이 삼가 해도 참언은 곧 일어나네(我友敬矣, 讒言其興)."라고 했다.52) 같은 책의 〈소아·항백(巷伯)〉은 "어찌 그런 말을 받아들이지 않으리, 그러나 뒤에는 그대들도 곧 버림받으리(豈不爾受, 既其女遷)."라고 했다. 같은 책의 〈소아·대동(大東)〉은 "북과 도투마리가 곧 다 비었네(杼柚其空)."라고 했다. 같은 책의 〈소아·빈지초연〉은 "커다란 복을 신께서 내려주시니, 곧 자손들의 즐거움일세(錫爾純嘏, 子孫其湛)."라고 했다. 같은 책의 〈주송·유청(維清)〉은 "크게 우리를 이롭게 하셨으니 우리는 곧 그것을 받아(假以溢我, 我其收之)."53)라고 했다. 같은 책의 〈주송·열문(烈文)〉은 "나라

---

51) '율(聿)'은 어기사 '유(惟)'이다. '기(其)'는 ('곧'의 의미인) '내(乃)'이다.

52) 이는 "아우경의, 이참언내흥(我友敬矣, 而讒言乃興)"이라고 하는 것과 같다. 그래서 모형의 《전(傳)》은 "왕이 참언을 살피지 못함을 비판한 것이다(疾王不能察讒也)."라고 했다.

를 크게 망치지 말고, 임금님은 이를 높여야만 하네. 선인들의 큰 공을 생각하시어 유서를 계승 발전시키기를. 이를 데 없이 훌륭한 사람을 세상은 본받으며, 밝은 덕 있는 분을 곧 모든 제후들이 법도로 삼나니(無封靡于爾邦, 維王其崇之. 念茲戎功, 繼序其皇之. 無競維人, 四方其順之. 不顯維德, 百辟其刑之)."라고 했다. 《예기·월령》은 "이 다섯 가지를 잘 갖추면, 상제께서는 곧 제사음식을 받는다(五者備當, 上帝其饗)."라고 했다. 《좌전·환공 6년》은 "초나라가 지친 병사들을 보여주는 것은 곧 우리를 속이기 유혹하기 위함입니다(楚之羸, 其誘我也)."라고 했다. 같은 책의 〈장공 22년〉은 "다섯 번째 세대는 곧 번창할 것이며, 동시에 관직이 정경에 버금갈 것입니다(五世其昌, 並於正卿)."라고 했다. 같은 책의 〈희공 5년〉은 "순화성(鶉火星; 별자리 이름)이 뜨고 군사들을 정비하면, 곽공은 곧 달아날 것이다(火中成軍, 虢公其奔)."라고 했다. 같은 책의 〈선공 2년〉은 "말이 아니라면 곧 사람이다(非馬也, 其人也)."라고 했다. 《국어·주어》는 "오늘부터 요 며칠 동안 양기가 얼었던 땅 사이로 올라오고, 땅은 촉촉해져서 곧 생기로 충만해집니다. 이때 땅을 엎어주고 갈아주지 않으면, 곧 너무 축축해져 곧 병충해가 생기기 쉽고 곡식을 수확할 수 없게 됩니다(自今至於初吉, 陽氣俱蒸, 土膏其動. 弗震弗渝, 脈其滿眚, 穀乃不殖)."라고 했다. 또 "정성(定星; 별자리 이름)이 하늘의 가운데에 나타났을 때, 토목공사를 곧 시작한다(營室之中, 土功其始)."라고 했다. 같은 책의 〈진어(晉語)(3)〉은 "땅을 잃고도 잘못을 뉘우치지 않으면, 재앙이 곧 일어날 것이네(喪田不懲, 禍亂其興)."라고 했다. 《논어·위정(爲政)》은 "이 또한 정치하는 것이거늘, 나라를 다스리는 것만이 곧 정치라고 할 수는 없지 않겠느냐?(是亦為政, 奚其為為政?)"라고 했다. '기'와 '내'는 같은 의미이기 때문에 '기내(乃

---

53) 본 예문은 《시경·주송(周頌)·유천지명(維天之命)》에 보인다.[역자주]

其)'로 이어서 읽기도 한다. 《상서·강고》는 "백성들을 곧 잘 다스릴 수 있다(乃其乂民)."라고 했다. 또 "그대는 곧 문왕이 만든 형벌을 이용하여 …… (乃其速由文王作罰 …… )"라고 했다. 또 "그대는 곧 이 법도를 이용하여 그들을 잡아 죽여라(女乃其速由茲義率殺)."라고 했다. 같은 책의 〈군석〉은 "곧 천명을 잃을 것이다(乃其墜命)."라고 했다. 같은 책의 〈다방〉은 "나는 곧 그들을 크게 벌하고 처형할 것이다(我乃其大罰殛之)."라고 했다. 《국어·진어(1)》은 "그가 정권을 잡으면 하고 싶은 일을 하고, 얻고 싶은 물건을 얻으면 폐하를 곧 놓아줄 것입니다(彼得政而行其欲, 得其所索, 乃其釋君)."라고 했다. 이는 ('어찌'의 의미인) '갈(曷)'과 '하(何)'가 같은 의미여서 《상서·소고》에서 "어찌 신중하지 않을 수 있겠는가?(曷其奈何弗敬?)"라고 한 것과, ('~할 수 있다'의 의미인) '극(克)'과 '감(堪)'이 같은 의미여서 같은 책의 〈다방〉에서 "덕을 잘 펼칠 수 있고(克堪用德)"라고 한 것과, (어기사인) '유(維)'와 '이(伊)'가 같은 의미여서 《시경·소아·규변(頍弁)》에서 "뭐 하러 썼는가(實維伊何)."라고 한 것과 같다.

'기'는 (지시대명사 '이' 내지 '~의'의 의미인) '지(之)'이다. 《상서·반경》은 "이를 조금이라도 생각하지 않고 화만 낸다면 무슨 이로움이 있겠소?(不其或稽, 自怒曷瘳?)"라고 했다. 같은 책의 〈강고〉는 "짐의 동생, 젊은 봉이여!(朕其弟, 小子封!)"라고 했다. 《시경·소아·어려(魚麗)》는 "음식이 풍성하니 좋기도 하구나(物其多矣, 維其嘉矣)."라고 했다.[54] 《대대례기·보부(保傅)》는 "무릇 이것은 태사의 임무이다(凡是其屬, 太師之任也)."라고 했다. 《좌전·환공 6년》은 "제후국이 대부들을 보내 제나라를 지켜주자, 제나라는 이에 대한 감사의 표시로 그들에서

---

54) 첫 번째 '기(其)'가 ('~의'의 의미인) '지(之)'이고, 두 번째 '기'는 사물을 가리키는 말이다.

생고기를 보내주려고 했다. 이에 노나라의 대부를 시켜 그 순서에 따라 참가한 대부들에게 나누어 주도록 하였다(諸侯之大夫戌齊, 齊人饋之 餼, 使魯爲其班)."라고 했다.《공양전·성공 15년》은 "다른 사람의 후사 로 세워지면 그 사람의 아들이 된다(爲人後者爲之子)."라고 했다. 또 "다른 사람의 후사로 세워지면 그의 아들이 된다(爲人後者爲其子)."라 고 했다.《가자신서·대정(大政)》은 "그래서 형벌로 백성을 사랑하는 것은 채찍으로 개를 놀리는 것과 같아서 시간이 아무리 오래되어도 개 는 그대를 가까이 하지 않을 것이다. 태만함으로 현인을 얻으려는 것은 활로 새를 유인하는 것과 같아서 시간이 아무리 지나도 새를 잡을 수 없다(故欲以刑罰慈民, 辟其猶以鞭狎狗也, 雖久弗親矣. 欲以簡泄得士, 辟其猶以弧怵鳥也, 雖久弗得矣)."라고 했다. '기'와 '지'는 같은 의미이 기 때문에 '기'를 '지'로 풀이할 수 있고, '지'를 '기'로 풀이할 수도 있다. '지'자에도 설명이 보인다.

　'기'는 ('설마' 내지 '설령'의 의미인) '녕(寧)과 같다.《주역·계사전》은 "설마 부인인들 볼 수 있겠는가?(妻其可得見邪?)"라고 했다.《상서·반 경》은 "들판에 불이 나서 가까이 갈 수 없다면, 설마 불을 끌 수 있겠는 가?(若火之燎于原, 不可鄕邇, 其猶可撲滅?)"라고 했다. 같은 책의 〈대 고〉는 "설령 그들을 도와주는 아버지라 하더라도 '네게 후손들이 있으 니 우리 터전을 버리지 않을 것이다.'라고 말하겠소?(厥考翼, 其肯曰: 予有後, 弗棄基?)"라고 했다. 같은 책의 〈주고〉는 "우리가 설마 이러한 사실을 잘 성찰해야하지 않겠느냐?(我其可不大監撫於時?)"라고 했다. 같은 책의 〈다사〉는 "내가 설마 천자의 자리를 구했겠소?(我其敢求 位?)"라고 했다.《좌전·희공 5년》은 "한번이면 충분했거늘, 설마 또 다 시 해줄 수 있겠는가?(一之謂甚, 其可再乎?)"라고 했다. 같은 책의 〈희 공 10년〉은 "사람에게 죄를 더 씌우려고 하면서, 설마 아무런 말을 하지 않겠는가?(欲加之罪, 其無辭乎?)"라고 했다.

'기'는 단락을 바꿔주는 말이다. 《주역 · 무망(無妄) · 단사》은 "무망 괘: 지극히 형통하나 정도를 지키는 것이 이롭다. 정도를 지키지 않으면 재앙이 있을 것이다(無妄, 元亨利貞, 其匪正有眚)."라고 했다. 《상서 · 무일》은 "고종 때 …… (其在高宗 …… )" · "조갑 때 …… (其在祖甲 …… )" 라고 했다.

'기'는 어조사이다. 《주역 · 소축 · 초구(初九)》는 "제자리로 돌아왔으 니, 무슨 해가 있겠는가?(復自道, 何其咎?)"라고 했다. 《상서 · 대고》는 "우리가 어찌 문왕이 도모했던 공업을 완성하러 가지 않나?(予曷其不於 前寧人圖功攸終?)"라고 했다. 같은 책의 〈강고〉는 "그대 봉의 마음을 따라서는 안 될 것이다(未其有若女封之心)."라고 했다. 같은 책의 〈소 고〉는 "은나라의 국운이 연장되지 않을 것이다(不其延)."라고 했다. 같 은 책의 〈낙고〉는 "불씨를 끌 수 없습니다(敍弗其絶)."라고 했다. 같은 책의 〈여형(呂刑)〉은 "지금 그대들은 무엇으로 경계를 삼으려는가?(其 今爾何懲?)"라고 했다.[55] 같은 책의 〈비서(費誓)〉는 "말과 소가 길을 잘못 가고 …… (馬牛其風 …… )"라고 했다. 《시경 · 왕풍 · 군자우역(君 子于役)》은 "언제면 만나게 되려나?(曷其有佸?)"라고 했다.[56] 같은 책 의 〈당풍 · 보우(鴇羽)〉는 "언제면 한 곳에 안착할건가!(曷其有所!)"라 고 했다. 같은 책의 〈당풍 · 양지수(揚之水)〉는 "아무런 걱정도 없어지 리(云何其憂)."라고 했다. 같은 책의 〈소아 · 정월〉은 "이미 깊은 시름 안고(終其永懷)."라고 했다.[57] 같은 책의 〈소아 · 울류(菀柳)〉는 "어떻 게 되어 먹은 건가?(于何其臻?)"라고 했다. 《좌전 · 희공 15년》은 "이것 은 은덕을 원수로 바꾸는 것이니, 진나라는 이렇게 하지 않을 것입니다

---

55) 앞의 문장에서는 "지금 그대들은 무엇을 본받을 것인가?(今爾何監)."라고 했다.
56) 앞의 문장에서는 "언제나 오시려나?(曷至哉?)"라고 했다.
57) 이곳의 '종(終)'은 ('이미'의 의미인) '기(旣)'와 같다. '종(終)'자에 설명이 보인다.

(以德為怨, 秦不其然)."라고 했다. 《국어·진어(晉語)》는 "후계자들이 많았고 빈번하게 제위에 올랐지만 이로 나라가 망하지는 않았다(多而驟立, 不其集亡)."라고 했다. 이상의 '기'는 모두 어기사로, 의미가 없다.

('대체로' 내지 '아마도'의 의미인) '기저(其諸)'도 헤아리는 말이다. 《공양전·환공 6년》은 "대체로 노나라 환공을 욕하며 책망하는 것이다 (其諸以病桓與)."라고 했는데, 하휴의 주석은 "'기저'는 허사이다(其諸, 辭也)."라고 했다. 《논어·학이》는 "다른 사람이 요구하는 것과는 다를 것이다(其諸異乎人之求之與)."라고 했다.

# 기其[58] 기記 기忌 기己 기亓

'기(其)'는 어조사이다. '기(記)'·'기(忌)'·'기(己)'·'기(亓)'로 된 곳도 있는데, 의미는 모두 같다. 《시경·왕풍·양지수(揚之水)》는 "그 사람을(彼其之子)"이라고 했는데, 정현의 《전》은 "'기'는 '기' 내지 '기'로 되어 있는데, 읽는 소리가 비슷하다(其, 或作記, 或作己, 讀聲相似)."라고 했다 또 《시경·정풍·고구(羔裘)》는 "우리 님은(彼其之子)"이라고 했는데, 《좌전·양공 27년》과 《안자춘추·잡편》에는 모두 '기(己)'로 되어있다. 《시경·조풍·후인(候人)》은 "저 간사한 자들은(彼其之子)"이라고 했는데, 《예기·표기(表記)》에는 '기(記)'로 되어있다.[59] 《좌전·희공 24년》과 《국어·진어(晉語)》에는 모두 '기(己)'로 되어있다. 《좌전·문공 14년》은 "제나라의 공자 원은 의공의 집정에 불복하여, 끝까지 '공'이라고 하지 않고, '그 사람'이라고 불렀다(齊公子元不順懿公之為政也, 終

---

58) 발음은 '기(記)'이다.
59) 《경전석문(經典釋文)》을 비롯한 《당석경(唐石經)》과 각 판본들은 모두 같다. 감본 (監本)은 '기(其)'로 바꾸어 놓았는데 잘못된 것이다.

不曰公, 曰夫己氏)."라고 했는데, 《두해보정(杜解補正)》은 "'부기씨'는 '피기지자'라고 하는 것과 같다(夫己氏, 猶言彼己之子)."라고 했다.[60] 《시경·정풍·대숙우전(大叔于田)》은 "숙은 활을 잘 쏘시고(叔善射忌)"라고 했는데, 모형의 《전》은 "'기'는 허사이다(忌, 辭也)."라고 했고, 정현의 《전》은 "'기'는 '피기지자'의 '기'로 읽는다(忌, 讀如'彼己之子'之'己')."라고 했다. 《시경·대아·숭고(崧高)》는 "임금의 외삼촌께서 가셔서(往近王舅)"라고 했는데, 정현의 《전》은 "'근'은 허사로, 소리는 '피기지자'의 '기'와 같다(近, 辭也, 聲如'彼記之子'之'記')."라고 했고, 모거정(毛居正)[61]의 《육경정오(六經正誤)》는 '근(近)'은 '기(辺)'가 잘못된 것이라고 보았다.[62]

# 희其[63] 기期 희居

'희(其)'는 의문의 어기를 나타낸다. '기(期)' 내지 '희(居)'로 된 곳도 있는데 의미는 모두 같다. 《상서·미자》는 "나라는 망하는데 어찌해야겠습니까?(予顚隮, 若之何其?)"라고 했는데, 정현의 주석은 "'희'는 어조사이다. 제 땅과 노 땅 사이에서는 소리가 '희'와 같다(其, 語助也. 齊魯之間聲如'姬')."라고 했다.[64] 《시경·위풍·원유도(園有桃)》는 "그 분은

---

60) '부(夫)'는 (지시대명사 '저'의 의미인) '피(彼)'와 같다. '부'자에 설명이 보인다. 《춘추좌전주소(春秋左傳注疏)》는 '기(己)'를 '갑기(甲己)'의 '기(己)'로 읽었는데, 잘못된 것이다.

61) 남송(南宋) 때의 학자이다. 자는 의보(誼父)이다. 가정(嘉定) 16년(1223년), 국자감(國子監)에서 경전들을 교정했다. 저술로는 《육경정오(六經正誤)》가 있고, 《자치통감(資治通鑑)》에 주석을 달았다.[역자주]

62) 《설문해자(說文解字)》는 "'기'는 '기'와 같이 읽는다(辺, 讀與記同)."라고 했다.

63) 발음은 '희(姬)'이다.

곧으신 분인데, 당신은 왜 그러느냐네?(彼人是哉, 子曰何其?)"라고 했고,[65] 같은 책의 〈소아·정료(庭燎)〉는 "밤이 어떻게 되었나?(夜如何其?)"라고 했다. 같은 책의 〈소아·규변(頍弁)〉은 "무엇 때문에 썼는가?(實維何期?)"라고 했는데, 정현의 《전》은 "'기'는 허사이다(期, 辭也)."라고 했다.[66] 《예기·단궁》은 "어찌된 것입니까? 저는 여태까지 이런 도리를 들어본 적이 없습니다(何居? 我未之前聞也)."라고 했는데, 정현의 주석은 "'희'는 '희씨'의 '희'로 읽는다. 제 땅과 노 땅 사이에 사용되는 어조사이다(居, 讀如姬姓之姬. 齊魯之間語助也)."라고 했다. 또 "내가 합장하도록 허락하면서도 통곡하지 못하게 한 것은 이 무슨 도리이겠는가?(吾許其大而不許其細, 何居?)"라고 했다. 같은 책의 〈교특생〉은 "이틀 동안 북을 쳐대니, 이 무슨 도리인가?(二日伐鼓, 何居?)"라고 했다. 《좌전·성공 2년》은 "누가 이 재앙을 감당하겠는가? 후인들이 분명히 이 재앙을 감당하게 될 것이다!(誰居? 後之人必有任是夫!)"라고 했다. 같은 책의 〈양공 23년〉은 "누구이겠는가? 맹초겠지?(誰居? 其孟椒乎?)"라고 했다.[67] 《장자·제물론》은 "어찌된 것인지요?[68] 육신을 말라 죽은 나무처럼 부리시고, 마음을 꺼진 재처럼 부리시는 것이요?(何居乎? 形固可使如槁木, 而心固可使如死灰乎?)"라고 했다.

---

64) 《사기·송세가집해(宋世家集解)》에 보인다.
65) 모형의 《전(傳)》은 "사람들이 나에게 왜 그러느냐고 말하는 것이다(夫人謂我欲何爲乎?)"라고 했다.
66) 《경전석문(經典釋文)》에도 '기(其)'로 되어있다.
67) 두예(杜預)의 주석은 "'희'는 (의문사인) '여'와 같다(居, 猶與也)."라고 했다.
68) 나의 생각으로, 원문의 '희'는 '호(乎)'와 같다. '희' 다음에 '호'자가 또 있어서는 안 된다. 이어지는 문장 때문에 부연된 것이 아닌가 싶다. 《경전석문(經典釋文)》에 나오는 '하희(何居)' 두 글자에는 '호(乎)'가 없다.

# 기居

'기(居)'는 허사이다. 《주역·계사전》은 "아! 흥망과 길흉의 이치를 찾고 구하면 알 수 있다(噫, 亦要存亡吉凶, 則居可知矣)."라고 했는데, 정현과 왕숙의 주석은 모두 "'기'는 허사이다(居, 辭也)."라고 했다. 《시경·패풍·백주(柏舟)》는 "해야 달아(日居月諸)."라고 했는데, 《모시정의》는 "'기'와 '제'는 어조사이다(居、諸者, 語助也)."라고 했다. 때문에 《시경·패풍·일월(日月)》의 모형의 《전》은 "일호월호(日乎月乎)"라고 했고, '기(居)' 내지 '제(諸)'라고 하지 않았다. 《시경·소아·십월지교》는 "수레와 말 있는 자들을 골라 향 땅으로 갔네(擇有車馬, 以居徂向)."라고 했는데, 이곳의 '기(居)'는 어조사이다. 이는 수레와 말을 골라 향 땅으로 갔음을 말한다.[69] 같은 책의 〈대아·생민(生民)〉은 "그 향기 올라가니 상제께서 흠향하시네(其香始升, 上帝居歆)."라고 했는데, 이곳의 '기'도 어조사이다. 이곳의 "상제거흠(上帝居歆)"은 "상제흠(上帝歆)"과 같다.[70] 《예기·교특생》은 "두 번째는 금속이다. 금속의 성질은 부드럽기 때문에 거북과 기타 공물 사이에 놓는다(以鍾次之, 以和居參之也)."라고 했는데, 이곳의 '기'도 어조사이다. 원문의 "기참지(居參之)"는 "참지(參之)"라고 하는 것과 같다.[71]

---

69) 정현의 《전(箋)》은 "백성들 중에 수레와 말이 있는 부유한 자들을 골라 향 땅에 가서 사는 것이다(擇民之富有車馬者, 以往居於向)."라고 했다. 이는 먼저 가서 후에 거주한다는 말로 경문을 도치시킨 것이다.

70) 정현의 《전(箋)》은 "상제께서 편안하게 흠향하는 것이다(上帝則安而歆饗之)."라고 했는데, 의미가 부적절하다.

71) 정현의 주석은 "금속을 뜰 사이에 놓아두는 것이다(以金參居庭實之間)."라고 했는데, 이 역시 의미가 부적절하다.

# 거詎[72] 거距 거鉅 거巨 거渠 거遽

《광운》은 "'거'는 ('어찌' 내지 '어떻게'의 의미인) '기'이다(詎, 豈也)."
라고 했다. 글자가 '거(距)'·'거(鉅)'·'거(巨)'·'거(渠)'·'거(遽)'로 된
곳도 있다. 《한서·고조기》는 "패공께서 관중을 먼저 돌파하지 않으면
어떻게 들어갈 수 있겠습니까?(沛公不先破關中, 公巨能入乎?)"라고 했
는데, 《사기·항우기》에는 "공기감입호(公豈敢入乎)"로 되어있다. 《한
서·손보전(孫寶傳)》은 "연부에 어찌 그런 사람이 있었는가?(掾部渠有
其人乎?)"라고 했다.[73] '거(詎)'와 '기(豈)'는 같은 의미여서 '기거(豈詎)'
로 이어서 읽기도 한다. 《국어·오어》는 "이것은 사서에 분명히 기록되
어 있는 것인데, 어찌 제후들이 잊어버릴 수 있겠는가?(此志也, 豈遽忘
於諸侯之耳乎?)"라고 했다. 《여씨춘추·구비(具備)》는 "어떻게 군주를
반드시 깨쳐줄 수 있는가?(豈遽必哉?)"라고 했다. 《순자·왕제(王制)》
는 "어떻게 걱정거리를 없앨 수 있겠는가?(豈渠得免夫累乎?)"라고 했
다. 같은 책의 〈정론(正論)〉은 "그들이 모욕을 받는 것이 치욕이 아니라
는 것을 어찌 알겠는가?(是豈鉅知見侮之為不辱哉?)"라고 했다. 《묵자·
공맹(公孟)》은 "그대가 비록 복을 받지 못했어도 내 말이 어찌 옳지 않
겠으며, 귀신이 어찌 잘 살피지 않겠는가?(雖子不得福, 吾言何遽不善?
而鬼神何遽不明?)"라고 했다. 《회남자·인간(人間)》은 "이것이 어찌 복
이 되지 않겠는가?(此何遽不能為福乎?)"라고 했다. 《사기·정세가》는
"간다고 해서 어찌 반드시 욕을 당하겠소?(往何遽必辱?)"라고 했다. 같
은 책의 〈역생육가열전(酈生陸賈列傳)〉은 "내가 중국에 살았다면 어찌
한나라 임금만 못했겠소?(使我居中國, 何渠不若漢?)"라고 했다.[74] 《장

---

72) 발음이 '거(巨)'와 '거(遽)' 두 가지가 있다.

73) 안사고(顏師古)의 주석은 "'거'는 '거'로 읽는다. '거'는 ('어찌'의 의미인) '기'이다
(渠, 讀曰詎. 詎, 豈也)."라고 했다.

자·제물론》은 "내가 아는 것이 알지 않는 것이 아님을 어찌 알겠나? 내가 모르는 것이 아는 것이 아님을 어찌 알겠나?(庸詎知吾所謂知之非不知邪? 庸詎知吾所謂不知之非知邪?)"라고 했다.75) 같은 책의 〈대종사〉는 "어찌 내가 말하는 사람이 하늘이 아님을 알 수 있으며, 내가 말하는 사람이 하늘이 아님을 알 수 있겠는가?(庸詎知吾所謂天之非人乎? 所謂人之非天乎?)"라고 했다. 《초사·애시명(哀時命)》은 "그 길흉을 어찌 알리오?(庸詎知其吉凶?)"라고 했다. 《회남자·제속(齊俗)》은 "세상 사람들이 나를 어떻게 보는지를 어떻게 안단 말인가?(庸遽知世之所自窺我者乎?)"라고 했다. 《한비자·난사(難四)》는 "위(衛)나라 영공(靈公)이 어찌 그렇단 말인가?(衛奚距然哉?)"라고 했다. 《전국책·진책(秦策)(5)》는 "그대가 나보고 한번 해보라고 하면 될 것을 어찌 야단이나 치시는 것입니까?(君其試焉, 奚遽叱也?)"라고 했다. 《사기·장의전》은 "더군다나 소진이 있는데 장의가 어찌 할 수 있겠습니까?(且蘇君在, 儀寧渠能乎?)"라고 했다.76) '기거(豈遽)'·'하거(何遽)'·'해거(奚遽)'·'용거(庸詎)'·'영거(寧渠)'로 된 곳도 있는데 모두 같은 의미이다.

'거(詎)'는 ('만일~한다면'의 의미인) '구(苟)'이다. 《국어·진어(晉

---

74) 《한서(漢書)》에는 '하거(何遽)'로 되어있다. 부친께서는 '거(遽)'도 ('어찌'의 의미인) '하(何)'이고, '하거(何遽)'로 연속해서 읽는 것은 옛 사람들이 같은 의미로 생각했기 때문이다. 안사고(顏師古)는 '거(遽)'를 ('다급하다'의 의미인) '박촉(迫促)'으로 풀었는데, 잘못된 것이다.

75) 서막본(徐邈本)에는 '거(詎)'가 '거(巨)'로 되어있다. 부친께서는 '용(庸)'과 '거(詎)'는 모두 ('어찌'의 의미인) '하(何)'라고 하셨다. 이이(李頤)는 "'용'은 ('이용하다'의 의미인) '용'이고, '거'는 ('어찌'의 의미인) '하'이다. '용거'는 ('무슨 소용이 있는가?'의 의미인) '하용'이라 하는 것과 같다(庸, 用也. 詎, 何也. 庸詎, 猶言'何用')."라고 했는데, 잘못된 것이다.

76) 《사기색은(史記索隱)》은 "'거'는 음이 '거'이다. 옛날에 글자가 적어 가차한 것이다(渠, 音詎. 古字少, 假借耳)."라고 했다.

語)(6)》은 "오로지 성인만이 나라 밖의 근심과 나라 안의 걱정을 없게 할 수 있습니다. 만일 성인이 아니라면 반드시 어느 한쪽으로 치우친 후에나 가능합니다(且唯聖人, 能無外患, 又無內憂. 詎非聖人, 必偏而後可)."라고 했고,[77] 또 "만일 성인이 아니라면 나라 밖의 근심이 있지 않으면 반드시 나라 안의 걱정이 있을 것입니다(詎非聖人, 不有外患, 必有內憂.)"라고 했다. 이 문장은 모두 ("만일 성인이 아니라면"의 의미인) '구비성인(苟非聖人)'이다. 《좌전·성공 16년》에는 "자비성인(自非聖人)"으로 되어 있는데, 이 역시 같은 의미이다.


## 고固 고故 고顧

'고(固)'는 ('반드시' 내지 '분명히'의 의미인) '필(必)'이다. 《좌전·환공 5년》은 "채(蔡)나라와 위나라 병사들이 버티지 못하면 반드시 서로 달아나려고 할 것입니다(衛不枝, 固將先奔)."라고 했는데, 이는 반드시 먼저 달아날 것이라는 것을 말한다. 《공양전·양공 27년》은 "그대는 반드시 공을 맞아들일 것인가?(女能固納公乎?)"라고 했다. 《여씨춘추·임수(任數)》는 "그 설은 분명히 행해지지 않을 것이다(其說固不行)."라고 했다. 《전국책·진책(秦策)(1)》은 "폐하께서는 분명히 행하실 수 없을 것이옵니다(王固不能行也)."라고 했다. 하휴와 고유의 주석은 모두 "'고'는 ('반드시' 내지 '분명히'의 의미인) '필'이다(固, 必也)."라고 했다. '고(故)' 내지 '고(顧)'로 된 곳도 있다. 같은 책의 〈진책(3)〉은 "오나라가 월나라를 멸망시키지 않으면, 월나라는 반드시 오나라를 멸망시킬 것이다(吳不亡越, 越故亡吳)."라고 했다. 《대대례기·예찰(禮察)》은 "선왕들

---

77) 금본에는 '거(詎)'가 '거(距)'로 되어있다. 이는 송명도본(宋明道本)을 따른 것이다.

께서는 이 올바른 것을 지킴에는 금석처럼 굳으셨다. 이 믿음을 행함에는 사시처럼 도리를 따랐다. 이 일에 마음을 둠이 천지처럼 사사로움이 없으셨다. 그러니 어찌 반드시 쓰이지 않을 수 있겠는가?(先王執此之正, 堅如金石. 行此之信, 順如四時. 處此之功, 無私如天地爾. 豈顧不用哉?)"라고 했다.《사기·장진여전찬(張陳餘傳贊)》은 "장이와 진여는 처음에 가난했을 때 서로 죽음으로서 믿었는데, 어찌 반드시 의심이나 했겠는가?(張耳、陳餘始居約時, 相然信以死, 豈顧問哉?)"라고 했다.[78]

'고'는 ('도리어' 내지 '오히려'의 의미인) '내(乃)'와 같다.《맹자·만장》은 "어진 사람이 도리어 이렇게 하는가?(仁人固如是乎?)"라고 했다. '고(故)' 내지 '고(顧)'로 된 곳도 있다.《전국책·조책(1)》은 "강대국이라도 약소국에게서 얻을 수 없는 것인데, 약소국이 오히려 강대국에게서 얻을 수 있겠습니까?(雖強大不能得之於小弱, 而小弱顧能得之於強大乎?)"라고 했다.《여씨춘추·제악(製樂)》은 "나에게 분명히 죄가 있어 하늘이 이를 빌려 나를 벌하려는 것이오. 지금 도리어 공사를 일으켜서 백성들을 동원해 도성의 성곽을 증축하려는 것은 내 죄만 더욱 무겁게 만드는 것이오(我必有罪, 故天以此罰我也. 今故興事動衆以增國城, 是重吾罪也)."라고 했다.[79] 같은 책의 〈심기(審己)〉는 "저는 폐하께서 이미 알고 계시리라 생각했는데, 폐하께서는 오히려 모르고 계셨습니까?(臣以王爲已知之矣, 王故尙未之知邪?)"라고 했다.《전국책·제책(6)》은 "전단이 초발에게 말했다: 제가 뭐 때문에 선생께 뭘 잘못한 것이 있어 도리어 조정에서 늘 미움을 당해야 하는지요?(田單謂貂勃曰: '單何以得罪於先生, 故常見惡於朝?')"라고 했다. '고(故)'와 '내'는 같은 의미여서

---

78) 원문의 '기고(豈顧)'는 '기필(豈必)'이라 하는 것과 같다.《사기색은(史記索隱)》은 "서로 믿자고 약속하여 죽음도 돌보지 않음을 말한다(謂然諾相信, 雖死不顧)."라고 했는데, 잘못된 것이다.

79) 두 번째 '고(故)'자가 ('도리어'의 의미인) '내(乃)'와 의미가 같다.

간혹 이어서 '고내(故乃)'라고도 한다. 《장자 · 서무귀》는 "선생께서는 산속에서 고생하시다가 도리어 저를 만나러 오셨겠군요(先生苦於山林之勞, 故乃肯見於寡人)."라고 했다.


## 고 故

조상(趙爽)[80] 주석의 《주비산경(周髀算經)》은 "'고'는 일을 설명하는 말이다(故者, 申事之辭)."라고 했다. 이는 자주 사용하는 말이다.

'고(故)'는 본래 그러함을 나타내는 말이다. 《좌전 · 양공 9년》은 "그리하여 원래 속일 수 없습니다(然故不可誣也)."라고 했다. '고(固)' 내지 '고(顧)'로 된 곳도 있다. 《예기 · 애공문(哀公問)》은 "본래 백성들의 재화를 이렇게 모조리 수탈했다(固民是盡)."라고 했는데, 정현의 주석은 "'고'는 ('본래'의 의미인) '고'와 같다(固, 猶故也)."라고 했다. 《여씨춘추 · 필기(必己)》는 "맹분이 강을 건너다, 무리를 앞질러 배를 탔다. 사공이 노로 그의 머리를 쳤는데, 본래 그 사람이 맹분이라는 사실을 몰랐다(孟賁過於河, 先其五. 船人怒而以楫虓其頭, 顧不知其孟賁也)."라고 했다.

'고'는 ('~한 즉' 내지 '곧'의 의미인) '즉(則)'이다. 《묵자 · 천지(天志)》는 "자식이 되어서 부친을 모시지 않고, 아우가 되어서 형을 모시지 않고, 신하가 되어서 군주를 섬기지 않는 것이다. 그런 즉 세상의 군자들은 이들을 훌륭하지 않는 자들이라고 말한다(當若子之不事父, 弟之不事兄, 臣之不事君也. 故天下之君子, 與謂之不祥也)."라고 했다.[81] 《장

---

80) 삼국(三國) 시기 오(吳)나라의 천문학자이자 수학자이다. 자는 군경(君卿)이다. 평생의 사적은 분명치 않다. 중국의 가장 오래된 천문학 책인 《주비산경(周髀算經)》에 서문을 쓰고 주석을 달았다.[역자주]

자·제물론》은 "이루어짐과 무너짐이 있는 것은 곧 소씨가 거문고를 타는 것과 같은 이치이다. 이루어짐과 무너짐이 없음은 곧 소씨가 거문고를 타지 않는 것과 같은 이치이다(有成與虧, 故昭氏之鼓琴也. 無成與虧, 故昭氏之不鼓琴也)."라고 했다. 이상의 '고'는 모두 ('~한 즉' 내지 '곧'의 의미인) '즉'과 같다. 《전국책·동주책(東周策)》은 "폐하께서 지금 궁하게 지내지만 장래에 크게 될 인물들에게 은혜를 베푸시면, 폐하의 바람을 이루실 수 있사옵니다(君必施於今之窮士, 不必且為大人者, 故能得欲矣)."라고 했는데, 이곳의 '고능(故能)'은 ('~한 즉 …… 할 수 있다'의 의미인) '즉능(則能)'이다. 같은 책의 〈제책(1)〉은 "한나라와 위나라가 진나라와 싸워 승리하면 병사를 반쯤이나 잃을 것이니 변방을 막을 수 없을 것입니다. 싸워서 승리하지 못한다면 나라를 망하게 할 수 있습니다. 이것이 곧 한나라와 위나라가 함부로 진나라와 싸우려 하지 않고 쉽게 진나라에 굴종하는 이유입니다(韓、魏戰而勝秦, 則兵半折, 四境不守. 戰而不勝, 以亡隨其後. 是故韓、魏之所以重與秦戰, 而輕為之臣也)."라고 했는데, 이곳의 '시고(是故)'는 ('이것이 곧~'의 의미인) '시즉(是則)'과 같다. 《주역·예(豫)·단전》은 "천지는 만물의 근본 이치에 순응하여 운행하므로, 일월의 운행이 잘못되지 않고 사시의 변화가 어긋나지 않는다. 성인이 백성의 마음에 순응하여 만사를 행하므로 형벌이 분명하여 백성들이 기꺼이 복종한다(天地以順動, 故日月不過而四時不忒. 聖人以順動, 則刑罰清而民服)."라고 했다. 《좌전·소공 20년》은 "강렬하게 타오르는 불을 보면 사람들은 무서워하기에 불속에서 죽는 사람은 드물다. 물은 나약하여 사람들이 무시하고 갖고 놀기에 물에 빠져 죽는 사람이 많다(夫火烈, 民望而畏之, 故鮮死焉. 水懦弱, 民狎而玩之, 則多死焉)."라고 했다. 《관자·판법해(版法解)》는 "영민한 군주가

---

81) 이곳의 '여(與)'는 ('모두'의 의미인) '거(擧)'이다.

자신을 공격하는 여섯 가지 폐단82)을 극복하고 나라를 다스리는 세 가지 도구83)를 세운 즉, 나라는 잘 다스려진다. 어리석은 군주가 자신을 공격하는 여섯 가지 폐단을 극복하지 못하고 나라를 다스리는 세 가지 도구를 세우지 못한 즉, 나라는 다스려지지 않는다(明主能勝六攻而立三器, 則國治. 不肖之君, 不能勝六攻而立三器, 故國不治)."라고 했는데, 이곳의 '고'도 ('~한 즉'의 의미인) '즉'의 의미로, 문장에서 서로 바꿔 쓸 수 있다.


## 고顧

'고(顧)'는 ('다만' 내지 '그저~일 뿐이다'의 의미인) '단(但)'이다.《예기 · 제통》은 "그래서 위에서 큰 은택이 있으면 반드시 아래에까지 은혜가 미치는데, 다만 위에 있는 사람들이 먼저 얻고 아래에 있는 사람들이 나중에 얻을 뿐이다(是故上有大澤, 則惠必及下, 顧上先下後耳)."라고 했다.《전국책 · 연책》은 "저는 이 일을 생각할 때마다 늘 고통이 골수에 사무치고, 계책은 생각나지 않을 뿐이옵니다(吾每念, 常痛於骨髓, 顧計不知所出耳)."라고 했다.《사기 · 월세가》는 "이 놈은 제 아우를 사랑하지 않아서가 아니라 천금을 차마 버리고 올 수 없었던 것일 뿐이다(彼非不愛其弟, 顧有所不能忍者也)."라고 했다.

《사기 · 강후세가(絳侯世家)》의《사기색은(史記索隱)》은 허신(許慎)84)

---

82) 원문은 육공(六攻)이다. 이는 군주를 공격하는 여섯 가지 폐단을 말하는 것으로, 각각 측근 · 귀척 · 재물 · 여자 · 아첨꾼 · 노리개를 말한다.[역자주]

83) 원문은 삼기(三器)이다. 이는 군주가 나라를 다스리는 세 가지 도구를 말하는 것으로, 각각 명령 · 징벌 · 상을 말한다.[역자주]

84) 동한(東漢)의 대 경학자이다. 자는 숙중(叔重)이고, 여남(汝南) 소릉(召陵) 사람이

의 《회남주(淮南注)》를 인용하여 "'고'는 ('도리어'의 의미인) '반'이다 (顧, 反也)."라고 했다. 《전국책·진책(秦策)(1)》은 "지금 삼천 지방과 주나라 왕실은 천하의 시장이자 조정이옵니다. 폐하께서 이를 차지하지 않는다면 도리어 융적들이 차지하게 될 것입니다(今三川周室, 天下 之市朝也. 而王不爭焉, 顧爭於戎狄)."라고 했는데, 고유의 주석은 "'고'는 ('도리어'의 의미인) '반'이다(顧, 反也)."라고 했다. 같은 책의 〈연책 (1)〉은 "자지는 남쪽을 향해 앉아 군권을 행사하고, 연나라 왕 쾌는 늙어서 더 이상 정사를 돌보지 못했으며 도리어 신하가 되었습니다(子之 南面行王事, 而噲老不聽政, 顧為臣)."라고 했다. '고'와 ('도리어'의 의미인) '반(反)'은 같은 의미여서 이어서 '고반(顧反)'으로 쓰기도 한다. 같은 책의 〈제책(1)〉은 "한나라와 위나라 군사들이 아직 지치지 않았는데 우리가 저들을 구원하는 것은 우리가 한나라를 대신하여 위나라 군사의 공격을 받는 것이어서 도리어 우리가 한나라의 명을 따르게 될 것입니다(夫韓、魏之兵未弊而我救之, 是我代韓受魏之兵, 顧反聽命於韓 也)."라고 했다. 《사기·소상국세가(蕭相國世家)》에서 "소하는 직접 나가 싸운 적이 없음에도 도리어 신들의 위에 있사옵니다(蕭何未嘗有汗 馬之勞, 顧反居臣等上)."라고 한 것이 이 예이다.


# 구苟

'구(苟)'는 ('진실로'의 의미인) '성(誠)'이다. 《논어·이인》에서 "진실

다. 영평(永平) 9년(66년), 소학(小學)에 들어가 육서(六書)를 공부했고, 영평 11년 (68년)에는 유가경전과 제자서(諸子書)를 공부했다. 오경박사(五經博士)·교서동 관(校書東觀) 등을 지냈다. 근 30년의 공력을 들여 중국 최초의 자전인 《설문해자 (說文解字)》를 편찬하여 문자학의 발전에 큰 기여를 했다.[역자주]

로 인에 뜻을 두면······(苟志於仁矣······)"이라고 한 것이 이 예이다. 이것은 자주 사용하는 말이다.

　'구'는 ('장차~하려고 한다'의 의미인) '차(且)'이다. 《논어 · 자로》에서 "장차 모이려고 한다(苟合矣)" · "장차 다 갖춰지려고 한다(苟完矣)" · "장차 아름답게 되려고 한다(苟美矣)"라고 한 것이 이 예이다. 이역시 자주 사용하는 말이다.

　'구'는 ('잠시'의 의미인) '단(但)'이다. 《주역 · 계사전》은 "잠시 제물을 땅에 놓아두어도 괜찮은데, 띠 풀까지 깔았으니 무슨 허물이 되겠는가?(苟錯諸地而可矣, 藉之白茅, 何咎之有?)"라고 했는데, 이는 잠시 땅에 놓아두어도 되는데 하얀 띠 풀까지 깐 것은 아주 신중한 것이니 이것이 더 이상 무슨 허물이 되겠음을 말하는 것이다. 《좌전 · 환공 5년》은 "잠시 스스로를 구해보건대, 나라가 무너지지 않으면 다행이라고 할 수 있다(苟自救也, 社稷無隕, 多矣)."라고 했다. 같은 책의 〈양공 28년〉은 "작은 나라의 신하가 큰 나라에 와서 잠시 천막을 치면 될 것을 무슨 제단을 쌓습니까?(小適大, 苟舍而已, 焉用壇?)"라고 했다. 이상의 '구'는 모두 ('잠시'의 의미인) '단'이다.

　'구'는 ('만일~한다면'의 의미인) '약(若)'이다. 《주역 · 계사전》은 "만일 그런 사람이 아니라면, 도는 괜히 행해지지 않을 것이다(苟非其人, 道不虛行)."라고 했다.

　'구'는 ('바라다'의 의미인) '상(尙)'과 같다. 《시경 · 왕풍 · 군자우역(君子于役)》은 "부역에 가신 우리 님, 목마름 굶주림이나 안 겪으시기를!(君子于役, 苟無饑渴!)"이라고 했는데, 이는 또한 목마름이나 굶주림을 겪지 않길 바라는 말이다. 《좌전 · 양공 18년》은 "진후가 제나라를 치려고, 황하를 건너려고 했다. 중항헌자가 기도하며 말했다: ······ 승리하여 공을 세우면, 신에게 부끄러움을 남기지 않길 바라나이다(晉侯伐齊, 將濟河, 中行獻子禱曰: '······ 苟捷有功, 無作神羞)'."라고 했는데,

이는 또한 승리하여 공을 세우길 바란다는 것을 말한다.《묵자·경주
(耕柱)》는 "계손소와 맹백상이 노나라의 국정을 맡았다. 두 사람은 서로
를 믿지 않고 신을 모신 사당에 들어가 '우리 둘이 사이좋게 지내게
해주길 바라나이다.'라고 기도했다.[85] 이것은 눈을 가리고 신을 모신
사당에 들어가 '우리 모두 볼 수 있게 해주길 바라나이다.'라고 기도하
는 것과 같으니, 어찌 황당한 일이 아니겠는가?(季孫紹與孟伯常治魯國
之政, 不能相信, 而祝於叢社曰: '苟使我和.' 是猶弇其目而祝於叢社曰:
'苟使我皆視.' 豈不繆哉?)"라고 했는데, 이는 또한 우리로 하여금 사이
좋게 해주길 바라고, 우리로 하여금 볼 수 있게 해주길 바라는 것이다.


## 고皋

'고(皋)'는 길게 소리를 내는 발어사이다.《의례·사상례(士喪禮)》는
"소리를 길게 내며 말한다: 모는 돌아오시오(皋某復)."라고 했는데, 정
현의 주석은 "'고'는 길게 소리를 내는 것이다(皋, 長聲也)."라고 했다.

---

85) 금본의 '총(叢)'자는 '금(禁)'이 잘못된 글자이다. 이에 대해서는《독서잡지》에 설
　　명이 보인다.

# 경전석사 제6

## 내乃 내廼

'내(乃)'는 ('이에'의 의미인) '어시(於是)'이다. 《상서·요전(堯典)》에서 "이에 희씨와 화씨에게 명했다(乃命羲和)."라고 한 것이 이 예로, 이는 자주 사용하는 말이다. 글자가 '내(廼)'로 된 곳도 있다.[1] 《이아》는 "'내'는 ('이에'의 의미인) '내'이다(廼, 乃也)."라고 했다.

'내'는 ('~한 다음'의 의미인) '연후(然後)'이다. 《상서·우공》에서 "13년을 경작하고 난 다음에 다른 지방과 같아졌다(作十有三載乃同)."라고 한 것이 이 예로, 이는 자주 사용하는 말이다.

'내'는 (접속사인) '이(而)'와 같다. 《춘추·선공 8년》은 "10월 기축일, 우리의 어린 임금이신 경웅을 장례했다. 비가 내려 장례를 치를 수 없었다. 경인일, 낮에 장례를 지낼 수 있었다(十月己丑, 葬我小君頃熊. 雨, 不克葬. 庚寅, 日中而克葬)."라고 했다. 같은 책의 〈정공 15년〉은 "9월 정사일, 우리의 임금이신 정공을 장례했다. 비가 내려 장례를 할 수 없었다. 해가 서쪽으로 졌을 때 장례를 치를 수 있었다(九月丁巳, 葬我君定公. 雨, 不克葬. 戊午, 日下昃, 乃克葬)."라고 했다. 《공양전·선공 8년》은 "'이'자를 쓴 것은 왜일까? 곤란해서이다. '내'자를 쓴 것은

---

1) 보통은 '내(廼)'로 되어있다.

왜일까? 곤란해서이다.[2] 《춘추》는 왜 어떤 때는 '이'자를 쓰고, 어떤 때는 '내'자를 쓸까? '내'자를 쓰는 것이 '이'자를 쓰는 것보다 더 곤란해서이다(而者何? 難也. 乃者何? 難也. 曷為或言'而', 或言'乃', '乃'難乎'而'也)."라고 했다. 나의 생각으로는 '내(乃)'와 '이(而)'는 대구로 말해서 다른 것이다. 《예기・문왕세자》에서 "문왕은 90살에 세상을 떠났고, 무왕은 93살에 세상을 떠났다(文王九十七乃終, 武王九十三而終)."라고 한 것이 이 예이다. 따로 사용해도 통한다.[3] 《의례・연례(燕禮)》는 "대부들은 절하지 않고 마신다(大夫不拜乃飮)."라고 했는데, 정현의 주석은 "'내'는 (접속사인) '이'와 같다(乃, 猶而也)."라고 했다. 《대대례기・하소정》은 "매미가 일어나면 5일에 날개를 모으고, 15일에는 숨어버린다(匽之興, 五日翕, 望乃伏)."라고 했는데, 《전(傳)》은 "'이복'은 자신이 죽는 것을 모르는 것이다. 때문에 '복'이라고 했다(而伏云者, 不知其死也, 故謂之伏)."라고 했다. 이곳의 '이복(而伏)'이 바로 원문의 '내복(乃伏)'이다. 《좌전・양공 7년》은 "나는 지금에서야 거북점과 시초점이 있다는 것을 알았다(吾乃今而後知有卜筮)."라고 했는데, 이곳의 '내금이후(乃今而後)'가 바로 '이금이후(而今而後)'이다.

'내'는 ('곧'의 의미로,) 일이 금방이라도 일어날 것 같음을 나타낸다. 《대대례기・하소정》은 "곧 오이가 열린다(乃瓜)."라고 했는데, 《전(傳)》은 "'내'는 오이가 금방이라도 열린 것 같음을 나타내는 말이다(乃者, 急瓜之辭也)."라고 했다.

'내'는 ('~하면' 내지 '곧'의 의미인) '즉(則)'과 같다. 《주역・계사전》에서 "드러나면 이를 '상'이라 하고, 형성되면 이를 '기'라고 한다(見乃謂

---

2) 《설문해자(說文解字)》는 "'내'는 말을 내기가 곤란한 것이다(乃, 曳詞之難也)."라고 했다.
3) '이(而)'자에도 보인다.

之象, 形乃謂之器)."라고 한 것, 《시경·대아·생민(生民)》에서 "새가 날아가자(鳥乃去矣)"라고 한 것, 《좌전·은공 3년》에서 "주우를 태자로 세우려고 그의 태자 지위를 곧 확정했다(將立州吁, 乃定之矣)."라고 한 것이 모두 이 예이다. '내'와 '즉'은 같은 의미이다. 때문에 《상서·반경》에서 "나는 곧 그들을 완전히 멸하고 후손들을 남기지 않을 것이다(我乃劓殄滅之, 無遺育)."는 《좌전·애공 11년》에는 "즉의진무유육(則劓殄無遺育)"으로 되어있다. 같은 책의 〈장공 28년〉에서 "곧 백성들이 두려워하게 만들고 융이 무서워하게 만들 수 있습니다(則可以威民而懼戎)."라고 한 것은 《국어·진어》에는 '즉'이 '내'로 되어있다. 또 '즉내(則乃)'로 이어서 읽은 곳도 있다. 《상서·입정》에서 "용모로 사람을 취하고 덕을 따르지 않고 친한 것으로만 사람을 곧 임용한다면 …… (謀面用丕訓德, 則乃宅人 …… )"이라 한 것이 이 예이다.

'내'는 ('장차'의 의미인) '기(其)'와 같다. 《상서·다사》는 "그대들은 장차 그대들의 땅을 가질 수 있고, 그대들은 그대들의 편안한 생활을 할 수 있을 것이다(爾乃尚有爾土, 爾乃尚寧幹止)."라고 했는데, 이곳의 '이내(爾乃)'는 ('그대들은 장차~할 것이다'의 의미인) '이기(爾其)'이다. 《국어·진어(晉語)(5)》는 "백종이 물었다: 어떻게 군주에게 장차 보답해야겠습니까?(伯宗問曰: 乃將若何?)"라고 했는데, 이곳의 '내장(乃將)'은 '기장(其將)'이다.4) 《상서·반경》은 "누군가가 장차 올바르지 못해 정도를 가지 않고 법을 어기고 공경하지 않으면 …… (乃有不吉不迪, 顚越不共 …… )"5)이라 했는데, 《좌전·애공 11년》에는 "기유전월불공(其有顚

---

4) 금본에는 '내(乃)'자가 없다. 이는 후인들이 옛 의미를 모르고 함부로 빼버린 것이다. 송명도본(宋明道本)에 의거하여 보충한다.
5) 원문의 "공(共)"은 "공(恭)"이 되어야 할 것으로 보인다. 채침(蔡沈)의 《서집전(書集傳)》이나 공영달(孔穎達)의 《상서정의(尙書正義)》에는 모두 "공(恭)"으로 되어있다.[역자주]

越不共)"으로 되어있다. '내'와 '기'는 같은 의미여서 '내기(乃其)'로 이어서 읽은 곳도 있다. '기'자에도 설명이 보인다.

'내'는 (지시대명사 '이'의 의미인) '시(是)'이다. 《좌전·성공 2년》은 "위나라의 석직이 손량부에게 말했다: …… 그대는 병사들을 데리고 물러나고, 나는 이곳에 머물며 제나라 군사들에게 저항할 것이오(衛石稷謂孫良夫曰: …… 子以衆退, 我此乃止)."라고 했는데, 이는 나는 이곳에 머물겠음을 말한다.[6] 《안자춘추·외편》은 "제나라 경공(景公)이 말했다: 짐이 듣기에, 다섯 명의 아들은 한 모퉁이에서조차 명성을 떨치지 못하는데, 한 명의 아들이 조정에서 명성을 떨칠 수 있다면 그대가 아니겠소?(公曰: '吾聞之, 五子不滿隅, 一子可滿朝, 非迺子邪?')"라고 했는데, 이곳의 '내자(迺子)'는 '시자(是子)'이다. 《장자·덕충부》는 "자산은 부끄러워 어쩔 줄 몰라 안색을 바꾸며 말했다: 자네 그런 이렇게 말하지 말게(子産蹴然改容更貌曰: 子無乃稱)."라고 했는데, 원문의 '자무내칭(子無乃稱)'은 '자무칭시언(子無稱是言)'이라고 하는 것과 같다.

'내'는 ('막~'의 의미인) '방(方)' 내지 ('겨우'의 의미인) '재(裁)'와 같다. 《곡량전·장공 10년》은 "장공은 막 제나라에게 깊은 원한을 가져 제나라를 물리쳤고, 또한 병사들을 물려 송나라를 쳤는데, 결국 더 많은 적을 만들었다(乃深其怨於齊, 又退侵宋以衆其敵)."라고 했는데, 이는 제나라에 대한 그의 원한이 막 깊어지려함을 말한다. 《대대례기·보부(保傅)》는 "태자가 막 태어나면 반드시 예로써 그를 인도한다(太子乃生, 固擧之禮)."라고 했는데, 《가자신서》에는 '내'가 '초(初)'로 되어있다. 《여씨춘추·의상(義賞)》은 "세상에 승리한 자는 많지만 패업을 이룬 자는 겨우 다섯 명에 밖에 되지 않는다(天下勝者衆矣, 而霸者乃五)."라고

---

6) 두예(杜預)의 주석은 "나는 여기에 머물며 제나라 군사들에게 맞서겠다는 것이다(我於此止禦齊師)."라고 했다.

했는데, 고유의 주석은 "'내'는 ('겨우'의 의미인) '재'와 같다(乃, 猶裁 也)."라고 했는데, 의미가 모두 같다.

'내'는 ('만일~한다면'의 의미인) '약(若)'이다.《상서·반경》은 "그대 들 만민들이 삶을 도모하지 않고 나와 한 마음 한뜻으로 하지 않는다면, 선왕들께서 그대들에게 큰 벌을 내릴 것이오(女萬民乃不生生, 曁予一 人獻同心, 先後丕降與女罪疾)."라고 했는데, 이는 그대 만민들이 만일 삶을 도모하지 않으면 이라고 말하는 것이다. 같은 책의 〈낙고〉는 "그 대들이 이를 열심히 노력하지 않는다면, 그대들의 어진 정치는 널리 퍼지지 않을 것이다(女乃是不蘉, 乃時惟不永哉)."라고 했는데, 이는 그 대들이 만일 이를 열심히 노력하지 않는다는 것을 말한다.《맹자·공손 추》는 "만일 내가 바라는 것이 있다면 공자를 배우는 것이다(乃所願, 則學孔子也)."라고 했다.《장자·도척》은 "소인은 재물을 좇고, 군자는 명예를 좇는다. 그들이 자신들의 성정을 바꾼다는 점에서는 소인과 군 자는 다르다. 만일 그들이 해야 할 것을 버리고 하지 말아야 할 것을 좇는다는 점에서 본다면 소인이나 군자는 마찬가지이다(小人殉財, 君 子殉名. 其所以變其情, 易其性, 則異矣. 乃至於棄其所為而殉其所不為, 則一也)."라고 했다. 이상의 '내'는 모두 ('만약~한다면'의 의미인) '약' 이다.

'내'는 ('잠시'의 의미인) '차(且)'와 같다.《상서·대고》는 "만일 아버 지가 집을 지으려 하여 이미 설계를 다 해놓았으나, 그의 아들이 잠시라 도 집터를 닦지 않으려 한다면 집이 이루어질 수가 있겠소? 그의 아버 지가 땅을 일구어 놓았으나, 아들이 잠시라도 씨를 뿌리려 하지 않는다 면 곡식을 수확할 수 있겠소?(若考作室, 既底法. 厥子乃弗肯堂, 矧肯 構? 厥父菑, 厥子乃弗肯播, 矧肯獲?)"라고 했는데, 이곳의 '내'는 모두 ('잠시'의 의미인) '차'이다.

'내'는 ('어찌'의 의미인) '녕(寧)'이다.《좌전·양공 30년》은 "어떤 사

람이 자산에게 '곧은 사람에게 붙어 강한 사람을 도웁시다.'라고 하자,
자산이 말했다: '그들이 어찌 나와 뜻을 같이하는 사람들이란 말이오?
나라의 환난이 어떻게 해소될지 누가 알단 말이오? 강직한 누군가가
국정을 맡아도 어찌 환난이 생기지 않겠소? 그러니 나는 잠시 내 지위
나 지키겠소.'(人謂子産: '就直助強.' 子産曰: '豈為我徒? 國之禍難, 誰
知所敝? 或主強直, 難乃不生? 姑成吾所)'."라고 했는데, 이곳의 '내'는
('어찌'의 의미인) '녕'이다. 이 부분의 의미는 이렇다: 환난은 어떻게
해소될지 모르고, 강직한 누군가가 국정을 주관해도 어찌 환난이 생기
지 않을 수 있겠는가? 양쪽 다 주관하지 않고 잠시 내 자리나 지킬
따름이다.7) '녕'과 '내'는 성모는 같고 운모에서 분화된 글자이다. 때문
에 '내'는 '녕'으로 풀이할 수 있고, '녕'도 '내'로 풀이할 수 있다. '녕'에도
설명이 보인다.

('오히려'의 의미인) '내'는 다름을 나타내는 말이다. 《상서·반경》에
서 "그대들은 내 마음의 고충은 헤아려 주지 않으니, 그대들의 마음은
너무 비우호적이오(女不憂朕心之攸困, 乃咸大不宣乃心)."라고 한 것과
《시경·정풍·산유부소(山有扶蘇)》에서 "만나기 전에는 미남이라더니
만나보니 미친 못난 녀석이네(不見子都, 乃見狂且)."라고 한 것이 이
예이다. 이 역시 자주 사용하는 말이다.

'내'는 화제를 바꿔주는 말이다. 《상서·강고》에서 "그들의 죄가 작아
도, 죽이지 않으면 안 된다(有厥罪小, 乃不可不殺)."라고 한 것이 이 예
이다. 이 역시 자주 사용하는 말이다.

어기사인 '내여(乃如)' 역시 화제를 바꿔주는 말이다. 《시경·패풍·

---

7) 두예(杜預)의 주석은 "이는 강하고 곧으면 환난을 멈출 수 있다. 지금 삼가가 강하
고 곧지 못하자, 백유가 막 그들과 다투려고 하였다(言能強能直, 則可弭難. 今三
家未能, 伯有方爭)."라고 했는데, 문장의 의미에 맞지 않는다.

일월》은 "우리 집 그 이는……(乃如之人兮……)"이라 했고, 같은 책의
〈용풍·체동(蝃蝀)〉은 "이 사람은……(乃如之人也……)"이라고 했다.

어기사인 '내약(乃若)' 역시 화제를 바꿔주는 말이다. 《묵자·겸애》는
"그러나 지금 천하의 선비와 군자들은 '그렇다'라고 말하지만 두루 사랑
한다면 되는 것이다(然而今天下之士君子曰然(句). 乃若兼, 則善矣)."라
고 했다. 《맹자·이루》는 "근심하는 것이 있다(乃若所憂則有之)."라고
했다.

'내약(乃若)'은 발어사이다. 《묵자·겸애》는 "묵자가 말했다: 적게 먹
고 좋지 않은 옷을 입고 명성을 위해 목숨을 희생하는 것은 세상 사람들
이 모두 하기 어려운 일이라고 생각한다(子墨子言曰: '乃若夫少食、惡
衣、殺身而為名, 此天下百姓之所皆難也')."라고 했다. 《맹자·고자》는
"맹자가 말했다: 사람의 자질로 보면 선하게 될 수 있다(孟子曰: '乃若其
情, 則可以為善矣')"라고 했다.

'내'는 소리를 내는 것이다. 《예기·잡기(雜記)》는 "장례일과 우제(虞
祭)를 점칠 때 기원하는 말로는…… 남편은 '내'라고 한다(祝稱卜葬虞,
…… 夫曰乃)."라고 했는데, 정현의 주석은 "모가 그의 처 모씨의 장례
일을 점치고 장례를 지낸다(乃某卜葬其妻某氏)."라고 했다. 《예기정의》
는 "'내'는 어조사이다(乃者, 言之助也)."라고 했다.


# 녕寧

《설문해자》는 "('차라리~하는 것이 낫다'의 의미인) '녕'은 바람을 나
타내는 말이다(寧, 願詞也)."라고 했다. 서개(徐錯)[8]는 "지금 사람들이

---

8) 남당(南唐)의 관리이자 훈고학자이다. 자는 내신(鼐臣)이다. 어려서 총명했고 글

말하는 ('차라리 이와 같기를'의 의미인) '영가여차'는 ('이와 같이 되기를 바란다'는 의미인) '원여차'이다(今人言寧可如此, 是願如此也)."라고 했다. 《좌전·양공 26년》에서 《하서(夏書)》를 인용하여 "무고한 사람들을 죽이느니, 차라리 죄인에게 법을 적용하지 않는 것이 낫다(與其殺不辜, 寧失不經)."라고 한 것이 이 예이다. 이는 자주 사용하는 말이다.

'녕(寧)'은 ('어찌'의 의미인) '하(何)'이다. 《주역·계사전》에서 "어찌 하루까지 기다리겠는가?(寧用終日?)"라고 한 것이 이 예이다. 이 역시 자주 사용하는 말이다.

'녕'은 ('어찌'의 의미인) '기(豈)'이다. 《좌전·성공 2년》에서 "어찌 자신의 사욕에 눈이 어두워 방종하여 숙부를 노하게 하는 것이 아닌가?(寧不亦淫從其欲以怒叔父?)"라고 한 것이 이 예이다. 이 역시 자주 사용하는 말이다.

'녕'은 ('장차'의 의미인) '장(將)'이다. 《장자·추수(秋水)》는 "장차 죽어서 뼈를 남긴 채 소중해지려고 했을까요? 장차 살아서 진흙 속에서 꼬리를 끌며 다니려고 했을까요?(寧其死爲留骨而貴乎? 寧其生而曳尾於塗中乎?)"라고 했다. 《여씨춘추·귀신(貴信)》은 "폐하께서는 장차 자신도 위태로워지고 나라도 패망하길 바라옵니까? 아니면 장차 자신도 살고 나라도 안정되길 바라옵니까?(君寧死而又死乎? 其寧生而又生乎?)"라고 했다. 《전국책·조책(4)》는 "보통 사람의 생각으로, 사람을 장차 알현하게 만들겠습니까? 다른 사람을 장차 알현하러 가겠습니까?(人之情寧朝人乎? 寧朝於人也?)"라고 했다. 이상의 '녕'은 모두 ('장차'의 의미인) '장'이다. 《초사·복거(卜居)》는 "저는 장차 정성스럽게 마음

---

을 잘 지었다. 후주(後主) 이욱(李煜) 때 집현전학사(集賢殿學士)를 지냈다. 저술로는 《설문해자계전(說文解字系傳)》·《설문해자운보(說文解字韻譜)》 등이 있다. [역자주]

을 다하며 소박하고 충직하게 해야 합니까? 가는 사람은 보내고 오는 사람을 위로하며 이렇게 일생을 보내야 하는 것입니까?(吾寧悃悃款款, 樸以忠乎? 將送往勞來, 斯無窮乎?)"라고 했는데, 이곳의 '녕' 역시 ('장차'의 의미인) '장'으로, 문장에서 서로 바꿔 쓸 수 있다.

'녕'은 ('곧'의 의미인) '내(乃)'이다. 대진(戴震)의 《모정시고정(毛鄭詩考正)》은 이렇게 말했다:

> 《시경·소아·사월》의 첫 구절은 "어찌하여 곧 나를 차마 이렇게 하실까"라고 했는데, 정현의 《전》은 "'녕'은 ('곧'의 의미인) '증'과 같다."라고 했다. 나의 생각으로, '녕'은 ('곧'의 의미인) '내'로, 성모는 같고 운모에서 분화된 글자이다. 아래의 "곧 나를 가까이 않는고?"도 마찬가지이다. 같은 책의 〈대아·운한〉의 첫 구절은 "곧 제 말은 들어 주시지 않는군요."라고 했는데, 이곳의 '녕' 역시 '내'의 의미이다. 이어지는 구절은 "곧 제 몸으로 화를 받겠습니다."·"곧 저로 하여금 도망치게 하십니다."·"어찌 곧 저를 차마 보시고만 있으십니까?"·"어찌하여 곧 가뭄으로 저를 괴롭히십니까?"라고 했는데, 모두 같은 의미이다(《四月》首章: "胡寧忍予"《箋》云: "寧, 猶曾也." 案, '寧', 猶'乃'也, 語之轉, 下"寧莫我有"同. 《雲漢》首章: "寧莫我聽." '寧', 亦'乃'也. 篇內"寧丁我躬"·"寧俾我遜"·"胡寧忍予"·"胡寧瘨我以旱?", 並同).

부친께서는 '내'·'녕'·'증(曾)'은 모두 같은 의미라고 하셨다. 《시경·패풍·일월(日月)》에서 "곧 나를 돌아보지 않으니(寧不我顧)."라고 한 것, 같은 책의 〈소아·소변(小弁)〉에서 "곧 아무도 알아주지 않는구나(寧莫之知)."라고 한 것, 같은 책의 〈소아·사월(四月)〉에서 "어찌하여 곧 나를 차마 이렇게 하실까(胡寧忍予)."라고 한 것은 정현의 《전》에 모두 "'녕'은 ('곧'의 의미인) '증'과 같다(寧, 猶曾也)."라고 했다. 또 《시경·소아·정월(正月)》에서 "곧 아무도 막지 못하는 것(寧莫之懲)"라고 한 것, 같은 책의 〈소아·사월〉에서 "곧 나를 가까이 하지 않네(寧莫我

有).”라고 한 것, 같은 책의 〈대아·운한(雲漢)〉에서 “곧 제 말은 들어주시지 않는군요(寧莫我聽).”·“곧 제 몸으로 화를 받겠습니다(寧丁我躬).”·“곧 저로 하여금 도망치게 하십니다(寧俾我遯).”라고 한 것은 정현의 《전》에서 모두 '증'으로 '녕'을 대신하고 있고, '증' 역시 (곧의 의미인) '내'이다. 《논어·선진》에서 “나는 그대가 다른 질문을 할 줄 알았는데, 곧 유와 구에 대해서 묻는군요(吾以子為異之問, 曾由與求之問).”라고 한 것이 이 예이다. 또 《시경·대아·운한》의 “어찌 곧 차마 저를 보시고만 있으십니까?(胡寧忍予?)”와 “어찌하여 곧 저를 가뭄으로 괴롭히십니까?(胡寧瘨我以旱?)”는 정현의 《전》에 모두 '하증(何曾)'이 '호녕(胡寧)'을 대신하고 있으니, '하증'은 '하내(何乃)'이다. 《맹자·공손추》는 “그대는 어찌 곧 나를 관중에다 비교하는 것이오?(爾何曾比予於管仲?)”라고 했는데, 조기의 주석에서 “'하증'은 ('어찌 곧'의 의미인) '하내'와 같다(何曾, 猶何乃).”라고 한 것이 이 예이다. 《시경·대아·상유》는 “위대한 하늘은 곧 나를 불쌍히 여기시지도 않네(倬彼昊天, 寧不我矜).”라고 했는데, 정현의 《전》은 “하늘은 곧 크고 밝지만 아래의 불쌍한 백성들을 불쌍히 여기지 않는다(昊天乃倬然明大而不矜哀下民).”라고 했는데, 이는 정현의 《전》 역시 '녕'을 '내'로 풀이한 것이다. 또 《시경·소아·정월》은 “타오르는 불이 강렬해도, 곧 꺼질 수도 있고, 혁혁한 주나라는 포사에게 멸망당했네(燎之方揚, 寧或滅之. 赫赫宗周, 褒姒滅之).”라고 했는데, 이는 타오르는 불이 강렬해도 곧 꺼질 수 있는 것은 혁혁한 주나라는 포사에게 멸망당한 것과 같음을 말한다.9) 같은 책의 〈대아·상유〉는 “백성들은 혼란 속에서 망하길 바라며, 곧 쓰고 괴로운 일

---

9) 정현의 《전(箋)》은 앞 두 구절을 풀이하며 “불이 막 강렬하게 타오르면, 어찌 그것을 끌 수 있는 것이 있겠는가?(燎之方盛之時, 寧有能滅息之者?)”라고 했는데, 잘못된 것이다. 《경의술문》에 자세한 설명이 보인다. 아래는 모두 마찬가지이다.

겪고 있네(民之貪亂, 寧為荼毒)."라고 했는데, 이는 백성들의 마음이 환난을 바라는 것은 고달프게 일하는 것 때문임을 말한다.10) 같은 책의 〈대아 · 첨앙〉은 "마음의 시름은, 지금 곧 시작되었네. 나보다 먼저 시작된 것은 아니오, 나보다 뒤에 시작된 것도 아니네(心之憂矣, 寧自今矣, 不自我先, 不自我後)."라고 했는데, 이는 나보다 먼저도 아니고 나보다 뒤에도 아닌 곧 지금부터 시작되었음을 말한다.11)《예기 · 내칙》은 "아들과 며느리가 부지런히 일하면, 부모나 시부모는 그들이 너무 사랑스러워 잠시 일에서 손을 놓으라고 권할 뿐만 아니라 곧 그들을 자주 쉬게 해준다(子婦有勤勞之事, 雖甚愛之, 姑縱之, 而寧數休之)."라고 했는데, 이는 그들이 열심히 일하면 잠시 일에서 손을 놓게 하고 곧 자주 쉬게 한다는 말이다.12)《좌전 · 소공 22년》은 "저희 폐하께서는 군주에게 올바르지 않은 신하가 있으면 군주의 걱정거리가 될 것이라고 들으셨으니, 이는 곧 종묘의 수치가 아니겠소(寡君聞君有不令之臣為君憂, 無寧以為宗羞)."라고 했는데, 이는 곧 종묘의 수치가 되는 것임을 말한다.13)《가자신서 · 예(禮)》는 "명을 따르지 않는 자들은 곧 내 그물을 만나게 될 것이다(不用命者, 寧丁我網)."라고 했는데,《사기 · 은본기(殷本紀)》에는 "내입오망(乃入吾網)"으로 되어있다. 이것은 모두 옛 사람들이 '내'를 '녕'으로 보았다는 증거이다.

'녕'은 어조사이다.《좌전 · 소공 원년》은 "이는 귀국 폐하의 은택을

---

10) 정현의 《전(箋)》은 '녕(寧)'을 '안(安)'으로 풀이했는데, 잘못된 것이다.

11) 《모시정의(毛詩正義)》는 "세상 사람들의 근심은 그 유래가 아주 오래되었으니 어찌 오늘부터 이겠는가(天下人心之憂愁, 所由來久遠, 寧從今日矣)."라고 했는데, 잘못된 것이다.

12) 《예기정의(禮記正義)》는 "차라리 자주 쉬게 해준다(寧可數數休息)."라고 했는데, 잘못된 것이다.

13) 이곳의 '무녕(無寧)'은 다른 곳에서 말한 '무녕'과 다르다. 두예(杜預)의 주석은 "'무녕'은 '녕'이다(無寧, 寧也)."라고 했는데, 잘못된 것이다.

풀숲 속에 버리는 것이자, 귀국 대부들을 경의 반열에 두지 않는 것입니다. 이 뿐만 아니라 또한 위가 그의 선왕을 속이는 것입니다(是委君旣於草莽也, 是寡大夫不得列於諸卿也. 不寧唯是, 又使圍蒙其先君)."라고 했는데, 이곳의 "불녕유시(不寧唯是)"는 "불유시(不唯是)"이다. '녕'은 어조사이다.[14]

# 능能

'능(能)'은 (접속사인) '이(而)'와 같다. '능'과 '이'는 옛날에 소리가 가깝고[15] 의미도 서로 통했다. 《시경·위풍(衛風)·환란(芄蘭)》은 "비록 뼈송곳은 찼어도 우리를 알아보지 못하네(雖則佩觿, 能不我知)."라고 했는데, 이곳의 '능'은 (접속사인) '이'로 읽어야 한다. 앞 구절의 '수즉(雖則)'은 정확히 '이'와 호응한다. 이는 아이가 뼈송곳을 찼지만 우리와 알려고 하지 않음을 말한다.[16] 다음 구절은 "비록 깍지는 찼지만 우리와 어울리지 않네(雖則佩韘, 能不我甲)."라고 했는데, 문장의 의미가 위의 구절과 같다. 《순자·해폐(解蔽)》는 "일을 해봐야 성취하는데 도움이 안 되고, 구해봐야 얻는데 도움이 안 되고, 근심해봐야 결말에 도움이 안 되니, 그것을 멀리하고 버려야 한다(爲之無益於成也, 求之無益於

---

14) 《좌전정의(左傳正義)》는 "불녕'은 '녕'이다. 이는 이 일만 있음을 말한다(不寧, 寧也. 言寧有唯是之事)."라고 했는데, 잘못된 것이다.

15) 《당운정(唐韻正)》에 설명이 보인다.

16) 모형의 《전(傳)》은 "자신이 무지하여 사람들을 업신여기는 것이 아님을 말하는 것이다(不自謂無知以驕慢人也)."라고 했고, 정현의 《전(箋)》은 "이 어린 군주가 비록 뼈송곳을 찼지만 그 재능은 실제로 여러 신하들이 알고 행하는 것만 못한 것이다(此幼稚之君, 雖佩觿與, 其才能實不如我衆臣之所知爲也)."라고 했는데, 모두 문장의 의미에 맞지 않는다. 《경의술문》에 자세한 설명이 보인다.

得也, 憂戚之無益於幾也, 則廣焉能棄之矣)."라고 했다. 《전국책·조책
(3)》은 "건신군이 궁궐에 들어와 왕에게 말했다. 왕은 즙에게 큰 임무를
주고 엄격하게 요구했다(建信君入言於王, 厚任茸以事能重責之)."라고
했다. 이상의 '능'은 모두 (접속사인) '이'와 같다. 《관자·임법(任法)》은
"이는 귀하면 위엄을 갖고, 부귀하면 매수하고, 천하면 섬기고, 가까우
면 친해지고, 아름다우면 문란해진다(是貴能威之, 富能祿之, 賤能事之,
近能親之, 美能淫之也)."라고 했다. 이 문장 다음에 이어지는 구절에
나오는 다섯 개의 '능'자는 모두 '이'로 되어있다. 또 같은 책의 〈치미(侈
靡)〉는 "자기가 원치 않으면 억지로 따르지 않게 하고 지혜로워도 다스
리지 않게 합니다(不欲強能不服, 智而不牧)."라고 했다.[17] 《안자춘추·
외편(外篇)》은 "입조하여 군주가 좋아하고 바라는 것만 찾아 군주를 따
른다면 군주는 훌륭한 신하들을 미워할 것입니다. 그들은 이 신하들의
과거의 과실을 모으고 이 과실을 더욱 부풀릴 것입니다(入則求君之嗜
欲能順之, 君怨良臣, 則具其往失而益之)."라고 했다. 《묵자·천지(天
志)》는 "검은 색을 조금 보여주면 검다고 말하고, 검은 색을 많이 보여
주면 희다고 말한다 …… 단 것을 조금 맛보여주면 달다고 말하고, 단
것을 많이 맛보여주면 쓰다고 말한다(少而示之黑謂黑, 多示之黑謂白
…… 少能嘗之甘謂甘, 多嘗之甘謂苦)."라고 했다. 《한시외전》은 "신분
이 높아서 신분이 낮은 사람에게 명령을 내리는 것은 사람들이 싫어하
지 않는다. 부유하여 가난한 사람들에게 나눠주는 것은 곤궁한 선비들
이 싫어하지 않는다. 지혜로워 어리석은 사람들을 가르치는 것은 초학
자가 싫어하지 않는다(貴而下賤, 則衆弗惡也. 富能分貧, 則窮士弗惡也.
智而教愚, 則童蒙者弗惡也)."라고 했다. 최인(崔駰)[18]의 《대리잠(大理

---

17) '능(能)'과 '이(而)'는 같다. 윤지장(尹知章)은 '능'까지 문장을 끊고, '불복(不服)' 두
   글자를 아래 문장과 연결 지어 읽었는데, 잘못된 것이다.

箴)》은 "충직한데도 박해를 당하는 경우가 있고, 효성이 지극한데도 죽음을 당하는 경우가 있다(或有忠能被害, 或有孝而見殘)."라고 했다. 이상의 '능' 역시 (접속사인) '이'의 의미이다.

'능'은 ('곧'의 의미인) '내(乃)'로, 이 역시 '내'와 소리가 서로 가깝다. 부친께서 이렇게 말씀하셨다: 《좌전·소공 12년》은 "중심이 아름다운 빛이 곧 황이고, 위쪽이 아름다운 것이 원이며, 아래쪽이 아름다운 것이 상이다(中美能黃, 上美為元, 下美則裳)."라고 했다. 이곳의 '능(能)'·'위(為)'·'즉(則)' 세 글자는 서로 대구를 이루며 문장이 된다. 원문의 '능'은 ('곧'의 의미인) '내'로, "중미능황(中美能黃)"은 "중미내황(中美乃黃)"이라고 하는 것과 같다. 《손자병법·모공(謀攻)》은 "그래서 군사를 쓰는 방법은 이러하다: 적보다 열배가 많으면 포위하고, 다섯 배가 많으면 공격하고, 배가 많으면 적을 분산시키고, 적과 비슷하면 곧 싸워야 하고, 적보다 적으면 곧 지켜야 하고,[19] 적보다 못하면 곧 피해야 한다(故用兵之法: 十則圍之, 五則攻之, 倍則分之, 敵則能戰, 少則能守, 不若則能避之)."라고 했다. 이는 적과 비슷하면 곧 싸워야 하고, 적보다 적으면 곧 지켜야 하고, 적보다 못하면 곧 피해야 함을 말한다. 《전국책·위책(魏策)(3)》은 "봉양군이 위나라와 맹약을 맺었다. 위나라 왕은 그의 아들을 봉하고 상을 내려주려고 했다. 어떤 사람이 위나라 왕에게 말했다: 폐하께서는 일찍이 장수(漳水)를 건너 조나라의 수도 한단까지 가서 조공하시면서 갈설과 음성을 봉양할 땅으로 조나라 왕에게 바치셨습니다. 그러나 조나라 왕은 폐하께 아무 것도 주지 않았습니다. 그럼

---

18) 동한(東漢)의 유명한 문인이다. 탁군(涿郡) 안평(安平) 사람이다. 어려서 태학(太學)에서 공부했다. 한 화제(和帝) 때 거기장군(車騎將軍) 두헌(竇憲)의 속관이 되었다. 《주역》·《상서》·《춘추》 등에 밝았으며, 반고(班固)와 함께 유명했다.[역자주]
19) 금본의 '전(戰)'과 '수(守)' 아래에는 '지(之)'자가 부연되어있다. 《독서잡지》에 상세한 설명이 보인다.

에도 폐하께서는 곧 또 그의 아들을 하양과 고밀에 봉하고 상으로 주려는 것입니까? 신은 폐하의 생각이 타당하지 않다고 여기옵니다(奉陽君約魏. 魏王將封其子, 謂魏王曰: '王嘗身濟漳, 朝邯鄲, 抱葛孼, 陰成以為趙養邑, 而趙無為王有也. 王能又封其子河陽、姑密乎? 臣為王不取也')."라고 했다. 이는 폐하께서 곧 또 그의 아들을 봉하시려는 것이니, 신은 폐하의 생각이 타당하지 않음을 말하는 것이다. 《사기 · 회음후전(淮陰侯傳)》은 "지금 한신의 군사들은 수만이라고 소리치지만 실제로는 수천에 불과하다. 곧바로 천리 길을 달려와 우리를 습격해도 피로가 이미 극에 달해 있을 것이다(今韓信兵號數萬, 其實不過數千. 能千里而襲我, 亦以罷極)."라고 했는데,[20] 이는 한신의 병사들이 수천에 불과함에도 곧 천리를 달려와 우리를 습격하는 것을 말한다. 《사기 · 영행전(佞幸傳) · 태사공자서(太史公自序)》는 "그들은 미모로만 총애를 받은 것만이 아니라 곧 각자 잘하는 것도 있었다(非獨色愛, 能亦各有所長)."라고 했는데, 이는 미모로만 총애를 받은 것이 아니라 곧 각자 잘하는 것도 있었음을 말한다. 《열녀전(列女傳) · 현명전(賢明傳)》은 "선생께서는 강직하셔서 곧 여기까지 오시게 된 것입니다(先生以不斜之故, 能至於此)."라고 했는데, 이는 강직하기 때문에 곧 여기까지 왔음을 말한다. '능'과 '내'는 같은 의미여서 두 글자는 서로 바꿔 쓸 수 있다. 《후한서 · 순상전(荀爽傳)》에서 "새는 수컷이 울면, 암컷은 곧 순순히 따른다. 짐승은 수컷이 짖고 이끌면, 암컷들은 곧 서로 따른다(鳥則雄者鳴鴝, 雌能順服. 獸則牡為唱導, 牝乃相從)."라고 한 것이 이 예이다. '능'과 '내'는 같은 의미여서 서로 통용할 수 있다. 《회남자 · 인간(人間)》은 "이것이 어찌 곧 복이 되지 않겠는가?(此何遽不能為福乎?)"라고 했는데, 《예문류취(藝文類聚) · 예부하(禮部下)》에서 '능'을 '내'로 인용한 것과 《한

---

20) 원문의 '이(以)'는 ('이미'의 의미인) '이(已)'이다.

서·흉노전(匈奴傳)》은 "동쪽으로 바다와 대 땅을 취하고, 남쪽으로 장강과 회수를 차지해야 곧 모두 갖춰지는 것입니다(東援海、代, 南取江、淮, 然後乃備)."라고 했는데 《한기(漢紀)》에는 '내'가 '능'으로 되어있는 것이 이 예이다. '내'와 '이'는 소리가 서로 가깝기 때문에 '능'을 '이'로 풀이할 수 있고 '내'로도 풀이할 수 있다. '능'과 '녕(寧)'은 성모는 같지만 운모에서 분화된 글자로 모두 '내'로 품이한다. 그래서 《시경·소아·정월》의 "곧 끌 수가 있는데(寧或滅之)"는 《한서·곡영전(谷永傳)》에는 "능혹멸지(能或滅之)"로 되어있다.[21]


# 도徒

《여씨춘추》〈이용(異用)〉편과 〈이속(離俗)〉편의 주석은 모두 "'도'는 ('다만'의 의미인) '단'이다(徒, 但也)."라고 했다. 이는 자주 사용하는 말이다.

'도(徒)'는 ('도리어'의 의미인) '내(乃)'이다. 《장자·천지(天地)》는 "내가 스승님께서 들은 바로는 일은 옳은 것을 찾고 공은 이루어지길 바라며 애는 덜 쓰고도 효과가 큰 것이 성인의 도였다네. 방금 그 이는 도리어 그렇지 않았네(吾聞之夫子, 事求可、功求成、用力少、見功多者, 聖人之道. 今徒不然)."라고 했는데, 이는 방금 그 사람은 도리어 그렇지 않았음을 말한다. 《순자·자도(子道)》는 "자로가 자공에게 말했다: 나는 스승님께서는 모르시는 것이 없다고 생각했네만 스승님께서는 도리

---

21) 송기(宋祁)는 "요굉본(姚宏本)에는 '능'이 '녕'으로 되어있다(姚本能作寧)"라고 했다. 나의 생각으로, 이것은 《모시(毛詩)》에 근거해 고친 것이다. 대부분의 판본들은 '녕(寧)'으로 되어있다. 지금 송경우본(宋景祐本)과 《왕씨시고(王氏詩考)》에 인용한 것에 근거하여 바르게 고친다.

어 모르시는 것이 있으시네(子路謂子貢曰: 吾以夫子爲無所不知, 夫子
徒有所不知)."라고 했다. 또 "자공이 자로에게 말했다: 그대는 스승님께
서는 모르시는 것이 있다고 말하지 않았는가? 스승님께서는 도리어 모
르는 것이 없으시네(子貢謂子路曰: '女謂夫子爲有所不知乎? 夫子徒無
所不知')."라고 했다.


## 독獨

'독(獨)'은 ('설마'의 의미인) '녕(寧)'과 ('어찌'의 의미인) '기(豈)'와 같
다. 《예기·악기》는 "그대는 설마 아직도 목야의 이야기를 들어보지 못
했는가?(且女獨未聞牧野之語乎?)"라고 했고, 《좌전·양공 26년》은 "저
들은 어찌하여 종족과 인척이 없는가?(夫獨無族姻乎?)"라고 했다.

'독'은 ('장차~하려고 한다'의 의미인) '장(將)'이다. 《좌전·선공 4년》
은 "군주의 명을 저버리면, 누가 장차 군주의 명을 저버린 사람을 받아
들이려 하겠는가?(棄君之命, 獨誰受之?)"라고 했다. 《국어·초어》는
"그가 장차 무슨 힘으로 재앙을 감당하겠습니까?(其獨何力以待之?)"라
고 했다. 《맹자·등문공》은 "설거주 혼자서 장차 송나라 왕을 어떻게
할 수 있겠습니까?(一薛居州獨如宋王何?)"라고 했다.

'독'은 '숙(孰)'과 같고 ('어찌' 내지 '어떻게'의 의미인) '하(何)'와 같다.
《여씨춘추·필기(必己)》는 "공자가 동쪽 들을 지나가고 있을 때였다.[22]
말이 뛰어다니며 심어놓은 농작물을 먹어대자, 경작자가 말을 붙잡아
끌고 가버렸다. 자공이 가서 그를 설득하며 말을 해보았지만 경작자는

---

22) 금본에는 "공자가 길을 가다가 쉬었다(孔子行道而息)"로 되어있는데, 이는 후인들
이 고친 것이다. 《독서잡지》에 상세한 설명이 보인다.

듣지 않았다. 공자를 모신지 얼마 되지 않은 한 촌사람이 자신이 가서 그를 설득해보겠다고 하였다. 이에 그가 그 경작자에게 말했다: '그대가 경작한 땅이 동해에서 서해까지 이르는데, 우리의 말이 어떻게 그대의 곡식을 안 먹을 수 있겠습니까?' 그 경작자는 아주 기뻐하며 그에게 말했다: '말을 어찌 이렇게 잘 하십니까?[23] 어찌 방금 그 사람 같겠습니까?' 이에 말을 풀어주어 그에게 주었다(孔子行於東野, 馬逸, 食人之稼, 野人取其馬. 子貢請往說之, 畢辭, 野人不聽. 有鄙人始事孔子者, 請往說之. 因謂野人曰: '子耕東海至於西海, 吾馬何得不食子之禾?' 其野人大說, 相謂曰: '說亦皆如此其辯也? 獨如嚮之人?' 解馬而與之)."라고 했다. 이에 대한 고유의 주석은 "'독'은 ('어찌'의 의미인) '숙'과 같다(獨, 猶孰 也)."라고 했다.

# 내奈

'내(奈)'는 ('어떻게'의 의미인) '여(如)'이다. 《국어 · 진어(晉語)(2)》는 "폐하께서는 어떻게 하시겠습니까?(奈吾君何?)"라고 했다.

'내하(奈何)'는 ('어떻게'의 의미인) '여하(如何)'이다. 《상서 · 소고》는 "어떻게 공경하지 않겠는가?(曷其奈何弗敬?)"라고 했다.

'내하'는 ('어찌'의 의미인) '내(奈)'라고도 한다. 《회남자 · 병략(兵略)》은 "모습이 없는 것만은 어찌할 수 없다(唯無形者無可奈也)."라고 했고, 양웅(揚雄)의 《정위잠(廷尉箴)》은 "해치고 죽여도 사람들은 나를 어찌 하지 못한다(惟虐惟殺, 人莫予奈)."라고 했다. 이상의 '내'가 바로 ('어 찌'의 의미인) '내하'이다.

---

23) 원문의 '야(也)'는 어기사 '야(邪)'와 같다.

# 나那

'나(那)'는 ('어찌'의 의미인) '내(奈)'에서 나온 글자이다. 《위지(魏志)·무구검전(毌丘儉傳)》의 주석은 문흠(文欽)[24]의 《여곽회서(與郭淮書)》를 실으며 "가는 곳마다 승리하지만 이어줄 후속부대가 없는 것은 어찌된 것인가?(所向全勝, 要那後無繼何?)"라고 했는데, 이는 이어줄 후속부대가 없음을 어찌하겠다는 것을 말한다. 그래서 《광아》는 "'내'는 ('어찌'의 의미인) '나'이다(奈, 那也)."라고 했다.

'나'는 ('어찌'의 의미인) '내하(奈何)'가 하나로 합쳐진 소리이다. 《좌전·선공 2년》은 "무기를 버리면 어찌하나?(棄甲則那?)"라고 했는데, 두예의 주석은 "'나'는 ('어찌'의 의미인) '하'와 같다(那, 猶何也)."라고 했다. 《일지록(日知錄)》은 "곧바로 말하면 '나'라 하고, 길게 말하면 '내하'라고 하는데, 같은 의미이다(直言之曰那, 長言之曰奈何, 一也)."라고 했다.

《이아》는 "'나'는 ('~에 대해서'의 의미인) '어'이다(那, 於也)."라고 했다.[25] 《국어·월어》는 "오나라 사람들이 나에 대해 너무 심했다(吳人之那不穀, 亦又甚焉)."라고 했는데, 위소의 주석은 《이아》를 따랐다.

---

24) 삼국(三國) 시기 위(魏)나라의 장수이다. 자는 중약(仲若)이고, 초군(譙郡) 사람이다. 위나라에서 전장군(前將軍)·양주자사(揚州刺史)를 지냈다. 정원(正元) 2년(255년), 관구검(毌丘儉) 등과 거병하여 왕을 보위하고 권력을 독점한 사마씨(司馬氏)를 공격했다가 패하여 오(吳)나라에 귀순했다. 감로(甘露) 2년(257년), 사마씨를 칠 때 위나라 장수 제갈탄(諸葛誕)과 불화하여 그에게 피살되었다.[역자주]
25) '어(於)'는 '여(如)'로 읽는다. 곽박(郭璞)은 '오호(於乎)'의 '오(於)'로 읽었다. 또 "'나'는 지금 사람들이 '나나'라고 말하는 것과 같다(那, 猶今人言那那也)."라고 했다. 이는 모두 잘못된 것이다. 《경의술문》에 상세한 설명이 보인다.

# 도都

《이아》는 "'도'는 ('~에게'의 의미인) '여'이다(都, 於也)."라고 했다.26) 《맹자·만장》은 "순에게 모해를 가한 것은 모두 나의 공이다(謨蓋都君 咸我績)."라고 했는데, 조기의 주석은 《이아》를 따랐다. 《사기·사마상 여전》은 "그 시작한 바를 살피고, 망한 바에서 따져보니 ……(揆厥所元, 終都攸卒 ……)"라고 했는데, 《사기집해》가 인용한 《한서음의(漢書音 義)》는 조기의 주석과 같다. '도'와 '제(諸)'는 소리가 가까워 '제'를 ('~ 에게'의 의미인) '여(於)'로 풀이할 수 있고, '도'도 '여'로 풀이할 수 있다. 그리고 '맹제(孟諸)'는 '명도(明都)'로 된 곳도 있다.

'도'는 감탄사이다. 《상서·요전》은 "환두가 말했다: 예에!(驩兜曰: 都!)"라고 했는데, 공안국의 《전》은 "'도'는 '오'27)로, 찬미하는 말이다 (都, 於. 歎美之辭)."라고 했다. 때문에 같은 책 〈고요모〉의 "고요가 말 했다: 예에! …… (皋陶曰: 都! …… )"는 《사기·하본기(夏本紀)》에는 '도'가 감탄사 '오(於)'로 되어있다.


# 당當

'당(當)'은 ('장차~하려고 한다'의 의미인) '장(將)'이다. 《의례·특생 궤식례기(特牲饋食禮記)》는 "제품을 올리려는 사람이 장차 일을 하려 고 할 때는 집 밖에서 남쪽을 향해 선다(佐食當事, 則戶外南面)."라고 했는데, 이에 대한 정현의 주석은 "'당사'는 일이 장차 생기려고 함에도 아직 오지 않은 것이다(當事, 將有事而未至)."라고 했다. 《맹자·이루》

---

26) 이곳의 '어(於)'는 '여(如)'로 읽는다.
27) 발음은 '오(烏)'이다.

는 "다른 사람의 좋지 못한 점을 말하면, 그로 인해 초래할 후환을 장차 어찌하려는가!(言人之不善, 當如後患何!)"라고 했다. 《한비자 · 외저설 우상(外儲說右上)》은 "태공망이 말했다: …… 더군다나 고대의 군주들 이 신민들을 다스릴 때 쓴 것은 작위나 봉록이 아니라 형벌이었다. 지 금 이 네 가지[28]로 그들을 다스릴 수 없다면, 나는 장차 누구의 군주가 될 수 있겠는가?(太公望曰: ' …… 且先王之所以使其臣民者, 非爵祿, 則 刑罰也. 今四者不足以使之, 則望當誰為君乎?)"라고 했다. 《사기 · 위공 자전(魏公子傳)》은 "공자께서는 장차 무슨 낯으로 세상에 나서려는 것 입니까?(公子當何面目立天下乎?)"라고 했다. 또 같은 책의 〈유후세가 (留侯世家)〉는 "사해를 가로질러 날아가니 장차 어찌할 수 있겠는가? (橫絕四海, 當可奈何?)"라고 했다. 이상의 '당'은 모두 ('장차~하려고 한 다'의 의미인) '장'이다.

'당'은 ('~한 즉' 내지 '~하면'의 의미인) '즉(則)'과 같다. 《묵자 · 사과 (辭過)》는 "군주가 정말로 세상이 잘 다스려지길 바라면서 혼란이 일어 나는 것을 싫어하고자 한다면, 직접 궁실을 지어 절약하지 하지 않으면 안 된다(君實欲天下之治而惡其亂也, 當為宮室不可不節)."라고 했다. 또 "군주가 정말로 세상이 잘 다스려지길 바라면서 혼란이 일어나는 것을 싫어하고자 한다면, 직접 옷을 지어 입으며 절약하지 않으면 안 된다(君實欲天下之治而惡其亂, 當為衣服不可不節)."라고 했다. 또 "군 주가 정말로 세상이 잘 다스려지길 바라면서 혼란이 일어나는 것을 싫 어하고자 한다면, 직접 음식을 만들어 먹으며 절약하지 않으면 안 된다 (君實欲天下之治而惡其亂, 當為食飲不可不節)."라고 했다. 이상의 '당' 은 모두 ('~한 즉' 내지 '~하면'의 의미인) '즉'이다.

'당'은 ('같다'의 의미인) '여(如)'이다. 《묵자 · 명귀(明鬼)》는 "연나라

---

28) 작위 · 봉록 · 형(刑) · 벌(罰)을 말한다.[역자주]

에는 제사를 올리는 조택이라는 곳이 있는데, 이는 제나라에 사직이, 송나라에 상림이, 초나라에 운몽이 있는 것과 같다(燕之有祖, 當齊之有社稷, 宋之有桑林, 楚之有雲夢)."라고 했다.29)

## 당僮 당黨 당當 상尙

'당(僮)'은 ('혹은' 내지 '혹시'의 의미로,) 어쩌다 그러함을 나타내는 말이다. 글자가 '당(黨)'·'당(當)'·'상(尙)'으로 된 곳도 있다.《장자·선성(繕性)》은 "사물이 어쩌다 찾아들어 잠시 머무는 것이다(物之僮來寄也)."라고 했는데,《경전석문》은 "'당'은 최선본(崔譔本)에는 '당'으로 되어있다(僮, 崔本作'黨')."라고 했다.《순자·천론(天論)》은 "일식과 월식이 있고, 바람과 비는 때에 따라 오지 않으며, 기이한 별들이 간혹 나타난다(夫日月之有蝕, 風雨之不時, 怪星之黨見)."라고 했다.30)《사기·회음후전(淮陰侯傳)》은 "그가 혹 오지 않을까 염려하였다(恐其黨不就)."라고 했다.《한서·오피전(伍被傳)》은 "혹시나 행운을 바랄 수 있습니다(黨可以徼幸)."라고 했다.《묵자·법의(法儀)》는 "그러면 무엇으로 나라를 다스리는 법도로 삼으면 되겠는가? 혹시 모두 자신의 부모를 본받게 하면 어떠할까?(然則奚以爲治法而可? 當皆法其父母奚若?)"라고 했다. 또 "혹시 모두 자신의 군주를 본받게 하면 어떠할까?(黨皆法其君奚若?)"라고 했다. 같은 책의 〈겸애〉는 "이 두 사람은 어쩌다 …… 부절이

---

29)《좌전·희공(僖公) 33년》은 "정나라에 짐승을 기르는 원포가 있는 것은 진나라에 구유가 있는 것과 같다(鄭之有原圃, 猶秦之有具囿也)."라고 했다.

30) 원문의 '당현(黨見)'은 '혹현(或見)'이다. 양경(楊倞)의 주석은 '당(黨)'을 '빈(頻)'으로 풀었고,《구경고의(九經古義)》는 '소(所)'로 풀이했는데, 모두 잘못되었다.《독서잡지》에 자세한 설명이 보인다.

맞듯 언행이 맞으면, 말하지 않은 것은 하지 않는다(當使若二士者 ……
言行之合, 猶合符節也, 無言而不行也)."라고 했다.31) 같은 책의 〈비
악〉은 "그래서 간혹 백성들로 하여금 큰 종을 치게 하고 북을 치게 하고
거문고를 연주하게 하고 피리를 불게 하고 방패와 도끼를 들고 춤을
추게 하면, 백성들이 먹고 입는데 들어가는 물자들을 마련할 수 있겠는
가?(然則當爲之撞巨鍾, 擊鳴鼓, 彈琴瑟, 吹竽笙而揚干戚, 民衣食之財
將安可得乎?)"라고 했다.32) 또 같은 책의 〈상현〉은 "혹 요・순・우・탕
의 도를 따르고자 한다면 어진 이를 숭상하지 않으면 안 된다(尚欲祖述
堯、舜、禹、湯之道, 將不可以不尚賢)."라고 했다. 이상의 '당(黨)'・'당
(當)'・'상(尚)'은 모두 '당(儻)'과 같다.


# 태殆

  '태(殆)'는 ('~에 가깝다'의 의미인) '근(近)'33) 내지 ('거의'의 의미인)
'기(幾)'로,34) 장차 그러함을 나타내는 말이다. 《상서・고명(顧命)》은
"거의 일어나지도 못하고 말도 하지 못하게 되었다(殆弗興弗瘳)."라고
했다.

---

31) 원문의 '약(若)'은 (지시대명사 '이'의 의미인) '차(此)'이다. 이는 어쩌다 이 두 사람
   의 언행이 일치하면 말하지 않은 것은 하지 않는다는 것을 말한다.
32) 원문의 '안(安)'은 ('이에'의 의미인) '어시(於是)'와 같다. '안(安)'자에 설명이 보인
   다.
33) 《국어・주어(周語)》・같은 책 〈정어(鄭語)〉의 주석과 《여씨춘추・고의(高義)》・
   같은 책 〈사용(士容)〉의 주석은 모두 같다.
34) 《예기・단궁(檀弓)》의 주석에 보인다.

# 탄誕

'탄(誕)'은 발어사이다. 《상서 · 대고》는 "은나라의 어린 군주가 그들의 잔여 세력을 규합하려고 한다(殷小腆, 誕敢紀其敍)."라고 했다. 또 "가까이 그들의 집안에서 서로 치고 받고 있다(誕鄰胥伐於厥室)."라고 했다. 같은 책의 〈군석〉은 "그대가 나를 독려해주지 않으면 …… (誕無我責 …… )"이라고 했다. 같은 책의 〈다방〉은 "하늘은 그의 자손들이 뉘우치기를 기다리며 그에게 군주가 될 수 있도록 했다(須暇之子孫, 誕作民主)."라고 했다. 《시경 · 대아 · 황의(皇矣)》는 "송사를 먼저 공평히 처리하오(誕先登于岸)."라고 했다. 같은 책의 〈대아 · 생민〉은 "아기 낳으실 달이 차자(誕彌厥月)" · "아기를 좁은 골목에 버렸으나(誕置之隘巷)" · "기어 다니게 되시자(誕實匐匐)" · "후직의 농사지으심은(誕后稷之穡)" · "하늘이 좋은 곡식의 씨 내려 주셨으니(誕降嘉種)" · "제사는 어떻게 지내셨나?(誕我祀如何?)"라고 했다. 이상의 '탄'은 모두 발어사이다. 이를 풀이하는 사람들은 《이아》의 "'탄'은 ('크다'의 의미인) '대'이다(誕, 大也)."에 근거하여 풀이했는데, 이는 이해하기 어려워 문제가 된다.

'탄'은 문중에서 쓰이는 어조사이다. 《상서 · 대고》에서 "나는 그대들을 이끌고 동쪽 정벌에 나설 것이오(肆朕誕以爾東征)."라고 한 것이 이 예이다. 이를 말하는 사람들은 원문의 '탄'자를 ('크다'의 의미인) '대(大)'로 풀이했는데, 이 역시 잘못된 것이다.

'탄'은 문장에서 쓰이는 어조사이다. 《상서 · 대고》에서 "나는 그대들을 이끌고 동쪽으로 정벌하러 갈 것이오(肆朕誕以爾東征)."라고 한 것이 이 예이다. 풀이하는 사람들은 ('크다'의 의미인) '대(大)'로 풀이했는데, 이 역시 잘못된 것이다.

# 적迪

'적(迪)'은 허사 ('~으로' 내지 '~때문에'의 의미인) '용(用)'이다.[35]
《상서 · 고요모》는 "다섯 제후국에서 한 명의 우두머리를 두고, 이로 각
우두머리는 치수하는 일을 하였습니다(咸建五長, 各迪有功)."라고 했는
데, 이는 이로 각 우두머리는 치수의 일을 한 것을 말한다. 같은 책의
〈대고〉는 "또한 그 열 명의 사람들 때문에 우리는 천명을 알 수 있을
것이오(亦惟十人, 迪知上帝命)."라고 했는데, 이는 이 열 명의 사람들로
인해 천명을 알 수 있음을 말한다.[36] 같은 책의 〈강고〉는 "지금 백성들
은 안정되지 않고 마음도 동요하고 있어 누차 우리를 따르지 않고 있다
(今惟民不靜, 未戾厥心, 迪屢未同)."라고 했다. 같은 책의 〈다방〉은 "그
럼에도 그대들은 계속 안정되지 않으니(爾乃迪屢不靜)"라고 했는데, 이
역시 그럼에도 누차 따르지 않고 누차 안정되지 않음을 말한다. 같은
책의 〈주고〉는 "옛날 은나라의 영민하신 임금들은 이로 천명을 두려워
하고 백성들을 두려워했다(在昔殷先哲王, 迪畏天顯小民)."라고 했는데,
이는 이로 천명과 백성을 두려워했음을 말한다. 같은 책의 〈무일〉은
"은나라 임금 중종에서 고종과 조갑까지 그리고 우리 주나라의 문왕에
이르는 이 네 분은 지혜로 나라를 이끄셨습니다(自殷王中宗, 及高宗,
及祖甲, 及我周文王, 玆四人迪哲)."라고 했는데, 이는 이 네 사람이 지
혜로 이끌었음을 말한다. 같은 책의 〈군석〉은 "이들이 변함없는 법도로

---

35) 《상서 · 목서(牧誓)》는 "그 선왕의 후손 · 종친의 어르신과 형제들을 버려두고 기
용하지 않았다(昏棄厥遺王父母弟不迪)."라고 했는데, 《사기 · 주본기(周本紀)》에
는 '부적(不迪)'이 '불용(不用)'으로 되어있다. '적(迪)'은 '불용(不用)'의 '용(用)'이
자, 허사 '용(用)'이기도 한데, 의미는 서로 연관되어있다.
36) 왕숙(王肅)은 "열 명의 백성 때문에 천명을 아는 것이다(民十夫用知天命)."라고
했다.

이행하자 문왕은 오묘한 덕을……(茲迪彝教, 文王蔑德……)"이라고 했는데, 이는 이 다섯 명의 사람들이 변함없는 법도로 이행하자 문왕은 오묘한 덕을 행하였음을 말한다. 또 "또한 덕을 지니고 정성껏 보좌했기에 하늘의 위엄을 알았으며, 문왕을 도와 열심히 노력했기에……(亦惟純右秉德, 迪知天威, 乃惟時昭文王, 迪見冒……)"라고 했는데, 이 역시 하늘의 위엄을 알고 열심히 노력했기 때문이었음을 말한다.[37] 또 "무왕 때 이 네 사람만은 이로 관직에 그대로 기용되었습니다(武王惟茲四人, 尚迪有祿)."라고 했는데, 이는 이 네 사람만은 이로 관직에 그대로 기용되었음을 말한다. 같은 책의 〈입정〉은 "이로 아홉 가지 덕행에 충실해야 됨을 알게 되었습니다(迪知忱恂于九德之行)."라고 했는데, 이 역시 이로 아홉 가지 덕행에 충실해야 한다는 것을 알게 되었음을 말한다. 원문의 "적지상제명(迪知上帝命)"·"적지천위(迪知天威)"·"적지침순우구덕지행(迪知忱恂于九德之行)"은 문장의 의미가 서로 가깝다. 《사기·하본기》에는 "각적유공(各迪有功)"이 "각도유공(各道有功)"으로 되어있다. 공안국의 《전》은 '적(迪)'자를 모두 ('법도'의 의미인) '도(道)' 아니면 ('밟다'의 의미인) '도(蹈)'로 풀이했는데, 모두 문장의 의미와 맞지 않다.

'적'은 발어사이다. 《상서·반경》은 "선왕께서는 무거운 내릴 것이다(迪高后丕乃崇降弗祥)."라고 했는데, 이는 선왕께서 무거운 재앙을 내릴 것임을 말한다.[38] '적'은 허사이다. 같은 책의 〈군석〉은 "오로지 앞사람들의 은택을 우리 후손들에게 전해줄 것입니다(迪惟前人光施於我衝子)."라고 했고, 같은 책의 〈입정〉은 "옛날 사람으로는 하나라의 군주

---

37) 이곳의 '모(冒)'는 마융본(馬融本)에는 '욱(勖)'으로 되어있는데, ('힘쓰다'의 의미인) '면(勉)'이다. 《경의술문(經義述聞)·강고(康誥)》에 설명이 보인다.
38) 이 구절의 앞쪽은 "선왕께서는 무거운 벌을 내릴 것이다(高后丕乃崇降罪疾)."라고 했다.

만 있었습니다(古之人迪惟有夏)."라고 했다. 이곳에 보이는 두 개의 '적' 자도 허사이다. 왕숙의 주석과 공안국의 《전》은 ('법도'의 의미인) '도(道)' 내지 ('밟다'의 의미인) '도(蹈)'로 풀이했는데, 이 역시 문장의 의미가 맞지 않다.

 '적'은 문중에 쓰이는 어조사이다. 《상서·주고》에서 "또한 은나라의 신하들과 관리들이 …… (又惟殷之迪諸臣惟工 …… )"라고 한 것이 이 예이다. 공안국의 《전》은 ('밟다'의 의미인) '도(蹈)'로 풀이했는데, 이 역시 잘못되었다.


# 직直

 '직(直)'은 ('그저~일뿐이다'의 의미인) '특(特)'39) · ('단지'의 의미인) '단(但)'40)과 같다. 《예기·제의(祭義)》는 "나는 그저 부모를 봉양하는 것일 뿐이거늘, 어찌 효도를 한다고 할 수 있겠는가?(參, 直養者也, 安能為孝乎?)"라고 했다. 《곡량전·문공 11년》은 "경문에서 그가 군사를 이끌었다고 말하지 않고 오랑캐들을 물리쳤다고 말한 것은 왜일까? 이 것은 그저 한 사람만 물리쳤음을 나타내는 말이다(不言帥師而言敗, 何 也? 直敗一人之辭也)."라고 했다. 《맹자·양혜왕》은 "백 걸음 가지 않은 것뿐이지, 이 역시 간 것이다(直不百步耳, 是亦走也)."라고 했다. 《장자·덕충부》는 "나는 그저 뒤쳐져서 가지 못했을 뿐이다(某也直後而未往耳)."라고 했다. 《순자·영욕》은 "그 차이는 아주 커다. 어찌 그저 소·돼지·개·양이나 벼·기장·콩·콩잎이나 지게미·쌀겨 정도의

---

39) 《여씨춘추·충렴(忠廉)》과 같은 책 〈분직(分職)〉의 주석은 모두 "'특'은 ('다만'의 의미인) '직'과 같다(特, 猶直也)."라고 했다

40) 《회남자·정신(精神)》의 주석에 보인다.

차이이겠는가?(是其為相縣也, 幾直夫芻豢之縣糟糠爾哉?)"라고 했다.[41]
《전국책·제책(2)》는 "제가 장의(張儀)와 무슨 원한이 진 것이 아니라
그저 나라를 다스리는 방법이 다를 뿐이옵니다(衍非有怨於儀, 直所以
為國者不同耳)."라고 했다. '직'과 '특'은 옛날에 소리가 같았기 때문에
《시경·용풍·백주》의 "실로 나만의 배필이니(實維我特)"는 《한시》에
서 '특'이 '직'으로 되어있다. 《사기·숙손통전(叔孫通傳)》의 "나는 그저
장난쳐봤을 뿐이다(吾直戲耳)."는 《한서》에서 '직'이 '특'으로 되어있다.

 '직'은 ('단지'·'특별히'·'일부러'의 의미인) '특(特)'·('오로지'의 의
미인) '전(專)'과 같다. 《안자춘추·잡편》은 "제나라에서 보낼 사신들은
각자 사신으로 나갈 곳이 있습니다. 유능한 사람은 유능한 군주가 있는
나라로 사신으로 갈 것이고, 무능한 사람은 무능한 군주가 있는 나라로
사신으로 갈 것입니다. 제가 가장 무능하니 초나라에만 사신으로 갈
수 있습니다(齊命使各有所主, 其賢者使之賢主, 不肖者使之不肖主. 嬰
最不肖, 故直使楚矣)."라고 했다. 원문의 "직사초(直使楚)"는 "특사초
(特使楚)"이다. 《한시외전》은 "저희 마을에 노부인은 어떤 여인과 사이
가 좋았습니다. 그런데 그 여인의 시어머니가 그녀가 고기를 훔쳤다고
의심하여 그녀를 쫓아내버렸습니다. 그녀는 원통하여 자신과 사이가
좋은 노부인에게 이 일을 알렸습니다. 노부인은 '그대는 천천히 가시게,
지금 내가 그대의 시어머니가 그대를 쫓아가게 만들겠네.'라고 했다.
이에 노부인은 땔나무 한 다발을 가지고 불을 얻으려 그녀의 집에 와서
'우리 집의 개가 고기를 다투다가 서로 물어죽었으니, 당신 집의 불로
그들을 삶고자 합니다.'라고 말했다. 그러나 그녀의 시어머니는 특별히
사람을 보내 그녀를 다시 돌아오게 했다(臣里母相善婦見疑盜肉, 其姑
去之. 恨而告於里母, 里母曰: '安行, 今令姑呼女.' 即束蘊請火去婦之家,

---

41) 이곳의 '기(幾)'는 '기(豈)'와 같다.

曰: '吾犬爭肉相殺, 請火治之.' 姑乃直使人追去婦還之)."라고 했다. 이
는 특별히 사람을 보내 부인을 다시 돌아가게 했음을 말한다.《사기·
유후세가》는 "장량은 일찍이 하비의 다리에서 여유롭게 산책을 한 적이
있었다.[42] 이때 거친 삼베옷을 걸친 한 노인이 장량이 있는 곳에 다가
와서는 일부러 자신의 신발을 다리 아래로 떨어뜨렸다. 그리고는 장량
을 돌아보며 '애야 내려가서 내 신발을 가져오너라!'라고 했다(良嘗間從
容步遊下邳沠上, 有一老父衣褐至良所, 直墮其履沠下, 顧謂良曰: '孺子
下取履!')"라고 했다. 이는 고의로 신발을 다리 아래에 떨어뜨려 장량으
로 하여금 가져오게 한 것을 말한다.[43] 같은 책의 〈양효왕세가(梁孝王
世家)〉는 "양평왕(梁平王) 유양(劉襄)은 특별히 사람을 보내 부고를 열
게 하여 황금으로 만든 술항아리인 뇌전을 꺼내 임 황후에게 하사했다
(平王襄直使人開府, 取罍樽賜任王後)."라고 했다. 이는 특별히 사람을
시켜 뇌전을 꺼내 하사한 것을 말한다. 이상 네 개의 '직' 역시 ('단지'·
'특별히'·'일부러'의 의미인) '특'으로 풀이하며, 앞의 용법과는 다르다.


## 주疇 주𩣵 주𪕭

《이아》는 "'주'는 ('누구'의 의미인) '수'이다(疇, 誰也)."라고 했다.《상
서·요전(堯典)》은 "요 임금이 말했다: 누구를 등용하면 천시에 순응할
수 있겠는가?(帝曰: 疇咨若時登庸?)"라고 했다.《사기·오제기(五帝
紀)》에는 "누가 이 일을 잘 따를 수 있겠는가(誰可順此事)"로 되어있다.

---

42) 금본《사기》와《한서》에는 '사(沠)'가 '이(圯)'로 되어있는데, 모두 후인들이 고친
   것이다. 이에 대해서는 유반(劉攽)과 송기(宋祁)가 이미 상세하게 설명했다.
43)《사기》와《한서》에서 '직(直)'을 풀이해놓은 것은 모두 잘못되었다.《독서잡지》에
   상세한 설명이 보인다.

글자는 본래 '주(鴏)' 내지 '주(鴏)'로 되어있다. 《설문해자》는 "'주'는 '(누구'의 의미인) '수'이다(鴏, 誰也)."라고 했다.[44] 또 "'주'는 허사이다(鴏, 詞也)."라고 했다. "《우서(虞書)》[45]는 말했다: 요 임금은 '누구를 ……'라고 했다(《虞書》曰: '帝曰: 鴏咨 ……')"라고 했다.

'주(疇)'는 발성사이다. 《예기·단궁》은 "나는 어제 밤에 …… (予疇昔之夜 …… )"라고 했는데, 정현의 주석은 "'주'는 소리를 내는 것이다(疇, 發聲也)."라고 했다. '작(昔)'은 ('이전'의 의미인) '전(前)'과 같다. 《좌전·선공 2년》은 "예전에 양고기를 나눠줄 때는 당신이 주도했지만 …… (疇昔之羊子爲政 …… )"이라 했다. '주(疇)'와 '수(誰)'는 성모가 같고 운모에서 분화된 글자이기 때문에 '주석(疇昔)'은 '수석(誰昔)'으로 되었다. '수(誰)'자에도 설명이 보인다.

---

44) 금본에는 '주(鴏)'로 되어 있는데 잘못된 것이다. 《광운(廣韻)》에 근거해 고친다.
45) 이 편은 《상서·요전(堯典)》을 말한다.[역자주]

# 이而

'이(而)'는 앞의 말을 받아주는 접속사로, 문중이나 문미에 있기도 한데 의미는 같다. 이 역시 자주 사용하는 말이다.

《한서·위현전(韋賢傳)》 주석은 "'이'는 문장을 끝내주는 어기사이다(而者, 句絶之辭)."라고 했다. 《시경·제풍·저(著)》는 "나를 문간에서 기다리셨는데(俟我於著乎而)"라고 했다. 《논어·자한(子罕)》은 《시경》을 인용하여 "산앵두나무 꽃이 한들한들 춤을 추누나(唐棣之華, 偏其反而)."라고 했고, 같은 책의 〈미자(微子)〉편에서는 "그만 두게나! 그만 두게나!(已而! 已而!)"라고 했다. 《좌전·선공(宣公) 4년》은 "오씨의 귀신이라면 굶어죽지는 않을 것이다(若敖氏之鬼, 不其餒而)."라고 했다. 《일주서(逸周書)·예량부(芮良夫)》는 "어지러워지지는 않을 것이다(不其亂而)."라고 했다.

'이'는 ('같다'·'만일~한다면'·'어찌'의 의미인) '여(如)'이다. 《주역·명이(明夷)·상전(象傳)》은 "군자는 이를 보고 사람들을 다스림에 밝은 지혜는 감추는 것과 같다고 여긴다(君子以莅衆, 用晦而明)."라고 했는데, 우번의 주석은 "'이'는 ('같다'의 의미인) '여'이다(而, 如也)."라고 했다. 《시경·용풍·군자해로(君子偕老)》는 "어찌 그리 천신 같겠으며, 어찌 그렇게 천제 같겠는가?(胡然而天也? 胡然而帝也?)"라고 했는데, 모형의 《전》은 "천신처럼 우러러보고, 천제처럼 이치를 살핀다(尊之如天, 審諦如帝)."라고 했다. 《시경·소아·도인사(都人士)》는 "늘어선 띠가 허청거리네(垂帶而厲)."라고 했는데, 정현의 《전》은 "'이려'는 큰 띠가 늘어진 것과 같다(而厲, 如鞶厲也)."라고 했다. 《좌전·소공 4년》은 "우가 숙손에게 말했다: 중임(仲壬)으로 하여금 군주를 뵙게 하는 것이 어떠한가?(牛謂叔孫: 見仲而何?)"라고 했는데, 두예의 주석은 "'이하'는 ('어떠한가?'의 의미인) '여하'이다(而何, 如何也)."라고 했다. 《관자·추언(樞言)》은 "기장을 심으면, 기장을 거두어들일 수 있는가? 보리를 심으면, 보리를 거두어들일 수 있는가?(能而稷乎? 能而麥乎?)"라고 했다. 《맹자·만장(萬章)》은 "만일 순(舜)이 요의 궁궐에 살며 요의 아들에게 양위하라고 압박하면, 이는 찬탈이다(而居堯之宮, 逼堯之子, 是簒也)."라고 했다. 《순자·중니(仲尼)》는 "재물이 생겨도 자신의 공은 아직 재물을 받을 정도는 아니라고 말해야 한다(財利至, 則言善而不及也)."라고 했다.[1] 《여씨춘추·순설(順說)》은 "나타나고 발전하기를 계속하는 것이 말이나 메아리 같다(與生與長, 而言之與響)."라고 했다. 《전국책·제책(齊策)(1)》은 "이와 같은 것이 세 가지 있다(而此者三)." 라고 했다.[2] 《한서·가의전(賈誼傳)》은 "변하고 바뀌는 것이 매미가 허물을 바꾸는 것 같네(變化而嬗)."라고 했다.[3] 이상의 '이'는 모두 ('같다'·'만일~한다면'·'어찌'의 의미인) '여'이다. '이'와 '여'는 같은 의미이기 때문에 두 글자는 서로 바꿔 쓸 수 있다. 《시경·소아·도인사》는 "저 서울 양반은 늘어선 띠가 허청거리네. 저 군자님의 따님은 말린 머리가 전갈 같네(彼都人士, 垂帶而厲. 彼君子女, 卷髮如蠆)."라고 했

---

1) 양경(楊倞)의 주석은 "'이'는 ('같다'의 의미인) '여'이다(而, 如也)."라고 했다.
2) 고유(高誘)의 주석은 "'이'는 ('같다'의 의미인) '여'이다(而, 如也)."라고 했다.
3) 《사기색은(史記索隱)》은 위소(韋昭)의 주석을 인용하여 "'이'는 ('같다'의 의미인) '여'이다(而, 如也)."라고 했다.

다. 《대대례기 · 위장군문자(衛將軍文子)》는 "채워도 채워지지 않은 듯 하고, 차도 비어있는 듯 하고, 지나치면서도 모자란 듯이 한다(滿而不滿, 實如虛, 過之如不及)."⁴⁾라고 했다. 《맹자 · 이루(離婁)》는 "문왕은 백성들을 다친 사람 보듯 했고, 도를 갈망함이 이를 보지 못한 사람처럼 하셨다(文王視民如傷, 望道而未之見)."라고 했다. 《순자 · 강국(强國)》은 "갑자기 번개처럼 내리치고, 벽처럼 무너진다(黬而雷擊之, 如牆厭之)."⁵⁾라고 했다. 《설원 · 봉사(奉使)》는 "만일 이것이 마음에 편안하시다면 관을 빌려 쓰고 만나기를 바라지만, 만일 이것이 마음에 편안하지 않다면 나라의 풍속을 바꾸질 않기를 바랍니다(意而安之, 願假冠以見. 意如不安, 願無變國俗)."라고 했다. 이상은 모두 '여'와 '이'를 서로 바꿔 쓴 예이다. 그래서 《시경》의 "수대이려(垂帶而厲)"는 《예기 · 내칙(內則)》의 주석에는 '이'를 '여'로 인용했다. 《순자 · 애공(哀公)》의 "물 흐르듯 외물을 따른다(從物如流)."는 《대대례기 · 애공문오의(哀公問五義)》에는 '여'가 '이'로 되어있다. 《좌전 · 양공(襄公) 12년》의 "부인이 낳은 몇 사람 …… (夫婦所生若而人 …… )"은 《진서(晉書) · 예지(禮志)》에는 '이'가 '여'로 되어있다.⁶⁾ 《사기 · 추양전(鄒陽傳)》의 "서로 마음을 알지 못하면 늙을 때까지 오래 사귀어도 처음 사귄 벗 같고, 서로 마음이 통하면 길에서 처음 만나 인사하여도 오래된 친구와 같다(白頭如新, 傾蓋如故)."는 《신서(新序) · 잡사(雜事)》에는 '여'가 모두 '이'로 되어있다.

'이'는 ('같다' 내지 '만일~한다면'의 의미인) '약(若)'이다. '약'과 '여

---

4) 원문의 "과(過)"는 청나라 사람 왕빙진(王聘珍)이 지은 《대대례기해고(大戴禮記解詁)》(중화서국, 2016년)에는 "통(通)"으로 되어있다.[역자주]

5) 원문의 "암이(黬而)" 사이에는 "연(然)"자가 빠져있다. 따라서 원래 문장은 "암연이(黬然而)"가 되어야 한다.[역자주]

6) 원문의 약이(若而)는 일정하지 않은 수를 나타내는데, 우리말의 '약간'에 해당한다.[역자주]

(如)'는 옛날에 같은 소리였기 때문에 '이'를 '여'로 풀이할 수 있고 '약'으로도 풀이할 수 있다. 《대대례기·위장군문자》는 "공자가 말했다: 상과 같은 사람은 위태하지 않다고 할 수 있다(孔子曰: '而商也, 其可謂不險也')."라고 했는데, 이곳의 '이상야(而商也)'는 《논어·선진(先進)》에 나오는 ('유와 같은 사람은'의 의미인) '약유야(若由也)'와 같은 의미이다. 《좌전·양공 29년》의 "게다가 선군께서 만일 아신다면······ (且先君而有知也······ )"은 이 구절 앞에 나오는 "선군께서 만일 아신다면 ······ (先君若有知也······ )"과 같은 의미이다. '이'와 '약'은 같은 의미이기 때문에 두 글자는 서로 바꿔 쓸 수 있다. 《시경·제풍·의차(猗嗟)》는 "헌칠하게 큰 키에, 시원스런 넓은 이마(頎而長兮, 抑若揚兮)."라고 했다.[7] 《좌전·소공 26년》은 "안자가 말했다: ······ 그대의 후손이 점차 게을러지고 진씨가 망하지 않는다면, 나라는 그의 나라가 될 것이오(晏子曰: '······ 後世若少惰, 陳氏而不亡, 則國其國也已)'."라고 했다. 이상은 모두 '이'와 '약'으로 서로 바꿔 쓴 예이다. 그래서 《상서·강고》는 "자신에게 병이 있는 것과 같이 ······ (若有疾 ······ )"라고 했는데, 《순자·부국(富國)》에는 '약'이 '이'로 되어있다. 《시경·제풍·보전(甫田)》의 "갑자기 관 쓴 어른처럼 되었다던데(突而弁兮)"와 같은 책의 〈제풍·의차〉의 "헌칠하게 큰 키에(頎而長兮)"는 《모시정의》에는 '이'가 모두 '약'으로 되어있다. 같은 책의 〈소아·도인사〉의 "수대이려(垂帶而厲)"는 《회남자·범론(氾論)》에는 '이'가 '약'으로 되어있다. 《좌전·양공 30년》은 "자산이 죽는다면(子產而死)"이라 했는데, 《여씨춘추·악성(樂成)》에는 '이'가 '약'으로 되어있다. 《주례(周禮)·여사(旅師)》의 "재해가 발생하면 이를 사용한다(而用之)."에서 정현의 주석은 '이'는 '약'으로 읽는다고

---

7) '이(而)'와 '약(若)'은 모두 '연(然)'의 의미이다. 모형의 《전》은 "'억'은 아름다운 용모를 말한다. '양'은 이마가 널찍한 것을 말한다(抑, 美色. 揚, 廣揚)."라고 했다.

하였다.[8]

'이'는 ('~한 모습'의 의미인) '연(然)'이다. 《상서·고요모》는 "계가 응아 응아하며 울었다(啟呱呱而泣)."라고 했는데, 이는 응아 응아하며 운 것을 말한다. 《시경·소남·야유사균(野有死麕)》은 "가만가만 천천히(舒而脫脫兮)"라고 했는데, 정현의 《전》은 "가만가만 천천히 하는 것이다(脫脫然舒)."라고 했다. 같은 책의 〈제풍·보전〉은 "갑자기 관 쓴 어른처럼 되었다던데(突而弁兮)"라고 했는데, 정현의 《전》은 "갑자기 관을 쓰고 어른이 된 것이다(突爾加冠為成人)."라고 했다. 이곳의 '이(爾)' 역시 ('~한 모습'의 의미인) '연'이다. 같은 책의 〈제풍·의차〉는 "헌칠하게 큰 키에(頎而長兮)"[9]라고 했다. 《좌전·문공 17년》은 "얼른 가며 위험을 무릅씁니다(鋌而走險)."라고 했다.[10] 같은 책의 〈선공 12년〉은 "초나라가 자옥을 죽이자, 공의 얼굴에 희색이 만연한 것을 보아낼 수 있었다(及楚殺子玉, 公喜而後可知也)."라고 했다.

'이'는 ('곧'의 의미인) '내(乃)'이다.[11] 《시경·소아·체두(杕杜)》는 "기약한 날이 가도 오시지 않으니, 곧 걱정만 더해 가네(期逝不至, 而多為恤)."라고 했는데, 이는 곧 걱정이 많아짐을 말한다. 《의례·향사례(鄉射禮)》는 "이렇게 곧 번갈아가며 술을 돌린다(…… 而錯)."라고 했는데, 이는 곧 술을 번갈아가며 돌린다는 말이다. 《대대례기·증자본효(曾子本孝)》는 "이와 같이하면 곧 효자가 된다(如此而成於孝子也)."라고 했는데, 이는 이렇게 하면 곧 효자가 된다는 것을 말한다. 《예기·단

---

8) 나의 생각으로, 이곳의 '이(而)' 역시 '여(如)'로 읽을 수 있다. 《논어》에서 "여용지(如用之)"라고 한 것이 이 예이다.

9) 앞에 설명이 보인다.

10) 두예(杜預)의 주석은 "'정'은 빨리 가는 모습이다(鋌, 疾走貌)."라고 했다.

11) '내(乃)'와 '이(而)'는 대구로 말하면 다르고, 따로 말하면 같다. '내(乃)'자에도 설명이 보인다.

궁(檀弓)》은 "곧 '그러하다'고 말했다(而曰然)."라고 했는데, 정현의 주석은 "'이'는 ('곧'의 의미인) '내'와 같다(而, 猶乃也)."라고 했다. 같은 책의 〈제의(祭儀)〉는 "제품을 물릴 때 공손하고 경건한 안색이 없으면, 이는 곧 조상을 잊는 것이다(已徹而退, 無敬齊之色, 而忘本也)."라고 했는데, 이는 곧 조상을 잊는 것임을 말한다.12) 같은 책의 〈혼의(昏義)〉는 "혼례의 기본원칙으로, 이는 곧 남녀의 차이를 정하는 것이자 부부가의 도리를 세우는 것이다(禮之大體, 而所以成男女之別, 而立夫婦之義也)."라고 했는데, 이는 곧 남녀의 차이를 정하는 것이자 부부의 도리를 세우는 것임을 말한다. 《좌전·선공 14년》은 "대국이 비난해서 곧 뇌물을 올리면 그때는 늦사옵니다(誅而薦賄, 則無及也)."라고 했는데, 이는 비난하면 곧 뇌물을 올리는 것을 말한다. 같은 책의 〈성공 16년〉은 "《하서》에서 '원망이 어찌 드러나는 곳에만 있겠는가? 보이지 않는 곳도 생각해야 한다.'라고 했다. 미묘한 원한을 조심해야 하거늘, 지금은 곧 원한을 드러냈으니 어찌 되겠는가?(《夏書》曰: '怨豈在明, 不見是圖.' 將慎其細也, 今而明之, 其可乎?)"라고 했는데, 이는 지금 곧 원한을 드러냈음을 말한다. 같은 책의 〈소공 원년〉은 "상인이 이익을 얻길 바라면서, 곧 소란스러운 것을 싫어할 수 있습니까?(賈而欲贏, 而惡囂乎?)"라고 했는데, 이는 소란스러운 것을 곧 싫어할 수 있겠는가를 말한다. 같은 책의 〈애공 4년〉은 "벽과 같이 나열하여 나아가면 기꺼해야 곧 우리 두 사람을 죽일 수 있다(如牆而進, 多而殺二人)."라고 했는데, 이는 많아봐야 곧 두 사람을 죽인다는 것을 말한다. 같은 책의 〈애공 25년〉은 "사람들의 분노를 거스르기 어려우니, 혼란이 진정되면 난을 일으킨 사람들을 곧 이간하기 쉬울 것이오(衆怒難犯, 休而易間也)."라고 했는데, 이는 혼란이 진정되면 혼란을 일으킨 사람들을 곧 이간하기 쉽다는 것

---

12) 정현은 원문의 '이(而)'를 부연된 글자로 봤는데, 잘못된 것이다.

을 말한다. 《국어 · 주어(周語)》는 "보통 사람이 재물을 독차지하면 도둑이라고 하옵니다. 군주가 곧 재물을 독차지하는 정책을 편다면 따르는 사람들은 갈수록 적어질 것입니다(匹夫專利, 猶謂之盜. 王而行之, 其歸鮮矣)."라고 했는데, 이는 군주가 곧 이를 행하는 것을 말한다. 《공양전 · 선공 15년》은 "나는 지금 저들을 취한 다음에 곧 돌아갈 것이다(吾今取此, 然後而歸爾)."라고 했는데, 이는 취한 다음에 곧 돌아가는 것을 말한다. 《곡량전 · 장공 12년》은 "나라라야 곧 '따랐다'라고 말한다. 이곳은 작은 성에 불과한데, 경문에서 '따랐다'라고 한 것은 왜일까?(國而曰歸, 此邑也, 其曰歸, 何也?)"라고 했는데, 이는 나라라야 곧 '따랐다'라고 하는 것을 말한다. 《논어 · 태백(泰伯)》은 "곧 오늘 이후에야 나는 부모님에게서 받은 몸을 다치지 않은 줄 알겠구나(而今而後, 吾知免夫)."라고 했는데, 이는 곧 오늘 이후임을 말한다.13) 그래서 《상서 · 요전(堯典)》의 "한번 써보고 잘하면 곧 기용하십시오(試可乃已)."는 《사기 · 오제기(五帝紀)》에는 "한번 써보고 쓸 수 없다면 곧 그만두십시오(試不可用而已)."로 되어있다. 《예기 · 곡례(曲禮)》의 "졸곡14) 제사를 지낼 때는 곧바로 돌아가신 분의 이름을 부르지 않는다(卒哭乃諱)."는 같은 책의 〈잡기(雜記)〉에는 '내'가 '이'로 되어있다. 《좌전 · 희공 28년》의 "그의 죄를 열거해 현신 희부기를 중용하지 않고, 조정에 큰 수레를 타는 대부들이 곧 삼백 명이나 된다는 것을 꾸짖었다(數之以其不用僖負羈, 而乘軒者三百人也)"는 《사기 · 조세가(趙世家)》에 '이'가 '내'로 되어있다. 같은 책의 〈회음후전(淮陰侯傳)〉의 "그대의 등을 보니, 귀하여 곧 말할 수 없습니다(相君之背, 貴乃不可言)."는 《한서 · 괴

---

13) 《좌전 · 양공(襄公) 7년》은 "나는 지금에서야 곧 거북점과 시초점이 있는 줄 알았다(吾乃今而後知有卜筮)."라고 했다.

14) 삼우(三虞)가 지난 뒤에 지내는 제사이다. 사람이 죽은 지 석 달 만에 오는 첫 정일(丁日)이나 해일(亥日)을 가려서 지낸다.[역자주]

통전(勵通傳)》에는 '내'가 '이'로 되어있다.

'이'는 ('~한 즉' 내지 '~하면'의 의미인) '즉(則)'과 같다. 《주역·계사전(繫辭傳)》은 "군자는 기미를 보고 일어난즉 후일을 기다리지 않는다(君子見幾而作, 不俟終日)."라고 했는데, 이는 기미를 보고 일어나는 것을 말한다. 《좌전·희공 15년》은 "어찌한즉 되겠는가?(何爲而可?)"라고 했는데, 이는 어찌하면 될 것인지를 말한다. 같은 책의 〈양공 18년〉은 "만일 괜찮다면 폐하께서는 계속 출병하실 것이다(若可, 君而繼之)."라고 했는데, 이는 폐하가 계속 출병할 것임을 말한다. 《국어·초어》는 "큰 강을 지키는 것처럼 해야 합니다. 일단 무너지면 그로 초래되는 손실은 분명히 아주 클 것이옵니다(若防大川焉, 潰而所犯必大矣)."라고 했는데, 이는 무너지면 그로 인한 손실이 아주 커다는 것을 말한다. 《공양전·장공 32년》은 "군주와 부모를 죽일 동기가 있어서는 안 된다. 일단 동기가 생기면 죽일 수 있다(君親無將, 將而誅焉)."라고 했는데, 이는 동기가 생기면 죽인다는 것을 말한다. 또 《국어·진어(晉語)(4)》는 "문공이 구계에게 글을 배웠다. 삼일이 지나서, 문공은 '떠나진 못해도15) 견문은 많이 늘었소.'라고 했다. 그러자 사공계자(司空季子)가 '그러하면 많이 들으신 것으로 능력 있는 사람에게 행하게 해보시면, 더 낫지 않겠는지요?'라고 대답했다(文公學讀書於臼季, 三日, 曰: '吾不能行咫, 聞則多矣.' 對曰: '然而多聞以待能者, 不猶愈也?')"16)라고 했는데, 이곳의 '연이(然而)'는 ('그러한즉'의 의미인) '연즉(然則)'이다. '이'와 '즉'은 의미가 같기 때문에 두 글자는 서로 바꿔 쓸 수 있다. 《의례·상복전(喪服傳)》은 "어떻게 하면 적장자들의 후계자가 될 수 있을까? 동일한

---

15) 원문의 '지(咫)'는 '이(耳)'와 같다. 금본의 '지'자 앞에는 '야(也)'자가 있는데, 이는 후인들이 더한 것이다. '지'자에 상세한 설명이 보인다.

16) 마지막의 '야(也)'는 어기사 '야(邪)'와 같다. 속본(俗本)에는 '야(也)'가 '호(乎)'로 되어있는데, 이는 후인들이 고친 것이다. 이곳에서는 송본(宋本)을 따른다.

종가의 사람이라야 될 수 있다(何如而可爲之後, 同宗則可爲之後)."라고
했다.17) 같은 책의 〈상복소기(喪服小記)〉는 "사의 첩이 낳은 아들이 있
으면 그녀를 위해 시마복을 입고 복상하고, 아들이 없으면 그녀를 위해
복상하지 않는다(士妾有子而爲之緦, 無子則已)."라고 했다. 《묵자·명
귀》는 "부친이 아니면 모친이고, 형이 아니면 누이이다(非父則母, 非兄
而姒也)."라고 했다. 《사기·난포전(欒布傳)》은 "초나라와 함께 하면 한
나라가 지고, 한나라와 함께 하면 초나라가 질 것입니다(與楚則漢破,
與漢而楚破)."라고 했다. 이상은 모두 '이'와 '즉'을 바꿔 쓴 예들이다.
그래서 《예기·상복소기》의 "다섯 세대 위의 조상이면 신위는 종가의
사당으로 옮긴다(有五世而遷之宗)."는 같은 책의 〈대전(大傳)〉에는 '이'
가 '즉'으로 되어있다. 《예기·악기(樂記)》의 "선왕들이 즐거우면 세상
사람들도 따라 즐거워했고, 선왕들이 분노하면 난을 일으키는 사람들
이 두려워했다(喜則天下和之, 怒則暴亂者畏之)."는 《순자·악론(樂
論)》에는 '즉'이 모두 '이'로 되어있다. 《맹자·공손추》의 "벼슬할 수 있
으면 벼슬하고, 물러날 수 있으면 물러나고, 오래 있을 수 있으면 오래
있고, 잠깐이라도 있을 수 있으면 잠깐이라도 있었다(可以仕則仕, 可以
止則止. 可以久則久, 可以速則速)."는 《맹자·만장》에는 '즉'이 모두 '이'
로 되어있다. 《전국책·진책(秦策)(4)》의 "일이란 극에 달하면 반대로
내려가고 …… 물건을 아주 높이 두면 위태로워진다(物至而反 …… 致
至而危)."는 《사기·춘신군전(春申君傳)》에는 '이'가 모두 '즉'으로 되어
있다. 《전국책·연책(燕策)(1)》의 "그러하다면 폐하께서는 어찌 보통
사람을 한 명 보내 제나라를 어려움에 빠뜨리는 방법으로 진나라를 설
득하지 않으십니까?(然而王何不使布衣之人, 以窮齊之說說秦?)"는 《사

---

17) 이곳의 '이(而)' 역시 '즉(則)'의 의미이다. 이 구절 다음에는 "어떻게 하면 형제라
고 할 수 있을까?(何如則可謂之兄弟)."라고 했다.

기·소진전(蘇秦傳)》에는 '연이(然而)'가 ('그러한 즉'의 의미인) '연즉(然則)'으로 되어있다. 《한서·추양전(鄒陽傳)》의 "그러한즉 상의해봐야 안 될 것이고, 저분(諸賁)과 맹분(孟賁) 같은 용사라도 자신의 자리를 지킬 수 없음은 자명한 것입니다(然而計議不得, 雖諸、賁不能安其位, 亦明矣)."에서 '연이'는 《문선》에도 '연즉'으로 되어있다.

부친께서는 "'이'는 ('~으로'의 의미인) '이'와 같다(而, 猶以也)."라고 하셨다. 양경(楊倞) 주석의 《순자·강국(強國)》은 "'이왕'은 '이상'과 같다(而往, 猶已上也)."라고 했다.[18] 《상서·고명(顧命)》은 "저 같이 보잘것 없는 어린 사람이 무슨 능력으로 세상을 다스리겠습니까?(眇眇予末小子, 其能而亂四方)."라고 했는데, 이는 무슨 능력으로 세상을 다스릴 것인지를 말한다.[19] 《묵자·상현(尚賢)》은 "세상에 좋은 일을 하는 사람을 격려할 수 있고, 나쁜 일을 하는 사람을 제지할 수 있다(使天下之爲善者可而勸也, 爲暴者可而沮也)."라고 했다. 또 "위로는 하늘을 이롭게 할 수 있고, 가운데로는 귀신을 이롭게 할 수 있고, 아래로는 사람을 이롭게 할 수 있다(上可而利天, 中可而利鬼, 下可而利人)."라고 했다. 《장자·천하(天下)》는 "그 가르침은 종잡을 수가 없으니, 어찌 말할 수 있겠는가!(其風窢然, 惡可而言!)"라고 했다. 《여씨춘추·거사(去私)》는 "진나라 평공이 기황양에게 물었다: 남양에 현령이 없는데, 누가 이를 맡을 수 있겠소?(晉平公問於祁黃羊曰: '南陽無令, 其誰可而爲之?')"라고 했다.[20] 같은 책의 〈불굴(不屈)〉은 "혜자가 말했다: 폐하의 말씀대로라

---

18) 이곳의 '이(已)'는 '이(以)'와 같다. 보통 전적에서 말하는 '이상(而上)'·'이하(而下)'·'이전(而前)'·'이후(而後)'는 모두 이곳에 둔다.

19) 공안국(孔安國)의 《전》은 "부친이나 조부처럼 세상을 다스릴 수 있다(能如父祖治四方)."라고 했는데, 잘못된 것이다.

20) 원문의 '가이위(可而爲)'는 '가이위(可以爲)'이다. 고유(高誘)의 주석은 "'이'는 ('가능하다'의 의미인) '능'이다(而, 能也)."라고 했는데, 잘못된 것이다. 《독서잡지》에

면 저는 따를 수 없사옵니다(惠子曰: '若王之言, 則施不可而聽矣')."라고 했다. 같은 책의 〈용민(用民)〉은 "군주는 관리의 등급을 결정하는 자리에 있고 이익과 권세를 가지고 있어, 이를 잘 살피지 않으면 안된다(處次官, 執利勢, 不可而不察於此)."라고 했다. 이상에서 말한 '가이(可而)'는 모두 ('~할 수 있다'의 의미인) '가이(可以)'이다. 《순자·성상(成相)》은 "오자서는 간언을 올렸지만 오나라 왕은 듣지 않고, 독록검(獨漉劍)으로 자진하게 한 다음 시신을 강에 버렸다(子胥進諫不聽, 剄而獨鹿棄之江)."라고 했는데, 이는 촉루검(屬鏤劍)으로 자진하게 한 다음 시신을 강에 버린 것을 말한다.[21] '이'와 '이'는 같은 의미여서 두 글자는 서로 바꿔 쓸 수 있다. 《좌전·선공 15년》은 "우리 마을은 자식을 바꿔 죽여서 먹고, 시신을 훼손하여 땔감 삼아 밥을 합니다(敝邑易子而食, 析骸以爨)."라고 했다. 《묵자·상동(尙同)》은 "위로 천자가 이를 사용하면 세상을 다스릴 수 있다. 가운데로 제후들이 이를 사용하면 자신의 나라를 다스릴 수 있다. 아래로 가장들이 이를 사용하면 자신의 집안을 다스릴 수 있다(上用之天子, 可以治天下矣. 中用之諸侯, 可而治其國矣. 下用之家君, 可而治其家矣)."라고 했다. 《사기·조세가(趙世家)》는 "겉으로 진나라가 동맹국에 우호적임을 보여주는 것이나 실제로는 몰래 한나라를 치는 것입니다(聲以德與國, 實而伐空韓)."라고 했다. 이상은 모두 '이'와 '이'를 바꿔 사용한 예들이다.[22] 그래서 《계사전》의 "상고 시기에는 새끼를 매듭지어 다스렸다(上古結繩而治)"는 《논형(論衡)·제세(齊世)》에는 '이'가 '이'로 인용되어있다. 《좌전·양공 11년》의 "각 지역의 오랑캐와 사이좋게 지내는 것으로 중원의 나라들을 다스려

---

상세한 설명이 보인다.

21) 양경(楊倞)의 주석은 "'독록'은 '촉루'와 같다(獨鹿, 與屬鏤同)."라고 했다.

22) '이(以)'자에도 설명이 보인다.

야 한다(和諸戎狄以正諸華)."는 《국어·진어(晉語)》에는 '이'가 '이'로 되어있다. 《좌전·소공 원년》의 "외투 안에 갑옷을 입고 자남을 보러 갔다(橐甲以見子南)."는 《주례·고공기·함인(函人)》의 주석에는 '이(以)'가 '이(而)'로 인용되어 있다. 《전국책·위책(魏策)(3)》의 "강과 산으로 막을 수 없고, 주나라와 한나라가 서로 관여하지 않으면 …… (無河山以闌之, 無周、韓以間之 …… )"은 《사기·위세가(魏世家)》에는 '이'가 '이'로 되어있다.

'이'는 ('~와'의 의미인) '여(與)' 내지 '급(及)'과 같다. 《논어·옹야(雍也)》는 "축타와 같은 말재간과 송조와 같은 미모가 없다면, 요즘 같은 세상에서는 화를 면키 어려울 것이다(不有祝鮀之佞, 而有宋朝之美, 難乎免於今之世矣)."라고 했는데, 이는 축타의 말재간과 송조의 미모를 갖고 있음을 말한다.[23] 《묵자·상동》은 "좋은 말과 좋지 않은 말은 모두 윗사람에게 알려야 한다(聞善而不善, 皆以告其上)."라고 했는데, 이는 좋은 말과 좋지 않은 말을 말한다. 《한비자·설림상(說林上)》은 "관중의 영민함과 습붕의 지혜로 …… (以管子之聖而隰朋之智 …… )"라고 했는데, 이는 관중과 습붕을 말한다. '이'와 '여'는 성모는 같은데 운모에서 분화된 글자이다. 그래서 《장자·외물(外物)》의 "저 요를 칭찬하거나 걸을 비난하기보다는 …… (與其譽堯而非桀 …… )"은 같은 책의 〈대종사〉에는 '여'가 '이'로 되어있다.

---

23) 황간(皇侃)의 《논어의소(論語義疏)》는 "이는 사람이 만일 축타의 말재간이 없고 송조의 미모만 있다면 지금의 어려움을 면하기 어렵다는 것을 말한다(言人若不有祝鮀佞, 及有宋朝美, 則難免今之患難也)."라고 했는데, 이곳의 '급(及)' 역시 ('~와'의 의미인) '여(與)'이다.

# 여如

《광아》는 "'여'는 ('같다'의 의미인) '약'이다(如, 若也)."라고 했다. 이는 자주 사용하는 말이다.

《공양전·소공 12년》의 주석은 "'여'는 ('어찌'의 의미인) '내'와 같다(如, 猶奈也)."라고 했다. 경전에 나오는 '여하(如何)'와 '여지하(如之何)'가 모두 이것이다.

'여'는 어조사이다. 《주역·둔(屯)·육이(六二)》는 "창시가 어렵고 힘들어 나아가지 못한다(屯如亶如)."라고 했는데, 자하(子夏)의 《전(傳)》은 "'여'는 허사이다(如, 辭也)."라고 했다.

'여'는 ('~한 모양'의 의미인) '연(然)'과 같다. 《논어·향당(鄕黨)》의 '온화하고 공손한 모양(恂恂如)'·'공경하며 편안치 못한 모양(踧踖如)'·'얼굴빛을 바꾸는 모양(勃如)'·'급하게 걷는 모양(躩如)'이 이 예이다. 《시경·패풍·모구(旄邱)》에서 "귀를 막고 모르는 체 하는 것인가(褎如充耳)."라고 한 것,[24] 같은 책의 〈정풍·야유만초(野有蔓草)〉에서 "예쁜 맑은 눈과 넓은 이마를 가졌네(婉如淸揚)."라고 한 것도 같은 의미이다.[25]

'여'는 (접속사인) '이(而)'와 같다. 《시경·패풍·백주(柏舟)》는 "불안하여 잠은 오지 않고, 뼈저린 시름마저 있네(耿耿不寐, 如有隱憂)."라고 했는데, 이곳의 '여유(如有)'는 '이유(而有)'이다.[26] 같은 책의 〈소아·

---

24) 모형의 《전(傳)》은 "의상을 위엄 있고 성대하게 치장한 것이다(褎然有尊盛之服)."라고 했다.

25) '여(如)'와 '연(然)'은 성모는 같고 운모에서 분화된 글자이다. 그래서 《시경·위풍(魏風)·갈구(葛屨)》의 "공손히 왼쪽으로 비켜 다니며(宛然左辟)"는 《설문해자(說文解字)》에는 "완여좌벽(宛如左僻)"으로 인용되어있다.

26) 《모시정의(毛詩正義)》는 "마치 사람에게 고통스런 걱정이 있는 것이다(如人有痛疾之憂)."라고 했는데, 잘못된 것이다. 《경의술문》에 상세한 설명이 보인다.

거공(車攻)〉은 "알맞게 달리면서, 화살을 쏘아 정통으로 들어맞네(不失
其馳, 舍矢如破)."라고 했는데, 이곳의 '여파(如破)'는 '이파(而破)'이
다.[27] 《대대례기 · 왕언(王言)》[28]은 "담당 관리로 하여금 날마다 살피고
수시로 생각하게 한다(使有司月省如時考之)."라고 했다. 같은 책의 〈하
소정(夏小正)〉은 "큰 기러기가 간다고 기록하고, 향한다고 기록하지 않
은 것은 왜인가?(記鴻雁之遷也, 如不記其鄉, 何也?)"라고 했다. 같은 책
의 〈보부(保傅)〉는 "곧 친밀하고 소원함에 순서가 있으면, 은혜가 서로
에게 미친다(則親疏有序, 如恩相及矣)."라고 했다. 이상의 '여'는 모두
(접속사인) '이'와 같은 의미이다. 《예기 · 단궁》은 "세상에 부친을 죽이
려고 한 사람을 받아줄 나라가 어디 있겠는가, 나는 어디가 있으란 말인
가?(天下豈有無父之國哉, 吾何行如之?)"라고 했는데, 이곳의 '여'는 '이'
의 의미이고, '지(之)'는 ('이르다'의 의미인) '지(至)'이다. '하행이지(何
行而至)'는 내가 있을 나라가 없음을 말한다. 《곡량전 · 선공 17년》은
"그들은 형제지간인데, 어디로 간단 말인가?(兄弟也, 何去而之?)"라고
했는데, 범녕(范寧)[29]의 주석이 "이를 곳이 없음을 말한다(言無所至)."
라고 한 것이 이 예이다. 《국어 · 진어(晉語)(2)》에 "내가 어디로 가야

---

27) 부친께서 "사시이파(舍矢而破)"와 "화살을 뽑아 쏘니 잡았다(舍拔則獲)"는 같은
의미로, 모두 쏜살같이 명중시킨 것을 말한다고 하셨다. 《전국책(戰國策) · 초책
(楚策)(1)》은 "화살 하나로 죽였다(壹發而殪)"라고 했는데, 의미 역시 이것과 같다.
정현의 《전(箋)》은 "뭉치 같은 것으로 물건을 깨뜨리는 것이다(如椎破物)."라고
했고, 《맹자 · 등문공(滕文公)》의 조기(趙岐) 주석은 "화살을 맞아 죽은 사람이 깨
뜨려지는 것 같다(應矢而死者如破)"라고 하여, 모두 '여(如)'자를 잘못 풀이했다.
28) 제목의 "왕(王)"은 청나라 사람 왕빙진(王聘珍)이 지은 《대대례기해고(大戴禮記解
詁)》(중화서국, 2016년)에는 "주(主)"로 되어있다.[역자주]
29) 동진(東晋)의 경학자이다. 예장태수(豫章太守)를 지냈다. 유학을 추종하고 하안
(何晏)과 왕필(王弼) 등의 현학(玄學)을 반대했다. 현전하는 가장 이른 《곡량전(穀
梁傳)》 주해본인 《춘추곡량전집해(春秋穀梁傳集解)》를 지은 것으로 유명하다.[역
자주]

합니까?(吾誰鄕而入?)"라고 된 곳도 같은 의미이다. 《좌전·은공 7년》은 "정백과 맹약을 맺으며 희생의 피를 마시면서도 마음은 딴 곳에 있었다(及鄭伯盟, 歃如忘)."라고 했는데, 복건(服虔)[30]은 "'여'는 (접속사인) '이'이다(如, 而也)."라고 했다. 같은 책의 〈장공 7년〉은 "별들이 떨어지면서 비가 왔는데, 비와 함께 떨어졌다(星隕如雨, 與雨偕也)."라고 했는데, 유흠(劉歆)[31]은 "'여'는 접속사 '이'이다. 별이 떨어지면서 비가 내렸기 때문에 비와 함께 떨어졌다고 한 것이다(如, 而也. 星隕而且雨, 故曰與雨偕也)."라고 했다.[32] 같은 책의 〈양공 23년〉은 "쥐가 아니라면 무엇이란 말인가?(非鼠如何?)"라고 했다. 《공양전·선공 6년》은 "이것이 군주를 시해한 것이 아니라면 무엇이란 말인가?(此非弑君如何?)"라고 했다.[33] 《안자춘추·간하(諫下)》는 "한쪽은 귀머거리고 한쪽은 벙어리이니, 이것이 나라를 해치는 것이 아니라면 무엇이겠습니까?(聾瘖, 非害國家如何也?)"라고 했다. 《전국책·초책(楚策)(1)》은 "이것이 속이는 것이 아니라면 무엇인가?(非故如何也?)"라고 했다. 같은 책의 〈조책(趙策)(1)〉은 "이것이 배반하려는 것이 아니면 무엇인가?(非反如何也?)"라고 했다. 이상의 '여하'는 모두 '이하(而何)'와 같은 의미이다. 또 《좌

---

30) 동한(東漢)의 경학자이다. 자는 자신(子愼)이고, 하남(河南) 형양(滎陽) 사람이다. 어려서 학업에 뜻을 두었으며 태학(太學)에서 공부했다. 상서시랑(尙書侍郎)·구강태수(九江太守) 등을 지냈다. 경학에 탁월한 업적을 거두었다. 저술로는 《춘추좌씨해의(春秋左氏解誼)》31권·《춘추좌씨음(春秋左氏音)》1권·《한서음훈(漢書音訓)》1권 등이 있다.[역자주]

31) 서한(西漢)의 경학자이자 목록학자이다. 자는 자준(子駿)이고, 유향(劉向)의 아들이다. 고문경학을 계승했으며, 부친 유향과 《산해경(山海經)》을 교정했다. 경학뿐만 아니라 교감학·천문학·사학 등에도 정통했다. 저술로는 《칠략(七略)》·《삼통역보(三統曆譜)》 등이 있다.[역자주]

32) 《한서(漢書)·오행지(五行志)》에 보인다.

33) 《당석경(唐石經)》과 촉본(蜀本) 및 송본(宋本)은 모두 이와 같고, 금본은 '여(如)'를 '이(而)'로 바꾸어 놓았다.

전·소공 6년》은 "대화성(大火星)이라서 이를 상징하니, 화재가 일어나지 않으면 무엇을 나타내겠는가?(火如象之, 不火何為?)"라고 했다. 《일주서·후대광(後大匡)》은 "용감해서 윗사람을 해치면, 죽어서 명당에 들어갈 수 없다(勇如害上, 則不登於明堂)."라고 했다. 《관자·수지(水地)》는 "남녀의 정기가 합하고 물이 흘러서 태아가 형성된다. 모체 안에서 석 달을 머물며 머금는데 …… (男女精氣合而水流形, 三月如咀 …… )"라고 했다. 《순자·유효(儒效)》는 "도를 따름에도 훌륭해지지 않거나 도를 어겼음에도 멸망하지 않은 경우는 고금을 통틀어 있지 아니하였다(鄕是如不臧, 倍是如不亡者, 自古及今, 未嘗有也)."라고 했다. 이상의 '여' 역시 (접속사인) '이'와 같은 의미이다. 《대대례기·보부(保傅)》는 "편안해서 나태해지고, 즐거워서 탐닉한다(安如易, 樂而湛)."라고 했고, 같은 책의 〈문왕관인(文王官人)〉은 "뜻을 합하여 태도를 같이 하고, 그 근심을 함께 하여 그 어려움을 감당한다(合志如同方, 共其憂而任其難)."라고 했다. 《춘추번로(春秋繁露)·왕도통삼(王道通三)》은 "때에 따라 움직이며 이루고, 명을 본받아 따른다(施其時而成之, 法其命如循之)."라고 했다. 《염철론(鹽鐵論)·세무(世務)》는 "이로움을 보고 나아가고, 기회에 따라 일어난다(見利如前, 乘便而起)."라고 했다. 이상의 '여' 역시 (접속사인) '이'로, 서로 바꿔 쓸 수 있다. 그래서 《좌전》의 "삽여망(歃如忘)"은 《설문해자》에는 '여'가 '이'로 되어있고, "화여상지(火如象之)"는 《한서·오행지(五行志)》에는 '여'가 '이'로 되어있다. 《순자·권학(勸學)》의 "군자는 두루 배우면서 매일 세 번 자신을 살펴본다(君子博學而日參省乎己)."는 《대대례기》에는 '이'가 '여'로 되어있다.

'여'는 ('곧' 내지 '바로'의 의미인) '내(乃)'와 같다. 《시경·대아·상무(常武)》는 "왕께서 무용을 떨치시니, 바로 목소리 우렁차고 노한 얼굴이라네(王奮厥武, 如震如怒)."라고 했는데, 이는 바로 우렁차고 노한 것을 말한다.[34] 《대대례기·소한》은 "신은 아직 말을 다하지 않았사옵니다.

청컨대 신이 말을 다하면 폐하께서는 바로 이를 헤아려 주소서(臣之言 未盡, 請盡臣之言, 君如財之)."라고 했는데, 이는 청컨대 신이 말을 다 하길 기다렸다가 폐하께서 바로 이를 헤아려 달라는 말이다. 《논어 · 헌문(憲問)》은 "환공이 제후들을 규합하는데 무력을 쓰지 않은 것은 관중의 역량이다. 이것이 바로 그의 어짊이로다! 이것이 바로 그의 어짊이로다!(桓公九合諸侯, 不以兵車, 管仲之力也. 如其仁! 如其仁!)"라고 했는데, 이는 관중이 백성들의 힘을 쓰지 않고 세상을 안정시킨 것은 그가 바로 어질다는 것을 말한다.[35]

'여'는 ('~한 즉' 내지 '~하면'의 의미인) '즉(則)'과 같다. 《사기 · 회남왕전(淮南王傳)》은 "왕이 말했다: 황상께서 태자가 없으셔서 서거하는 날이면, 조정의 신하들은 반드시 교동왕이 아니면 상산왕을 부르려고 할 것입니다(王曰: '上無太子, 宮車即晏駕, 廷臣必征膠東王, 不如常山 王)."라고 했는데,[36] 이는 조정의 신하들이 반드시 교동왕이 아니면 상산왕을 부름을 말한다. 원문의 "불여상산왕(不如常山王)"은 《한서》에는 "불즉상산왕(不即常山王)"으로 되어 있는데, 이곳의 '즉(即)' 역시 '즉'의 의미이다.

'여'는 ('~만 못하다'의 의미인) '불여(不如)'이다. 《공양전 · 은공 원년》은 "모친이 그를 군주로 세우려고 했으면서 도리어 그를 죽인 것은 그에게 봉지를 주지 않은 것만 못했다(母欲立之, 己殺之, 如勿與而已

---

34) 정현의 《전(箋)》은 "그 소리가 천둥치듯 우렁차고, 그 얼굴은 벌컥 화를 내는 것이 다(而震雷其聲, 而勃怒其色)."라고 했는데, 이곳의 '이(而)' 역시 '내(乃)'의 의미이 다. 《모시정의(毛詩正義)》는 "마치 그 소리가 하늘에서 벼락 치는 것 같고, 그 얼굴색이 사람이 벌컥 화를 내는 것 같다(如天之震雷其聲, 如人之勃怒其色)."라고 하여, '여(如)'를 잘못 풀이했다.

35) 공안국(孔安國)의 《전(傳)》은 "누가 관중만큼 어질겠는가?(誰如管仲之仁?)"라고 하여, '수(誰)'자를 더해 풀이한 것은 문장의 의미와 맞지 않는다.

36) 원문의 '불(不)'은 '부(否)'와 같다.

矣)."라고 했는데, 하휴(何休)의 주석은 "'여'는 바로 ('~만 못하다'의 의미인) '불여'로, 제나라 사람들의 말이다('如'即'不如', 齊人語也)."라고 했다.

'여'는 ('당해내다'·'상당하다'·'마땅히'의 의미인) '당(當)'이다. 《전국책·송책(宋策)》은 "송나라가 양나라를 당해낼 수 없음은 과인이 알고 있소(夫宋之不足如梁也, 寡人知之矣)."라고 했는데, 고유의 주석은 "'여'는 ('당해내다'의 의미인) '당'이다(如, 當也)."라고 했다. '여'는 ('상당하다'의 의미인) '상당(相當)'의 '당'이자 ('마땅히 이러하다'의 의미인) '당여시(當如是)'의 '당'이기도 하다. 《좌전·희공 22년》은 "만일 차마 더이상 살상하지 못하면 이는 살상하지 않은 것에 상당합니다. 나이가든 노인을 가련히 여기면 이는 적에게 항복하는 것에 상당합니다(若愛重傷, 則如勿傷. 愛其二毛, 則如服焉)."라고 했는데, 《좌전정의》는 "'여'는 ('~만 못하다'의 의미인) '불여'와 같다. 옛 사람의 말이 이러한 것은 감히 할 것 같지만 감히 하지 못하는 것과 같다(如, 猶不如, 古人之語然, 猶似敢即不敢)."라고 했다. 부친께서는 공영달(孔穎達)[37]의 설이 잘못되었다고 하시면서 '여'는 ('상당하다'의 의미인) '당'과 같다고 하셨다. 이는 차마 더 이상 살상하지 못한다면 이는 살상하지 않은 것에 상당하고, 나이가 든 노인을 가련히 여긴다면 이는 적에게 항복하는 것에 상당함을 말한다. 또 《좌전·희공 21년》은 "무왕(무당이름)이 무엇을 할 수 있겠습니까? 하늘이 그녀를 죽이려 했으면 마땅히 낳지 않아서야 했을 것입니다(巫尫何為? 天欲殺之, 則如勿生)."라고 했는데, 이는 하늘이

---

37) 당(唐)나라의 경학자이다. 자는 충원(沖遠)이고, 기주(冀州) 형수(衡水) 사람이다. 국자박사(國子博士)·국자감좨주(國子監祭酒) 등을 지냈다. 안사고(顏師古) 등과 《수서(隋書)》·《대당의례(大唐儀禮)》 등을 편찬했다. 642년 당 태종(太宗)의 명으로 《오경정의(五經正義)》를 편찬하여 남북조 이래로 여러 학파로 나누어 발달해 온 경전해석에 통일을 기했다.[역자주]

그녀를 죽이려고 했으면 마땅히 그녀를 낳지 않았어야 했음을 말한다. 같은 책의 〈소공 13년〉은 "그대들 몇 명이 초나라 왕을 위해 죽거나 달아난다면, 이는 마땅히 채공(蔡公)의 명을 어기고 일의 성패를 기다리는 것이오. 만일 안정을 바란다면, 마땅히 그의 명에 따라서 그의 바람을 이루어야 할 것이오(二三子若能死亡, 則如違之, 以待所濟. 若求安定, 則如與之, 以濟所欲)."라고 했는데, 이는 만일 죽거나 달아날 수 있다면 마땅히 이를 어기는 것이고, 만일 안정을 바란다면 마땅히 그의 명을 따라야 한다는 것을 말한다. 같은 책의 〈소공 21년〉은 "폐하께서 만일 사마를 아끼신다면, 마땅히 본인이 직접 달아날 것입니다(君若愛司馬, 則如亡)."라고 했는데, 이는 폐하께서 사마를 아껴 달아나지 못하게 하신다면, 마땅히 스스로라도 달아날 것임을 말한다. 같은 책의 〈정공(定公) 5년〉은 "할 수 없다면 마땅히 사양하셔야 했습니다(不能, 如辭)."라고 했는데, 이는 할 수 없는 이상 마땅히 사양해야함을 말한다. 같은 책의 〈정공 8년〉은 "그렇다면 마땅히 저들을 배반해야 할 것입니다(然則如叛之)."라고 했는데, 이는 이왕 진(晉)나라를 두려워하지 않는 이상 마땅히 저들을 배반해야 한다는 것을 말한다. 두예는 앞의 "군약애사마, 즉여망(君若愛司馬, 則如亡)"을 "만일 사마를 아끼신다면 마땅히 달아나서 나라를 잃어야 할 것임을 말한다(言若愛司馬, 則當亡走失國)."라고 풀이했고, 또 "불능, 여사(不能, 如辭)"를 "스스로 할 수 없음을 알았다면, 마땅히 사양하고 가지 말아야 함을 말한다(言自知不能, 當辭勿行)."라고 했다. 이것은 두예가 '여'를 '당'으로 풀이한 것이지, '불여'로 풀이한 것은 아니다. 게다가 《좌전·성공 2년》은 "만일 싸울 수 없음을 알면 마땅히 출병하지 말아야 합니다. 지금 적을 만난 이상 싸우는 것만 못합니다(若知不能, 則如無出. 今既遇矣, 不如戰也)."라고 했다. 앞에서는 '여'로 말하고 뒤에서는 '불여'로 말한 것으로 보아도 '여'가 '불여'가 아닌 것은 분명하다. 또 《대대례기·보부》는 "관리됨을 배우지 말고, 마땅히 이미 있었던 일을 보아야 한다(不習為吏, 如視己事).”38)라고 했다. 《묵자‧귀의(貴義)》는 “지금 세상에는 의가 행해지지 않고 있으니, 그대는 마땅히 내가 의를 행하도록 격려해야 하는 것이거늘, 어찌하여 나를 막는 것인가?(今天下莫為義, 則子如勸我者也, 何故止我?)”라고 했다. 이상의 ‘여’ 역시 (‘마땅히’의 의미인) ‘당’과 같은 의미이다.

‘여’는 (‘장차~하려고 한다’의 의미인) ‘장(將)’이다. 《좌전‧선공 12년》은 “기쁜 일이 있어도 근심스런 얼굴을 하시니, 근심스런 일이 생기면 장차 기쁜 얼굴을 하시려는 것입니까?(有喜而憂, 如有憂而喜乎?)”라고 했는데, 이는 걱정과 기쁨은 각각 일에 따르는 것인데, 기쁜 일이 있으면 걱정하고 걱정스런 일이 있으면 장차 기뻐할 것인가를 말한다. 《한서‧적의전(翟義傳)》은 “부연(관직명) 하회 등이 완현령(宛縣令) 유립을 체포하여 등현의 감옥으로 보내려고 하였다. 하회가 적의에게 태수를 따라 현을 순시하면서 유립을 등현의 감옥으로 보내면 된다고 말했다. 이에 적의가 말했다: 도위(적의의 관직명)더러 직접 보내라고 하는 것은 체포하지 않으려는 것인가?”(義部掾夏恢等, 收縛宛令劉立, 傳送鄧獄. 恢白義, 可因隨後行縣送鄧. 義曰: ‘欲令都尉自送, 則如勿收邪?)”라고 했다. 이는 그대가 도위더러 직접 보내라고 하는 것은 체포하지 않으려는 것을 말한다.39) 또 《맹자‧공손추》는 “과인이 장차 직접 그대를 보러가려고 했소(寡人如就見者也).”라고 했는데, 이곳의 ‘여’ 역시 (‘장차~하려고 한다’의 의미인) ‘장’이다.

‘여’는 (‘~와’의 의미인) ‘여(與)’ 내지 ‘급(及)’과 같다. 《상서‧요전》은

---

38) 원문의 “기(己)”는 청나라 사람 왕빙진(王聘珍)이 지은 《대대례기해고(大戴禮記解詁)》(중화서국, 2016년)에는 ‘이(已)’로 되어있다. 본문은 ‘이’자에 의거하여 해석했다.[역자주]

39) 안사고(顏師古)의 주석은 ‘여(如)’가 ‘불여(不如)’의 의미라고 했는데, 잘못된 것이다. 《좌전정의(左傳正義)》와 같다.

"공(公)·후(侯)·백(伯)·자(子)·남(男)의 예절과 그에 상응하는 다섯 개의 홀을 만들었다. 아울러 제후가 알현할 때는 홍색·흑색·백색의 세 가지 비단을 공물로 바치고, 경대부가 알현할 때는 살아 있는 어린 양과 기러기를 공물로 바치고,[40] 사(士)가 알현할 때는 죽은 꿩을 공물로 바치는 것과 다섯 등급의 제후국이 알현할 때의 예물을 규정했다(修五禮, 五玉, 三帛, 二牲, 一死贄, 如五器)."라고 했다. 이곳의 '여'는 ('~와'의 의미인) '급'이다. '오기(五器)'는 대체로 다섯 등급의 제후들이 천자를 알현할 때 올리는 예물을 말한다. ('다섯 가지 홀'의 의미인) 오옥(五玉) 이하는 모두 '수(修)'로 말해지는 것들이다. 이는 다섯 가지 홀·세 가지 비·두 가지 희생·하나의 죽은 꿩과 쓰는 다섯 가지 예물들이 모두 다섯 가지 예절로 인해 정해진 것임을 말한다.[41] 《의례·향음주례(鄕飮酒禮)》는 "공과 대부들이 들어왔다(公如大夫入)."라고 했다. 이는 공과 대부들이 들어온 것을 말한다. 정현은 '여'를 '약(若)'으로 읽었는데, '약' 역시 '여'이다.[42] 《논어·선진》은 "사방 육칠십 리나 오륙십 리의 작은 나라를……(方六七十, 如五六十……)"이라 했다. 또 "종묘에 제사지내는 일과 회합하는 일에……(宗廟之事, 如會同……)"라고 했다. 이상의 '여'는 모두 ('~와'의 의미인) '여'와 같은 의미이다. 《사기·우경전(虞卿傳)》은 "조나라 왕이 누완에게 물었다: 진나라 땅을 주는 것과 주지 않는 것 중에서 어느 것이 길한가?(趙王問樓緩曰: '予秦地如

---

40) 금본은 '생(牲)'을 '생(生)'으로 바꿔놓았는데, 잘못된 것이다. 《경의술문》에 상세한 설명이 보인다.

41) 옛날의 '여오기(如五器)'에 관한 설은 모두 잘못되었다. 《경의술문》에 상세한 설명이 보인다.

42) '약(若)'자에도 설명이 보인다. 당나라 사람 가공언(賈公彦)의 《의례의소(儀禮義疏)》는 "대부가 공에 대해서는 또 다른 예절이 없다(大夫之於公, 更無異禮)."라고 했는데, 잘못된 것이다. 《경의술문》에 상세한 설명이 보인다.

毋予, 孰吉?)"라고 했다.⁴³⁾ 이는 진나라 땅을 주는 것과 주지 않는 것 중에서 어느 것이 길한지를 말한다.《신서(新序)・선모(善謀)》에 '여(如)'가 '여(與)'로 되어있는 것이 그 증거이다. '여'와 '여'는 소리가 가깝기 때문에 '여'는 '여'로 풀이할 수 있고, '여' 역시 '여(如)'로 풀이할 수 있다. '여(與)'자에도 설명이 보인다.

'여'는 ('～에' 내지 '～보다'의 의미인) '어(於)'이다.《장자・덕충부(德充符)》는 "신도가가 자산에게 말했다: 스승님의 문하이거늘, 이곳에 재상이 있을 수 있는가?(申徒嘉謂子産曰: '先生之門, 固有執政焉如此哉!')"라고 했는데, 이는 스승의 문하이니 이곳에는 재상이 없음을 말한다.《여씨춘추・애사(愛士)》는 "사람의 곤궁함은 굶주림이나 추위보다 더욱 견디기 어렵다(人之困窮, 甚如饑寒)."라고 했는데, 이는 굶주림이나 추위보다 더욱 견디기 어려움을 말한다.《사기・급암전(汲黯傳)》은 "승상 공손홍을 연회에서 보면, 황상은 늘 관을 쓰지 않았다. 급암을 만날 때에는 황상은 관을 쓰지 않으면 만나지 않았다(丞相宏燕見, 上或時不冠. 至如黯見, 上不冠不見也)."⁴⁴⁾라고 했는데, 이는 급암을 만날 때에 황상은 반드시 관을 썼음을 말한다.

'여'는 (어기사인) '호(乎)'와 같다.《예기・제의(祭儀)》는 "훌륭하구나, 너의 질문이(善如爾之問也)."라고 했는데,《여씨춘추・효행(孝行)》에는 "선호이문지(善乎而問之)"로 되어있다. 이곳의 '선여(善如)'는 "선호(善乎)"라고 하는 것과 같다.⁴⁵⁾

---

43) 금본의 '여(如)'자 앞에는 '하(何)'가 있는데, 이는 후인들이 더한 것이다.《독서잡지》에 상세한 설명이 보인다.

44) 원문의 '굉(宏)'은 중화서국본(中華書局本)《사기(史記)》에는 '홍(弘)'으로 되어있다. 본문은 이에 의거하여 해석했다.[역자주]

45)《장자(莊子)・제물론(齊物論)》은 "어찌 훌륭하지 않다 하겠느냐, 네가 묻는 것이(不亦善乎, 而問之也)."라고 했다.

# 약若

《주례 · 고공기 · 재인(梓人)》의 주석은 "'약'은 ('같다'의 의미인) '약'이다(若, 如也)."라고 했다. 이는 자주 사용하는 말이다.

'약(若)'은 ('어찌'의 의미인) '내(奈)'이다. 경전에 나오는 '약하(若何)'와 '약지하(若之何)'가 모두 이 예이다.

'약'은 어기사이다. 《주역 · 풍(豊) · 육이(六二)》는 "성심을 가지고 드러내면 …… (有孚發若 …… )"이라 했고, 같은 책의 〈절(節) · 육삼(六三)〉은 "절제하지 못해 탄식하고 후회하니(不節若, 則嗟若)."라고 했는데, 왕숙의 주석은 모두 "'약'은 '어기사'이다(若, 辭也)."라고 했다. 《상서 · 홍범》은 "군주가 공경할 줄 알면 제때 비가 내리고, 군주가 정치를 잘하면 제때 해가 나오고, 군주가 지혜로우면 제때 더워지고, 군주가 계획을 잘 세우면 제때 추워지고, 군주가 사리에 밝으면 제때 바람이 붑니다(曰肅, 時雨若. 曰乂, 時暘若. 曰晢, 時燠若. 曰謀, 時寒若. 曰聖, 時風若)."라고 했다. 《예기 · 예기(禮器)》는 "도리를 다하고 지극히 삼가는 바가 있고, 공경함에 힘쓰고 성실하며, 아름답고 문식이 있으면서 정성되다(有所竭情盡慎, 致其敬而誠若, 有美而文而誠若)."라고 했다.

'약'은 ('~한 모양'의 의미인) '연(然)'과 같다. 《주역 · 건(乾) · 구삼(九三)》은 "밤중에도 시시각각 경각심을 갖는다면 위험에 직면하더라도 …… (夕惕若厲 …… )"라고 했다. 같은 책의 〈이(離) · 육오(六五)〉는 "눈물이 비 오듯 슬피 탄식하니(出涕沱若, 戚嗟若)"라고 했다. 같은 책의 〈손(巽) · 구이(九二)〉는 "사관과 무당을 통해 임금에게 수시로 뜻을 전하니(用史巫紛若)"라고 했다. 《시경 · 위풍(衛風) · 맹(氓)》은 "그 잎이 싱싱하였느니(其葉沃若)"라고 했다. 같은 책의 〈소아 · 황황자화(皇皇者華)〉는 "이를 모는 여섯 고삐는 번지르르하네(六轡沃若)."라고 했다. 이상은 모두 ('~한 모양의 의미인) '연'이다. 또 같은 책의 〈제풍 ·

의차(猗嗟)〉는 "시원스런 넓은 이마(抑若揚兮)"라고 했고,46) 《공양전·문공 14년》은 "힘은 강하여 충분할 것이다(力沛若有餘)."라고 했는데, 이 역시 같은 의미이다.

부친께서는 '유약(猶若)'은 ('그래도' 내지 '아직도'의 의미인) '유연(猶然)'이라고 하셨다. 《예기·예운(禮運)》은 "곡물과 돼지를 달군 돌 위에서 구웠고, 작은 구덩이를 파서 술잔으로 삼아 두 손에 받쳐 마셨으며, 흙으로 뭉친 북채를 쓰고 흙으로 쌓아 올린 작은 대를 북으로 삼았습니다. 그래도 귀신에게 자신들의 정성을 모두 보여줄 수 있었습니다(其燔黍捭豚, 汙尊而抔飲, 蕢桴而土鼓, 猶若可以致其敬於鬼神)."라고 했는데, 이는 제물들이 비록 소박하고 간소했지만 그래도 정성을 다할 수 있었음을 말한다.47) 《관자·경중갑(輕重甲)》은 "군주가 농사를 중시하고 경작을 독촉하며 황무지를 개간하고 화폐를 주조하길 계속해도, 백성들은 만족하지 않을 것입니다(君雖強本趣耕, 發草立幣而無止, 民猶若不足也)."라고 했다. 《묵자·상현》은 "행하는 방법을 몰라 일이 아직도 이루어지지 않은 것과 같다(未知所以行之之術, 則事猶若未成)."48)라고 했다. 《순자·불구(不苟)》는 "설사 마음에서 우러나며 얼굴색에서 드러나고 말로 표현되어도, 사람들은 그를 따르지 않을 것이다(雖作於心, 見於色, 出於言, 民猶若未從也)."라고 했다.49) 《여씨춘추·무도(誣

---

46) 《모시정의(毛詩正義)》는 "보기 좋고 아름다운 것은 그 이마가 아주 널찍한 것이다(抑然而美者, 其額上揚廣兮)."라고 했다.

47) 《예기정의(禮記正義)》는 "'약'은 ('같다'의 의미인) '여'이다. 이는 이와 같이 한다면 귀신에게도 정성을 다 할 수 있다는 것을 말한다(若, 如也. 言猶如此, 亦可以致其恭敬於鬼神)."라고 했는데, 잘못된 것이다.

48) 원문의 "지지(之之)"는 현재의 《묵자(墨子)》본에는 "지(之)"로만 되어있다. "지"자가 하나 빠져야 할 것으로 보인다.[역자주]

49) 양경(楊倞)의 주석은 "'약'은 ('같다'의 의미인) '여'이다(若, 如也)."라고 했는데, 이 역시 잘못된 것이다.

徒)》는 "뭔가를 하여 기쁘다면 현자는 더 말할 것도 없고, 불초한 사람이라도 열심히 해나갈 것이다(為之而樂矣, 奚待賢者? 雖不肖者猶若勸之)."라고 했다. 같은 책의 〈탕병(蕩兵)〉은 "보통의 군주라도 그들의 마음을 가질 수 없건만, 더군다나 폭군일 경우에는?(中主猶若不能有其民, 而況於暴君乎?)"이라고 했다. 이상은 모두 ('그래도' 내지 '아직도'의 의미인) '유연'과 같다.

《사기 · 예서(禮書)》의 《사기정의(史記正義)》는 "'약'은 ('이와 같다'의 의미인) '여차'이다(若, 如此也)."라고 했다. 《상서 · 대고(大誥)》는 "그대들은 문왕께서 이와 같이 부지런하셨음을 알고 있는가?(爾知寧王若勤哉?)"라고 했는데, 이는 이와 같이 부지런했음을 말한다. 《맹자 · 양혜왕》은 "이와 같이 하고, 이와 같이 바라는 것을 구하려고 ······ (以若所為, 求若所欲 ······ )"라고 했는데, 이는 이와 같이 하고 이와 같이 바라는 것을 말한다. 《순자 · 예론(禮論)》은 "그래서 사람이 사는 것만 생각한다면 이와 같은 사람은 반드시 죽을 것이고, 이익만 생각한다면 이와 같은 사람은 반드시 해를 입을 것이다(故人苟生之為見, 若者必死. 苟利之為見, 若者必害)."라고 했는데, 이는 이와 같이 하는 사람은 반드시 죽고, 이와 같이 하는 사람은 반드시 해를 당할 것임을 말한다.

'약'은 (지시대명사 '이'의 의미인) '차(此)'와 같다. 《공양전 · 장공 4년》은 "영민한 천자가 있었다면, 양공이 이렇게 할 수 있었을까?(有明天子, 則襄公得為若行乎?)"라고 했는데, 이는 이렇게 하는 것을 말한다. 같은 책의 〈희공 26년〉은 "왜 안팎으로 군사들을 청하면 이러한 말을 쓸까?(曷為以外內同若辭?)"라고 했는데, 이는 이러한 말을 말한다. 같은 책의 〈정공 4년〉은 "폐하께서 중원을 걱정하는 마음이 있으시면, 그때 출병할 수 있습니다(君如有憂中國之心, 則若時可矣)."라고 했는데, 이는 그때를 말한다. 《논어 · 공야장(公冶長)》은 "군자로다! 이 사람은 ······ (君子哉若人 ······ )"이라고 했는데, 이는 이 사람을 말한다. 《관자 · 팔관(八觀)》은 "이러한 계책을 통하지 않으면 나라를 다스릴 수 없다(不通於若計者, 不可使用國)."라고 했다. 《안자춘추 · 간상(諫上)》은 "아주 영민하고 어진 사람이라도 어찌 참언을 올리는 이런 사람들을 물리칠 수 있겠습니다!(雖有至聖大賢, 豈能勝若讒哉!)"라고 했다. 《묵자 · 절장(節葬)》은 "이 말을 본받고, 이 말을 행하라(法若言, 行若道)."라고 했다. 《여씨춘추 · 진란(振亂)》은 "세상에 심각한 걱정거리를 가져오고 사람들을 크게 해치는 것으로는 이 설이 가장 심각하다(為天下之長患, 致黔首之大害者, 若說為深)."라고 했다. 《전국책 · 제책(6)》은 "이 말을 듣고, 눈물을 닦으며 팔을 걷어 부치고 싸우려고 하지 않은 사람이 없었다(聞若言, 莫不揮泣奮臂而欲戰)."라고 했다. 이상의 '약'은 모두 (지시대명사 '이'의 의미인) '차'이다.

이어서 읽으면 '약차(若此)' 내지 '차약(此若)'이라고 한다. 《공양전 · 정공 4년》은 "이때 출병할 수 있습니다(則若時可矣)."라고 했는데, 《곡량전》에는 "즉약차시가의(則若此時可矣)"로 되어있다. 《예기 · 증자문》은 공자는 종자(宗子)가 죄를 짓고 다른 나라로 달아나자 작위가 없는 서자가 국내에 있는 경우 제사의 예를 대신할 수 있는지에 대해 말하면서 "자유의 제자들 중에 서자의 신분으로 제사를 지낸 경우가 있는데, 이런 이치로 지낸 것이다(子遊之徒, 有庶子祭者, 以此若義也)."라고 했다. 정현은 '이차(以此)'를 한 구절로, '약의야(若義也)'를 또 한 구절로 읽으면서, 주석에 "'약'은 ('따르다'의 의미인) '순'이다(若, 順也)."라고 했다. 부친께서는 "이차약의야(以此若義也)" 다섯 글자를 한 구절로 읽어야 한다고 하셨다. 이곳의 '이(以)'는 ('~로서'의 의미인) '용(用)'이다. '차약(此若)' 두 글자는 이어서 읽으며, 이때의 '약'도 (지시대명사 '이'의 의미인) '차(此)'이다. 이는 자유의 제자들 중에 작위가 없는 서자가 제사를 지낸 것은 이런 이치로 지냈음을 말한다.50) 《순자 · 유효》는 "한 가지 의롭지 않은 일을 하거나 한 명의 무고한 사람을 죽여서 세상을 얻는다 해도 유가들은 하지 않을 것이다. 이러면 사람들은 그 도의를 믿을 것이다(行一不義, 殺一無罪, 而得天下, 不爲也. 此若義信乎人矣)."라고 했다.51) 《관자·산국궤(山國軌)》는 "이 말을 어떻게 합니까?(此若言何謂也?)"라고 했다. 같은 책의 〈지수(地數)〉는 "이러한 방법을 들을 수 있겠는가?(此若言可得聞乎?)"라고 했다. 같은 책의 〈경중정(輕重丁)〉은 "이런 말씀은 무슨 의미인지요?(此若言曷謂也?)"라고 했다. 《묵자·상현》은 "이를 두고 한 말이다(此若言之謂也)."라고 했다. 같은 책의 〈절장(節葬)〉은 "이 세 분의 성군으로 본다면 …… (以此若三聖王者觀之 …… )"이라고 했다. 또 "이 세 나라로 본다면 …… (以此若三國者觀之 …… )"라고 했다. 《사기·소진전(蘇秦傳)》은 "폐하께서는 어찌하시어 유세하는 사람에게 이러한 논리로 진나라 왕을 설득하게 하지 않으십니까?(王何不使辯士以此若言說秦?)"라고 했다.52) 이상은 모두 (지시대명사 '이'의 의미인) '차약(此若)' 두 글자를 사용했다.

'약'은 ('미치다' 내지 '이르다'의 의미인) '급(及)' 내지 '지(至)'와 같다. 《상서·소고(召誥)》는 "5일째인 갑인일에 각 건축물의 위치가 정해졌고, 다음날인 을묘일에 이르러 …… (越五日甲寅, 位成, 若翼日乙卯 …… )"라고 했는데, 이는 다음날인 을묘일에 이른 것을 말한다. 《국어·오어(吳語)》는 "월나라 대부 문종(文種)이 말했다: 대왕께서 지금 거병하여 오나라와 교전하게 된다면 …… (越大夫種曰: '王若今起師以會

---

50) 《경의술문》에 상세한 설명이 보인다.

51) 금본에는 '약(若)'이 '군(君)'으로 잘못되어 있다. 양경(楊倞)의 주석은 "군주의 도의가 세상에 널리 알려질 것이다(以君義通於四海)."라고 했는데, 잘못된 것이다. 《신서(新序)·잡사(雜事)》에는 "약의신호인의(若義信乎人矣)"로 되어있다. 이곳의 '약(若)' 역시 (지시대명사 '이'의 의미인) '차(此)'이다.

52) 금본에는 '약(若)'이 '고(苦)'로 잘못 되어있다. 《전국책(戰國策)·연책(燕策)》에는 "약차언(若此言)"으로 되어있다.

…… ')"이라고 했는데, 이는 지금 거병하여 교전에 이르게 됨을 말한다. 그래서 《좌전 · 성공 2년》의 "부상은 아직 죽음에 이를 정도는 아니다 (病未及死)."는 《국어 · 진어(晉語)(5)》에는 "병미약사(病未若死)"로 되어있다.

'약'은 ('~와'의 의미인) '급(及)' 내지 '여(與)'와 같다. 《상서 · 소고》는 "임금님과 공께 바칩니다(旅王若公)."라고 했다. 《주례 · 죄례(罪隷)》는 "제후국과 대부들의 채읍(采邑) …… (凡封國若家 …… )"이라 했다. 《의례 · 연례(燕禮)》는 "거친 갈포와 고운 베로 덮는다(冪用絺若錫)."라고 했다. 《예기 · 내칙》은 "부모에게는 첩과 서자 · 서손이 있다(父母有婢子若庶子庶孫)."라고 했다. 《좌전 · 양공 13년》은 "익호를 '영'과 '려'로 부르길 청한다(請為靈若厲)."라고 했다.

'약'은 ('어떤' 내지 '혹은'의 의미인) '혹(或)'과 같다. 《관자 · 백심(白心)》은 "이러한 어떤 힘이란 무엇일까? 어쩌다 그런 것이다(夫或者何? 若然者也)."라고 했다. 《의례 · 사혼례기(士昏禮記)》는 "옷이나 비녀를 늘 몸에 두는 것과 같다(若衣若笄)."라고 했다. 《좌전 · 양공 11년》은 "그 아들이거나 동생들이었다(若子若弟)."라고 했다. 또 "군주가 옥과 비단으로 진(晉)나라를 안정시키거나 …… (君若能以玉帛綏晉 …… )"라고 했다. 《좌전 · 소공 13년》은 "혹 큰 마을에 들어가면 제후들에게 군사를 요청할 수 있을 것입니다(若入於大都而乞師於諸侯)."라고 했다. 같은 책의 〈정공 4년〉은 "혹시 채나라를 위나라보다 먼저 희생의 피를 마시게 할 것이라 하던데, 사실인가요?(若聞蔡將先衛, 信乎?)"라고 했다. 《공양전 · 은공 4년》은 "공자 휘는 그의 말이 혹 환공에게 전해질까 두려워했다(公子翬恐若其言聞乎桓)."라고 했다.

'약부(若夫)'는 화제를 바꿔주는 말이다. 《주역 · 계사전》에서 "뒤섞여 있는 사물의 성질을 가려내고 그 시비를 가려내는 것은, 중효가 아니면 갖추고 있지 못하는 것이다(若夫雜物撰德, 辨是與非, 則非其中爻不

備)."라고 한 것이 이 예이다.

'약부(若夫)'는 발어사이다. 《대대례기 · 위장군문자》에서 "문자가 말했다: 현명한 사람을 알아보기란 어렵지 않음이 없습니다(文子曰: '若夫知賢人莫不難')."라고 한 것과 《효경》에서 "증자가 말했다: 사랑하고 공경하며 부모를 편히 모시고 이름을 드날려야 한다는 것이 효의 원칙임을 잘 들었습니다(曾子曰: '若夫慈愛恭敬, 安親揚名, 則聞命矣')."라고 한 것이 이 예이다.

'약내(若乃)' 역시 화제를 바꿔주는 말이다. 《전국책 · 제책(6)》에서 "그 개가 무능한 사람을 떠나 유능한 사람을 주인으로 모셔도 그것은 그의 다리를 잡고 무는 것에 불과한 것이 아니겠는가?(若乃得去不肖者而為賢者狗, 豈特攫其腓而噬之耳哉?)"라고 한 것이 이 예이다.

'약이(若而)'는 정해지지 않고 대략적임을 나타내는 말이다. 《좌전 · 양공 12년》은 "천자가 제후에게 왕후를 구하면, 제후는 '부인은 몇 명의 사람을 낳았고, 첩은 몇 명의 사람을 낳았습니다.'라고 대답합니다. 딸이 없고 자매나 고모의 자매가 있으면 '선군의 모공께서 남기신 딸이 몇 명 있습니다.'라고 말합니다(天子求后於諸侯, 諸侯對曰: 夫婦所生若而人, 妾婦之子若而人. 無女而有姊妹及姑姊妹, 則曰: 先守某公之遺女若而人)."라고 했다. 같은 책의 〈소공 3년〉은 "선군의 적녀와 고모의 남아있는 자매 몇 명이 있습니다(則猶有先君之適, 及遺姑姊妹若而人)."라고 했다.

'약간(若干)' 역시 정해지지 않고 대략적임을 나타내는 말이다. 《예기 · 곡례(曲禮)》는 "그때서야 옷 몇 척을 입는다고 합니다(始服衣若干尺矣)."라고 했다. 같은 책의 〈투호(投壺)〉는 "모가 모보다 약간 잘했습니다(某賢於某若干純)."라고 했다.

부친께서는 '약(若)'은 ('그' 내지 '장차~하려고 한다'의 의미인) '기(其)'와 같다고 하셨다. 《상서 · 소고》는 "우리도 이 두 나라의 운명을 거울로 삼고, 그들의 공을 계승해야 할 것입니다(我亦惟玆二國命, 嗣若功).”라고 했다. 이곳의 ‘약’은 (‘그’의 의미인) ‘기’이다. 그 공을 계승하는 것은 두 나라의 공을 계승한 것을 말한다.[53] 《좌전·소공 원년》은 조문자(趙文子)가 초나라에 숙손(叔孫)을 풀어달라고 요청하며 “그대는 장차 그를 사면하는 것으로 가까운 신하들을 설득하면 될 것이오(子若免之, 以勸左右, 可也).”라고 했는데, 이는 그대가 장차 그를 사면해주는 것으로 신하들을 설득함을 말한다. 같은 책의 〈소공 26년〉은 “자유가 제후에게 말했다: 폐하께서 장차 곡극에 머무시어, 군신들에게 노나라 임금을 따르게 하여 그곳의 상황을 알아보게 하소서(子猶言於齊侯曰: ‘君若待於曲棘, 使群臣從魯君以卜焉’).”라고 했는데, 이는 군주가 장차 곡극에 머무려 함을 말한다.

고환(顧懽)[54] 주석의 《노자(老子)》는 “‘약’은 (접속사인) ‘이’이다(若, 而也).”라고 했다. 부친께서는 《상서·금등(金縢)》의 “저는 어질고 영민하여(予仁若考)”는 《사기·노세가(魯世家)》에는 ‘단교(旦巧)’로 되어있다고 하셨다. ‘교(巧)’와 ‘고(考)’는 옛날에 글자가 통했고, ‘약’과 ‘이’는 성모는 같고 운모에서 분화된 글자이다. “여인약고(予仁若考)”는 바로 “여인이교(予仁而巧)”이다. 영민하기에 다재다능하고 귀신을 섬길 수 있다는 것이다. 공안국의 《전》은 ‘약’을 (‘따르다’의 의미인) ‘순(順)’으로,

---

53) 공안국(孔安國)의 《전(傳)》은 “그 공적을 계승하고 따라 모범으로 삼는다(繼順其功德者而法則之).”라고 하여 ‘약(若)’을 (‘따르다’의 의미인) ‘순(順)’으로 풀이했는데 잘못된 것이다.

54) 남조(南朝) 제(齊)나라의 대신이자 학자이다. 자는 경이(景怡)이고, 오군(吳郡) 사람이다. 배움을 좋아했고, 20세 때 뇌차종(雷次宗)에게 현학(玄學)과 유학(留學)을 배웠다. 남조 송(宋)나라가 멸망하자 천태산(天台山)에 은거하며 제자들에게 학문을 전수했다. 남조 제나라의 소도성(蕭道成)의 부름에 응하여 도성에 왔으나 얼마 후 다시 돌아갔다. 도학(道學)에 조예에 깊었다. 저술로는 《노자도덕경의소(老子道德經義疏)》·《이하론(夷夏論)》 등이 있다.[역자주]

'고'를 ('부친'의 의미인) '부(父)'로 풀이했는데 모두 잘못되었다.[55] 《주역·쾌(夬)·구삼(九三)》은 "군자가 간신을 제거할 단호한 결심을 하고 혼자 가다가, 비를 만나 온몸이 젖는다(君子夬夬獨行, 遇雨若濡)."라고 했는데, 이는 비를 만나 온몸이 젖는 것을 말한다. 《좌전·장공 22년》은 "행운으로 용서를 받아 관대한 정치가 펼쳐지는 곳에 이르렀습니다(幸若獲宥, 及於寬政)."라고 했는데, 이는 행운이 있어 용서를 받았음을 말한다. 《국어·오어》는 "월나라 왕이 전군에게 선포하며 말했다: '…… 군중에 머리가 어지럽고 시력이 좋지 않은 사람은 보고하라.' 왕이 직접 이들에게 명했다: '우리에게는 큰 일이 있지만 그대들이 머리가 어지럽고 시력이 좋지 않으면 집으로 돌아가서 머물라(越王命徇於軍曰: '…… 有眩瞀之疾者以告.' 王親命之曰: '我有大事, 子有眩瞀之疾, 其歸若已')."라고 했는데, 이는 그대들은 집으로 돌아가서 머물라는 것을 말한다.

《소이아》는 "'약'은 ('곧' 내지 '이에'의 의미인) '내'이다(若, 乃也)."라고 했다. 《상서·진서(秦誓)》는 "시간은 지나가면 곧 돌아오지 않는다(日月逾邁, 若弗員來)."라고 했는데, 이는 곧 돌아오지 않음을 말한다.[56] 《국어·주어》는 《상서》를 인용하여 "반드시 인내심이 있어야 곧 성공할 수 있다(必有忍也, 若能有濟也)."라고 했는데, 위소의 주석은 "'약'은 ('곧'의 의미인) '내'와 같다(若, 猶乃也)."라고 했다. 《관자·해왕(海王)》은 "여자 한 명은 반드시 끈과 칼이 하나씩 있어야 곧 일을 할 수 있습니다. 농사짓는 사람은 쟁기·보습·쟁개비가 하나씩 있어야 곧 일을 할 수 있습니다. 수레와 갖가지 기물을 만드는 사람은 반드시 도끼·톱·망치·끌이 하나씩 있어야 곧 일을 할 수 있습니다(一女必

---

55) 《경의술문》에 자세히 보인다.
56) 공안국(孔安國)의 《전(傳)》은 '약(若)'을 '여(如)'로 풀이했는데 잘못된 것이다.

有一緘一刀, 若其事立. 耕者必有一耒一耜一銚, 若其事立. 行服連軺輂者, 必有一斤一鋸一椎一鑿, 若其事立)."라고 했다. 《맹자·공손추》는 "지금 폐하께서는 곧 세상을 통일하기가 그렇게 쉽다고 하시니, 설마 문왕은 본받기에 부족하다는 것입니까?(今言王若易然, 則文王不足法與?)"라고 했다. 이상의 '약'은 모두 ('곧' 내지 '이에'의 의미인) '내'와 같다. 또《상서》에서 "왕이 이에 말했다(王若曰)"·"미자가 이에 말했다(微子若曰)"·"부사께서 이에 말했다(父師若曰)"·"주공께서 이에 말했다(周公若曰)"라고 한 것은 모두 '내왈(乃曰)'과 같은 의미이다.

'약'은 ('~한 즉' 내지 '~하면'의 의미인) '즉(則)'과 같다. 《노자·13장》은 "그러므로 몸을 천하와 같이 귀하게 여기면 천하에 기탁할 수 있고, 몸을 천하를 아끼듯 하면 천하를 맡길 수 있다(故貴以身為天下, 若可寄天下. 愛以身為天下, 若可託天下)."라고 했는데,《장자·재유(在宥)》에는 '약'이 모두 '즉'으로 되어있다.

부친께서는 '약'은 (어기사인) '유(惟)'라고 하셨다. 《상서·반경(盤庚)》은 "나는 그대들이 이 새로운 도읍지에서 편안히 살 것을 호소한다(予若籲懷茲新邑)."라고 했다. 같은 책의 〈대고(大誥)〉는 "그 옛날 나는 그들을 치러 가면서 …… (若昔朕其逝 …… )"라고 했다. 같은 책의 〈군석(君奭)〉은 "하늘은 믿음 있는 사람을 기용해 국사를 돕도록 해주었소(若天棐忱)."라고 했다.[57] 같은 책의 〈여형(呂刑)〉은 "옛날에는 가르침이 있었소(若古有訓)."라고 했다. 이상의 '약'은 모두 (어기사인) '유'이다. 또 같은 책의 〈문후지명(文侯之命)〉은 "그대는 장점이 많으니, 어려울 때 나를 지켜주시오. 그대를 나는 찬미하오(女多修, 扞我於艱, 若女予嘉)."라고 했다. 《국어·오어》는 "백부께서 그대더러 오라고 명한 것

---

57) 《상서·대고(大誥)》는 "하늘이 성심으로 보살펴 준다(越天棐忱)."라고 했는데, 이곳의 '월(越)' 역시 어기사이다.

은 그가 선왕을 계승하고 나를 추대하려는 것을 나타내오. 나는 이를 좋게 생각하오(伯父帥女來, 明紹享余一人, 若余嘉之)."라고 했다. 《예기·제통(祭統)》은 "숙구님이시여, 제가 그대에게 이 명문을 지어드릴 것이니 그대 부친의 정신을 계승하소서(叔舅, 予女銘, 若纂乃考服)."라고 했다. 이상의 '약' 역시 (어기사인) '유'이다. 《상서·금등》은 "그대들의 장손 모가 위험하고 사악한 질병에 걸렸습니다. 당신들 세 임금께서 ……(惟爾元孫某, 遘厲虐疾. 若爾三王 ……)."라고 했다. 이곳의 '약' 역시 (어기사인) '유'여서, 문장에서 서로 바꿔 쓸 수 있다. 풀이하는 사람들은 ('따르다'의 의미인) '순(順)'으로 풀이하기도 하고,[58] ('그대'의 의미인) '여(汝)'로 풀이하기도 하고,[59] ('만일~한다면'의 의미인) '여(如)'로 풀이하기도 했는데,[60] 모두 문장의 의미와 맞지 않다.


# 연然

진(晉)나라 사람 범망(范望) 주석의 《태현(太玄)·무측(務測)》은 "'연'은 ('옳다'의 의미인) '시'와 같다(然, 猶是也)."라고 했는데, 이는 자주 사용하는 말이다.

《광아》는 "'연'은 ('호응하다'의 의미인) '응'이다(然, 膺也)."라고 했다.[61] 《예기·단궁》은 "유자가 말했다: 그렇군요. 그러면 스승님께서 이렇게 말씀하셨다는 것을 믿겠습니다(有子曰: '然, 然則夫子有為言之也')."라고 했다. 《논어·양화(陽貨)》는 "그렇다, 그런 말을 한 적이 있

---

58) 공안국(孔安國)의 《상서전(尚書傳)》에 보인다.

59) 정현의 《예기·제통(祭統)》 주석에 보인다.

60) 왕숙(王肅)의 《상서·문후지명(文侯之命)》 주석에 보인다.

61) '응(膺)'은 '응(應)'과도 통한다.

다(然, 有是言也)."라고 했다. 《맹자 · 공손추(公孫丑)》는 "그렇소, 그 시 자라는 사람이 그 일은 안 된다는 것을 어찌 알겠소?(然, 夫時子惡知其 不可也?)"라고 했다. 이상 세 개의 '연(然)'은 상대방의 말에 응대하는 말일 뿐 ('옳다'의 의미인) '시(是)'로 풀이하지 않는다.

부친께서는 '연고(然故)'는 ('이 때문에'의 의미인) '시고(是故)'라고 하 셨다. 《예기 · 소의(少儀)》는 "군주에게 건의할 때는 잘 생각하고 건의 해야지, 건의한 다음에 생각해서는 안 된다. 다른 사람에게 물건을 빌리 거나 다른 사람을 위해 일을 해주는 것도 마찬가지이다. 이 때문에 위 로는 군주에게 문책을 당하지 않고 아래로는 죄를 멀리 할 수 있는 것이 다(事君者, 量而後入, 不入而後量. 凡乞假於人, 為人從事者亦然. 然故 上無怨而下遠罪也)."라고 했다.[62] 《관자 · 임법(任法)》은 "성군은 예의 를 두고 법을 설치하여 그것을 굳게 지키게 한다. 이 때문에 무거운 임무를 맡을 수 있는 인재 · 법도를 연구하는 선비 · 견문이 많아 시세에 능하고 박학다식한 사람이 나라를 어지럽힐 수 없고, 권력 있고 재산이 많으며 세력 있는 무리들이 넘볼 수 없고, 군주의 친척과 총애를 받는 이들이 배반할 수 없고, 진기하고 이상야릇한 물건으로 미혹할 수 없고, 각종 물건과 갖가지 업무가 법의 테두리를 벗어나서 움직일 수 없다 …… 오늘의 천하는 그렇지 않으니, 모두 좋은 법은 있으나 지키지 않 는다. 이 때문에 무거운 임무를 맡을 수 있는 인재 · 법도를 연구하는 선비 · 견문이 많아 시세에 능하고 박학다식한 선비가 지모로 법을 어 지럽히고 군주를 미혹한다. 권력 있고 재산이 많으며 세력 있는 무리들 이 위세를 부려 법을 어기고 군주를 능멸한다. 이웃나라의 제후들이 권력에 의존하여 태자를 폐위하고 제멋대로 재상을 세운다. 대신들은

---

62) '연고(然故)'는 '시고(是故)'이다. 《예기정의(禮記正義)》는 '연(然)'에서 끊어 읽었 는데, 잘못된 것이다. 의미는 아래에 보인다.

사사로이 백성들을 끌어들여 패거리를 짓고, 공금을 유용하여 사사로이 선비들에게 녹봉을 준다(聖君置儀設法而固守之, 然故諶杅習士聞識博學之人, 不可亂也. 衆强富貴私勇者, 不能侵也. 信近親愛者, 不能離也. 珍怪奇物, 不能惑也. 萬物百事非在法之中者, 不能動也 …… 今天下則不然, 皆有善法而不能守也. 然故諶杅習士聞識博學之士, 能以其智亂法惑上. 衆强富貴私勇者, 能以其威犯法侵陵. 鄰國諸侯, 能以其權置子立相. 大臣能以其私附百姓, 翦公財以祿私士)."라고 했다. 또 "성군은 제도와 법규를 세워 설치하기를 천지가 견고함과 같이 하고, 별자리가 한결 같음과 같이 하고, 해와 달이 밝음과 같이 하고, 사계절이 믿음직함과 같이 한다. 이 때문에 명령이 내려지면 백성들은 그것을 따른다(聖君設度量, 置儀法. 如天地之堅, 如列星之固, 如日月之明, 如四時之信. 然故令往而民從之)."라고 했다. 또 "군주의 명령을 따라서 행하면, 다치거나 실패해도 처벌하지 않는다. 군주의 명령이 아닌데도 행하면, 공을 세우고 이익을 얻더라도 사형에 처한다. 이 때문에 아랫사람이 윗사람을 섬김은, 마치 소리를 지르면 메아리가 울리는 것과 같다. 신하가 군주를 섬김은, 마치 형태에 따라 그림자가 생기는 것과 같다(遵主令而行之, 雖有傷敗, 無罰. 非主令而行之, 雖有功利, 罪死. 然故下之事上也, 如響之應聲也. 臣之事主也, 如景之從形也)."라고 했다. 《순자·대략(大略)》은 "그들이 모두 이익을 수치로 여기면서 백성들과 일을 다투지 않으며, 또 기꺼이 나누고 베풀면서 재산을 모으는 것을 부끄럽게 여긴다. 이 때문에 백성들은 재물로 인해 어려움을 겪지 않고, 빈곤한 사람들은 힘을 보탤 곳이 있게 된다(從士以上, 皆羞利而不與民爭業, 樂分施而恥積藏, 然故民不困財, 貧窶者有所竄其手)."라고 했다. 《한비자·난삼(難三)》은 "힘을 다해 일하여 군주에게 이익을 가져주는 사람은 반드시 알아줘야 한다. 알았으면 반드시 상을 내려야 한다. 부정한 수단으로 사익을 도모한 사람은 반드시 알아내야 한다. 알아내면 반드시 처벌해야 한다. 이 때문에 충신은 나라에 충성을 다하고, 백성은 가정에 힘을 다하고, 백관들은 조정에서 청렴하고 공정해진다(力盡於事, 歸利於上者必聞, 聞者必賞. 汙穢為私者必知, 知者必誅. 然故忠臣盡忠於公, 民士竭力於家, 百官精克於上).”라고 했다. 이상의 전적들은 모두 '연고(然故)' 두 글자를 이어서 읽었다.

《예기·대전(大傳)》의 주석은 "'연'은 ('이와 같다'의 의미인) '여시'이다(然, 如是也).”라고 했다. 보동 경선에서 '연즉(然則)'·'수연(雖然)'·'불연(不然)'·'무연(無然)'·'호연(胡然)'·'부연(夫然)'이라고 한 것은 모두 이것이다. 이는 자주 사용하는 말이다.

'연'은 화제를 전환해준다. 이 역시 자주 사용하는 말이다.

'연이(然而)' 역시 화제를 전환해준다. 《맹자·공손추》는 "이 두 사람의 용기 중에 어느 것이 더 강한 것인지는 모르겠으나 맹시사의 방법이 간단하고 행하기 쉽다(夫二子之勇, 未知其孰賢, 然而孟施舍守約也).”라고 했다. 지금 사람들이 '그러나'의 의미로 사용하는 '연이(然而)' 두 글자는 모두 이것과 같은 의미이다.

'연이'는 앞의 말을 받아 전환하는 것으로, ('그럼에도' 내지 '이리하면'의 의미인) '여시이(如是而)'라고 하는 것과 같다. 《주례·고공기·총서(總敍)》는 "재질이 좋고 솜씨가 뛰어남에도 잘 만들어지지 않은 것은 때를 맞추지 못했거나 땅의 기운을 받지 못해서이다(材美工巧, 然而不良, 則不時, 不得地氣也).”라고 했다. 《의례·상복전(喪服傳)》은 "그래서 형제지간의 의리상으로는 나눠질 수 없는 것이다. 그럼에도 형제들이 서로 피해 따로 사는 것은 자식들이 자신을 잘 대해준 부친의 사사로운 마음을 존중하기 때문이다(故昆弟之義無分, 然而有分者, 則辟子之私也).”라고 했다. 《예기·문왕세자(文王世子)》는 "부친이 계실 때 태자는 예를 이렇게 해야 한다. 이리하면 사람들도 부자지간의 도리를 알게 될 것이다(有父在則禮然, 然而衆知父子之道矣).”라고 했다. 같은 책의

〈삼년문(三年問)〉은 "저 어리석고 무지하거나 방탕한 사람을 따르하면, 저들은 아침에 부모가 죽으면 저녁에 잊어버릴 것이다. 그럼에도 이들이 마음대로 하게 내버려 둔다면, 어찌 금수만 못해지지 않겠는가?(將由夫患邪淫之人與? 則彼朝死而夕忘之. 然而從之, 則是曾鳥獸之不若也)."라고 했다. 《공양전·희공 33년》은 "계속 진군하자는 사람도 있고, 회군하자는 사람도 있었다. 그럼에도 진나라와 강융은 효 땅에서 진(秦)나라 군사들을 막고 공격했다(或曰往矣, 或曰反矣, 然而晉人與姜戎要之殽而擊之)."라고 했다.63) 같은 책의 〈선공 6년〉은 "그럼에도 궁중에 매복한 병사들이 북을 치며 들고 일어났다(然而宮中甲, 鼓而起)."라고 했다. 같은 책의 〈정공 8년〉은 "그럼에도 무장한 병사들이 금화를 공격하러 왔다(然而甲起於琴如)."라고 했다. 《맹자·양혜왕》은 "일흔 살 된 사람이 비단 옷을 입고 고기를 먹으며, 백성들이 굶주리지 않고 추위로 고생하지 않으니, 그럼에도 세상을 통일하고 왕 노릇 할 수 없었던 적은 없었습니다(七十者衣帛食肉, 黎民不饑不寒, 然而不王者, 未之有也)."라고 했다. 이상의 '연이(然而)'는 모두 ('그럼에도' 내지 '이리하면'의 의미인) '여시이(如是而)'이다. 지금 사람들이 쓰는 ('그러나'의 의미인) '연이' 두 글자는 이것과는 다른 의미이다.

'연'은 일을 형용하는 말이다. 《논어》의 '문채가 있는 모습(斐然)'64)·'탄식하는 모습(喟然)'65)·'용모가 장엄한 모습(儼然)'66) 등이 이 예이다. 이는 자주 사용하는 말이다.

---

63) 하휴(何休)의 주석은 "'연'은 앞에서 그렇게 상의한 것을 가리키는데, 잠시 앞에서 상의한 말을 결정하지 못하고 보류하는 것과 같다(然, 然上議. 猶豫留住之頃也)." 라고 했다.
64) 이 단어는 《논어·공야장(公冶長)》에 보인다.
65) 이 단어는 《논어·자한(子罕)》에 보인다.
66) 이 단어는 《논어·자장(子張)》에 보인다.

'연'은 일을 비교하는 말이다. 《대학(大學)》에서 "자신의 폐와 간을 보듯 할 것이니(如見其肺肝然)"라고 한 것이 이 예이다. 이 역시 자주 사용되는 말이다.

'연'은 (어기사인) '언(焉)'과 같다. 《예기 · 단궁(하)》는 "목공이 현자를 불러 물었다(穆公召縣子而問然)."라고 했다. 정현의 주석은 "'연'은 어기사 '언'으로 말하는 것과 같다(然之言焉也)."라고 했다. 같은 책의 〈제의〉는 "나라 안의 사람들이 모두 칭찬하길 바란다. 그리고 그들은 '이런 자식이 있다는 것은 얼마나 큰 복인가!'라고 말한다(國人稱願然. 曰: '幸哉, 有子如此!')"라고 했다.[67] 같은 책의 〈애공문〉은 "이 때문에 군자는 예에 대해서 아주 공경스럽다(君子以此之爲尊敬然)."라고 했다. 또 "과인이 한 마디 하고 싶소(寡人願有言然)."라고 했다. 《논어 · 태백》은 "우는 내가 흠잡을 곳이 없도다(禹, 吾無間然矣)."라고 했다. 같은 책의 〈선진〉은 "유와 같은 사람은 제대로 죽기 어려울 것이니라(若由也, 不得其死然)."라고 했다. 《맹자 · 공손추(상)》은 "지금의 형세는 왕도정치를 행하시기에 아주 쉽습니다(今時則易然也)."라고 했다. 이상의 '연'은 모두 (어기사인) '언'과 같다. 또한 《초사 · 구장(九章) · 사미인(思美人)》은 "머뭇거리며 주저하네(然容與而狐疑)."라고 했고, 같은 책의 〈구변(九辯)〉은 "만물은 구덩이 속으로 깊이 숨네(然欿傺而沈藏)."라고 했는데, 이곳의 '연' 역시 (어기사인) '언'과 같다.[68] '언'과 '연'은 옛날에 소리가 같았다. 그래서 《예기 · 제의》의 "나라 안의 사람들이 모두 칭찬하길 바란다(國人稱願然)."는 《대대례기 · 증자대효》에 '연'이 '언'으로 되어있다.

---

67) 이곳의 '연(然)'은 (어기사인) '언(焉)'과 같고, '연(然)'까지가 한 구절이 된다. 정현의 주석이 "'연'은 (접속사인) '이'와 같다(然, 猶而也)."라고 하여, 그 다음 구절과 한 문장으로 본 것은 잘못된 것이다.

68) '연(然)'과 '언(焉)'은 모두 '내(乃)'의 의미이다. '언(焉)'자에 설명이 보인다.

'연'은 (접속사인) '이(而)'와 같다. 《시경·패풍·종풍(終風)》은 "다소 곳이 찾아 올 수 있겠는가?(惠然肯來)."라고 했는데, 이는 다소곳이 찾아 올 수 있겠는가를 말한다.69) 같은 책의 〈용풍·정지방중(定之方中)〉은 "거북점 치더니 길하여, 이윽고 터를 잡으시니 참으로 좋은지고(卜云其吉, 終然允臧)."라고 했는데, 이는 이윽고 터를 잡고 참으로 좋았음을 말한다.70) 《공양전·정공 8년》은 "퇴각하여 교외에 머물자, 모든 군사들이 느긋하게 쉬었다(卻反舍於郊, 皆說然息)."라고 했는데, 이는 느긋하게 쉰 것을 말한다.71) 《관자·판법해(版法解)》는 "그러면 군자의 수신은 사사로이 좋아하고 싫어하는 것이 없으면 되는 것입니까?(然則君子之為身, 無好無惡然已乎?)"라고 했는데, 이곳의 '연이(然已)'는 '이이(而已)'이다.

'연후'는 ('이후(而後)' 내지 '이에'의 의미인) '내(乃)'로, 자주 사용하는 말이다.

'연차(然且)'는 ('그럼에도'의 의미인) '이차(而且)'이다. 《곡량전·소공 13년》은 "군주로서의 덕을 잃으면 그의 장례를 기록하지 않고, 시해되면 장례를 기록하지 않고, 나라를 망하게 하면 장례를 기록하지 않는다. 그럼에도 그의 장례를 기록했다(失德不葬, 弑君不葬, 滅國不葬, 然且葬之)."라고 했다. 《맹자·공손추(하)》는 "그는 될 수 없다는 것을 알면서도 돌아오려고 합니다(識其不可, 然且至)."라고 했다. 《장자·추수(秋水)》는 "행할 수 없음이 분명하건만 그럼에도 그것을 주장하며 멈추

---

69) 《시경·패풍(邶風)·북풍(北風)》은 "점잖고 나를 좋아하는 이와(惠而好我)."라고 했다.
70) 이곳의 '종(終)'은 ('이미' 내지 '~하고'의 의미인) '기(既)'이다. '종(終)'자에 설명이 보인다.
71) 하휴(何休)의 주석은 "'연'은 '여'와 같다(然, 猶如)."라고 했다. '여(如)' 역시 (접속사인) '이(而)'의 의미이다.

지 않는다(其不可行明矣, 然且語而不舍)."라고 했다. 《한비자·난언(難言)》은 "가장 지혜로운 신하가 가장 영민한 군주에게 자신의 생각을 올렸는데, 70차례나 말을 올렸음에도 받아들여지지 않았다(夫至智說至聖, 然且七十說而不受)."라고 했다.

'연'은 ('곧'의 의미인) '내(乃)'이다. 《국어·진어(晉語)(4)》는 "문공이 환관 발제에게 말했다: 내가 어찌 그대의 말이 옳다는 것을 모르겠소만, 내 마음에 곧 원한이 있어 용서해주길 바라지 않았던 것이오.[72] 내가 고치도록 하리라(文公謂寺人勃鞮曰: '豈不如女言, 然是吾惡心也, 吾請去之')"라고 했다. 《장자·천지(天地)》는 "처음에 나는 당신을 성인이라 생각했소만, 지금은 곧 군자 정도도 되지 않습니다(始也, 我以女為聖人邪, 今然君子也)."라고 했다. 《순자·수신(修身)》은 "조심스럽게 길을 가는 것은 진흙이 묻는 것이 두려워서가 아니다. 머리를 숙이고 길을 가는 것은 허리가 피곤해서 굽은 것이 아니다. 두 사람이 서로 보며 먼저 고개를 숙이는 것은 상대방을 두려워해서가 아니다. 이는 곧 선비가 자신을 수양하려는 것이지 세속의 사람들에게 미움을 받아서가 아니다(行而供冀, 非漬淖也. 行而俯項, 非擊戾也. 偶視而先俯, 非恐懼也. 然夫士欲獨修其身, 不以得罪於比俗之人也)."라고 했다.[73] 《가자신서·수정어(修政語)》는 "이는 대청에서 해의 밝음을 놔두고 방안에서 불의 빛에 가까이 가려는 것과 같으니, 이는 곧 작은 지식은 얻을 수 있어도 큰 지혜는 얻을 수 없다(譬其若去日之明於庭, 而就火之光於室也. 然可以小見而不可以大知)."라고 했다. 사마상여(司馬相如)의 《봉선문(封禪文)》은 "만일 곧 사양하신다면, 태산과 양보산의 돌에 새겨 기록할 기회

---

72) 이는 곧 내 마음에 원한이 있음을 말한다.

73) 이는 이렇게 공경한 것은 곧 자신을 수양하려 함이지 세속의 사람들에게 미움을 살까 두려워하는 것이 아님을 말한다.

는 없습니다(若然辭之, 是泰山靡記, 而梁甫罔幾也)."라고 했다. 《사기·부근괴성전찬(傅靳蒯成傳讚)》은 "괴성후 주설은 마음이 곧고 발라서 사람들의 의심을 사지 않았다. 고조(高祖)가 출정할 때마다 그는 눈물을 흘리지 않은 적이 없었다. 이것은 마음이 아주 괴로운 사람만이 할 수 있는 것이어서, 곧 충직하고 의리가 깊은 군자라고 할 수 있다(蒯成侯周緤, 操心堅正, 身不見疑. 上欲有所之, 未嘗不垂涕. 此有傷心者, 然可謂篤厚君子矣)."라고 했다. 이상의 '연'은 모두 ('곧'의 의미인) '내'와 같다.

'연'은 ('~한 즉'의 의미인) '즉(則)'과 같다. 《묵자·상동(하)》는 "'상동(尙同)'의 이치로 세상을 다스릴 수 있음을 어떻게 알 수 있을까? 그런 즉 어찌 예로부터 세상을 다스리기 시작한 설들을 살피지 아니한가?(何以知尙同一義之可而爲政於天下也? 然胡不審稽古之治爲政之說乎?)"라고 했다. 같은 책의 〈비명(非命)(중)〉은 "누군가가 들은 적이 있고 본 적이 있으면 있다고 말한다. 들은 적이 없고 본 적이 없으면 없다고 말한다. 그런즉 어찌 백성들의 상황을 한번 살펴보지 않는가. 예로부터 지금까지 백성들이 있은 이래로 명의 형체를 본 적이 있고, 명의 소리를 들어본 적이 있는가?(有聞之, 有見之, 謂之有. 莫之聞, 莫之見, 謂之亡. 然胡不嘗考之百姓之情? 自古以及今生民以來者, 亦嘗見命之物, 聞命之聲者乎?)"라고 했다. 이상의 '연호불(然胡不)'은 '즉호불(則胡不)'이다. 《장자·외물(外物)》은 "붕어가 말했다: 나는 한 말이나 한 되의 물만 얻은 즉 살아날 수 있소(鮒魚曰: '吾得斗升之水然活耳')."라고 했는데, 이곳의 '연활(然活)'은 '즉활(則活)'이라고 하는 것과 같다.

# 이尓 이爾

《설문해자》는 "'이'는 허사로, 반드시 그러함을 나타낸다(尓, 詞之必然也)."라고 했다. '이(爾)'와도 통한다.

정현 주석의《예기·단궁》은 "'이'는 어기사이다(爾, 語助也)."라고 했다.《문선·고시(古詩)》의 주석은 자서(字書)를 인용하여 "'이'는 끝맺을 때 쓰는 어기사이다(爾, 詞之終也)."라고 했다. 이는 자주 사용하는 말이다.

'이(爾)'는 ('~한 모습'의 의미인) '연(然)'이다.《논어》에서 '높이 우뚝 서있는 모습(卓爾)'74) · '예의 차리지 않고 경솔한 모습(率爾)'75) · '거문고 소리가 치렁하고 나는 모습(鏗爾)'76) · '미소 짓는 모습(莞爾)'77)이라고 한 것이 이 예이다. 이 역시 자주 사용하는 말이다.

'이'는 ('이와 같다'의 의미인) '여차(如此)'이다.《예기·잡기(雜記)(하)》는 "대부의 추천으로 군주에게 기용된 사람이 대부가 죽었을 때 그를 위해 복상하는 것은 관중에서부터 시작되었다. 이는 군주의 명령이 있어 이렇게 하는 것이다(宦於大夫者之爲之服也, 自管仲始也, 有君命焉爾也)."라고 했는데, 이곳의 '언(焉)'은 ('곧'의 의미인) '내(乃)'이고,78) '이'는 ('이와 같다'의 의미인) '여차'이다. 이는 군주의 명령이 있어 곧 이렇게 한다는 것을 말한다.《맹자·고자(告子)(상)》은 "풍년이 들면, 대부분의 자제들은 게을러진다. 흉년이 들면 대부분의 자제들은 난폭해진다. 이는 하늘이 내린 자질이 이렇게 달라서가 아니다(富歲子

---

74) 이 말은《논어·선진(先進)》편에 보인다.[역자주]
75) 이 말은《논어·선진(先進)》편에 보인다.[역자주]
76) 이 말은《논어·선진(先進)》편에 보인다.[역자주]
77) 이 말은《논어·양화(陽貨)》편에 보인다.[역자주]
78) '언(焉)'자에도 설명이 보인다.

弟多賴, 凶歲子弟多暴, 非天之降才爾殊也)."라고 했는데, 이는 하늘이
내린 자질이 이렇게 달라서가 아님을 말한다. 후인들이 말하는 ('이렇지
않다'의 의미인) '불이(不爾)'·('바로 이러하다'의 의미인) '내이(乃
爾)'·('과연 이러하다'의 의미인) '과이(果爾)'·('잠시 이렇게 할 뿐이
다')의 의미인 '요부이이(聊復爾耳)'는 모두 이것과 같은 의미이다.

'이'는 (지시대명사 '이'의 의미인) '차(此)'이다. 《공양전·은공 2년》은
"나라를 망하게 한 행동들은 이전에도 있었는데, 왜 이곳에서 시작되었
다고 할까? 여기에서 가탁이 시작되었다(前此, 則曷爲始乎此? 託始焉
爾)."라고 했는데, 하휴의 주석은 "'언이'는 ('이곳에서'의 의미인) '어시'
와 같다(焉爾, 猶於是也)."라고 했다. 이곳의 '시(是)' 역시 (지시대명사
'이'의 의미인) '차'이다. 《공양전·희공 21년》은 "희공은 박 땅에서 제후
들과 회맹하고 송나라 양공(襄公)을 풀어주었다(公會諸侯盟於薄, 釋宋
公)."라고 했다. 《곡량전·희공 21년》은 "잡아놓고 풀어주었다고 말하
지 않았는데, 이곳에서 '풀어주었다'라고 한 것은 어찌된 것일까? 이는
희공이 그 일에 참여했기 때문이다. 희공이 이 일에 참여한 것은 어찌
된 일일까? 희공이 송나라 양공을 풀어주는 일을 상의했기 때문이다
(執, 未有言釋之者, 此其言釋之何? 公與爲爾也. 公與爲爾奈何? 公與議
爾也)."라고 했다. 이는 희공이 이 일에 참여하고, 희공이 이 일을 상의
한 것을 말한다.

'이'는 ('~일 따름이다'의 의미인) '이이(而已)'이다. 《예기·단궁(하)》
는 "익힌 음식을 쓰지 않는 것은 쌀과 조개는 잘 썩지 않아 사용하기에
좋아서 일뿐이다(不以食道, 用美焉爾)."라고 했다. 이는 사용하기에 좋
아서 일뿐임을 말한다. 또 "장례 후의 길제(吉祭)에서 효자는 신령을
공경하는 마음을 다할 뿐이다. 이때는 신령께 어느 제품을 흠향하실지
물어볼 필요는 없다(唯祭祀之禮, 主人自盡焉爾, 豈知神之所饗?)"라고
했다. 이 역시 효자는 신령에 공경한 마음을 다할 뿐임을 말한다. 같은

책의 〈교특생(郊特牲)〉에서 "신령께서 어느 것을 흠향하실지 모르나, 주인의 입장에서는 신령께 공경의 마음을 다 나타냈을 뿐이다(豈知神之所饗也? 主人自盡其敬而已矣)."라고 한 것이 그 증거이다. 《공양전 · 장공 4년》은 "그녀의 나라가 멸망하자 하는 수 없이 제나라에 안장했을 뿐이다(其國亡矣, 徒葬於齊爾)."라고 했다. 같은 책의 〈희공 31년〉은 "하루아침에 세상에 두루 비를 내리게 할 수 있는 것은 태산뿐이다(不崇朝而遍雨乎天下者, 唯大山爾)."라고 했다. 《논어 · 향당(鄕黨)》은 "분명히 말씀하셨으나 신중하셨을 뿐이다(便便言, 唯謹爾)."라고 했다. 이상의 '이'는 모두 ('~일 따름이다'의 의미인) '이이'이다.

'이'는 (어기사인) '의(矣)'와 같다. 《시경 · 주송 · 희희(噫嘻)》는 "아아 성왕이시여, 신이 밝게 강림하셨네(噫嘻成王, 旣昭假爾)."라고 했는데, 정현의 《전》은 "아아 주왕의 공을 이루고, 그 덕은 널리 드러냈다(噫嘻乎能成周王之功, 其德已著至矣)."라고 했다. 이곳의 '이'는 (어기사인) '의'와 같다. 또 《공양전 · 희공 2년》은 "폐하께서 신하들의 계략을 쓰신다면 오늘은 곽나라를 차지하고 내일은 우나라를 차지하실 것입니다(君若用臣之謀, 則今日取郭而明日取虞爾)."라고 했다. 같은 책의 〈선공 15년〉은 "초나라 장왕이 송나라의 도성을 포위한데도 그들의 병사에게는 7일치 식량밖에 없습니다. 이 기간 안에 승리하지 못한다면 철군하여 돌아가려 할 것입니다(莊王圍宋, 軍有七日之糧爾. 盡此不勝, 將去而歸爾)."라고 했다. 이상 여러 개의 '이' 역시 (어기사인) '의'와 같다.

'이'는 (어기사인) '언(焉)'과 같다. 《공양전 · 은공 원년》은 "그러면 왜 기록할까?(然則何言爾?)"라고 했다. 같은 책의 〈은공 2년〉은 "무엇을 비판할까?(何譏爾?)"라고 했다. 같은 책의 〈은공 3년〉은 "무엇이 위태로울까?(何危爾?)"라고 했다.[79] 같은 책의 〈희공 2년〉은 "중원의 나라

---

79) 《곡량전(穀梁傳) · 희공(僖公) 5년》은 "왜 그를 존중하는 것일까?(何尊焉?)"라고

들 중에 어찌 제나라와 송나라만 왔다고 말하는 것일까?(則中國曷爲獨言齊、宋至爾?)"라고 했다. 이상의 '이'는 모두 (어기사인) '언'과 같다. 또 《예기 · 단궁(상)》은 "스승님께서는 어찌 훌륭하다고 하시는 것입니까?(夫子何善爾也?)"라고 했다. 《맹자 · 등문공(상)》은 "그 사람이 취한 근거는 이러하다(彼有取爾也)."라고 했고, 같은 책의 〈이루(상)〉은 "그들이 싫어하는 것을 억지로 시행하지 않아야 한다(所惡勿施爾也)."라고 했다. 이상의 '이' 역시 (어기사인) '언'과 같다.


## 이耳

'이(耳)'는 ('~일 따름이다'의 의미인) '이이(而已)'이다. 《논어 · 양화》에서 "내가 먼저 한 말은 농담일 뿐이니라(前言戲之耳)."라고 한 것이 이 예이다. 《관자 · 신승마(臣乘馬)》는 " 때문에 봄 농사는 25일안에 이루어질 뿐이다(故春事二十五日之內耳也)."라고 했는데, 이곳의 '이야(耳也)'는 '이이야(而已也)'이다. 《안자춘추 · 잡편(雜篇)》은 "안자는 …… 껍질을 벗긴 거친 쌀에 새 · 소금에 절인 채소 · 태채만 먹었을 뿐이다(晏子 …… 食脫粟之食, 炙三弋, 五卵, 苔菜耳矣)."라고 했다. 《맹자 · 이루(상)》은 "사람의 말이 경솔하면 탓할 가치도 없을 뿐이다(人之易其言也, 無責耳矣)."라고 했다. 《여씨춘추 · 일행(壹行)》은 "고라니 · 사슴 · 호랑이 · 승냥이와 다를 바 없어, 용감하고 힘센 자들이 사람들을 단속할 뿐이다(與麋鹿虎狼無以異, 多勇者則爲製耳矣)."라고 했다. 이상의 '이의'는 '이이의(而已矣)'이다.[80] 《전국책 · 제책(6)》은 "그 개로 하

---

했고, 또 "어떠한 막중한 임무일까?(何重焉?)"라고 했다.
80) 이것은 뒤의 '이의(耳矣)'와는 다른 의미이다.

여금 무능한 사람을 떠나 유능한 사람을 찾아 자신의 주인으로 삼게 한다 해도 어찌 그 장딴지를 잡고 물기만 하겠는가?(若乃得去不肖者而 爲賢者狗, 豈特攬其腓而噬之耳哉?)"라고 했는데, 이곳의 '이재(耳哉)'는 '이이재(而已哉)'이다.

부친께서는 '이'는 (어기사인) '의(矣)'와 같다고 하셨다. 《대대례기 · 증자입사(曾子立事)》는 "술을 즐기고 노래를 부르길 좋아하며 거리에 서 노닐며 마을에서 사는 것인가? 나는 이를 바라지 않는다(嗜酤酒, 好 謳歌, 巷遊而鄕居者乎? 吾無望焉耳)."라고 했는데, 이는 나는 이를 바라 지 않는 것을 말한다. 《예기 · 악기》는 "이 모두가 음악의 이치에 이른 것이다(則樂之道歸焉耳)."라고 했는데, 이곳의 '귀(歸)'는 ('극에 이르다' 의 의미인) '종(終)'이다.[81] 이는 만물이 각자 있을 곳에 있으면 음악의 이치에 이른 것임을 말한다.[82] 《논어 · 옹야(雍也)》는 "너는 인재를 얻 었느냐?(女得人焉耳乎?)"라고 했는데, 이는 너는 인재를 얻었느냐고 말 하는 것이다.

'이의(耳矣)'는 (어기사인) '이의(已矣)'와 같다. '이(已)'와 '의(矣)'는 모두 허사로 끝을 맺을 때 쓰는 말이고, 이어서 말하면 '이의(已矣)'라 고 한다. 《논어 · 팔일(八佾)》에서 "이제야 너와 《시경》을 말할 수 있겠 구나(始可與言《詩》已矣)."라고 한 것이 이 예이다. '이(耳)'와 '의(矣)' 역시 허사로 끝을 맺을 때 쓰는 말이고, 이어서 말하면 '이의(耳矣)'라 고 한다. 《예기 · 단궁(檀弓)(상)》에서 "뒤에 후회하는 일이 없어야 한 다(勿之有悔焉耳矣)."라고 한 것과 같은 책의 〈제통(祭統)〉에서 "명문 을 짓는 것은 한번 칭송하여 상하 모두가 만족함을 얻는 것이다(夫銘

---

81) 《여씨춘추 · 보경(報更)》과 같은 책 〈구인(求人)〉의 주석에 보인다.
82) 《예기정의(禮記正義)》는 "공이 음악으로 귀결된다(歸功於樂)."라고 했는데, 잘못 된 것이다.

者壹稱, 而上下皆得焉耳矣)."이라고 한 것이 이 예이다. '이(耳)'와 '이(已)'는 소리가 서로 가까워 '이의(已矣)' 내지 '이의(耳矣)'라고도 하는데, 의미는 같다.


# 잉仍

《이아(爾雅)》는 "'잉'은 (곧의 의미인) '내'이다(仍, 乃也)."라고 했다. 《사기 · 회남형산전찬(淮南衡山傳讚)》은 "회남과 형산은 …… 간교한 계책만 부리며 반역을 도모하다, 부자가 곧 나라를 망하게 하고 자신들은 몸을 보존하지 못했다(淮南、衡山 …… 專挾邪僻之計, 謀為畔逆, 仍父子再亡國, 各不終其身)."라고 했는데, 이곳의 '잉(仍)'은 (곧의 의미인) '내(乃)'이다. 이는 회남과 형산이 반역을 도모하다 부자가 곧 이어서 자신의 나라를 망하게 하고 자신들은 그 몸을 보존하지 못했음을 말한다. 《한서찬(漢書讚)》은 《사기》와 같다. 안사고는 "'잉'은 ('잇따라'의 의미인) '빈'이다(仍, 頻也)."라고 하여 "부자가 잇따라 나라를 망하게 했다(頻父子再亡國)."라고 했는데, 이는 말이 잘 되지 않는다. 또 《한서 · 흉노전(匈奴傳)》은 "한나라는 다시 대장군 위청에게 여섯 명의 장수와 십여 만의 기병을 이끌게 하여, 곧 정양을 나와 흉노를 수백 리 쫓아가 공격했다(漢復遣大將軍衛青將六將軍十餘萬騎, 仍再出定襄數百里擊匈奴)."라고 했는데, 이곳의 '잉' 역시 (곧의 의미인) '내'이다. 때문에 《사기》에는 "내재출정양(乃再出定襄)"으로 되어있다. 안사고는 "'잉'은 ('잇따라'의 의미인) '빈'이다(仍, 頻也)."라고 하며 "잇따라 다시 정양을 나왔다(頻再出定襄)."로 풀이했는데, 이는 더욱 말이 되지 않는다. 《설문해자》는 '잉'은 소리가 '내'라고 했다. 따라서 '내'는 '잉'과도 통한다. 《경의술문(經義述聞) · 이아(爾雅)》에 상세한 설명이 보인다.

# 료聊 료憀

《시경·패풍·천수(泉水)》는 "돌아갈 일 상의하고 싶네(聊與之謀)."
라고 했는데, 모형의 《전》은 "'료'는 ('원하다'의 의미인) '원'이다(聊, 願
也)."라고 했고, 정현의 《전》은 "'료'는 대략적임을 나타내는 말이다(聊,
且略之辭)."라고 했다. 《성류(聲類)》에는 '료(憀)'로 되어있는데, 의미는
정현의 《전》과 같다.[83]

# 래來

'래(來)'는 (지시대명사 '이'의 의미인) '시(是)'이다. 《시경·패풍(邶
風)·곡풍(谷風)》은 "옛날의 정을 생각지 않으니, 이로 나를 화나게 하
네(不念昔者, 伊予來墍)."라고 했다. 이곳의 '이(伊)'는 (어기사인) '유
(惟)'이고, '래'는 (지시대명사 '이'의 의미인) '시(是)'이다. '기(墍)'는 '개
(愾)'로 읽는다. '개'는 ('화내다'의 의미인) '노(怒)'이다. 이 구절은 앞
구절 "우악스럽고 무섭게(有洸有潰)"를 이어받아 한 말이다.[84] 이는 군
자가 옛날의 정을 생각지 않아 내가 이로 화를 냄을 말한다.[85] 같은
책의 〈대아·상유(桑柔)〉는 "그대를 감싸주는데 도리어 내게 이렇게 성
을 내네(既之陰女, 反予來赫)."라고 했는데, 이는 내가 좋은 말로 그대

---

83) 《문선(文選)·생부(笙賦)》 주석에 보인다.
84) 모형의 《전》은 "'광광'은 우악스러운 것이다. '궤궤'는 분노하는 것이다(洸洸, 武也.
   潰潰, 怒也)."라고 했다.
85) 모형의 《전》은 "'기'는 ('쉬다'의 의미인) '식'이다(墍, 息也)."라고 했고, 정현의 《전
   (箋)》은 "군자가 옛날을 잊고 지난날 어린 내가 처음으로 왔을 때 나를 편히 쉬게
   해주겠다고 한 것을 생각하지 않는 것이다(君子忘舊, 不念往昔年稚我始來之時安
   息我)."라고 했는데, 모두 잘못되었다. 《경의술문》에 상세한 설명이 보인다.

를 지켜주려고 함에도 그대가 도리어 나에게 이렇게 화를 내는 것을 말한다. "이여래기(伊予來墍)"와 "반여래혁(反予來赫)"은 문장구조가 서로 가깝다. 또 같은 책의 〈소아·사무(四牡)〉는 "어머님이 이렇게 그립기만 하네(將母來諗)."라고 했는데, 이는 내가 길러주신 모친을 이렇게 생각함을 말한다. 같은 책의 〈소아·채기(采芑)〉는 "형 땅의 오랑캐도 이렇게 굴복시키셨네(荊蠻來威)."라고 했다.[86] 같은 책의 〈대아·강한(江漢)〉의 "회 땅의 오랑캐 이렇게 찾아가는 것이네(淮夷來求)"와 "회 땅의 오랑캐를 이렇게 징계하려는 것일세(淮夷來鋪)."는 모두 형 땅의 오랑캐를 이렇게 굴복시키고, 회 땅의 오랑캐를 이렇게 찾아가고, 회 땅의 오랑캐를 이렇게 징계하는 것을 말한다. 또 같은 책의 〈대아·강한〉은 "우리나라가 이로 올바로 되었네(王國來極)."라고 했는데, 이 역시 우리나라가 이로 올바로 잡혔음을 말한다.[87] 같은 책의 〈소아·육월〉에서 "임금님께서 전쟁에 내보내시어 이로 우리나라를 바로 잡으시려는 걸세(王于出征, 以匡王國)."라고 한 것이 이 예이다. 경전을 풀이하는 사람들 모두가 '래'를 '왕래(往來)'의 '래'로 풀이하여 결국 문장의 의미를 더 알기 어렵게 만들었다.

'래'는 문중에 쓰이는 어기사이다. 《장자·대종사(大宗師)》는 "자상호가 죽자, 맹자반과 자금장이 서로 박자를 맞추며 노래를 불렀다: 아, 상호는! 아, 상호는!(子桑戶死, 孟子反、子琴張相和而歌曰: '嗟來桑戶乎,

---

86) 금본에는 '형만(荊蠻)'이 '만형(蠻荊)'으로 잘못되어 있다. 단옥재(段玉裁)의 《시경소학(詩經小學)》에서 이미 이를 바로 잡았다.

87) 《한서(漢書)·아관전(兒寬傳)》은 "천자만이 어느 곳에도 치우치지 않는 올바른 조화로움을 세울 수 있다(天子建中和之極)."라고 했는데, 안사고(顏師古)는 "'극'은 ('올바르다'의 의미인) '정'이다(極, 正也)."라고 하며, 《주례(周禮)·천관(天官)·총재(冢宰)》의 "사람들이 본받을 올바른 이치로 삼는다(以爲民極)."라는 구절을 인용했다. 《일주서(逸周書)·무순(武順)》은 "올바름이 신과 사람에게 미치는 것을 '극'이라고 한다(正及神人曰極)."라고 했다.

嗟來桑戶乎!)"이라고 했는데, 이곳의 '차래(嗟來)'는 '차호(嗟乎)'와 같다.

'래'는 문장 끝에 오는 어기사이다. 《맹자 · 이루(상)》은 "어찌 돌아가지 않으리?(盍歸乎來?)"라고 했다. 《장자 · 인간세》는 "어디 한번 나에게 말해 보거라(嘗以語我來)."라고 했다. 또 "선생께서 제게 좋은 말씀을 좀 해주십시오(子其有以語我來)."라고 했다. 이상의 '래'는 모두 어기사이다.

# 경전석사 제8

## 수雖 유唯 유惟

《옥편(玉篇)》은 "('비록'·'설사'의 의미인) '수'는 허사로, 뒤 문장과 다르거나 반대가 됨을 나타내는 말이다(雖, 詞兩設也)."라고 했다. 이는 자주 사용하는 말이다. 글자가 '유(唯)'로 된 곳도 있다. 《춘추·환공 14년》에서 "가을 8월의 임신일, 제사에 쓸 양식을 저장하는 창고에 불이 났다. 을해일, 상제(嘗祭)를 올렸다(秋八月, 壬申, 御廩災. 乙亥, 嘗)."라고 한 것에 대해 《곡량전·환공 14년》은 이렇게 말했다.

제사에 쓸 양식을 저장하는 창고에 불이 난 것은 (경문의 체례에 의하면) 기록하지 않는 것이 원칙이다. 그럼에도 이곳에 기록한 것은 왜일까? (경문은) 화재로 타고 남은 양식을 바꾸지 않고 상제를 지내는 것은 가능하다고 판단하나 그럼에도 이를 기록한 것은 조상을 공경하지 않는 환공의 태도 때문이다 …… (노나라 군주) 화재로 타고 남은 양식을 바꾸지 않고 상제를 지냈다는 어떻게 알 수 있을까? 대답은 이렇다: 논을 관리하는 관리가 양식을 부인의 궁중에 보내오면, 부인은 양식을 쌀로 찧어 제사에 쓸 양식을 저장하는 창고로 보낸다. 상제에는 반드시 군주가 수확하고 부인이 쌀을 찧는 일이 있어야 한다.[1] 지금

---

1) 금본(今本)에는 원문의 '순(旬)'이 '전(甸)'으로 잘못되어 있다. 《경의술문》에 보인다.

경문은 "임신일, 제사에 쓸 양식을 저장하는 창고에 불이 났다. 을해일, 상제를 올렸다."라고 하였으니, 이것으로 (노나라 군주가) 창고에 타다 남은 양식을 바꾸지 않고 상제를 올렸음을 알 수 있다(御廩之災不志, 此其志, 何也? 以為唯未易災之餘而嘗可也, 志不敬也 …… 何用見其未易 災之餘而嘗也? 曰: 甸粟而內之三宮, 三宮米而藏之御廩. 夫嘗, 必有兼旬 之事焉. "壬申, 御廩災. 乙亥, 嘗." 以為未易災之餘而嘗也).

이에 대해 부친께서는 이렇게 말씀하셨다:《곡량전》에서 "이위미역 재지여이상(以為未易災之餘而嘗)"이라고 한 것은 불에 타고 남은 양식은 종묘에 올릴 수 없으므로 반드시 다른 것으로 바꾸어야 제사에 올릴 수 있다. 양식을 바꾸면 논을 관리하는 관리가 양식을 부인의 궁중에 보내고, 부인은 양식을 찧어 제사에 쓸 양식을 저장하는 창고로 보내야 한다. 이 일은 군주가 수확하고 부인이 양식을 찧지 않으면 이루어지지 않는다. 지금 임신일에 불이 나고 을해일에 상제를 거행했는데 시간차가 불과 3일 밖에 되지 않는데, 이는 타고 남은 양식을 바꾸지 않고 상제를 올린 것이다. 그래서 문장 앞쪽에서 "경문은 화재로 타고 남은 양식을 바꾸지 않고 상제를 지내는 것은 가능하다고 판단하나 그럼에도 이를 기록한 것은 조상을 공경하지 않는 환공의 태도 때문이다(以為 唯未易災之餘而嘗可也, 志不敬也)."라고 했다. 이곳의 '유(唯)'는 '수(雖)'이다. 이 문장의 의미는 이렇다: 노나라 사람이 타고 남은 양식을 바꾸지 않고 상제를 올린 것은 그 의미가 비록 타고 남은 곡식을 바꾸지 않고 상제를 올리는 것은 가능하지만 이보다 더 큰 불경은 없다는 것이다. 그래서 이를 기록하여 "임신일에 제사에 쓸 양식을 저장해두는 창고에 불이 났고, 을해일에 상제를 지냈다. 그래서 불경함을 기록한다."라고 했던 것이다. 서막(徐邈)[2]은 원문의 '가야(可也)'까지 끊어 읽고,

---

2) 동진(東晋)의 관리이자 대학자이다. 자는 선민(仙民)이고, 동완(東莞) 고막(姑幕)

"지불경야(志不敬也)"는 그 자체로 한 구절이 된다고 보았는데, 이는 《전(傳)》의 의미에 완전히 부합된다. 범녕(范寧)의 주석은 정사(鄭嗣)의 설을 따라 '가야지(可也志)'까지를 한 구절로 보고 "타고 남은 양식을 바꾸지 않고 제사를 올린 후에야 기록할 수 있다(唯以未易災之餘而嘗, 然後可志也)."로 풀었다. 이렇게 풀이하면 위 문장과 아래 문장이 모두 통하지 않는다. 결국은 '유'가 '수'의 가차자인지를 몰랐기 때문에 글자의 의미를 놓쳤고 문장의 끊어 읽기도 잘못되었다. 《예기 · 소의(少儀)》는 "설사 군주가 하사한 것에 감사의 절을 하더라도 …… (雖有君賜 …… )"라고 했다. 같은 책의 〈잡기(하)〉는 "삼년상을 당한 사람이라도 이 규칙을 적용받을 수 있다(雖三年之喪可也)."라고 했는데, 정현의 주석은 모두 "'수'는 '유'로도 되어 있다(雖, 或爲'唯')"라고 했다. 같은 책의 〈표기(表記)〉는 "천자라도 하늘에서 명을 받고 …… (唯天子·受命於天 …… )"라고 했는데, 정현의 주석은 "'유'는 '수'가 되어야 한다(唯當爲雖)."라고 했다. 《순자 · 성악(性惡)》은 "지금 인의의 법도를 애당초 알 수 없고 할 수 없는 이치로 간주하려는 것인가? 그렇다면 우임금이라도 인의의 법도를 알 수 없고 인의의 법도를 행할 수 없을 것이다(今以仁義法正爲固無可知可能之理邪, 然則唯禹不知仁義法正, 不能仁義法正也)."라고 했는데, 양경(楊倞)의 주석은 "'유'는 '수'로 읽어야 한다(唯, 讀爲雖)."라고 했다. 《전국책 · 진책(秦策)(2)》는 "우리 폐하께서 가장 좋아하는 분은 대왕이십니다. 저라도 가장 신하가 되고 싶은 분은 대왕이실 것입니다. 저희 폐하께서 가장 싫어하는 사람은 제나라 왕입니다. 저라도 가장 싫어하는 사람은 제나라 왕일 것입니다(弊邑之王所甚說

---

사람이다. 동궁전위솔(東宮前衛率) · 효기장군(驍騎將軍) 등을 지냈다. 저술로는 《정오경음훈(正五經音訓)》 · 《곡량전주(穀梁傳注)》 · 《오경동이평(五經同異評)》 등이 있다.[역자주]

者, 無大大王. 唯儀之所甚願為臣者, 亦無大大王. 弊邑之王所甚憎者, 無先齊王. 唯儀之所甚憎者, 亦無先齊王).”라고 했는데, 《사기 · 장의전》에는 ‘유’가 모두 ‘수’로 되어있다. 《사기 · 급암전(汲黯傳)》은 “공손홍(公孫弘)과 장탕(張湯)은 마음속으로 급암을 아주 싫어했고, 천자라도 그를 좋아하지 않았다(宏, 湯深心疾黯, 唯天子亦不說也).”3)라고 했는데, 《한서》에는 원문의 ‘유’가 ‘수’로 되어있다. 《한서 · 양웅전 · 해조(解嘲)》는 “설사 사람이 지혜가 뛰어났어도 이는 그 시대가 할 수 있게 해준 것이다(唯其人之贍知哉, 亦會其時之可為也).”라고 했는데, 《문선》에는 ‘유’가 ‘수’로 되어있다. 또 《대대례기 · 우대덕(虞戴德)》은 “폐하께서는 이미 다 들으셨습니다.4) 설사 저라도 더 보탤 것은 없나이다(君以聞之, 唯某無以更也).”라고 했다. 《묵자 · 상동(하)》는 “비록 그들이 나와 같아지지 않으려고 해도 그렇게 될 수 없을 것이다(唯欲毋與我同, 將不可得也).”라고 했다. 《순자 · 대략(大略)》은 “세상 사람들이 비록 각자 나름의 생각을 갖고 있지만 공통적으로 지지하는 것이 있다(天下之人唯各持意哉, 然而有所共予也).”라고 했다. 《전국책 · 조책(3)》은 “그대가 비록 병을 핑계로 진(秦)나라와 조나라 간의 갈등을 살피지 않고 있지만 문신후(文信侯)는 그래도 조나라의 태도를 잘 알 것입니다(君唯釋虛偽疾, 文信猶且知之也).”라고 했다. 《사기 · 범수전(范雎傳)》은 “수가가 ‘그대는 재상나리와 잘 아는 사람을 알고 있는가?’라고 묻자, 범수가 ‘주인어른께서 잘 알고 계십니다. 저도 알현한 적이 있습니다.’라고 했다(須賈問曰: ‘孺子豈有客習於相君者哉?’ 范雎曰: ‘主人翁習知之. 唯雎亦得謁’).”라고 했다. 같은 책의 〈사마상여전(司馬相如傳)〉은 “사마상여

---

3) 원문의 “굉(宏)”은 중화서국본(中華書局本) 《사기(史記)》에는 “홍(弘)”자로 되어 있다. 본문은 이에 따라 해석했다.[역자주]
4) 원문의 ‘이(以)’는 (‘이미’의 의미인) ‘이(已)’이다.

가 촉 땅에 나가있을 때, 촉 땅의 장로들 대부분이 서남이와 국교를 터봐야 별 이익이 없을 것이라 주장했는데, 조정의 대신들이라도 그렇게 생각하였다(相如使時, 蜀長老多言通西南夷不為用, 唯大臣亦以為然)."라고 했다. 이상은 모두 옛 전적이 '유'를 '수'로 빌린 증거이다. 글자가 '유(惟)'로 된 곳도 있다. 같은 책의 〈회음후전(淮陰侯傳)〉은 "한신이 왕에게 '대왕께서 스스로 생각하시건대 용맹하고 어짊이 항왕과 견주어 봤을 때 어떠하십니까?'라고 묻자, 한왕은 한참동안 가만히 있다가 '그만 못하오.'라고 했다. 한신이 재배하고 경하하며 '저라도 대왕이 항왕만 못하다고 생각하옵니다.'라고 했다(信問王曰: '大王自料, 勇悍仁強, 孰與項王?' 漢王默然良久, 曰: '不如也' 信再拜賀曰: '惟信亦為大王不如也')"라고 했다. 《한서》에는 이곳의 '유(惟)'가 '유(唯)'로 되어있는데, 글자가 모두 '수'와 같다.[5] 《회남자·정신(精神)》은 "세상이 나 때문에 그 만물을 갖추는 것인지, 아니면 내가 없더라도 만물은 갖춰지는 것인지 알 수 없다(不識天下之以我備其物與? 且惟無我而物無不備者乎?)"라고 했는데, 이곳의 '유(惟)' 역시 '수'와 같다. 《설문해자》는 '수'는 '유(唯)'의 소리라고 했다. 그래서 '수'는 '유(唯)'와 통하고, '유' 역시 '수'와 통한다. '유(惟)'자에도 설명이 보인다.


## 사肆

'사(肆)'는 ('마침내'의 의미인) '수(遂)'이다. 《상서·요전》은 "마침내 상제께 제사를 올리고(肆類於上帝)"라고 했다. 또 "마침내 동쪽 제후들의 알현을 받았다(肆覲東后)."라고 했다. 《사기·오제기》에는 '사가 모

---

5) 안사고(顔師古)는 '유(唯)'까지 한 구절로 끊어 읽으며 응대하는 말로 여겼는데 잘못된 것이다. 《독서잡지》에 상세한 설명이 보인다.

두 '수'로 되어있다. '수'와 '사'는 소리가 서로 가까운데, 방언과 속어에서 장단의 차이일 뿐이다.

《이아》는 "'사'는 ('그래서'의 의미인) '고'이다(肆, 故也)."라고 했다. 《상서·대고》는 "그래서 나는 대대적으로 그대들을 이끌고 동쪽으로 정벌을 나갈 것이다(肆朕誕以爾東征)."라고 했는데,《한서·적의전(翟義傳)》에 왕망(王莽)이 모방한 《대고(大誥)》에는 "그래서 나는 대대적으로 그대들을 이끌고 동쪽으로 정벌을 나갈 것이다(故予大以爾東征)."로 되어있다. 《상서·무일》은 "그래서 중종은 75년이나 제위에 있었다(肆中宗之享國, 七十有五年)."라고 했는데, 《사기·노세가(魯世家)》에는 '사'가 ('그래서'의 의미인) '고(故)'로 되어있다. 《시경·대아·면(緜)》은 "그래서 그들에게 성냄을 끊이시지 않았으나(肆不殄厥慍)"라고 했다. 같은 책의 〈대아·사제(思齊)〉는 "그래서 커다란 병폐는 크게 징계하시고(肆戎疾不殄)"·"그래서 어른들은 덕이 있고(肆成人有德)"라고 했다. 같은 책의 〈대아·억(抑)〉은 "그래서 하늘은 그대를 돕지 않는 것이니(肆皇天弗尚)."라고 했다. 이상의 '사'는 모두 ('그래서'의 의미인) '고'로 풀어야 한다.[6]


# 자 自

'자(自)'는 허사 ('~으로'의 의미인) '용(用)'이다. 《상서·강고(康誥)》는 "백성들은 이런 것으로 죄를 짓는다(凡民自得罪)."라고 했는데, 공안국(孔安國)의 《전(傳)》은 '자'를 ('~으로'의 의미인) '용'으로 풀이했다.

---

6) 모형의 《전(傳)》과 정현의 《전(箋)》이 모두 "'사'는 ('고금'의 의미인) '고금'이다(肆, 故今也)."라고 한 것은 잘못된 것이다. 《경의술문·이아(爾雅)》에 설명이 보인다.

같은 책의 〈소고〉는 "이로 중화의 땅을 다스려야 합니다(自服於土中)."
라고 했는데, 정현의 주석도 "'자'는 ('~으로'의 의미인) '용'이다(自, 用
也)."라고 했다.

'자'는 ('만약~한다면'의 의미인) '구(苟)'이다. 《좌전·성공 16년》은
"성인이 아니라면, 밖으로는 평안해도 안으로는 분명히 우환이 있을 것
이다(自非聖人, 外寧必有內憂)."라고 했는데, 이는 만약 성인이 아닌 것
을 말한다.


## 자兹 자滋

《이아》는 "'자'는 (지시대명사 '이'의 의미인) '차'이다(兹, 此也)."라고
했다. 이는 자주 사용하는 말이다.

'자(兹)'는 ('곧' 내지 '즉'의 의미인) '사(斯)'와 같다. 《상서·주고(酒
誥)》는 "아침저녁으로 '제사를 지내면 곧 술을 마실 수 있다'라고 알리어
라(朝夕曰: 祀兹酒)."라고 했는데, 이는 아침저녁으로 그들을 일깨워주
며 제사를 지내면 술을 쓸 수 있음을 알려주라는 것을 말한다. 그래서
이어지는 문장은 "제사 때가 되면 곧 술을 마실 수 있다(飲惟祀)."라고
했다. 《좌전·소공 7년》은 "상경(上卿)이 되자 곧 더욱 공경하였다(三
命兹益共)."라고 했고, 같은 책의 〈소공 26년〉은 "만일 괜찮다면, 병사
들은 성공을 거둘 것입니다. 폐하께서 계속 이렇게 해나가시면 곧 적수
가 없을 것입니다(若可, 師有濟也. 君而繼之, 兹無敵矣)."라고 했는데,
이곳의 '자' 역시 ('곧' 내지 '즉'의 의미인) '사'이다.

('그래서' 내지 '곧'의 의미인) '자'는 앞을 받아 뒤를 이어주는 말이다.
《좌전·소공 원년》은 "그것으로 하여금 막히게 하여 몸을 망치게 해서
는 안 된다. 그래서 마음으로 이러한 것을 알지 못하면 각종 사물의

분수를 어지럽히게 되는 것이다(勿使有所壅閉湫底以露其體, 兹心不爽而昏亂百度)."라고 했다. 같은 책의 〈소공 26년〉은 "단기와 유적이 …… 한 무리의 나쁜 사람들을 이끌고, 그들에 의지하여 왕실에 혼란을 야기하고 있소 …… 진(晉)나라가 무도함에도 그들은 도우면서 자신들의 끝없는 욕망을 마음껏 부리려고 합니다. 그래서 저희 왕후들은 불안해하며 떠돌다 형남까지 흘러들어오게 되었습니다(單旗、劉狄 …… 帥群不弔之人, 以行亂於王室 …… 晉為不道, 是攝是讚, 思肆其罔極. 兹不穀震蕩播越, 竄在荊蠻)."라고 했다. 이상 두 개의 '자'는 모두 앞을 받아 뒤를 이어주는 말로, 지금 사람들이 ('이렇게 …… 하게 되었다'의 의미인) '치령여차(致令如此)'라고 말하는 것과 같다. 두예의 주석은 '자'를 (지시대명사 '이'의 의미인) '차(此)'로 풀이했는데 모두 잘못된 것이다. '자'가 '자(滋)'로 된 곳도 있다. 《좌전 · 소공 5년》은 "초나라 임금이 만일 기뻐하며 사신을 맞이하면, 우리는 곧 태만해지고 죽을 위험도 잊게 될 것입니다. 이렇게 되면 우리는 망할 날이 며칠 남지 않게 되는 것이옵니다(君若驩焉好逆使臣, 滋敝邑休怠而忘其死, 亡無日矣)."라고 했는데, 이곳의 '자(滋)' 역시 앞을 받아 뒤를 이어주는 말이다.


# 사斯

《이아》는 "'사'는 (지시대명사 '이'의 의미인) '차'이다(斯, 此也)."라고 했다. 이는 자주 사용하는 말이다.

'사(斯)'는 ('~하면'의 의미인) '즉(則)'이다. 이 역시 자주 사용하는 말이다.

'사'는 ('곧'의 의미인) '내(乃)'이다. 《상서 · 홍범》은 "그대가 그들에게 복을 내린다면, 신민들은 곧 군주의 법도를 생각할 것입니다(女則錫之

福. 時人斯其惟皇之極).”라고 했다. 같은 책의 〈금등〉은 “주공이 동쪽으로 정벌을 나간 지 2년 만에 곧 죄인들을 체포하였다(周公居東二年, 則罪人斯得).”라고 했다. 《시경·소아·소민(小旻)》은 “일을 꾀함이 간사하니 천벌은 곧 언제 그칠 건가?(謀猶回遹, 何日斯沮?)”라고 했다. 같은 책의 〈소아·빈지초연(賓之初筵)〉은 “큰 과녁 펼쳐지고 활에 살 먹여 곧장 당기네(大侯既抗, 弓矢斯張).”라고 했다. 같은 책의 〈소아·각궁(角弓)〉은 “벼슬하려고 사양하지 않으니 자신을 곧 망치게 될 걸세(受爵不讓, 至於己斯亡).”라고 했다. 《예기·단궁(하)》는 “사람은 좋은 일이 생기면 곧 기뻐하고, 기뻐하면 곧 노래를 부르고, 노래를 부르면 곧 몸을 흔들고, 몸을 흔들면 곧 춤을 춘다(人喜則斯陶, 陶斯咏, 咏斯猶, 猶斯舞).”라고 했다. 이상의 ‘사’는 모두 (‘곧’의 의미인) ‘내’이다. 《시경·소아·사간(斯干)》은 “여기서 곧 편히 자고, 자고 일어나서(乃安斯寢, 乃寢乃興).”라고 했는데, 이곳의 ‘사’ 역시 (‘곧’의 의미인) ‘내’로, 문장에서 서로 바꿔 쓸 수 있다.

‘사’는 (대명사 ‘그’의 의미인) ‘기(其)’이다. 《시경·소아·채기(采芑)》는 “그 주황색 앞가리개 곱기도 하여라(朱芾斯皇).”라고 했다. 같은 책의 〈소아·사간〉은 “그 궁궐은 발돋움한 듯 단정하고, 그 모퉁이는 화살촉처럼 반듯하며, 그 추녀는 새가 날개를 편 듯하고, 그 색채는 꿩이 나는 듯 찬란하네(如跂斯翼, 如矢斯棘, 如鳥斯革, 如翬斯飛).”라고 했다. 같은 책의 〈소아·보전(甫田)〉은 “또 그 많은 창고가 필요하고, 또 그 많은 수레가 필요하다네(乃求千斯倉, 乃求萬斯箱).”라고 했다. 같은 책의 〈소아·백화(白華)〉는 “나직하게 닳은 그 돌은(有扁斯石)”이라고 했다. 같은 책의 〈대아·사제(思齊)〉는 “그 많은 아들 낳으시겠네(則百斯男).”라고 했다. 같은 책의 〈대아·황의(皇矣)〉는 “왕께서 분연히 그렇게 성내시어(王赫斯怒).”라고 했다. 같은 책의 〈상송·열조(烈祖)〉는 “그 복은 크기도 하네(有秩斯祜).”라고 했다. 이상의 ‘사’는 모두 (대명사

'그'의 의미인) '기'이다.

'사'는 어기사인 '유(維)'와 같다. 《시경·소아·채미(采薇)》는 "저기 환한 게 무엇일까? 아가위 꽃이로군. 저 큰 수레는 무엇일까? 장수님의 수레로군(彼爾維何? 維常之華. 彼路斯何? 君子之車)."이라고 했는데, 이곳의 '사' 역시 (어기사인) '유'이다. 이는 같은 책의 〈대아·한혁(韓奕)〉에서 "안주는 무엇이었나? 구운 자라와 생선이었지. 채소는 무엇이 있었나? 죽순과 부들이 있었지(其殽維何? 炰鱉鮮魚. 其蔌維何? 維筍及蒲)."라고 한 것과 같다.

'사'는 (지시대명사 '이'의 의미인) '시(是)'이다. 《시경·빈풍(豳風)·칠월(七月)》은 "이 술 두 통을 마련하여 동네 분과 함께 마시니(朋酒斯饗)."라고 했다. 같은 책의 〈대아·공류(公劉)〉는 "이 경 땅에 정착하시니(于京斯依)"라고 했다. 또 "이 빈 땅에 머무르시어(于豳斯館)"라고 했다.

'사'는 ('~한 모습'의 의미인) '연(然)'이다. 《예기·옥조(玉藻)》는 "군자는 두 번째 잔을 마실 때 온화하고 공경한 모습을 한다(二爵而言言斯)."라고 했는데, 이곳의 '언언사(言言斯)'는 '언언연(言言然)'과 같다.[7] 《논어·향당》은 "꿩이 사람의 안색을 살피고 날아올랐다가, 한 바퀴 빙돈 다음에 내려앉았다(色斯舉矣, 翔而後集)."라고 했는데, 하안(何晏)[8]

---

7) 이 구절 앞에서는 '엄숙하고 공경한 모습(洒如)'이라 했고, 이곳에서는 '언언사(言言斯)'라고 했다. '사(斯)'와 '여(如)'는 모두 형용하는 말이다. 정현의 주석은 "'사'는 ('~일 따름이다'의 의미인) '이'이다(斯, 猶耳也)."라고 했는데, 이곳의 '이(耳)'는 '이(爾)'가 되어야 할 것으로 보인다. '언언이(言言爾)'는 '종종이(縱縱爾)' 내지 '절절이(折折爾)'라고 하는 것과 같다.

8) 삼국(三國) 시기 위(魏)나라의 대신이자 현학가(玄學家)이다. 어려서 재주가 뛰어났고, 노장(老莊)의 사상을 좋아했다. 조조(曹操)의 딸 금향공주(金鄕公主)에게 장가 들었다. 시중(侍中)·이부상서(吏部尚書) 등을 지냈다. 정충(鄭沖) 등과 《논어집해(論語集解)》를 편찬했다.[역자주]

의 주석은 마융의 설을 인용하여 "안색이 좋지 않은 것을 보고 가버렸다(見顏色不善, 則去之)."라고 했다. 황간(皇侃)의 《논어의소》는 "공자가 그곳에 있을 때 다른 사람의 안색을 보고 움직인 것이다(孔子在處, 觀人顏色而舉動也)."라고 여겼다. 《논어·헌문》은 "그 다음가는 사람은 좋지 않은 낯빛을 피한다(其次辟色)."라고 했는데, 하안은 공안국의 《전》을 인용하여 "사람의 안색을 살피고 날아오른다(色斯舉也)."라고 했다. 이는 이 주석과 서로 호응한다. 그런데 다음 구절인 "상이후집(翔而後集)"은 새를 두고 한 말이다. 만일 공자가 낯빛을 피한다고 말한다면 다음 구절의 의미와 잘 부합되지 않는다. 만일 새가 사람의 안색이 좋지 않은 것을 보고 날아갔다고 한다면, 또한 새가 어찌 알 수 있는 일이겠는가? 나의 생각으로는 '색사(色斯)'는 새가 빨리 나는 것을 형용한 말로, "상이후집(翔而後集)"의 의미와 정확하게 반대가 된다. '색사'는 '색연(色然)'과 같은데, 놀라 날아가는 모습이다. 《여씨춘추·심응(審應)》은 "제가 듣기로 군자는 새와 같아서, 놀라움을 당하면 날아가 버립니다(蓋聞君子猶鳥也, 駭則舉)."라고 했다. 《공양전·애공 6년》은 "여러 대부들이 이를 보고 모두 아주 놀라운 표정을 지었다(諸大夫見之, 皆色然而駭)."라고 했는데, 하휴의 주석은 "'색연'은 놀라는 모습이다(色然, 驚駭貌)."라고 했으니, 의미가 이것과 가깝다. 한나라 사람들 대부분은 '색사' 두 글자를 이어서 읽었다.[9]

---

9) 《논형(論衡)·정현(定賢)》은 "현자가 세상사를 대하는 것은 새처럼 날아다니다가 형세를 봐서 내려오고, 놀라움을 당하면 얼른 날아가 버린다(大賢之涉世也, 翔而有集, 色斯而舉)."라고 했다. 《의랑원빈비(議郞元賓碑)》는 "놀라움을 당하여 높이 날아올랐다(翻蠹色斯)"라고 했다. 《죽읍후상장수비(竹邑侯相張壽碑)》는 "군은 늘 세속에서 놀라움을 당했다. 이 때문에 결국 높이 날아가 버렸다(君常懷色斯, 遂用高逝)."라고 했다. 《당읍령비봉비(堂邑令費鳳碑)》는 "놀라움을 당하시어 가벼이 날며, 순식간에 고결해지셨다(色斯輕翔, 翻然高絜)."라고 했다. 《비봉별비(費鳳別碑)》는 "공을 이루고 일을 완성하셨으며, 놀라움을 당하자 높이 날아가셨네(功成

'사'는 어기사이다. "알뜰살뜰 가꿔 왔으니 어린 애가 가엽단다(恩斯 勤斯, 鬻子之閔斯)."10)라고 한 것이 이 예이다. 이는 자주 사용되는 말이다.

'사'는 어기사이다. 《시경·주남·종사(螽斯)》는 "여치 날개 소리가(螽斯羽)"라고 했다.11) 같은 책의 〈소아·소변(小弁)〉은 "사슴이 뛰어가는데(鹿斯之奔)"라고 했다. 같은 책의 〈소아·호엽(瓠葉)〉은 "머리 하얀 토끼를 …… (有免斯首) …… "이라고 했다.12) 이상의 '사'는 모두 어기사이다.


# 사些

《광아》는 "'사'는 허사이다(些, 詞也)."라고 했다. 조헌(曹憲)13)의 《박아음(博雅音)》은 발음이 'ㅅ+ㅖ(先計反)'라고 했다. 《초사·초혼(招魂)》에서 이 글자를 사용했다. 《이아석문(爾雅釋文)》은 "'사'는 발음이 'ㅅ+ㅖ' 내지 'ㅅ+ㅏ'로, 말의 여남은 소리이다(些, 息計反, 又息賀反, 語餘聲也)."라고 했다. 《설문해자》의 새롭게 더해진 글자에는 "'사'는 허사로,

---

事就, 色斯高擧)."라고 했다.

10) 이 구절은 《시경·빈풍(豳風)·치효(鴟鴞)》에 보인다.[역자주]

11) 모형의 《전(傳)》은 '종사(螽斯)'를 '사종(斯螽)'으로 보았다. 《광아소증(廣雅疏證)》에 자세한 설명이 보인다.

12) 정현의 《전(箋)》은 '사수(斯首)'를 '백수(白首)'로 보았는데, 잘못된 것이다.

13) 수당(隋唐) 때의 학자이다. 수나라에서 비서학사(秘書學士)를 지낼 때 제자 수백 명에게 학업을 전수했다. 장집(張輯)이 지은 《광아(廣雅)》에 주석을 단 것으로 유명하다. 당 정관(貞觀) 연간 홍문관학사(弘文館學士)로 초빙되었으나 나이를 이유로 가지 않았다. 당 태종(太宗)은 독서를 하다가 낯선 글자가 나오면 늘 그에게 음과 뜻을 물었다고 한다. 저술로는 《문선음의(文選音義)》·《고금자도잡록(古今字圖雜錄)》 등이 있다.[역자주]

《초사》에 보인다. '차'와 '이'로 이루어졌고 그 의미는 분명하지 않다(些, 語詞也, 見《楚辭》, 從此從二, 其義未詳)."라고 했다. 부친께서는 '사(些)'는 '자(呰)'가 와전된 것이라고 하셨다. 초서에서 '자(呰)'는 ᅭ로 되었다가, 예서에서 '사(些)'로 변했다. 《설문해자》는 "'자'는 (감탄이나 놀람을 나타내는 어조사인) '가'이다. 의미를 나타내는 '구'와 소리를 나타내는 '차'로 이루어졌다(呰, 苛也. 從口此聲)."라고 했다. 《이아》는 "'자'는 (지시대명사 '이'의 의미인) '차'이다(呰, 此也)."라고 했다. 《경전석문》은 "'자'는 발음이 'ㅈ+ㅣ'로, 곽박은 음이 '사'라고 했다(呰, 子爾反, 或子移反, 郭音些)."라고 했다. 《옥편》은 "'사'는 발음이 'ㅅ+ㅖ'로, (지시대명사 '이'의 의미인) '차'이며, 허사이다. 또 발음이 'ㅅ+ㅐ'라고도 한다(些, 息計切, 此也, 辭也. 又息箇切)."라고 했다. 《광운(廣韻)·거성십이제(去聲十二霽)》는 "'사'는 발음이 'ㅅ+ㅖ'이고, (지시대명사 '이'의 의미인) '차'이며, 허사로 ('어찌'의 의미인) '하'이다. 초 땅에서의 음은 'ㅊ+ㅐ'이다(些, 蘇計切, 此也, 辭也, 何也. 楚音楚箇切)."라고 했다. 《집운(集韻)·십이제(十二霽)》는 "'사'는 발음이 'ㅅ+ㅖ'이고, 허사이다. '자'로 된 곳도 있다(些, 思計切, 語辭, 或作呰)."라고 했다. 같은 책의 〈삼십팔개(三十八箇)〉는 "'사'는 발음이 'ㅅ+ㅐ'로, 허사이며 《초사》에 보인다. '자'로 된 곳도 있다(些, 四箇切, 語辭也, 見《楚辭》. 或作呰)."라고 했다. 《이아석문》에서 "'자'는 곽박이 소리는 '사'라고 했다(呰, 郭音些)."라고 한 것에 근거하면, 이 '자(呰)'는 '사(些)'의 소리를 모두 갖고 있다. 《옥편》과 《광운》은 모두 "'사'는 (지시대명사 '이'의 의미인) '차'이다(些, 此也)."라고 했다. 이는 곧 《이아》의 '자(呰)'에 대한 풀이이다. 《광운》은 "'사'는 ('어찌'의 의미인) '하'이다(些, 何也)."라고 했는데, 곧 《설문해자》의 '자(呰)'에 대한 풀이이다.[14] 《집운》은 또 "'사'는 '자'로 된 곳도 있다(些, 或作

---

14) 《설문해자(說文解字)》는 "'자'는 (감탄이나 놀람을 나타내는 어조사인)인 '가'이다

昔)."라고 했다. 그래서 '사'는 곧 '자'가 와전된 것임을 알 수 있다. '자'는 '차(此)'로 소리를 삼으니 'ㅅ+ㅖ'를 올바른 소리로 삼고, 'ㅅ+ㅐ'를 변한 소리로 삼아야 한다.15) 《초사》의 '자(呰)'와 《시경》의 '사(斯)'는 같은 의미이다. 《이아》는 '사(斯)'와 '자(呰)'를 모두 (지시대명사 '이'의 의미인) '차(此)'로 풀었고, 소리 또한 가까워 두 글자 모두 허사가 된다.


# 사思

'사(思)'는 어기사이다. 《시경·주남·한광(漢廣)》은 "남쪽의 높지만 잎이 성긴 나무에는 그늘이 없어 쉴 수 없네(南有喬木, 不可休思)."라고 했는데, 모형의 《전》은 "'사'는 허사이다(思, 辭也)."라고 했다.16)

'사'는 발어사이다. 《시경·소아·거할(車舝)》은 "어여쁜 막내딸 시집가는 날(思變季女逝兮)"이라고 했다.17) 같은 책의 〈대아·문왕〉은 "빛나는 많은 신하들이(思皇多士)."라고 했다.18) 같은 책의 〈대아·사제〉

---

(呰, 苛也)."라고 했다. '가(苟)'와 '하(何)'는 모두 옛날의 '가(呵)'자이다. 《주례(周禮)》와 《한서(漢書)》에 보인다.

15) 보통 평성인 '지(支)'와 '가(歌)', 상성인 '지(紙)'와 '가(哿)', 거성인 '치(寘)'와 '개(箇)'는 대부분 한 글자가 두 개의 운을 모두 갖고 있는 경우가 있다.

16) 나의 생각으로, 《좌전·선공(宣公) 12년》은 《시경》의 "좋은 정치를 행하시고 가르침을 시행하시니(鋪時繹思)"를 인용했는데, 이 구절에 대한 두예(杜預)의 주석은 "'사'는 어기사이다(思, 辭也)."라고 한 것이 이 예이다. 정현의 《전(箋)》은 '사(思)'를 ('생각하다'의 의미인) '사념(思念)'의 '사'로 보고 "가르침을 찾고 올려 시행할 것을 생각한다(陳繹而思行之)."라고 했는데, 허사의 용법보다 말이 중복된다.

17) 이곳의 '사(思)'는 어기사이다. 《시경·대아·사제(思齊)》의 "어여쁜 막내딸(思變季女)"·"거룩하신 태임님이(思齊大任)"·"시어머님 태강께 효도하시어(思媚周姜)"는 문장의 구조가 같다. 정현의 《전(箋)》은 "아름다운 소녀를 얻길 생각한 것이다(思得變然美好之少女)."라고 했는데, 잘못된 것이다.

는 "거룩하신 태임님이(思齊大任)"라고 했다.19) 또 "시어머님 태강께 효도하시어(思媚周姜)"라고 했다. 같은 책의 〈대아 · 공류〉는 "평화롭고 빛나게 하시려고(思輯用光)"라고 했다.20) 같은 책의 〈주송 · 사문(思文)〉은 "문덕 많으신 후직께서는 …… (思文后稷 …… )"이라고 했다.21) 같은 책의 〈주송 · 재견(載見)〉은 "아름답고 많은 복 누리게 하여(思皇多祜)."라고 했다.22) 같은 책의 〈주송 · 양사(良耜)〉는 "밥 가져온 아리따운 부인들은 …… (思媚其婦 …… )"23)이라고 했다.24) 같은 책의 〈노송 · 반수(泮水)〉는 "즐거운 반궁(泮宮)의 물에서(思樂泮水)"라고 했다.25) 이상의 '사'는 모두 발어사이다.

---

18) 모형의 《전》은 "'사'는 어기사이다(思, 辭也)."라고 했다.

19) 이곳의 '사(思)'는 어기사이다. 정현의 《전(箋)》은 "늘 거룩하신 태임님을 생각하는 것이다(常思莊敬者, 大任也)."라고 했는데, 잘못된 것이다. 다음 구절의 '사미(思媚)'도 마찬가지이다.

20) 모형의 《전(傳)》은 "백성들이 서로 화목하게 지내는 것을 이곳에서 드러낸 것임을 말한다(言民相與和睦以顯於此也)."라고 했으니 '사(思)'가 어기사인 것은 분명하다. 정현의 《전(箋)》은 "그 백성들이 화목하게 있기를 생각한 것이다(思在和其民人)."라고 했는데, 잘못된 것이다. 《맹자》의 조기(趙岐) 주석도 마찬가지이다.

21) 이곳의 '사(思)'는 어기사이다. 정현의 《전(箋)》은 "선조 중에 문덕이 있는 사람을 생각한 것이다(思先祖有文德者)."라고 했는데, 잘못된 것이다. 《국어 · 주어(周語)》의 위소(韋昭)의 주석도 마찬가지이다.

22) 이곳의 '사(思)'는 어기사이다. '황(皇)'은 '아름답다' 내지 '성대하다'의 의미이다. 《시경 · 대아 · 문왕(文王)》의 "빛나는 많은 신하들이(思皇多士)"와 "성대하게 많은 복이(思皇多祜)"는 문장의 구조가 같다. 정현의 《전(箋)》은 "'황'은 '임금'의 의미이다. 성왕에게 많은 복이 있기를 생각한 것이다(皇, 君也. 思使成王之多福)."라고 했는데, 잘못된 것이다.

23) 이 구절은 《시경 · 주송(周頌) · 양사(良耜)》가 아닌 《시경 · 주송 · 재삼(載芟)》에 보인다.[역자주]

24) "맛있게 들밥을 먹는데(有喰其饁)" · "밥 가져온 아리따운 부인들은(思媚其婦)" · "그들의 남편을 위로해 주고(有依其士)" · "남편은 날카로운 쟁기로(有略其耜)"에서 첫 번째 글자는 모두 어기사이다. 《경의술문》에 설명이 보인다.

'사'는 문중에 쓰이는 어기사이다. 《시경·주남·관저(關雎)》는 "자나 깨나 생각하노니(寤寐思服)."라고 했다.[26] 같은 책의 〈소아·상호(桑扈)〉는 "맛있는 술은 좋기도 하네(旨酒思柔)."라고 했다.[27] 같은 책의 〈대아·문왕유성(文王有聲)〉은 "서쪽에서 동쪽까지, 남쪽에서 북쪽까지, 복종치 않는 이 없었으니(自西自東, 自南自北, 無思不服)."라고 했다.[28] 같은 책의 〈주송·민여소자(閔予小子)〉는 "아아 할아버님과 아버님이시여, 끼치신 일 어김없이 계승하겠나이다(於乎皇王, 繼序思不忘)."라고 했다.[29] 이상의 '사'는 모두 문중에 쓰인 어기사이다.

---

25) 이곳의 '사(思)'는 어기사이다. 정현의 《전(箋)》은 "희공이 반궁의 물가에서 수양하는 것을 즐겼음을 생각한 것을 말한다(言已思樂僖公之修泮宮之水)."라고 했는데, 잘못된 것이다.

26) 모형의 《전(傳)》은 "'복'은 그녀를 그리워하는 것이다(服, 思之也)."라고 하여, 원문의 '복(服)'을 ('그녀를 그리워하다'의 의미인) '사지(思之)'로 풀이했다. '사복(思服)'의 '사(思)'는 어기사이다. 정현의 《전(箋)》은 "'복'은 ('일삼다'의 의미인) '사'이다. 자신이 직책에서 일할 것을 생각하니, 누가 자신과 함께 하겠는가?(服, 事也. 思己職事, 當誰與共之乎?)"라고 했고, 왕숙(王肅)의 주석은 "성심으로 받들고 생각하는 것이다(服膺思念之)."라고 했는데, 모두 문장의 의미에 맞지 않는다.

27) 《시경·주송(周頌)·사의(絲衣)》도 이와 같다. 원문의 '유(柔)'는 '화(和)'의 의미이다. '사유(思柔)'와 '구부정한데(其觓)'는 대구가 되는 문장이어서, 이곳의 '사(思)'는 어기사이다. 정현의 《전(箋)》은 "좋은 술을 마시고, 유순하고 조화로움을 얻어 함께 그 즐거움을 얻고자 생각한 것이다(其飮美酒, 思得柔順中和, 與共其樂)."라고 했다. 《좌전》의 두예(杜預) 주석도 이와 같다. 《시경·주송·사의(絲衣)》의 정현의 《전(箋)》은 "'유'는 ('편안하다'의 의미인) '안'이다. 좋은 술을 마시는 것은 모두 편안해길 생각한 것이다(柔, 安也. 飮美酒者, 皆思自安)."라고 했는데, 모두 잘못되었다.

28) 원문의 "무사불복(無思不服)"은 "무불복(無不服)"과 같다. 이곳의 '사(思)'는 어기사이다.

29) 원문의 "계서사불망(繼序思不忘)"은 "계서불망(繼序不忘)"이다. 《시경·주송·열문(烈文)》은 "아아 전 임금을 잊지 마시기를(於乎前王不忘)."라고 했는데, '사(思)'자가 없다. 이로 보면, 이곳의 '사(思)'는 어기사이다. 정현의 《전(箋)》은 "그 행하

# 장將

《논형(論衡)·지실(知實)》은 "'장'은 ('잠시'의 의미인) '차'이다(將者, 且也)."라고 했다. 이는 자주 사용하는 말이다.

'장(將)'은 ('장차~하려고 한다'의 의미인) '기(其)'이다.《좌전·은공 원년》에서 "폐하께서는 장차 이를 어찌하실 것입니까?(君將若之何?)"라고 한 것, 같은 책의 〈장공 14년〉에서 "폐하께서는 장차 이를 어찌 하시 겠습니까?(君其若之何?)"라고 한 것, 같은 책의 〈성공 2년〉에서 "나라를 장차 어떻게 하실 것입니까?(國將若之何?)"라고 한 것, 같은 책의 〈소공 12년〉에서 "나라를 장차 어떻게 하실 것입니까?(國其若之何?)"라고 한 것은 모두 같은 의미이다. '장'과 '기'는 같은 의미여서 두 글자는 서로 바꿔 쓸 수 있다. 같은 책의 〈성공 14년〉에서 "이 사람은 장차 위나라를 망치려고 할 뿐만 아니라 분명히 나부터 시작할 것이다(是夫也, 將不唯衛國之敗, 其必始於未亡人)."라고 한 것, 같은 책의 〈소공 8년〉에서 "우리만 축하할 뿐만 아니라 온 세상이 장차 축하하러 올 것이오(其非唯我賀, 將天下實賀)."라고 한 것,《국어·진어(晉語)(1)》에서 "이번에 그가 출병하여 승리하면, 사람들의 마음을 얻었다는 것으로 장차 그를 해치려고 할 것이옵니다. 패하면 그것으로 그에게 물으면 될 것이옵니다(行之克也, 將以害之. 若其不克, 其因以罪之)."라고 한 것이 모두 이 예이다. '장'과 '기'는 같은 의미여서 이어서 사용할 수도 있다.《좌전·은공 3년》에서 "어떤 말로 장차 대답하오리까?(其將何辭以對?)"라고 한 것이 이 예이다. '기'자에도 설명이 보인다.

'장'은 (접속사 '아니면'의 의미인) '억(抑)'이다.《초사·복거(卜居)》는 "저는 정성스럽게 마음을 다하며 소박하고 충직해야 합니까? 아니면 가

신 것을 잊지 않기를 생각한 것이다(思其所行不忘)."라고 했는데, 잘못된 것이다.

는 사람은 보내고 오는 사람을 위로하며 이렇게 일생을 보내야 합니까?(吾寧悃悃款款樸以忠乎? 將送往勞來斯無窮乎?)"라고 했다. 《전국책 · 초책(4)》는 "선생께서는 노망이 드셨습니까? 아니면 요설로 초나라 사람들을 미혹하려는 것입니까?(先生老悖乎? 將以為楚國祅祥乎?)"라고 했다. 이상의 '장'은 모두 ('아니면'의 의미인) '억'이다.

'장'은 ('곧'의 의미인) '내(乃)'이다. 《좌전 · 선공 6년》은 "그로 하여금 백성들을 해치며 온갖 나쁜 악행을 일삼게 하면 곧 섬멸할 수 있을 것입니다(使疾其民以盈其貫, 將可殄也)."라고 했다. 《묵자 · 상현(상)》은 "예를 들어 나라 안에 활을 쏘고 말을 모는 사람이 많아지게 하려면, 반드시 이들을 부유하게 해주고 이들을 존경해주고 아들을 받들어 주어야 할 것이다. 그런 다음에 나라 안에 활을 쏘고 말을 모는 사람들이 곧 많이 생겨날 것이다(譬若欲衆其國之善射御之士者, 必將富之貴之敬之譽之, 然後國之善射御之士, 將可得而衆也)."라고 했다.[30] 이상의 '장'은 모두 ('곧'의 의미인) '내'와 같은 의미이다.


# 차且 조徂

《여씨춘추 · 음률(音律)》의 주석은 "'차'는 ('장차~하려고 한다'의 의미인) '장'이다(且, 將也)."라고 했다. 《시경 · 제풍 · 계명(雞鳴)》에서 "대신들 모였다가 장차 돌아갈 테니(會且歸矣)"라고 한 것이 이 예이다. 이는 자주 사용하는 말이다.

'차(且)'는 ('더욱'의 의미인) '상(尚)'이다. 《주역 · 건 · 문언》에서 "하늘은 더욱 어기지 않는다(天且不違)."라고 한 것이 이 예이다. 이 역시

---

30) 두 번째 '장(將)'자가 ('곧'의 의미인) '내(乃)'로, 첫 번째 '장'자와는 의미가 다르다.

자주 사용하는 말이다.

'차'는 ('~도' 내지 '또한'의 의미인) '우(又)'이다. 《춘추·문공 5년》은 "왕이 영숙을 보내 죽은 사람의 입에 넣을 구슬을 보내왔고, 거마도 있었다(王使榮叔歸含, 且賵)."라고 했다. 《곡량전》은 "경문에서 '차'라고 한 것은 영숙 한 사람이 두 가지 물품을 보내는 일을 했음을 나타낸다(其曰且, 志兼也)."라고 했다. 이 역시 자주 사용하는 말이다.

'차'는 (접속사 '아니면'의 의미인) '억(抑)'이다. 《예기·증자문》은 "상여가 빈소를 떠나 길에 와서 일식이 일어나면, 예의상에서 어떤 변화가 있습니까? 아니면 없는 것입니까?(葬引至於壙, 日有食之, 則有變乎? 且不乎?)"라고 했다. 《전국책·제책(4)》는 "폐하께서는 세상이 진나라를 받들 것 같습니까? 아니면 제나라를 받들 것 같습니까?(王以天下為尊秦乎? 且尊齊乎?)"라고 했다. 《사기·위세가(魏世家)》는 "부귀한 자들이 사람들에게 교만하겠습니까? 아니면 빈천한 자들이 사람들에게 교만하겠습니까?(富貴者驕人乎? 且貧賤者驕人乎?)"라고 했다. 이상의 '차'는 모두 (접속사 '아니면'의 의미인) '억'과 같다.

'차'는 ('잠시'의 의미인) '고차(姑且)'이다. 《시경·당풍·산유추(山有樞)》에서 "잠시 재미있게 즐기며 날을 보내지 않는가(且以喜樂, 且以永日)."라고 한 것이 이 예이다. 이는 자주 사용하는 말이다. 《예기·단궁(상)》은 "(발인에 앞서 지내는 조제(祖祭)의) '조(祖)'에는 '잠시'의 의미가 있다. 조제를 잠시 지낸 것이니 상여를 원래 있는 곳으로 되돌린들 무엇이 안 되겠느냐?(夫祖者, 且也. 且, 胡為其不可以反宿也?)"라고 했다. 이에 대한 정현의 주석은 "'차'는 아직 확정되지 않았음을 나타내는 말이다(且, 未定之辭)."라고 했다.

《광아》는 "'차'는 ('설사~하더라도'의 의미인) '차'이다(且, 借也)."라고 했다. 《공양전·은공 원년》은 "설사 환공을 군주로 세워도, 대부들이 성심으로 어린 군주를 돕지 않을까 두려운 것이다(且如桓立, 則恐諸大

夫之不能相幼君也)."라고 했는데, 하휴의 주석은 "'차여'는 가설을 나타내는 말이다(且如, 假設之辭)."라고 했다. 《장자·제물론》은 "지금 설사 여기서 이렇게 말해도 …… (今且有言於此 …… )"라고 했다.

'차'는 ('만일~한다면'의 의미인) '약(若)'이다. 《공양전·은공 3년》은 "만일 아들을 쫓아낼 수 있다면 선군께서는 미리 신하들을 쫓아내야 할 것입니다(且使子而可逐, 則先君其逐臣矣)."라고 했다. 《여씨춘추·지사(知士)》는 "제모변이 선왕에게 대답했다: …… 대왕께서 태사로 세 실 때, 제가 정곽군에게 '태자께서는 인상이 좋지 않으시니 …… 태자를 폐위하고 위희의 어린 아들 교사를 세우는 것만 못합니다.'라고 했는데, 정곽군이 '안 되는 말이오, 나는 차마 그럴 수 없소.'라고 했습니다. 만일 정곽군이 내 말을 듣고 태자를 바꿨다면 분명히 오늘날의 환난이 오지 않았을 것입니다(劑貌辨答宣王曰: ' …… 王方為太子之時, 辨謂靜郭君曰:「太子不仁 …… 不若革太子. 更立衛姬嬰兒校師.」靜郭君曰:「不可, 吾弗忍為也.」且靜郭君聽辨而為之也, 必無今日之患也')."라고 했는데, 《전국책·제책》에는 '차(且)'가 '약(若)'으로 되어있다. 《여씨춘추·거우(去尤)》는 "주나라의 옛 법은 비단으로 갑옷을 만들었다. 공식기가 주나라 군주에게 말했다: 끈으로 만드는 것만 못하옵니다. 갑옷이 견고한 까닭은 틈을 채웠기 때문이옵니다. 지금 틈은 채워졌지만 감당해야 할 힘의 반 밖에 감당하지 못하옵니다. 만일 끈으로 연결한다면, 그렇지 않을 것이옵니다. 틈을 채우면 감당해야할 힘을 모두 감당할 것이옵니다(邾之故法, 為甲裳以帛. 公息忌謂邾君曰: '不若以組, 凡甲之所以為固者, 以滿竅也. 今竅滿矣, 而任力者半耳. 且組則不然, 竅滿, 則盡任力矣')."라고 했다. 《전국책·연책(1)》은 "연나라가 남쪽의 초나라를 따르면 초나라가 중요해지고, 서쪽의 진나라를 따르면 진나라가 중요해지고, 중앙의 한나라와 위나라를 따르면 한나라와 위나라가 중요해지는 것입니다. 만일 따르는 나라의 중시를 받는다면, 이는 분명히 대왕의 움직임에 큰 영향을 끼칠 것입니다(燕, 南附楚則楚重, 西附秦則秦重, 中附韓、魏, 則韓、魏重. 且苟所附之國重, 此必使王重矣)."라고 했다. 이상의 '차'는 모두 ('만일~한다면'의 의미인) '약'이다.

'차'는 (지시대명사 '이'의 의미인) '차(此)' 내지 '금(今)'과 같다. 《시경·주송·재삼(載芟)》은 "이렇게 될 줄 알아 이렇게 된 게 아니며 지금 이때만이 이러한 것이 아니라 옛날부터 이러하였다네(匪且有且, 匪今斯今, 振古如玆)."라고 했는데, 모형의 《전》은 "'차'는 (지시대명사 '이'의 의미인) '차'이다(且, 此也)."라고 했다. 《모시정의》는 "'금'은 ('지금 이때'의 의미인) '금시'이고, '차'도 ('지금 이때'의 의미인) '금시'이니, 사실은 같은 것이다. 시를 지은 사람이 그 일을 찬미하면서도 신신당부하며 다시 말한 것이다(今, 謂今時, 則且亦今時, 其實是一, 作者美其事而丁寧重言之耳)."라고 했다. 글자가 '조(徂)'로 된 곳도 있다.[31] 《상서·비서(粊誓)》[32]는 "지금 저 회이와 서융이 동시에 일어나 난을 일으켰다(徂玆淮夷、徐戎並興)."라고 했는데, 이곳의 '조'는 '차(且)'로 읽는다. '차'는 ('지금 이때'의 의미인) '금(今)'이다. 이는 지금 저 회이와 서융이 동시에 일어나 난을 일으킨 것을 말한다. 공안국의 《전》은 '조'를 ('정벌하러 가다'의 의미인) '왕정(往征)'으로 보았다. 저 회이와 서융이 함께 일어나 난을 일으킨 것을 정벌하러 간다고 한 것은 말이 되지 않는다. 게다가 경전에서 말하는 '조'는 ('정벌하러 가다'의 의미인) '조정(徂征)'으로 말하지 않는다.

'차부(且夫)'는 일을 가리키는 말이다. '차'와 '금(今)'은 같은 의미여서

---

31) 《시경·정풍(鄭風)·출기동문(出其東門)》은 "나의 마음 쏠리는 여인들 아니라(匪我思且)."라고 했다. 《경전석문(經典釋文)》은 "'차'는 음이 '조이다'(且, 音徂)."라고 했다. 《이아(爾雅)》는 "'조'는 ('있다'의 의미인) '존'이다(徂, 存也)."라고 했다. '조(徂)'는 '차(且)'와 통하기 때문에 '차' 역시 '조'와 통한다.

32) 제목의 "비서(粊誓)"는 통행본 《상서》에는 "비서(費誓)"로 되어있다.[역자주]

'금부(今夫)' 내지 '차부(且夫)'로 말하기도 하는데, 사실은 같은 것이다.

'차'는 (어기사인) '부(夫)'와 같다. 《묵자 · 비공(하)》는 "지금 세상의 왕공대인과 사군자들은 …… (今且天下之王公大人士君子 …… )"이라고 했는데, 이곳의 '금차(今且)'는 '금부(今夫)'이다. 《맹자 · 공손추(상)》은 "만일 이러하면 제자는 더더욱 의문이 생깁니다. 문왕의 덕으로 100년을 살다 세상을 떠났는데도 아직 세상에 인의의 정치가 행해지지 않고 있습니다(若是, 則弟子之惑滋甚. 且以文王之德, 百年而後崩, 猶未洽於天下)."라고 했다. 《사기 · 위세가(魏世家)》는 "적황이 이극에게 '지금 듣자하니 폐하께서 선생을 불러 누가 재상이 될지를 물었다고 하던데, 과연 누구를 재상으로 정했습니까?'라고 묻자, 이극이 '위성자가 재상이 되었습니다.'라고 대답했다. 그러자 적황은 노한 얼굴을 하며 ' …… 신이 어째서 위성자보다 못합니까?'라고 말하자, 이극이 '그대가 그대의 왕에게 나를 진언한 것이 어찌 장차 큰 벼슬을 구하기 위함이었겠습니까?'라고 말했다(翟璜問李克曰: '今者聞君召先生而卜相, 果誰爲之?' 李克曰: ' …… 魏成子爲相矣.' 翟璜忿然作色曰: '臣何負於魏成子?' 李克曰: '且子之言克於子之君者, 豈將比周以求大官哉?')"라고 했다. 《사기 · 춘신군전(春申君傳)》은 "이원은 심약한 사람이고, 나 또한 그와 잘 지내고 있는데, 어찌 또 이런 일이 일어날 수 있단 말이오?(李園, 弱人也, 僕又善之. 且又何至此?)"라고 했다. 이상의 '차'는 모두 (어기사인) '부'와 같은 의미이다.

'차'는 단락을 바꿔주는 말이다. 《논어 · 계씨》에서 "너의 말은 잘못되었느니라(且爾言過矣)."라고 한 것이 이 예이다. 이는 자주 사용하는 말이다.

'차'는 발어사이다. 《한비자 · 난이(難二)》는 "경공이 안자를 방문하여 '그대의 집은 작고 시장에 가까우니 그대의 집을 예장의 채소밭 근처로 옮기시게'라고 말했다. 안자는 재배하고 거절하며 '저희 집은 가난하여 장사를 해서 먹기 때문에 아침저녁으로 시장에 가야 하므로 너무 멀리 떠날 수 없나이다.'라고 했다(景公過晏子曰: '子宮小近市, 請徙子家豫章之圃.' 晏子再拜而辭曰: '且嬰家貧, 待市食而朝暮趨之, 不可以遠.')'라고 했다. 《여씨춘추・귀신(貴信)》은 "장공은 왼손으로 환공을 잡고 오른손으로 검을 뽑아 자신 쪽으로 가리켰다 …… 관중과 포숙이 올라가려고 하자, 조귀가 검을 잡고 두 계단 사이에 서서 '두 임금께서 별도로 상의할 것이니, 어느 누구도 올라가서는 안 됩니다'라고 말했다(莊公左搏桓公, 右抽劍以自承 …… 管仲、鮑叔進, 曹劌按劍當兩陛之間曰: '且二君將改圖, 無或進者')'라고 했다. 《전국책・조책(3)》은 "공자 모가 …… 응후에게 작별인사를 하러 갔다. 응후가 '공자께서는 떠나시면서 어떤 가르침도 주시지 않습니까?'라고 하자, 공자 모가 '어르신께서 말씀하시지 않으셔도 제가 올리려는 말이 있었나이다'라고 말했다(公子牟 …… 辭應侯, 應侯曰: '公子將行矣, 獨無以敎之乎?' 曰: '且微君之命命之也, 臣固且有效於君.')'라고 했다.[33] 사마상여의 《봉선문(封禪文)》은 "어떤 사람이 말했습니다. 하늘의 도는 어지러워도 말하지 않고 진기한 징조를 보여주니 사양할 수 없습니다(或曰: 且天爲質闇, 示珍符, 固不可辭)."라고 했다. 이상의 '차'는 모두 발어사이다.

'차'는 문중에 쓰이는 어기사이다. 《장자・제물론》은 "이미 갖고 있는 마음을 (시비를 판단하는) 기준으로 삼는다면, 누군들 기준으로 삼을 것이 없겠는가?(夫隨其成心而師之, 誰獨且無師乎?)"라고 했다. 또 "저것과 이것은 과연 차이가 있을까? 저것과 이것은 과연 차이가 없을까?(果且有彼是乎哉? 果且無彼是乎哉?)"라고 했다. 《여씨춘추・무의(無義)》는 "공손앙이 사람을 보내 공자앙에게 '지금 진나라는 나더러 군사를 거느리게 하고, 위나라는 공자더러 나를 막으라고 했으니, 우리가

---

33) 첫 번째 '차(且)'자는 발어사로, 두 번째 '차'자와 의미가 다르다.

어찌 차마 서로 교전할 수 있겠소!'라고 했다(公孫鞅使人謂公子卬曰: ‘
…… 今秦令鞅將, 魏令公子當之. 豈且忍相與戰哉!')”라고 했다. 이상의
'차'는 모두 문중에 쓰이는 어기사이다.


# 저且[34]

《시경·정풍·산유부소(山有扶蘇)》는 “만나기 전에는 미남이라더니
만나 보니 미친 사람이네(不見子都, 乃見狂且).”라고 했는데, 모형의
《전》은 “'저'는 어기사이다(且, 辭也).”라고 했다.


# 조徂

'조(徂)'는 ('미치다'의 의미인) '급(及)'이다. 《시경·대아·운한(雲
漢)》은 “끊임없이 정결한 제사지내시니, 교외에서 종묘에까지 미치네
(不殄禋祀, 自郊徂宮).”라고 했는데, 이는 정결하게 제사를 지내는 예절
이 교외에서 종묘까지 미침을 말한다. 정현의 《전》은 “교외에서 종묘에
까지 이르는 것이다(從郊而至宗廟).”라고 했는데, 이곳의 '지(至)'도 ('미
치다'의 의미인) '급'이다. 같은 책의 〈주송·사의(絲衣)〉는 “묘당에서
문전까지, 양에서 소까지, 큰솥과 작은 솥까지 미치네(自堂徂基, 自羊
徂牛, 鼐鼎及鼒).”라고 했는데, 이곳의 '조'도 ('미치다'의 의미인) '급'으
로, 서로 바꿔 쓸 수 있다.[35] 이 구절의 의미는 이렇다: 이 제복을 입고

---

34) 발음은 “ㅈ+ㅓ”이다.
35) 정현은 이곳의 '조(徂)'를 ('가다'의 의미인) '왕(往)'으로 풀이했는데, 잘못되었다.
   양에서 소로 가는 것은 문장의 의미가 통하지 않는다.

관을 쓴 사람이 깨끗이 닦아놓은 제기 그릇을 보고 씻는 그릇을 아뢰는 것이니, 묘당에서 문전에 이른 것이다. 희생을 보려고 갖추어졌음을 고한 것은 양에서 소에 이른 것이다.[36] 덮어놓은 솥을 들어 깨끗함을 알린 것은 큰솥에서 작은 솥까지 미친 것이다. 이상의 '조'자 세 개는 모두 여기에서 저곳까지 미친다는 의미이지, ('가다'의 의미인) '왕(往)'으로 일률적으로 설명해서는 안 된다.


# 작作

'작(作)'은 ('비로소'의 의미인) '시(始)'이다. 부친께서는 '작'은 '작(乍)'이라고 한다고 하셨다. '작(乍)'은 ('비로소'의 의미인) '시'이다. 《시경·노송·경(駉)》의 모형의 《전》은 "'작'은 ('비로소'의 의미인) '시'이다(作, 始也)."라고 했다.[37] 《상서·고요모》는 "백성들이 곧 안정되자 모든 제후국들이 비로소 다스려졌다(烝民乃粒, 萬邦作乂)."라고 했는데, 이곳의 '작(作)'은 첫 구절의 ('곧'의 의미인) '내(乃)'와 대구가 된다. 이는 백성들이 곧 안정되자 모든 제후국들이 비로소 다스려졌음을 말한다. 《상서·우공》은 "내이 일대가 비로소 방목했다(萊夷作牧)."라고 했는데, 이는 내이의 물이 물러가면서 비로소 방목했음을 말한다. 또 "타수와 잠수가 이미 소통되자, 운몽택 일대도 비로소 다스려졌다(沱、潛既道, 雲土夢作乂)."라고 했는데, 이곳의 '작'은 첫 구절의 ('이미'의 의미인) '기(既)'와 대구가 된다. 이는 운몽택이 비로소 다스려지기 시작했음

---

36) 양을 먼저 하고 다음에 소를 한 것은 문장을 바꿔 운에 맞추기 위함이다. 모형의 《전(傳)》은 작은 것을 먼저하고 큰 것을 나중에 한 것이라고 보았는데 잘못된 것이다.
37) 《광아(廣雅)》도 이와 같다.

을 말한다. 《사기·하본기(夏本紀)》는 모두 '위(爲)'로 이를 대신했는데 문장의 의미가 잘 통하지 않는다.

'작'은 ('이르다'의 의미인) '급(及)'이다. 《상서·무일》은 "고종이 태자로 있을 때에는 오랫동안 밖에서 노역을 했다. 이에 그는 백성들을 아끼게 되었다. 즉위하자 간혹 침묵을 지키면서 3년 동안 함부로 말을 하지 않았다(其在高宗時, 舊勞於外, 爰暨小人. 作其卽位, 乃或亮陰, 三年不言)."라고 했다. 또 "조갑은 형들을 대신해 왕이 되는 것은 의리에 맞지 않다고 여겨 오랫동안 서민으로 있었다. 그가 즉위하자 이로 백성들의 고통을 알게 되었다(其在祖甲, 不義惟王, 舊爲小人. 作其卽位, 爰知小人之依)."라고 했다. 이상은 모두 그가 즉위함에 이른 것을 말한다. 공안국의 《전》은 ('~로부터'의 의미인) '기(起)'로 풀이했는데 잘못된 것이다. '작(作)'과 '조(徂)'는 소리가 서로 가까워서,[38] 두 글자는 모두 ('이르다'의 의미인) '급'으로 풀이할 수 있다.


# 증曾[39]

'증(曾)'은 ('곧'의 의미인) '내(乃)'·('~한 즉' 내지 '~하면'의 의미인) '즉(則)'이다. 《설문해자》는 "'증'은 어기사로 어기를 완화한다(曾, 詞之舒也)."라고 했다. 고유 주석의 《회남자·수무(修務)》는 "'증'은 ('~한 즉' 내지 '~하면'의 의미인) '즉'이다(曾, 則也)."라고 했다. 정현 주석의 《예기·단궁》은 "'즉'은 '증'을 말한다(則之言曾)."라고 했다. 《시경·위

---

38) 《광운(廣韻)》에도 '작(作)'의 발음이 'ㅈ+ㅗ'로 되어있어, 소리가 '조(徂)'에 가깝다.

39) 음은 '증(增)'이다. 이 글자는 "이렇게 하는 것이 곧 효도라고 할 수 있겠는가?(曾是以爲孝乎)"의 '증(曾)'이다. 사람들이 '층(層)'으로 읽는 것은 잘못된 것이다.

풍(衛風)·하광(河廣)〉에서 "곧 작은 배 하나 받아들이지 못하면서(曾不容刀)"·"곧 하루아침이면 도착하는 것을(曾不崇朝)"이라 한 것, 같은 책의 〈대아·판(板)〉에서 "우리 백성들을 곧 아껴주지 않네(曾莫惠我師)."라고 한 것, 같은 책의 〈대아·소민(召旻)〉에서 "곧 잘못은 깨닫지 못하고(曾不知其玷)."라고 한 것, 《예기·삼년문》에서 "곧 금수만 못해질 것이다(則是曾鳥獸之不若也)."라고 한 것,40) 《국어·오어》에서 "월나라를 곧 우리의 심각한 걱정거리로 여길 가치가 있겠소?(越曾足以為大虞乎?)"라고 한 것, 《공양전·민공 2년》에서 "가령 제나라의 힘으로 노나라를 차지하려면, 군사를 일으키지 않고 말로도 충분합니다(設以齊取魯, 曾不興師, 徒以言而已矣)."라고 한 것, 《논어·팔일》에서 "그런 즉 태산의 신이 임방만도 못하겠느냐?(曾謂秦山不如林放乎?)"라고 한 것,41) 《논어·선진》에서 "나는 그대가 좀 더 색다른 질문을 할 줄 알았는데, 곧 유와 구에 대해 묻는군요(吾以子為異之問, 曾由與求之問)."라고 한 것42) 모두 이 예이다.

'증시(曾是)'는 (곧~이다'의 의미인) '내시(乃是)' 내지 (그런 즉~이다'의 의미인) '즉시(則是)'이다. 《시경·소아·정월》에서 "곧 생각도 못했듯이 쉬우리라(曾是不意)."라고 한 것, 같은 책의 〈대아·탕(蕩)〉에서 "곧 포학한 사람들과 세금 거두는 사람들이, 곧 자리를 차지하고 일하니(曾是彊禦, 曾是掊克, 曾是在位, 曾是在服)."라고 한 것,43) 또 "곧

---

40) 《경전석문(經典釋文)》은 "'증'은 음이 'ㅈ+ㅎ'이다(曾, 則能反)."라고 했다.

41) 황간(皇侃)의 《논어의소(論語義疏)》는 "'증'은 '즉'을 말한다(曾之言則也)."라고 했고, 《경전석문(經典釋文)》은 "'증'은 음이 'ㅈ+ㅎ'이다(曾, 則登反)."라고 했다.

42) 공안국(孔安國)의 《전(傳)》은 "곧 이 두 사람을 물은 것이다(則此二人之問)."라고 했다.

43) 《모시정의(毛詩正義)》는 "'증'이라고 말한 것은 어찌 이러함을 이르는 것으로, 지금 사람들은 아직도 이렇게 말한다(言曾者, 謂何曾如此, 今人之語猶然)."라고 했다.

거들떠보지도 않으니(曾是莫聽)"라고 한 것, 《논어 · 위정》에서 "이렇게 하는 것이 곧 효도라고 할 수 있겠는가?(曾是以為孝乎?)"라고 한 것이[44] 모두 이 예이다.

'하증(何曾)'은 ('어찌 곧~하는가?'의 의미인) '하내(何乃)' 내지 '하즉(何則)'이다. 《맹자 · 공손추(상)》은 "그대는 어찌 곧 나를 관중에 비교하는가?(爾何曾比予於管仲?)"라고 했는데, 조기의 주석은 "'하증'은 '하내'이다(何曾, 何乃也)."라고 했다.[45] 《가자신서 · 유성(諭誠)》은 "폐하께서는 어찌 곧 신발 한 짝을 아쉬워하나이까?(王何曾惜一蹻屨乎?)"라고 했다. 《안자춘추 · 외편(外篇)》은 "아첨을 잘 하는 사람이 …… 어찌 곧 나라에 늘 걱정거리가 되겠소?(讒佞之人 …… 則奚曾為國常患乎?)"라고 했는데, 이곳의 '해증(奚曾)'은 하증('何曾)'과 같다.

《방언(方言)》은 "'증'은 ('어찌'의 의미인) '하'이다.[46] 상담의 평원지역과 형남의 변경지역에서는 '하'를 '증'이라고 하는데, 이는 중원지방에서 '하위'로 말하는 것과 같다(曾, 何也. 湘潭之原, 荊之南鄙, 謂'何'為'曾', 若中夏言'何為'也)."라고 했다.

---

44) 마융(馬融)의 주석은 "그대는 곧 이것이 효도라고 말할 수 있겠는가?(汝則謂此為孝乎?)"라고 했고, 《경전석문(經典釋文)》은 "'증'은 음이 '증'이다. 마융은 ('곧'의 의미인) '즉'이라 했고, 황간(皇侃)은 ('일찍이'의 의미인) '상'이라 했다(曾, 音增. 馬云: 則. 皇侃云: 嘗也)."라고 했다. 나의 생각으로는 황간의 설이 잘못되었다. 금본 《논어》의 마융 주석에는 '즉(則)'이 빠져있다. 《경전석문》과 형병(邢昺)의 《논어주소(論語注疏)》에 근거해 보충한다.

45) 손석(孫奭)의 《맹자음의(孟子音義)》는 "'증'은 정공(丁公)이 음이 '증'이라 했다. ('즉' 내지 '곧'의 의미인) '내'이다(曾, 丁音增, 則也, 乃也)."라고 했다.

46) 《광아(廣雅)》도 이와 같다.

# 층曾[47)

‘층(曾)’은 (‘일찍이’의 의미인) ‘상(嘗)’이다. 《공양전·민공 원년》은 “노나라 장공이 살아있을 때, 악이 일찍이 궁중에서 음란한 짓을 한 적이 있다(莊公存之時, 樂曾淫於宮中).”라고 했다.[48)

# 참晉[49)  참憯  참嶜  참憯

《설문해자》는 “‘참’은 (발어사인) ‘증’이다(晉, 曾也).”라고 하며, 《시경·대아·민로(民勞)》의 “신명을 두려워하지 않네(晉不畏明).”라는 구

---

47) 발음은 ‘층(層)’으로, 이것은 (‘일찍이’의 의미인) ‘층경(曾經)’의 ‘층(曾)’이다.

48) 《경전석문(經典釋文)》은 “‘층’은 음이 ‘ㅈ+ㆁ’이다(曾, 才能反).”라고 했다. 나의 생각으로 《옥편(玉篇)》은 “‘증’은 음이 ‘ㅈ+ㆁ’이고, ‘곧’의 의미이다. 또 음이 ‘ㅈ+ㆁ’이고, (‘겪다’의 의미인) ‘경’이다(曾, 子登切, 則也. 又才登切, 經也).”라고 했다. 《광운(廣韻)》도 이와 같다. 이곳에서 ‘즉(則)’으로 풀이한 것은 ‘증시(曾是)’ 내지 ‘증위(曾謂)’의 ‘증(曾)’으로, 음은 “ㅈ+ㆁ”이다. ‘경(經)’으로 풀이한 것은 (‘일찍이’의 의미인) ‘층경(曾經)’의 ‘층(曾)’으로, 음은 “ㅈ+ㆁ”이다. 《군경음변(群經音辨)》은 “‘증’은 (‘곧’의 의미인) ‘즉’으로, 음은 ‘ㅈ+ㆁ’이다. ‘층’은 (‘일찍이’의 의미인) ‘상’으로, 음은 ‘ㅈ+ㆁ’이다(曾, 則也, 作滕切. 曾, 嘗也, 昨滕切).”라고 했다. ‘상(嘗)’은 바로 (‘일찍이’의 의미인) ‘층경(曾經)’이다. 이상의 전적들은 모두 음과 의미가 분명하고 서로 혼동되지 않는다. 《설문해자(說文解字)》는 “‘증’은 허사로, 어기를 완화한다(曾, 詞之舒也).”라고 했다. 이것이 바로 ‘증시(曾是)’ 내지 ‘증위(曾謂)’의 ‘증(曾)’으로, ‘증(增)’으로 읽어야 한다. 반면 서현(徐鉉)은 발음이 ‘ㅈ+ㆁ(昨棱切)’이라고 하여 ‘층(層)’으로 잘못 읽었다. 《집운(集韻)》은 “‘증’은 음이 ‘ㅈ+ㆁ’이다(曾, 徂棱切).”라고 하며 《설문해자》의 “허사로, 어기를 완화한다(詞之舒也).”를 인용했는데, 곧 서씨의 잘못된 설을 따랐다. 이후로 결국 ‘증시(曾是)’ 내지 ‘증위(曾謂)’의 ‘증(曾)’이 ‘층(層)’으로 읽혀졌다. 《옥편》·《광운》과 《경전석문》에 근거해 고쳐야 한다.

49) 발음은 ‘참(憯)’이다.

절을 인용했다. 글자가 '참(僭)'과 '참(朁)'으로 된 곳도 있고, '참(慘)'으로 된 곳도 있다. 《이아》는 "'참'은 '증'이다(僭, 曾也)."라고 했는데, 곽박의 주석은 "발어사(發語辭)"라고 했다. 《시경·소아·절남산(節南山)》은 "삼가고 한탄하는 이도 없네(僭莫懲嗟)."라고 했는데, 모형의 《전》은 "'참'은 '증'이다(僭, 曾也)."라고 했다.50) 《경전석문》에는 '참(朁)'으로 되어있다. 《시경·소아·십월지교(十月之交)》는 "어찌하여 정신을 차리지 않나(胡僭莫懲)."라고 했는데, 《경전석문》은 "'참'은 '참'으로도 되어있다(僭, 亦作慘)."라고 했다. 《시경·대아·민로》는 "신명을 두려워하지 않네(僭不畏明)."라고 했는데, 《경전석문》·《모시정의》와 《좌전·소공 20년》은 《시경》을 인용하며 모두 '참(慘)'으로 되어있다. 《시경·대아·운한》은 "그 까닭을 모르겠나이다(僭不知其故)."라고 했는데, 《경전석문》에도 '참(慘)'으로 되어있다. '증'과 '참(朁)'은 모두 허사이다. 때문에 이 글자들은 모두 '왈(曰)'로 이루어져 있다. '증' 내지 '참(朁)'으로 말하는데 이는 같은 성모를 가지고 있어서이다.


## 재哉

《설문해자》는 "어기사 '재'는 문장 사이를 끊어주는 역할을 하는 허사이다(哉, 言之間也)."라고 했다.

'재(哉)'는 묻는 말이다. 《시경·패풍·북문(北門)》에서 "일러 무엇 하리!(謂之何哉!)"라고 한 것이 이 예이다.

《예기·증자문》의 《예기정의》는 "'재'는 의심하며 헤아리는 말이다

---

50) 《시경·대아·민로(民勞)》의 모형의 《전(傳)》과 《시경·소아·십월지교(十月之交)》의 정현의 《전(箋)》은 모두 같다.

(哉者, 疑而量度之辭).”라고 했다. 《상서·요전》에서 “내가 그를 시험해 보리라(我其試哉).”라고 한 것이 이 예이다.

'재'는 감탄사이다. 찬미하는 것도 있고,[51] 감탄한 것도 있는데,[52] 경우에 따라 의미가 생긴다.

'재'는 어기사 '의(矣)'와 같다. '곤이옵니다(鯀哉)'[53] · '수이옵니다(垂哉)'[54] · '익이옵니다(益哉)'[55] · '공경하게 정무를 처리하라(欽哉)'[56] · '열심히 노력하라(懋哉)'[57] · '공경하라(敬哉)'[58] · '명심하라(念哉)'[59]라고 한 것이 이 예이다.

'재'는 문중에 쓰이는 어기사이다. 《상서·대고》는 “최선을 다하시오, 그대들 각 나라의 군주들은 ……(肆哉爾庶邦君 ……).”라고 했는데, 이는 그대들 각 나라의 군주들이 최선을 다한다는 것을 말한다. 이곳의 '재'는 의미가 없다.

# 재載 재酨

'재(載)'는 ('~하면'의 의미인) '즉(則)'이다. 문중에서 중첩되어 쓰인

---

51) 《주역·건(乾)·단전(彖傳)》에서 “위대하다, 하늘의 창조의 원기여!(大哉乾元!)”라고 한 경우가 이 예이다.
52) 《상서·요전(堯典)》에서 “요임금이 말했다: 그는 민의를 어겼다(帝曰咈哉).”라고 한 것이 이 예이다.
53) 이 구절은 《상서·요전(堯典)》에 보인다.[역자주]
54) 이 구절은 《상서·순전(堯典)》에 보인다.[역자주]
55) 이 구절은 《상서·순전(堯典)》에 보인다.[역자주]
56) 이 구절은 《상서·요전(堯典)》에 보인다.[역자주]
57) 이 구절은 《상서·요전(堯典)》에 보인다.[역자주]
58) 이 구절은 《상서·고요모(皐陶謨)》에 보인다.[역자주]
59) 이 구절은 《상서·대우모(大禹謨)》에 보인다.[역자주]

것으로는 "기름 치고 굴대빗장 꽂고(載脂載舝)⁶⁰⁾"라고 한 것이 이 예이다. 여러 구절에서 중첩되어 쓰인 것으로는 "침대에다 뉘어 놓고, 좋은 옷을 입혀 주고, 구슬을 갖고 놀게 하니(載寢之床, 載衣之裳, 載弄之璋)."⁶¹⁾라고 한 것이 이 예이다. 《시경·용풍·재치(載馳)》의 모형의 《전》은 "'재'는 허사이다(載, 辭也)."라고 했고, 정현의 《전》은 "'재'는 '즉'을 말한다(載之言則也)."라고 했다.⁶²⁾ 글자가 '재(飺)'로 된 곳도 있다. 《광아》는 "'새'는 허사이다(飺, 詞也)."라고 했다. 《석고문(石鼓文)》은 "서쪽에서도 동쪽에서도(飺西飺北)."라고 했다.


# 즉則 즉即

'즉(則)'은 앞을 받아 뒤를 이어주는 말이다. 《광아》는 "'즉'은 ('곧' 내지 '바로'의 의미인) '즉'이다(則, 即也)."라고 했다. 글자가 ('곧' 내지 '바로'의 의미인) '즉(即)'으로 된 곳도 있다. 《상서·우공》은 "서융이 바로 귀순했다(西戎即敍)."라고 했는데, 이곳의 '즉(即)'은 ('곧' 내지 '바로'의 의미인) '즉(則)'과 같고, '서(敍)'는 ('따르다'의 의미인) '순(順)'이다.⁶³⁾ 이는 서융이 모두 귀순했음을 말한다. 이 구절 앞에는 "삼묘가 크게 귀순했다(三苗丕敍)."라고 했고, 이곳에서는 "서융이 바로 귀순했다(西戎即敍)."라고 했으니, '즉(即)'과 '비(丕)'는 모두 허사이다.⁶⁴⁾ 공안국의

---

60) 이 구절은 《시경·패풍·천수(泉水)》에 보인다.[역자주]
61) 이 구절은 《시경·소아·사간(斯干)》에 보인다.[역자주]
62) 위소(韋昭) 주석의 《국어(國語)·주어(周語)》도 이와 같다.
63) '서(敍)'와 '순(順)'은 같은 의미이다. 《경의술문(經義述聞)》의 "모든 일들이 순순히 잘 처리되었다(百揆時敍)" 구절 아래에 보인다.
64) 이곳의 '비(丕)'는 허사이다. '불(不)'자에 설명이 보인다.

《전》은 "강과 무 같은 이민족들이 모두 나아와 순서대로 따랐다(羌、髳之屬, 皆就次敘)."라고 했고, 《한서·서역전찬(西域傳讚)》은 "《상서》에서 말했다: 서융이 순서대로 귀순하자, 우임금께서 나아가 순서를 정한 것이지 우임금이 위엄으로 그 공물을 올리라고 한 것은 아니다(《書》曰: 西戎即序, 禹既就而序之, 非上威服致其貢物也)."라고 하여, '즉(即)'을 모두 ('나아가다'의 의미인) '취(就)'로, '서(敘)'를 ('순서대로 귀순하다'의 의미인) '차서(次敘)'로 풀이했는데, 잘못된 것이다. '즉(則)'과 '즉(即)'은 옛날 소리가 같아서 서로 통용되었다.[65]

'즉'은 ('장차~하려고 한다'의 의미인) '기(其)'이다. 《예기·단궁(하)》는 "사람들이 우리 군사들을 평하여 장차 어떻게 말할까?(人之稱斯師也者, 則謂之何?)"라고 했는데, 이는 장차 어떻게 말할 것인지를 말한다.

---

[65] 《대대례기(大戴禮記)·증자입사(曾子立事)》는 "30, 40세가 되었는데도 학문적 재주가 없다면, 곧 학문적 재주가 없는 것이다. 50세가 되었어도 사람들로부터 좋은 말을 듣지 못하면, 곧 사람들로부터 좋지 말을 듣지 못하는 것이다(三十、四十之間而無藝, 即無藝矣. 五十而不以善聞, 則無聞矣)."라고 했는데, 이곳의 '즉(即)' 역시 '즉(則)'이다. 《시경·패풍·종풍(終風)》은 "생각하면 가슴이 메네(願言則嚏)."라고 했다. 《일절경음의(一切經音義)》(15)는 원문의 '즉(則)'을 '즉(即)'으로 인용했다. 《전국책·진책(秦策)(3)》은 "이러한즉 폐하께서는 무엇을 따르시겠나이까?(此則君何居焉?)"라고 했는데, 《사기·채택전(蔡澤傳)》에는 원문의 '즉(則)'이 '즉(即)'으로 되어있다. 《사기·진시황기(秦始皇紀)》는 "명령이 내려온 것을 들으면 각자 자신이 배운 것으로 의론하고(聞令下則各以其學議之)."라고 했는데, 《사기·이사전(李斯傳)》에는 원문의 '즉(則)'이 '즉(即)'으로 되어있다. 《사기·소진전(蘇秦傳)》은 "저들에게 준다면 나중에는 줄 땅이 없어질 것입니다(與之, 則無地以給之)."라고 했는데, 《전국책·한책(韓策)》에는 원문의 '즉(則)'이 '즉(即)'으로 되어있다. 《사기·춘신군전(春申君傳)》에는 "초나라는 곧바로 군주를 다시 세웠다(則楚更立君)."라고 했는데 《전국책·초책(楚策)》에는 원문의 '즉(則)'이 '즉(即)'으로 되어있다. 《사기·노중련전(魯仲連傳)》은 "신은 곧바로 공이 얻을 수 없음을 알았소(則臣見公之不能得也)."라고 했는데, 《전국책·제책(齊策)》에는 원문의 '즉(則)'이 '즉(即)'으로 되어있다.

《좌전·희공 23년》은 "자신의 즐거움을 위해 형벌을 남용한다면, 장차 누구인들 죄가 없겠습니까?(淫刑以逞, 誰則無罪?)"라고 했는데, 이는 누구인들 죄가 없을 것인가를 말한다. 같은 책의 〈문공 17년〉은 "우리 작은 나라가 이렇게 진(晉)나라를 섬기고 있지만, 장차 더 이상 넘어설 수 없을 것입니다(雖我小國, 則蔑以過之矣)."라고 했는데, 이는 더 이상 넘어설 수 없음을 말한다. 《국어·오어》는 "폐하께서는 예의상 제한을 두시면서 정작 본인은 이를 넘으십니다. 그러면 형과 만 같은 오랑캐들이 장차 주나라 왕실에 무슨 예의를 차리겠습니까?(君有短垣而自逾之. 況荊蠻則何有於周室?)"라고 했는데, 이는 저들이 장차 주나라 왕실에 무슨 예의를 차리겠음을 말한다.[66]

'즉'은 (접속사인) '이(而)'와 같다. 《좌전·문공 2년》은 "《주지》에 이런 말이 있다: 용맹하여 위에 있는 사람을 해치면 죽어서 명당에 들어갈 수 없다(《周志》有之, 勇則害上, 不登於明堂)."라고 했는데, 이는 용맹해서 위에 있는 사람을 해치는 것을 말한다.[67] 같은 책의 〈소공 3년〉은 "저는 폐하를 섬김에 아침저녁으로 나태하지 않고 시간에 맞춰 예물들을 받치려고 합니다. 그러나 나라에 어려움이 많아 이렇게 하지 못했습니다(寡君願事君, 朝夕不倦, 將奉質幣以無失時. 則國家多難, 是以不獲)."라고 했는데, 이는 그러나 나라에 어려움이 많음을 말한다. 《장자·소요유》는 "붕새가 아래를 내려 보는 것도 이와 같을 따름이다(其視下也, 亦若是則已矣)."라고 했는데, 이곳의 "즉이의(則已矣)"는 ('~일

---

66) 《좌전·소공(昭公) 9년》은 "백부님께서 만일 면류관을 찢고 망가뜨리고 나무를 뽑고 수원지를 막으며 국정을 농단하고 국정을 도모하는 사람을 내친다면, 융적이라도 어디 나 이 천자를 마음에 두겠습니까?(伯父若裂冠毀冕, 拔本塞原, 專棄謀主, 雖戎, 狄其何有餘一人?)"라고 했다.

67) 《일주서(逸周書)·대광편(大匡篇)》에는 "용여해상(勇如害上)"으로 되어있는데, 이곳의 '여(如)'가 바로 (접속사인) '이(而)'이다.

따름이다'의 의미인) "이이의(而已矣)"이다. 《순자·영욕(榮辱)》은 "천자가 되어 존귀해지고 세상을 가질 만큼 부유해지는 것은 사람인 이상 모두 바라는 것이다. 그래서 사람의 바람을 무작정 방치한다면, 형세는 허락지 않고 사물도 만족할 수 없다(夫貴爲天子, 富有天下, 是人情之所同欲也. 然則從人之欲, 則勢不能容, 物不能贍也)."라고 했고, 《사기·봉선서(封禪書)》는 "그래서 기이하고 황당하며 아부하고 영합하는 자들이 이로부터 흥기했다(然則怪迂阿諛苟合之法自此興)."라고 했는데, 이상의 '연즉(然則)'은 모두 ('그래서'의 의미인) '연이(然而)'이다.

'즉'은 ('곧' 내지 '이에'의 의미인) '내(乃)'이다. 《시경·패풍·신대(新臺)》는 "고기 그물을 쳤는데, 곧 큰 기러기가 걸렸네(魚網之設, 鴻則離之)."라고 했는데, 이는 곧 큰 기러기가 걸렸음을 말한다. 같은 책의 〈대아·운한(雲漢)〉은 "하늘의 하느님께서는 곧 제게 남겨 주시지 않으려는 듯합니다 …… 선공들과 선공들의 신하들이 곧 저를 돕지 않는다 하더라도(昊天上帝, 則不我遺 …… 群公先正, 則不我助)."라고 했는데, 이는 곧 제게 남겨주시지 않는 것과 곧 저를 돕지 않는다는 것을 말한다. 《좌전·환공 6년》은 "나는 제사 때 순색의 온전하면서 살찐 희생을 쓰고, 기장도 넉넉하게 준비하건만, 어째서 곧 귀신들로부터 믿음을 얻지 못하는가?(吾牲牷肥腯, 粢盛豐備, 何則不信?)"라고 했는데, 이는 어째서 곧 믿음을 얻지 못하는가를 말한다. 또 《상서·금등》은 "이에 농작물들이 모두 일어났다(禾則盡起)"라고 했는데, 이는 이에 농작물들이 모두 일어났음을 말한다. 《시경·소남·초충(草蟲)》은 "이 마음 곧 놓이련만(我心則降)"이라 했는데, 이는 내 마음이 곧 놓인다는 것을 말한다. 《대대례기·하소정》은 "매가 곧 비둘기가 된다(鷹則爲鳩)."라고 했는데, 이는 매가 곧 비둘기가 된다는 것을 말한다.[68] 《예기·월령(月

---

68) 《대대례기(大戴禮記)·하소정(夏小正)》에 나오는 '즉(則)'은 모두 이곳에 둔다.

슈)》은 "곧 승냥이가 잡은 동물을 제사지내는 것처럼 사방으로 늘어 놓는다(豺乃祭獸戮禽)."라고 했는데, 《여씨춘추·계추기(季秋紀)》에는 '내'가 '즉'으로 되어있다. 《상서·홍범》은 "곤이 유배를 당해 죽자, 이에 우가 이를 이어 다스렸다(鯀則殛死, 禹乃嗣興)."라고 했는데, 이곳의 '즉' 역시 ('이에'의 의미인) '내'로, 문장에 서로 바꿔 쓸 수 있다.

부친께서는 '즉'은 ('만일~한다면'의 의미인) '약(若)'이라고 하셨다. 《상서·홍범》은 "그대가 만일 큰 의문이 드는 것이 있다면, 먼저 그대의 마음을 잘 생각하고 경사들과 상의할 것이며 그런 후에는 백성들과 상의하고 마지막에는 점을 쳐서 물어보라(女則有大疑, 謀及乃心, 謀及卿士, 謀及庶人, 謀及卜筮)."라고 했는데, 이는 그대가 만일 큰 의문이 드는 것이 있음을 말한다. 《예기·삼년문》은 "큰 새와 동물들이 만일 자신들의 동료를 잃으면, 한 달이 지나거나 한 계절이 지나도 반드시 돌아와 살핀다(今是大鳥獸, 則失喪其群匹, 越月逾時焉, 則必反巡)."라고 했는데, 이는 만일 자신들의 동료를 잃는 경우를 말한다. 《순자·의병(議兵)》은 "만일 큰 적이 오는데 그들로 하여금 위태로운 성을 지키게 한다면, 그들은 반드시 모반을 일으킬 것이다. 적을 만나 싸우면 반드시 패할 것이다(大寇則至, 使之持危城, 則必畔. 遇敵處戰, 則必北)."라고 했는데, 이는 만일 큰 적이 오는 경우를 말한다. 《전국책·조책(3)》은 "저들이 만일 무례하게 칭제하거나 심지어 세상에 명을 내린다면, 저는 동해에 뛰어들어 죽을 수밖에 없을 것입니다(彼則肆然而為帝, 過而遂正於天下, 則連有赴東海而死矣)."라고 했는데, 이는 저들이 만일 무례하게 칭제하는 경우를 말한다.[69] 《전국책·연책(3)》은 "만일 진나라 왕을 협박하여 그가 차지한 제후들의 땅을 모두 돌려받는다면, 가장 좋은

---

69) 《사기·노중련전(魯仲連傳)》에는 '피즉(彼則)'이 '피즉(彼即)'으로 되어 있는데. 이곳의 '즉(即)' 역시 '약(若)'의 의미이다. '즉(即)'자에도 설명이 보인다.

것입니다. 만일 그가 안 된다고 한다면 죽일 것입니다(誠得劫秦王, 使悉反諸侯之侵地 …… 則大善矣. 則不可, 因而刺殺之)."라고 했는데, 이는 만일 안 된다는 경우를 말한다. 《한시외전(韓詩外傳)》은 "신이 사는 마을의 여자 중에 남편이 죽은 지 3일 만에 재가한 사람과 평생 재가하지 않은 사람이 있습니다. 만일 자신이 장가 드시면, 누구에게 장가드시겠습니까?(臣之里婦, 有夫死三日而嫁者, 有終身不嫁者. 則自為娶, 將何娶焉?)"라고 했는데,70) 이는 만일 자신이 장가를 갈 경우를 말한다. 《사기·고조본기(高祖本紀)》는 "지금 듣기로 장한이 항우에게 투항하자, 항우는 그를 옹왕에 봉해 관중의 왕이 되게 했다고 합니다. 지금 만약 온다면, 패공께서는 아마 이곳을 차지하지 못할 것입니다(今聞章邯降項羽, 項羽乃號為雍王, 王關中. 今則來, 沛公恐不得有此)."라고 했는데, 이는 지금 만약 온다는 경우를 말한다. 《사기·항우본기(項羽本紀)》는 "항왕이 조구 등에게 말했다: 성고를 잘 지키시오. 만일 한나라가 도발해오면, 신중하고 함께 싸우지 마시오(項王謂曹咎等曰: '謹守成皋, 則漢欲挑戰, 慎勿與戰')."라고 했는데, 《한서·항적전(項籍傳)》에는 "즉한욕도전(即漢欲挑戰)"으로 되어있다. '즉(即)'과 '즉(則)'은 옛날 글자가 통해서 모두 ('만일~한다면'의 의미인) '약(若)'으로 풀이할 수 있다. 그래서 《사기·고조본기》에는 "약한도전(若漢挑戰)"으로 되어있다.71)

'즉'은 ('아마~일 것이다'의 의미인) '혹(或)'이다. '혹'과 '약(若)'은 의

---

70) 《한서·괴통전(蒯通傳)》에는 "그대가 아내로 맞이하고자 한다면, 누구를 맞이하겠습니까?(足下即欲求婦, 何取?)"로 되어 있는데, 이곳의 '즉(即)' 역시 '약(若)'의 의미이다.

71) 《사기·원앙전(袁盎傳)》은 "신도가가 말했다: 선생께서 말씀하시는 것이 공적인 일이라면 장사나 연과 논의하십시오. 제가 말을 올려드리겠습니다. 만일 개인적인 것이라면, 저는 개인적인 청탁을 받아들이지 않을 것입니다(申屠嘉曰: '使君所言公事, 之曹與長史掾議, 吾且奏之. 即私邪, 吾不受私語')"라고 했다. 《한서》에는 '즉(即)'이 '즉(則)'으로 되어있는데, 모두 '약(若)'의 의미이다.

미가 서로 가깝다. 《사기 · 진승상세가(陳丞相世家)》는 "번쾌는 황제의 오랜 친구이자 큰 공을 세운 공신이오. 게다가 그는 여후의 여동생 여수(呂須)의 남편이어서 황제와 가깝고 신분도 높소. 황상이 일시적으로 노하여 그를 참하려고 하지만 후회하게 될 것이오(樊噲, 帝之故人也. 功多, 且又乃呂后弟呂須之夫, 有親且貴. 帝以忿怒故欲斬之, 則恐後悔)."라고 했는데, 이는 아마도 후회할 것임을 말한다.

'하즉(何則)'은 ('왜' 내지 '무엇'의 의미인) '하야(何也)'이다. 《묵자 · 상현(중)》은 "그래서 옛날 삼대의 폭군이었던 걸왕 · 주왕 · 유왕 · 여왕이 나라를 잃고 사직을 무너뜨리게 된 까닭은 바로 이런 이유 때문이다. 그것은 왜일까? 모두가 작은 일에만 밝고 큰일에는 밝지 못했기 때문이다(故雖昔者三代暴王桀、紂、幽、厲之所以失損其國家, 傾覆其社稷者, 已此故也. 何則? 皆以明小物而不明大物也)."라고 했다. 《순자 · 유좌(宥坐)》는 "엄청나게 높은 산을 무거운 짐을 실은 수레가 올라가는 것은 무엇 때문일까? 경사가 천천히 높아지기 때문이다(百仞之山, 任負車登焉. 何則? 陵遲故也)."라고 했다. 《한비자 · 현학(顯學)》은 "설사 …… 상과 벌에 의지하고 자발적으로 좋은 일을 하는 사람이 있더라도 영민한 군주는 그를 중시하지 않을 것이다. 이는 왜일까? 나라의 법은 없앨 수 없는 것이고 다스리는 사람이 한 명만 있는 것이 아니기 때문이다(雖有 …… 不恃賞罰而恃自善之民, 明主弗貴也. 何則? 國法不可失, 而所治非一人也)."라고 했다. 《전국책 · 제책(4)》는 "신이 듣기로 그 옛날 대우께서 다스릴 때는 세상에 만 개나 되는 제후국이 있었다고 합니다. 왜 이렇게 많은 나라들이 있었던 것이겠습니까? 당시 덕을 크게 쌓는 이치를 알았고 인재를 귀히 여기는데 힘을 쏟았기 때문이었습니다(臂聞古大禹之時, 諸侯萬國, 何則? 德厚之道得, 貴士之力也)."라고 했다. 이상은 의미가 모두 '하야(何也)'와 같다. 《전국책 · 진책(秦策)(4)》는 "저는 한나라와 위나라가 진(秦)나라에게 겸손하게 자기를 낮추고 굽신

거리고 있지만 실제로는 대국을 속이고 있는 것이 걱정입니다. 이것은 왜이겠습니까? 이는 폐하께서는 대대로 한나라와 위나라에 은덕을 내려주시지 않고 도리어 대대로 그들과 원수를 졌습니다(臣恐韓、魏之卑辭慮患, 而實欺大國也. 此何也? 王既無重世之德於韓、魏, 而有累世之怨).”라고 했는데, 《사기‧춘신군전(春申君傳)》에는 ‘차하야(此何也)’가 ‘하즉(何則)’으로 되어있다.


## 즉即 즉則

‘즉(即)’은 (‘곧’의 의미인) ‘수(遂)’이다. 《상서‧서백감려(西伯戡黎)》에서 “은나라는 곧 멸망할 것이다(殷之即喪).”라고 한 것이 이 예이다. 이는 자주 사용하는 말이다.

‘즉’은 지금 사람들이 말하는 (‘그날’의 의미인) ‘즉금(即今)’과 같다. 《사기‧항우본기》에서 “항우는 그날로 패공을 머무르게 하고 함께 술을 마셨다.(項羽即日因留沛公與飮).”라고 한 것이 이 예이다. 글자가 ‘즉(則)’으로 된 곳도 있다. 《한서‧왕망전(王莽傳)》은 “소리에 응해서 마구 흩어지면 그날로 상처가 됩니다(應聲滌地, 則時成創).”라고 했는데, 안사고의 주석은 “‘즉시’는 ‘즉시’이다(則時, 即時也).”라고 했다.

‘즉’은 지금 사람들이 말하는 (‘곧~이다’의 의미인) ‘즉시(即是)’와 같다. 《좌전‧양공 8년》에서 “부형이 아니면 곧 자제이다(非其父兄, 即其子弟).”라고 한 것이 이 예이다. 글자가 ‘즉(則)’으로 된 곳도 있다. 《국어‧정어(鄭語)》는 “이들 나라는 문왕과 동성인 서자의 자손 내지 모친 쪽 자손과 성씨가 다른 외가의 친척들이 아니면 곧 모두 형‧만‧융‧적 사람들이다. 친척이 아니면 미개한 사람들이어서 그곳에 가서는 안 된다(是非王之支子母弟甥舅也, 則皆荊、蠻、戎、狄之人也. 非親則頑,

不可入也)."라고 했다.

부친께서는 《한서 · 서남이전(西南夷傳)》의 주석에 "'즉'은 ('만약~한
다면'의 의미인) '약'과 같다(即, 猶若也)."라고 한 기록이 있다고 하셨
다. 《좌전 · 소공 12년》은 "남괴가 산가지로 점을 치니, 곤괘가 비괘로
변하는 점괘가 나왔다 …… 그리하여 자복혜백에게 보여주며 '만일 일
이 생긴다면, 어찌할까요?'라고 했다(南蒯枚筮之, 遇《坤》之《比》…… 示
予服惠伯曰: '即欲有事, 何如?')"라고 했는데, 이는 만일 일이 생기는 경
우를 말한다. 《공양전 · 장공 32년》은 "장공이 병이 위중해 세상을 떠나
려 할 즈음, …… 계자에게 말했다: 만일 나의 병이 좋아지지 않으면,
내가 노나라를 누구에게 맡겨야 하겠소?(莊公病將死 …… 謂季子曰: '寡
人即不起此病, 吾將焉致乎魯國?')"라고 했는데, 이는 만일 이 병이 좋아
지지 않는 경우를 말한다. 같은 책의 〈희공 33년〉은 "백리자와 건숙자
가 자신의 아들을 보낼 때 그들을 일깨워주며 말했다: 너희들이 만일
죽는다면, 분명히 효산(殽山)의 높고 험한 낭떠러지일 것이다(百里子與
蹇叔子送其子而戒之曰: '爾即死, 必於殽之嶔巖.')"라고 했는데, 이는 너
희들이 만일 죽는다는 것을 말한다. 같은 책의 〈양공 27년〉에는 영식
(甯殖)이 죽을 때 아들 영희(甯喜)에게 "내가 만일 죽으면, 너는 폐하를
반드시 맞이할 수 있겠느냐?(我即死, 女能固納公乎?)"라고 했는데, 이
는 내가 만일 죽는다는 것을 말한다.72) 《이아 · 석지(釋地)》는 "서쪽에
사는 비견수(짐승이름)는 공공거허(짐승이름)와 붙어서 다니는데, 달콤
한 풀을 씹어 공공거허에게 먹여준다. 만일 급박한 상황이 닥치면, 공공

---

72) 《가자신서(賈子新書) · 태교(胎教)》는 "사추가 병이 들어 죽을 때 그의 아들에게
　　말했다: 내가 죽으면 북당에서 장례를 치루거라(史鰌病且死, 謂其子曰: '我即死,
　　治喪於北堂')."라고 했다. 《사기 · 공자세가(孔子世家)》는 "계환자가 중병에 걸리
　　자, 그의 후계자인 강자를 돌아보며 말했다: 내가 죽으면 그대는 분명히 노나라의
　　재상이 될 것이다(季桓子病, 顧謂其嗣康子曰: '我即死, 若必相魯')."라고 했다.

거허는 그를 업고 달아난다(西方有比肩獸焉, 與邛邛岠虛比, 為邛邛岠虛齧甘草. 即有難, 邛邛距虛負而走)."라고 했는데, 이는 만일 급박한 상황이 생기는 경우를 말한다. 《전국책 · 진책(秦策)(1)》은 "지금 폐하께서는 한중을 초나라에 넘겨주시려고 하옵니다. 만일 세상에 뜻밖의 변고가 생긴다면, 그때 폐하께서는 무엇으로 초나라의 환심을 사시겠습니까?(今王以漢中與楚, 即天下有變, 王何以市楚也?)"라고 했다. 이는 만일 세상에 뜻밖의 변고가 생기는 것을 말한다. 같은 책의 〈조책(3)〉은 "세상의 선비들이 귀히 여기는 것은 사람들을 위해 걱정거리를 없애고 어려움을 해결해주며 혼란이 일어나지 않도록 해주면서 보수를 바라지 않는 것이다. 만일 보수를 바란다면 이는 장사를 하는 사람들이다(所貴於天下之士者, 為人排患釋難解紛亂而無所取也. 即有所取者, 是商賈之人也)."라고 했는데, 이는 만일 보수를 바란다는 것을 말한다. 같은 책의 〈위책(4)〉는 "지금 폐하께서는 강성한 초나라를 의지하고 춘신군의 말을 믿으십니다. 이 때문에 진나라와 적이 되어 훗날을 예측하기 어렵게 되었습니다. 만일 춘신군에게 무슨 일이 일어난다면 폐하께서는 홀로 진나라의 우환을 감당하셔야 할 것입니다(今王恃楚之強, 而信春申君之言, 以是質秦而久不可知. 即春申君有變, 是王獨受秦患也)."라고 했는데, 이는 만일 춘신군에게 무슨 일이 생기는 것을 말한다. 《사기 · 진본기(秦本紀)》는 "진나라의 공자 어가 진나라의 군주가 병이 났다는 것을 듣고 말했다: 만일 폐하께서 돌아가신다면, 진나라는 분명히 나를 억류할 것이다(晉公子圉聞晉君病, 曰: '即君百歲後, 秦必留我')"라고 했는데, 이는 만일 폐하께서 돌아가시는 것을 말한다. 《사기 · 진세가(晉世家)》는 "이오는 극예로 하여금 후한 예물을 가지고 진나라로 가게 하여, 진(秦)나라 임금에게 '만일 다시 돌아올 수 있게 해준다면, 진(晉)나라의 하서 지방을 넘겨줄 것이다'라고 약속했다(夷吾使郤芮厚賂秦, 約曰: '即得入, 請以晉河西之地與秦')."라고 했는데, 이는 만일 다시 돌아올 수 있게 해준다는 것을 말한다. 같은 책의 〈정세가(鄭世家)〉는 "제나라 양공이 수지에서 제후들과 회동했다 …… 정나라의 자미가 말했다: 제나라는 강하고 여공은 역읍에 있어, 만일 가지 않는다면 제후를 이끌고 우리를 쳐서 여공에게 돌려줄 것이오(齊襄公會諸侯於首止 …… 鄭子亹曰: '齊强而厲公居櫟, 即不往, 且率諸侯伐我, 內厲公')"라고 했다. 이는 만일 가지 않는다는 것을 말한다. 또 《좌전 · 희공 23년》은 "공사께서 만일 진나라로 돌아오신다면, 무엇으로 나에게 보답하겠소?(公子若反晉國, 則何以報不穀?)"라고 했는데, 《사기 · 진세가(晉世家)》에는 "자즉반국, 하이보과인(子即反國, 何以報寡人)"으로 되어있다. 《좌전 · 소공 7년》은 "내가 만일 죽으면, 반드시 남궁경숙(南宮敬叔)과 맹의자(孟懿子)를 그 어르신에게 맡겨주시오(我若獲沒, 必屬說與何忌於夫子)."라고 했는데, 《사기 · 공자세가》에는 "오즉몰, 약필사지(吾即沒, 若必師之)"로 되어있다. 《관자 · 계(戒)》는 "관중이 병이 나 자리에 누워 있을 때, 환공이 병문안을 가서 말했다: 중보의 병이 심하시니, 만일 …… 불행히도 병이 좋아지지 않으면, 누구에게 국정을 맡겨야 하는지요?(管仲寢疾, 桓公往問之曰: '仲父之疾甚矣, 若 …… 不幸而不起此疾, 彼政我將安移之?')"라고 했는데, 《한비자 · 십과(十過)》에는 "즉불행이불기차병(即不幸而不起此病)"으로 되어있다. 이곳의 '즉(即)'은 ('만약~한다면'의 의미인) '약'이다. 《사기 · 조세가(趙世家)》는 "조삭의 부인이 아기를 가졌는데, 다행히도 만일 아들을 낳으면 내가 부양하고, 만일 딸을 낳으면 나는 천천히 죽을 뿐이다(朔之婦有遺腹, 若幸而男, 吾奉之. 即女也, 吾徐死耳)."라고 했는데, 이곳의 '즉(即)' 역시 ('만약~한다면'의 의미인) '약'으로, 문장에서 서로 바꿔 쓸 수 있다.

'즉'은 ('어쩌면' 내지 '혹은~일 것이다'의 의미인) '혹(或)'과 같다. '혹'은 '약(若)'과 의미가 가깝다. 《국어 · 월어(越語)(상)》은 "만일 월나라의 죄가 용서할 수 없는 것이라고 생각한다면, 우리는 종묘를 불사르고 처자식을 묶고 금은보화들을 강에다 버릴 것입니다. 우리의 갑옷으로 무장한 5,000명의 병사들은 죽음으로 나라를 지킬 것입니다 …… 그렇게 되면 이는 혹 폐하께서 좋아하시는 것을 망가뜨릴 수 있지 않겠습니까?(若以越國之罪爲不可赦也, 將焚宗廟, 係妻孥, 沈金玉於江. 有帶甲五千人, 將以致死 …… 無乃即傷君王之所愛乎?)"라고 했는데, 이는 폐하께서 좋아하는 것을 혹 망가뜨릴 수 있음을 말한다. 《사기 · 여태후본기(呂太后本紀)》는 "유택은 당시 대장군이었다. 태후는 여씨 일족을 왕으로 봉했지만 자신이 죽은 후에 혹 유 장군이 난을 일으킬 것을 두려워했다(劉澤爲大將軍, 太后王諸呂, 恐即崩後, 劉將軍爲害)."라고 했는데, 이는 자신이 죽으면 혹 난을 일으킬 수 있음을 말한다. 《사기 · 장승상열전(張丞相列傳)》은 "척희의 아들 여의가 조왕에 봉해졌을 때, 그의 나이는 10살이었다. 고조는 자신이 죽은 후에 혹 여 태후에게 살해되지 않을까 염려했다(戚姬子如意爲趙王, 年十歲, 高祖憂即萬歲之後不全也)."라고 했는데, 이는 자신이 세상을 떠난 후에 혹 여 태후에게 살해될 수 있음을 염려한 것을 말한다. '즉(即)'과 '즉(則)'은 옛날에 소리가 같았기 때문에 '즉(即)'은 '약'으로 풀이할 수도 있고 '혹'으로 풀이할 수도 있다. '즉(則)'은 '혹'으로 풀이할 수도 있고 '약'으로도 풀이할 수 있다. '즉(則)'자에도 설명이 보인다.

## 자㗊[73] 자兹 자子

《설문해자》는 "'자'는 ('탄식하다'의 의미인) '차'이다(㗊, 嗟也)."라고 했다.[74] 《광운》은 "'자차'는 근심하는 소리이다(㗊嗟, 憂聲也)."라고 했

---

다. 거꾸로 말해서 '차자(嗟嗞)'라고도 하며, 어떤 곳에는 '차자(嗟茲)' 내지 '차자(嗟子)'로 된 곳도 있다. 《시경·당풍·주무(綢繆)》는 "아아! 이 좋은 사람 어이할까?(子兮子兮, 如此良人何?)"라고 했는데, 모형의 《전》은 "'자혜'는 '차자'이다(子兮者, 嗟茲也)."라고 했다. 《관자·소칭(小稱)》은 "슬프도다! 성인의 말씀이 옳도다!(嗟茲乎, 聖人之言長乎哉!)"라고 했다. 《전국책·진책(秦策)(5)》은 "아, 사공마여!(嗟嗞乎, 司空馬!)"라고 했다. 같은 책 〈초책(1)〉은 "아아, 초나라가 망할 날이 왔구나!(嗟乎子乎, 楚國亡之日至矣!)"라고 했다. 《상서대전(尚書大傳)》은 "제후가 묘당 안에 있으면, 문왕과 무왕을 직접 만난 듯 정색을 한다. 그런 다음에 '아아, 이것은 우리의 선군이신 문왕과 무왕의 유풍이로다!'라고 말한다(諸侯在廟中者, 愀然若復見文、武之身, 然後曰: 嗟子乎, 此蓋吾先君文、武之風也夫!)"라고 했다. 《설원·귀덕(貴德)》은 "아아, 나는 분명히 곤궁해질 것이다!(嗟嗞乎, 我窮必矣!)"라고 했다. 양웅의 《청주목잠(青州牧箴)》은 "아아 상제시여, 아래 백성들에게 사명을 주소서!(嗟茲天王, 附命下土!)"라고 했다. 이상은 글자는 다르지만 의미는 모두 같다. 《시경》에서 말하는 '자혜(子兮)'는 '차자호(嗟子乎)' 내지 '차자호(嗟嗞乎)'로 말하는 것과 같다. 그래서 모형의 《전》에는 '자혜(子兮)'가 '차자(嗟茲)'로 되어있다.[75] 정현의 《전》은 "'자혜자혜'는 장가든 것을 가리킨다(子兮子兮, 斥娶者)."라고 했는데, 의미를 잘못 풀이했다. 그가 주석을 단 《상서대전》은 또 "'자'는 성왕을 말한다(子, 成王也)."라고 했다. 나의 생각으로 '차자호(嗟子乎)'는 제후의 말로, 제후가 천자에게 어떻게 아들로 불리겠는가? 이것은 그렇지 않은 것이다.

---

74) '차(嗟)'는 '차(嗟)'와 같다.
75) 《모시정의(毛詩正義)》에서 "'차'는 (지시대명사 '이'의 의미인) '차'이다. 이 사람이 좋은 사람을 만나지 못하는 것을 탄식한 것이다(茲, 此也. 嗟歎此身不得見良人)." 라고 한 것은 모형의 《전(傳)》의 의미가 아니다.

# 차嗟 차嗟 차蹉

《설문해자》는 "'차'는 ('탄식하다'의 의미인) '자'이다. 비통하고 슬픔을 나타내기도 한다(嗟, 嗞也. 一曰痛惜)."라고 했다. 《이아》는 "'차'는 '차이다(嗟, 蹉)."라고 했는데, 곽박의 주석은 "지금 하북 사람들은 '차탄'이라고 한다(今河北人云蹉歎)."라고 했다. '차(嗟)'·'차(嗟)'·'차(蹉)'는 모두 같다. 《시경·상송·열조(烈祖)》의 정현의 《전》은 "'차차'라고 중언한 것은 크게 찬미함을 나타내는 것이다(重言嗟嗟, 美歎之深)."라고 했다.

《시경·주남·인지지(麟之趾)》의 모형의 《전》은 "'우차'는 감탄사이다(于嗟, 歎辭)."라고 했다.

'질차(叱嗟)'와 '졸차(猝嗟)'는 모두 화를 내는 소리이다. 《전국책·조책(3)》은 "제나라 위왕이 크게 화를 내며 말했다: 흥, 그대의 어미는 천첩이었느니라!(齊威王勃然怒曰: '叱嗟, 而母, 婢也!')"라고 했다. 《한서·한신전(韓信傳)》은 "항왕이 화난 목소리로 한번 호통 치면 무수한 사람들의 기를 꺾어놓습니다(項王意烏猝嗟, 千人皆廢)."라고 했는데, 이기(李奇)는 "'졸치'는 '돌차'와 같다(猝嗟, 猶咄嗟也)."라고 했다.[76]

'차(嗟)'는 어기사이다. 《시경·왕풍·중곡유퇴(中谷有蓷)》는 "훌쩍이며 울어도 무슨 수가 날 건가!(嘬其泣矣, 何嗟及矣!)"라고 했는데, 이곳의 '하차급(何嗟及)'은 '하급(何及)'이다. 이는 울어도 바라는 일이 이루어지지 않음을 말한다. '차(嗟)'는 문중에 쓰이는 어기사이다. 정현의 《전》은 "'급'은 ('함께'의 의미인) '여(與)'이다. 이는 장차 누구와 함께

---

76) 나의 생각으로, 《사기(史記)》에는 "암오질타(喑噁叱吒)"로 되어있어, 이기(李奇)의 설이 옳아 보인다. 안사고(顏師古)는 "'졸차'는 사납고 갑작스럽게 탄식하는 것이다(猝嗟, 暴猝嗟歎也)."라고 했는데, 이는 글자만 보고 의미를 풀이한 것으로 본의와는 다르다.

다시 가정을 꾸릴 것인지를 말하는 것이다(及, 與也. 嗟乎, 將復何與為室家乎!)"라고 했다. 먼저 '차(嗟)'를 말하고 뒤에 '하급(何及)'을 말한 것은 경문을 도치시킨 것이다.[77] 또 '급(及)'을 ('함께'의 의미인) '여'로 풀이한 것도 모두 잘못되었다. 《시경·소아·절남산(節南山)》은 "하늘은 지금 무거운 고통을 내리시어, 환란이 너무나 심하네. 백성들 중에 좋게 말하는 이 없거늘, 일찍이 경계하는 이도 없네(天方薦瘥, 喪亂宏多. 民言無嘉, 憯莫懲嗟)."라고 했는데, 이곳의 "참막징차(憯莫懲嗟)"는 "참막징(憯莫懲)"이라고 하는 것과 같다.[78] 이는 하늘이 이렇게 환란을 내렸음에도 자리에 있는 사람들은 일찍이 이를 경계해야할 바를 몰랐음을 말한다. '차'는 문장 끝에 오는 어기사이다. 만일 감탄사로 풀이할 경우, 위의 세 글자와 의미가 맞지 않는다. 정현의 《전》은 "아아 어찌할까(嗟乎奈何)"라고 했는데, 이 역시 잘못되었다.


## 자呰[79] 자呰

《설문해자》는 "'자'는 (감탄이나 놀람을 나타내는 어조사인) '가'이다

---

77) 어떤 사람은 경문의 '차(嗟)'는 본래 '하(何)'자 앞에 있었는데, 필사하는 사람이 바꿔놓은 것이라고 의심하는데, 그렇지 않다. 《한시외전(韓詩外傳)》은 《시경》을 두 번이나 인용했는데 모두 "하차급의(何嗟及矣)"로 되어있다. 진(晉)나라 공탄(孔坦)의 《여석총서(與石聰書)》도 "다시 후회한들 어찌 하리!(雖復後悔, 何嗟及矣!)"라고 했다. 이상에서 보듯 '차(嗟)'자는 모두 '하(何)'자 다음에 있다. 정현이 '차(嗟)'를 '차호(嗟乎)'로 풀이했기 때문에 먼저 '차(嗟)'를 말하고 뒤에 '하급(何及)'을 말한 것이지, 금본이 잘못 바꾼 것은 아니다.

78) 이는 《시경·소아·십월지교(十月之交)》에서 "어찌하여 정신 차리지 않나(胡憯莫懲)."라고 한 것과 같다.

79) 발음은 '자(紫)'이다.

(呰, 苛也)."라고 했다.80) 《여씨춘추·권훈(權勳)》은 "옛날 초 공왕이 진
여공과 언릉에서 싸웠다 …… 전투가 시작될 때, 사마자반은 목이 말라
마실 물을 찾았다. 시동 양곡이 기장으로 만든 술을 가져와서 올렸다.
자반이 야단치며 말했다: 이런,81) 다시 가져가거라! 술이지 않느냐(昔
荊龔王與晉厲公戰於鄢陵 …… 臨戰, 司馬子反渴而求飮, 豎陽穀操黍酒
而進之. 子反叱曰: '訾, 退! 酒也')."라고 했는데, 이곳의 '자(訾)'는 (감탄
이나 놀람을 나타내는 어조사인) '자(呰)'와 같다.

---

80) 이곳의 '가(苛)'는 (감탄이나 놀람을 나타내는 어조사인) '가(呵)'와 같다.
81) 《한비자(韓非子)·십과(十過)》에는 원문의 '자(訾)'가 감탄사 '희(嘻)'로 되어있다.

# 경전석사 제9

## 종終 중衆

　부친께서는 '종(終)'은 허사 ('이미' 내지 '~하고' 의미인) '기(旣)'라고 하셨다. 《좌전·희공 24년》의 주석은 "'종'은 ('그치다'의 의미인) '이'와 같다(終, 猶已也)."라고 했다. ('그치다'의 의미인) '이지(已止)'의 '이'가 ('마치다'의 의미인) '종'이기 때문에 ('이미 그러하다'의 의미인) '이연(已然)'의 '이' 역시 '종'이다. 그래서 앞에서 '허사 기(旣)'라고 한 것이다. 《시경·패풍·종풍(終風)》은 "바람 불고 세차기까지 하네(終風且暴)."라고 했는데, 모형(毛亨)의 《전》은 "하루 종일 부는 바람이 종풍이다(終日風爲終風)."라고 했고, 《한시(韓詩)》는 "'종풍'은 서풍이다(終風, 西風也)."라고 했다. 이상은 문자 그대로 풀이한 것으로 경문의 본의가 아니다. '종'은 ('이미' 내지 '~하고도'의 의미인) '기'로, 위의 문장은 "기풍차폭(旣風且暴)"이라고 하는 것과 같다.[1] 《시경·패풍·연연(燕燕)》은

---

[1] 정현의 《전(箋)》은 "하루 종일 바람이 불고, 또 사납고 빠른 것이다(旣竟日風矣, 而又暴疾)."라고 했다. 이것은 경문 아래에 '차(且)'자가 있기 때문에 '기(旣)'자를 더해 그 의미를 이룬 것이지, 경문의 '종(終)'이 '기(旣)'인지를 모른 것이다. 《이아(爾雅)·석천(釋天)》은 "남풍을 개풍이라 하고, 동풍을 곡풍이라 하고, 북풍을 양풍이라 하고, 서풍을 태풍이라 하고, 위에서 내려오는 바람을 퇴라 하고, 회오리바람을 표라고 한다(南風謂之凱風, 東風謂之谷風, 北風謂之涼風, 西風謂之泰風, 焚

"온화하고 부드러우며, 그 몸을 잘 삼가 하시니(終溫且惠, 淑愼其身)."
라고 했는데, 이는 온화하고 부드러운 것을 말한다.²⁾ 같은 책의 〈패
풍·북문(北門)〉은 "어렵고 곤란한데, 내 어려움 아무도 몰라주네(終窶
且貧, 莫知我艱)."라고 했는데, 이는 어렵고 곤란한 것을 말한다.³⁾ 같은
책의 〈소아·벌목(伐木)〉은 "친구를 사귀는 이치를 마음에 두고 따른다
면, 즐겁고 평안하리(神之聽之, 終和且平)."라고 했는데, 이는 즐겁고
평안한 것을 말한다.⁴⁾ 같은 책의 〈소아·보전(甫田)〉은 "벼를 끝까지
다 매니, 훌륭하고 풍성하네(禾易長畝, 終善且有)."라고 했는데, 이는
훌륭하고 풍성한 것을 말한다.⁵⁾ 같은 책의 〈소아·정월(正月)〉은 "근
심스런 마음은 길어지고 장맛비는 계속 되네(終其永懷, 又窘陰雨)."라

---

輪謂之穨, 回風爲飄)."라고 했다. 이상의 여섯 구절은 시속의 말을 모두 풀이한
것임에도 '종풍(終風)'은 언급하지 않았다. 또 이어서 "맑은 날 큰 바람이 부는
것을 '폭'이라 하고, 큰 바람이 불어 먼저가 날리는 것을 '매'라고 하고, 흐린 날
바람이 부는 것을 '에'라고 한다(日出而風爲暴, 風而雨土爲霾, 陰而風爲曀)"라고
했는데, 이상의 세 구절은 오로지 이 시만을 풀이한 것임에도 이곳에도 '종풍(終
風)'을 언급하지 않았다. 이로 보면 '종(終)'이 허사임이 분명하다. 이 구절 다음에
이어지는 "바람 불고 먼저 날리니(終風且霾)"와 "바람 불고 날은 음산한데(終風且
曀)"는 의미가 모두 이와 같다.

2) 《모시정의(毛詩正義)》는 "끝까지 온화한 안색을 하고, 게다가 공손하기까지 했다
(終當顏色溫和, 且能恭順)."라고 했는데, 잘못된 것이다.

3) 정현의 《전(箋)》은 "임금이 자신에게 봉록을 박하게 주니, 결국 예를 다하기 부족
하고 재물에도 어려움을 겪는 것이다(君於己祿薄, 終不足以爲禮, 又近困於財)."라
고 했는데, 잘못된 것이다.

4) 《시경·상송(商頌)·나(那)》에서 "조화롭고 고르게(既和且平)"라고 한 것이 이 예
이다. 모형의 《전(箋)》은 "신명이 이를 듣고 뜻한 바대로 해주니, 결국 친구와 서
로 사이가 좋아져서 함께 공을 이룬다(神若聽之, 使得如志, 則友終相與和而齊功
也)."라고 했는데, 잘못된 것이다.

5) 《모시정의(毛詩正義)》는 "마침내 곡식이 잘 되어, 수확하니 가지게 된 것이 많았
다(終至成善, 且收而大有)."라고 했는데, 잘못된 것이다.

고 했는데, 이는 근심스런 마음은 길어지는데 장맛비까지 계속되고 있음을 말한다.6) '종'과 '기'는 같은 의미여서 앞쪽에 '종'이 오면 뒤쪽에 '차(且)'가 오기도 하고, 앞쪽에 '종'이 오면 뒤쪽에 ('또'의 의미인) '우(又)'가 오기도 한다. 풀이하는 사람들은 모두 '종'을 ('마침내'의 의미인) '종경(終竟)'의 '종'으로 보아 경문의 상하가 서로 연결되고 가리키는 것을 결국 찾을 수 없게 되었다. 또 같은 책의 〈왕풍ㆍ갈류(葛藟)〉는 "이미 형제들을 멀리하고, 남을 어머니로 부르네(終遠兄弟, 謂他人父)."라고 했는데, 이는 이미 형제들을 멀리했음을 말한다.7) 같은 책의 〈정풍ㆍ양지수(揚之水)〉는 "형제는 이미 많지 않고, 오직 우리 둘뿐(終鮮兄弟, 維予與女)."이라 했는데, 이는 형제가 이미 많지 않음을 말한다.8) 같은 책의 〈용풍ㆍ정지방중(定之方中)〉은 "거북점 치며 길하다고 하더니, 이미 말한 대로 정말 좋구려(卜云其言, 終然允臧)."라고 했다. 이곳의 '연(然)'은 (접속사인) '이(而)'와 같다.9) 이는 점에서 이미 말한 대로 정말 좋았음을 말한다.10) 풀이하는 사람들은 '종'을 ('마침내'의 의미인)

---

6) 정현의 《전(箋)》은 "임금이 가는 길이 다하니, 근심스런 마음은 길어지고, 게다가 장맛비가 계속되는 것을 걱정한 것이다(終王之所行, 其長可憂傷矣, 又將仍憂於陰雨)."라고 했는데, 잘못된 것이다.

7) 모형의 《전(傳)》은 "형제간의 도의가 이미 멀어졌다(兄弟之道已相遠)"라고 했다. 정현의 《전(箋)》은 "지금 이미 친척들을 버리고 멀어졌다(今已遠棄族親)."라고 했는데, 이곳의 '이(已)' 역시 ('이미'의 의미인) '기(既)'이다. 《모시정의(毛詩正義)》는 "임금이 결국은 형제에게서 멀어졌다(王終是遠於兄弟)."라고 했는데, 모형의 《전(傳)》과 정현의 《전(箋)》은 의미를 잘못 풀이했다.

8) 정현의 《전(箋)》은 "후에 형제의 은혜가 다하고 적어진 것이다(後竟寡於兄弟之恩)."라고 하여 '종(終)'을 ('다하다'의 의미인) '경(竟)'으로 풀이했는데 잘못된 것이다.

9) '연(然)'자에 설명이 보인다.

10) 이는 문공이 이미 천도해보니 좋은 것이, 정말로 점친 대로 되었음을 말한다. 원문의 '종연(終然)'은 '기이(既而)'와 같다. 《열녀전(列女傳)ㆍ절의전(節義傳)》은 "옛날 우리 선군이신 장왕께서는 여색에 너무 빠져 3년 동안이나 정사를 돌보지 않으셨

'종경(終竟)'의 '종'으로 풀이했는데, 이 역시 잘못된 것이다. 나는 조심
스럽게 다음과 같이 생각한다: 같은 책의 〈용풍·재치(載馳)〉는 "허나
라 사람들은 내 행동을 탓하나, 교만하고 어리석은 짓이로다(許人尤之,
衆稚且狂)."라고 했는데, 이곳의 '중(衆)'은 '종(終)'으로 읽는다.[11] '종'은
('~하고도'의 의미인) '기(旣)'이고, '치(稚)'는 ('교만하다'의 의미인) '교
(驕)'이다.[12] 이것은 앞 구절을 받아서 한 말이다. 여자는 생각이 많다
하나 그래도 모두 이유가 있다. 이것이 내가 돌아가고자 하는 것이니
비난할 것만 아니다. 그런데 허나라 사람들은 한쪽만 보고 빈번이 탓하
니 교만하고 어리석은 것이다. 보통 자신만이 옳다고 여기는 것이 교만
한 것이고, 옳은 것을 아니라고 하는 것이 어리석은 것이다. 모형은 '중'
이 ('이미'의 의미인) '종'이 되는지를 모르고 "이는 곧 사람들이 유치하
고 사리분별을 하지 못하는 것이다(是乃衆幼稚且狂)"라고 했는데, 허나
라의 대부들이 어찌 사람마다 유치했겠는가?

---

다. 곧 이를 고칠 수 있었기에 마침내 천하를 제패했다(昔吾先君莊王淫樂, 三年不
聽政事. 終而能改, 卒霸天下)."라고 했다. 이는 곧 고칠 수 있었음을 말한다. 《모
시정의(毛詩正義)》는 "마침내 성실하고 선해졌으니, 지금만 아닐 따름이다(終然
信善, 非直當今而已)."라고 했는데, '종(終)'을 ('마침내'의 의미인) '종경(終竟)'의
'종(終)'으로 잘못 풀이했다.

11) 옛날의 글자들은 대부분 '중(衆)'을 '종(終)'으로 가차했다. 《사기·오제기(五帝
紀)》는 "믿는 구석이 있어 끝까지 고치지 않으면 형벌을 내린다(怙終賊刑)."라고
했다. 서광(徐廣)은 "'종'은 '중'으로 된 곳이 있다(終, 一作衆)."라고 했다. 《시경·
주송·진로(振鷺)》는 "영원히 기림받기 바라네(以永終譽)"라고 했는데, 《후한서·
최인전(崔駰傳)》에는 '종(終)'이 '중(衆)'으로 되어있다. 《전국책·한책(韓策)(2)》
는 "신이 자객을 보냈으나 끝내 성공하지 못했나이다(臣使人刺之, 終莫能就)."라
고 했는데, 《사기·자객전(刺客傳)》에는 '종(終)'이 '중(衆)'으로 되어있다.

12) 《관자(管子)·중령(重令)》은 "장인들이 조각하고 무늬를 새기는 것으로 서로 교만
하면(工以雕文刻鏤相稚)"이라고 했는데, 윤지장(尹知章)의 주석은 "'치'는 ('교만하
다'의 의미인) '교'이다(稚, 驕也)."라고 했다. 《장자(莊子)·열어구(列禦寇)》는 "그
는 이 열 대의 수레를 장자에게 자랑했다(以其十乘驕稚莊子)"라고 했다.

# 수誰

《설문해자》는 "'수'는 ('어찌'의 의미인) '하'이다(誰, 何也)."라고 했다. 이는 자주 사용하는 말이다.

《이아》는 "'수작'은 ('옛날'의 의미인) '작'이다(誰昔, 昔也)."라고 했는데, 곽박의 주석은 "'수'는 발어사이다(誰, 發語辭)."라고 했다. 《시경·진풍(陳風)·묘문(墓門)》은 "알면서도 그치지 않고, 옛날 그대로이네(知而不已, 誰昔然矣)."라고 했는데, 정현의 《전》은 《이아》를 따랐다. 소진함(邵晉涵)13)의 《이아정의(爾雅正義)》는 "《석고》는 '수(疇)'는 ('누구'의 의미인) 수(誰)이다'라고 했다. '수(誰)'와 '수(疇)'는 성모는 같고 운모에서 분화된 글자이다. 《시경》의 '수작(誰昔)'은 《예기·단궁》의 ('이 밤에'의 의미인) 수작지야(疇昔之夜)의 '수'와 같기 때문에 발어사이다(《釋詁》云: '疇, 誰也.' 誰、疇, 一聲之轉, 《詩》言'誰昔', 猶《檀弓》言'疇昔之夜'也, 故為發語辭)."라고 했다


# 숙孰

《이아》는 "'숙'은 ('누구'의 의미인) '수'이다(孰, 誰也)."라고 했다. 이는 자주 사용하는 말이다.

'숙(孰)'은 ('어찌' 내지 '무엇'의 의미인) '하(何)'이다. 부친께서는 '숙'과 '수(誰)'는 성모는 같고 운모에서 분화된 글자라고 하셨다. '수'는 ('어

---

13) 청나라의 대학자이다. 자는 이운(二雲)이고, 절강(浙江) 여요(餘姚) 사람이다. 건륭(乾隆) 36년(1771년), 사고전서관(四庫全書館)에 들어가 사고전서(四庫全書)의 사부(史部)의 편찬 작업을 맡았다. 《이아(爾雅)》에 새롭게 주소(注疏)를 단 《이아정의(爾雅正義)》를 지은 것으로 유명하다. 이외에 《맹자술의(孟子述義)》·《곡량정의(穀梁正義)》 등의 저술이 있다.[역자주]

찌' 내지 '무엇'의 의미인) '하'로 풀이할 수 있어 '숙'도 '하'로 풀이할 수 있다. 《국어・진어(晉語)(3)》은 "진(晉) 혜공이 죽은 공세자를 파내 태자의 예로 다시 장례를 치르는데, 시신의 악취가 관 밖으로 퍼졌다. 백성들이 이를 이렇게 노래했다: …… 어찌 이렇게 충직한 태자에게서 이와 같은 악취가 날 수 있나?(惠公出共世子而改葬之, 臭達於外. 國人誦之曰: ' …… 孰是人斯, 而有是臭也?)'"라고 했는데, 이곳의 '숙'은 ('어찌' 내지 '무엇'의 의미인) '하'이고, '사(斯)'는 허사이다. 이는 어찌하여 이런 사람에게 이런 악취가 나는 것인가를 말한다.14) 같은 책의 〈월어(1)〉는 "이런 군주가 있는데 어찌 목숨을 다하지 않겠는가?(孰是君也而可無死乎?)"라고 했는데, 이는 이런 군주가 있는데 어찌 목숨을 다하지 않는가를 말한다.15) 《공양전・소공 25년》은 "군주가 되어서 어찌 칭호가 없을 수 있겠습니까?(孰君而無稱?)"라고 했는데, 이는 군주가 되어서 어찌 칭호가 없을 수 있겠음을 말한다. 《논어・팔일》은 "그런 일을 감히 할 수 있다면, 무엇인들 차마 하지 못하겠느냐?(是可忍也, 孰不可忍也?)"라고 했다. 《초사・구장(九章)・애영(哀郢)》은 "영도(郢都)의 동문이 황폐해질 줄 어찌 생각이나 했으리?(孰兩東門之可蕪?)"라고 했다. 《여씨춘추・지접(知接)》은 "어찌 이렇게 어지러운 물건을 가지고 이렇게 크게 쌀 수 있는 것인가?(孰之壤壤也, 可以為之莽莽也?)"라고 했다.16) 이상의 '숙'은 모두 ('어찌'의 의미인) '하'이다. 또 《대대례기・증자제언》은

---

14) 위소(韋昭)의 주석은 "'숙'은 ('어찌'의 의미인) '수'이다. '사'는 '이 세자'의 의미이다. 누가 이 사람에게 이런 악취 나게 하였다는 것은 혜공이 이를 시켰음을 말한다(孰, 誰也. 斯, 斯世子也. 誰使是人有是臭者, 言惠公使之也)."라고 했는데, 모형의 《전(傳)》의 의미에 맞지 않는다.

15) 위소(韋昭)의 주석은 "'숙'은 ('누구'의 의미인) '수'이다. 이 군주처럼 은혜를 베풀면, 누가 그를 위해 죽지 않겠는가?(孰, 誰也. 誰有恩惠如是君者, 可不為之死乎?)"라고 했는데, 이 역시 맞지 않는다.

16) 이곳의 두 개의 '지(之)'자는 모두 '시(是)'로 풀이한다.

"비록 너의 어버이라 할지라도 어찌 그대와 친해질 수 있겠는가?(則雖 女親, 庸孰能親女乎?)"라고 했는데, '용(庸)'과 '숙'은 모두 ('어찌'의 의미 인) '하'이다.17) 이어서 '용숙(庸孰)'이라고 말한 것은 옛 사람들은 늘 붙여 사용했기 때문이다. 《장자》의 '용거(庸詎)'가 이런 예이다. 또 전적 중의 '숙여(孰與)'는 모두 ('~에 비하면 어떠한가?'의 의미인) '하여(何 如)'를 말한다. 《광아》는 "'여'는 ('~와 비하면'의 의미인) '여'이다(與, 如也)."라고 했다. 《전국책·진책(秦策)(4)》는 "진 소왕이 좌우의 신하 들에게 말했다: '지금의 한나라와 위나라는 처음과 비하면 어느 쪽이 강한가?' 신하들이 대답했다: '예전만 못하옵니다.' 진 소왕이 말했다: '지금의 여이와 위제는 맹상군과 망묘와 비하면 누가 지혜로운가?' 신하 들이 대답했다: '그들만 못하옵니다.'(秦昭王謂左右曰: '今日韓、魏孰與 始強?' 對曰: '弗如也' 王曰: '今之如耳、魏齊, 孰與孟嘗、芒卯之賢?' 對 曰: '弗如也.')"라고 했다. 같은 책의 〈제책(1)〉은 "전후가 대신들을 소집 해 상의하며 말했다: 조나라를 구원하는 것이 구원하지 않는 것과 비하 면 어떠한가?(田侯召大臣而謀曰: '救趙孰與勿救?')"라고 했다. 같은 책 의 〈조책(3)〉은 "조나라 왕이 누완과 상의하며 말했다: 성을 진나라에 게 주는 것이 주지 않는 것에 비하면 어떠한가?(趙王與樓緩計之曰: '與 秦城何如不與?')"라고 했다.18) 위의 ('~에 비하면 어떠한가?'의 의미인) '숙여'는 바로 '하여(何如)'이다. 그래서 《한서·사마상여전》은 "초나라 왕이 사냥하는 것이 과인에 비해서 어떠한가?(楚王之獵, 孰與寡人?)"라 고 했는데, 《사기》에는 "하여과인(何與寡人)"으로 되어있다.

---

17) 노변(盧辯)의 주석은 "'용'은 ('~때문에'의 의미인) '용'이고, '숙'은 ('누구'의 의미 인) '수'이다(庸, 用也. 孰, 誰也)."라고 했는데, 모두 잘못되었다. '용(庸)'자에도 설명이 보인다.

18) 금본의 '불여(不與)' 아래에는 '하여(何如)' 두 글자가 부연되어있다. 《독서잡지》에 자세한 설명이 보인다.

## 자者 저諸

《설문해자》는 "('~하는 것' 내지 '~하는 사람'의 의미인) '자'는 사물을 구별하는 허사이다(者, 別事詞也)."라고 했다. 일이나 사물 혹은 사람을 가리킨다. '자(者)' 내지 '야자(也者)'로 말하는데,[19] 모두 자주 사용하는 말이다. 또한 아래 문장을 시작하는 말로, 앞에서는 '자'라 하고 뒤에서는 '야(也)'라고도 하고, 앞에서 '야자'라 하고 뒤에서는 '야'라고도 한다.[20] 이 역시 자주 사용하는 말이다. 글자가 '저(諸)'로 된 곳도 있다. 《예기·교특생》은 "이는 신명이 어디에 있는지 모르기 때문이다. 저쪽에 있을까? 이쪽에 있을까? 그렇지 않으면 사람에게서 멀리 떨어진 곳에 있을까?(不知神之所在, 於彼乎? 於此乎? 或諸遠人乎?)"라고 했는데, 이곳의 '혹저(或諸)'가 바로 ('그렇지 않으면'의 의미인) '혹자(或者)'이다. 《좌전·희공 9년》은 "이 어린 고아를……(以是藐諸孤……)"이라 했다. 이곳의 '막(藐)'은 ('작다'의 의미인) '소(小)'이고,[21] '막저(藐諸)'는 바로 '막자(藐者)'이다. '막자고(藐者孤)'는 '세력이 약한 양번(陽樊)은……(羸者陽……)'[22]이라고 한 것과 용법이 같다.[23] 《이아·석어(釋魚)》는 "거북이 중에 움직일 때 머리를 아래로 숙이는 것을 '영귀'라고 하고, 움직일 때 고개를 위로 드는 것을 '사귀'라고 한다. 움직일 때 등

---

19) 《예기·단궁(檀弓)(하)》는 "노나라에 주풍이라는 사람이 있었다(魯人有周豐也者)."라고 했다.

20) 《주역·계사전(繫辭傳)》은 "짐을 진다는 것은 소인의 일이다. 올라타는 것은 군자의 기물이다(負也者, 小人之事也. 乘也者, 君子之器也)."라고 했다.

21) 《광아(廣雅)》에 보인다.

22) 이 구절은 《국어(國語)·주어(周語)》에 보인다.[역자주]

23) 두예(杜預)는 '막(藐)'을 ('멀다'의 의미인) '현막(縣藐)'으로, '제(諸)'를 ('여러 자식들'의 의미인) '제자(諸子)'로 풀이했는데, 잘못되었다. 《경의술문》에 자세한 설명이 보인다.

딱지가 앞쪽으로 가려지는 것을 '과귀'라고 하고, 움직일 때 등딱지가 뒤로 가려지는 것을 '엽귀'라고 한다(龜: 俯者, 靈. 仰者, 謝. 前弇諸, 果. 後弇諸, 獵).''라고 했는데, 이곳의 '저' 역시 '자(者)'이다.

'자'는 (어기사인) '야(也)'와 같다. 《예기 · 사의(射義)》는 "'사'라는 것은 곱씹어 따지는 것이다(射之爲言者繹也).''라고 했는데, 이는 "사지위언야역(射之爲言也繹)"이라고 하는 것과 같다. 《국어 · 정어》는 "정나라 환공(桓公)이 말했다: '주나라 왕실은 쇠퇴하겠는가?' 대답했다: '이미 쇠퇴하고 있습니다.'(公曰: '周其弊乎?' 對曰: '殆於必弊者)''라고 했는데, 이는 "태어필폐야(殆於必弊也)"라고 하는 것과 같다. 또한 전적에서 말하는 '하자(何者)'는 모두 '하야(何也)'와 같은 의미이다. 《논어 · 양화》에서 "자주색이 붉은 색의 지위를 빼앗는 것을 미워하고, 정나라 음악이 아악을 어지럽히는 것을 미워하며, 교묘한 말재주가 나라를 뒤엎는 것을 미워한다(惡紫之奪朱也, 惡鄭聲之亂雅樂也, 惡利口之覆邦家者).''라고 했는데, 이곳의 '자'도 '야'와 같은 의미이다. 때문에 황간본(皇侃本)에는 "오리구지복방가야(惡利口之覆邦家也)"로 되어있다.


# 제 諸

《의례(儀禮) · 사혼례(士昏禮)》의 주석은 "'제'는 (지시대명사 '그'의 의미인) '지'이다(諸, 之也).''라고 했다. 이는 자주 사용하는 말이다.

《의례 · 향사례(鄕射禮)》의 주석은 "'제'는 ('~에서'의 의미인) '어'이다(諸, 於也).''라고 했다. 이 역시 자주 사용하는 말이다.

《소이아(小爾雅)》는 "'제'는 (어기사인) '호'이다(諸, 乎也).''라고 했다. 《시경 · 패풍 · 일월(日月)》은 "해와 달은 땅을 비추고 있네(日居月諸, 照臨下土).''라고 했는데, 모형의 《전》은 "해와 달이 그것을 비추고 있는 것이다(日乎月乎, 照臨之也)."라고 했다. 《예기·제의(祭儀)》는 "엄숙하고 공경하며, 즐겁고 진지하니, 제사를 받는 신령께서 얼른 제품을 맛보고자 한다(齊齊乎其敬也, 愉愉乎其忠也, 勿勿諸其欲其饗之也)."라고 했고, 또 같은 편에서 "부모에게 효도하고 형을 존중하는 이치가 조정에서 시작되어 거리에서 행해지고 마을에 이르고, 사냥에서 행해지고 군대에서 행해진다(孝弟發諸朝廷, 行乎道路, 至乎州巷, 放乎搜狩, 修乎軍旅)."라고 했는데, 이곳의 '제'도 (어기사인) '호(乎)'로, 문장에서 서로 바꿔 쓸 수 있다. 그래서 《예기·제의》에서 "제사를 받는 신령께서 얼른 제품을 맛보고자 한다(勿勿諸其欲其饗之也)."의 '제'는 같은 책의 〈예기(禮器)〉에는 '호'로 되어있고, 또 같은 책의 〈악기〉에서 "도리가 밖으로 나타난다(理發諸外)."의 '제'는 같은 책의 〈제의〉에는 '호'로 되어있다.

'제'는 ('이를 ~하겠는가'의 의미인) '~지호(之乎)'이다. 빠르게 읽으면 '제'라 하고, 천천히 읽으면 '지호'라고 한다. 《예기·단궁(상)》은 "내 어디에서 그를 곡해야 할 것인가?(吾惡乎哭諸?)"라고 했다. 또 같은 책의 〈단궁(하)〉는 "《상서》에 '고종이 3년 동안 말을 하지 않다가 말을 하자 사람들이 기뻐했다.'라고 했는데, 실제로 이런 일이 있었습니까?(《書》: 高宗三年不言, 言乃歡. 有諸?)"라고 했다.[24] 같은 책의 〈문왕세자(文王世子)〉는 "폐하께서는 결국에는 그들을 차지하시겠지요?(君王其終撫諸?)"라고 했다. 《좌전·희공 23년》은 "어쩌면 하늘이 그로 하여금 진(晉)나라를 세우고 임금이 되게 하려는 것이겠지요?(天其或者將建諸?)"라고 했다. 《논어·옹야》는 "산천의 신이 어찌 그대로 내버려두겠느냐?(山川其舍諸?)"라고 했다. 이상의 '제'는 모두 '~지호' 두 글자가 합해진 소리이다.

---

24) '유제(有諸)'라고 하는 것은 모두 이곳에 둔다.

'제'는 어기사이다. 《좌전 · 문공 5년》은 "고요와 정견을 제사지내는 사람이 갑자기 사라졌다(皐陶、庭堅不祀忽諸!)"라고 했는데, 복건의 주석은 "'제'는 어기사이다(諸、辭)."라고 했다.25)


# 지之

'지(之)'는 말의 사이에 온다. "강가의 숲속에서 우는데(在河之洲)"26)가 이 예이다. 이는 자주 사용하는 말이다.

'지'는 일을 가리키는 허사이다. "이리저리 헤치며 찾노라니(左右流之)"27)가 이 예이다. 이 역시 자주 사용하는 말이다.

'지'는 (지시대명사 '이'의 의미인) '시(是)'이다. 그래서 《이아 · 석훈(釋訓)》은 "'지자'는 ('이 사람'의 의미인) '시자'이다(之子者、是子也)."라고 했다. 이 역시 자주 사용하는 말이다.

'지'는 ('그' 내지 '그것'의 의미인) '제(諸)'와 같다. '제'와 '지'는 성모는 같고 운모에서 분화된 글자이다. 《예기 · 소의(少儀)》는 "수레를 모는 사람은…… (군주가 수레를 탈 때 잡는 줄을) 왼쪽 어깨에 걸치고 등을 돌아 오른쪽 겨드랑이 아래로 지나서, 그것을 얼굴 앞으로 오게 하고, 그 줄의 끝은 수레 앞턱 가로나무의 수레덮개 위에 걸친다(僕者…… 負良綏、申之面. 拖諸幭)."라고 했다. 《맹자 · 등문공(상)》은 "우가 아홉 개의 강을 트고, 제수와 탑수를 열어 바다로 흘러가게 하였다. 또 여수와 한수의 물길을 열고, 회하와 사수를 열어 그것을 장강으로 흘러가게 하였다(禹疏九河、瀹濟、漯而注諸海、決汝漢、排淮、泗而注之江)."라고

---

25) 《시경 · 패풍(邶風) · 백주(柏舟)》의 《모시정의(毛詩正義)》에 보인다.
26) 이 구절은 《시경 · 주남(周南) · 관저(關雎)》에 보인다.[역자주]
27) 이 구절은 《시경 · 주남(周南) · 관저(關雎)》에 보인다.[역자주]

했는데, 이곳의 '지' 역시 '제'의 의미로, 문장에서 서로 바꿔 쓸 수 있다. 그래서 《시경·위풍·벌단(伐檀)》은 "황하 곁에 그것을 놓고 보니(寘之河之側兮)"라고 했는데, 《한서·지리지(地理志)》에는 원문의 '치지(寘之)'가 '치제(寘諸)'로 되어있다. 《좌전·양공 26년》은 "제방 아래에 그 것을 버렸다(棄諸堤下)"라고 했는데, 《한서·오행지(五行志)》에는 '기제(棄諸)'가 '기지(棄之)'로 되어있다.

　'지'는 ('~에 대하여' 내지 '~에서'의 의미인) '어(於)'이다. '제'와 '지'는 성모는 같고 운모에서 분화된 글자이다. '제'는 '어'로 풀이할 수 있기 때문에 '지'도 '어'로 풀이할 수 있다. 《예기·단궁(상)》은 "효자가 기물로 죽은 이의 장례에 임하면서 죽은 이가 모를 것이라고 생각하는 것은 어진 마음이 아니다 …… 효자가 기물로 죽은 이의 장례에 임하면서 죽은 이가 알 것이라고 생각하는 것은 지혜로운 마음이 아니다(之死而致死之, 不仁 …… 之死而致生之, 不知)."라고 했는데, 이는 죽은 이를 대함에 죽은 이가 이를 모를 것이라고 생각하는 것은 어진 마음이 아니고, 죽은 이를 대함에 죽은 이가 이를 알 것이라고 생각하는 것은 지혜로운 마음이 아니라는 것을 말한다. 정현은 '지'를 ('가다'의 의미인) '왕(往)'으로 풀이했는데, 잘못되었다. 《대학》은 "사람은 자신이 친하고 좋아하는 것에 치우친다(人之其所親愛而辟焉)."라고 했는데, 이는 자신이 친하고 좋아하는 것에 치우침을 말한다. 정현은 이곳의 '지'를 ('가다'의 의미인) '적(適)'으로 풀이했는데, 이 역시 잘못된 것이다. 《대대례기·증자사부모(曾子事父母)》는 "속으로 근심하고 겉으로 근심하지 않으면, 이는 지나쳐 버리는 것이다. 겉으로 근심하고 속으로 근심하지 않으면, 이는 소원한 것이다(養之內, 不養於外, 則是越之也. 養之外, 不養於內, 則是疏之也)."라고 했는데, 이곳의 '지' 역시 ('~에서'의 의미인) '어'로, 문장에서 서로 바꿔 쓸 수 있다.

　《여씨춘추·음초(音初)》의 주석은 "'지'는 ('그'의 의미인) '기'이다(之,

其也)."라고 했다. 《상서·서백감려》는 "은나라 그들은 곧 망할 것이다 (殷之即喪)."라고 했는데, 이는 은나라 그들은 곧 멸망할 것임을 말한 다.[28] 《시경·패풍·모구(旄邱)》는 "높은 언덕의 칡덩굴은, 그 마디 사 이가 얼마나 넓어졌는가!(旄邱之葛兮, 何誕之節兮!)"라고 했는데, 첫 번 째 '지(之)'는 문중에 쓰인 어조사이고, 두 번째 '지'는 ('그'의 의미인) '기(其)'로 풀이한다. 이는 높은 언덕의 칡덩굴이 그 마디가 얼마나 넓어 졌기에 서로 달라붙지 않는 것인가를 말하는데,[29] 위(衛)나라의 신하들 이 아주 오랫동안 돕지 않음을 비유한 것이다. 같은 책의 〈위풍(魏 風)·석서(碩鼠)〉는 "즐거운 들 즐거운 들, 그곳에는 긴 한숨 없으리 라!(樂郊樂郊, 誰之永號!)"라고 했는데, 이는 즐거운 들판의 백성들 중 에 누가 비통하게 장탄식을 하겠는가. 분명히 모두가 즐거울 것이라는 것을 말한다.[30] 《예기·단궁(하)》는 "위(衛)나라 임금이 머리를 조아려 두 번 절하고서, 시동에게 부탁하며 말했다: 유장이라는 신하가 있소. 그는 과인의 신하일 뿐만 아니라 이 나라를 지키는 어진 신하이오. 그 가 죽었다는 소식을 들었으니 나를 가게 해주시오(公再拜稽首請於尸 曰: '有臣柳莊也者, 非寡人之臣, 社稷之臣也. 聞之死, 請往')."라고 했는 데, 이는 그가 죽었다는 것을 들었음을 말한다. 같은 책의 〈교특생〉은 "천자는 과일과 박을 심고, 그 종자는 거두거나 보관하지 않는다(天子 樹瓜華, 不斂藏之種也)."라고 했다. 이는 천자는 과일과 박을 심어 자신 이 먹을 것으로만 삼지 그 종자를 거두거나 보관하지 않는데, 이는 백성 들과 이로움을 다투지 않으려는 것을 말한다.[31] 《좌전·소공 16년》은

---

28) 《상서·미자(微子)》는 "지금 은나라는 아마도 멸망할 것이다(今殷其淪喪)."라고 했다.

29) 모형의 《전(傳)》은 "'탄'은 ('넓다'의 의미인) '활'이다(誕, 闊也)."라고 했다.

30) 정현의 《전(箋)》은 '지(之)'를 ('가다'의 의미인) '왕(往)'으로 풀이했는데, 잘못된 것이다.

"그 야생의 초목들이나 베고 이곳에 함께 삽시다(斬之蓬蒿藜藋而共處之)."라고 했는데, 이는 그 야생 초목들을 베는 것을 말한다. 《장자·지락(至樂)》은 "장수하는 자는 늙어서 정신이 흐려져 오랫동안 걱정하며 죽지 않고 살아가니, 그것은 얼마나 괴로운 일인가(壽者惛惛, 久憂不死, 何之苦也)."라고 했는데, 이는 그것은 얼마나 괴로운가를 말한다. 《순자·왕제(王制)》는 "그것은 백성들에게 다가갈 때 사용하는 방법이다(之所以接下之人百姓者)."라고 했는데, 이곳의 '지소이(之所以)'는 '기소이(其所以)'이다. 《시경·소아·채록(采綠)》은 "그 이가 사냥 나가면, 활을 활집에 넣고, 그 이가 낚시 나가면, 낚싯줄을 간추리네(之子於狩, 言韔其弓. 之子於釣, 言綸之繩)."라고 했는데, 이곳의 '지' 역시 ('그'의 의미인) '기'로, 문장에서 서로 바꿔 쓸 수 있다.32) 그래서 《맹자·공손추》는 "세상 사람들이 모두 기뻐하며 그의 백성이 되길 바랄 것입니다(天下之民, 皆悅而願為之氓)."라고 했는데, 《주례·재사(載師)》의 주석은 '위지맹(為之氓)'을 '위기민(為其民)'으로 인용했다. '지'는 '기'로 풀이할 수 있고, '기' 역시 '지'로 풀이할 수 있다. '기'자에도 설명이 보인다.

'지'는 ('만약~한다면'의 의미인) '약(若)'이다. 《상서·반경》은 "나라를 만약 잘 다스린다면 이는 그대들의 공로이고, 나라를 잘 다스리지 못한다면 내가 잘못이 있고 죄가 있는 것이다(邦之臧, 惟女眾. 邦之不臧, 惟予一人有佚罰)."라고 했는데, 이는 나라를 만약 잘 다스리는 것과 나라를 만약 잘 다스리지 못하는 것을 말한다. 같은 책의 〈목서(牧誓)〉

---

31) 《예기정의(禮記正義)》는 "거두어서 오랫동안 종자를 보관하지 않는다(不收斂久藏之種)."라고 했는데, 잘못된 것이다.

32) 《일절경음의(一切經音義)》(1)은 《역주(易注)》를 인용하여 "'륜'은 ('다스리다'의 의미인) '경리'이다(綸, 經理也)."라고 했다. 따라서 원문의 '윤지승(綸之繩)'은 ('그 줄을 정리한다'는 의미의) '이기승(理其繩)'이다.

는 "암 닭이 새벽에 운다면, 가산을 탕진할 것이다(牝雞之晨, 惟家之索)."라고 했는데, 이는 암 닭이 만일 새벽에 운다는 것을 말한다. 같은 책의 〈홍범〉은 "신하가 만일 사람들에게 복을 주고 형벌을 내리며 맛난 음식을 줄 권한을 가지면, 그대의 집안과 나라에 해가 될 것이다(臣之有作福作威玉食, 其害於而家, 凶於而國)."라고 했는데, 이는 신하가 만일 사람들에게 복을 주고 형벌을 내리며 맛난 음식을 준다는 것을 말한다. 같은 책의 〈금등〉은 "그대들이 만일 나의 요청을 수락한다면, 나는 둥근 옥과 홀을 들고 돌아가서 그대들의 명을 기다릴 것입니다(爾之許我, 我其以璧與圭, 歸俟爾命)."라고 했는데, 이는 그대들이 만일 나의 요청을 수락한다는 것을 말한다. 또 "만일 내가 섭정하지 않는다면, 나는 나의 선왕들께 아뢸 말이 없을 것이다(我之弗辟, 我無以告我先王)."라고 했는데, 이는 내가 만일 섭정하지 않는다는 것을 말한다. 《좌전·희공 33년》은 "우리 임금이 만일 우리를 죽이면, 죽더라도 그 은혜는 잊지 않을 것입니다. 진(晉)나라 임금의 은택에 힘입어 사면된다면, 우리는 3년 후에 진나라 임금의 은혜에 감사할 것입니다(寡君之以為戮, 死且不朽. 若從君惠而免之, 三年將拜君賜)."라고 했다. 같은 책의 〈선공 12년〉은 "만일 초나라가 나쁜 마음을 갖고 있는 것이라면, 우리가 경계하며 초나라와 맹약을 맺으면 잘 지내는데 무슨 해가 있겠습니까? 만일 저들이 나쁜 뜻을 갖고 온 것이라면 우리가 잘 방비해두면 패하지 않을 것입니다(楚之無惡, 除備而盟, 何損於好. 若以惡來, 有備不敗)."라고 했다. 같은 책의 〈성공 2년〉은 "진(晉)나라 대부들이 전쟁에 동의한다면, 그것은 과인의 바람이오. 만약 그들이 동의하지 않아도 나는 무기를 들고 만났을 것이오(大夫之許, 寡人之願也. 若其不許, 亦將見也)."라고 했다. 이상은 모두 앞에서 '지(之)'로 말하고 뒤에서 ('만일~한다면'의 의미인) '약(若)'으로 말했다. 이곳의 '지' 역시 ('만약~한다면'의 의미인) '약'이어서, 문장에서 서로 바꿔 쓸 수 있다. 《순자·정명(正

名)》은 "만일 어떤 사람이 남쪽으로 가려하고 북쪽으로 가는 것을 싫어한다면 …… (假之有人欲南而惡北 …… )."33)라고 했고, 같은 책의 〈성악(性惡)〉은 "만일 형제간에 재산이 있어 분할한다면 …… (假之有弟兄資財而分者)."이라 했는데, 이상의 '가지(假之)'는 모두 ('만일~한다면'의 의미인) '가약(假若)'이다.

'지'는 ('~한 즉' 내지 '~하면'의 의미인) '즉(則)'이다. 《좌전 · 희공 9년》은 "동쪽을 치면 알 수 없고, 서쪽은 불가능하다(東略之不知, 西則否矣)."라고 했다. 《국어 · 진어(晉語)(6)》은 "그대의 겉모습은 훌륭하나, 그대의 수양은 어떤지 모르겠구나(華則榮矣, 實之不知)."라고 했다. 이상의 '지' 역시 ('~한 즉' 내지 '~하면'의 의미인) '즉'으로, 문장에서 서로 바꿔 쓸 수 있다.

'지'는 ('~와'의 의미인) '여(與)'와 같다. 《상서 · 입정》은 "문왕께서는 각종 가르침과 형사안건 및 경계할 일들에는 하나하나 관여하지 않으셨고, 오로지 담당 관리와 백성을 다스리는 사람들이 …… (文王罔攸兼於庶言庶獄庶慎, 惟有司之牧夫 …… )."라고 했다. 또 "그대는 각종 형사안건에서 잘못을 해서는 안 될 것이며, 담당 관리와 백성들을 관리하는 사람이 처리하도록 해야 할 것이다(其勿誤於庶獄, 惟有司之牧夫)."라고 했다. 이상은 모두 담당 관리와 백성을 다스리는 사람을 말한다.34) 《주례 · 고공기 · 재인(梓人)》은 "반드시 그것의 발톱을 숨기고, 그것의 눈을 두드러지게 하며, 그것의 비늘과 뺨의 털을 곧추세운다(必深其爪, 出其目, 作其鱗之而)."라고 했는데, 이는 그것의 비늘과 뺨의 털을 세운

---

33) 이 구절은 현재 통행본 《순자(荀子)》에는 "만일 어떤 사람이 남쪽으로 가려는 열망은 그렇게 강하지 않으면서도 북쪽으로 가려는 것을 싫어하는 생각이 너무 강하다면 …… (假之有人而欲南無多, 而惡北無寡)"으로 되어있다.

34) 공안국(孔安國)의 《전(傳)》은 "담당 관리와 백성을 다스리는 사람을 신중하게 뽑아야 할 따름이다(惟慎擇有司牧夫而已)"라고 했다.

다는 것을 말한다. 이곳의 '이(而)'는 '뺨의 털'을 의미하는 '협모(頰毛)'이다.[35] 《예기·월령》은 "천자가 직접 쟁기와 보습을 자신의 수레 위에 옮기고, 수레 오른쪽에 갑옷을 입은 용사와 수레를 모는 사람 사이에 놓는다(天子親載耒耜, 措之於參保介之御間)."라고 했는데, 이는 갑옷을 입은 용사와 수레를 모는 사람 사이를 말한다.[36] 《좌전·문공 11년》은 "황보와 두 아들은 이곳에서 전사했다(皇父之二子死焉)."라고 했는데, 이곳의 ('두 아들'의 의미인) '이자(二子)'는 바로 공자(公子) 곡생(穀甥)과 사구(司寇) 우보(牛父)를 가리킨다. 이는 황보와 두 아들 모두 죽었음을 말한다.[37] 같은 책의 〈성공 16년〉은 "반왕과 그의 아들 반당(潘黨)(潘尫之黨)"이라 했고, 같은 책의 〈양공 23년〉은 "신선우와 부지(申鮮虞之傅摯)"라고 했는데, 이는 반왕과 반당, 신선우와 부지를 말한다.

'지'는 (어기사인) '혜(兮)'와 같다. 《좌전·소공 25년》은 "구관조야 구관조야, 임금이 출국하였다가 욕을 당하네(鸜之鵒之, 公出辱之)."라고 했는데, 세 개의 '지'자는 모두 어기사 '혜'와 같다.

'지'는 어기사이다. 《시경·용풍·군자해로(君子偕老)》는 "빛나고 고운 것은 그의 꿩 깃 그린 예복이요(玼兮玼兮, 其之翟也)."라고 했다. 이곳의 '기지적(其之翟)'은 '기적(其翟)'으로, '지'는 어기사이다. 같은 책의

---

35) 정현의 주석은 "'지이'는 '그 털이 빠진 뺨이다(之而, 頰須也)."라고 하여, '지이(之而)' 두 글자를 이어서 읽었는데 잘못된 것이다. 《경의술문》에 자세한 설명이 보인다.

36) 정현의 주석은 "'보개'는 수레의 오른쪽이다. 수레의 오른쪽과 수레를 모는 사람 사이에 쟁기를 놓아두는 것이다(保介, 車右也. 置耒於車右與御者之間)."라고 하여, '지(之)'를 정확하게 ('~와'의 의미인) '여(與)'로 풀었다. 단옥재(段玉裁)는 《예기(禮記)》교본(校本)에서 '지어(之御)'는 '어지(御之)'가 되어야 한다고 했는데, 잘못된 것이다. 《경의술문》에 자세한 설명이 보인다.

37) 가규(賈逵)의 주석은 "황보와 곡생 그리고 우보 세 사람 모두 전사했다(皇父與穀甥, 牛父三子皆死)."라고 했는데, 두에(杜預)의 주석도 이러하다.

〈소아·요아(蓼莪)〉는 "가난한 사람들의 삶은 일찍 죽어버리는 것만 못하네(鮮民之生, 不如死之久矣)."라고 했는데, 이는 불여사구의(不如死久矣)라고 하는 것과 같다. 《예기·사의(射義)》는 "공망지구(公罔之裘)"[38)라고 했는데, 정현의 주석은 "'지'는 발성사이다(之, 發聲也)."라고 했다. 《좌전·희공 24년》은 "개지추(介之推)"라고 했는데, 두예의 주석은 "'지'는 어기사이다(之, 語助)."라고 했다.


## 전旃

'전(旃)'은 (지시대명사인 '이'의 의미인) '지(之)' 내지 (어기사인) '언(焉)'이다. 《시경·위풍(魏風)·척호(陟岵)》는 "부디 이를 조심하였다가!(上慎旃哉!)"라고 했는데, 모형의 《전》은 "'전'은 (지시대명사 '이'의 의미인) '지'이다(旃, 之也)."라고 했다. 같은 책의 〈당풍·채령(采苓)〉은 "말을 흘려버리고 말을 흘려버리고(舍旃舍旃)."라고 했는데, 정현의 《전》은 "'전'은 (어기사인) '언'을 말하는 것으로, '사지언, 사지언'이라고 하는 것과 같다(旃之言焉也. 舍之焉, 舍之焉)."라고 했다. '지'와 '전'은 성모가 같고 운모에서 분화된 글자이고, '전'과 '언'은 소리가 서로 가깝다. '전'은 '지언(之焉)'이 합쳐진 소리이기도 하다.


## 시是 씨氏

《광아》는 "'시'는 (지시대명사 '이'의 의미인) '차'이다(是, 此也)."라고

---

38) "공망지구(公罔之裘)"는 공자의 학생이름이다. 여기서 '공망'은 성이고, '구'는 이름이다. '지'는 어조사이다.[역자주]

했다. 이는 자주 사용하는 말이다.

'시(是)'는 ('이에'의 의미인) '어시(於是)'의 의미이다. 《상서 · 우공》은 "뽕나무를 심을 수 있는 곳에는 이미 누에를 쳤다. 이에 사람들이 산언덕에서 내려와 평지에 거주했다(桑土既蠶, 是降丘宅土)."라고 했는데, 이는 이에 산언덕에서 내려와 평지에 거주했음을 말한다. 《시경 · 주남(周南) · 갈담(葛覃)》은 "이에 잘라다가 쪄내어(是刈是濩)."라고 했는데, 《모시정의》는 "이에 골라 자르고, 이에 찌는 것이다(於是刈取之, 於是煮之)."라고 했다.

'시'는 (지시대명사 '이'의 의미인) '식(寔)'이다. 《시경 · 노송(魯頌) · 비궁(閟宮)》은 "이분이 후직을 낳으시고(是生后稷)."라고 했는데, 이는 강원(姜嫄)39)이 후직을 낳았음을 말한다. 글자가 '씨(氏)'로 된 곳도 있다. 《대대례기 · 제계(帝繫)》는 "황제는 서릉씨의 딸 누조에게 장가를 들었다. 이분이 청양과 창의를 낳았다(黃帝 …… 娶于西陵氏之子, 謂之嫘祖. 氏産青陽及昌意)."라고 했는데, 이는 이분이 청양과 창의를 낳았음을 말한다. 《예기 · 곡례(하)》는 "오관의 우두머리를 백이라고 하며, 이들은 나라의 한 방면을 주관하는 큰 관리들이다(五官之長曰伯, 是職方)."라고 했는데, 이는 이들이 동쪽과 서쪽 두 방면의 일을 주관한다는 것을 말한다. 《논어 · 계씨(季氏)》는 "구야, 이것은 너의 잘못이 아니겠느냐?(求, 無乃爾是過與?)"라고 했는데, 이는 이것은 너의 잘못임을 말한다. '식'은 '실(實)'이라고도 한다. 《좌전 · 희공 5년》은 "귀신은 그런 사람을 가까이 하지 않고, 오로지 덕을 따르옵니다(鬼神非人實親, 惟德是依)."라고 했는데, 이곳의 '실' 역시 (지시대명사 '이'의 의미인) '시

---

39) 상고 시기 유태씨(有邰氏) 부족의 여인이다. 제곡(帝嚳)의 원비(元妃)이자 주나라의 선조 후직(后稷)의 모친이다. 전설에 의하면 들판에서 거인의 발자국을 밝은 후 임신하여 후직을 낳았다고 한다.[역자주]

(是)'로, 문장에서 서로 바꿔 쓸 수 있다. '시'는 '식'으로 풀기 때문에 '식' 역시 '시'로 풀이할 수 있다. '식'자에도 설명이 보인다.

'시'는 (지시대명사 '이'의 의미인) '지(之)'이다. 《시경·위풍(衛風)·맹(氓)》은 "이를 뒤집을 줄은 생각도 못했는데, 이제는 끝장이 났는가! (反是不思, 亦已焉哉!)"라고 했는데, 이는 이를 뒤집을 줄 생각도 못했음을 말한다. 《대대례기·문왕관인(文王官人)》은 "사람이 올바르고 어질며 사려 깊으면, 이 사람으로 하여금 나라를 다스리게 하고 백성들의 어른이 되게 한다(平人而有慮者, 使是治國家而長百姓)."[40]라고 했는데, 이곳의 '사시(使是)'는 '사지(使之)'이다. 《좌전·양공 14년》은 "진나라는 이러한 명을 내린 적이 없었다(晉國之命, 未是有也)."라고 했는데, 이는 이러한 명을 내린 적이 없음을 말한다. '시'는 '지'로 풀이하기 때문에 '지' 역시 '시'로 풀이할 수 있다. '지'자에도 설명이 보인다.

'시'는 ('그저'의 의미인) '기(祇)'이다. 《논어·위정》은 "지금의 효라는 것은 그저 잘 봉양하는 것을 말한다(今之孝者, 是謂能養)."라고 했는데, 이는 그저 잘 봉양하는 것을 말한다. '시'와 '기'는 의미가 같기 때문에 설종(薛綜) 주석의 《동경부(東京賦)》는 "'기'는 ('그저'의 의미인) '시'이다(祇, 是也)."라고 했다.

'시'는 ('~한 즉 내지 '~하면'의 의미인) '즉(則)'이다. 《대대례기·왕언(王言)》[41]은 "가르쳐서 안정되면 올바르게 된다(敎定是正矣)."라고 했는데, 《공자가어(孔子家語)》는 "바르게 가르쳐서 안정되면 근본이 올바르게 된다(正敎定則本正矣)."라고 했다. 《국어·정어》는 "만일 군주

---

40) 원문의 '인(人)'은 청나라 사람 왕빙진(王聘珍)이 지은 《대대례기해고(大戴禮記解詁)》(중화서국, 2016년)에는 '인(仁)'으로 되어있다. 본문의 해석은 이를 따랐다. [역자주]

41) 제목의 '왕(王)'은 청나라 사람 왕빙진(王聘珍)이 지은 《대대례기해고(大戴禮記解詁)》(중화서국, 2016년)에는 '주(主)'로 되어있다.[역자주]

를 바꾸고 세심하게 그들을 인도한다면, 좋은 효과를 거둘 수 있을 것입니다(若更君而周訓之, 是易取也)."라고 했는데, 위소의 주석은 "군주의 도를 바꾸어 그들을 인도하면 좋은 효과를 거둘 수 있을 것이다(更以君道導之, 則易取)."라고 했다.

'시'는 (발어사인) '부(夫)'와 같다. 《예기·삼년문》은 "큰 조수들만 봐도(今是大鳥獸)"라고 했는데, 《순자·예론(禮論)》에는 '금시(今是)'가 (어기사인) '금부(今夫)'로 되어있다. 《순자·유좌(宥坐)》는 "세상의 법도가 느슨해지고 형벌이 번잡해지는 상황 또한 아주 오래되었다(今夫世之陵遲亦久矣)."라고 했는데, 《한시외전》에는 '금부'가 '금시'로 되어있다. 《묵자·천지(하)》는 "초나라 왕은 국내에서 사람들의 봉양을 받기에 초나라 사람들을 아낀다(今是楚王食於楚之四境之內, 故愛楚之人)."라고 했다. 《순자·영욕》은 "사람의 음식과 같아서 …… (今是人之口腹 ……)"라고 했다. 같은 책의 〈부국〉은 "이러한 땅에서 자라는 오곡은 …… (今是土之生五穀也 ……)"이라 했다. 이상의 '금시'는 모두 '금부'와 같은 의미이다. 《맹자·공손추(하)》는 "내가 속 좁은 졸장부 같단 말인가!(予豈若是小丈夫然哉!)"라고 했는데, 이곳의 '시소장부(是小丈夫)'는 '부소장부(夫小丈夫)'이다. 이곳의 '시'는 (발어사인) '부'로 풀이하기 때문에 '부' 역시 '시'로 풀이할 수 있다. '부'자에 설명에 설명이 보인다.

('이 때문에'의 의미인) '시고(是故)'와 '시이(是以)'는 앞 문장을 받아 뒤 문장을 연결하는 말로, 자주 사용하는 말이다.


# 시時

《이아》는 "'시'는 (지시대명사 '이'의 의미인) '시'이다(時, 是也)."라고 했다. 《상서·요전》은 "백성들이 이러한 감화를 받아 화평을 누리게 되었다(黎民於變時雍)."라고 했다.


# 식寔 실實

《이아》는 "'식'은 (지시대명사 '이'의 의미인) '시'이다(寔, 是也)."라고
했다.42) 《춘추·환공 6년》의 "이 사람이 왔다(寔來)."라고 한 것에 대해
《공양전》은 "'식래'는 무슨 의미일까? ('이 사람이 왔다'의 의미인) '시인
래'라고 하는 것과 같다(寔來者何? 猶曰是人來也)."라고 했다. 《곡량전》
은 "'식래'는 '시래'이다(寔來者, 是來也)."라고 했는데, 이곳의 '식(寔)'은
(지시대명사 '이'의 의미인) '시(是)'와 같다. 때문에 《상서·진서(秦誓)》
는 "이렇게 해야 사람을 포용할 수 있고(是能容之)"라고 했는데, 《대학》
에는 '시'가 '식'으로 되어있다. 경전에서 '실(實)'로 되어있는 것은 가차
한 것이다.43)

---

42) 《시경·소남(召南)·소성(小星)》의 모형의 《전(傳)》도 이러하다.
43) 《주역·기제(既濟)·구오(九五)》는 "이들이 신령의 복을 받을 수 있다는 것은
…… (實受其福 …… )"이라 했는데, 《방기(坊記)》에는 '실(實)'이 '식(寔)'으로 되어
있다. 《시경·소남(召南)·소성(小星)》은 "이 사람의 팔자가 다르구나(寔命不
同)."라고 했는데, 《한시(韓詩)》에는 '식(寔)'이 '실(實)'로 되어있다. 《시경·패풍·
연연(燕燕)》은 "이러니 내 마음 괴로워지네(實勞我心)."라고 했는데, '실(實)'은 본
래 '식(寔)'으로 되어있다. 《시경·대아·한혁(韓奕)》은 "이렇게 성을 쌓고 이렇게
해자를 파고, 이렇게 밭을 다스리고 이렇게 세금을 정비하였으며(實墉實壑, 實畝
實藉)."라고 했다. 정현의 《전(箋)》은 "'실'은 '식'이 되어야 한다. 조나라와 위나라
의 동쪽 지방에서는 '실'과 '식'은 소리가 같다. '식'은 '시'의 의미이다(實, 當作寔.
趙、魏之東, 實、寔同聲. 寔, 是也)."라고 했다. 《의례·근례(覲禮)》는 "백부께서
이렇게 오셨다(伯父寔來)."라고 했는데, 정현의 주석은 "'금문에는 '실'이 '식'으로
되어있다'(今文實作寔)."라고 했다. 이상은 모두 '식(寔)'을 정자를 삼고 '실(實)'을
가차자로 삼은 것이다.

# 지只 지旨 지祇 지軝

《설문해자》는 "'지'는 어기사이다(只, 語已詞也)."라고 했다. 《시경·
패풍·연연(燕燕)》은 "누이는 믿음직하며(仲氏任只)."라고 했고, 같은
책의 〈용풍·백주〉는 "어머니시여, 하늘이시여, 저를 몰라주시나이까
(母也天只, 不諒人只)."라고 했다.[44] 글자가 '지(軝)'로 된 곳도 있다.
《장자·대종사》는 "뭐 하러 여기까지 오신 것이오?(而奚來為軝?)"라고
했다.[45] 《초사·대초(大招)》는 문장 끝에 모두 '지(只)'를 썼다.

'지(只)'는 어기사로 문중에서도 쓰인다. 《시경·주남·규목(樛木)》·
같은 책의 〈소아·남산유대(南山有臺)〉·같은 책의 〈소아·채숙(采
菽)〉은 모두 "즐거우신 우리 님(樂只君子)."이라고 했다. 같은 책의 〈패
풍·북풍(北風)〉은 "빨리 떠나야지(既亟只且)."라고 했고, 같은 책의
〈왕풍·군자양양(君子陽陽)〉은 "정말 즐겁네(其樂只且)."라고 했다. 글
자가 '지(旨)'로 된 곳도 있다. 《좌전·양공 11년》·같은 책의 〈양공 24
년〉·같은 책의 〈소공 13년〉은 《시경》을 인용하여 모두 "낙지군자(樂
旨君子)"라고 했다.

'지'는 허사 ('~일 따름이다'의 의미인) '이(耳)'이다. 《좌전·양공 27
년》은 "제후들이 진나라의 덕으로 따를 뿐이지,[46] 그들이 맹약을 주재
한다고 따르는 것은 아닙니다(諸侯歸晉之德只, 非歸其尸盟也)."라고 했
는데, 이곳의 '지(只)'는 ('~일 따름이다'의 의미인) '이'이다. 《국어·진
어(晉語)(4)》는 "문공이 구계에게 글을 배웠다. 3일이 지나자, 문공이
말했다: 나는 움직일 수 없었을 뿐이었지만 견문은 아주 넓어졌소(文公

---

44) 모형의 《전(傳)》은 "어머님시여 하늘이시여, 아직도 나를 믿지 않으시나이까(母也
天也, 尚不信我)."라고 했다.

45) 최선(崔譔)의 주석은 "'지'는 허사이다(軝, 辭也)."라고 했다.

46) 두예(杜預)의 주석은 "'지'는 허사이다(只, 辭也)."라고 했다.

學讀書於曰季, 三日, 曰: '吾不能行哂, 聞則多矣').”라고 했는데, 이곳의 '지(哂)'는 ('~일 따름이다'의 의미인) '지'와 같다. 이는 나는 움직일 수 없었을 따름인데도 견문이 이미 아주 많아졌음을 말한다.[47] 같은 책의 〈초어(상)〉은 “하늘의 이치를 그저 조금 알뿐, 어찌 백성들을 다스리는 도리를 알겠는가?(是知天哂, 安知民則?)”라고 했는데, 이곳의 '지(哂)' 역시 ('~일 따름이다'의 의미인) '지'이다.[48]

'지'는 허사 ('곧' 내지 '~하면'의 의미인) '즉(則)'이다. 《가자신서 · 회난(淮難)》은 “폐하께서는 회남왕을 야박하게 대하지 않으셨습니다. 그럼에도 회남왕은 곧 천자의 법도를 유린하고 쓰지 않으며, 황제의 명을 어기고 행하지 않고 있습니다(陛下於淮南王, 不可謂薄矣. 然而淮南王, 天子之法, 哂蹂促而弗用也. 皇帝之令, 哂批傾而不行也).”라고 했다. 또 “폐하께서 그에게 잘못한 것도 없으심에도, 이렇게 하시는 것은 곧 회남왕이 죄인의 몸이 되는 것입니다. 그러면 그의 아들들은 죄인의 자식이 되는 것이옵니다(陛下無負也如是, 哂淮南王, 罪人之身也. 淮南王子, 罪人之子也).”라고 했다. 또 “일어서면 옷깃이 젖을 정도로 눈물을 흘리고, 누우면 목까지 눈물을 흘리실 것이옵니다(是立哂泣沾衿, 臥哂泣交項).”라고 했다. 이상의 '지(哂)'는 모두 ('곧' 내지 '~하면'의 의미인) '즉'이다. 그래서 《가자신서(賈子新書) · 연어(連語)》는 “담이 얇으면 금방

---

47) 위소(韋昭)의 주석은 “'지'는 지척간이다(哂, 哂尺間).”라고 했는데, 잘못된 것이다. 또 나의 생각으로 금본에는 '불능행(不能行)' 다음에 '야(也)'가 있는데, 이는 후인들이 마음대로 더한 것이다. '행(行)' 다음에 '야(也)'가 있으면 '지(哂)'는 다음 문장과 한 구절이 되어야 한다. 위소도 '지(哂)'를 문장 끝에 두고 풀이하였다. 지금의 주석은 '지(哂)' 다음에 있기 때문에 '지(哂)'가 앞 문장과 한 구절이 되고 '행(行)' 다음에는 본래 '야(也)'가 없다는 것을 알 수 있다. 이곳에서는 '야(也)'를 삭제한다.

48) 위소(韋昭)의 주석은 “'지'는 '적음'을 말한다. 이 구절은 하늘의 이치를 조금 알뿐, 어찌 백성들을 다스리는 도리를 알겠는가?(哂, 言少也. 此言少知天道耳, 何知治民之法?)”라고 했는데, 잘못된 것이다.

무너지고, 비단이 얇으면 금방 찢어지고, 그릇이 얇으면 금방 망가지고, 술의 도수가 낮으면 금방 쉰다(墻薄咫亟壞, 繒薄咫亟裂, 器薄咫亟毀, 酒薄咫亟酸)."라고 했는데, (유향(劉向)의) 《신서(新序)·잡사(雜事)》에는 '지(咫)'가 모두 '즉'으로 되어있다.

# 시啻<sup>49)</sup> 시翅 적適

《설문해자》는 "'시'는 ('~뿐' 내지 '단지'의 의미를 나타내는) 허사로, ('~뿐만 아니라'의 의미인) '불시'의 '시'이다. 말할 때는 '불시'라고 한다(啻, 語時, 不啻也)."라고 했다. 《일절경음의(一切經音義)》(권3)은 《창힐편(蒼頡篇)》을 인용하며 "'불시'는 ('많다'의 의미인) '다'이다(不啻, 多也)."라고 했다. 《상서·다사》는 "그대들은 그대들의 땅을 가지지 못할 뿐만 아니라 …… (爾不啻不有爾土 …… )"라고 했다. 같은 책의 〈무일〉은 "이 뿐만 아니라 화를 내지 않는다(不啻不敢含怒)."라고 했다. 같은 책의 〈진서〉는 "자신의 입으로만 좋다고 말할 뿐만 아니라 …… (不啻如自其口出 …… )."라고 했다. 《경전석문》의 《상서·다사》는 "'시'는 서개본(徐鍇本)에는 '시'로 되어있다(啻, 徐本作翅)."라고 했다. 《맹자·고자(하)》는 "먹는 것의 중요한 문제와 예에 관한 간단한 문제를 가지고 비교한다면, 어찌 먹는 것만 중요하겠느냐?(取食之重者, 與禮之輕者而比之, 奚翅食重?)"라고 했다. 《장자·대종사》는 "자연이 사람을 따르게 함에는 부모가 자식을 대하는 것뿐만이 아닐세(陰陽於人, 不翅於父母)."라고 했다. 이상의 '시(翅)'는 모두 ('~뿐'의 의미인) '시(啻)'와 같다. 글자가 '적(適)'으로 된 곳도 있다. 부친께서는 《설문해자》는 "'적'은

---

49) 발음은 '시+ㅣ(施智反)'이다.

부수인 '착'과 소리인 '시'로 이루어져 있다(適, 從辵啻聲)."라고 하셨다.
'적'과 '시'는 소리가 서로 가까워 옛날에는 '적'을 '시'로 썼다. 《전국책·
진책(秦策)(2)》는 "신을 의심하는 사람은 세 사람만이 아니옵니다(疑臣
者不適三人)."라고 했는데, 이곳의 '부적(不適)'은 ('~뿐만 아니라'의 의
미인) '불시(不啻)'와 같다. 그래서 고유의 주석은 '적'을 '시'로 읽었다.
《사기·감무전(甘茂傳)》에는 "의신자비특삼인(疑臣者非特三人)"으로 되
어있는데, 이곳의 '비특(非特)'은 ('~뿐만 아니라'의 의미인) '불시(不
啻)'와 같다. 《맹자·고자(상)》은 "사람이 먹고 마셔서 잃어버리는 것이
없다면, 먹고 마시는 것이 어찌 입과 배와 같은 작은 부분만을 위함이겠
는가!(飲食之人, 無有失也, 則口腹豈適為尺寸之膚哉!)"라고 했는데, 이
곳의 '적' 역시 '시'와 같다. 그래서 조기의 주석은 "어찌 입과 배와 같은
작은 부분만을 살찌우기 위함이겠는가!(口腹豈但為肥長尺寸之膚邪!)"
라고 하여 ('단지'의 의미인) '단(但)'자를 정확하게 '적(適)'자로 풀이했
다. 반면 북송 사람 손석(孫奭)50)이 '적(適)'자에 음을 달지 않은 것은
이것이 '시(啻)'의 가차자임을 몰랐기 때문이었을 것이다. 또 《장자·거
협(胠篋)》은 "도척의 부하가 도척에게 물었다: '도둑질에도 도가 있습니
까?' 도척이 대답했다: '어찌 도가 있고 없음이 여기에만 국한되겠느냐.
방안에 무엇이 있는지 잘 알아맞히는 것이 뛰어남이다. 들어갈 때 앞서
는 것이 용기이다. 나올 때 맨 뒤에 있으면 의리이다. 될지 안 될지를
아는 것이 지혜이다. 공평하게 분배하는 것이 어짊이다'(跖之徒問於跖
曰: '盜亦有道乎?' 跖曰: '何適而無有道邪? 夫妄意室中之藏, 聖也. 入先,

---

50) 북송(北宋)의 대신이자 경학자이다. 자는 종고(宗古)이고, 박주(博州) 박평(博平)
사람이다. 어려서 경학을 섭렵했다. 용도각대제(龍圖閣待制)·한림시강학사(翰林
侍講學士)·예부상서(禮部尙書) 등을 지냈다. 명도(明道) 2년(1033년)에 세상을
떠났다. 《맹자주소(孟子注疏)》의 소(疏) 부분을 지은 것으로 유명하다. 저술로는
《오경절해(五經節解)》·《오복제도(五服制度)》 등이 있다.[역자주]

천명에 있거늘, 왜 초나라를 섬기십니까? 국력만 낭비하는 것이옵니다(存亡有命, 事楚何為? 多取費焉).”라고 했는데, 이곳의 ‘다’ 역시 (‘다만’의 의미인) ‘지’로 읽는다. 이는 초나라를 섬기는 것은 공물을 올리는 수고만 자초할 것이라는 것을 말한다. 같은 책의 〈소공 13년〉에서 “그저 욕을 자초할 뿐이다(祇取辱焉).”라고 한 것, 같은 책의 〈양공 26년〉에서 “무고만 초래할 뿐이다(祇取誣焉).”라고 한 것, 같은 책의 〈정공 4년〉에서 “출병하는 것은 고생만 자초할 뿐입니다(祇取勤焉).”라고 한 것, 같은 책의 〈애공 14년〉에서 “죽음만 자초할 뿐이다(祇取死焉).”라고 한 예들은 문장의 의미가 정확하게 서로 일치한다. 같은 책의 〈애공 8년〉은 “이렇다면 오나라를 해치기에 부족하옵니다. 도리어 나라의 유능한 인물만 죽인다면, 멈추는 것만 못하옵니다(不足以害吳, 而多殺國士, 不如已也).”라고 했는데, 이곳의 ‘다’ 역시 (‘다만’의 의미인) ‘지’로 읽는다. 이는 오나라 사람들을 해치기에 부족하고 도리어 노나라의 유능한 인물만 다치게 할 뿐임을 말한다. 같은 책의 〈희공 15년〉은 “진나라는 강성하여 멸망시킬 수 없지만 그 임금을 살해한다면, 서로 원한지게 할 수 있을 뿐입니다(晉未可滅而殺其君, 祇以成惡).”라고 했다. 같은 책의 〈애공 13년〉은 “노나라에는 해가 없겠지만 좋지 않은 명성만 가질 것입니다(無損於魯而祇為名).”라고 했는데, 문장의 의미가 서로 정확하게 일치한다. 《경전석문》의 ‘다’자에는 음이 없는데, 이는 모두 잘못된 것이다.


# 적適

‘적(適)’은 (‘마침’의 의미인) ‘적연(適然)’이다. 《시경·소아·벌목(伐木)》에서 “마침 일이 있어 오지 못한 것이지, 내가 거들떠보지 않은 것은 아니라네(寧適不來, 微我弗顧)."라고 한 것과 《좌전·소공 17년》에서 "봉새가 마침 왔네(鳳鳥適至)."라고 한 것이 이 예이다.

'적'은 (지시대명사 '이'의 의미인) '시(是)'이다. 《순자·왕패(王霸)》는 "공자가 말했다: 내가 다른 사람이 있는 곳에 가서 어떤지를 알고 싶으면, 이 사람이 우리에게 와서 어떤지를 보면 된다(孔子曰: '審吾所以適人, 適人之所以來我也')."라고 했는데, 첫 번째 '적'은 ('가다'의 의미인) '왕(往)'으로 풀이하고, 두 번째 '적'은 (지시대명사 '이'의 의미인) '시'로 풀이한다. 이는 내가 가는 까닭이 바로 이 사람이 오는 까닭이니 살피지 않으면 안 됨을 말한다. 《여씨춘추·서시(胥時)》는 "왕자 광이 오자서를 보더니 그의 모습을 싫어하여 그가 하는 말을 듣지 않고 사절했다 …… 왕자 광이 말했다: 그의 이런 모습을 나는 아주 싫어하오(王子光見伍子胥而惡其貌, 不聽其說而辭之. 曰: '其貌適吾所甚惡也')."라고 했다. 이는 이런 모습은 내가 아주 싫어함을 말한다. 유흠(劉歆)의 《여양웅서(與揚雄書)》는 "지금 조정은 이들 전적들을 중시하고 각지의 언어들을 대대적으로 수집하여 세상의 일을 살피고 증명하려고 합니다 …… 이는 마침 자운54) 그대가 크게 힘을 쓸 때입니다(今聖朝留心典誥, 發精於殊語. 欲以驗考四方之事 …… 適子雲攘意之秋也)."라고 했는데, 이는 지금 이 시기가 자운(子雲) 그대가 크게 힘을 쓸 때임을 말한다.

'적'은 ('만일~한다면'의 의미인) '약(若)'이다. 《한비자·내저설하(內儲說下)》는 "정수가 시종을 훈계하며 말했다: 폐하께서 만일 무슨 말씀을 하시면, 반드시 지체 없이 폐하의 말을 따라야 한다(鄭袖誡御者曰: '王適有言, 必亟聽從王言')."라고 했는데, 이는 폐하께서 만일 무슨 말을 함을 말한다. 또 "진나라의 난쟁이들은 초나라 왕의 측근들과 사이가 아주 좋았다 …… 초나라가 만일 계획을 짜면, 난쟁이들은 늘 먼저 그

---

54) 서한(西漢) 때의 사부가(辭賦家)인 양웅(揚雄)의 자이다.[역자주]

계획을 들었다(秦侏儒善於荊王左右 …… 荊適有謀, 侏儒常先聞之)."라
고 했는데, 이는 초나라가 만일 계획을 짬을 말한다. 《같은 책의 〈외저
설상(外儲說右上)〉은 "국양이 정나라 군주에게 말했다: 제가 만일 불행
히도 잘못을 한다면, 폐하께서 제가 잘못한 것을 알려주소서(國羊謂鄭
君曰: '臣適不幸而有過, 願君幸而告之')."라고 했는데, 이는 제가 만일
불행하게도 잘못을 함을 말한다.


# 식識

　'식(識)'은 ('마침' 내지 '방금'의 의미인) 적(適)'이다. 부친께서는 《좌
전 · 성공 16년》에 "그가 마침 나를 보자 얼른 가버렸는데, 다치지 않았
는지 모르겠소?(識見不穀而趨, 無乃傷乎?)"라고 한 구절이 있다고 하셨
다. 이는 마침 나를 보자 얼른 가버렸음을 말한다. 이 구절은 《국어 · 진
어(晉語)(6)》에는 "촉견불곡이하(屬見不穀而下)"로 되어 있고, 이에 대
한 위소의 주석은 "'촉'은 ('마침'의 의미인) '적'이다(屬, 適也)."라고 했
다. '적'과 '식'을 같이 풀이하는 것은 '적'과 ('단지'의 의미인) '직(直)'을
같이 풀이하는 것과 같다. 《맹자 · 고자(상)》은 "어찌 입과 배 같은 작은
부분만을 위함이겠는가!(口腹豈適為尺寸之膚哉?)"라고 했는데, 이는
"기직위척촌지부(豈直為尺寸之膚)"라고 하는 것과 같다.[55] '식'과 '직'
두 글자는 고음에서 직부(職部)에 속하고, '적'은 고음(古音)에서 석부
(錫部)에 속한다. '적'이 '식'이 되는 것은 '적'이 '직'이 되는 것과 같다.
'식'과 '적'은 같은 의미이나 음이 다르다. 《구경고의(九經古義)》는 '식'은
'적'이 되어야 한다고 했는데, 잘못된 것이다.

---

55) 이곳의 '직(直)'은 《맹자 · 양혜왕(梁惠王)(상)》의 "단지 백보만 가지 않았을 뿐이
　　다(直不百步耳)."의 '직'이다.

# 촉屬<sup>56)</sup>

'촉(屬)'은 ('마침'의 의미인) '적(適)'이다. 《좌전·성공 2년》은 "소신이 불행하게도 마침 폐하의 병거를 만나게 되었습니다(下臣不幸, 屬當戎行)."라고 했는데, 두예의 주석은 "'촉'은 ('마침'의 의미인) '적'이다(屬, 適也)."라고 했다. 같은 책의 〈소공 4년〉은 "마침 무성에서 종묘에 제사를 지내는 일이 있었습니다(屬有宗祧之事於武城)."라고 했다. 《국어·노어(상)》은 "나는 마침 그를 칭찬하려고 했소(吾屬欲美之)."라고 했는데, 위소의 주석도 "'촉'은 ('마침'의 의미인) '적'이다(屬, 適也)."라고 했다.

'촉'은 지금 사람들이 말하는 ('막~' 내지 '방금'의 의미인) '적재(適纔)'이다. 《국어·진어(晉語)(6)》은 "방금 나를 보자 수레에 내렸는데 다치지는 않았는지요?(屬見不穀而下, 無乃傷乎?)"라고 했는데, 위소의 주석은 "'촉'은 ('방금'의 의미인) '적'이다(屬, 適也)."라고 했다. 《사기·유후세가(留侯世家)》는 "천하가 이제 막 안정되었는데, 무슨 까닭으로 모반을 일으키려 하는가?(天下屬安定, 何故反乎?)"라고 했다.

'촉'은 ('다만'의 의미인) '지(衹)'와 같다. 《좌전·소공 28년》과 《국어·진어(晉語)》는 모두 "소인의 배로 군자의 마음을 삼길 바라시는 것은 그저 만족만 하실 뿐이옵니다(願以小人之腹, 為君子之心, 屬厭而已)."라고 했는데, 이는 그저 만족만 취할 뿐임을 말한다. 이에 대한 위소의 주석은 "'촉'은 ('다만'의 의미인) '적'이다. 작은 것에만 만족하는 것은 자신을 제한하는 것이다(屬, 適也. 適小飽足, 則自節止)."라고 했는데, 이 풀이가 원의에 가깝다. 두예는 '촉'을 ('족하다'의 의미인) '족(足)'으로 봤는데, 옛날에 이러한 풀이는 없는 것으로 잘못된 것이다.

---

56) 발음은 촉(燭)이다.

# 지止

《시경·소남·초충(草蟲)》은 "뵈올 수 있다면, 볼 수 있다면(亦既見止, 亦既覯止)."이라 했는데, 모형의 《전》은 "'지'는 어기사이다(止, 辭也)."라고 했다.

# 소所

('~하는 바'의 의미인) '소(所)'는 일을 가리키는 허사이다. 《논어·위정》에서 "그가 사귀는 바의 친구를 보고, 그가 사용하는 바의 방법을 살핀다(視其所以, 觀其所由)."라고 한 것이 이런 예이다. 이는 자주 사용하는 말이다.

'소'는 ('~할 수 있다'의 의미인) '가(可)'이다. 《안자춘추·잡편》은 "성인과는 함께 장난칠 수 없습니다(聖人非所與嬉也)."라고 했는데, 이곳의 '비(非)'는 ('아니다'의 의미인) '불(不)'과 같다. 이는 성인과는 함께 장난칠 수 없음을 말한다. 《묵자·천지(天志)》는 "지금 사람들이 그의 집에 살다 죄를 지으면, 그 죄로부터 도피할 수 있는 다른 집안이 또 있다…… 지금 사람들이 그의 나라에 거처하다가 죄를 지으면, 그 죄로부터 도피할 수 있는 나라들이 있다…… 지금 사람들은 모두 천하에 처신하고 있는데, 하늘을 섬기다가 하늘에 죄를 지으면 그곳으로부터 도피할 곳이 다시는 없다(今人處若家得罪, 將猶有異家, 所以避逃之者矣…… 今人處若國得罪, 將猶有異國, 所以避逃之者矣…… 今人皆處天下而事天, 得罪於天, 將無所以避逃之者矣)."라고 했다. 이곳의 '소이(所以)'는 ('~할 수 있다'의 의미인) '가이(可以)'이다. 《장자·지북유(知北遊)》는 "인륜이라는 것은 복잡한 것이나 서로 의존하며 살아갈 수 있다

(人倫雖難, 所以相齒)."라고 했는데, 이는 서로 의존하며 살 수 있음을 말한다. 《염철론(鹽鐵論)·미통(未通)》은 "백성들은 술지게미와 쌀겨도 충분하지 않는데, 어찌 귤과 유자를 싫어할 수 있겠습니까?(民不足於糟糠, 何橘柚之所厭?)"라고 했는데, 이는 어찌 귤과 유자를 싫어할 수 있겠는가를 말한다. 《사기·회음후전》은 "제가 아니면 함께 일을 도모할 사람이 없나이다(非信無所與計事者)."라고 했는데, 이는 일을 함께 도모할 수 있는 사람이 없음을 말한다. 《한서》에 원문의 '소'가 ('~할 수 있다'의 의미인) '가(可)'로 뇌어 있는 것이 그 증거이다. '소'와 '가'는 같은 의미이기 때문에 경우에 따라서 '가'를 '소'로 말할 수 있고, '소'를 '가'로 말할 수도 있다. '가'자에도 설명이 보인다.

　'소'는 ('만일~한다면'의 의미인) '약(若)' 내지 ('간혹~'의 의미인) '혹(或)'이다. 《상서·목서》는 "그대들이 만일 노력하지 않는다면, 그대들에게 형벌이 있을 것이다!(爾所弗勛, 其於爾躬有戮!)"라고 했는데, 이는 그대들이 만일 노력하지 않는 것을 말한다.[57] 《시경·용풍·장유자(牆有茨)》는 "혹 말을 해도, 추한 것을 말한 뿐인 것을(所可道也, 言之醜也)."이라고 했는데, 이는 혹 말을 하는 것을 의미한다. 《좌전·희공 24년》은 "만일 외숙부와 같은 마음이 아니라면, 나는 강물을 두고 맹세할 수 있다(所不與舅氏同心者, 有如白水)."라고 했는데, 이는 만일 외숙부와 같은 마음이 아닌 것을 말한다. 《논어·옹야》는 "내가 남자를 만난 것이 진실로 잘못이라면 하늘이 나를 버릴 것이다, 하늘이 나를 버릴 것이다!(予所否者, 天厭之, 天厭之!)"라고 했는데, 이는 내가 만일 잘못한 것임을 말한다. 또 《좌전·선공 10년》은 "만일 우호적으로 왕래하는 나라라면 알리고, 그렇지 않으면 알리지 않는다(所有玉帛之使者則告,

---

57) 《사기·주본기(周本紀)》의 《사기집해(史記集解)》는 정현의 주석을 인용하여 "'소'는 ('장차'의 의미인) '차'를 말한다(所, 言且也)."라고 했는데, 의미 역시 서로 가깝다.

不然則否)."라고 했는데, 이는 만일 우호적으로 왕래하는 나라라는 것을 말한다. 《맹자·이루(상)》은 "위에 있는 사람이 도의를 헤아리지 않고, 아래에 있는 사람들이 법도를 지키지 않고, 조정에서는 신의를 믿지 않고, 장인들은 척도를 믿지 않고, 관리들이 법을 어기고, 백성들이 형법을 어기고도, 나라가 간혹 존재한다는 것은 요행이다(上無道揆也, 下無法守也, 朝不信道, 工不信度, 君子犯義, 小人犯刑, 國之所存者幸也)."라고 했는데, 이는 나라가 간혹 존재한다는 것은 요행임을 말한다.

'소'는 어기사이다. 《상서·무일》은 "아아, 군자는 즐거움을 탐해서는 안 될 것이다(烏呼, 君子所其無逸)."라고 했는데, 이는 군자는 즐거움을 탐해서는 안 된다는 것을 말한다. 이곳의 '군자(君子)'는 ('군주'의 의미인) '인군(人君)'을 말하고, '소'는 어기사이다.[58] 《예기·단궁(하)》는 "폐하의 신하가 죄가 없다면, 저희는 조상이 남기신 낡은 초가에서 장례를 치를 수 있습니다. 지금 이렇게 길가에서 조문하시니 그대는 폐하의 명을 욕되게 하지 마십시오(君之臣免於罪, 則有先人之敝廬在. 君無所辱命)."라고 했는데, 이는 그대는 폐하의 명을 욕되게 하지 말라는 것을 말한다.[59] 《좌전·성공 2년》은 "전쟁하면 전진해야지 물러나서는 안 되는 것이니, 폐하께서는 번거롭게 명을 내리실 필요가 없사옵니다(能進不能退, 君無所辱命)."라고 했는데, 그 의미가 이것과 같다. 《공양전·양공 27년》은 "군신지간에는 맹약을 맺을 필요가 없으니, 공자 전으로 하여금 서약하게 하면 됩니다(無所用盟, 請使公子鱄約之)."라고 했는

---

58) 정현의 주석은 "'군자'는 관리의 우두머리에 있는 사람을 말한다. '소'는 ('처하다'의 의미인) '처'와 같다(君子, 謂在官長者. 所, 猶處也)."라고 했는데, 모두 잘못된 것이다.

59) 정현의 주석은 "'무소욕명'은 조문을 사양하고 받지 않겠다는 것이다(無所辱命, 辭不受也)."라고 했으니, 이곳의 '소(所)'는 어기사로, 그대는 폐하의 명을 욕되게 하지 말라는 의미이다.

데, 이는 맹약을 맺을 필요가 없음을 말한다.[60] 같은 책의 〈소공 25년〉
은 "폐하께서는 이런 굴욕적인 대례는 행하지 마소서(君無所辱大禮)."
라고 했는데, 이는 대례에 굴욕당해서는 안 된다는 것을 말한다.

# 신矧

《이아》는 "'신'은 ('하물며'의 의미인) '황'이다(矧, 況也)."라고 했다.
이는 자주 사용하는 말이다.

'신(矧)'은 ('역시'의 의미인) '역(亦)'이다. 《상서・강고》는 "큰 죄를 짓
고 미움을 받는 자는 부모에게 효도하지 않고 형제간에 우애롭게 지내
지 않는 자이기도 하다(元惡大憝, 矧惟不孝不友)."라고 했는데, 이는 큰
죄를 짓고 미움을 받는 자는 부모에게 효도하지 않고 형제간에 우애롭
게 지내지 않는 자임을 말한다. 또 "나라의 큰 법을 따르지 않으면서도
제후국의 서자・훈인과 정인 및 소신・제절 등의 관리들을 두고, 별도
로 정령을 내려 백성들에게 알리며, 나라의 법을 생각지도 않고 시행하
지도 않는 사람을 크게 치켜세우면, 그 임금을 해칠 것이다(不率大戛,
矧惟外庶子訓人, 惟厥正人, 越小臣諸節, 乃別播敷造民, 大譽弗念弗庸,
瘝厥君)."라고 했는데, 이는 나라의 큰 법을 따르지 않는 자도 그 군주
를 해치는 사람이라는 것을 말한다. 이 구절 다음에 나오는 "역시 그대
는 군주이자 우두머리이다(亦惟君惟長)."의 의미도 이에 가깝다. 《상
서・군석(君奭)》은 "상나라의 여러 관리들과 왕실 사람들은 덕을 행하
고 나라의 어려움을 잘 이해하지 않음이 없었고, 군주 곁의 하급관리들
과 후복・전복의 제후들도 부지런히 힘을 다하게 되었습니다(百姓王

---

60) 하휴(何休)의 주석은 "맹약을 맺을 필요가 없다(無用為盟)."라고 했다.

人, 罔不秉德明恤, 小臣屏侯甸, 矧咸奔走).”라고 했는데, 이는 그들도 모두 열심히 힘을 다했음을 말한다.

'신'은 ('또한'의 의미인) '우(又)'이다. 《상서·대고》는 “당시 문왕께서는 거북으로만 점을 치시어 이 천명을 편히 받을 수 있었습니다. 지금 하늘은 백성을 돕고 있고, 또 거북으로만 점을 치고 있습니다(寧王惟卜用, 克綏受茲命. 今天其相民, 矧亦惟卜用).”라고 했는데, 이는 또 거북으로만 점을 본다는 것을 말한다. 같은 책의 〈주고〉는 “나는 네가 은나라의 유신·각 지역의 제후와 사건과 말을 기록하는 사관들·어진 신하들과 많은 존귀한 관리들, 또한 그대의 일을 처리하는 관리·임금의 연회와 휴식을 비롯한 제사를 책임지는 관리·그대의 삼경(三卿)이자 반란을 진압하는 기보(圻父)·백성들의 농사를 책임지는 농보(農父)·법을 다스리는 굉보(宏父)에게 ‘그대들은 또한 술을 엄격하게 제한하라.’라고 정중하게 알렸으면 한다(女劼毖殷獻臣, 侯、甸、男、衛, 矧大史友、內史友、越獻臣、百宗工, 矧惟爾事, 服休服采, 矧惟若疇, 圻父薄違、農父若保、宏父定辟: 矧女剛製於酒).”라고 했는데, 이곳의 ‘신유(矧惟)’는 ('또한'의 의미인) ‘우유(又惟)’와 같다. 다음 구절에서 “또 은나라에서 관리를 지냈던 사람들이 …… (又惟殷之迪諸臣惟工 …… )”라고 한 것이 이 예이다. 같은 책의 〈소고〉는 “지금 폐하께서는 젊은 나이에 왕위를 이으셔서, 폐하를 보좌해 우리 선조들의 덕을 헤아릴 수 있는 연륜 있는 사람도 없고, 또한 하늘의 뜻을 직접 물을 수 있는 사람도 없습니다.(今沖子嗣, 則無遺壽考, 曰其稽我古人之德, 矧曰其有能稽謀自天).”라고 했는데, 이는 선조들의 덕을 헤아리면서 하늘의 뜻을 물을 수 있는 것을 말한다. 이상 두 예문은 모두 ('하물며'의 의미인) ‘황(況)’으로 포괄할 수 있는 것이 아니다.

## 상爽

'상(爽)'은 발성사이다. 《상서 · 강고》에서 "백성들은 훌륭하고 편안하
게 인도해야 한다(爽惟民, 迪吉康)."라고 한 것, 또 같은 편에서 "하늘이
우리를 벌하실 것이다(爽惟天其罰殛我)."라고 한 것이 모두 이 예이다.
공안국의 《전》은 '상'을 ('밝다'의 의미인) '명(明)'으로 풀이했는데 의미
가 잘 통하지 않는다. 《상서》에 나오는 '홍유(洪惟)' · '상유(爽惟)' · '비
유(丕惟)' · '탄유(誕惟)' · '적유(迪惟)' · '솔유(率惟)'는 모두 허사이다.
풀이하는 사람들은 모두 잘못 풀었다.


## 서庶

《논어 · 선진》은 "회는 도덕수양이 거의 최고의 경지에 이르렀다!(回
也其庶乎!)"라고 했다. 《주역 · 계사전》은 "안회라는 제자는 주역의 이
치에 거의 통달한 사람이었지!(顏氏之子, 其殆庶幾乎!)"라고 했다.[61]
《이아 · 석언(釋言)》은 "'서'는 ('요행이다'의 의미인) '행'이다. '서기'는
('바라다'의 의미인) '상'이다 (庶, 幸也. 庶幾, 尚也)."라고 했다. 이는
자주 사용하는 말이다.


## 상尚  상上

《설문해자》는 "'상'은 ('바라다'의 의미인) '서기'이다(尚, 庶幾也)."라

---

61) 《시경 · 왕풍(王風) · 토원(兔爰)》의 《모시정의(毛詩正義)》는 《역설(易說)》을 인용
하여 "'서'는 ('바라다'의 의미인) '행'이다. '기'는 ('넘겨보다'의 의미인) '기'이다(庶,
幸也. 幾, 覬也)."라고 했다.

고 했다. 글자가 '상(上)'으로 된 곳도 있다. 《시경·위풍(魏風)·척호(陟岵)》는 "바라건대 조심하였다가(上愼旃哉)"라고 했는데, 《한석경(漢石經)》에는 원문의 '상(上)'이 '상(尙)'으로 되어있다.

《시경·소아·소변(小弁)》의 정현의 《전》은 "'상'은 ('아직'의 의미인) '유'이다(尙, 猶也)."라고 했다. 이는 자주 사용하는 말이다.

《설문해자》는 "'상'은 (허사인) '증'이다(尙, 曾也)."라고 하면서, "'증'은 어기를 완화하는 허사이다(曾, 詞之舒也)."라고 했다.


# 서逝 서噬

'서(逝)'는 발성사이다. 글자가 '서(噬)'로 된 곳도 있다. 《시경·패풍·일월(日月)》은 "우리 집 그 사람, 옛날처럼 위해 주지 않네요(乃如之人兮, 逝不古處)."라고 했는데, 이는 옛날처럼 잘 위해주지 않음을 말한다. 같은 책의 〈위풍(魏風)·석서(碩鼠)〉는 "이제 너를 떠나, 저 즐거운 들로 가련다(逝將去女, 適彼樂土)."라고 했는데, 이는 너를 떠나려고 함을 말한다. 같은 책의 〈당풍·유체지두(有杕之杜)〉는 "저 어진 군자님, 내게로 와 주었으면(彼君子兮, 噬肯適我)."이라고 했는데, 이는 나에게로 가려는 것을 말한다. 같은 책의 〈대아·상유(桑柔)〉는 "누가 뜨거운 물건을 쥐고서, 물에 손 씻지 않겠는가(誰能執熱, 逝不以濯)."라고 했는데, 이는 손을 씻지 않겠는가를 말한다. 이상의 '서(逝)'는 모두 발성사로 의미가 없다. 모형의 《전》과 정현의 《전》은 ('이르다'의 의미인) '체(逮)'·('가다'의 의미인) '왕(往)'과 '거(去)'로 풀이했는데, 모두 의미에 맞지 않는다.

# 솔率

'솔(率)'은 ('~으로' 내지 '~때문에'의 의미인) '용(用)'이다. 《시경·주송·사문(思文)》은 "우리에게 밀과 보리 주시어, 상제께서는 이것으로 기르라 하시고(貽我來牟, 帝命率育)."라고 했는데, 모형의 《전》은 "'솔'은 ('~으로'의 의미인) '용'이다(率, 用也)."라고 했다. 《모시정의》는 "《석고》는 말했다: '솔'과 '유'는 ('~로부터'의 의미인) '자'이다. '유'와 '자'는 모두 ('~으로'의 의미인) '용'으로 풀이하기 때문에 '솔'은 '용'이 된다(《釋詁》: 率、由, 自也. 由、自俱訓爲用, 故率爲用也)."라고 했다.[62] 부친께서는 《상서·요전》은 "이로 이민족들이 복종할 것이다(蠻夷率服)."라고 했는데, 이곳의 '솔'은 ('~으로'의 의미인) '용'이라고 하셨다. 이는 이렇게 정치를 한다면 이로 이민족들이 복종할 것임을 말한다.[63] 또 "예! 제가 석경을 치고 두드려서, 이로 짐승들이 춤을 추게 하겠습니다(於! 予擊石拊石, 百獸率舞)."라고 했는데, 이곳의 '솔'은 ('~으로'의 의미인) '용'이다. '백수용무(百獸用舞)'는 이 구절 앞에 나오는 '신과 사람은 조화를 이룰 것이다(神人以和)'라고 말하는 것과 같다. 또 같은 책의 〈고요모〉는 "아! 제가 석경을 치고 두드려서, 이로 짐승으로 분장한 사람들을 춤추게 하고, 이로 각 부서장들도 함께 하도록 하겠습니다(於! 予擊石拊石, 百獸率舞, 庶尹允諧)."라고 했는데, 다음의 두 구절과 서로 대구가 된다. '솔'과 '윤(允)'은 모두 ('~으로'의 의미인) '용(用)'이다.[64]

---

62) 나의 생각은 이렇다: 원문의 "제명솔육(帝命率育)"은 천명이 이 밀과 보리로 온 백성들을 기르는 것임을 말한다. 정현의 《전(箋)》은 "'솔'은 ('좇다'의 의미인) '순'이다. 천명은 이것으로 후직이 세상 사람들을 기른 공을 따르고 지키는 것이다(率, 循也. 天命以是循存后稷養天下之功)."라고 했는데, 잘못된 것이다.

63) 공안국(孔安國)의 《전(傳)》은 "서로 거느리고 복종하러 올 것이다(相率而來服)"라고 했는데, 잘못된 것이다.

같은 책의 〈반경〉은 "이로 여러 가까운 대신들에게 의견을 말해볼 것을 호소했다(率籲衆戚, 出矢言)."라고 했는데, 이곳의 '솔'은 ('~으로'의 의미인) '용'이고, '유(籲)'는 ('호소하다'의 의미인) '호(呼)'이다. '척(戚)'은 ('신분이 높고 임금과 가까운 대신'의 의미인) '귀척(貴戚)'이고, '시(矢)'는 ('맹세하다'의 의미인) '서(誓)'이다. 이는 백성들이 천도하지 않으려고 하자, 반경(盤庚)이 자신과 가까운 대신들에게 의견을 내게 하여 백성들을 깨우쳐주는 것을 말한다.[65] 같은 책의 〈다사〉는 "내가 이렇게 하는 것은 그대들의 죄를 용서하고 그대들을 가엾게 여기기 때문이오(予惟率肆矜爾)."라고 했는데, 이곳의 '솔'은 ('~때문에'의 의미인) '용'의 의미이고, '사(肆)'는 ('느슨하다'의 의미인) '완(緩)'이다. 이는 내가 그대들의 죄를 용서하고 그대들을 가련히 여기기 때문이라는 것을 말한다. 같은 책의 〈군석〉은 "나는 그저 천명과 백성들을 걱정하기 때문이오(予惟用閔於天越民)."라고 했는데, 용법이 이것과 유사하다.[66] 같은 책의 〈여형〉은 "그래서 형벌을 공정하게 적용하는데 노력했던 것이

---

64) '윤(允)'자에도 설명이 보인다. 정현의 주석은 "짐승으로 분장한 사람들이 서로 이끌며 춤을 추니, 여러 우두머리 관리들이 실로 그 조화로움을 얻었다(百獸相率而舞, 衆正之官信得其諧和)."라고 했는데, 모두 잘못된 것이다. 정현의 주석은 《주례(周禮)·대사악(大司樂)》의 《소(疏)》에 보인다.

65) 원문의 '서언(誓言)'은 ('신중하게 말하다'의 의미인) '고언(誥言)'이라 하는 것과 같다. 《이아(爾雅)》는 "'고'와 '서'는 ('신중하다'의 의미인) '근'이다(誥、誓、謹也)."라고 했다. 곽박(郭璞)의 주석에서 "모두 약속으로 사람들을 삼가 타이르는 것이다(皆所以約敕謹戒衆)"라고 한 것이 이 예이다. 공안국(孔安國)의 《전(傳)》은 "'유'는 ('조화하다'의 의미인) '화'이다. 이에 걱정하는 많은 사람들을 화합시키고 정직한 말을 하였다(籲, 和也. 率和衆憂之人, 出正直之言)."라고 했는데, 모두 잘못된 것이다. 《상서후안(尚書後案)》에서 이를 이미 상세하게 설명했다.

66) 모형의 《전(傳)》은 "나는 그저 옛 은나라의 일을 따르고 그대들을 가엾게 여기고 걱정한다(我惟循殷故事憐湑汝)."라고 했는데, 잘못된 것이다. 《경의술문》에 상세한 설명이 보인다.

오. 이것으로 백성을 다스리고, 변치 않는 가르침으로 이를 뒷받침했던 것이오(故乃明於刑之中, 率乂於民棐彝)."라고 했는데, 이곳의 '솔'은 ('~으로'의 의미인) '용'의 의미이다. 이는 형벌을 공정하게 적용하는데 힘써 백성들을 다스리고 변치 않는 가르침으로 뒷받침했음을 말한다.[67] 《시경 · 주송 · 재견(載見)》은 "제물로 무왕의 묘를 찾아뵈어, 바치고 제사를 올리네(率見昭考, 以孝以享)."라고 했는데, 이 역시 제물로 무왕의 묘를 찾아뵙는 것을 말한다. 같은 책 〈주송 · 재견〉의 "천자님을 처음으로 뵙고(載見辟王)"와 "솔견소고(率見昭考)"는 모두 제후가 말한 것을 가리킨다.[68]

　　부친께서는 '솔'은 어기사라고 하셨다. 《문선 · 강부(江賦)》의 주석은 《한시장구(韓詩章句)》를 인용하여 "'율'은 어기사이다(聿, 辭也)."라고 했다. '율(聿)'과 '솔'은 소리가 가깝고 의미가 같다. 《상서 · 탕서》는 "하나라의 걸은 무거운 노역으로 백성들의 힘을 소진시키고, 백성들을 무자비하게 착취했소. 백성들은 걸을 섬기지 않고 그가 하는 일에 비협조적이었소(夏王率遏衆力, 率割夏邑, 有衆率怠弗協)."라고 했다.[69] 같은 책의 〈군석〉은 "이러한 도의가 있는 어진 신하로 은나라를 안정되게 다스렸다(率惟茲有陳, 保乂有殷)."라고 했다.[70] 같은 책의 〈입정〉은

---

67) 모형의 《전(傳)》은 "도를 따라 백성들을 다스렸다(循道以治於民)."라고 했는데, 잘못된 것이다.

68) 정현의 《전(箋)》은 "제후가 사람들을 이끌고 무왕의 묘를 찾아뵙는 것이다(伯率之見於武王廟)."라고 하며, '백(伯)'자를 더해 의미를 풀이했는데, 잘못된 것이다.

69) 마융(馬融)의 주석은 "많은 백성들이 서로를 이끌고 나태해하며, 함께 힘을 합치지 않았다(衆民相率怠墮, 不和同)"라고 했는데, 잘못된 것이다. 《사기 · 은본기(殷本紀)》의 《사기집해(史記集解)》에 보인다.

70) 원문의 '진(陳)'은 '도의'의 '도(道)'이다. 이는 이러한 도의가 있는 신하들이 은나라를 안정되게 다스릴 수 있었음을 말한다. '솔(率)'은 어기사이다. 왕숙(王肅)의 주석은 "이를 따른 여러 명의 신하들에게는 나열할 공이 있다(循此數臣有陳列之

"무왕에 이르러, 문왕의 사업을 안정시키고도 문왕의 훌륭한 덕을 버리지 않았다. 또한 문왕의 관용적인 덕행을 따를 것을 생각했다(亦越武王, 率惟敉功, 不敢替厥義德, 率惟謀從容德)."라고 했다.[71] 《일주서‧제공(祭公)》은 "백관들로 하여금 성심으로 나 한 사람만 보필하게 하시오(俾百僚乃心率輔弼予一人)."라고 했다.[72] 이상의 '솔'은 모두 어기사임에도, 풀이하는 사람들이 모두 잘못 풀이했다.

# 식式

'식(式)'은 허사 ('~때문에'의 의미인) '용(用)'이다. 《시경‧소아‧사간(斯干)》에서 "서로 사이좋게 지내기 때문에(式相好矣)"라고 한 것이 이 예이다. 이는 자주 사용되는 말이다.

'식'은 발성사이다. 《이아‧석훈(釋訓)》은 "'식미식미'라는 것은 ('그 변화가 아주 미묘하다'는 의미의) '미호미자'이다(式微式微者, 微乎微者也)."라고 했다. 《시경‧패풍‧식미(式微)》의 정현의 《전》은 "'식'은 발

---

功)."라고 했는데, 잘못된 것이다. 《경의술문》의 "우리 조부의 진심이 결국 하늘에까지 알려졌다(我祖底遂陳于上)"에 상세한 설명이 보인다.

71) 나의 생각으로, '미(敉)'는 ('안정하다'의 의미인) '안(安)'이고, '공(功)'은 ('사업'의 의미인) '사(事)'이다. 이는 무왕이 문왕의 옛 사업을 안정시키고도 문왕의 훌륭한 덕을 없애지 않았으며 관용적인 그의 덕을 따를 것을 생각했음을 말한다. 원문에 나오는 두 개의 '솔(率)'은 모두 어기사이다. 공안국(孔安國)의 《전(傳)》은 "무왕이 문왕이 세상을 어루만지고 편안하게 한 공을 따른 것이다(武王循惟文王撫安天下之功)"‧"문왕이 생각하고 따랐던 관용적인 덕을 따르는 것이다(循惟謀從文王寬容之德)."라고 했는데, 모두 잘못되었다.

72) 공조(孔晁)의 주석은 "백관들로 하여금 서로 이끌며 나를 보필하는 것이다(使百官相率輔弼我)."라고 했는데, 잘못된 것이다.

성사이다(式, 發聲也)."라고 했다.73)

---

73) 이 부분의 원문은 "《시·식미》전용《이아》운: '식, 발성야《詩·式微》箋用《爾雅》
云: '式, 發聲也).'"이다. 원문에 따라 해석하면 "《시경·식미(式微)》의 정현의 《전》
은 《이아》는 '식은 발성사이다'를 인용했다"가 된다. 그런데 문제는 《이아》에는
"식은 발성사이다"라고 한 부분이 보이지 않고, 정현의 《전》에 이 구절이 보인다는
것이다. 그래서 원문에서 "用《爾雅》"라고 한 부분을 빼야 할 것으로 보인다. 인용
과정에서 착오가 있었던 것으로 보인다.[역자주]

# 경전석사 제10

## 피彼

'피(彼)'는 ('~아니다'의 의미인) '비(匪)'이다. 《시경 · 소아 · 상호(桑
扈)》는 "(사람을 사귐에) 무시하지 않고 거만하지 않으니(彼交匪敖)."라
고 했다. 《좌전 · 양공 27년》은 이 시를 설명하며 "무시하지 않고 거만
하지 않으면, 복록이 어디를 가겠는가?(匪交匪敖, 福將焉往?)"라고 했
다. 같은 책의 〈성공 14년〉은 《시경》을 인용하며 "피교비오(彼交匪傲)"
라고 했고, 《한서 · 오행지(五行志)》에는 "비요비오(匪徼匪傲)"로 되어
있다. 《시경 · 소아 · 채숙(采菽)》은 "무시하지 않고 허술하지 않으니(彼
交匪紓)."라고 했는데, 《순자 · 권학(勸學)》에서는 "비교비서(匪交匪舒)"
로 인용되어 있다. 이곳의 '피'는 ('~아니다'의 의미인) '비(匪)'로 풀이
할 수 있다. '교(交)'는 '교(姣)'로 읽는데, ('무시하다'의 의미인) '모(侮)'
이다. "비교비오(匪交匪敖)"와 "비교비서(匪交匪紓)"는 모두 무시하지
않음을 말한다. 풀이하는 사람들이 '피'를 '피차(彼此)'의 '피'로 풀이하
고, '교(交)'를 ('교차하다'의 의미인) '교접(交接)'의 '교'로 풀이한 것은
잘못된 것이다.[1]

---

[1] 《경의술문(經義述聞)》에 상세한 설명이 보인다.

# 말末

'말(末)'은 ('없다'의 의미인) '무(無)'이다. 이는 자주 사용하는 말이다.

'말'은 ('아직~하지 않다'의 의미인) '미(未)'이다. 《예기 · 단궁(상)》은 "노나라 장공과 송나라 사람들이 승구에서 싸웠다. 현분보가 수레를 몰았고, 복국이 수레 오른쪽에서 장공을 호위했다. 수레를 몰던 말이 갑자기 놀라 달아나면서 장공이 떨어졌다. 다행히 보조수레에 있던 사람이 장공이 수레에 오를 수 있도록 줄을 건네주었다. 장공이 말했다: 전쟁 전에 내가 누가 수레를 몰면 좋을지 점을 쳐보지 않아 이렇게 되었다(魯莊公及宋人戰於乘丘, 縣賁父御, 卜國為右. 馬驚, 敗績. 公隊, 佐車授綏. 公曰: '末之卜也')"라고 했는데, 이곳의 '말'은 ('아직~하지 않다'의 의미인) 미이다. '지(之)'는 (지시대명사 '이'의 의미인) '시(是)'로, 수레를 몬 사람을 두고 한 말이다. 이는 갑자기 전쟁에 나가면서 병거를 몰 사람을 점치지 않았기 때문에 그 적임자를 찾지 못해 수레가 뒤집어진 것임을 말한다. 대체로 현분보를 질책한 것이다.

'말'은 ('~하지 말라'의 의미인) '물(勿)'이다. 《예기 · 문왕세자》는 "주방을 담당하는 관리에게 명했다: 남은 밥은 다시 올리지 말라(命膳宰曰: 末有原)."라고 했는데, 정현의 주석은 "'말'은 ('~하지 말라'의 의미인) '물'과 같다. 다시 올리지 말라는 것이다(末, 猶勿也. 勿有所再進)."라고 했다.

'말'은 발성사이다. 《공양전 · 애공 14년》은 "······ (아니면) 요순의 덕을 설파하길 좋아해서일까? 후세에 요순 같은 덕을 갖춘 임금이 군자를 알아주는 것도 즐겁지 않겠는가(···其諸君子樂道堯、舜之道與? 末不亦樂乎堯舜之知君子也)."라고 했는데, 이곳의 '말'은 발성사이다. 원문의 '말불역(末不亦)'은 '불역(不亦)'과 같은 말이고, '야(也)'는 (어기사인) '야(邪)'와 같다. 이는 후세에 요순 같은 덕을 갖춘 임금이 군자를 알아주는 것도 즐겁지 않겠는가를 말한다. 다음에 이어지는 "《춘추》의 대의를 만들어 훗날의 성군을 기다린다. 공자가 《춘추》를 지은 것도 이를 좋아해서였다(制《春秋》之義, 以俟後聖, 以君子之爲, 亦有樂乎此也)."라는 부분이 이 구절의 의미를 잘 보여준다.


# 멸蔑

'멸(蔑)'은 ('없다'의 의미인) '무(無)'이다. 이는 자주 사용하는 말이다. '멸'은 ('~하지 않다'의 의미인) '불(不)'이다. 《좌전·성공 16년》은 "차라리 제나라와 초나라를 섬겨 망할지언정 진나라는 따르지 않겠소(寧事齊、楚, 有亡而已. 蔑從晉矣)."라고 했고, 《국어·진어(晉語)(2)》는 "나는 죽을지언정 그를 따르지 않겠다(吾有死而已, 吾蔑從之矣)."라고 했는데, 이는 따르지 않겠음을 말한다.


# 비比

'비(比)'는 ('모두'의 의미인) '개(皆)'이다. 《설문해자》는 "'개'는 전체를 나타내는 말이다. 뜻을 나타내는 '비'와 소리를 나타내는 '백'으로 이뤄져있다(皆, 俱詞也. 從比從白)."라고 했다. 서개(徐鍇)는 "'비'는 ('모두'의 의미인) '개'이다(比, 皆也)."라고 했다. 《맹자·고자(상)》은 "모두가 하늘이 우리에게 준 것이다. 먼저 가장 중요한 부분을 세워놓으면, 나머지 작은 부분들은 이를 빼앗을 수 없다(比天之所與我者, 先立乎其大者, 則其小者不能奪也)."라고 했다. 부친께서는 원문의 '비(比)'는 ('모두'의 의미인) '개'와 같다고 하셨다. 이는 이목과 눈은 모두 하늘이 우리에게 준 것인데 마음이 가장 중요하다는 것을 말한다.[2] 《전국책·진책(秦策)(1)》은 "(전쟁이 났다는 말을 들으면) 발을 구르고 팔을 걷어붙이며 적의 날카로운 칼날을 무릅쓰고 시뻘건 불구덩이를 밟고 앞에서 장렬히 싸우는 사람들이 대부분입니다.(頓足徒裼, 犯白刃, 蹈煨炭, 斷死於前者, 比是也)."라고 했는데,[3] 《한비자·초견진(初見秦)》에는 '비'가 '개'로 되어있다. 《전국책·제책(5)》는 "중산국은······ 두 번의 전쟁을 모두 승리했다(中山······ 再戰比勝)."라고 했는데, 이는 두 번의 전쟁을 모두 승리했음을 말한다. 《대대례기·보부(保傅)》는 "이에 천하의 뛰어난 인물들을 모두 뽑았다(於是比選天下端士)."라고 했는데, 《한서·가의전(賈誼傳)》에는 '비'가 '개'로 되어있다.

# 박薄

'박(薄)'은 발성사이다. 《시경·주남·갈담(葛覃)》은 "평복도 빨고 예복도 빨아(薄汗我私, 薄澣我衣)."라고 했고, 같은 책의 〈주남·부거(芣苢)〉는 "캐어 오자(薄言采之)."라고 했다. 이에 대해 모형의 《전》은 "'박'은 허사이다(薄, 辭也)."라고 했다. 같은 책의 〈주송·시매(時邁)〉는 "한번 진동시키니(薄言震之)."라고 했는데, 《한시(韓詩)》 설군(薛君)의 《전(傳)》은 모형의 《전》과 같다.[4]

---

2) 조기(趙岐)의 주석은 '비(比)'를 ('비유하다'의 의미인) '비방(比方)'의 의미로 보고, 하늘이 사람에게 준 성정에 비유한 것이라고 말했는데, 잘못된 것이다. 어떤 곳에서 '비'를 (지시대명사 '이'의 의미인) '차(此)'로 고치고, 조기 주석의 '비방(比方)'을 '차내(此乃)'로 본 것은 더더욱 잘못된 것이다.

3) 포표(鮑彪)는 '비(比)' 다음에 '비(比)'를 하나 더 더해 "'비'는 ('늘어세우다'의 의미인) '차'이다. 이는 이렇게 하는 사람들이 서로 늘어선 것이 하나가 아니다(比, 次也. 言如此者相次不一)."라고 했는데, 잘못된 것이다.

# 매每

'매(每)'는 ('비록'의 의미인) '수(雖)'이다. 《이아》는 "'매유'는 ('비록'의 의미인) '수'이다(每有, 雖也)."라고 했다. 《시경·소아·상체(常棣)》는 "비록 좋은 벗이 있어도, 그저 긴 탄식 해줄 뿐이라네(每有良朋, 況也永歎)."라고 했고, 또 "비록 형제가 있다 해도, 벗만 못하게 되는 거지(雖有兄弟, 不如友生)."라고 했는데, 이상의 '매유(每有)'는 ('비록~이 있어도'의 의미인) '수유(雖有)'와 같다. 정현의 《전》은 "비록 훌륭한 동문이 이곳에 왔어도 그를 대하고 긴 탄식만 할 뿐이네(雖有善同門來茲, 對之長歎而已)."라고 했다.

# 불不 비조 부否

'불(不)'은 ('~하지 않다'의 의미인) '불(弗)'이다. 이는 자주 사용하는 말이다.

《옥편》은 "'불'은 어기사이다(不, 詞也)."라고 했다. 경전에서는 '비(조)' 내지 '부(否)'로도 나오는데, 사실은 모두 같은 것이다. 발성을 나타내는 것도 있고, 앞 문장을 받는 것도 있다. 발성을 나타내는 것으로는 《상서·서백감려》에서 "나의 일생은 하늘이 결정할 것이다!(我生不有命在天!)"라고 한 것,[5] 같은 책의 〈강고〉에서 "그대의 영민하신 부친

---

4) 《후한서(後漢書)·이고전(李固傳)》의 주석에서 인용하였다.

5) 공안국(孔安國)의 《전(傳)》은 "내 일생의 수명은 하늘에 있다(我生有壽命在天)."라고 했다. 이곳의 '불(不)'은 발성사이다. '불유(不有)'는 곧 '유(有)'이다. 다른 곳에서 '불(不)'을 ('~하지 않다'의 의미인) '불(弗)'로 풀이한 것과는 다르다. "불유명재천(不有命在天)" 다음에 '호(乎)'를 더해 의미를 충족시킬 필요가 없다. 《사기·

문왕께서는…… (惟乃丕顯考文王 ……)"이라고 한 것,[6] 같은 책의 〈주고〉에서 "내가 알리고 싶은 것은 그대들이 오래도록 자신을 잘 살피고 봐야 한다는 것이다(丕惟曰爾克永觀省)."라고 한 것,[7] 또 "너는 상나라의 덕이 있고 명망 있는 분들이 민심을 헤아렸던 훌륭한 가르침을 잘 생각해야 한다(女丕遠惟商耉成人, 宅心知訓)."[8]라고 한 것, 같은 책의 〈소고〉에서 "백성들과 사이좋게 지낼 수 있어야 한다(其丕能誠於小民)."라고 한 것,[9] 또 "하나라처럼 오래 갈 것이다(丕若有夏曆年)."라고 한 것, 같은 책의 〈낙고〉에서 "공께서는 빛나는 것을 드날려주시오(公稱丕顯德)."라고 한 것,[10] 같은 책의 〈다사〉에서 "상제의 명을 잘 받들 수 있을 것이오(丕靈承帝事)."라고 한 것,[11] 같은 책의 〈군석〉에서 "세상 사람들이 모두 무왕의 은덕을 칭송하였다(丕單稱德)."라고 한 것, 또 "문왕의 공덕을 계승함에 끝없이 고민해야 할 것이다(丕承無疆之

---

은본기(殷本紀)》는 "나의 일생은 천명이 결정하지 않는 것인가?(我生不有命在天乎?)"라고 했는데, 잘못된 것이다.

6) 원문의 '비현고(丕顯考)'는 '현고(顯考)'를 말하고, '비현(丕顯)'은 '불현(不顯)'과 통한다. 《모시정의(毛詩正義)》는 "'불현'은 '현'이다(不顯, 顯也)."라고 했으니, 앞의 글자는 발성사이다. 정현의 《전(箋)》이 '어찌 영민하지 않겠는가(豈不顯)'로 풀이한 것은 잘못되었다.

7) 이곳은 '비(丕)'를 '크다'의 의미인 '대(大)'로 풀이한 곳과 다르다. 풀이하는 사람들은 대부분 이를 잘못 풀이했다. 아래에 이것을 놓는다.

8) 이 구절은 《상서·강고(康誥)》에 보인다.[역자주]

9) 원문의 '비(丕)'는 어기사이다. '기비능(其丕能)'은 '기능(其能)'을 말한다. 《상서·고명(顧命)》은 "어떻게 세상을 화합하며 다스릴 수 있겠습니까?(其能而亂四方?)"라고 했다.

10) 원문의 '비현덕(丕顯德)'은 '현덕(顯德)'을 말한다. '비(丕)'는 어기사이다.

11) 이곳의 '비(丕)'는 어기사이다. '비령승(丕靈承)'은 '영승(靈承)'이다. 《상서·다방(多方)》은 "사람들이 잘 따를 수 없었다(不克靈承於旅)."라고 했다. 또 사람들이 잘 따랐다"(靈承於旅)."라고 했다.

恤)."라고 한 것, 같은 책의 〈다방〉에서 "백성들이 공물을 올리지 않으
면 …… (罔丕惟進之恭 …… )"이라고 한 것, 또 "그대들은 또한 나쁜 행
위를 경계로 삼아야 할 것이다(爾尙不忌於凶德)."라고 한 것,12) 같은
책의 〈문후지명(文侯之命)〉에서 "빛나시는 문왕과 무왕께서는…… (丕
顯文、武 …… )"이라고 한 것, 《예기・치의(緇衣)》에서 《보형(甫刑)》13)
을 인용하며 "형벌을 집행할 때는 이치에 맞아야 한다(播刑之不迪)."라
고 한 것,14) 《맹자・등문공(하)》에서 《상서》를 인용하여 "빛나도다! 문
왕의 계책이여, 훌륭하게 계승하셨도다! 무왕의 공업을(丕顯哉, 文王
謨. 丕承哉, 武王烈)."이라고 한 것,15) 《일주서・대광(大匡)》은 "모든 신
하들에게 바라건대 짐을 도와서 …… (二三子不尙助不穀 …… )."라고
한 것,16) 같은 책 〈황문(皇門)〉에서 "만세의 자손들에 의해 계승될 것이

---

12) 이곳의 '불(不)'은 어기사이다. '불기(不忌)'는 '기(忌)'를 말한다. 《예기・치의(緇
衣)》에 나오는 정현의 주석은 "'기'는 ('경계하다'의 의미인) '계'를 말한다(忌之言戒
也)."라고 했다. 이는 나쁜 행위를 경계해야 함을 말한다. 공안국(孔安國)의 《전
(傳)》은 "나쁜 행위에 빠져 스스로를 원망하지 말라는 것이다(不自忌入於凶德)"로
풀이했는데, 잘못된 것이다.

13) 《상서(尙書)・여형(呂刑)》편을 말한다.[역자주]

14) 이곳의 '불(不)'은 어기사이다. '부적(不迪)'은 '적(迪)'을 말한다. 그래서 고문《상
서》에는 "파형지적(播刑之迪)"으로 되어있다. 정현은 '불'은 부연된 글자라고 보았
는데, 잘못된 것이다.

15) 원문의 '현재(顯哉)'와 '승재(承哉)'는 찬미하는 말이다. '비(丕)'는 발성사이다. 글
자가 '불(不)'과 통한다. 《시경・주송(周頌)・청묘(淸廟)》는 "문왕의 덕을 드러내
고, 문왕의 뜻 계승하니(不顯不承)."라고 했다. 《전(傳)》은 "하늘에 드러나고 사람
들에게까지 계승되는 것이다(顯於天矣, 見承於人矣)."라고 했기 때문에 '불'이 발
성사가 된다는 것을 알 수 있다. 정현의 《전(箋)》이 "빛나는 문왕의 덕이 아니겠는
가? 문왕의 뜻을 계승하고 따른 것이 아니겠는가?(是不光明文王之德與? 是不承順
文王志意與?)"라고 한 것은 그 의미를 잘못 풀이한 것이다. 《맹자》의 '비현(丕顯)'
과 '비승(丕承)'은 각기 '불현(不顯)'과 '불승(不承)'이다. 조기(趙岐)의 주석은 '비
(丕)'를 ('크다'의 의미인) '대(大)'로 풀이했는데, 잘못된 것이다.

불(不) 비(丕) 부(否) **433**

다(丕承萬子孫)."라고 한 것, 같은 책의 〈제공(祭公)〉에서 "공의 빛나는
덕을 칭송하노니(公稱丕顯之德)"라고 한 것, 또 "저는 공경하고 공경할
것입니다(我不則寅哉寅哉)."라고 한 것,17) 같은 책의 〈예량부(芮良夫)〉
에서 "난리가 일어날 것이다(不其亂而)."라고 한 것,《시경·패풍·박유
고엽(匏有苦葉)》에서 "제수(濟水)가 넘치니 수레바퀴통이 젖고(濟盈不
濡軌)"라고 한 것,18) 같은 책의 〈소아·상체(常棣)〉에서 "꽃송이가 울

---

16) 이곳에서 첫 번째 '불(不)'자는 어기사이고, 두 번째 '불'자는 ('아니다'의 의미인) '불
(弗)'로 풀이한다. 공조(孔晁)의 주석은 "'불상'은 '상'이다(不尚, 尚也)."라고 했다.

17) 공조(孔晁)의 주석은 "'부즉'은 '즉'을 말한다(不則, 言則也)."라고 했다.

18) 모형의 《전(傳)》은 "'유'는 ('적시다'의 의미인) '지'이다. 끝채 이하부터 '궤'라고 한
다(濡, 漬也. 由輈以下爲軌)."라고 했다. 또 이어서 "암꿩이 우는 것은 수컷을 구함
이라(雉鳴求其牡)"를 풀이하며 "예의를 어기며 그 도로 나아가지 않는 것은 암꿩이
울어 수컷을 구하는 것과 같다. 날아다니면 암꿩이라 하고, 걸어 다니면 수꿩이라
한다(違禮義不由其道, 猶雉鳴而求其牡矣. 飛曰雌雄, 走曰牝牡)."라고 했다. 정현
의 《전(箋)》은 "깊은 물을 건너는 사람은 반드시 그 수레바퀴통이 젖는다. 젖지
않는다고 말한 것은 부인이 예를 어긴 것을 모르고 있다는 것을 비유한 것이다.
암꿩이 울어 도리어 수꿩을 찾는 것은 부인이 찾는 것이 제대로 찾는 것이 아니라
는 것을 비유한 것이다(渡深水者, 必濡其軌. 言不濡者, 喻夫人犯禮而不自知. 雉鳴
反求其牡, 喻夫人所求非所求)."라고 했다. 나의 생각으로, 원문의 '궤(軌)'는 굴대
끝으로, 땅에서 3척 3촌 떨어져 있다. 제수가 넘치면 수레바퀴통이 젖지 않으면
안 되는 것이 이치이다. '불(不)'은 어기사이고, '불유(不濡)'는 '유(濡)'이다. 이는
제수가 넘치면 수레바퀴통이 젖는 것을 말하는 것으로, 이는 아주 상식적인 이치이
다. 그리고 예의를 어긴 사람이 어찌 그 상식적인 이치에 반하겠는가? '모(牡)'는
('수컷'의 의미인) '웅(雄)'이다. 《모시정의(毛詩正義)》는 "나는 것을 자웅이라 하고,
걷는 것을 빈모라고 한다(飛曰雌雄, 走曰牝牡)."라고 했다. 이것은 정례이나 문장
에서 섞어도 말이 된다. 그래서 《상서·목서(牧誓)》에서 "암 닭이 새벽에 울면(牝
雞之晨)"이라고 한 것과 모형의 《전(傳)》에서 "그 숫여우를 잡으려고(獲其雄狐)"라
고 한 것이 이 예이다. 이에 근거하면, 암컷과 수컷을 역시 빈모(牝牡)라고 하고,
"치명구기모(雉鳴求其牡)"는 수컷을 구한다는 것을 말한다. 이는 새와 짐승이 찾는
것은 반드시 그 짝임을 말한다. 어찌 부인이 찾는 것이 그 짝이 아니겠는가? 모(牡)
는 곧 수꿩이기 때문에 '기모(其牡)'로 말했다. 만일 걷는 짐승이었다면 '기(其)'로

굿불굿하네(鄂不韡韡)."라고 한 것,[19] 같은 책의 〈소아·거공(車攻)〉에서 "걷는 자나 수레를 탄 사람들은 놀라고, 임금님의 푸주간은 가득 차구나(徒御不警, 大庖不盈)."라고 한 것,[20] 같은 책의 〈소아·하인사(何人斯)〉에서 "이해하기 어렵네(否難知也)."라고 한 것,[21] 같은 책의 〈소

---

말할 수 없었을 것이다. 모형의 《전(傳)》과 정현의 《전(箋)》은 잘못되었다.

[19] 모형의 《전(傳)》은 "'악'은 꽃이 피어나는 모양으로, 밖으로 드러나는 것을 말한다. '위위'는 '환하다'의 의미이다(鄂, 猶鄂鄂然, 言外發也. 韡韡, 光明也)."라고 했으니, 이곳의 '불(不)'은 어기사이다. '악불위위(鄂不韡韡)'는 '싱싱하고 곱다(夭之沃沃)'라고 말하는 것과 같다. 정현의 《전(箋)》은 "꽃을 받치고 있는 것을 꽃 받침대라고 한다. '불'은 '부'가 되어야 한다. '부'는 꽃 받침대이다. 꽃 받침대가 꽃을 환하게 해주어 울긋불긋하게 해준 것이다. 옛날의 소리에서 '불'과 '부'는 같다(承華者曰鄂. 不, 當為柎. 柎, 鄂足. 鄂足得華之光明, 則韡韡然盛. 古聲不, 柎同)."라고 했다. 나의 생각으로는, 초목의 꽃을 노래할 때에는 모두 그 꽃의 색깔을 곧바로 찬미했지 꽃 받침대로 말한 것은 없었다. 게다가 환하게 핀 것은 꽃 색깔이 그런 것이다. 꽃 받침대는 꽃 아래에 가려져 있는데 어떻게 본 것이 환하다고 할 수 있을까? 정현 역시 꽃 받침대는 환하다고 말할 수 없음을 알고, 이에 이를 "꽃받침대가 꽃을 환하게 해주어 울긋불긋 무성해졌다(鄂足得華之光明, 則韡韡然盛)."라고 설명했는데, 너무 에둘러 말해 잘 통하지 않는다. 왕숙(王肅)이 《모시》를 설명하며 "'불위위'는 '위위'이다. 형제들이 흥하여 안으로 화목하고 밖으로 대비하여 강성해지고 빛남이 있는 것인데, 이는 아가위 꽃이 드러나는 것과 같다(不韡韡, 言韡韡也. 以興兄弟能内睦外禦, 則強盛而有光耀, 若常棣之華發也)."라고 했는데, 이 말이 이를 뜻한다.

[20] 모형의 《전(傳)》은 "'불경'은 '경'이다. '불영'은 '영'이다(不警, 警也. 不盈, 盈也)."라고 했으니, 원문의 '불(不)'은 어기사이다. 이때는 ('~하지 않다'의 의미인) '불(弗)'로 풀이한 것과 달라서, 글자를 더해 "어찌 놀라지 않으리?(豈不警乎)" 내지 "어찌 가득 차지 않으리?(豈不盈乎)"로 풀이할 필요는 없다. 정현의 《전(箋)》은 그 말을 거꾸로 하여 이를 찬미했지만 잘못된 것이다.

[21] 이곳의 '부(否)'는 어기사이다. '부난지(否難知)'는 '난지(難知)'이다. 이는 그 마음이 아주 고약해 헤아리기 어려움을 말한다. 정현의 《전(箋)》은 "'부'는 ('통하지 않는다'의 의미인) '불통'이다. 나와 그대는 마음이 통하지 않고, 그대가 사람들과 함께 나를 무고했는지를 다시 알기 어렵다(否, 不通也. 我與汝情不通, 汝與於譖我與否, 復難知也)."라고 했는데, 잘못된 것이다.

불(不) 비(丕) 부(否) **435**

아 · 상호)에서 "화목하시고 공경하시니, 많은 복을 받으시네(不戢不難,
受福不那)."라고 한 것,[22] 같은 책의 〈소아 · 울류(菀柳)〉에서 "무성한
버드나무 밑에 쉬길 바라네(有菀者柳, 不尚息焉)."라고 한 것,[23] 또 "무
성한 버드나무 밑에 쉬길 바라네(有菀者柳, 不尚愒焉)."라고 한 것, 같
은 책의 〈대아 · 문왕(文王)〉에서 "주나라 임금은 밝으시니, 상제의 명
이 올바르게 내려졌네(有周不顯, 帝命不時)."라고 한 것, [24] 또 "대대로
빛나네(不顯亦世)."라고 하고,[25] "대대로 빛나니(世之不顯)"라고 한
것,[26] 또 "그 수가 무수히 많았건만(其麗不億)."이라고 한 것,[27] 같은

---

22) 모형의 《전(傳)》은 "'집'은 ('모이다'의 의미인) '취'이다. '불집'은 '집'이다. '불난'은
'난이다. '나'는 ('많다'의 의미인) '다'이다. '불다'는 '다'이다(戢, 聚也. 不戢, 戢也.
不難, 難也. 那, 多也. 不多, 多也)."라고 했으니, '불(不)'은 어기사이다. 《전(箋)》
은 "스스로 선왕의 법도로 거두지 않고, 망국의 경계로 스스로를 타이르지 않으니
받을 복록 역시 많지 않은 것이다(不自斂以先王之法, 不自難以亡國之戒, 則其受
福祿亦不多也)."라고 했는데, 잘못된 것이다.

23) 정현의 《전(箋)》은 "가지가 아주 무성하고 울창한 버드나무가 있으니, 길가는 사
람들이 어찌 그것으로 나아가 쉬고 싶지 않겠는가?(有菀然枝葉茂盛之柳, 行路之
人, 豈有不庶幾欲就之止息乎?)"라고 했다. 나의 생각으로, '불(不)'은 어기사로, '불
상(不尚)'은 '상(尚)'이다. 이는 바로 말한 것이지, 반어문의 화법으로 말한 것이
아니다. 그래서 문장 끝에 '언(焉)'자를 썼다.

24) 모형의 《전(傳)》은 "'유주'는 '주'이다. '불현'은 '현'이다. '불시'는 '시'이다(有周, 周
也. 不顯, 顯也. 不時, 時也)."라고 했으니, '불(不)'은 어기사이다. 이는 '유(有)'가
허사가 되는 것과 같다. 정현의 《전(箋)》은 "주나라의 덕이 밝은 것이 아니겠는
가?(周之德不光明乎?)" · "하늘의 명이 옳은 것이 아니겠는가(天命之不是乎?)"라
고 했는데, 잘못된 것이다. 이 '불'자는 ('~이 아니다'의 의미인) '불(弗)'로 풀이하
는 것과 다르며 '호(乎)'자를 더해 그 의미를 충족시킬 필요는 없다.

25) 이곳의 '불(不)' 역시 어기사이다. 모형의 《전(傳)》은 "대대로 덕이 빛나지 않겠는
가(不世顯德乎)"라고 풀이했는데, 잘못된 것이다.

26) 이곳의 '불(不)'은 어기사이다. '세지불현(世之不顯)'은 '세지현(世之顯)'이다. 만일
'빛나지 않겠는가(不顯乎)'로 풀이한다면, '지(之)'의 의미와 서로 맞지 않게 되니,
이것으로 이를 증명할 수 있다.

책의 〈대아·대명(大明)〉에서 "그 빛이 찬란했네(不顯其光)."라고 한 것,28) 같은 책의 〈대아·사제(思齊)〉에서 "찬란하게 나라에 임하시고 (不顯亦臨)."라고 한 것,29) 또 "큰 해는 없애시고, 역병은 멈추게 하시니 (肆戎疾不殄, 烈假不瑕)."라고 한 것,30) "들은 것은 쓰시고, 간하는 것은

---

27) 이곳의 '불(不)'은 어기사이다. '불억(不億)'은 '억(億)'을 말한다. "상나라의 자손들은, 그 수가 무수히 많았건만(商之孫子, 其麗不億)"이라고 한 것은 "자손들이 천억이나 될 만큼 많았다(子孫千億)"라고 말한 것과 같다. 정현의 《전》은 "억에만 그치지 않는다(不徒億)"라고 여겼는데 잘못된 것이다. 조기(趙岐)의 《맹자주(孟子注)》도 정현의 《전(箋)》과 같은 오류를 범했다.

28) 모형의 《전(傳)》은 "그런 다음에 그 빛이 찬란할 수 있었다(然後可以顯其光輝)."라고 했으니, '불(不)'이 어기사가 된다는 것을 알 수 있다. 정현의 《전(箋)》이 "밝지 않겠는가?(不明乎?)"로 풀이한 것은 잘못된 것이다.

29) 모형의 《전(傳)》은 "찬란함으로 나라에 임한 것이다(以顯臨之)"라고 했으니, '불(不)'은 어기사이다. 정현의 《전(箋)》은 "유능한 인재가 될 바탕을 갖고 있으면서 어질지 않는 사람도 예의로 본다(有賢才之質而不明者, 亦得觀於禮)."라고 했다. 또 '불현(不顯)'을 혹자는 깊고 어두침침한 곳으로 풀이했다. 이 모두가 '불'을 ('~하지 않다'의 의미인) '불(弗)'로 잘못 풀이했기 때문에 이렇게 여러 가지 이설이 나왔다. '불현(不顯)'의 '불'은 어기사로, 다른 곳에서 ('~하지 않다'의 의미인) '불(弗)'로 풀이하는 것과 달랐음을 몰랐다. 또 나의 생각으로, '역(亦)'은 어기사로, 《시경·소남(召南)·초충(草蟲)》의 "뵙게만 된다면(亦既見止)"과 같은 책 〈패풍·백주(柏舟)〉의 "하염없이 떠내려가는데(亦泛其流)"의 '역'과 같다. 이 구절은 영특하면 당연히 정사에 임하고, 영특하지 않아도 정사에 임한다는 것을 말하는 것이 아니다. 다음에 나오는 "싫어하심 없이 백성들을 보호하시네(無射亦保)"와 《시경·대아·문왕(文王)》의 "대대로 빛나네(不顯亦世)" 같은 구절을 예로 보면, 문장의 의미가 절로 분명해진다.

30) 모형의 《전(傳)》은 "사람들을 크게 병들고 해치는 것은 없애지 않아도 절로 없어진다. '열'은 ('공업'의 의미인) '업'이고, '가'는 ('크다'의 의미인) '대'이다(大疾害人者, 不絕之而自絕. 烈, 業. 假, 大也)."라고 했다. 《전(箋)》은 "'려'와 '가'는 모두 병이다. '하'는 ('멈추다'의 의미인) '이'이다. 사람들을 크게 병들게 하고 해치는 것은 없애지 않아도 절로 없어진다. 병들이 유행하는 것은 멈추지 않아도 절로 멈춘다(厲、假, 皆病也. 瑕, 已也. 大疾害人者, 不絕之而自絕. 為厲假之行者, 不已之而自已)."라고 했다. 나의 생각으로, '불(不)'은 어기사이다. '부진(不殄)'은 '진

받아들이셨네(不聞亦式, 不諫亦入)."라고 한 것,[31] 같은 책의 〈대아·하무(下武)〉에서 "먼 곳에서 도우러 오네(不遐有佐)."라고 한 것,[32] 같은 책의 〈대아·생민(生民)〉에서 "상제께서 편안히 해주시고, 정결한 제사에 즐거워하시네(上帝不寧, 不康禋祀)."라고 한 것,[33] 같은 책의

---

(珍)'이고, '불하(不瑕)'는 '하(瑕)'이다. 이는 큰 해를 당하면 없애주고, 병에 걸리면 멈춰 준다는 것을 말한다. 한(漢)나라의 《당공방비(唐公房碑)》는 "역병이 그치자 모기들이 사라졌는데, 이는 덕이 이를 지켜 준 것이다(癘蠱不遐, 去其螟蟘, 斯德祐之效也)."라고 했다. 그래서 '여가(癘假)'는 '여고(癘蠱)'가 되어야 한다. '하(瑕)'는 ('멀다'의 의미인) '하(遐)'와 같다. 큰 해가 없어지거나 질병이 멈춘 것은 모두 귀신이 지켜준 것이다. "부진불하(不殄不瑕)"로 문장의 의미가 이미 충분하니 말을 우회하여 '없애지 않아도 절로 없어지고 멈추지 않아도 절로 멈춘다.'고 말할 필요가 없는 것이다.

31) 모형의 《전(傳)》은 "마음과 하늘이 합해지는 것을 말한다(言性與天合也)."라고 했다. 《모시정의》는 "모씨는 문왕의 성덕은 나면서 안 것이어서 학습할 겨를이 없었다고 여겼다. 사람의 도를 듣지 않아도 말하면 법도에 맞았고, 신하들의 간언이 없어도 도에 부합되었다(毛以為言文王之聖德自生知, 無假學習. 不聞人之道說, 亦自合於法. 不待臣之諫諍, 亦自入於道)."라고 했다. 나의 생각으로, '불(不)'은 어기사이다. '불문(不聞)'은 '문(聞)'이고, '불간(不諫)'은 '간(諫)'이다. '식(式)'은 ('때문에'의 의미인) '용(用)'이고, '입(入)'은 ('받아들이다'의 의미인) '납(納)'이다. 이는 좋은 말을 들으면 썼고, 간언을 올리면 받아들였음을 말한다. 《좌전·선공(宣公) 2년》은 "간언을 올려 받아들이면, 더 이상 계속 간언하지 않을 것입니다(諫而不入, 則莫之繼也)."라고 했다. 이는 간언을 올리면 받아들이는 것이다. 모형의 《전(傳)》의 설명은 잘못되었다. 《전(箋)》은 또 "인의의 행동을 하지만 명성이 알려져 등용되지 못한 사람도 제사를 돕는 사람으로 이용할 수 있고, 부모에게 효도하고 형에게 공손하게 행동하지만 간언하지 못하는 사람도 받아들여진다(有仁義之行而不聞達者, 亦用之助祭, 有孝悌之行而不能諫爭者, 亦得入)."라고 했는데, 그 설이 더욱 본래의 의미에서 멀어졌다. '역(亦)'자 역시 어기사이다. 어찌 들은 것은 당연히 쓰이고 듣지 않은 것도 쓰이겠으며, 간언한 것은 당연히 받아들여지고 간언하지 않은 것도 받아들여지겠는가?

32) 모형의 《전(傳)》은 "먼 곳의 오랑캐가 도우러 오는 것이다(遠夷來佐)"라고 했으니, '불(不)'은 어기사이다.

33) 모형의 《전(傳)》은 "'불녕'은 '녕'이고, '불강'은 '강'이다(不寧, 寧也. 不康, 康也)."라

〈대아·권아(卷阿)〉에서 "읊은 시 많아서(矢詩不多)"라고 한 것,[34] 같은 책의 〈대아·억(抑)〉에서 "만민이 받들게 될 것이네(萬民是不承)." 라고 한 것,[35] 같은 책의 〈대아·숭고(崧高)〉에서 "밝으신 신백께서는(不顯申伯)"이라고 한 것,[36] 같은 책의 〈대아·한혁(韓奕)〉에서 "그 빛 환하였네(不顯其光)."라고 한 것,[37] 같은 책의 〈대아·소민(召旻)〉에서 "옛날 잘 살 적에 이러더니, 지금 궁핍할 때도 이러하네(維昔之富, 不如時. 維今之疚, 不如玆)."라고 한 것,[38] 또 "못물이 마르는데 가로부터

---

고 했으니, '불(不)'은 어기사이다. 정현의 《전(箋)》은 "마음이 아직 불안한 것이다. 또 불안해서 정결한 제사를 지내지만 말해주는 사람이 없다(心猶不安之. 又不安, 徒以禋祀而無人道)."라고 했는데, 잘못된 것이다.

34) 모형의 《전(傳)》은 "'부다'는 '다'이다(不多, 多也)."라고 했다.

35) 금본에는 "만민미불승(萬民靡不承)"으로 되어있다. 《경전석문(經典釋文)》은 "'미 불승'은 어떤 판본에는 '미'가 '시'로 되어있다(靡不承, 一本靡作是)."라고 했다. 나의 생각으로, '시(是)'로 된 것이 옳다. 모형의 《전(箋)》은 "세상 사람들이 이를 받들고 따르지 않겠는가?(天下之民, 不承順之乎?)"라고 했다. 이는 이를 따르고 받든다는 것을 말하는 것으로, '미(靡)'자로 해석하지 않는다. 어떤 판본에는 '장(長)'으로 되어있다. '불(不)'은 어기사이고, '불승(不承)'은 '승(承)'이다. 《이아(爾雅)》는 "'시'는 '즉'이다(是, 則也)."라고 했다. "만민시불승(萬民是不承)"은 모든 백성들이 그를 받들고 따른다는 것을 말한다. '호(乎)'자를 더해 그 의미를 충족시킬 필요는 없다.

36) 모형의 《전(傳)》은 "'불현신백'은 '밝으시다 신백은'의 의미이다(不顯申伯, 顯矣申伯也)."라고 했으니, '불(不)'은 어기사이다. 《모시정의(毛詩正義)》는 "어찌 빛나는 신백이지 않는가?(豈不光顯申伯乎?)"라고 했는데, 잘못된 것이다.

37) 《시경·대아(大雅)·대명(大明)》의 "그 빛 밝았네(不顯其光)"와 같다. 《모시정의(毛詩正義)》는 "그 예에 광영이 빛나지 않는다고 말할 수 있겠는가?(可謂不顯其禮之有光榮乎?)"라고 했는데, 잘못된 것이다.

38) 부친께서는 '불(不)'은 어기사라고 하셨다. 원문의 '불여시(不如時)'는 '여시(如是)' 이고, '불여자(不如玆)'는 '여차(如此)'이다. '구(疚)'는 ('궁핍하다'의 의미인) '빈(貧)'이다. 《경전석문(經典釋文)》은 "'구'는 어떤 곳에 '구'로 되어있다(疚字或作疢)."라고 했다. 《설문해자(說文解字)》는 "'구'는 궁핍하고 병든 것이다(疚, 貧病

줄어들고,39) 샘물이 마르는데 속으로부터 줄어든다(池之竭矣, 不云自頻. 泉之竭矣, 不云自中).”라고 한 것,40) 또 “내 몸에 재앙이 닥치네(不災我躬).”라고 한 것,41) 같은 책의 〈주송·청묘(淸廟)〉에서 “밝게 돌봐주고 계시니(不顯不承).”라고 한 것,42) 같은 책의 〈주송·유천지명(維天之命)〉에서 “아아 밝아라(於乎不顯).”라고 한 것, 같은 책의 〈주송·열문(烈文)〉에서 “밝은 덕이 있는 분들을(不顯維德).”이라고 한 것,43)

---

也).”라고 했다. 《광아(廣雅)》는 “‘구’는 (‘궁핍하다’의 의미인) ‘빈’이다(㲋, 貧也).”라고 했다. ‘구(㲋)’와 ‘부(富)’는 서로 대구가 된다. 이는 옛날에는 어진 사람이 봉록을 먹으며 이렇게 부유했고, 지금은 어진 이가 직위를 잃어 이렇게 가난해진 것을 말한다. ‘빈(貧)’을 ‘구(㲋)’로 바꾼 것은 ‘부(富)’와 운자를 맞추기 위해서이다. 모형의 《전(傳)》은 “유석지부불여시(維昔之富不如時)” 구절을 풀이하며 ‘옛날에는 부유하고 어질었으며 능력이 있었다. 반면 지금은 부유하고 아첨을 잘하고 사람을 참소한다(往者, 富仁賢; 今也, 富讒佞).”라고 했고, “유금지구불여자(維今之㲋不如茲)” 구절을 풀이하며 “지금은 어진 사람을 비방한다(今則病賢也).”라고 했다. 정현의 《전(箋)》은 “‘시’는 (‘지금’의 의미인) ‘금시’이다. ‘자’는 (‘이것’의 의미인) ‘차’이다. ‘차’는 (‘이 옛날의 영민하신 임금이다’의 의미인) ‘차고작명왕’이다(時, 今時也. 茲, 此也. 此者, 此古昔明王).”라고 했다. ‘불(不)’을 (‘~하지 않다’의 의미인) ‘불(弗)’로 풀이한 것은 모두 잘못되었다.

39) 정현의 《전(箋)》은 “못물이 넘치는 것은 밖에서 물이 들어오기 때문이다. 지금 못물이 말랐는데도 사람들은 밖에서 더해지는 것이 없다고 말하지 않는가? 이로 말미암은 것임을 말한다(池水之溢由外灌焉. 今池竭, 人不云由外無益者與? 言由之也).”라고 했다. 나의 생각으로 ‘불(不)’은 어기사이다. 이곳의 “불운자빈(不云自頻)”은 “운자빈(云自頻)”이다.

40) 이곳의 “불운자중(不云自中)”은 “운자중(云自中)”이다.

41) 정현의 《전(箋)》은 “이는 임금의 몸에 재앙이 생기는 것이 아닌가?(是不災王之身乎?)”라고 했다. 나의 생각으로 이곳의 ‘불(不)’은 어기사로, ‘부재(不災)’는 ‘재(災)’이다.

42) 위에 설명이 보인다.

43) 이곳의 ‘불(不)’은 발성사이다. 정현의 《전(箋)》이 “그 덕을 열심히 밝히지 않겠는가(不勤明其德乎)”로 풀이한 것은 잘못된 것이다.

같은 책의 〈주송·집경(執競)〉에서 "밝으신 성왕과 강왕은(不顯成康)"
이라고 한 것,44) 같은 책의 〈상송·나(那)〉에서 "또한 기꺼워하시네(亦
不夷懌)."라고 한 것,45) 《예기·사의(射義)》는 "어리거나 젊었을 때 부
모에게 효도하고 형을 공경하며, 나이가 들어서 예법을 좋아하여, 시속
을 따르지 않고 죽는 날까지 자신을 수양하는 사람은 이 자리에 앉으십
시오(幼壯孝弟, 耆耋好禮, 不從流俗, 修身以俟死者, 不在此位也)."라고
한 것,46) 또 "배우길 좋아하고 싫증내지 않으며, 예법을 좋아하고 변함
이 없으며, 팔구십에서 백세가 되어도 언행에 흐트러짐이 없는 사람은
이 자리에 앉으십시오(好學不倦, 好禮不變, 旄期稱道不亂者, 不在此位
也)."라고 한 것,47) 《좌전·희공 28년》에서 "천자의 빛나고 아름다운 명
령을 받들고 드날리겠나이다(奉揚天子之丕顯休命)."라고 한 것,48) 같
은 책의 〈선공 4년〉에서 "오씨의 귀신이라면 굶주릴 것이다(若敖氏之

---

44) "밝으신 성왕과 강왕은(不顯成康)"·《시경·주송(周頌)·청묘(淸廟)》의 "아아 아
름다운 청묘에(於穆淸廟)"·《시경·주송·아장(我將)》의 "위대하신 문왕께서는
(伊嘏文王)"의 경우는 허사가 모두 앞에 있다. 모형의 《전(傳)》은 "밝지 않겠는
가?(不顯乎?)"로 풀이했는데 잘못된 것이다.

45) 정현의 《전(箋)》은 "또한 기뻐하지 않겠는가? 이는 기뻐하는 것을 말한다(亦不說
懌乎? 言說懌也)."라고 했다. 나의 생각으로, 이곳의 '불(不)'은 어기사여서 '호(乎)'
를 더해 해석할 필요가 없다.

46) '부종(不從)'의 '불(不)'은 ('~하지 않다'의 의미인) '불(弗)'로 풀이하고, '부재(不
在)'의 '불(不)'은 어기사이다. '부재(不在)'는 '재(在)'이다. 정현은 '자불(者不)'까지
끊어 한 구절로 보고 "이렇게 행동한 사람이 있습니까?(有此行不?)"라고 했는데,
잘못된 것이다. 《일지록(日知錄)》은 '유(幼)' 앞에 '비(非)'자가 있어야 하는데, 말
이 급하여 생략했다고 했는데, 이는 더욱 잘못된 것이다.

47) 이곳의 '불권(不倦)'·'불변(不變)'·'불란(不亂)'의 '불(不)'은 ('~하지 않다'의 의미
인) '불(弗)'로 풀이하고, '부재(不在)'의 '불(不)'은 어기사이다.

48) 이곳의 '비(丕)'는 어기사이다. "비현휴명(丕顯休命)"은 "현휴명(顯休命)"이다. 《상
서·다방(多方)》은 "성탕에게 빛나고 아름다운 명이 내려졌다(降顯休命於成湯)."
라고 했다.

鬼, 不其餒而)."라고 한 것, 같은 책의 〈양공 29년〉에서 "선군께서 아셨다면, 그를 잡아들이길 바랐을 것입니다(先君若有知也, 不尙取之)."라고 한 것,49) 같은 책의 〈소공 3년〉에서 "새벽에 일어나서 혁혁한 명성만 추구한다면(昧旦丕顯)."이라고 한 것,50) 《국어·진어(晉語)(4)》에서 "이곳에 있는 진나라 공자는 군주에 필적하는 사람이니, 폐하께서도 예로 대해야 합니다(夫晉公子在此, 君之匹也, 君不亦禮焉?)"라고 한 것,51) 《이아·석기(釋器)》에서 "'불율'을 '붓'이라고 한다(不律謂之筆)."라고 한 것,52) 같은 책의 〈석구(釋丘)〉에서 "위에는 평탄하고 아래로는 깎아지는 절벽을 '순'이라고 한다(夷上洒下, 不漘)."라고 한 것,53) 같은 책의 〈석어(釋魚)〉에서 "거북이 중에 …… 움직일 때 머리를 왼쪽으로 향하고 비스듬히 보는 것을 '유귀(類龜)'라고 하고, 움직일 때 머리를 오른쪽으로 향해 비스듬히 보는 것을 '약귀(若龜)'라고 한다(龜 …… 左倪不類, 右倪不若)."라고 한 것,54) 《맹자·공손추(상)》에서 "비록 미천

---

49) 《좌전정의(左傳正義)》는 복건(服虔)의 말을 인용하며 "'불상'은 ('바라다'의 의미인) '상'이다. 이는 여숙후를 잡아 죽이길 바랐을 것임을 말한다(不尙, 尙也. 尙當取女叔侯殺之)."라고 했다.

50) 이곳의 '비(丕)'는 어기사이다. '비현(丕顯)'은 '현(顯)'이다. 이는 새벽에 이미 그 덕이 밝은 것을 말한다. 두예의 주석은 '비(丕)'를 ('크다'의 의미인) '대(大)'로 풀이 했는데, 잘못된 것이다.

51) 이곳의 '불역(不亦)'은 '역(亦)'이다. 《좌전·희공(僖公) 23년》은 "폐하께서는 예로 그를 대하소서(君其禮焉)."라고 했는데, 문장의 의미가 이것과 같다.

52) 원문의 '율(律)'과 '필(筆)'은 소리가 가까워 운모에서 분화된 글자이고, '불(不)'은 발성사이다.

53) 곽박(郭璞)의 주석은 "'불'은 발성사이다(不, 發聲)."라고 했다. 손염(孫炎)은 부연된 글자로 봤는데 잘못된 것이다.

54) 형병(邢昺)의 《이아소(爾雅疏)》는 "'불'은 발성사이다(不, 發聲也)."라고 했다. 《주례(周禮)·춘관(春官)·귀인(龜人)》에서 "거북 등딱지가 왼쪽으로 약간 기울어진 서귀를 '뇌속'이라 하고 …… 거북 등딱지가 오른쪽으로 약간 기울어진 북귀를 '약속'이

한 사람이라도 나는 두려워할 것이다(雖褐寬博, 吾不惴焉)."라고 한 것,55) 《초사·초혼(招魂)》에서 "꽃이 수놓인 고운 비단 옷을 입으니, 아름답고 훌륭하네(被文服纖, 麗而不奇些)."라고 한 것,56) 《전국책·동주책》에서 "지금 폐하께서 큰 인물에게 호의를 베푸시면, 큰 인물은 폐하를 얕잡아 볼 것입니다. 소인에게 호의를 베푸신다면 소인은 폐하께서 바라는 것을 할 수 없고 재물만 낭비하게 될 것입니다. 폐하께서는 반드시 지금 재능이 있으면서도 궁핍하지만 반드시 장차 큰 사람이 될 사람들에게 호의를 베풀어야 합니다. 그래야만 폐하께서 바라는 것을 얻을 수 있습니다(今君將施於大人, 大人輕君. 施於小人, 小人無可以求, 又費財焉. 君必施於今之窮士, 不必且爲大人者, 故能得欲矣)."라고 한 것,57) 같은 책의 〈진책(秦策)(2)〉에서 "또한 초나라는 온전할 것입니다(楚國不尚全事)."라고58) 했는데, 이상의 '불(不)'은 모두 발성사이다.

앞 문장을 받는 것으로는 《상서·우공》에서 "삼위산(三危山)이 이미

---

라고 한다(西龜曰靁屬 …… 北龜曰若屬)."라고 한 것이 이 예이다. 나의 생각으로 '불(不)'은 발성사이기 때문에 이를 생략하여 '뢰(靁)' 내지 '약(若)'으로 말했다.

55) 원문의 '불(不)'은 어기사이고, '불췌(不惴)'는 '췌(惴)'이다. 이는 미천한 사람이라도 나는 그를 두려워한다는 말이다. 조기(趙岐)의 주석은 "설사 적이 미천한 사람에게 해를 당하더라도 함부로 놀라서 그를 두려워해서는 안 된다(雖敵人被褐寬博一夫, 不當輕驚懼之)."라고 했는데, 의미가 매끄럽지 않다.

56) 왕일(王逸)의 주석은 "'불기'는 '기'이다. 이는 《시경》에서 '빛나신 문왕께서는'이라고 말하는 것과 같다. 이곳의 '불현'은 '현'이다. 이는 그 모습이 화려하여 실로 기이하기에 족함을 말한다(不奇, 奇也. 猶《詩》云'不顯文王'. '不顯', 顯也. 言其容靡麗, 誠足奇怪也)."라고 했다.

57) 이곳의 '불필(不必)'은 '필(必)'이다. '불(不)'은 어기사이다. 포표(鮑彪)의 주석은 "'불필'은 '불가'와 같다(不必猶不可)."라고 했는데, 잘못된 것이다.

58) 고유(高誘)의 주석은 "'불상'은 '상'이다(不尚, 尚也)"라고 했다. 《사기·초세가(楚世家)》에는 "또한 우리나라는 온전할 수 있다(吾國尚可全)"로 되어 있어 '불(不)'이 어기사인 것은 분명하다.

거주할 수 있게 되자, 삼묘가 곧 귀순했다(三危既宅, 三苗丕敍)."라고 한 것,59) 같은 책의 〈반경〉에서 "선왕께서는 정령을 반포하시면, 자리에 있던 옛 사람들은 반포된 정령의 취지를 숨기지 않으셨다.60) 때문에 선왕께서는 그들을 정중히 대했고, 옛 사람들에게는 잘못된 말이 없었다. 이 때문에 백성들에게 변화가 일어났다(王播告之修, 不匿厥指, 王用丕欽, 罔有逸言, 民用丕變)."라고 한 것, 또 "그대들은 사심을 없애고, 백성들에게 실질적인 이로움을 주어, 친척과 친구들이 그대들에게 쌓인 덕이 있다고 크게 밀할 수 있노록 하라(女克黜乃心, 施實德於民, 至於婚友, 丕乃敢大言, 女有積德)."라고 한 것,61) 또 "그대들 만민이 삶을 도모하지 않고 나와 한 마음 한뜻으로 하지 않는다면, 선왕께서는 곧 그대들에게 벌을 내릴 것이다(女萬民乃不生生, 暨予一人猷同心. 先后丕降與女罪疾)."라고 한 것,62) 또 "지금 나에게는 정치를 어지럽히는 신하가 재물을 모으고 있다. 그대들의 조부와 부친께서는 이에 우리의 선왕에게 알려주었다(茲予有亂政同位, 具乃貝玉, 乃祖乃父, 丕乃告我高后)."라고 한 것, 또 "선왕께서는 이에 아주 무거운 재앙을 내릴 것이다(迪高后, 丕乃崇降弗祥)."라고 한 것, 같은 책의 〈강고〉에서 "범인을 감금할 때는 10일 이내에 곧 판단해야 한다(至于旬時, 丕蔽要囚)."라고 한 것,63) 또 "원한 받을 짓을 하지 말라, 나쁜 수단을 쓰고 법도에 맞지

---

59) 이곳의 '비(丕)'는 바로 앞 문장을 받는 말로, 이는 "삼묘가 곧 귀순했다(三苗乃敍)"라고 말하는 것과 같다. 학자들은 모두 '비(丕)'를 ('크다'의 의미인) '대(大)'로 잘못 풀이했다.

60) 이곳의 '불(不)'자는 ('~하지 않다'의 의미인) '불(弗)'로 풀이하며,《상서·반경(盤庚)》에 나오는 ('삶을 도모하지 않는다'는 의미인) '불생생(不生生)'과와 같다.

61) 원문의 '비내(丕乃)'는 ('이에'의 의미인) '어시(於是)'로 말하는 것과 같다. 모형의 《전(傳)》은 "크고 과감하게 말하는 것이다(大乃敢言)"라고 풀이했는데, 문장의 의미가 통하지 않는다.

62) 마지막 구절은 "내강여여죄질(乃降與女罪疾)"로 말하는 것과 같다.

않는 조치를 내려 너의 성심을 막아서는 안 될 것이니, 이에 열심히 어진 정치를 하라(無作怨, 勿用非謀非彝, 蔽時忱, 丕則敏德)."라고 한 것,[64] 같은 책의 〈재재(梓材)〉에서 "이 때문에 제후들이 늘 천자를 알현하고, 이에 여러 나라들도 공물을 올린다(后式典集, 庶邦丕享)."라고 한 것,[65] 같은 책의 〈소고〉에서 "이미 은나라 사람들에게 명을 내리자, 은나라 사람들이 곧 공사를 시작했다(厥既命殷庶, 庶殷丕作)."라고 한 것,[66] 같은 책의 〈무일〉은 "편히 놀고 즐기다 방종하게 되고, 이에 자신들의 부모를 경시한다(乃逸, 乃諺, 既誕, 否則侮厥父母)."라고 한 것,[67] 또 "'오늘만 즐기자'라고 하면, 백성들은 따르지 않을 것이며 하늘도 따르지 않을 것이다. 이에 이러한 사람은 죄를 짓는 것이다(今日耽樂, 乃非民攸訓, 非天攸若, 時人不則有愆)."라고 한 것,[68] 또 "선왕의 올바른

---

63) 《주례(周禮) · 추관(秋官) · 소사구(小司寇)》는 "10일 이내에 이를 판단한다(至於旬, 乃蔽之)."라고 했는데, 문자의 의미가 정확히 일치한다.

64) 이곳의 '비즉(丕則)'은 ('이에'의 의미인) '어시(於是)'라고 하는 것과 같다. 이미 이 성신의 도리를 행하기로 결단하였으니, 이에 덕의 가르침을 열심히 행하는 것이다. 모형의 《전(傳)》은 "큰 법도와 훌륭한 덕(大法敏德)"이라고 했는데 잘못된 것이다.

65) 이는 군주가 여러 나라들과 사이좋게 화합할 수 있어 이에 여러 나라들이 공물을 올리는 것을 말한다.

66) 이는 이미 은나라 사람들에게 명을 내리자 은나라 사람들이 곧 공사를 시작했음을 말한다.

67) 《한석경(漢石經)》에는 '부(否)'가 '불(不)'로 되어있다. '부즉(不則)'은 ('이에'의 의미인) '어시(於是)'와 같다. 이는 이미 방탕해져 이에 그 부모를 경시한다는 것을 말한다. 모형의 《전(傳)》은 "이미 부모를 속이는데, 속이지 않으면 부모를 경시한다(已欺誕父母, 不欺, 則輕侮其父母)"라고 했는데, 문장의 의미가 잘 통하지 않는다.

68) 이는 이에 이 사람은 죄를 짓는 것임을 말한다. 모형의 《전(傳)》은 "이런 사람은 큰 죄가 있다(是人則大有過)"라고 했다. 이미 ('크다'의 의미인) '대(大)'로 풀이를 잘못한데다, 그 글자의 순서까지 어지럽혔다.

크고 작은 법도를 마음대로 바꾸고 어지럽혔다. 이에 백성들은 속으로 원망했고 입으로 저주했다(乃變亂先王之正刑, 至於小大, 民否則厥心違怨, 否則厥口詛祝)."라고 한 것,[69] 같은 책의 〈입정〉에서 "나는 이렇게 관리들을 둘 것이다. 입사·준인·목부를 두고, 우리는 그들의 뛰어난 점을 잘 알아야 곧 그들로 하여금 정사를 다스리게 할 수 있다(我其立政, 立事、準人、牧夫, 我其克灼知厥若, 丕乃俾亂)."라고 한 것[70], 《일주서·제공(祭公)》에서 "하늘이 무왕에게 내린 이 강토는 주나라의 터전이자 시조 후식이 명을 받은 곳이오니, 영원히 지켜야 하옵니다. 우리의 후손들이 적자들을 널리 세워 제후로 삼고 주왕실의 보호막이 되게 해야 합니다. 아! 천자와 삼공이여, 하나라의 멸망을 경계로 삼아야 곧 후환을 남기지 않을 것입니다.[71] 만년이고 십 만년이고 순서를 지키며 끝까지 전해질 것입니다. 끝까지 전해지는 것은 곧 종족을 이롭게 하는 것이자,[72] 문왕의 오래된 염원입니다(天之所錫武王時疆土, 丕維周之基, 丕維后稷之受命. 是永宅之. 維我後嗣, 旁建宗子. 丕維周之始並. 烏呼, 天子三公, 監於夏之既敗, 丕則無遺後難. 至於萬億年, 守序終之, 既畢, 丕乃有利宗. 丕維文王由之)."라고 한 것은 모두 앞 문장을 받는 말이다. 이러한 것들은 모두 옛 사람들이 글을 짓는 일반적인 예이다. 후대에 경전을 풀이하는 사람들은 '불'을 ('~하지 않다'의 의미인) '불(弗)'로 풀이하고, '비(否)'는 ('아니다'의 의미인) '불(不)'로 풀이하고, '비(丕)'는 ('크다'의 의미인) '대(大)'로 풀이하는 것만 알고, 이것이 허사도

---

69) 이는 이에 백성들이 속으로 원망하고 이에 입으로 저주했음을 말한다.
70) 이는 그들의 뛰어난 점을 잘고 이에 그들로 하여금 나라를 다스리게 한다는 것을 말한다. 다음 문장의 "그들로 하여금 국정을 다스리게 하고(玆乃俾乂)"와 문장의 의미가 정확히 일치한다.
71) 이는 곧 후환을 남기지 않음을 말한다.
72) 이는 곧 종족을 이롭게 한다는 것을 말한다.

될 수 있다는 것을 몰랐다. 그래서 억지로 주석을 달면서 경문은 대부분 통하지 않게 되었다. "삼위산(三危山)이 이미 거주할 수 있게 되자, 삼묘가 곧 귀순했다(三危既宅, 三苗丕敍)"·"이미 은나라 사람들에게 명을 내리자, 은나라 사람들이 곧 공사를 시작했다(厥既命殷庶, 庶殷丕作)"·"방종하게 되고, 이에 자신들의 부모를 경시한다(既誕, 否則侮厥父母)."는 모두 먼저 '기(既)'를 말하고 뒤에 '비(丕)'를 말했으니, 이것이 앞 문장을 받는 말인 것은 아주 명백하다. 그리고 《사기·하본기(夏本紀)》는 "삼묘가 크게 귀순했다(三苗大敍)"라고 했으니, 하·은·주나라의 언어를 한나라 사람들도 아직 완전하게 이해하지 못했음을 알 수 있다. 학자들이 비슷한 예들을 비교하여 이를 깨닫기를 바랄 뿐이다.

'불'과 '부'는 ('~이 아니다'의 의미인) '비(非)'이다. 《상서·여형》은 "무엇을 택해야 하나 덕이 있는 사람이 아니겠는가? 무엇을 공경해야 하나 형벌이 아니겠는가? 무엇을 생각해야 하나 공정하고 객관적으로 판단하는 것이 아니겠는가?(何擇非人, 何敬非刑, 何度非及)."라고 했다. 《묵자·상현(하)》에는 "그대는 무엇을 택하겠는가 덕이 있는 사람이 아닌가?[73] 무엇을 공경해야 하겠는가 형벌이 아니겠는가? 무엇을 생각해야 하겠는가 공정하고 객관적으로 판단하는 것이 아니겠는가?(女何擇否人, 何敬不刑, 何度不及)."로 인용되어 있다. 같은 책의 〈상동(중)〉은 "선왕의 책에 연장자들의 말을 기록하며 말했다: 나라를 세우고 도읍지를 정하면, 천자와 제후들을 두는 것은 이로 교만방자해지라는 것이 아니며 경대부와 여러 장관들을 두는 것은 이로 편안하고 문란하게 지내라는 것도 아니다. 직책을 나눠 맡아 그들로 하여금 하늘의 공

---

73) 금본에는 원문의 '부(否)'가 '언(言)'으로 잘못되어 있다. 전서(篆書)에는 '부(否)'가 '𠀤'로 되어있고, '언(言)'자는 '𠱬'로 되어있어 두 글자가 비슷하다. 예서(隸書)에는 '부(否)'가 간혹 '𠱥'로 되어있고, '언(言)'은 간혹 '부(否)'로 되어있어 이 역시 비슷하다. 때문에 '부(否)'를 '언(言)'으로 잘못 썼다.

정한 도를 행하라고 하는 것이다. 그런 즉 이는 옛날에 상제와 귀신이 도읍지를 정하고 장관들을 둔 것은 그들의 작위를 높이고 그들의 봉록을 많이 받아 그들로 하여금 부귀하고 방탕한 생활을 하도록 둔 것이 아닌 만백성들을 이롭게 하고 그들을 위해 해를 제거하고 가난하고 힘없는 사람을 부귀하게 만들며 혼란한 국면을 잘 다스리게 하기 위함이었다(先王之書, 相年之道曰: 夫建國設都, 乃作后王君公, 否用泰也. 輕大夫師長, 否用佚也. 維辯使治天均. 則此語古者上帝鬼神之建設國都, 立正長也, 非高其爵, 厚其祿, 富貴遊佚而錯之也, 將以爲萬民興利除害, 富貴貧寡, 安危治亂也)."라고 했다. 이상의 '불'과 '부'는 모두 ('~아니다'의 의미인) '비'이다. 그래서 '비감(非敢)'은 ('감히~하는 것은 아니다'의 의미인) '불감(不敢)'이다. 《의례 · 사상견례(士相見禮)》는 "주인이 대답했다: 모가 감히 예의상 하는 말이 아닙니다(主人對曰: 某不敢爲儀)."라고 했는데, 금문(今文)에는 원문의 '불'이 '비'로 되어있는 것이 이 예이다. '구비(苟非)'는 ('만일 ~하지 않으면'의 의미인) '구불(苟不)'이다. 《중용》은 "만일 지극한 덕을 갖추지 않는다면, 성인의 지극한 도를 이룰 수 없다(苟不至德, 至道不凝焉)."라고 했다.[74] 또 "만일 본디부터 총명하고 영민하면서 하늘의 덕을 알지 않는다면, 누가 그를 알 수 있겠는가?(苟不固聰明聖知達天德者, 其孰能知之?)"라고 한 것이 이 예이다. '기비(豈非)'는 ('어찌~아니겠는가?'의 의미인) '기불(豈不)'이다. 《장자 · 양왕(讓王)》은 "선생께서는 받지 않은 것이 어찌 천명이 아니겠습니까?(先生不受, 豈不命邪?)"라고 했다. 《순자 · 군도(君道)》에서 "이것이 어찌 반드시 이런 사람을 얻는 방법이지 않겠는가?(是豈不必得之之道也哉?)"라고 한 것이 이 예이다. '불'과 '비'는 같은 의미이기 때문에 서로 바꿔 사용될 수 있다. 《대대례기 · 왕언(王言)》[75]은 "그물로 잡은

---

74) 《예기정의(禮記正義)》는 "'부'는 ('아니다'의 의미인) '비'이다(不, 非也)."라고 했다.

물고기나 주살로 잡은 새나 사냥으로 잡은 짐승으로 궁실을 채우지 않고, 백성들에게 거둬들인 것으로 나라의 창고를 채우지 않는다(畢弋田獵之得, 不以盈宮室也. 徵斂於百姓, 非以充府庫也)."라고 했다. 《묵자·비명(상)》은 "위에서 그에게 상을 주는 것은 그의 운명이 정해져서 상을 받는 것이지 어질어서 상을 받는 것은 아니다. 위에서 그에게 벌을 주는 것은 그의 운명이 정해져서 벌을 받는 것이지 난폭해서 벌을 받는 것은 아니다(上之所賞, 命固且賞, 非賢故賞也. 上之所罰, 命固且罰, 不暴故罰也)."라고 했는데, 이곳의 '불' 역시 '비'이다.

'불'과 '부'는 ('없다'의 의미인) '무(無)'이다. 《상서·요전》은 "덕이 없어서 제위를 욕되게 할 수 있습니다(否德忝帝位)."라고 했는데, 이는 덕이 없음을 말한다.[76] 《시경·왕풍(王風)·군자우역(君子于役)》은 "몇 날 몇 달인지 알 수 없네(不日不月)."라고 했는데, 이는 일정한 날이 없음을 말한다. 《모시서(毛詩序)》에서 "행역에 기한이 없는 것이다(行役無期度)."라고 한 것이다. 《주례·대사마(大司馬)》는 "군사들이 공이 없으면, 상관(喪冠)을 쓰고 사당을 옮길 주인을 실은 수레를 호송하여 돌아온다(若師不功, 則厭而奉主車)."라고 했는데, 이는 군사들에게 공이 없는 것을 말한다.[77] 《대학》은 "그 근본이 어지러운데 끝이 잘 다스려는 것은 없다(其本亂而末治者否矣)."라고 했는데, 이는 일은 반드시 이루어지지 않음을 말한다.[78] 《좌전·장공 14년》은 "사람에게 틈이 없

<hr />

75) 청나라 사람 왕빙진(王聘珍)의 《대대례기해고(大戴禮記解詁)》에는 "왕언(王言)"이 "주언(主言)"으로 되어있다.[역자주]

76) 모형의 《전(傳)》은 "'부'는 '불'이다(否, 不也)."라고 했다. '불(不)' 역시 ('없다'의 의미인) '무(無)'이다.

77) 이 구절 앞에 나오는 "군사들이 공이 있으면(若師有功)"과 서로 대구가 된다.

78) 이 구절 다음의 문장은 "그 후하게 해야 할 것에 박하고, 그 박하게 해야 할 것에 후한 것은 있지 않았다(其所厚者薄, 而其所薄者厚, 未之有也)."라고 했는데, 이 구절과 다르지만 의미는 같다.

으면 요괴는 그 사이로 나타나지 않는다(人無釁焉, 妖不自作)."라고 했
는데, 이곳의 '자(自)'는 ('~으로'의 의미인) '유(由)'이다. 이는 요괴가
그 사이로 나타나지 않음을 말한다.[79] 《국어 · 진어(晉語)(5)》는 "몸과
마음에 대한 근본적이 수양이 없이 사람들과 부딪치면 …… (不本而犯
……)"이라고 했는데, 이는 근본적인 수양이 없는 것을 말한다.[80] 《논
어 · 선진》은 "사람들이 그 부모형제의 말에는 이론이 없구나(人不間於
其父母昆弟之言)."라고 했는데, 이는 사람들이 그 부모형제의 말을 탓
하지 않음을 밀한나.[81] 그래서 《상서 · 홍범》의 "사익을 추구함이 없고
당파를 결성함이 없으면(無偏無黨)"과 "당파를 결성함이 없고 사익을
추구함이 없으면(無黨無偏)"은 《사기 · 장석지풍당전찬(張釋之馮唐傳
讚)》에는 각각 "불편부당(不偏不黨)"과 "부당불편(不黨不偏)"으로 인용
되어 있다. 《상서 · 여형》의 "외롭고 가난한 사람들의 어려움이 막힘이
없이 위로 전해졌다(鰥寡無蓋)"는 《묵자 · 상현》에는 "환과불개(鰥寡不
蓋)"로 인용되어 있다. 《전국책 · 진책(秦策)(1)》의 "한 번의 패전으로
제나라는 없어지고 말았습니다(一戰不勝而無齊)."는 《한비자 · 초견진
(初見秦)》에는 '부제(不齊)'로 되어있다.

'불'은 ('~하지 말라' 내지 '~해서는 안 된다'의 의미인) '무(毋)' 내지
'물(勿)'이다. 《시경 · 대아 · 판(板)》은 " …… 함부로 장난치고 놀지 말며,
…… 감히 멋대로 행동하지 말기를( …… 無敢戲豫, …… 無敢馳驅)."라

---

79) 《좌전정의(左傳正義)》는 "요괴는 스스로 나타날 수 없다(妖孽不能自作)."라고 했
   는데, 잘못된 것이다.
80) 이곳의 '무본(無本)'은 말은 외모에 기인하지 않고 외모는 마음에 근본하지 않는
   것을 말한다. 즉, 이 구절의 앞에 나오는 "마음의 수양이 부족하면 겉으로 억지를
   부리고 …… 겉과 속은 모두 훌륭하나 말은 이 두 가지와 상반되게 나타난다(中不
   濟而外強之 …… 外內類而言反之)."이다. 위소(韋昭)의 주석은 "인의에 근본하지
   않고 행하는 것이다(行不本仁義)."라고 했는데, 잘못된 것이다.
81) 《경의술문(經義述聞)》에 설명이 보인다.

고 했는데, 《좌전 · 소공 32년》에는 "불감희예, 불감치구(…… 不敢戲
豫, …… 不敢馳驅)"로 인용되어 있다. '무(無)'는 '무(毋)'와 통하고, '불
(不)'도 '무'이다. 《상서 · 소고(召誥)》는 "폐하께서는 미루시지 마시고
백성들의 말 많은 것을 돌보고 두려워하셔야 하옵니다(王不敢後, 用顧
畏於民碞)."라고 했는데, 이는 폐하께서 백성들이 말 많은 것을 돌보고
두려워하며 (공사를) 혹 늦추어서는 안 된다는 것을 말한다. 《맹자 · 등
문공(상)》은 "내가 보러 갈 것이니, 이자는 오지 마시게(我且往見, 夷子
不來)."라고 했는데, 이는 내가 이자를 만나러 갈 것이니 이자는 오지
말 것을 말한다.


# 비非

《옥편》은 "'비'는 ('옳지 않다'의 의미인) '불시'이다(非, 不是也)."라고
했다. 이는 자주 사용하는 말이다.

복건(服虔)의 《한서 · 소망지전(蕭望之傳)》 주석은 "'비'는 ('~하지 않
다'의 의미인) '불'이다(非, 不也)."라고 했다. 《상서 · 반경》은 "그래서
나 이 어린 사람은 천도의 계획을 버리지 않았습니다(肆予沖人, 非廢厥
謀)."라고 했는데, 이는 천도의 계획을 없애지 않은 것을 말한다. 또
"모두가 감히 점괘를 어기지 않아(各非敢違卜)."라고 했다. 공안국의
《전》은 "임금과 신하가 계획함에 점괘를 함부로 어기지 않은 것이다(君
臣用謀, 不敢違卜也)."라고 했다. 《대대례기 · 보부(保傅)》는 "사람의 인
성은 서로 크게 차이가 나지 않는다(人性非甚相遠也)."라고 했는데,
《한서 · 가의전(賈誼傳)》에는 '비'가 '불'로 되어있다.

# 비匪

《시경 · 위풍(衛風) · 목과(木瓜)》의 모형의 《전》은 "'비'는 ('~이 아니다'의 의미인) '비'이다(匪, 非也)."라고 했다. 이는 자주 사용하는 말이다.

'비(匪)'는 ('~하지 않다'의 의미인) '불(不)'이다. 《시경 · 상송 · 은무(殷武)》는 "농사일 게을리 하지 않았다네(稼穡匪解)."라고 했는데, 이는 게을리 하지 않았음을 말한다. 같은 책의 〈소아 · 서할(車舝)〉은 "굶주려도 굶주리지 않은 듯 목말라고 목마르지 않은 듯(匪飢匪渴)."이라고 했는데, 정현의 《전》은 "굶주려도 굶주리지 않은 듯하고, 목이 말라도 목이 마르지 않은 듯 한 것이다(雖飢不飢, 雖渴不渴)."라고 했다. 《국어 · 주어》는 《시경 · 주송 · 사문(思文)》을 인용하여 "모두 그분의 은덕이 아님이 없네(莫匪爾極)."라고 했는데, 위소의 주석은 "'비'는 ('~하지 않다'의 의미인) '불'이다. 그대에게 지금 그 은덕을 입지 않음이 없는 것이다(匪, 不也. 無不於女時得其中也)."라고 했다.

《광아》는 "'비'는 (지시대명사 '저'의 의미인) '피'이다(匪, 彼也)."라고 했다. 부친께서 이렇게 말씀하셨다. 《시경 · 소아 · 소민(小旻)》은 "저 길가는 사람과 계획하는 것 같아, 정도에서 벗어나는 것일세(如匪行邁謀, 是用不得于道)."라고 했다. 《좌전 · 양공 8년》은 이 시를 인용했는데, 두예의 주석은 "'비'는 (지시대명사 '저'의 의미인) '피'이다(匪, 彼也)."라고 했다. 원문의 "여비행매모, 시용부득우도"는 이 구절 다음에 나오는 "저 집을 지으려는 사람이 길가는 사람과 설계함이 같으니, 그래서 끝내 이루지 못하는 것일세(如彼築室于道謀, 是用不潰于成)."라고 한 것과 같다. 또한 《시경 · 소아 · 우무정(雨無正)》에서 "나라가 저렇게 가다가(如彼行邁)"라고 한 것과 같다.[82] 또 같은 책의 〈용풍 · 정지방중(定之方中)〉은 "저 곧은 양반은,[83] 마음가짐이 성실하고 깊어서(匪直也

人, 秉心塞淵)."라고 했는데, 이는 저 정직한 사람은 마음가짐이 진실하고 깊음을 말한다. 같은 책의 〈회풍·비풍(匪風)〉은 "저 바람이 몰아치니, 저 수레를 달리게 할 듯(匪風發兮, 匪車偈兮)."이라고 했는데, 이는 저 바람이 크게 일어나자, 저 수레가 아주 빨리 달리는 것을 말한다.[84] 같은 책의 〈소아·도인사(都人士)〉는 "그가 띠를 늘어뜨린 것은 띠가 여유 있기 때문이네. 그녀가 머리를 만 것은 머리끝이 올라가 있기 때문이네(匪伊垂之, 帶則有餘. 匪伊卷之, 髮則有旟)."라고 했는데, 이는 그 사람이 띠를 늘어뜨린 것은 띠가 여유가 있었기 때문이고, 그 사람이 머리를 만 것은 머리가 올라가 있었기 때문임을 말한다. 이는 이 구절 앞에서 말한 "저 서울 양반은 늘어진 띠가 허청거리네. 저 군자님의 따님은 말린 머리가 갈충 같네(彼都人士, 垂帶而厲. 彼君子女, 卷髮如蠆)."와 같다.[85] 풀이하는 사람들은 '비'를 ('~이 아니다'의 의미인) '비(非)'로 풀이했기 때문에 의미가 대부분 분명하지 않다.

---

82) 정현의 《전(箋)》은 "'비'는 ('아니다'의 의미인) '비'이다. 가지 않고 앉아서 원근을 헤아리는 것이다(匪, 非也. 不行而坐圖遠近)."라고 했는데, 잘못된 것이다.

83) 모형의 《전(傳)》은 "단순히 보통 사람이 아니니(匪徒庸君)."라고 하여, '비직(匪直)'을 ('단순히~이 아니다'의 의미인) '비도(匪徒)'로, '인(人)'을 ('평범한 사람'의 의미인) '용군(庸君)'으로 풀이했는데, 모두 잘못되었다.

84) 모형의 《전(傳)》은 "세차게 이는 바람은 도가 있는 바람이 아니다. 빠르게 내달리는 수레는 도가 있는 수레가 아니다(發發飄風, 非有道之風. 偈偈疾驅, 非有道之車)."라고 했다. 《한서(漢書)·왕길전(王吉傳)》에는 왕길(王吉)이 이 시를 인용하며 "세찬 것은 옛날의 도가 있는 바람이 아니고, 내달리는 것은 옛날의 도가 있는 수레가 아니다(是非古之風也, 發發者. 是非古之車也, 偈偈者)."라고 했는데, 모두 잘못된 것이다.

85) 정현의 《전(箋)》은 "이는 그가 일부러 이 띠를 늘어뜨린 것이 아니라 띠가 여유가 있어야 예에 부합되기 때문이다. 그녀가 일부러 이렇게 머리를 만 것이 아니라 머리를 이렇게 말아 올려야 예에 부합되기 때문이다(言士非故垂此帶也, 帶於禮自當有餘也. 女非故卷此髮也, 髮於禮自當有也旟)."라고 했는데, 잘못된 것이다.

# 무無 무毋 망亡 망忘 망妄

'무(無)'와 '무(毋)'는 ('~하지 말라'의 의미인) '물(勿)'이다. 이는 자주 사용하는 말이다.

맹강(孟康)[86] 주석의 《한서·화식전(貨殖傳)》은 "'무'는 발성사이다 (無, 發聲助也)."라고 했다. 글자가 '무(毋)'로 된 곳도 있다. 《시경·대아·문왕(文王)》은 "그대들 조상을 생각하며(無念爾祖)."라고 했는데, 모형의 《전》은 "'무념'은 '염'이다(無念, 念也)."라고 했다. 같은 책의 〈대아·억(抑)〉은 "나라가 강해지려면 어진 사람이 있어야(無競維人)."라고 했고, 같은 책의 〈주송·집경(執競)〉은 "무공이 어느 누구보다 강하시네(無競維烈)."라고 했는데, 모형의 《전》은 모두 "'무경'은 '경'이다(無競, 競也)."라고 했다.[87] 《좌전·은공 11년》은 "허공께서 다시 그의 나라를 다스려주시길 바랍니다(無寧茲許公復奉其社稷)."라고 했고, 같은 책의 〈양공 24년〉은 "그대는 차라리 사람을 시켜 그대에게 '그대가 나를 먹여 살렸다……'라고 말하게 하시오(無寧使人謂子: '子實生我……')."라고 했는데, 두예의 주석은 모두 "'무녕'은 '녕'이다(無寧, 寧也)."라고 했다. 같은 책의 〈양공 29년〉은 "게다가 선군께서 아셨다면,

---

86) 삼국(三國) 시기 위(魏)나라의 학자이다. 자는 공휴(公休)이고, 안평(安平) 광종(廣宗) 사람이다. 맹자의 18대손으로 알려져 있다. 발해태수(渤海太守)·급사중(給事中)·중서감(中書監) 등을 지냈다. 지리·천문·소학(小學)에 정통했다. 저술로는 《한서음의(漢書音義)》·《노자주(老子注)》 2권 등이 있다.[역자주]

87) 정현의 《전(箋)》은 《시경·대아·억(抑)》을 풀이하며 "어진 사람을 얻는 것보다 더 강한 것은 없다(無強於得賢人)."라고 했고, 같은 책의 〈주송(周頌)·열문(烈文)〉을 풀이하며 "어진 사람을 얻는 것보다 강한 것은 없다(無強乎維得賢人也)."라고 했고, 같은 책의 〈주송·집경(執競)〉과 같은 책의 〈주송·무(武)〉를 풀이하며 "상나라를 이긴 공업보다 강한 것은 없다(無強乎其克商之功業)."라고 했는데, 모두 '유무(有無)'의 '무'로 잘못 이해했다.

차라리 부인으로 하여금 처리하게 했을 것이니 어찌 우리의 노신들을 동원했겠소?(且先君而有知也, 毋寧夫人, 而焉用老臣?)"라고 했는데, 복건(服虔)의 주석은 "'무녕'은 '녕'이다. 차라리 부인을 등용했을 것이니, 어찌 노신들을 동원하려 했겠는가?(毋寧, 寧也. 寧自取夫人, 將焉用老臣乎?)"라고 했다. 《국어·노어(하)》는 "저들도 자신들과 같은 성씨의 사람을 두어 …… (彼無亦置其同類 …… )."라고 했는데, 위소의 주석은 "'무역'은 '역'이다(無亦, 亦也)."라고 했다. 같은 책의 〈주어(중)〉은 "그 순하고 보기 좋은 희생도 고르고(無亦擇其以柔嘉)."라고 했다.[88] 또 같은 책의 〈주어(하)〉는 "부왕께서도 구려(九黎)와 삼묘(三苗)에게 멸망당한 일을 본보기로 삼으소서(王無亦鑒於黎、苗之王)."라고 했다. 같은 책의 〈진어(晉語)(4)〉는 "공자께서도 진나라의 모든 부드럽고 훌륭한 음식들을 먹길 좋아하실 것입니다(公子無亦晉之柔嘉, 是以甘食)."라고 했다. 같은 책의 〈초어(상)〉은 "그대도 내가 늙었다고 생각해 날 버려두고, 나를 비방하기까지 하는가(女無亦謂我老耄而舍我, 而又謗我)."라고 했다.[89] 《좌전·성공 2년》은 "화살 한 대만 서로 주고 받았을 뿐인데(無亦唯是一矢以相加遺)."[90]라고 했다. 같은 책의 〈양공 24년〉은 "이곳에

---

88) 이곳의 '무역(無亦)'은 '역(亦)'이다. 위소(韋昭)의 주석은 "'무역'은 '불역'이다(無亦, 不亦也)."라고 했는데, 잘못된 것이다. 아래에 인용된 《국어(國語)·진어(晉語)(4)》도 이러하다.

89) 이곳의 '무역(無亦)'은 '역(亦)'이다. '사(舍)'는 간언하여 타이르지 않는 것이다. 이는 나는 늙었으니 그대도 내가 늙었다고 생각해 나를 버려두는 것은 괜찮으나 나를 또 비방하는 것은 어찌된 것인가를 말한다. 이는 스스로 늙었다고 하며 사람을 보러가서 간언을 올려 타이르고 싶지 않은 것이다. 그래서 좌사(左史)가 "그대는 나이가 있기 때문에 내가 그대를 만나 가르쳐주고 일깨워주려고 한 것일세(唯子老耄, 故欲見以交儆子)."라고 했다. 또 위무공(衛武公)의 말을 인용하여 "내가 나이가 많다고 생각하여 나를 가만 내버려 두지 말라(無謂我老耄而舍我)."라고 했다. 《경의술문》에 상세한 설명이 보인다.

90) 이 구절은 《좌전·성공(成公) 12년》에 보인다. 인용하는데 착오가 있었던 것으로

도 힘써야 할 것이오(無亦是務乎)"라고 했다. 같은 책의 〈소공 23년〉은 "약오와 분모에서 무왕과 문왕까지를 한번 살펴보소서(無亦鑒乎若敖, 蚡冒至於武文)."라고 했는데, 모두 마찬가지이다. 이곳의 '무(無)'는 발성사이다. 또《상서·미자》는 "지금 당신들이 나에게 알려주시오, 우리 은나라가 망하는데 어떻게 해야 한단 말이오?(今爾無指告, 予顚隮, 若之何其?)"라고 했다.91)《시경·소아·소민》은 "저 흐르는 샘물처럼 계속 쇠락해가네(如彼泉流, 無淪胥以敗)."라고 했다. 같은 책의 〈대아·익〉은 "저 흐르는 샘물처럼 계속 망해가네(如彼泉流, 無淪胥以亡)."라고 했다.92)《예기·제의(祭義)》는 "하늘에서 난 것과 땅에서 기른 것

보인다.[역자주]

91) 공안국(孔安國)의《전(傳)》은 "당신들의 가르침이 없다면 우리 은나라는 멸망을 고할 것이니, 어떻게 하면 구할 수 있습니까?(汝無指意, 告我殷邦顚隕隮墜, 若之何其救之?)"라고 했다. 나의 생각으로, "금이무지고(今爾無指告)"까지가 한 구절이 되고, 이때 '무(無)'는 발성사이다. '무지고(無指告)'는 '지고(指告)'이다. '지(指)'는 '지(厎)'로 읽는다. '지(厎)'는 ('이르다'의 의미인) '치(致)'이다.《좌전·양공(襄公) 9년》은 "알릴 곳이 없다(無所厎告)."라고 했다.《상서·반경(盤庚)》에서 "그대들은 알려준 것을 생각해보시오(其惟致告)"라고 한 것이 이 예이다. 이는 우리 은나라가 멸망하는 것이 어찌 가능하겠습니까? 지금 그대들은 이를 구할 방법을 알려달라고 하는 것을 말한다. 이 말을 거꾸로 놓으면 "금이무지고, 여전제, 약지하기(今爾無指告, 予顚隮, 若之何其)"가 된다.《전(傳)》을 지은 사람은 '무(無)'가 발성사인 것을 모르고 '지고(指告)'를 '지고(厎告)'로 보았기 때문에 문장의 의미가 이상해졌고 끊어 읽는 것도 잘못되었다.《경의술문》에 상세한 설명이 보인다.

92) 이곳의 '무(無)'는 발성사이다. "무륜서이패(無淪胥以敗)"는 "윤서이패(淪胥以敗)"이다. 이는 주나라의 덕이 나날이 쇠미해지는 것이 샘물이 도도히 흐르며 돌아오지 않는 것 같고, 어진 사람이든 어리석은 사람이든 계속 패망에 이른다는 것을 말한다. "무륜서이망(無淪胥以亡)"은 "윤서이망(淪胥以亡)"이다. 이는 하늘이 돕지 않고 화란이 나날이 생기는 것이 저 샘물이 도도히 흘러 돌아오지 않는 것 같고, 주나라의 군신들이 계속 패망에 이르는 것을 말한다.《시경·소아·우무정(雨無正)》은 "어찌하여 이렇게 죄 없는 사람들이 계속 고통을 당하나(若此無罪, 淪胥以鋪)."라고 했는데, 의미가 이것과 아주 가깝다. 정현의《전(箋)》은《시경·

중에 사람이 가장 고귀하다(天之所生, 地之所養, 無人為大)."라고 했다.[93] 《좌전·소공 26년》은 "내가 본보기로 삼아야 할 것은 하나라와 상나라이다(我無所監夏后及商)."라고 했다.[94] 《관자·입정구패해(立政九敗解)》는 "군주가 군비를 폐지하자는 주장을 받아들이면, 여러 신하들이 군사적인 문제를 감히 거론할 수 없다[95] …… 군주가 모두를 평등하게 사랑하면 세상의 백성들을 자기 백성처럼 여기고 다른 나라 보기를 자기 나라 보듯이 한다 …… 군주가 생명을 보존하기를 좋아하면 신하들 모두가 생명을 보전하며 살고 양생한다[96] …… 군주가 사사로운 논의를 귀하게 여기면 백성은 물러나 산속에 은거하며 세상의 일을 비난하고 군주에게서 멀어지며 작록을 가벼이 여기고 맡은 일을 천하게 여긴다 …… 군주가 황금과 재물을 좋아하면 반드시 자신이 좋아하는 것을 얻으려 하고 그러하면 반드시 큰 벼슬과 높은 지위 혹은 높은 작위나 후한 봉록으로 이곳과 바꾸려고 한다 …… 군주가 여러 무리들과 두루 어울리면 신하들은 당파를 결성하여 선을 가리고 악을 드러낸다

---

소아·소민(小旻)》을 풀이하며 "서로 끌고 따르면서 나쁜 짓을 하여 문란해지지 말라는 것이다(無相率率為惡以自濁敗)."라고 했고, 《시경·대아·억(抑)》을 풀이하며 "서로 따르면서 나쁜 짓하여 모두 함께 망하지 말라는 것이다(無自率行為惡, 皆與之以亡)."라고 하여, 모두 '무(無)'를 타이르는 말로 잘못 보았다.

93) 이곳의 '무인위대(無人為大)'는 '인위대(人為大)'이다. 《대대례기(大戴禮記)·증자대효(曾子大孝)》는 "천지소생, 지지소양, 인위대의(天之所生, 地之所養, 人為大矣)."라고 했으니 '무(無)'가 발성사임을 알 수 있다. 《예기정의(禮記正義)》는 "천지에 나고 자란 만물 중에 사람만큼 가장 고귀한 것은 없다(天地生養萬物之中, 無如人最為大)."라고 했는데, 잘못된 것이다.

94) 두예(杜預)의 주석은 "하나라와 상나라가 멸망하게 된 것을 본보기로 삼는 것을 말한다(言追監夏, 商之亡)."라고 했으니, 원문의 '무(無)'는 발성사이다.

95) 이곳의 '무(毋)'는 발성사이다. '무청(毋聽)'은 '청(聽)'이다. 다음에 나오는 '무호(無好)'도 마찬가지이다.

96) 이곳의 '우(又)'는 '유(有)'와 같다.

…… 군주가 보고 즐기고 좋아하는 것에 집착하면 정치는 실패한다 …… 군주가 벼슬청탁을 들어주면 신하들이 서로 청탁한다 …… 군주가 아첨하는 말과 허물을 은폐하는 말을 받아들이면 정치는 실패한다(人君唯毋聽寢兵, 則群臣賓客, 莫敢言兵 …… 人君唯毋聽兼愛之說, 則視天下之民如其民, 視國如吾國 …… 人君唯無好全生, 則群臣皆全其生而生又養 …… 人君唯無聽私議自貴, 則民退靜隱伏, 窟穴就山, 非世間上, 輕爵祿而賤有司 …… 人君唯無好金玉貨財, 必欲得其所好, 則必易之以大官尊位, 尊爵重祿 …… 人君唯毋聽群徒比周, 則群臣朋黨, 蔽美揚惡 …… 人君唯毋聽觀樂玩好, 則敗 …… 人君唯毋聽請謁任擧, 則群臣皆相為請 …… 人君唯無聽諂諛飾過之言, 則敗)."라고 했다. 《묵자·상현(중)》은 "옛날의 성군들은 어진 이를 얻으면 그에게 국사를 맡겼고, 작위를 내려 그의 지위를 높이고, 땅을 나누어 그를 봉해주고, 종신토록 버리지 않았다. 어진 이는 성군을 만나면 군주를 섬겼고, 사지의 힘이 다하도록 군주의 일을 맡았으며, 평생 동안 나태하지 않았다(古者聖王唯毋得賢人而使之, 般爵以貴之, 裂地以封之, 終身不厭. 賢人唯毋得明君而事之, 竭四肢之力以任君之事, 終身不倦)."라고 했다. 또 같은 책의 〈상현(하)〉는 "지금 어진 이를 숭상하는 것으로 정치를 하여 그 나라와 백성을 다스리면, 나라 안에서 선을 행하는 사람들은 격려를 받고, 나쁜 짓을 하는 사람들은 제지를 당할 것이다(今唯毋以尚賢為政, 其國家百姓, 使國之為善者勸, 為暴者沮)."라고 했다. 또 "그런 즉, 그 옛날 요·순·우·탕·문왕·무왕의 도가 중시를 받은 까닭은 무엇일까? 사람들에게 정령을 반포하여 다스렸고, 세상에 선을 행하는 사람은 격려를 받게 했고, 나쁜 짓을 하는 사람은 제재를 받을 수 있게 했기 때문이었다(然昔吾所以貴堯、舜、禹、湯、文、武之道者, 何故以哉? 以其唯毋臨衆發政而治民, 使天下之為善者可而勸也, 為暴者可而沮也)."라고 했다.[97] 이상은 모두 발성사이다.

'무'는 ('아니면'의 의미로,) 화제를 전환해주는 접속사이다. 글자가 '망(亡)'·'망(忘)'·'망(妄)'·'망기(亡其)'·'의망(意亡)'·'망의역(亡意亦)'·'장망(將妄)'으로 된 곳도 있으나 의미는 모두 같다. 《묵자·비공(하)》는 "그것이 위로는 하늘의 이익에 합치되고, 가운데로는 귀신의 이익에 합치되고, 아래로는 백성들의 이익에 합치해서 그것을 높이 받드는 것일까? 아니면 그것이 위로는 하늘의 이익에 합치하고 가운데로는 귀신의 이익에 합치하고 아래로는 백성들의 이익에 합치해서 그것을 높이 받드는 것일까?(為其上中天之利, 而中中鬼之利, 而下中人之利, 故譽之與? 意亡非為其上中天之利, 而中中鬼之利, 而下中人之利, 故譽之與?)"라고 했다.98) 같은 책의 〈비명(중)〉은 "옛날의 삼대 성인과 선량한 사람의 입에서 나온 것인지 아니면 옛날 삼대의 폭군과 나쁜 사람의 입에서 나온 것인지 알 수 있을까?(不識昔也三代之聖善人與? 意亡昔三代之暴不肖人與?)"라고 했다. 《장자·외물》은 "이는 실로 곤궁하길 바라서인가, 아니면 지략이 거기까지 미치지 못해서인가!(抑固窶邪? 亡其略弗及邪?)"라고 했다.99) 《여씨춘추·심위(審為)》는 "그대는 잡을 것인

---

97) 이곳의 '무(毋)'는 발성사이다. '무득(毋得)'은 '득(得)'이다. '무이(毋以)'는 '이(以)'이다. '무림중발정(毋臨衆發政)'은 '임중발정(臨衆發政)'이다. 다음에 나오는 《묵자·상동(尙同)》의 '무립(毋立)'·'무이(毋以)', 같은 책 〈비공(非攻)〉의 '무흥기(毋興起)'·'무폐일시(毋廢一時)', 《묵자·절용(節用)》의 '무흥사(毋興師)', 《묵자·절장(節葬)》의 '무법(毋法)'·'무이(無以)', 같은 책 〈천지(天志)〉의 '무명(毋明)', 같은 책 〈비악(非樂)〉의 '무조위(毋造為)'·'무처(毋處)'·'무위락(毋為樂)'·'무재호(毋在乎)'는 모두 같다. 《독서잡지》에 상세한 설명이 보인다.

98) 이곳의 '의(意)'는 ('아니면'의 의미인) '억(抑)'과 같다. '망(亡)'은 '무(無)'와 같다. 모두 어기사이다. 《한서(漢書)·식화전(貨殖傳)》은 "벼슬하느니 조씨(刁氏)의 노예가 되겠소(寧爵無刁)."라고 했다. 이에 대한 맹강(孟康)의 주석은 "노예들이 차라리 사면을 받아 백성이 되어 작위를 갖겠는가? 아니면 조씨의 노예가 될 것인가를 말했다(奴自謂寧欲免去作民有爵邪, 無將止為刁氏作奴乎?)"라고 했는데, 문장의 의미가 이것과 같다.

가? 아니면 잡지 않을 것인가?(君將攫之乎? 亡其不與?)"라고 했고, 또 같은 책의 〈애류(愛類)〉는 "그대는 반드시 송나라를 차지하고서야 공격할 생각인가? 아니면 송나라를 얻지 못하고 뿐만 아니라 의롭지 못한 명성을 얻고 공격할 생각인가?(必得宋乃攻之乎? 亡其不得宋且不義, 猶攻之乎?)"라고 했다.100) 《전국책·진책(秦策)(3)》은 "제가 어리석어 하는 말이 폐하의 마음에 맞지 않는 것이옵니까? 아니면 저를 천거한 사람이 미천하여 하는 말이 듣기에 부족한 것이옵니까?(意者臣愚而不闔於王心邪? 亡其言臣者將賤而不足聽邪?)"라고 했다.101) 같은 책의 〈조책(2)〉는 "이는 세 나라가 진나라를 미워하고 회 땅을 사랑해서 일까요? 아니면 회 땅을 미워하고 진나라를 사랑해서 일까요?(不識三國之憎秦而愛懷邪? 忘其憎懷而愛秦邪?)"라고 했다.102) 또 같은 책의 〈조책(3)〉은 "진나라가 조나라를 공격한 것은 병사들이 지쳐서 물러난 것입니까? 아니면 공격할 힘이 아직 남아 있는데 폐하를 가련히 여겨 공격하지 않은 것입니까?(秦之攻趙也, 倦而歸乎? 亡其力尚能進, 愛王而不攻乎?)"라고 했다.103) 같은 책의 〈한책(1)〉은 "내가 그대의 요구를 들어주면 그대의 주장을 접을 것인가? 아니면 그대의 주장을 행하면 그대의 요구

---

99) 곽상(郭象)의 주석은 "지략이 그 일에까지 미치지 않음이 없다(略無弗及之事也)."라고 하여, 이미 '유무(有無)'의 '무'로 잘못 이해했고, 그 순서도 어지러워졌다.

100) 《회남자(淮南子)·수무(修務)》에는 '망(亡)'이 '망(忘)'으로 되어있다.

101) 금본에는 '망(亡)'이 '이(已)'로 잘못 되어있고, 전조본(錢藻本)과 증공본(曾鞏本)에는 모두 '망(亡)'으로 되어 있는데, 《사기(史記)·범저전(范雎傳)》과 일치한다. 《사기색은(史記索隱)》은 "'망'은 ('경멸하다'의 의미인) '경멸'이다(亡, 猶輕蔑也)."라고 했는데, 잘못된 것이다.

102) 이곳의 '망(忘)'은 '망(亡)'과 같다.

103) 이곳의 '망기(亡其)'를 금본에서는 《사기(史記)·우경전(虞卿傳)》에 근거하여 '왕이기(王以其)'로 고쳐 놓았다. 전조본(錢藻本)과 유창본(劉敞本)에는 모두 '망기(亡其)'로 되어있는데, 이는 《신서(新序)·선모(善謀)》와 일치한다.

를 받아들이지 않아도 되겠는가?(聽子之謁, 而廢子之道乎? 又亡其行子之術, 而廢子之謁乎?)"라고 했다.104) 《사기 · 노중련전》은 "그렇지 않으면 공께서는 연나라를 떠나 세상과 등지고 동쪽의 제나라로 가실 것입니까?(亡意亦捐燕棄世, 東遊於齊乎?)"라고 했다.105) 《국어 · 월어(하)》는 "그 이치가 원래 그러한 것인가? 아니면 나를 속이려는 것인가?(道固然乎? 妄其欺不穀邪?)"라고 했다.106) 《장자 · 경상초(庚桑楚)》는 "이는 그들이 잘 다스려 일까? 아니면 담장을 뚫고 들어가 잡초만 자라게 한 것일까?(是其於辯也? 將妄鑿垣牆而殖蓬蒿也?)"라고 했다.107) 《신서 · 잡사》는 "선생께서는 망령이 드신 것입니까? 아니면 이 나라를 혼란에 빠뜨리려는 것입니까?(先生老悖與? 妄爲楚國妖與?)"라고 했다.108) 이상은 모두 화제를 전환해주는 접속사이다.

'무'는 ('~한 것은 아닐까'의 의미인) '득무(得無)'와 같다. 《의례 · 사상례(士喪禮)》에는 묘 자리를 점치라고 명하며 "애자 모가 부친 모 부를

---

104) 이곳의 '우(又)'는 후인들이 더한 것으로, 《한비자(韓非子) · 외저설(外儲說)》에는 '우'가 없다.

105) 이곳의 '망(亡)' · '의(意)' · '역(亦)'은 모두 어기사이다. '의역(意亦)'은 '억역(抑亦)'이다. 《사기색은(史記索隱)》은 '망의(亡意)'에서 한 구절로 끊고, 주석으로 "연나라로 돌아갈 뜻이 없는 것이다(無還燕意)."라고 했는데, 잘못된 것이다.

106) 이곳의 '망(妄)'은 '망(亡)'과 같고, 앞에 나온 "벼슬하느니 조씨(刁氏)의 노예가 되겠소(寧爵無刁)."의 '무(無)'로 읽어야 한다. 정현 주석의 《예기 · 유행(儒行)》은 "'망'은 '무'이다(妄之言無也)."라고 했다.

107) 이곳의 '장망(將妄)'은 '장무(將無)'와 같다. '야(也)'는 (어기사인) '야(邪)'와 같다. 곽상(郭象)의 주석은 "장차 후인들로 하여금 마음대로 뚫고 들어가 필요 없는 잡초들을 심게 하였다는 것이다(將令後世妄行穿鑿而殖穢亂也)."라고 했는데, 잘못된 것이다.

108) 《전국책(戰國策) · 초책(4)》에 "그대는 망령이라도 들었나? 그런 엉뚱한 말로 이 나라 백성의 민심을 혼란시키려는 수작이 아닌가?(先生老悖乎? 將以爲楚國妖祥乎?)"라고 했으니, '망(妄)'은 어기사이다.

위해 묘 자리를 점치나이다. 이곳을 부친께서 잠드실 곳으로 삼으려고 합니다. 오늘부터 이곳을 묘지로 정할 것이오니, 이후에 곤란한 일이 일어나지 않겠지요?(哀子某, 爲其父某甫筮宅. 度茲幽宅, 兆基無有後艱?)"라고 했는데, 정현의 주석은 "이후에 어려운 일이 생기는 것은 아닐까?(得無後將有艱難乎?)"라고 했다. 또 장례일을 점칠 것을 명하며 "애자 모가 미래의 어느 날을 장례를 치르는 날로 삼고자 합니다. 그날 부친 모 부의 장례를 치르면서 부친의 골육이 땅에 묻힌 후에 어떤 재앙으로 인해 후회스런 일이 일어나지 않겠지요(哀子某, 來日卜葬其父某甫, 考降, 無有近悔?)"라고 했다. 정현의 주석은 "후회스런 일이 일어나는 것은 아닐까?(得無近於咎悔者乎?)"라고 했다.

'무내(無乃)'는 ('~한 것은 아닐까'의 의미인) '득무(得無)'와 같다.[109] 《국어·주어(상)》은 "이것은 선왕의 유훈을 없애고 선왕의 제도를 무너뜨리는 것이 아니겠는가?(其無乃廢先王之訓而王幾頓乎?)"라고 했다. 《좌전·은공 3년》은 "이렇게 하면 안 되는 것이 아닐까?(無乃不可乎?)"라고 했다.

'무녕(無寧)'은 ('아마도'의 의미인) '무내(無乃)'이다. 부친께서는 《좌전·소공 22년》은 "아마도 종족의 수치가 될 수 있을 것입니다(無寧以爲宗羞)."라고 했다. 이는 송나라가 만일 직접 화씨(華氏)들을 벌한다면 아마도 종족의 수치가 될 것이니 초나라로 하여금 그들을 없애도록 하는 것만 못하다는 것을 말한다.[110]

'무'는 ('~하지 않다'의 의미인) '불(不)'이다.[111] 《상서·홍범》은 "사

---

109) 《공양전(公羊傳)·선공(宣公) 12년》의 주석에 보인다.

110) 두예(杜預)의 주석은 "'무녕'은 '녕'이다(無寧, 寧也)."라고 했는데, 잘못된 것이다. '녕(寧)'은 '내(乃)'로 풀이한다. '녕(寧)'자에 설명이 보인다.

111) 설종(薛綜)의 《동경부(東京賦)》 주석은 "'무'는 ('~하지 않다'의 의미인) '불'과 같다(無, 猶不也)."라고 했다.

익을 추구하지 않고 당파를 결성하지 않는다(無偏無黨)"라고 했는데, 《묵자·겸애》와 《한서·곡영전(谷永傳)》의 주석은 모두 "불편부당(不偏不黨)"으로 인용되어있다. 《상서·여형》의 "외롭고 궁핍한 사람들의 어려움이 막히지 않았다(鰥寡無蓋)"는 《묵자·상현》에는 "환과불개(鰥寡不蓋)"로 인용되어 있다. 《논어·학이》의 "먹음에 배부름을 구하지 않고 거함에 편안함을 구하지 않는다(食無求飽, 居無求安)."는 《한서·곡영전》에는 "거불구안, 식불구포(居不求安, 食不求飽)"로 인용되어 있다. 《노자·81장》의 "성인은 자신을 위해 쌓아두지 않는다(聖人不積)."는 《전국책·위책(1)》에는 "성인무적(聖人無積)"으로 인용되어 있다. 《시경·대아·황의(皇矣)》의 "큰 소리와 노한 얼굴로 대하지 않고, 채찍과 몽둥이를 쓰지 않네(不大聲以色, 不長夏以革)."는 《묵자·천지》에는 "무대성이색, 무장하이혁(毋大聲以色, 毋長夏以革)"으로 인용되어있다. '무(毋)'와 '무(無)'는 통한다. 《예기·월령》의 "오곡에 알갱이가 열리지 않는다(五穀無實)."는 《여씨춘추·맹추기(孟秋紀)》에는 "오곡부실(五穀不實)"로 되어있다. 《예기·삼년문》은 "바뀌는 않는 이치이다(無易之道也)."라고 했는데, 정현의 주석은 "'무역'은 '불역'과 같다(無易, 猶不易也)."라고 했다. 《순자·예론》에는 "불역지술(不易之術)"로 되어 있다. 또 "죽음에 이르렀어도 다함이 없다(至死不窮)"[112]와 "그들이 어떻게 사람들과 함께 살며 혼란을 초래하지 않을 수 있겠는가?(夫焉能相與群居而不亂乎?)"[113]는 《순자》에는 각각 '무궁(無窮)'과 '무란(無亂)'으로 되어있다. 《예기·교특생》은 "곤충들이 일어나지 않게 해주소서(昆蟲毋作)."라고 했는데, 이곳의 '무작(毋作)'은 '부작(不作)'이다. 《예기·대전(大傳)》은 "신중하지 않을 수 있겠는가?(可無慎乎?)"라고 했는데,

---

112) 이 구절은 《예기·삼년문(三年問)》에 보인다.[역자주]
113) 이 구절은 《예기·삼년문(三年問)》에 보인다.[역자주]

이곳의 '무신(無愼)'은 '불신(不愼)'이다. 《좌전·문공 12년》은 "비루한 나라가 아닙니다(國無陋矣)."라고 했는데, 이곳의 '무루(無陋)'는 '불루(不陋)'이다. 《좌전·성공 2년》의 "토지가 어떻게 구성되어야 할지를 생각지 않고(無顧土宜)"라고 한 것은 "불고토의(不顧土宜)"이다. 《논어·옹야》는 "네가 마을 사람들에게 나눠주면 되지 않겠느냐?(毋以與爾鄰里鄕黨乎?)"라고 했는데, 이곳의 '무(毋)'는 '무(無)'와 같다. 이는 곡식 구백 섬을 너는 비록 받길 바라지 않지만 그래도 마을 사람들에게 나눠줄 수 있으니, 네가 주어야 하지 않겠는가를 말한다. 이는 마땅히 주어야 함을 말한다.114)

'무'는 ('~이 아니다'의 의미인) '부(否)'이다. 《좌전·양공 9년》은 "목강은 동궁에 가서야 점을 쳤다 …… 태사가 '폐하께서는 빨리 나갈 수 있을 것입니다'라고 하자, 목강이 '아니오'라고 했다(穆姜始往東宮而筮之 …… 史曰: '君必速出' 姜曰: '亡')"라고 했다.115) 《장자·대종사》는 "자사가 '자네는 자네의 모습이 싫은가?'라고 하자, (자여(子輿)가) '아닐세, 내가 왜 싫어하겠는가?(子祀曰: '女惡之乎?' 曰: '亡, 予何惡?')"라고 했다. 같은 책 〈지락(至樂)〉은 "지리숙이 '자네는 자네의 모습이 싫은가?'라고 하자, 활개숙이 '아닐세, 내가 왜 싫어하겠는가?'(支離叔曰: '子惡之乎?' 滑介叔曰: '亡, 予何惡?')"라고 했다. 같은 책 〈달생(達生)〉은 "한 마디 묻겠는데 물에서 헤엄치는 것에도 도가 있소? (사나이가) '아니오, 내게 도란 없소.'라고 했다(請問蹈水有道乎? 曰: '亡, 吾無道')"라고 했다. 이상의 '망(亡)'은 ('~이 아니다'의 의미인) '무(無)'와 같고, 이

---

114) 공안국(孔安國)의 주석은 '무(毋)'를 한 구절로 보고 "봉록은 법에 따라 받아야 할 것이니 사양해서는 안 된다(祿, 法所當受, 無以讓也)."라고 했는데, 잘못된 것이다.

115) 두예(杜預)의 주석은 "'망'은 '무'와 같다(亡, 猶無也)."라고 했다. 나의 생각으로, '망(亡)'과 '무(無)'는 같고, 이는 '부(否)'와 같다.

는 '부(否)'를 말한다.

'무'는 ('~이 아니다'의 의미인) '비(非)'이다. 《예기 · 예기(禮器)》는 "충직하고 믿음이 있는 사람이 아니라면 예는 괜히 따르지 않을 것이다(苟無忠信之人, 則禮不虛道)."라고 했는데,[116] 이는 충직하고 믿음이 있는 사람이 아니라면 예는 괜히 행해지지 않는 것을 말한다. 《관자 · 형세해(形勢解)》는 "두터운 덕으로 안정시키지 않고 법도로 다스리지 않으면 나라는 그의 나라가 아니고 백성은 그의 백성이 아니다(無德厚以安之, 無度數以治之, 則國非其國, 而民無其民)."라고 했는데, 이는 나라는 그의 나라가 아니고 백성은 그의 백성이 아님을 말한다.

'무'는 ('아직~하지 않다'의 의미인) '미(未)'이다. 《순자 · 정명(正名)》은 "속으로 이치를 경시하고 사물을 중시하지 않는 사람은 아직 있지 아니하였다. 겉으로 사물을 중시하면서 속으로 걱정하지 않는 사람은 아직 있지 아니하였다. 행동이 이치에 어긋나면서 외부에서 오는 위험을 당하지 않는 사람은 아직 있지 아니하였다. 외부에서 오는 위험을 당하면서 속으로 두려워하지 않는 사람은 아직 있지 아니하였다(志輕理而不重物者, 無之有也. 外重物而不內憂者, 無之有也. 行離理而不外危者, 無之有也. 外危而不內恐者, 無之有也)."라고 했는데, 이는 아직 있지 않음을 말한다.


# 망罔

'망(罔)'은 ('없다'의 의미인) '무(無)'이다. 이는 자주 사용하는 말이다.

---

116) 《주역(周易) · 계사전(繫辭傳)》은 "만일 그 사람이 아니라면, 도는 괜히 행해지지 않을 것이다(苟非其人, 道不虛行)."라고 했는데, 문장의 의미가 이것과 같다.

'망'은 ('~하지 않다'의 의미인) '불(不)'이다. 《상서·반경》은 "나는 그대들을 벌하지 않겠다(罔罪爾衆)."라고 했는데, 공안국의 《전》은 "지금 나는 그대들을 벌하지 않겠다(今我不罪女)."라고 했다. 같은 책의 〈미자〉는 "하늘의 위엄을 두려워하지 않고(乃罔畏畏)."라고 했는데, 공안국의 《전》에서 "위로는 하늘의 재앙을 두려워하지 않고, 아래로는 어진 이를 두려워하지 않는다(上不畏天災, 下不畏賢人)."한 것이 이 예이다. 또 같은 책의 〈반경〉은 "하늘이 명을 끊어버리는 줄도 알지 못하고(罔知天之斷命)."라고 했는데, 이는 하늘이 장차 그대들의 명을 끊어버리려 함을 모르는 것을 말한다. 《시경·대아·억》은 "선왕의 법도를 널리 구하지 않고서 어떻게 밝은 법도를 행할 수 있으리?(罔敷求先王, 克共明刑?)"라고 했는데, 이는 선왕의 밝은 법도를 널리 구하여 이를 행하고 지키지 않는 것을 말한다.[117]

'망'은 ('~한 것은 아닐까?'의 의미인) '득무(得無)'이다. 부친께서는 《초사·구장(九章)·석송(惜誦)》은 "새처럼 높이 날아 멀리 있고 싶어도, 임금은 어디로 가느냐고 하지 않을까(欲高飛而遠集兮, 君罔謂女何之)"라고 했는데, 홍흥조(洪興祖)[118]의 《초사보주(楚辭補注)》는 "임금을 떠나 벼슬하지 않고 높이 날아 먼 곳으로 가려는 것을 말한다. 그대는 멀리 어디로 가려는 것이 아니겠는가(言欲高飛遠集, 去君而不仕. 得無謂女遠去欲何所適也)."라고 했다.[119]

---

117) 정현의 《전(箋)》은 "선왕의 법도를 널리 구하고 법도를 행할 수 있는 사람은 없는가?(無廣索先王之道與能執法度之人乎?)"라고 했는데, 잘못된 것이다.

118) 남송(南宋)의 학자이다. 어려서 《예기(禮記)》와 《중용(中庸)》을 정독했다. 남송 정화(政和) 8년(1118년)에 과거에 급제했다. 비서성정자(秘書省正字)가 되어 경전들을 정리하고 교감했다. 후에 태상박사(太常博士) 등을 지냈다. 저술로는 《초사보주(楚辭補注)》·《초사고이(楚辭考異)》·《논어설(論語說)》 등이 있다.[역자주]

119) 왕일(王逸)의 주석은 ('무고하다'의 의미인) '무망(誣罔)'으로 보았는데, 잘못된 것이다.

# 미微

'미(微)'는 ('~이 없다'의 의미인) '무(無)'이다. 《시경·패풍(邶風)·
식미(式微)》에서 "군주가 없다고 해서(微君之故)."라고 했고, 《국어·주
어(周語)(중)》은 "내가 없었으면, 진나라는 전쟁에서 승리하지 못했을
것이오(微我, 晉不戰矣)."라고 했는데, 이에 대해 모형의 《전》과 위소
(韋昭)의 주석은 모두 "'미'는 ('~이 없다'의 의미인) '무'이다(微, 無也)."
라고 했다. 《공양전(公羊傳)·선공(宣公) 12년》은 "이는 그대의 불량한
신하가 오가며 나쁜 말을 해서 그런 것이오. 과인이 그대를 보았다면,
이렇게 되는 일은 없었을 것이오(君之不令臣交易爲言, 是以使寡人得見
君之玉面, 而微至乎此)."라고 했는데, 이곳의 '미'는 ('~이 없다'의 의미
인) '무(無)'이다. 문장 끝의 '차(此)'는 앞 문장에서 불모의 땅을 하사한
것을 말한다. 이 구절의 의미는 이렇다: 과인은 그대를 보고자 한 것인
데, 그대의 불량한 신하가 한 나쁜 말로 격노해 시킨 것이다. 그러나
사실은 배반하면 정벌하고 복종하면 풀어준 것이니, 이렇게 나라가 망
하고 군주가 옮겨 다니는 비참한 상황이 일어남은 없었을 것이다.[120]

'미'는 ('~이 아니다'의 의미인) '비(非)'이다. 《시경·패풍·백주(柏
舟)》는 "나에게 술이 없는 것도 아니건만(微我無酒)"이라 했는데, 정현
의 《전》은 "비아무주(非我無酒)"라고 했다. 《예기·단궁(하)》는 "비록
진나라가 아니더라도 …… (雖微晉而已 …… )."라고 했는데, 정현의 주
석은 "'미'는 ('~이 아니다'의 의미인) '비'이다(微, 非也)."라고 했다.

---

120) 하휴(何休)의 주석은 "'미'는 작은 것에 비유한 것이다. 보잘 것 없는 말이 쌓여
이렇게 된 것이다(微, 喻小也. 積小言語以致於此)."라고 했는데, 잘못된 것이다.
《경의술문》에 설명이 보인다.

# 물勿

'물(勿)'은 ('~하지 말라'의 의미인) '무(無)' 내지 '막(莫)'이다. 이는 자주 사용하는 말이다.

《광아》는 "'물'은 ('~하면 안 된다'의 의미인) '비'이다(勿, 非也)."라고 했다. 《시경·대아·영대》는 "누대를 짓기 시작할 적에 급히 해서는 안 된다 하셨으나(經始勿亟)."라고 했는데, 정현의 《전》은 "영대의 터를 측량하고 (짓기) 시작함에 급히 이루려는 뜻이 있어서는 안 된다는 것이다(度始靈臺之基趾, 非有急成之意)."라고 했다.

'물'은 어기사이다. 《시경·소아·절남산(節南山)》은 "묻지도 않고 일하지도 않으니, 군자를 속이는구나(弗問弗仕, 勿罔君子)."라고 했는데, 이곳의 '무망(勿罔)'은 '망(罔)'이다. 이는 묻지도 않고 (민정을) 살피기 때문에 아래 백성들이 그 윗사람을 속이는 것을 말한다.[121] 《좌전·희공 15년》은 "사소의 이 점괘를 따른 들 무슨 이로움이 있겠습니까?(史蘇是占, 勿從何益?)"라고 했는데, 이곳의 '물종(勿從)'은 '종(從)'이다. 이는 사소의 말을 따라도 이로움이 없음을 말한다.[122] 이 구절의 '물(勿)'은 다른 곳에서 ('~하지 말라'의 의미인) '무(無)'로 풀이한 것과는 다르다.

---

121) 모형의 《전(傳)》은 "윗사람을 속여서 행하지 말라(勿罔上而行也)."라고 했는데, '불문(弗問)'·'불사(弗仕)'의 문장과 서로 이어지지 않는다. 정현의 《전(箋)》은 "'물'은 '말'이 되어야 한다. 묻지도 않고 (민정을) 살피니 아래 백성들이 결국 그 윗사람을 속인다(勿, 當作末. 不問而察之, 則下民末罔其上矣)."라고 했는데, 이 역시 의미가 잘 통하지 않는다.

122) 두예(杜預)의 주석은 "사소의 점괘를 다시 따르지 않아도 화가 더해지지 않는다(雖復不從史蘇, 不能益禍)."라고 했는데, 잘못된 것이다.

# 부夫

'부(夫)'는 (어기사인) '호(乎)'와 같은데, 감탄사이다.[123] 문장 끝에 오는 것으로는 《주역·계사전》에서 "옛날의 총명하고 예지적이며 신통한 힘을 가지면서 살생을 좋아하지 않는 사람만이 이렇게 할 수 있을 뿐이다!(古之聰明睿知神武而不殺者夫!)"라고 한 것, 《예기·단궁(상)》에서 "네가 다른 사람을 탓하는 것이 끝이 없구나! 삼년의 상은 이미 아주 긴 것이다!(爾責於人終無已夫! 三年之喪, 亦已久矣夫!)"라고 한 것이 이 예이다. 문중에 오는 것으로는 《예기·단궁》에서 "어질도다 공자 중이는!(仁夫公子重耳!)"이라고 한 것, 《논어·자한》에서 "지나가는 것은 이와 같은 것이라, 밤낮없이 멎지 않는구나(逝者如斯夫! 不舍晝夜)."라고 한 것이 이 예이다.

'부'는 (대명사 '그'의 의미로,) 일을 가리키는 허사이다. 《예기·단궁(상)》에서 "나는 그 눈물만 흘리고 동정하는 표정이 없는 태도를 싫어하느니라(予惡夫涕之無從也)."라고 한 것, 《예기·예운(禮運)》에서 "이 때문에 그 예절은…… (是故夫禮 …… )"이라고 한 것, 《좌전·희공 24년》에서 "그 잘려나간 옷소매는 아직 그대로 있소(夫袪猶在)."라고 한 것, 같은 책 〈선공 2년〉에서 "공이 그 사나운 개를 불렀다(公嗾夫獒焉)."라고 한 것, 《국어·주어(하)》에서 "그 '지'라는 시에서 말하는 사람은 분명히 천지가 하는 것을 잘 알고 있을 것이다(然則夫'支'之所道者, 必盡知天地之為也)."라고 한 것이 이 예이다.

'부'는 (지시대명사 '저'의 의미인) '피(彼)'이다. 《예기·삼년문》은 "저들이 어떻게 함께 모여 살면서 혼란을 일으키지 않을 수 있겠는가?(夫

---

123) 조기(趙岐) 주석의 《맹자·고자(告子)》는 "'부'는 감탄사이다(夫, 歎辭也)."라고 했다.

焉能相與群居而不亂乎?)"라고 했는데,《순자·예론》에는 '부'가 '피'로 되어있다.《좌전·양공 26년》은 "저들은 동족과 친척이 없습니까?(夫獨無族姻乎?)"라고 했는데,《국어·초어(상)》에는 "저들에게는 동족의 형제와 친척들이 있습니다(彼有公族甥舅)."로 되어있다. 같은 책〈제어〉에는 "저 사람은 자신의 군주를 위해 힘을 다한 것입니다(夫爲其君勤也)."라고 했는데,《관자·소광(小匡)》에는 원문의 '부'가 '피'로 되어있다.《좌전·애공 25년》은 "저 사람은 독단적이고 이익을 좋아하며 자기 마음대로 합니다, 군주가 들어오는 것을 보면 앞에 가려고 할 것입니다(彼好專利而妄, 夫見君之入也, 將先道焉)."라고 했는데, 이곳의 '부' 역시 (지시대명사 '저'의 의미인) '피'이다.《한서·가의전(賈誼傳)》은 "저들이 나를 위해 죽으려고 했기 때문에 내가 그들과 함께 살 수 있었다. 저들이 나와 망하려고 했기 때문에 내가 그들과 모두 지킬 수 있었다. 저들이 나를 위험에 빠뜨리려 했기 때문에 내가 그들과 모두 편안해할 수 있었다.(彼且爲我死, 故吾得與之俱生. 彼且爲我亡, 故吾得與之俱存. 夫將爲我危, 故吾得與之皆安)."라고 했는데, 안사고의 주석이 "'부'는 ('저 사람'의 의미인) '피'인과 같다(夫, 猶彼人耳)."라고 한 것이 이 예이다. 또《대대례기·위장군문자》에는 공자가 담대멸명(澹臺滅明)의 행위를 "홀로 귀해지고 홀로 잘사는 것은 군자가 수치스러워하는 것인데, 저 사람이 여기에 부합된다(獨貴獨富, 君子恥之. 夫也中之矣)."라고 했다.《예기·단궁(상)》은 "저 사람은 사(賜)[124]로 인해 나를 만나게 되었으니(夫由賜也見我)."라고 했다.[125]《좌전·문공 13년》은 "동쪽 사람을 보내면 저 몇 명의 관리들과 말할 수 있을 것입니다(請東人之能與夫

---

124) 공자의 제자인 자공(子貢)의 이름이다.[역자주]
125) 이곳의 '부(夫)'는 (지시대명사 '저'의 의미인) '피(彼)'이다. 황간(皇侃)은 "'부'는 '장부'를 말한다(夫謂丈夫)."라고 했는데, 잘못된 것이다.

二三有司言者)."라고 했다. 같은 책의 〈문공 14년〉은 "제나라의 공자 원은 의공의 집정에 불복하여 끝내 그를 '공'이라 하지 않고 '저 사람'이라고 했다(齊公子元不順懿公之爲政也, 終不曰公, 曰夫已氏)."라고 했다. 같은 책의 〈선공 2년〉은 "저들은 사람이 많아 입이 많고 우리는 적다(夫其口衆我寡)."라고 했다. 같은 책의 〈양공 26년〉은 "저 사람이 그대를 싫어하오?(夫不惡女乎?)"라고 했다. 같은 책의 〈양공 31년〉은 "저 사람으로 하여금 가서 배우게 하면 봉읍을 다스리는 방법을 더 잘 알게 될 것입니다(使夫往而學焉, 夫亦愈知治矣)."라고 했다. 같은 책의 〈소공 7년〉은 "예전에 폐하께서는 저 공손단이 그 일을 감당할 수 있을 것이라고 생각하셨습니다(日君以夫公孫段爲能行其事)."라고 했다. 같은 책의 〈소공 16년〉은 "우리는 모두 예의 있게 행동하였지만 저 사람들은 우리를 계속 경시했습니다(我皆有禮, 夫猶鄙我)."라고 했다. 《국어·진어(晉語)(1)》은 "저 사람은 나라의 권력을 얻을 수 없다는 까닭으로 군주에게 강압적인 수단을 쓰고 있습니다(夫無乃以國故而行強於君)."라고 했다. 또 "저 사람은 어찌 백성들은 사랑하면서 자신의 부친은 사랑하지 않는다 말이오?(夫豈惠其民而不惠於其父乎?)"라고 했다. 또 "지금 저 사람은 군주를 주왕에 비유합니다(今夫以君爲紂)."라고 했다. 같은 책의 〈정어〉는 "저 사람의 자손들은 반드시 전인들의 공업을 빛내고 영토를 넓힐 것입니다(夫其子孫, 必光啟土)."라고 했다. 같은 책의 〈초어(하)〉는 "저 사람은 일부러 이렇게 했을 것이다(夫其有故)."라고 했다. 또 "저 사람이 이렇게 한 것은 먼저 자신을 망가뜨리는 것이거늘, 어찌 다른 사람을 물리칠 수 있겠는가?(夫先自敗也已, 焉能敗人?)"라고 했다. 또 "내가 잘 대해주면 저 사람에게 무슨 일이 생기지 않을 것이다(余善之, 夫乃其寧)."라고 했다. 《공양전·장공 32년》은 "저 사람이 어찌 감히 이렇게 할 수 있단 말인가? 난리를 일으키려고 하는 것인가? 저 사람이 어찌 감히 이렇게 할 수 있단 말이냐!(夫何敢? 是將爲亂

乎? 夫何敢!)"라고 했다. 《순자 · 해폐(解蔽)》는 "저 하나의 사물을 인식하고 있어 이 하나의 사물을 인식하는데 방해가 되는 것은 아니다(不以夫一害此一)."라고 했다. 이상의 '부'는 모두 (지시대명사 '저'의 의미인) '피'이다.

'부'는 (지시대명사 '이'의 의미인) '차(此)'이다. 《예기 · 단궁(상)》은 "이 사람은 예법을 잘 아는 사람인데도 …… (夫夫也, 爲習於禮者 …… )"라고 했는데, 정현의 주석은 "'부부'는 ('이 사람'의 의미인) '차징부'로 말하는 것과 같다(夫夫, 猶言此丈夫也)."라고 했다.126) 또 "이모의 남편과 외삼촌의 아내가 세상을 떠나면, 이 두 사람의 은혜를 입은 생질은 무슨 상복을 입어야 할지는 …… (從母之夫, 舅之妻, 夫二人相爲服 …… )."이라고 했는데,127) 정현의 주석은 "'부이인'은 ('이 두 사람'의 의미인) '차이인'으로 말하는 것과 같다(夫二人, 猶言此二人也)."라고 했다. 같은 책의 〈제의〉는 "기일이 될 때마다 아무것도 하지 않는다. 이것은 이날 일을 하면 길하지 않다는 것을 말하는 것이 아니라 이날은 부모를 생각하는데 마음을 두고 다른 일에 전념해서는 안 된다는 것을 말한다(忌日不用, 非不祥也. 言夫日志有所至, 而不敢盡其私也)."라고 했는데, 정현의 주석은 "부모가 이날 돌아가셨기 때문에 그 슬픈 마음이 돌아가셨을 때와 같다(親以此日亡, 其哀心如喪時)."라고 했다. 《좌전 · 소공 12년》은 "게다가 이《주역》은 위험한 일을 점치는데 이용할 수 없다(且夫《易》不可以占險)."라고 했는데, 두예의 주석이 "'부《역》'은 ('이《주역》의 의미인') '차《역》'과 같다(夫《易》, 猶此《易》)."라고 한 것이 이 예이다. 또 같은 책의 〈희공 30년〉은 "이 사람의 힘이 없었더라면 여기까지 이르지

---

126) 이곳의 '부부(夫夫)'는 ('이 사람'의 의미인) '시부(是夫)'와 같다. 《예기 · 단궁(檀弓)(하)》는 "이 사람은 말이 많다(是夫也多言)."라고 했다.

127) 금본에는 '부이인(夫二人)'이 '이부인(二夫人)'으로 잘못되어 있다. 《경의술문》에 자세한 설명이 보인다.

못했을 것입니다(微夫人之力不及此)."라고 했다. 같은 책의 〈성공 16 년〉은 "이 두 사람은 노나라 사직의 신하들이오(夫二人者, 魯國社稷之 臣也)."라고 했다. 같은 책의 〈양공 26년〉은 "폐하께서는 외국에 12년 동안이나 체류하셨음에도 걱정하는 기색이 없고 관용의 말도 없으시니 아직 이런 사람이십니다(君淹恤在外十二年矣, 而無憂色, 亦無寬言, 猶 夫人也)."라고 했다.128) 《국어·노어(하)》는 "그대가 올린 자라는 어떤 예절에 사용되는 것이라서, 이 분들을 이렇게 화나게 하는 것인가!(鱉 於何有, 而使夫人怒也)."라고 했다. 같은 책의 〈진어(晉語)(6)〉은 "게다 가 이번 전쟁에서 극지가 인정을 베풀지 않는다면 폐하께서는 분명히 난을 면하기 어려울 것이다(且夫戰也, 微郤至, 王必不免)."라고 했다. 또 같은 책의 〈진어(7)〉은 "이 두 사람의 공덕은 잊을 수 있는 것입니 까?(夫二子之德, 其可忘乎?)"라고 했다. 《공양전·소공 25년》은 "모든 사람은 이런 좋지 않은 점이 있다(有夫不祥)."라고 했다. 《논어·선진》 은 "이 사람은 말이 없지만 말을 하면 반드시 이치에 맞는구나(夫人不 言, 言必有中)."라고 했다. 《맹자·공손추(하)》는 "이 사람도 군주의 명 령이 없이 사적으로 이를 받는다면…… (夫士也, 亦無王命而私受之於 子……)."이라고 했다. 이상의 '부'는 모두 (지시대명사 '이'의 의미인) '차(此)'이다.

'부'는 ('모두'의 의미인) '범(凡)' 내지 ('많다'의 의미인) '중(衆)'이다. 《효경소(孝經疏)》는 유환(劉瓛)129)의 "'부'는 ('모두'의 의미인) '범과 같

---

128) 이는 아직도 이와 같은 사람임을 말한다.

129) 남조(南朝) 제(齊)나라의 학자이다. 자는 자규(子珪)이고, 패국(沛國) 상현(相縣) 사람이다. 어려서 배우는 것을 좋아했고 오경(五經)을 통독했다. 사람들을 모아 유가경전과 역학(易學)을 전수했다. 팽성군승(彭城郡丞)을 지냈다. 영명(永明) 7년(489년)에 56세로 세상을 떠났다. 저술로는 《모시서의소(毛詩序義疏)》·《주 역건곤의(周易乾坤義)》 등이 있다.[역자주]

다(夫, 猶凡也)."를 인용했다. 고유 주석의 《회남자·본경(本經)》은 "'부인'은 ('많은 사람'의 의미인) '중인'이다(夫人, 衆人也)."라고 했다. 《상서·소고》는 "모든 사람들이 자신의 처자식을 지고 안고 끌고 부축했습니다(夫知保抱攜持厥婦子)."라고 했다.130) 같은 책의 〈고명(顧命)〉은 "나는 많은 사람들이 예법으로 스스로를 다스려야 한다고 생각하오(思夫人自亂於威儀)."라고 했다.131) 《주례·고공기·총서(總敍)》는 "그곳에는 많은 사람들이 호미를 제작할 수 있다(夫人而能為鎛也)."라고 했다.132) 《예기·제통》은 "위에서 큰 은택이 내려지면, 많은 백성들이 아래에서 기다릴 것이다(上有大澤, 則民夫人待於下流)."라고 했다. 《좌전·양공 8년》은 "사람마다 걱정하고 비통해한다(夫人愁痛)."라고 했다.133) 같은 책의 〈양공 27년〉은 "게다가 우리가 송나라에 의지하여 지키다가, 문제가 생긴다면 많은 사람들이 목숨을 걸고 저항할 것입니다(且吾因宋以守, 病則夫能致死)."라고 했다. 같은 책의 〈소공 7년〉은 "주왕은 도망 다닌 천하의 못난 군주이자 도망자들이 모인 곳입니다. 때문에 사람마다 그를 결사적으로 공격했습니다(紂為天下逋逃主, 萃淵藪, 故夫致死焉)."라고 했다.134) 같은 책의 〈애공 16년〉은 "백성들이 더 이상 죽지 않는다는 것을 알면, 사람마다 열심히 싸우려는 마음이

---

130) 《상서정의(尚書正義)》는 "'부'는 ('사람마다'의 의미인) '인인'과 같다. 이는 세상 사람들이 모두 그렇게 했음을 말한다(夫, 猶人人. 言天下盡然也)."라고 했다.

131) 《상서정의(尚書正義)》는 "많은 사람과 나라들이 각자 예법으로 다스려 올바르게 되는 것이다(夫人衆國, 各自治正於威儀)."라고 했다.

132) 이곳의 '부인(夫人)'은 ('많은 사람'의 의미인) '중인(衆人)'과 같다. 정현의 주석이 '부(夫)'를 ('남자'의 의미인) '장부(丈夫)'로 본 것은 잘못된 것이다.

133) 두예(杜預)의 주석은 "'부인'은 ('사람마다'의 의미인) '인인'과 같다(夫人, 猶人人也)."라고 했다.

134) 두예(杜預)의 주석은 "사람들이 결사적으로 주를 토벌하려고 한 것이다(人欲致死討紂)."라고 했다.

생길 것이오(民知不死, 其亦夫有奮心)."라고 했다.《국어 · 주어(중)》은
"사람마다 이로움을 따라 군주의 덕행을 따른다(夫人奉利而歸諸上)."라
고 했다.135) 같은 책의 〈초어(하)〉는 "사람마다 제사를 지내고, 집집마
다 무사를 두었다(夫人作享, 家爲巫史)."라고 했다. 이상이 모두 이 예
이다.

　'부'는 발성사이다.《주례 · 추관(秋官) · 사훤씨(司烜氏)》는 "부싯돌
로 태양에서 밝은 불을 취하는 일을 맡는다(掌以夫遂取明火於日)."라고
했는데, 정사농(鄭司農)136)은 "'부'는 발성사이다(夫, 發聲也)."라고 했
다.《예기 · 소의(少儀)》는 "칼집을 검갑 안에 괴이도록 한다(加夫橈與
劍焉)."라고 했는데, 정현의 주석은 "'부'는 '번'으로 된 곳도 있는데, 모
두 발성사이다(夫, 或爲'煩', 皆發聲)."라고 했다.

---

135) 위소(韋昭)의 주석은 "'부인'은 ('사람마다'의 의미인) '인인'과 같다(夫人, 猶人人
　　也)."라고 했다.
136) 동한(東漢)의 대신이자 경학자인 정중(鄭衆)을 말한다. 대사농(大司農)을 지냈기
　　때문에 '정사농(鄭司農)'이라 한다. 자는 중사(仲師)이고, 하남(河南) 개봉(開封)
　　사람이다. 대사마(大司馬) · 무위태수(武威太守) · 대사농(大司農) 등을 지냈다.
　　관리로서 청렴하고 정직하여 큰 명성을 얻었다. 건초(建初) 8년(83년)에 세상을
　　떠났다. 저술로는《춘추좌씨전조례(春秋左氏傳條例)》와《효경주(孝經注)》등이
　　있다.[역자쥐]

# 부록

## 1. 《경전석사》의 허사 용법 일람표

《경전석사》 권1

| 피훈석어(被訓釋語) | 훈석어(訓釋語) | 의미 |
|---|---|---|
| 1. 여(與) | 급(及) | ~와 |
| | 이(以) | ~로서 |
| | 위(爲)(평성) | ~는 …이다, ~에게…를 당하다 |
| | 위(爲)(거성) | 위하여 |
| | 위(謂) | 말하다 |
| | 여(如) | 같다, 또는, ~하느니, ~에 비하다 |
| | | 어기사 |
| 2. 이(㠯)/이(以)/이(已) | 용(用) | ~로서 |
| | 유(由) | ~로 말미암아 |
| | 위(爲) | ~하다 |
| | 위(謂) | 말하다 |
| | 여(與) | 함께, ~와 |
| | 급(及) | 이르다, 미치다 |
| | 이(而) | 접속사 |
| | 기(旣) | 이미 |
| | 태(太)/심(甚) | 너무, 심히 |
| | 차(此) | 지시대명사 '이' |
| | | 어기사 |
| | | 감탄사 |
| 3. 유(猶) | 상(尙) | 아직, 또한 |
| | 약(若) | 만일~한다면 |
| | 균(均) | 모두, 같다 |
| | 가(可) | ~해도 된다 |

| 피훈석어(被訓釋語) | 훈석어(訓釋語) | 의미 |
|---|---|---|
| 4. 유(由)/유(猶)/유(攸) | 용(用) | ~때문에 |
| | 소이(所以) | ~한 까닭, ~하는 방법 |
| | | 어조사 |
| 5. 요(繇)/유(由)/유(猷) | 어(於) | ~에게, ~에서 |
| 6. 인(因) | 유(由) | ~를 따라서 |
| | 유(猶) | ~와 같다 |
| 7. 용(用) | 이(以) | ~로써 |
| | 유(由) | ~으로 |
| | 위(爲) | ~하다 |
| 8. 윤(允) | 용(用) | ~으로, ~때문에 |
| | 이(以) | ~에서…까지 |
| | | 발어사 |
| 9. 어(於) | 우(于) | ~에서, ~에 대해, ~와 같이 |
| | 재(在) | 있다 |
| | 지(之) | 지시대명사 '이', ~의 |
| | 위(爲)(평성) | ~이 되다, ~으로 |
| | 위(爲)(거성) | 위하여 |
| | 여(如) | 같다 |
| | | 어조사 |
| | | 발어사 |
| 어시(於是) | | 이에, 이때에 |
| 10. 우(于) | 어(於) | ~에서 |
| | 왈(曰) | 어기사 |
| | 호(乎) | 어기사 |
| | 위(爲)(평성) | ~으로 되다, ~하다 |
| | 위(爲)(거성) | 돕다 |
| | 여(如) | 같다 |
| | 시(是) | 곧 |
| | 월(越)/여(與) | ~와 |

《경전석사》 권2

| 피훈석어(被訓釋語) | 훈석어(訓釋語) | 의미 |
|---|---|---|
| 1. 원(爰) | 우(于) | ~에게 |
| | 왈(曰) | 어기사 |
| | 어시(於是) | 이때에 |
| | 위(爲) | ~이다 |
| | 여(與) | 함께 |
| 2. 월(粤)/월(越) | 우(于) | 이때에 |
| | 왈(曰) | 이때에 |
| | 유(惟) | 어기사 |
| | 여(與) | ~와 |
| | 급(及) | 이르다 |
| 월약(越若) | 급(及) | 이르다 |
| 월역(越亦) | | 이르다 |
| 3. 왈(曰) | 언(言) | 어기사, 말하다 |
| | 위(爲)/위지(謂之) | ~이다/~라고 말한다 |
| 4. 율(聿)/율(聿)/흘(遹)/왈(曰) | | 어기사 |
| 5. 안(安)/안(案) | 하(何) | 어찌 |
| | 어(於) | ~에서, ~에 대하여 |
| | 어시(於是)/내(乃)/즉(則) | 그래서, 이에/곧/~한 즉, ~하면 |
| | 언(焉)/연(然) | ~한 모양 |
| 6. 언(焉) | | 어기사 |
| | 안(安) | 어찌 |
| | 연(然) | ~한 모습(일을 형용함) |
| | 연(然) | ~한 모습(일을 비유함) |
| | 호(乎) | 어기사 |
| | 야(也) | 어기사 |
| | 어(於) | ~에, ~보다 |
| | 시(是) | 지시대명사 '이' |
| 언이(焉爾) | 어시(於是)/내(乃)/즉(則) | 이때, 이에/곧/~한 즉, ~하면 |
| | 어시(於是) | 이곳에서 |

| 피훈석어(被訓釋語) | 훈석어(訓釋語) | 의미 |
|---|---|---|
| 7. 위(爲) | 왈(曰) | 말하다 |
| | 이(以) | ~ 때문에, ~한 까닭은 |
| | 용(用) | 쓰다 |
| | 장(將) | 장차~하려고 한다 |
| | 여(如) | 만약~한다면 |
| | 사(使) | 만약~한다면 |
| | 어(於) | ~에게, ~와 |
| | 즉(則) | ~한 즉, ~하면 |
| | 여(與) | ~와 |
| | 유(有) | 있다 |
| | 위(謂) | 말하다 |
| | | 어조사 |
| 8. 위(謂) | 위(爲)(평성) | ~이다, ~하다 |
| | 위(爲)(거성) | ~한 까닭은, ~ 때문에, ~를 위하여 |
| | 여(與) | ~에게 |
| | 여(如)/내(柰) | 어떻게, 어찌 |

## 《경전석사》 권3

| 피훈석어(被訓釋語) | 훈석어(訓釋語) | 의미 |
|---|---|---|
| 1. 유(惟)/유(唯)/유(維)/수(雖) | | 발어사 |
| | 독(獨) | 다만, 단지 |
| | 유(有) | 있다. |
| | 내(乃) | 바로, 곧 |
| | 시(是) | 지시대명사 '이' |
| | 위(爲) | ~이다, ~로 삼다 |
| | 이(以) | ~때문에 |
| | 여(與)/급(及) | ~와, 및 |
| 2. 운(云)/원(員) | 언(言)/왈(曰) | 말하다 |
| | 시(是) | 지시대명사 '이' |

| 피훈석어(被訓釋語) | 훈석어(訓釋語) | 의미 |
|---|---|---|
| | 유(有) | 있다 |
| | 혹(或) | 아마도~일 것이다 |
| | 여(如) | 같다 |
| | 연(然) | 그러하다, ~한 모습 |
| | | 발어사 |
| | | 어조사(문중에 쓰임) |
| | | 어기사 |
| 운이(云爾)/운호(云乎) | | 어기사 |
| 3. 유(有) | 혹(惑) | 간혹, ~일 것이다 |
| | 우(又) | 또 |
| | 위(爲) | ~하다, ~이 되다 |
| | | 사물을 형용함 |
| | | 어조사 |
| 4. 혹(或) | | 의심하다 |
| | 유(有) | 있다, 어떤, 간혹 |
| | 우(又) | 또 |
| | | 어조사 |
| 5. 억(抑)/의(意)/희(噫)/억(億)/의(懿) | | 아니면, 또한 |
| | | 발어사 |
| 억역(抑亦) | | 아니면, 또한 |
| 의자(意者) | | 어찌 |
| 6. 일(一)/일(壹) | 개(皆) | 모두 |
| | 혹(或) | 어떤 |
| | 내(乃) | 곧 |
| | | 어조사 |
| 7. 역(亦) | | ~도 |
| | | 어조사 |
| 8. 이(伊)/예(繄) | 유(維) | 발어사 |
| | 시(是) | 지시대명사 '이' |
| | 유(有) | 발어사 |

| 피훈석어(被訓釋語) | 훈석어(訓釋語) | 의미 |
|---|---|---|
| 9. 이(夷) | | 어조사 |
| 10. 홍(洪) | | 발성사 |
| 11. 용(庸) | 용(用) | ~때문에 |
| | 하(何)/안(安)/거(詎) | 어찌, 어떻게 |
| 12. 이(台) | 하(何) | 어찌 |
| 여이(如台) | 내하(柰何) | 어떻게 |

## 《경전석사》 권4

| 피훈석어(被訓釋語) | 훈석어(訓釋語) | 의미 |
|---|---|---|
| 1. 오(惡)/오(烏) | 안(安)/하(何) | 어디, 어찌 |
| | | 그렇지 않음을 나타냄 |
| 2. 후(侯) | 이(伊)/유(維) | 발어사 |
| | 내(乃) | 이에 |
| | 하(何) | 어찌 |
| 3. 하(遐)/하(瑕) | 하(何) | 어찌 |
| 4. 호(號) | 하(何) | 어찌 |
| 5. 갈(曷)/해(害) | 하(何) | 어찌 |
| | 합(盍) | 어찌~하지 않는가 |
| 6. 합(盍)/개(蓋)/합(闔) | 하불(何不) | 어찌~하지 않는가 |
| | 하(何) | 어찌 |
| 7. 허(許) | 소(所) | 곳 |
| 8. 행(行) | 차(且) | 장차 |
| 9. 황(況)/형(兄)/황(皇) | 신(矧) | 하물며 |
| | 비(比) | 비유하다, 견주다 |
| | 여(與)/여(如) | ~하느니/~에 비하다 |
| | 자(滋)/익(益) | 더욱 |
| 10. 향(鄕)/향(嚮) | 방(方) | 지금 곧~하려고 한다 |
| 11. 흘(汔) | 기(幾) | 거의, 바라다 |
| | 기(其) | 그 |

| 피훈석어(被訓釋語) | 훈석어(訓釋語) | 의미 |
|---|---|---|
| 12. 여(歟)/여(與) | | 어기사 |
| | 혜(兮) | 어기사 |
| | 야(也) | 어기사 |
| 13. 야(邪) | 여(歟)/호(乎) | 어기사 |
| | 혜(兮) | 어기사 |
| | 야(也) | 어기사 |
| 14. 야(也) | | 어조사 |
| | 언(焉) | 어기사 |
| | 의(矣) | 어기사 |
| | 자(者) | 시간을 나타내는 말 뒤에서 쌍음절을 이룸/~한 것 |
| | 이(耳) | ~일 뿐이다 |
| | 혜(兮) | 어기사 |
| | 여(邪)/여(歟)/호(乎) | 어기사 |
| 15. 의(矣) | | 어기사 |
| | | 어기사(문장 끝에서 다음에 올 말을 이어줌) |
| | 호(乎) | 어기사 |
| | 야(也) | 어기사 |
| | 이(耳) | ~일 따름이다. |
| 16. 호(乎) | | 어기사 |
| | | 의문사 |
| | 어(於) | ~에서 |
| | | 일을 형용함 |
| 17. 유(兪) | 연(然) | 그러하다 |
| 18. 오(於) | | 감탄사 |
| 19. 의(猗) | | 감탄사 |
| | 혜(兮) | 어기사 |
| 20. 희(噫)/의(意)/의(懿)/억(抑) | | 탄식하는 소리 |

| 피훈석어(被訓釋語) | 훈석어(訓釋語) | 의미 |
|---|---|---|
| 21. 희(嘻)/희(譆)/애(唉)/<br>희(誒)/희(熙) | | 탄식하는 소리 |
| 22. 우(吁) | | 탄식하는 소리 |
| | | 놀라는 소리 |

## 《경전석사》 권5

| 피훈석어(被訓釋語) | 훈석어(訓釋語) | 의미 |
|---|---|---|
| 1. 공(孔) | 심(甚) | 크게 |
| 2. 금(今) | 즉(卽) | 곧, 바로 |
| | 시(是) | 지시대명사 '이' |
| | 약(若) | 만약~한다면 |
| 3. 강(羌)/경(慶) | 내(乃) | 곧 |
| 4. 은(憖) | 차(且) | 잠시 |
| 5. 언(言) | 운(云) | 어기사 |
| 6. 의(宜)/의(儀)/의(義) | 태(殆) | 아마도~일 것이다 |
| | | 어조사 |
| 7. 가(可) | 소(所) | ~하는 바 |
| 8. 기(幾) | | 어기사 |
| | 기(其) | 장차 |
| 9 기(祈) | 시(是) | 지시대명사 '이' |
| 10. 기(豈)/기(幾) | 안(安),<br>언(焉)/증(曾) | 어찌, 설마 |
| | 기(其) | 그, 장차, 아마도 |
| 11. 개(蓋) | | 대략, 대체로 |
| | | 어찌 |
| | | 어조사 |
| 12. 궐(厥) | 기(其) | 그 |
| | 지(之) | 지시대명사 '이' |
| | | 어기사 |
| 13. 급(及) | 여(與) | ~와 |
| | 약(若) | ~에 이르다, 만약~한다면 |

| 피훈석어(被訓釋語) | 훈석어(訓釋語) | 의미 |
|---|---|---|
| 14. 기(其) | | 그 |
| | | 일을 형용함 |
| | | 추측하고 의론하는 말 |
| | 태(殆) | 대체로, 대략 |
| | 장(將) | 장차 |
| | 상(尙)/서기(庶幾) | 또한/바라다 |
| | 약(若) | 만약~하다면 |
| | 내(乃) | 곧 |
| | 지(之) | 지시대명사 '이', ~의 |
| | 녕(寧) | 설마, 설령 |
| | | 단락을 바꿔주는 말 |
| | | 어조사 |
| 기저(其諸) | | 대체로, 아마도 |
| 15. 기(其)/기(記)/기(忌)/기(己)/기(迡) | | 어조사 |
| 16. 희(其)/기(期)/희(居) | | 의문의 어기를 나타냄 |
| 17. 기(居) | | 어기사 |
| 18. 거(詎)/거(距)/거(鉅)/거(巨)/거(渠)/거(遽) | 기(豈) | 어찌 |
| | 구(苟) | 만일~한다면 |
| 19. 고(固)/고(故)/고(顧) | 필(必) | 반드시, 분명히 |
| | 내(乃) | 도리어, 오히려 |
| 20. 고(故) | | 일을 설명함 |
| | | 본래 그러함을 나타냄 |
| | 즉(則) | ~한 즉, 곧 |
| 21. 고(顧) | 단(但) | 다만, 그저 ~일 뿐이다 |
| | 반(反) | 도리어 |
| 22. 구(苟) | 성(誠) | 진실로 |
| | 차(且) | 장차~하려고 한다 |
| | 단(但) | 잠시 |
| | 약(若) | 만약~한다면 |
| | 상(尙) | 바라다 |
| 23. 고(皋) | | 길게 소리를 내는 발어사 |

## 《경전석사》 권6

| 피훈석어(被訓釋語) | 훈석어(訓釋語) | 의미 |
|---|---|---|
| 1. 내(乃)/내(逎) | 어시(於是)/내(乃) | 이에 |
| | 연후(然後) | ~한 다음 |
| | 이(而) | 접속사 |
| | | 곧 |
| | 즉(則) | ~한 즉, ~하면 |
| | 기(其) | 장차 |
| | 시(是) | 지시대명사 '이' |
| | 방(方)/재(纔) | 막~/겨우 |
| | 약(若) | 만약~한다면 |
| | 차(且) | 잠시 |
| | 녕(寧) | 어찌 |
| | | 오히려 |
| | | 화제를 바꿔줌 |
| 내여(乃如) | | 어기사(화제를 바꿔줌) |
| 내약(乃若) | | 어기사(화제를 바꿔줌) |
| 내약(乃若) | | 발어사 |
| | | 발성사 |
| 2. 녕(寧) | | 차라리~하는 것이 낫다(바람을 나타냄) |
| | 하(何) | 어찌 |
| | 기(豈) | 어찌 |
| | 장(將) | 장차 |
| | 내(乃) | 곧 |
| | | 어조사 |
| 3. 능(能) | 이(而) | 접속사 |
| | 내(乃) | 곧 |
| 4. 도(徒) | 단(但) | 다만 |
| | 내(乃) | 도리어 |
| 5. 독(獨) | 녕(寧)/기(豈) | 설마/어찌 |
| | 장(將) | 장차~하려고 한다 |
| | 숙(孰) | 누구, 어찌 |

| 피훈석어(被訓釋語) | 훈석어(訓釋語) | 의미 |
|---|---|---|
| 6. 내(柰) | 여(如) | 어떻게 |
| 내하(奈何) | 여하(如何) | 어떻게 |
| 내하(奈何) | 내(柰) | 어찌 |
| 7. 나(那) | 내(柰) | 어찌 |
| | 내하(奈何) | 어찌('내'와 '하'의 합성) |
| | 어(於) | ~에 대해서 |
| 8. 도(都) | 어(於) | ~에게 |
| | | 감탄사 |
| 9. 당(當) | 장(將) | 장차~하려고 한다 |
| | 즉(則) | ~한 즉, ~하면 |
| | 여(如) | 같다 |
| 10. 당(儻)/당(黨)/당(當)/ 상(尙) | | 혹은, 혹시(어쩌다 그러함) |
| 11. 태(殆) | 근(近)/기(幾) | ~에 가깝다/거의 |
| 12. 탄(誕) | | 발어사 |
| | | 어조사 |
| 13. 적(迪) | 용(用) | ~으로, ~때문에 |
| | | 발어사 |
| | | 어조사 |
| 14. 직(直) | 특(特)/단(但) | 그저~일 뿐이다/단지 |
| | 특(特)/전(專) | 단지, 특별히, 일부러/오로지 |
| 15. 주(嚋) 주(롭) 주(롭) | 수(誰) | 누구 |
| | | 발성사 |

《경전석사》 권7

| 피훈석어(被訓釋語) | 훈석어(訓釋語) | 의미 |
|---|---|---|
| 1. 이(而) | | 접속사 |
| | | 어기사 |
| | 여(如) | 같다, 만일~한다면, 어찌 |
| | 약(若) | 같다, 만약~한다면 |
| | 연(然) | ~한 모습 |
| | 내(乃) | 곧 |

| 피훈석어(被訓釋語) | 훈석어(訓釋語) | 의미 |
|---|---|---|
| | 즉(則) | ~한 즉, ~하면 |
| | 이(以) | ~으로 |
| | 여(與)/급(及) | ~와 |
| 2. 여(如) | 약(若) | 같다 |
| | 내(奈) | 어찌 |
| | | 어조사 |
| | 연(然) | ~한 모양 |
| | 이(而) | 접속사 |
| | 내(乃) | 곧, 바로 |
| | 즉(則) | ~한 즉, ~하면 |
| | 불여(不如) | ~만 못하다 |
| | 당(當) | 당해내다, 상당하다, 마땅히 |
| | 장(將) | 장차~하려고 한다 |
| | 여(與)/급(及) | ~와 |
| | 어(於) | ~에, ~보다 |
| | 호(乎) | 어기사 |
| 3. 약(若) | 여(如) | 같다 |
| | 내(奈) | 어찌 |
| | | 어기사 |
| | 연(然) | ~한 모양 |
| | 유연(猶然) | 그래도, 아직도 |
| | 여차(如此) | 이와 같다 |
| | 차(此) | 지시대명사 '이' |
| 약차(若此)/차약(此若) | | 지시대명사 '이' |
| | 급(及)/지(至) | 미치다, 이르다 |
| | 급(及)/여(與) | ~와 |
| | 혹(或) | 어떤, 혹은 |
| 약부(若夫) | | ~에 이르러(화제를 바꿔줌) |
| 약부(若夫) | | 발어사 |
| 약내(若乃) | | ~에 이르러(화제를 바꿔줌) |

| 피훈석어(被訓釋語) | 훈석어(訓釋語) | 의미 |
|---|---|---|
| 약이(若而) | | 약간(대략적임을 나타냄) |
| 약간(若干) | | 약간(대략적임을 나타냄) |
| | 기(其) | 그, 장차~하려고 한다 |
| | 이(而) | 접속사 |
| | 내(乃) | 곧, 이에 |
| | 즉(則) | ~한 즉, ~하면 |
| | 유(惟) | 어기사 |
| 4. 연(然) | 시(是) | 옳다 |
| | 응(應) | 호응하다 |
| | 시고(是故) | 이 때문에 |
| | 여시(如是) | 이와 같다 |
| | | 화제를 전환함 |
| 연이(然而) | | 화제를 전환함 |
| 연이(然而) | 여시이(如是而) | 그럼에도, 이리하면(앞의 말을 받아 문장을 전환해줌) |
| | | 일을 형용함 |
| | | 일을 비교함 |
| | 언(焉) | 어기사 |
| | 이(而) | 접속사 |
| 연후(然後) | 이후(而後)/내(乃) | 이후/이에 |
| 연차(然且) | 이차(而且) | 그럼에도 |
| | 내(乃) | 곧 |
| | 즉(則) | ~한 즉 |
| 5. 이(尒)/이(爾) | | 반드시 그러함을 나타냄 |
| | | 어조사 |
| | 연(然) | ~한 모습 |
| | 여차(如此) | 이와 같다 |
| | 차(此) | 지시대명사 '이' |
| | 이이(而已) | ~일 따름이다 |
| | 의(矣) | 어기사 |

| 피훈석어(被訓釋語) | 훈석어(訓釋語) | 의미 |
|---|---|---|
| | 언(焉) | 어기사 |
| 6. 이(耳) | 이이(而已) | ~일 따름이다 |
| | 의(矣) | 어기사 |
| 이의(耳矣) | 이의(已矣) | 어기사 |
| 7. 잉(仍) | 내(乃) | 곧 |
| 8. 요(聊)/료(憀) | | 원하다/잠시, 잠깐(대략적임을 나타냄) |
| 9. 래(來) | 시(是) | 지시대명사 '이' |
| | | 어기사 |
| | | 어기사 |

## 《경전석사》 권8

| 피훈석어(被訓釋語) | 훈석어(訓釋語) | 의미 |
|---|---|---|
| 1. 수(雖)/유(唯)/유(惟) | | 비록, 설사 |
| 2. 사(肆) | 수(遂) | 마침내 |
| | 고(故) | 그래서 |
| 3. 자(自) | 용(用) | ~으로 |
| | 구(苟) | 만약~한다면 |
| 4. 자(玆)/자(滋) | 차(此) | 지시대명사 '이' |
| | 사(斯) | 곧, 즉 |
| | | 그래서, 곧(앞의 말을 받아 뒤를 이어줌) |
| 5. 사(斯) | 차(此) | 지시대명사 '이' |
| | 즉(則) | ~하면 |
| | 내(乃) | 곧 |
| | 기(其) | 지시대명사 '그' |
| | 유(維) | 어기사 |
| | 시(是) | 지시대명사 '이' |
| | 연(然) | ~한 모습 |
| | | 어기사 |
| | | 어조사 |

| 피훈석어(被訓釋語) | 훈석어(訓釋語) | 의미 |
|---|---|---|
| 6. 사(些) | | 어기사 |
| 7. 사(思) | | 어기사 |
| | | 발어사 |
| | | 어조사 |
| 8. 장(將) | 차(且) | 잠시 |
| | 기(其) | 장차~하려고 한다 |
| | 억(抑) | 아니면 |
| | 내(乃) | 곧 |
| 9. 차(且)/조(徂) | 장(將) | 장차~하려고 한다 |
| | 상(尙) | 더욱 |
| | 우(又) | ~도, 또한 |
| | 억(抑) | 아니면 |
| | 고차(姑且) | 잠시 |
| | 차(借) | 설사~하더라도 |
| | 약(若) | 만약~한다면 |
| | 차(此)/금(今) | 지시대명사 '이' |
| | 금부(今夫) | 지시대명사 '이' |
| | 부(夫) | 어기사 |
| | | 단락을 바꿔줌 |
| | | 발어사 |
| | | 어기사 |
| 10. 저(且) | | 어기사 |
| 11. 조(徂) | 급(及)/지(至) | 미치다 |
| 12. 작(作) | 시(始) | 비로소 |
| | 급(及) | 이르다 |
| 13. 증(曾) | 내(乃)/즉(則) | 곧, 이에/~한 즉, ~하면 |
| | 내시(乃是)/즉시(則是) | 이에~이다/즉~이다 |
| | 하내(何乃)/하즉(何則) | 어찌 곧~하는가 |
| | 하(何) | 어찌 |
| 14. 층(曾) | 상(嘗) | 일찍이 |

| 피훈석어(被訓釋語) | 훈석어(訓釋語) | 의미 |
|---|---|---|
| 15. 참(朁)/참(憯)/참(噆)/참(慘) | 증(曾) | 발어사 |
| 16. 재(哉) | | 어기사 |
| | | 의문사 |
| | | 의심하여 헤아리는 말 |
| | | 감탄사 |
| | 의(矣) | 어기사 |
| | | 어기사(문중에 쓰임) |
| 17. 재(載) 재(戠) | 즉(則) | ~하면 |
| 18. 즉(則)/즉(卽) | | 곧, 바로 |
| | 기(其) | 장차~하려고 한다 |
| | 이(而) | 접속사 |
| | 내(乃) | 곧, 이에 |
| | 약(若) | 만약~한다면 |
| | 혹(或) | 아마~일 것이다 |
| 하즉(何則) | 하야(何也) | 왜, 무엇 |
| 19. 즉(卽)/즉(則) | 수(遂) | 곧 |
| | 즉금(卽今) | 그날 |
| | 즉시(卽是) | 곧~이다 |
| | 약(若) | 만약~한다면 |
| | 혹(或) | 어쩌면, 혹은~일 것이다 |
| 20. 자(嗞)/자(孶)/자(子) | | 탄식하다 |
| 21. 차(嗟) 차(嵯) 차(瑳) 우차(于嗟) 질차(叱嗟)/졸차(猝嗟) | 자(嗞) | 탄식하다 |
| | | 감탄사 |
| | | 화내는 소리 |
| | | 어기사 |
| 22. 자(呰)/자(訾) | 가(苟)/가(呵) | 어조사 |

## 《경전석사》권9

| 피훈석어(被訓釋語) | 훈석어(訓釋語) | 의미 |
|---|---|---|
| 1. 종(終)/중(衆) | 기(既)/이(己) | 이미, ~하고 |
| 2. 수(誰) | 하(何) | 어찌 |
| | | 발어사 |
| 3. 숙(孰) | 수(誰) | 누구 |
| | 하(何) | 어찌, 무엇 |
| 4. 자(者)/저(諸) | | ~하는 것, ~하는 사람 |
| | 야(也) | 어기사 |
| 5. 제(諸) | 지(之) | 지시대명사 '그' |
| | 어(於) | ~에서 |
| | 호(乎) | 어기사 |
| | 지호(之乎) | 이를 ~하겠는가 |
| | | 어기사 |
| 6. 지(之) | | 말의 사이에 옴 |
| | | 일을 가리킴 |
| | 시(是) | 지시대명사 '이' |
| | 제(諸) | 그, 그것 |
| | 어(於) | ~에 대하여, ~에서 |
| | 기(其) | 그 |
| | 약(若) | 만약~한다면 |
| | 즉(則) | ~한 즉, ~하면 |
| | 여(與) | ~와 |
| | 혜(兮) | 어기사 |
| | | 어기사 |
| | | 발성사 |
| 7. 전(旃) | 지(之)/언(焉)/ 지언(之焉) | 지시대명사 '이'/어기사/'지'와 '언'의 합성 |
| 8. 시(是)/씨(氏) | 차(此) | 지시대명사 '이' |
| | 어시(於是) | 이에 |
| | 식(寔)/실(實) | 지시대명사 '이' |
| | 지(之) | 지시대명사 '이' |
| | 지(祇) | 그저 |
| | 즉(則) | ~한 즉, ~하면 |
| | 부(夫) | 발어사 |
| 시고(是故)/시이(是以) | | 이 때문에 |

| 피훈석어(被訓釋語) | 훈석어(訓釋語) | 의미 |
|---|---|---|
| 9. 시(時) | 시(是) | 지시대명사 '이' |
| 10. 식(寔)/실(實) | 시(是) | 지시대명사 '이' |
| 11. 지(只)/지(旨)/지(咫)/ 지(軹) | | 어기사(문미에 쓰임) |
| | | 어기사(문중에 쓰임) |
| | 이(耳) | ~일 따름이다 |
| | 즉(則) | 곧, ~하면 |
| 12. 시(啻) 시(翅) 적(適) | 다(多) | ~뿐, 단지 |
| 13. 지(祇)/다(多) | 적(適) | 다만, 그저 |
| 14. 적(適) | 적연(適然) | 마침 |
| | 시(是) | 지시대명사 '이' |
| | 약(若) | 만일~한다면 |
| 15. 식(識) | 적(適) | 마침, 방금 |
| 16. 촉(屬) | 적(適) | 마침 |
| | 적재(適纔) | 막~, 방금 |
| | 지(祇) | 다만 |
| 17. 지(止) | | 어기사 |
| 18. 소(所) | | ~하는 바(일을 가리킴) |
| | 가(可) | ~할 수 있다 |
| | 약(若)/혹(或) | 만약~한다면/혹~ |
| | | 어기사 |
| 19. 신(矧) | 황(況) | 하물며 |
| | 역(亦) | 역시 |
| | 우(又) | 또 |
| 20. 상(爽) | | 발성사 |
| 21. 서(庶) | 행(幸)/상(尙) | 요행이다/바라다 |
| 22. 상(尙)/상(上) | 서기(庶幾) | 바라다 |
| | 유(猶) | 아직 |
| | 증(曾) | 어기사 |
| 23. 서(逝) 서(噬) | | 발성사 |
| 24. 솔(率) | 용(用) | ~으로, ~때문에 |
| | | 어기사 |
| 25. 식(式) | 용(用) | ~때문에 |
| | | 발성사 |

## 《경전석사》 권10

| 피훈석어(被訓釋語) | 훈석어(訓釋語) | 의미 |
|---|---|---|
| 1. 피(彼) | 비(匪) | ~이 아니다 |
| 2. 말(末) | 무(無) | 없다 |
| | 미(未) | 아직~이 아니다 |
| | 물(勿) | ~하지 말라 |
| | | 발성사 |
| 3. 멸(蔑) | 무(無) | 없다 |
| | 불(不) | ~하지 않다 |
| 4. 비(比) | 개(皆) | 모두 |
| 5. 박(薄) | | 발성사 |
| 6. 매(每) | 수(雖) | 비록 |
| 7. 불(不)/비(丕)/부(否) | 불(弗) | ~하지 않다 |
| | | 어기사 |
| | 비(非) | ~이 아니다 |
| | 무(無) | 없다 |
| | 물(勿) | ~하지 말라, ~해서는 안 된다 |
| 8. 비(非) | 불시(不是) | 옳지 않다 |
| | 불(不) | ~하지 않다 |
| 9. 비(匪) | 비(非) | ~이 아니다 |
| | 불(不) | ~하지 않다 |
| | 피(彼) | 지시대명사 '저' |
| 10. 무(無)/무(毋)/망(亡)/망(忘)/망(妄) | 물(勿) | ~하지 말라 |
| | | 발성사 |
| | | ~이 아니면(화제전환) |
| | 득무(得無) | ~한 것은 아닐까 |
| 무내(無乃) | 득무(得無) | ~한 것은 아닐까 |
| 무녕(無寧) | 무내(無乃) | 아마도 |
| | 불(不) | ~하지 않다 |
| | 부(否) | ~이 아니다 |
| | 비(非) | ~이 아니다 |
| | 미(未) | 아직~하지 않다 |

| 11. 망(罔) | 무(無) | 없다 |
|---|---|---|
| | 불(不) | ~하지 않다 |
| | 득무(得無) | ~한 것은 아닐까 |
| 12. 미(微) | 무(無) | 없다 |
| | 비(非) | ~이 아니다 |
| 13. 물(勿) | 무(無)/막(莫) | ~하지 말라 |
| | 비(非) | ~이 아니다 |
| | | 어기사 |
| 14. 부(夫) | 호(乎) | 감탄사 |
| | | 대명사 '그' |
| | 피(彼) | 지시대명사 '저' |
| | 차(此) | 지시대명사 '이' |
| | 범(凡)/중(衆) | 모두, 많다 |
| | | 발성사 |

## 2. 《경전석사》의 본문과 주석에 인용된 서명과 인용횟수 일람표

* 본문과 주석의 인용횟수가 많은 것부터 배열했음.
* 11번 《주역》의 인용횟수는 〈계사전(繫辭傳)〉의 인용횟수까지 포함한 것임.

| | 서명 | 본문 인용횟수 | 주석 인용횟수 | 총 인용횟수 |
|---|---|---|---|---|
| 1 | 시경(詩經) | 483 | 34 | 517 |
| 2 | 상서(尙書) | 346 | 42 | 388 |
| 3 | 춘추좌전(春秋左傳) | 299 | 18 | 317 |
| 4 | 예기(禮記) | 183 | 10 | 193 |
| 5 | 국어(國語) | 124 | 6 | 130 |
| 6 | 전국책(戰國策) | 111 | 10 | 121 |
| 7 | 사기(史記) | 84 | 13 | 97 |
| 8 | 논어(論語) | 92 | 3 | 95 |
| 9 | 맹자(孟子) | 84 | 3 | 87 |
| 10 | 순자(荀子) | 83 | 2 | 85 |
| 11 | 주역(周易) | 69 | 13 | 82 |
| 12 | 장자(莊子) | 77 | 4 | 81 |
| 13 | 묵자(墨子) | 60 | 14 | 74 |
| 14 | 대대례기(大戴禮記) | 59 | 6 | 65 |
| 15 | 춘추공양전(春秋公羊傳) | 61 | 1 | 62 |
| 16 | 이아(爾雅) | 52 | 4 | 56 |
| 17 | 여씨춘추(呂氏春秋) | 45 | 3 | 48 |
| 18 | 관자(管子) | 46 | 1 | 47 |
| 19 | 한서(漢書) | 32 | 5 | 38 |
| 20 | 경전석문(經典釋文) | 19 | 16 | 35 |
| 21 | 설문해자(說文解字) | 30 | 3 | 33 |
| 22 | 춘추곡량전(春秋穀梁傳) | 25 | 2 | 27 |
| 23 | 의례(儀禮) | 23 | 2 | 25 |
| 24 | 광아(廣雅) | 23 | 1 | 24 |

| | 서명 | 본문 인용횟수 | 주석 인용횟수 | 총 인용횟수 |
|---|---|---|---|---|
| 25 | 초사(楚辭) | 20 | 1 | 21 |
| 26 | 한비자(韓非子) | 19 | 1 | 20 |
| 27 | 주례(周禮) | 13 | 3 | 16 |
| 28 | 옥편(玉篇) | 12 | 1 | 13 |
| 29 | 안자춘추(晏子春秋) | 11 | | 11 |
| 30 | 가자신서(賈子新書) | 10 | 1 | 11 |
| 31 | 일주서(逸周書) | 10 | 1 | 11 |
| 32 | 회남자(淮南子) | 7 | 2 | 9 |
| 33 | 중용(中庸) | 6 | 3 | 9 |
| 34 | 광운(廣韻) | 7 | | 7 |
| 35 | 열자(列子) | 6 | 1 | 7 |
| 36 | 대학(大學) | 5 | 1 | 6 |
| 37 | 한시외전(韓詩外傳) | 5 | | 5 |
| 38 | 안씨가훈(顏氏家訓) | 4 | | 4 |
| 39 | 소이아(小爾雅) | 4 | | 4 |
| 40 | 후한서(後漢書) | 2 | 2 | 4 |
| 41 | 집운(集韻) | 4 | | 4 |
| 42 | 염철론(鹽鐵論) | 3 | | 3 |
| 43 | 문선(文選) | 3 | | 3 |
| 44 | 설원(說苑) | 3 | | 3 |
| 45 | 신서(新序) | 2 | | 2 |
| 46 | 산해경(山海經) | 2 | | 2 |
| 47 | 효경(孝經) | 2 | | 2 |
| 48 | 춘추(春秋) | 2 | | 2 |
| 49 | 열녀전(列女傳) | 1 | 1 | 2 |
| 50 | 연위잠(延尉箴) | 1 | 1 | 2 |
| 51 | 방언(方言) | 1 | | 1 |

| | 서명 | 본문 인용횟수 | 주석 인용횟수 | 총 인용횟수 |
|---|---|---|---|---|
| 52 | 일절경음의(一切經音義) | 1 | | 1 |
| 53 | 춘추번로(春秋繁露) | 1 | | |
| 54 | 죽서기년(竹書紀年) | 1 | | 1 |
| 55 | 삼왕세가(三王世家) | 1 | | 1 |
| 56 | 유통부(幽通賦) | 1 | | 1 |
| 57 | 자허부(子虛賦) | 1 | | 1 |
| 58 | 법언(法言) | 1 | | 1 |
| 59 | 위지(魏志) | 1 | | 1 |
| 60 | 손자병법(孫子兵法) | 1 | | 1 |
| 61 | 석고문(石鼓文) | 1 | | 1 |
| 62 | 저초문(詛楚文) | 1 | | 1 |
| 63 | 논형(論衡) | 1 | | 1 |
| 64 | 대리잠(大理箴) | 1 | | 1 |
| 65 | 청주목잠(靑州牧箴) | 1 | | 1 |
| 66 | 서대전(書大傳) | 1 | | 1 |
| 67 | 여양웅서(與揚雄書) | 1 | | 1 |
| 68 | 광류정속(匡謬正俗) | | 1 | 1 |
| 69 | 송서(宋書) | | 1 | 1 |
| 70 | 곽유도비문(郭有道碑文) | | 1 | 1 |
| 71 | 영회시(詠懷詩) | | 1 | 1 |
| 72 | 의랑원빈비(議郞元賓碑) | | 1 | 1 |
| 73 | 죽읍후상장수비(竹邑侯相張壽碑) | | 1 | 1 |
| 74 | 당읍령비봉비(堂邑令費鳳碑) | | 1 | 1 |
| 75 | 비봉별비(費鳳別碑) | | 1 | 1 |
| 76 | 여석총서(與石聰書) | | 1 | 1 |
| 77 | 당공방비(唐公房碑) | | 1 | 1 |
| | 총계 | 2691 | 245 | 2936 |

# 3. 글자 찾아보기

　《경전석사》는 청나라의 대학자 왕인지(王引之)의 저작이다. 《경전석사》는 유가경전을 포함한 서주(西周)에서 한대(漢代)에 이르는 60여종의 문헌과 비석에 보이는 허사(虛詞) 160개의 용법을 풀이했다. 본문에 인용된 예문은 2691개이고, 주석에 인용된 예문은 245개로, 도합 2936개의 예문이 인용되었다.

　《경전석사》의 가장 큰 특징은 160개의 허사를 성모에 맞추어 배열한 것이다. 배열순서는 1권에서 4권까지는 후음(喉音), 5권은 아음(牙音), 6권은 설음(舌音), 7권은 반치(半齒)·반설음(半舌音), 9권은 치음(正齒音), 10권은 순음(脣音)으로, 구강 구조상 뒤쪽에서 앞쪽으로 옮겨가면서 배치되었다. 이는 《설문해자》가 자형에 따라 글자를 나누고, 《광운(廣韻)》이 운목(韻目)에 따라 나눈 것과는 근본적으로 다른 것이자, 훈고학사상 독창적인 배열방식이었다.

　《경전석사》의 이러한 독창적인 배열은 저자 왕인지가 음(音)으로 문자의 풀이를 진행했음을 보여준다. 특히 왕인지는 같은 성모를 갖는 글자 중에 의미적 유사성을 가진 글자들에 주의했다. 왕인지는 이 방법을 이용하여 역대 주석가들의 오류를 지적하고 새로운 견해를 제시하여 당시 학계에 비상한 주목을 끌었다. 《경전석사》 이후에 나온 양수달(楊樹達)의 《사전(詞詮)》과 배학해(裴學海)의 《고서허사집석(古書虛辭集釋)》 등은 모두 《경전석사》의 체례를 따랐고, 《경전석사》에서 제기된 설들은 지금도 많은 학자들이 경전의 의미를 풀이하는데 인용되고 있다. 양수달이 《경전석사》를 "홀로 100년 동안의 학문하는 풍기를 연 것이다(獨開百年來治學之風氣者)."라는 평가만 봐도 이 책이 출간된 이후 얼마나 큰 영향을 끼쳤는지 알 수 있다.

　몇 년 전 《서경》을 번역하면서 《경전석사》를 저음으로 접했다. 《서경》의 주석을 보다가 난해한 구절에서는 어김없이 《경전석사》의 풀이가 인용되었다. 그때는 《경전석사》에서 풀이한 의미를 그대로 참고하여 번역을 하였다. 글자가 왜 이렇게까지 풀이가 되는지는 생각지 않고 마냥 대단한 책이구나 하는 생각만 했던 것 같다. 후에 중국에 갔을 때 서점에서 우연히 이 책을 구할 수 있었다. 《서경》을 번역하면서 자주 봤던 책이라 막상 서점에서 보니 기분이 너무 좋았다. 집에 와서 이 책이 도대체 어떤 책인지를 유심히 살펴보았다. 허사 160개의 용법을 설명한 책이었다. 그런데 그 풀이가 참 신기했다. 보통은 자형의 변화나 운모의 유사성으로 의미를 새기는데, 이 책은 글자의 음으로 의미를 새기는 것이 아닌가. 아, 이때서야 《서경》을 번역하면서 인용된 허사들의 용법이 왜 이렇게 풀이되었는지를 조금씩 이해가 되었다. 글자의 형태에 관계없이 ('때'의 의미인) '시(時)'자는 발음이 같은 (지시대명사 '이'의 의미인) '시(是)'자를 가차해서 지시대명사 '이'의 용법으로 풀이할 수 있고, ('이르다'의 의미인) '위(謂)'자는 발음이 같은 ('위하다'의 의미인) '위(爲)'자를 가차해서 '위하다'의 의미로 풀이할 수 있다는 사실을 알게 되었다. 이 책은 대부분 이렇게 소리에 의거하여 글자의 의미를 풀고 있었다. 가만히 생각해보니 참으로 놀랍고 기발한 풀이방식이라고 생각했다. 《경전석사》는 이러한 방법으로 사마천(司馬遷)·공안국(孔安國)·정현(鄭玄) 등 대학자들의 주석상의 오류를 바로잡아 경전의 의미를 더욱 정확하게 이해할 수 있게 만들었다. 그것은 몇 천 년 동안 누구도 경전의 권위로 넘보지 못했던 오류를 바로 잡는 업적이자 경전 해석의 새로운 길을 제시한 것이었다.

《서경》을 번역한 경험은 있지만 그렇다고 왕인지의 업적이 고스란히 녹아있는 《경전석사》를 번역하는 일은 쉽지 않았다. 《경전석사》의 경우 《서경》과 《시경》의 인용 비중이 압도적으로 높기 때문에 이 두 경전에 대한 이해가 필수적이라고 할 수 있다. 《시경》의 경우는 몇 편만 접해봤을 뿐 전체를 읽은 적이 없었다. 때문에 《시경》 관련 인용문의 용례가 나올 때는 그 용법을 이해하느라 많은 힘이 들어갔다. 그럴 때마다 왕인지가 소개한 용례를 따라 용기를 내어 한 구절씩 풀어나갔다. 지금 돌이켜보면 경전을 이해하는데 또 다른 무기를 얻은 듯한 뿌듯한 느낌을 받는다.

선비는 "갈 '지(之)'자에서 막힌다."라는 말이 있듯이 경전에서 허사의 용법은 그만큼 까다롭다. 그런 점에서 완원(阮元)이 서문에서 "학자들이 이 책을 갖고 탐구해나간다면 본의에 어긋나지 않을 것이다(學者執是書以求之, 當不悖謬於經傳矣)."라고 했듯이, 우리가 경전을 읽을 때 이 책은 큰 도움을 줄 것이다. 경전을 보다가 막히는 곳이 있으면 이 책에 나온 용법을 참고해봤으면 한다.

번역상의 오류도 있을 것이다. 관심 있는 분들의 많은 지적을 부탁드린다. 끝으로 이 역서가 이 책이 갖는 무게감과 학고방 출판사의 하운근 사장님의 명예에 누가 되지 않기를 바라는 마음도 간절하다.

| 저자 소개 |

## 왕인지(1766~1834)

청나라의 대학자이다. 건륭(乾隆) 31년(1766) 3월 11일 강소(江蘇) 고우(高郵)에서 태어났다. 자는 백신(伯申)이고, 왕염손(王念孫)의 장자이다. 21세 때 순천(順天)의 향시에 응시했으나 낙방하자, 고향으로 돌아와 《이아(爾雅)》·《설문해자(說文解字)》 등을 읽었다. 가경(嘉慶) 4년(1799) 33세에 진사시험에 급제하여 한림원편수(翰林院 編修)에 임명되었다. 38세 때 한림원 시험에서 뛰어난 성적을 거둬 황제시강(皇帝侍 講)으로 발탁되었다. 62세 때 공부상서(工部尙書)와 영무전정총재(英武殿正總裁)를 지냈고, 65세 때 예부상서로 자리를 옮겼다. 도광(道光) 11년(1831) 공부상서로 복직 하고, 3년 후인 도광 14년(1834) 11월 24일 향년 69세로 세상을 떠났다. 《강희자전(康 熙字典)》의 오류를 바로잡았으며, 부친의 음운과 훈고의 학문을 계승하여 훈고학에서 큰 업적을 남겼다. 부친 왕염손·대진(戴震)·단옥재(段玉裁)와 더불어 대단이왕(戴段 二王)으로 불린다. 저서로는 《경전석사》·《경의술문(經義述聞)》·《광아소증(廣雅疏 證)》 등이 있다.

| 역자 소개 |

## 권용호

경북 포항 출생. 중국 난징대학교 중문과에서 고전희곡을 전공했으며, 위웨이민(兪爲 民) 선생의 지도 아래 《송원남희곡률연구(宋元南戲曲律硏究)》로 박사학위를 취득했 다. 현재 한동대학교 객원교수로 있으면서 중국 고전문학의 연구와 번역에 힘을 쏟고 있다. 특히 거시적 관점에서의 중국문학연구와 중국학의 토대가 되는 경전의 읽기와 번역에 관심을 두고 있다. 저서로는 《아름다운 중국문학》, 《아름다운 중국문학2》, 《중 국문학의 탄생》이 있고, 번역한 책으로는 《중국역대곡률논선》, 《송원희곡사》, 《초사》, 《장자내편역주》, 《그림으로 보는 중국 연극사》, 《꿈속 저 먼 곳-남당이주사》(공역), 《송 옥집》, 《서경》, 《한비자》 등이 있다.

# 경전석사 經傳釋詞

초판 인쇄  2020년 2월  1일
초판 발행  2020년 2월 10일

저    자 | [청] 왕인지
역 주 자 | 권용호
펴 낸 이 | 하운근
펴 낸 곳 | 學古房

주    소 | 경기도 고양시 덕양구 통일로 140 삼송테크노밸리 A동 B224
전    화 | (02)353 -9908 편집부(02)356-9903
팩    스 | (02)6959-8234
홈페이지 | www.hakgobang.co.kr
전자우편 | hakgobang@naver.com, hakgobang@chol.com
등록번호 | 제311-1994-000001호

ISBN 978-89-6071-944-6 93720

값 : 28,000원